JN428536

알튀세르 : 이론의 우회

그레고리 엘리어트 지음 ● 이진경·이경숙 옮김

옮긴이 **이진경**

서울대 사회학과를 졸업했고, 같은 대학 대학원에서 「서구의 근대적 주거공간에 관한 공간사회학적 연구 : 근대적 주체의 생산과 관련하여」라는 논문으로 사회학 박사학위를 받았다. 현재 박태호라는 이름으로 서울과학기술대학교 교양학부에서 강의하고 있다. 또한 연구공간 '수유+너머'에서 자본주의 외부의 삶과 사유를 시도하고 있다. 저서로는 『맑스주의와 근대성』(1997), 『근대적 시 · 공간의 탄생』(1997), 『수학의 몽상』(2000), 『필로시네마, 혹은 영화의 친구들』(2002), 『철학의 외부』(2002)와 『노마디즘』(2002) 『자본을 넘어선 자본』(2004), 『미래의 맑스주의』(2006), 『코뮨주의』(2010) 등의 저서가 있다.

옮긴이 **이경숙**

서울대학교 사회학과 석사과정을 졸업했고, 저서로 『한국자본주의와 농업문제』(공저, 1987), 역서로 『맑스-엥겔스의 노동조합이론』(1988) 등 다수가 있다.

알튀세르 : 이론의 우회

초 판 1쇄 발행 1992년 6월 20일
개정판 4쇄 발행 2023년 5월 10일

지은이 그레고리 엘리어트
옮긴이 이진경외 1인
발행인 황세연
디자인 EG 디자인
인 쇄 예일정판
제 본 대명제책사
발행처 도서출판 **중원문화**
주 소 서울특별시 마포구 창전동 2-33
서울시 마포구 서강로 11길 24
주문처 02-325-5534 FAX 02-324-6799
ISBN 979-11-91028-05-8(93160)

♣ 잘못된 책은 구입하신 서점에서 바꾸어 드립니다.

알튀세르

이론의 우회

그레고리 엘리어트 지음 ● 이진경·이경숙 옮김

2023

도서출판 중원문화

Althusser : The Detour of Theory

by

Gregory Elliott

.© Copyright 1992 by Jungwonmunhwa Publishing Co.
Reprinted 2023 by Jungwonmunhwa Publishing Co.

루이 알튀세르에게

말이 아니라 행위에 의해 그 사람을 판단한다는,
모든 역사가들의 의무인 그 의무를
그가 다할 수 있도록 하자.

알튀세르 : 이론의 우회/차례

Louis Althusser

서론

1960년대와 1970년대초 맑스주의 이론의 국제적인 부흥 속에서 프랑스 철학자 루이 알튀세르가 수행한 "맑스로의 복귀"만큼 국제적 논쟁을 불러일으키거나 자극을 빚어낸 프로젝트는 거의 없었다. 프랑스공산당 내에서 제기된 알튀세르의 "변증법적 유물론과 역사적 유물론"에 관한 체계적인 재해석은, 전후의 맑스주의 역사에서 가장 야심적이고 영향력이 큰 시도의 하나로서, 일부 지역에서는 맑스주의의 혁신으로 환영을 받았으며, 다른 지역에서는 스탈린주의의 한 표본이라고 일축되었다.

오늘날, 알튀세르의 주요 저작인 『맑스를 위하여』(*Pour Marx*)와 『자본론 읽기』(*Lire le Capital*) (1965)가 출간된 지 20여년이 지나고, 또 맑스주의가 시대적으로 심각한 위기를 맞고 있는 가운데, 알튀세르는 철학사조와 정치적 환경의 수혜자라기보다는 오히려 희생자였다. 많은 사람들에게 그는 허영의 시대의 상징이거나, 혹은 어쨌든 좌절되었을지라도 희망의 시대의 상징으로 그 희망과 함께 매장되어야 했던 대상이기도 하다. 이같은 상반되는 반응은 흥미있는 것인데, 왜냐하면 오늘날에는 알튀세르주의라는 이름으로 알려져 있는, 맑스주의——그리고 레닌주의——의 특별한 재이론화 작업에 대해 경멸하는 듯한 태도로 피하는 것이 흔한 일인 것과 마찬가지로, 과거에는 한때 이 알튀세르주의적 맑스주의를 무비판적으로 수용하는 것이 활발한 시대적 분위기였던 적도 있었기 때문이다.

자신의 조국에서, 20년 동안 스캔달이 연속되었던 무대에서 알튀세르는 이제는 거의 "죽은 개"[1]나 다름없다. 알튀세르주의는, 현대 프랑스 철학〔자〕의 비판을 빌리자면, "매우 시대에 뒤떨어진, 따라서 비틀즈의 음악이나 고다르(J.-L. Godard)의 첫 영화들처럼, 최근의, 그러나 이미 사라진 과거를 기필코 생각나게 하고야 만다."[2] 왜 그런가? 한마디로 말하자면, 대다수의 프랑스 지식인들 사이에 정착된 반맑스주의적인 합의, 패퇴한 프랑스공산당에 대한 무관심(알튀세르가 프랑스공산당의 "공식 철학자"는 결코 아니었지만),[3] 그리고 남아 있는 알튀세르적

---

1) 이러한 취급에 항의하면서 알랭 리피에츠(A. Lipietz)가 *The Enchanted World*, London 1985, p. 159에서 지적한 언급.

2) Luc Ferry and Alain Renaut, *La Pensée 68 : Essai sur l'Anti-Humanisme Contemporaine*, Paris 1985, p. 200.

3) 이러한 집요한 신화는 많은 해석들에 끈질기게 붙어다녔는데, 이 신화를 그대로 믿고 있는 가장 최근의 인물은 Howard Feather(*Radical Philsophy* 43, Summer 1986, p. 32)이다. 만일 특별히 다른 이유가 없다면, 이 신화가 설득력이 없다는 것은 프랑스공산당의 출판사인 에디숑 소시알(Editions Sociales)이 알튀세르의 논문모음집을 1976년에 단 한 번 발간했다는 사실에서 입증될 것이다. 로제 가로디(R. Garaudy)가 신의 부르심을 받아 프랑스공산당의 공식 철학자의 지위를 떠난 뒤에 그 지위를 차지한 사람은, 구태여 찾는다면, 바로 뤼시엥 세브(R. Séve)이다. 세브는 알튀세르와는 달리 당의 중앙위원이었다.

맑스주의자들의 이해할만한 의기소침——이런 것들로부터, 알뛰세르 저작의 광범위한 확산에도 불구하고, 그의 저작에 관한 실질적인 집단적 기억상실증을 설명해야 하는 것이다. 1970년대 말엽이 되면, 프랑스 내에서는 반맑스주의적 전환은 완결되었고, 남부 유럽에서는 퇴행적 양상의 핵심적 요소들이 일반화되었다. 그러한 요소의 모태는 현대정치의 역사 속에 존재하는데, 소비에트 사회주의를 대신하여 외국(특히 마오주의의 중국)에서 선택된 대안에 대한 불신, (프랑스, 이탈리아, 포르투갈, 그리스 및 스페인) 각국 내에서의 유럽 노동운동의 중대한 정치적 실패가 그것이다. 그리고 이같은 사태는 그후 결코 역전될 수 없는 것이었고, 프랑스 공산주의(Gallocommunism)의 파국은 프랑스식 유럽사회주의의 치욕적인 추락에 의해 더욱 급속도로 가중되었다. 1975년 이후 프랑스의 전반적인 지적 풍경은 크나큰 변화를 겪어왔다. 의심할 여지 없이 맑스주의 자체의 명백한 취약성, 냉혹한 역사, 철학적인 도전, 그리고 공동의 이데올로기 운동의 영향을 받아, 해방 이후 엄청난 명성을 향유했던 패러다임인 맑스주의가 주변적인 지위로 격하되고 만 것이다. 이 시기에 횡행한 변절의 두드러진 예외들도 있다(우리는 앙리 르페브르〔H. Lefebvre〕, 모리스 고들리에〔M. Godeliet〕, 에티엔 발리바르〔E. Balibar〕를 떠올리게 된다). 그렇지만 이들이 한 사람씩 연이어 입증한 사실은, 60년대의 반란자들이 환멸에 지고 말았으며 실패한 신들에게 작별인사를 보냈고 새로운 신들에게는 안녕인사를 보내고 있었다는 것이었다. 앙드레 글룩스만(A. Glucksman), 베르나르-앙리 레비(B-H. Lévy) 등은, 저 유례없는 냉전시대의 음유시인 이브 몽땅(Y. Montand)에 더욱 힘입어, 최근 높은 점수를 얻었는데, 이는 그들이 공산주의자가 되지 않았으며 죽지도 않았다는 것과 또한 열린 사회를 그 적들로부터 방어했다는——필요하다면 니카라과에 대한 제국주의의 테러를 지지하는 댓가로——공로 덕분이었다. 대전환의 심도가 이처럼 깊었기 때문에, 페리 앤더슨(P. Anderson)은 1970년대 중반 이후의 역사적 유물론에 관한 1983년의 보고서에, "파리는 오늘날 유럽의 지적 반동의 수도"[4]라고 쓸 수 있었다. 아무튼, 파리에서 알튀세르는 이제 더이상 개인이 아니었으며, 그의 경력은 정치적 "전체주의" 및 그 철학적 농축물인 "총체화하는" 이론과 지식인 사이의 해로운 지적 불장난의 한 사례――그것이 아무리 떠들썩했다 해도――에 불과한 것이 되었다.

한편 도버해협 건너편의 알튀세르는 어땠는가? 영국에서도 역시, "반알튀세르 악대마차"[5]가 지난 10년간의 변화된 정치적 정세 속에서 계속 굴러다녔다. 알튀세르는 1967년 『신좌익 평론』(*New Left Review*)[6]에 의해 처음으로 소개되었고, 이어 번역판인 『맑스를 위하여』(1969)와 『자본론 읽기』(1970)가 출판됨으로써 영국에 수용되었는데, 그는 처음에는 대단히 호의적인 반응을 얻었다. 실제로 그의 저작은 한때 유행과도 같은 인기를 누렸으며, 동시대적인 급진화가 배출한 상당 규모의 맑스주의 지식인들에게 꽤 영향력을 가졌다. 그렇지만 이것이 도리어, 60년대 후반의 흥분된 시기가 사라지고 그후의 정지상태를 거쳐, 이윽고 침체의 시대가 도래하자 적대적 반응을 촉발했다.

알튀세르의 맑스주의가 야기한 영국의 논쟁은 1978년에 최고조에 도달했는데, 당시 초기 신좌익의 베테랑 이론가이자 세계 최고 수준의 맑스주의 역사학자인 톰슨(E. P. Tompson)은 『이론의 빈곤』에서 알튀세르와 그의 (프랑스어권의) 후계자들을 매장하기 시작했다. 대륙의 온갖

---

4) *In the Tracks of Hisrorical Materialism*, London 1983, p. 32.

5) 이와 같은 제목으로 Jonathan Rée(*Radical Science Journal* 12, 1982)가 쓴 사려깊은 비평논문을 참조하라.

6) *New Left Review* 41, 1967, pp. 1-2, 11-14의 「모순과 중층결정」의 서두에 편집자가 쓴 추천의 논평을 참조하라.

유파의 비판가들이 이 프랑스인의 (이론적) 반인간주의, 반역사주의 및 반경험주의에 대해 제기한 비난들을 기억에 남을 만큼 강조하면서,[7] 톰슨은 알튀세르의 철학이 일종의 관념론이며, 그의 사회이론은 부르조아 이데올로기이고, 그의 정치이론은 스탈린주의라고 혹독하게 비판했다. 톰슨의 시각으로는, 알튀세르는 크레믈린의 필경사에 지나지 않았다. 그는 "알튀세르주의는 이론〔대문자의〕이라는 패러다임으로 환원된 스탈린주의다. 그것은 결국 이데올로기로서 이론화된 스탈린주의다"라고 선언했다. 그에게 알튀세르주의란 1956년 소련의 헝가리 개입에 반대하는 사회주의적-인간주의적 봉기를 억누르기 위한 "일반적 경찰 행위가

---

7) 이러한 수많은 문헌의 대표적 사례를 들어보면 다음과 같다.

△ 독자적인 맑스주의 계열 : Lucien Goldmann, "L'Idéologie Allemande et les Thèses sur Feuerbach" (1968), *Marxisme et Sciences Humaines*, Paris 1970; Henri-Lefebvre, "Sur une Interprétation du Marxisme" (1967)과 "Les Paradoxes d'Althusser" (1969), *l'Idéologie Structuraliste*, Paris 1975; Alfred Schmidt, *History and Structure*(1971), Cambridge 1981.

△ 트로츠키주의 계열 : Pierre Fougeyrollas, "Althusser : la Scholastique de la Bureaucratie", *Contre Lévi-Struss, Lacan et Althusser : Trois Essais sur l'Obscurantisme Contemporaine*, Paris 1976; Michael Löwy, "L'Humanisme Historiciste de Marx ou Relire le Capital" (1970)과 "Science Sociales" (1972), *Dialectique et Révolution*, Paris 1973; Jean-Marie Vincent et al., *Contre Althusser*, Paris 1974.

△ 마오주의 계열 : Bernard Lisbonne, *Philosophie Marxiste on Philosophie Althussérienne* (1978), Paris 1981; Jacques Rancière, *La Leçon d'Althusser*, Paris 1974.

△ 공산주의 계열 : Roger Garaudy, *Marxism in the Twentieth Century*(1966), Glasgow 1970 및 "L'Anti-Humanisme Théorique d'Althusser", *Perspectives de l'Homme*, Paris 1969; Adam Schaff, "On Pseudomarxist Pseudostructuralism", *Structuralism and Marxisme*, London 1978; Lucien Séve, *Man in Marxist Theory and the Psychology of Personality*(1972), Brighton 1978.

이데올로기 내에서 표출된 것"으로서——"당과 국가의 철권적 통제를 다시 강화하고, 또 이데올로기의 정통성을 다시 확립하기 위한" 작전의 일부로서——"변화된 조건 속에서, 스탈린 없는 스탈린주의를 효과적으로 재구축하려는 작전인 것이다."[8]

톰슨의 저작은 알튀세르의 맑스주의에 대한 격렬한 비난들 가운데, 영어로 씌어진 것 중에서는 가장 저명한 사례였고, 이 비난은 상당한

---

8) *The Poverty of Theory and Other Essays*, London 1978, pp. 374, 332-33. (시몬 클라크〔S. Clarke〕도 유사한 노선을 취하고 있었다. 그의 "Althusserian Marxism", in idem et al., *One Dimensional Marxism*, London 1980을 보라). 다음해 열린 역사워크샵 회의에서, 톰슨은 다른 사람들의 모든 중재 노력에도 아랑곳하지 않고 그의 비난을 반복했다. 이에 관해서는 "The Politics of Theory", in Raphael Samuel (ed.), *People's History and Socialist Theory*, London 1981과 같은 책에 수록된 스튜어트 홀〔S. Hall〕의 논문("In Defence of Theory")과 리차드 존슨(R. Johnson)의 논문("Against Absolutism")을 참고하라. 알튀세르로부터 강한 영향을 받은 역사학자가 마니교에 반대해서 쓴 강력한 항의로는 Gareth Stedman Jones, "History and Theory", *History Workshop Journal 8*, Autumn 1979를 보라.

알튀세르는 1979년에 『신좌익 평론』의 여러 페이지에 걸쳐 『이론의 빈곤』을 반박하는 글을 쓰도록 요청받았다. 그러나 그는 이를 거절하면서 말하기를, 그 책은"흥미롭다"는 점, 그리고 『자본론 읽기』의 논쟁적 문맥에 있는 '역사'에 관한 몇몇 단락들의 축약적인(그리하여 단선적인) 특성을 완벽하게 인식하고 있다는 사실을 자신이 이미 알고 있음에도 불구하고, 자신은 영국 맑스주의 역사에 관해 필요한 전문지식을 갖고 있지 않으며, 또한 이를 공부할 시간이 없다고 했다(Letters of 27/1/79 and 3/2/79 from *NLR* to Althsser; reply of 28/3/79 from Althusser). 이후 알튀세르주의자들 중 아무도 톰슨에 대한 반론을 내놓지 않았다. 이러한 명백한 (그러나 잘못된) 무관심의 한 원인은 아마도, 그의 주요한 비난이 설사 아무리 웅변적으로 수행되었다손 치더라도 대체로 판에 박힌 상투어에 지나지 않았기 때문이었을 것이다.

영향력을 가졌던 것으로 드러났다. 이 공격에서 그는 (한때 그 자신이 어느 대담자에게 언급했듯이) "아이러니에서 캐리커처로, 혹은 단순히 인신공격으로까지"[9] 옮겨갔다. 그의 증오심이 이 프랑스 철학자를 겨냥한 것이기는 하지만, 이 증오감정은 아마도 힌데스(B. Hindess)와 허스트(P. Hirst) 같은 사회학자들과 관련된 영국적 알튀세르주의라는 뚜렷한 상표에 의해 일차적으로 야기되었을 것이다. 이 사회학자들의 초기 저작은, 알튀세르의 체계를 과학성의 최고정점으로 보고, 그밖의 모든 것을 거의 배제하는 해석이 영국 내에서 익숙해지도록 만든 대표적인 시도였다. 『이론적 실천』(*Theoretical Practice*) (1971~73)과 『경제와 사회』(*Economy and Society*) (1972~74)라는 두 정기간행물을 통해, 힌데스와 허스트 및 그의 동료들은 영국 맑스주의와 영국 사회과학의 이론적 빈곤을 맹박하였는데——이같은 빈곤상태의 문제는 알튀세르의 "문제틀"을 도입함으로써 올바르게 시정될 수 있다고 제안했다. 그러나 1975년경, 이들은 영국의 철학자 일반은 "역사과학"이라는 프로젝트에만 집착한다는 이유로 비판하고 있었다. 알튀세르 이상가는 알튀세르주의자로서, 이들은 자신만만하게 맑스주의 이론의 반역사주의적 재해석 쪽으로 나아갔으나, 2년 후에는 결국 맑스주의 자체가 속류적이며, 혁명적 사회주의는 유토피아라고 생각하게 되고 말았다.[10] 논의의 여지가 있기는 하지만, 톰슨은 알튀세르의 저작들을 힌데스와 허스트 두 사람의 왜곡된 시야를 통해

---

9) "An Open Letter to Leszek Kolakowski", *The Poverty of Theory*, p. 130.

10) 이들의 사상전개에 관해서는 *Pre-Capitalist Modes of Production*, London 1975; *Mode of Production and Social Formation*, London 1977; (Anthony Cutler and Athar Hussain 외) *Marx's 'Capital' and Capitalism Today*, 2 vols., London 1977-78을 참고하라. 알튀세르의 공헌에 관해 허스트가 내리는 최근의 (높은) 평가는 그의 저작 *Marxism and Historical Writing*, London 1985, Chapter 1에서 논의되고 있다.

읽었고, 『전자본주의적 생산양식』에 포함된 "경험주의"와 "역사주의"에 반대하는 힌데스와 허스트의 끊임없는 훈계는 대개 알튀세르에게서 비롯된 것이 아니라는 사실을 간과했으며, 또 이들이 극단적인 알튀세르주의로부터 포스트 알튀세르주의로 이행중에 있음을 무시했던 것이다. 1978년이 되자 톰슨의 논쟁집뿐만 아니라 『맑스의 '자본론'과 오늘날의 자본주의』 제2권이 출판되었는데, 이 책에서 (알튀세르주의나 다른 형태의) 역사적 유물론의 화장(火葬)을 시사하는 개량주의적 정치적 제안들이 최초로 표명되었다. 심지어 톰슨이 이 배척받은 프랑스인과 그의 영국인 친구들을 파문할 때 쯤이 되자, 그 영국인 친구들마저 "영국국교의 광교회파(廣敎會派)"와 타협한다는 선언을 발표하였다.

그리하여 1960년대 후반 알튀세르의 일부 프랑스 내 제자들의 반역과는 달리, 70년대 후반 영국 내 제자들의 반란은 알튀세르주의적 맑스주의에 대한 우익적인——좌익적이 아니라——비판으로 나타났고, 이 비판은 사회민주주의의 퇴조와 신우익의 대두가 두드러진 시기에 영국에서 개량주의적 길을 계획한 다른 시도들과 합쳐져서 오히려 파괴적인 이니셔티브를 갖기에 이르렀다. 특히 레닌주의에 대한 알튀세르의 명백한 애착심을 감안한다면 전혀 놀라운 일이 아닌데, 대처주의의 대두(유지는 물론) 및 대처주의에 대한 사회주의적 반대파들의 당혹으로 인해 좌익 지식인들이 잇따라 반맑스주의적 또는 '포스트' 맑스주의적 전향을 하게 되자, 이와 더불어 알튀세르의 명성은 더욱 곤두박질쳤다. 극단적인 한 사례이기는 하지만, 에르네스토 라클라우(E. Laclau)와 샹탈 무페(C. Mouffe)의 공저 『헤게모니와 사회주의 전략』(*Hegemony and Socialist Strategy*) (1985)은 이런 측면을 대표하는 저작이다.

알튀세르주의가 정치적으로 좌천당하게 되었다면, 〔학문적으로는〕 종종 그람시의 유산의 부분적 전유에 대한 호감과 더불어 알튀세르주의가 학계에서 차지한 영광은 다음 사태들에 의해서 점차 희미해졌다.

첫째로는, 온갖 형태의 포스트 구조주의가 진보적 서클들에서 최고로 우월적인 위치를 차지하게 되었기 때문이다. 이 포스트 구조주의는 비맑스주의적인 일군의 기라성들로서 롤랑 바르트(R. Barthe), 질 들뢰즈 (G. Deleuze), 자크 데리다(J. Derrida), 미셸 푸코(M. Foucault), 자크 라캉(J. Lacan) 등의 저작들을 포함하는데, 이 포스트 구조주의가 자신의 근원이자 알튀세르 체계가 한때 다소간 친족관계를 맺고 있던 구조주의를 대체해버렸기 때문이다. 둘째로는, 일종의 영미식 맑스주의 패러다임인 "분석적 맑스주의"의 창시와 강화 때문이었다. 이 분석적 맑스주의의 창시적 저작인 코헨(G. A. Cohen)의 『칼 맑스의 역사이론 : 하나의 변론』도 마찬가지로 1978년에 출판되었다. 코헨은 서구 맑스주의 전통 전체에 대해 강력히 도전하면서 역사적 유물론의 재해석을 주창하였는데, 그의 재해석은 생산력의 설명적 우위성과 인간 본성의 중심성을 복권할 것을 주장하고 있어, 알튀세르의 이론에 반대되는——스스로도 반대된다고 공언한——테제였다.[11] 그럼에도 불구하고 저 프랑스 이론가의 저술은, 대체로 암묵적 (또한 부정적) 형태이긴 하지만, 여전히 코헨에게 중요한 준거가 되었다. 이 점은 1970년대 전반에 걸쳐, 대다수 영국인 맑스주의자들의 경우도 마찬가지로, 이들이 알튀세르를 어떻게 평가하느냐에 상관없이 여전히 그는 중요한 준거가 되었다. 그렇지만 알튀세르가 영국에서 맑스주의의 부활에 기여하고 나아가 역사적 유물론에 관한 광범위한 토론을 자극했음에도 불구하고, 그는 오늘날의 맑스주의 토론에서는 대체로 배제되고 있다. 오늘날의 맑스주의적 토론의 고지를 차지한 분석적 〔맑스주의〕 사조는 알튀세르에 대한 비판적 작업을 거부하고 있으며,

11) *Karl Marx's Theory of History : A Defence*, Oxford 1978, p. 10. 코헨은 알튀세르에 대해 비판했지만, 『맑스를 위하여』가 맑스 후기 저작들의 중요성을 다시 일깨워 주고 있다는 점에 찬사를 보냈다.

이들 조류는 맑스의 교리에 대해 10여년 전과는 완전히 다른 태도를 취하고 있다.[12] 이들의 손에서 알튀세르는 (단지 그뿐만이 아니지만) 단순히 생략적으로 취급되거나 또는 겉핥기 식으로 오만하게 다루어졌고,[13] 나아가 끊임없는 사례를 들어, 알튀세르와 그의 추종자들은 모두 너무나 자주 동료들의 희생을 댓가로 면죄부를 받았다는 식으로 다루어졌으며, 그리하여 맑스주의의 유익한 교류와 진정한 발전을 위해서는 그들의 종식이, 충분조건은 아니라 해도, 필요조건이 된다고 주장된다.

『이론의 빈곤』의 뒷표지는 맑스가 1847년의 논쟁에서 프루동을 "망각" 속으로 사라지게 한 사실을 환기시켰는데, 톰슨은 맑스의 이 책 제목을 자신의 책 제목으로 흉내낸 것이다. 톰슨 한 사람에게만 책임이 있는 것인지는 의심스럽지만, 그러나 톰슨 이후 오늘날까지 알튀세르는 정말로 하나의 역사적 골동품 같은 것이 되었으며, 그의 저작들은, 인간주의자이거나 포스트 맑스주의자들 또는 분석적 맑스주의자들 어느 누구에 의해서든지간에, 한 프랑스 맑스주의 역사가의 말에 따르자면 "낡은 뉴스가 역사로 부활되기 전까지 처박혀 있게 되는 망각의 여물통"[14]

12) 예를 들면 존 엘스터(J. Elster)가 그의 저서 *Making Sense of Marx*, Cambridge 1985, p. xiv의 서문에서 한 언급과 존 뢰머(J. Roemer)가 idem(ed.), *Analytical Marxism*, Cambridge 1986, p. 2에서 개진한 논평을 참조하라.

13) 후자와 같은 취급의 사례들에 관해서는, Allan Wood, *Karl Marx*, London 1981, pp. 245 n. 5, 255 n. 2; Jon Elster, *An Introduction to Karl Marx*, Cambridge 1986, p. 16을 참조하라. 이 책들과 비교해볼 수 있는 것들로는 코헨 자신의 언급과, 알튀세르의 제자였던 그레이엄 로크(G. Lock)가 코헨의 책에 관해 언급한 관대한 평가가 있다. "G. A. Cohen and the Crisis of Marxism", *Acta Politica* 3, 1981을 참조하라.

14) Michael Kelly, *Modern French Marxism*, Oxford 1982, p. 232.

속으로 던져진 것이다. 역설적이지만, 이것이 부당함에도 불구하고 이러한 운명은 하나의 기회, 즉 알튀세르의 지적 및 정치적 생애가 역사로서 부활할 수 있는 기회를 제공한다. 바꾸어말하면, 무대로부터 알튀세르가 사라지는 경우 한가지 잇점이란, 이 철학자의 등장과 지배적인 지위의 확보에 대한 수많은 반응의 특징인 (맑스주의의 최고정점인 알튀세르주의라는) 아첨과 (스탈린주의의 찬양으로서 알튀세르주의 또는 "작은 지성들을 위한 거대한 이론"[15]이라는) 파문을 넘어, 이를 극복하는 재평가를 가능케 한다는 사실이다. 한 저작이 공산주의와 서구 공산주의 및 마오주의 전통들 모두와 설사 촌수의 차이가 있으나 동시적으로 친족관계에 있기 때문에, 그 세 가지가 모두——정도 차이는 있지만——비판받고 있는 상태에 처한 오늘날, 이 저작에 대한 한층 공평한 설명과 평가에 관심이 가지 않을 수 없다. 알튀세르로의 복귀와 그에 대한 재검토는, 그의 저작의 등장과 퇴조에 관한 설명을 통해, 그의 저작에 대한 평가뿐만 아니라 현대 맑스주의의 첨예한 위기를 낳고 있는 일정한 배경에 대한 한층 완전한 평가에 도움이 될 수 있을 것이다.

알튀세르는 자신의 프로젝트와 관련하여 "뒤돌아보는 지혜를 가지고 있을 때 사태를 더욱 잘 판단할 수 있다"[16]고 쓴 적이 있다. 필자의 역사적 회고의 목적은, 알튀세르를 그의 말이 아니라 그의 저작을 통해

15) Roger Scruton, *The Times*, 17 July 1984. 이러한 계열의 평가를 한 사람들은 결코 우익 비판가들에게만 한정되어 있는 것이 아니다.

16) *Essays in Self-Criticism*, London 1976, p.36. 알튀세르의 주요 저작들의 영어판 참고문헌들은 이후 다음과 같이 약칭한다. *For Marx* (London 1969)는 FM; (발리바르와의 공저) *Reading Capital* (London 1970)은 RC; *Lenin and Philosophy and Other Essays*(London 1971)는 LP; *Politics and History* (London 1972)는 PH; *Essays in Self-Criticism*은 ES-C로.

살펴봄으로써, 바로 알튀세르의 이 말처럼 상황을 더욱 잘 판단하려는 것이다. 물론 전례가 없는 것은 아니다. 왜냐하면 많은 저술들(그리고 일부는 신랄한 비평)이 알튀세르에 대해 씌어졌으며, 그 가운데 앞서 인용한 저작들보다는 훨씬 더 균형잡힌 반응이 없었던 것은 아니었기 때문이다. 특히 노먼 제라스(N. Geras), 알렉스 칼리니코스(A. Callinicos)와, 아주 최근에는 테드 벤튼(T. Benton)의 사려깊은 연구들이 알튀세르에 대해 제기된 많은 비난에 반대하여 그의 맑스주의를 변호하였다. 물론 알튀세르의 많은 부적합성을 무시하지는 않으면서.[17] 이들에 대해 필자가 지고 있는 신세는 이 책에서 뚜렷이 드러날 것이다. 하지만 앤더슨이 『영국 맑스주의 내의 논쟁들』에서 그 영국 역사가와 저 프랑스 철학자의 차이에 관해 빈틈없이 탐색하는 과정에서, 알튀세르에 대한 톰슨의 기소장에 반대해서 그가 제출한 조사만큼 철저하게 연구한 것은 아무것도 없을 것이다. 앤더슨은 톰슨의 사리에 맞지 않는 주장과 그릇된 해석을 논박하면서, "어떤 역사가도, 그가 맑스주의자든 아니든간에, 어느 한 사상체계의 정치적 성격을 입증하기 위해서는 오직 이 사상의 원전들과 문맥을 책임있게 연구해야 함을 알아야 한다"고 톰슨에게 상기시켰다.[18] 본서 『알튀세르 : 이론의 우회』의 목적은 두 가지다. 첫째로는 제라스, 칼리니코스 및 벤튼 등의 저자들의 논평을 확장시키고, 특히 알튀세르 생애 가운데 후기의, 한층 직접적으로 정치적인 국면을 아주 상세히 논술하는 것이다. 둘째로는 앤더슨이 처음 시작한 전례에 따라,

17) Norman Geras, "Althusser's Marxism : An Account and Assessment"(1972), *Literature of Revolution*, London 1986 ; Alex Callinicos, *Althusser's Marxism*, London 1976 and *Is There A Future For Marxism?*, London 1982, Chapter 3; Ted Benton, *The Rise and Fall of Structural Marxism*, London 1984.

18) *Arguments Within English Marxism*, London 1980, p.105.

또한 알튀세르 자신의 요청을 존중하여,[19] 그의 저작들을 평가하기 위한 전제조건으로서 그의 저작들을 전체적인 맥락 속에서 연구하는 작업을 심화시키는 것이다(이 목적을 위해 필자는 다른 영국인 해설자들이 구할 수 없었거나 간과한 저술들과 인터뷰를 통해 얻은 정보자료들을 활용했다). 그리하여 이 책은 사상의 (유물론적) 역사에 관한 일종의 에세이로서 씌어졌다. 알튀세르가 역사주의(이론적 교리를 이론의 역사적 생산조건들로 환원하는 것)라고 비판한 것이 될 수도 있는 위험을 무릅쓰고서라도, 이론의 정치〔적 맥락〕가 나의 연구초점이 될 것이며, 가능한 한도 내에서 알튀세르의 저작의 문맥들과 그 배후의 의미들에 관한 재해석이 나의 연구목표가 될 것이다. 이론의 비이론적 '존재조건들'에 대한 강조와 그 이론의 **잠정적인 종류**의 분석이 역사주의적이라고 한다면, 이 책은 기꺼이 그런 비난을 감수하려고 한다. 왜냐하면 설사 이 책의 많은 부분이 원문에 관한 설명과 비판에 할애되어 있다고 하더라도, 이 책이 따르고 있는 견해는, 알튀세르의 맑스주의 역시 여느 맑스주의와 마찬가지로 외적 역사와 내적 역사의 일종의 통합을 필요로 한다는 것이며, 그 통합문서는 이미 앤더슨이 〔처음으로〕 제출한 바 있다.[20] 그것은 역사적-비판적 설명인데, 이는 적어도 두 가지의 상식적인 접근방식을 피하고자 한다. 즉 비밀교리해석자 식의 이론주의와 독설로 가득찬 희화화를 벗어나고자 한다.

이 많은 것이 이 책의 목적이다——아니 희망사항이다. 그런데 그 목적 내지 희망 하지 않는 바를 언급하기 위해 한마디 말이 또한 필요하다. 이 주제에 이미 정통한 독자들은 누구나 본서가 결코 철저한 연구가 아님을 감지할 것이다. 지면상의 제약을 차치하고라도, 이 연구

19) FM, p. 9; ES-C, pp. 78-79.

20) *In the Tracks of Historical Materialism*, p. 14를 참고하라.

의 불완전성은 부분적으로는 1945년부터 1980년 사이의 알튀세르의 생애에 관한 명확한 연구서를 쓰기에는 아직도 너무나 이르다는 간단한 사실에 의해 설명될 수 있을 것이다. 많은 정보가 너무나 부족하고, 너무나 많은 논문이 아직도 출판되지 않고 있어, 이같은 연구가 실현되기에는 어려운 실정이다. 그렇지만 이같은 작업이 이루어진다고 해도 필자는 이러한 철저한 연구를 수행할 자격이 없을 것이다. 왜냐하면 나의 연구의 결점들은 저술가로서의 결함에서 비롯되는 것이기도 하기 때문이다. 즉 저술가로서 필자는 예를 들면 스페인어, 이탈리아어 및 독일어로 된 논쟁들을 포괄할 언어능력이 없고, 이로 인해 나의 설명은 불가피하게 부분적인 것에 머무는 수밖에 없기 때문이다. 그리하여 이 『알튀세르 : 이론의 우회』는 현재의 상태대로 나오게 된 것이며, 하나의 잠정적 연구이자 앞으로 나올 발전된 연구를 위한 중간보고서에 불과하다. 이 연구서를 통해 새로운 독자들이 한층 용이하게 알튀세르에게 접근할 수 있게 되고 관심을 갖게 된다면, 또한 다른 연구자들이 그를 되돌아보고 나아가 이 책의 결점을 치유하게 하는 하나의 자극제가 된다면, 그것으로 이 책의 목적은 충분히 다하는 것이다.

한편 이 책의 연구범위에서 빠진 것으로는, 단지 주변적인 것으로 보이지만, 그의 개인생활의 드라마를 들 수 있다. 그의 개인생활은 여기서 분석된 지적 및 정치적인 작업에 항상 따라다니고 영향을 미쳤기 때문에, 이에 관해서 완전한 침묵으로 일관하여 지나쳐버릴 수는 없다. 이 말은 곧 알튀세르가 지적한 저 "회고록이나 비공식문서 없는 전쟁"[21]을 가리키는 것이다. 그는 매우 오랫동안 심각한 조울증과 싸워왔고 1968년 5월 이후 점차 발생횟수가 잦아지고 고통의 심도가 깊어짐에 따라 심한 증세에 시달렸으며, 그것은 마침내 1980년 가을경 아내인

21) LP, pp. 189-90.

엘렌 알튀세르(E. Althusser)의 생명을 끊게 하는 극단적인 행위를 초래하였고, 이로 인해 알튀세르의 이력서에는 종지부가 찍히게 되었다. 몇 가지 이유로――적지않이 불충분한 정보와 혹독한 정신치료를 늘 받아야 하는 위험 때문에, 그에게는 침묵이 선고되었다. 그렇지만 본서에는 이런 사항들이 빠져 있다. 그렇지만 이 병의 빈번한 발작으로 인해 알튀세르가 1965년 이후 『맑스를 위하여』와 『자본론 읽기』에 버금갈만한 저술을 생산하지 못했음은(이 책들의 실패가 역으로 조울증을 더욱 악화시켰다) 의심할 여지가 없다. 여기에서, 그의 생애에서 병이 덜 발작적이었고 다른 사정들이 같았다면, 그가 우리들이 현재 가지고 있는 수많은 논문, 세미나, 회의 논문, 인터뷰, 해설 이상을 넘어서 무엇을 이룩했을지 추측하는 것은 쓸모없는 일이다――실제로 그렇게 되지 못했기 때문이다. 알튀세르에게는 적어도, "철학에서 맑스주의자가 되는 것은 간단한 일"이 아니었다. 〔오히려〕 놀랍기만 한 것은 아마 그가 30년 동안을 버텨왔다는 사실이다. 『자본론』을 읽는 이 엄격한 이론가는 노동운동을 "우리의 유일한 희망이자 우리의 운명"[22]이라고 말했다. 이 희망을 박탈당했기 때문에, 루이 알튀세르의 운명은 비극적인 것이 될 수밖에 없었다. 그러나 이것은 또 다른 이야기이고, 다른 연구자들이 다루어야 할 문제다.[23]

결론을 내리기에 앞서, 나는 일종의 알튀세르주의적인 관행을 준수

---

22) RC, p. 13.

23) 한편 다음과 같은 글들을 참고하라. K. S. Karol, "The Tragedy of the Althussers", *New Left Review* 124, 1980(이 논문은 엘렌 알튀세르의 생애와 성격의 중요한 측면을 자세히 설명하고 있는 보기 드문 글이다); Douglas Johnson, "Althusser's Fate", *London Review of Books*, 16 April–6 May 1981; Maria-Antonietta Macciocchi, *Deux Mille Ans de Bonheur*, Paris 1983, passim; Elisabeth Roudinesco, *La Bataille de Cent Ans : Histoire de la Psychanalyse en France. 2—1925–85*, Paris 1986, pp. 384–5,

하여 나의 의도——다소 대담한 일반론의 모양을 갖고 있는——를 드러내고자 한다. 이 책의 연구가 관심을 두고 있는 점은, 알튀세르를 편드는 주장을 개진하는 것보다는, 그의 개입을 역사적으로 위치짓고, 또 그의 이론들을 이론적으로 또 정치적으로 검토하는 것, 그리하여 알튀세르를 변명하는 것이 아니라 설명하는 것이다. 즉 이 책의 입장은 반(反)-반(反) 알튀세르주의라고 필자가 특징적으로 부르려는 그런 입장이다. 따라서 이것은 변호론이 아니면서도, 균형을 되찾으려는 시도다. 나 자신의 견해는 칼리니코스와 프랑스 맑스주의자인 로베르 리나르(R. Linhart)의 견해와 가까운데,[24] 알튀세르는 금세기의 가장 중요한 맑스주의 사상가라는 것, 또 그의 맑스로의 복귀는 루카치(G. Lukács)의 『역사와 계급의식』(루카치의 이 저작보다 우수하며) 이후, 설사 맑스주의적 철학〔전체〕에서는 아닐지라도 공산주의적인 철학에서는 가장 독창적인 연구로 간주될 충분한 권리가 있고, 그람시(A. Gramsci)의 『옥중수고』(이보다 우수하지는 않더라도) 이후 역사적 유물론의 가장 유익한 발전이며, 더욱이 오늘날에도 여전히 그의 저작은 적합성을 지닌다는 것이다. 그럼에도 불구하고, 그의 저작에서 "순수하고 완고한"[25] 맑스주의로의 복귀를 권고하고 있음에는 의문의 여지가 없는데, 그것은 다음 세 가지 이유 때문이다. 첫째로, 그의 저작이 갖는 내재적 부적합성, 즉 수많은 고유한 결함 때문이다. 이 점은 본문에서 검토할 예정인데, 이 결점들로

389-90, 664. 엘리자베스 루디네스코는 알튀세르의 질병 및 치료에 관해 이제까지 나온 자료 가운데 가장 엄밀한 정보를 제공하며, 예를 들면 알튀세르가 라캉에게서 정신분석치료를 받았다는 등의 설을 반박하고 있다.

24) *Is There A Future For Marxism?*, pp. 2, 52, 71 및 *Marxism and Philosophy*, Oxford 1983, pp. 3, 7; 리나르와의 대담, Paris, April 1986.

25) *L'Ideologie Structuraliste*, p. 202에서 르페브르가 붙인 호칭.

인해 그것은 더이상 지속될 수 없는 것이 되고 있다. 둘째로, 다른 (맑스, 레닌 및 마오를 예외로 하는) 맑스주의 전통에 대하여 그의 저작이 갖는 배타성 때문이다. 자기자신의 시각과 용어에 대한 배타적 우월감 속에서 궁극적으로는 자기전복적 확신 속에 있는, 그 전통의 어떠한 대표자들에 관해서도 그의 저작에서는 다룰 여유가 없기 때문이다. 그의 저작은 무차별적이고 무비판적인 수용이나 혹은 종합적이고 피상적인 절충 혹은 일련의 경쟁적인 지식인 종파주의를 권하는 것이 아니라, 공동의 사회주의 문화에 기여하는 판별 및 평가의 실천을 권하고 있다. 세째로는, 알튀세르주의의 절대성 때문이다. 약 20년 전 알튀세르가 변호한 명제――즉 맑스주의의 자명한 공리적인 과학성――는 오늘날에는 옹호될 수 없다. 나의 확신이란, 맑스주의는 쓸모없는――아니 그보다 더 못한――열정이라고 보는 맑스주의의 중상자들에 반대하여 맑스주의는 방어될 수 있고 방어되어야 한다는 것이다. 또한 프랑스의 예를 들자면, 뤼시엥 골드만(L. Goldmann)이 글룩스만보다 훨씬 더 낫고, 르페브르가 베르나르-앙리 레비(B.-H. Lévy)보다, 장-폴 사르트르(J.-P. Sartre)가 필립 솔레르(P. Sollers)보다 훨씬 더 낫다고 나는 확신한다. 그리고 우리는 현재의 **학교선생님**보다는, 고전적 맑스주의와 포스트고전적 맑스주의로부터 여전히 더 많은 것을 배워야 한다고 나는 확신하다. 그렇지만 맑스주의의 위기와 이에 병행한 서구 맑스주의 우상의 황혼이 현대사의 영고성쇄에 대한 (유행에 민감한) 지식인의 당혹된 반응 탓이라고만 단순하게 그 원인을 돌릴 수는 없다. 설사 이들이 이러한 상황이 자신들과 무관하다는 듯이 하더라도 말이다. 왜냐하면 맑스주의는 20세기에 들어와 자신에게 제기된 처리곤란한 문제들과 검증시험에 직면하여 오류를 가지고 있는 것으로 분명히 입증되었기 때문이다. 이론은 제안하고, 역사가 그 성패를 처리하는가? 반드시 그렇지는 않다. 왜냐하면 역사적 유물론은 한 단계 개선되어야만 연구프로그램으로서 다시 자리를 차지할 수 있기 때문이다. **그러나 이 유물론은 지금까지 그럴 수 있을 만큼 개선되지 못하고 있다.** 그러나 만일 역사적 유물론의 최근의 해체가 이제까지 자주 철두철미하게 파괴적이었다면, 정치적으로나——사회주의를 재건하는 행위 속에서 자본주의를 재창조함으로써——그리고 지적으로나——유사 급진주의를 서구 형이상학의 도전이라고 오인함으로써——양측면 모두에서 순전히 파괴적이었을지라도, 맑스주의가 미래의 사회주의적 프로젝트를 계속 지원하려면, 맑스주의는 현재 혁신과 실질적 발전을 요구받고 있는 것이다. 이러한 결과는 예측될 수 없는 것이지만, 이 결과가 나올 때까지는, 사르트르의 "부득이한 맑스주의"[26] (marxisme faute de mieux) 라는 말이 루이 알튀세르가 같은 시기에 선언한 맑스 사상의 전지전능성보다 한층 건전한 좌우명이라고 할 수 있다.

이 책의 구성은 다음과 같다. 제1장은 국제 공산주의운동, 프랑스 공산당, 맑스주의 이론과 프랑스 철학 등에서의 정세를 상세히 다루고자 한다. 왜냐하면 알튀세르는 이러한 국면 속에서 『맑스를 위하여』와 『자본론 읽기』에서 수행한 연구작업을 구상했고, 이 연구작업의 개괄적 규정을 제시했기 때문이다. 제2장과 3장에서는 이 두 저작에 피력되어 있는 맑스주의의 본질이 자세하게 검토되는데, 2장은 맑스주의 철학에 대한 알튀세르의 새로운 견해를 다루고, 이어 3장에서는 그의 맑스 재독해와 역사적 유물론의 재구성에 관해서 논의할 것이다. 알튀세르의 후속적인 진전은 제4장에 설명되어 있는데, 이 4장은 그가 이론의 외적 및 내적 논리들과 관련하여 전개한 자기비판 작업과 정정 작업을 분석한

---

26) 사르트르가 메를로-퐁티의 타당한 언급에 관해서 부친 주해; *Situations IV*, Paris 1964, pp. 200-01을 참고하라.

다. 현대의 사건들——특히 중국의 문화대혁명과 프랑스의 68년 5월사태——에 대한 이 철학자의 반응은 그가 스탈린주의 유산과 어떤 관계를 맺고 있는가에 관한 의문을 (재)제기하는 것으로, 이것은 제5장에서 다룰 예정이며, 이 5장에서는 그가 1972년에 개요를 밝힌 스탈린주의 비판을 설명하고 이를 토대로 한층 광범위한 토론을 전개할 것이다. 제5장은 알튀세르 생애 말년의 정치적 방향과 이론적 방향의 변화를 집중적으로 조망하고 탐구한다. 즉 준-마오주의자로부터 "중도파" 정치학으로의 이행, 보다 적나라한 반스탈린주의 입장의 채택, "맑스주의의 위기"라는 확신 등이 그것이다. 마지막으로, 결론에서는 맑스주의에 대한 알튀세르의 업적에 관한 잠정적인 대차대조표를 그려보고자 한다.

이제 지난 5년간에 걸쳐 다른 분들이 이 책의 발간을 위해 노력한 수고에 감사를 표하는 일만이 남아 있다. 이 수고는 결코 단순한 형식적인 잡무가 아니었다. 왜냐하면 이 수고가 없었다면, 이 책은 완성은 고사하고, 십중팔구 결코 출발조차 하지 못했을 것이기 때문이다.

이같은 〔어려운〕 "상황의 흔적을 지니고 있는" 『알튀세르 : 이론의 우회』는 옥스포드대학에서 철학박사 학위논문으로 그 생명을 시작했다. 필자는 수많은 지도교수들——테리 이글튼(T. Eagleton), 토니 주트(T. Judt), 스티븐 룩스(S. Lukes) 그리고 알랜 몬테피오르(A. Montefiore)——의 격려와, 그리고 결론을 내릴 수 있도록 지도해준 이분들의 노고에 감사한다. 이어 토니 도드(T. Dodd)와 알렉스 칼리니코스에 대해서는 논문 초기단계에서 귀중한 지원을 준 것에 감사한다. 또 코헨 교수와 더글러스 존슨(D. Johnson) 교수께는 기꺼이 이 논문(과 본인)을 심사해 준 데 대해 감사한다. 연구하는 동안 줄곧 필자는 운이 좋아 이 연구가 다루는 역사 속에 직접 참여한 일부 사람——에티엔 발리바르, 모리스 고들리에, 장-자크 르세르클(J.-J. Lecercle), 로베르 리나르, 그레이엄 로크(G. Lock) 그리고 페터 쇠틀러(P. Schöttler) 등과 면담하거나 서신을 주고받을 수 있었다. 이 모든 분들은 자신의 시간과 전문지식을 아낌없이 제공했으며, 나의 많은 질문에 대해 끈기있게 답변해주었다. 그리고 일부 사람들은, 불가능하지는 않겠지만 다른 곳에서는 얻기 어려운 꼭 필요한 원자료들을 필자가 이용할 수 있게 해주었다. 시종일관 필자는 페리 앤더슨의 박학다식함과 관대함의 도움을 받았는데, 이것은 필자 자신에게는 물론, 바라건대 이 책의 저술에 도움이 되었다. 2차 교정지가 완성되었을 때, 나는 다행히도 매우 꼼꼼한 노먼 제라스와 특히 마이클 스프링커(M. Sprinker)를 만났고 이들의 친절한 충고는 출판원고를 수정하는 데 상당한 도움이 되었다. 그리고 내가 또 빚지고 있는 사람은 폴 캐막(P. Cammack), 밤비나 칸워드(B. Carnwath), 롭 스크래프톤(R. Scrafton), 그리고 특히 지욘지 비그-앤더슨(G. Vigh-Anderson)이며, 이들 각자가 스페인어, 포르투칼어, 이탈리아어 및 헝가리어로 된 알튀세르에 관한 책을 번역해준 데 대해 크게 감사드린다. 이어 패트릭 카미유(P. Camiller)가 이 저작에서 프랑스어로 된 부분을 한층 분명하게 바꿔준 데 대해서, 그리고 버소출판사의 편집직원들이 과거부터 현재까지 도와준 모든 일에 대해 감사한다. 특히 크리스 베트램(C. Bertram)은 교정쇄를 보는 고통스런 작업을 했고, 닐 벨튼(N. Belton)은 최후까지 편집을 책임져주었고, 피에르 마슈레이(P. Macherey)는 자진해서 이 책의 소제목을 붙여주었다. 이 모든 분들에게 감사한다. 만일 필자가 부주의로 도와주신 다른 분들에 대한 감사표시를 소홀히했다면, 이 자리를 빌어 사죄하고자 한다. 이 책에 들어있을 결점, 착오, 부정행위 등은 전적으로 필자의 책임임을 분명히 밝혀둔다.

나의 마지막 빚은 계산할 수조차 없고 갚을 수도 없다. 대신 나는 사라 백스터(S. Baxter)가 나의 진심어린 감사말을 받아들여주기 바란다. 내가 그녀에게 지고 있는 빚이 결코 적다고는 말할 수 없음은, 그녀는 왜 이 책이 진정한 감사의 마음과 연대의 감정 속에서 맑스주의의 "당인이자 장인"인, 그런데 필자로서는 여지껏 한번도 만난 적이 없는 한 프랑스 공산주의자에게 헌정되었는지를 알고 있기 때문이다.

그레고리 엘리어트

1
알튀세르의 계기

만일 20차 당대회와 흐루시초프의 스탈린주의 비판, 그리고 그에 뒤따른 자유화가 일어나지 않았다면, 나는 아마 아무것도 쓰지 않았을 것이다. 그러나 만일 내가 이 사건을 서투른 탈스탈린주의화라고, 분석 대신에 상투적 주문을 제공한 우익적 탈스탈린주의화라고 간주하지 않았다면, 또한 나는 결코 이 책들을 쓰지 않았을 것이다. 이 우익적 탈스탈린주의화는 맑스주의의 개념들 대신에 빈곤한 부르조아 이데올로기만을 차용하였다. 따라서 나의 목표물은 분명했다. 즉 무엇보다도 프랑스 당의 지식인에게 영향을 준 이러한 인간주의적 광란, 자유나 노동 혹은 소외에 관한 이 무기력한 주장이 그것이었다. 또한 나의 목적도 분명했다. 스탈린주의에 대한 좌익적 비판, 흐루시초프와 스탈린은 물론 프라하와 린퍄오(林彪)에 대해서도 반성하게 할 그런 비판, 이곳 서구의 혁명적 프로젝트에 일정한 실체를 되돌려주는 데 무엇보다도 도움이 될 비판을 시작하는 것이 그것이었다.

루이 알튀세르, 1975년

"지혜의 여신 미네르바가 신들과 인간의 사회에 두루 출몰하던 세계에서라면 철학은 등장하지 않을 것이다"[1]라고 루이 알튀세르는 1975년에 선언했다. 이 제1장에서는 알튀세르의 최초의 개입의 맥락을 형성하고, 그 개입의 특징을 만들어낸 네 가지 상호연관된 영역을 다루고자 한다. 첫째는 스탈린 사후 국제 공산주의운동의 위기, 둘째는 프랑스공산당의 탈스탈린주의화에 대한 적응, 세째는 1950년대말과 1960년대초 맑스주의 이론의 형태, 네째는 알튀세르가 저술을 시작할 때의 프랑스의 지적 풍경의 배치이다. 이것은 "당시의 사정"에 대한 알튀세르의 관계, 그 사정에 대한 그의 대안을 요약해서 설명해줄 것이고, 아울러 제2장과 제3장에서 다룰 그의 재구성에 관한 좀더 상세한 고찰과, 그 재구성의 이론적 갈래와 근거에 관한 예비적 고찰이 될 것이다.

스탈린 사후, 대홍수

알튀세르의 저작의 주제가 아무리 심오한 것일지라도, 그는 자신의 1960~65년의 철학적 저작들이 특정한 정세에 대한 보충적인 이론적, 정치적 개입으로 읽혀지고 판단되어야 한다고 늘 주장했다. 그 자신의 증언에 따르면, "나 자신을 싸움터에 던져넣도록 강요했던 것"은 바로 소련공산당의 제20차 당대회였다고 한다. 『맑스를 위하여』와 『자본론 읽기』를 출간한 지 10년이 지나서, 그는 이 책들의 목적을 다음과 같이 특징지었다.

> 이 책들은……특정 정세에 대한 공공연한 개입이다. 즉 이 책들은

1) ES-C, pp. 165-66.

기존의 맑스주의 철학 세계에 대한 정치적 개입으로서, 교조주의에 반대하는 동시에 교조주의에 대한 우익적 비판에도 반대하려는 지향을 갖고 있다. 또한 이 책들은 정치에 대한 철학적 개입으로서, 경제주의와 그것의 인간주의적 '부속물'에 반대하는 것이기도 하다.[2)]

이처럼 알튀세르의 개입의 맥락은 이론적인 동시에 정치적인 것이었다. 정치적으로 그 개입에 강력한 영향력을 미친 것은, 『맑스를 위하여』 영어판 서문에 제시된 두 가지 "대사건", 즉 제20차 당대회 및 그 여파(1956년~), 그리고 국제 공산주의운동에서 나타난 중소분열(1960년~)이었다.[3)] 알튀세르가 자신은 "만일 20차 당대회와 흐루시초프의 스탈린주의 비판, 그리고 그에 뒤따른 자유화가 일어나지 않았다면, 나는 아마 아무것도 쓰지 않았을 것"[4)]이라고 후일 진술한 말의 취지는 매우 중요함에도 불구하고, 잘못 이해될 수 있다. 왜냐하면 1956년만을 중심에 놓고 강조하면, 이에 못지 않게 중요한 모스크바와 북경간의 불화가 희석될 것이기 때문이다. 알튀세르는 1960~65년의 논쟁과 분열에 비추어서 또 그 영향 아래서, 1956년에 제기된 몇 가지 문제들에 개입하고 있다는 점을 이해하는 것이 본질적으로 중요하다. 따라서 앤더슨의 다음과 같은 주장은 매우 타당하다. "알튀세르 저작을 기초짓는 계기는 전적으로 상이한 이 갈등이었다. 중소논쟁은……『맑스를 위하여』와 『자본론 읽기』라는 두 저작의 실제적인 정치적 배경이다."[5)] 이 점을

2) Ibid, pp. 168-69. 또한 "Statt eines Vorworts : Vier Fragen an Louis Althusser", Louis Althusser, *Die Krise des Marxismus*, Hamburg 1978, pp. 7-8을 보라.

3) FM, pp. 9-12; ES-C, pp. 78-79를 참조하라.

4) *Radical Philosophy* 12, Winter 1975, p. 44에서 재인용.

5) *Arguments Within English Marxism*, London 1980, p. 106.

이해하지 못하면 이 책들에 관해서 그릇된 해석을 하게 될 것이다. 따라서 이 당시 국제 공산주의운동에서 전개된 가장 중요한 몇 가지 사건을 간략히 살펴보는 것이 필요하다.

소련공산당 제20차 당대회는 1956년 2월 14일에 개막되었다. 그로부터 11일 후에 흐루시초프는 이른바 스탈린에 관한 "비밀연설" (개인숭배와 그 결과에 관하여)을 마지막 회의에서 발표했다. 그는 이 연설의 결론으로 대의원들에게 이렇게 충고했다. "동지들, 우리는 개인숭배를 단호하게 근절해야 한다. 우리는 이데올로기적 및 이론적 과업과 실천적 과업 모두에 관해 적절한 결론을 내려야 한다."[6] 그리하여 두 개의 진영으로부터 비판받은 탈스탈린주의라는, 로이 메드베제프(R. Medvedev)와 조레스 메드베제프(Z. Medvedev)가 탈스탈린주의화의 "껐다 켰다 정책"[7] (on-again off-again policy)이라 부른 결과로 이어졌다. 즉 소련공산당과 국제운동의 인사들 가운데는 스탈린 체제의 실체를 제한적으로라도 노출하는 것에 반대한 사람들이 있었다. 이와는 달리 어떤 사람들은, 폭로와 혁신의 과정이 충분히 깊이있게 진행되지 못할 것으로 예상하여 이에 반대했다. 이러한 상반되는 압력은 동유럽의 그리고 국제적으로도 불안정한 정세에 의해 강화되었고, 그후 수년간 흐루시초프를 동요시키는 원인이 되었다. 1956년 가을 헝가리 사태에 대한 소련의 개입은 공산주의 세계에 두 가지 반응을 불러일으켰다. 우선 소수파였던 비동유럽 지역의 공산당들은 이 개입에 반발했고, 결국 많은 반란자들의 대탈출로 끝났다. 한편 국제운동의 모든 지부들은 이 개입을 지지했고 사회주의 모국을 중심으로 연합했다.

---

6) "Secret Report to the Twentieth Party Congress of the CPSU", T. Ali (ed.). *The Stalinist Legacy*, Harmondsworth 1984, pp. 270-71.

7) *Khrushchev: The Years in Power*, Oxford 1977, p. 71.

중국공산당은, 헝가리 봉기에 대한 탄압을 가장 철저하게 지지했지만, 20차 당대회의 결의안에 대한 응답을 4월 5일에 발표함으로써 소련에 대해 경고사격을 했다. 그 응답이란 스탈린의 유물에 대해 일정한 충성을 암시하는 내용을 담은 『프롤레타리아 독재의 역사적 경험에 관하여』라는 문건이었다. 그럼에도 불구하고 한동안 중국공산당은 소련의 절제된 탈스탈린주의화 노선을 조심스럽게 따랐다. 실제로 "백화제방(百花齊放)" 운동(1956년 여름~1957년 여름)이 일어난 약 1년 동안 중국공산당은 소련공산당보다 훨씬 더 폭넓게 "자유화"의 길을 추진했다. 이 '악습교정운동'의 전조는 이미 『인민 사이의 모순을 올바르게 처리하는 문제에 관하여』(1957년 2월)에서 나타났는데, 마오의 이 문건에 대해 현존하는 관찰자인 아이작 도이처(I. Deutscher)는 "이제까지 모든 공산주의 나라에서 나온 스탈린주의 비판 가운데 가장 급진적인 것"[8] 이라고 평가했다. 그러나 같은 해 6월 이 문건이 출판될 무렵에는 새로운 "반우경주의" 캠페인이 시작되었다. 곧이어 중국은 실패로 끝나고 말 "대약진운동"으로 빠져들어갔고, 사회주의 우방국들과 충돌하는 과정을 밟게 되었다. 나아가 탈스탈린주의화의 모든 의례적인 몸짓과는 반대로 마오의 사진이 나붙게 되었다.

1957년 11월 공산당 및 노동자당 대표자들의 격렬한 회의가 끝나면서 채택된 선언에는, "수정주의"와 "우익 기회주의"가 국제 공산주의운동이 직면한 주요한 위험이라는 중국의 명제가 포함되기는 했지만, ("종이 호랑이"에 관한 마오의 성찰에 동의하는 것이 아니라) 소련공산당이 제기한 입장을 승인하는 것이었다. 모스크바의 81개 당 협의회 직후인 1960년 12월에 중국 대표부는 "사회주의 진영의 단결"을 축하하는 공동선언에 다시 서명했다. 그러나 이 두 회합은 균열을 숨기려는 행사에

8) *Russia, China and the West*, Harmondsworth 1970, p. 104.

지나지 않았다. 레닌 탄생 90주년을 맞이하여 중국은 『홍기』에 「레닌주의 만세!」라는 큼지막한 기사를 실었는데, "특정한 인물들"에 반대하여 맑스-레닌주의의 정통성을 옹호하자는 내용이었다. 이 기사는 표면적으로는 티토를 공격하지만 실제로는 흐루시초프를 비난하면서, "누군가 맑스-레닌주의를 위하여 교조주의에 반대할 수도 있겠지만, 교조주의에 반대한다는 명목으로 실제로는 맑스-레닌주의에 반대할 수도 있다"[9]고 암시했다. 소련측은, 이 기사가 진짜로 겨냥하고 있는 자는 자신들이라는 것을 알고 있었고, 마침 레닌의 『'좌익' 공산주의——소아병』 출간 40주년을 호기로 이용하여 이 저작에서 뽑은 장문의 발췌문으로 그에 응수했다. 바로 이러한 공개적인 섀도우 복싱을 배경으로 해서, 1961년 10월 소련공산당 제22차 당대회의 결의가 중국공산당에 의해 "수정주의적"이라고 낙인찍히게 된 것이다. 중국공산당은 사태의 중요한 두 가지 (서로 연관된 것으로 여겨지는) 조치에 대해 반대했다. 첫째로, 흐루시초프의 스탈린 비판이 반복되었다〔는 점〕, 둘째로 소련공산당이 채택한 강령은 "평화로운 공존 및 경쟁"이라는 노선을 확인했는데, 이 노선이 흐루시초프에 의해서 추구될 수 있었던 것은 그가 소련에서 전권을 휘둘렀기 때문이었다. 흐루시초프는 이 대회를 "공산주의 건설자 대회"라고 불렀고, 이 당 강령을 "**진정한 공산주의적 인간주의의 기록**"이라고 불렀다. 이 강령은 『신 공산당선언』이라고 불리면서, 20년 이내에 공산주의를 건설하는 것을 소련의 목표로 확정했다. 이제 소련 국가는 "전인민의 국가"이고, 소련공산당은 "전인민의 당"이라고 선언되었다. "모든 것은 인간의 이름으로, 모든 것을 인간의 이익을 위해서"라는 것이 소련 국내외에서 흐루시초프의 이데올로기적 표어가 되었다.[10]

---

9) *Long Live Leninism*, Peking 1960, p. 16.

10) *The Road to Communism*, Moscow n. d. (1961)을 보라.

러시아 상황에 비추어 해석해본다면, 이러한 관점이 공산당들과 "사회주의 진영"에게 의미하는 것은 "평화를 위한 투쟁"의 우위성이었다. 이것은 1957년 그들이 합의한 「평화선언」이 지워준 짐이었다. 소련의 목표는 산업적 및 기술적 위업(예를 들면 1957년 10월의 스푸트닉 우주선의 위광과 1961년 4월 유리 가가린〔Yu. Gagarin〕의 지구궤도 선회 사례)에서 미국을 능가하는 것이었고, 그리하여 합리적이고 계획된 사회주의체제가 무정부주의적이고 "역사적으로 뒤떨어진 자본주의체제"보다 본질적으로 우월하다는 것을 과시하는 것이었다. 요컨대, 소련과 미국의 경제경쟁이 "계급투쟁의 주요형태"가 된 것이다. 공산당들의 임무는 일종의 평화로운 국제환경, 그 속에서 소련이 휴식기를 가지며 일국공산주의의 야심찬 계획을 실행할 수 있는 그런 국제환경을 확보하기 위해 투쟁하는 것이었다. 이것은 그들이 점진주의적이고 합법적이며 민족적인 사회주의 이행전략을, 즉 제2차대전 후의 "세력권"의 분할을 혼란시키지 않는 이행전략을 기꺼이 (재)채택한 것을 의미했다. 그리하여 다시 한번 공산당들의 전략은——비록 국제적 지도체는 아무것도 존재하지 않지만——흐루시초프의 데탕트주의로 대표되는(또한 그가 거듭 주창한 "캠프 데이비드 정신"으로 상징되는) 소련의 시각과 제휴하는 것이었다. 이탈리아공산당의 지도자 팔미로 톨리아티(P. Togliatti)가 나중에 주장한 대로, "다중심주의"(Polycentrism) 시대가 열린 것이었다. 이 시대는 "현상유지"를 위한 투쟁이라는 특징을 갖게 되었다.

러시아의 이 노선은 "민족적 길"로 회귀하기를 열망했던 많은 공산당들에게 호소력을 가졌지만, 반면에 중국은 이에 동조할 준비조차 하지 않았다. 왜냐하면 이 노선은——그들 생각으로는——그들의 민족적 이해와 자국 일국에서의 공산주의 건설과 양립될 수 없는 것이었기 때문이다. 여전히 (제국주의) 나라들 사이에서 고립된 채, 원조 문제와 핵기술 문제, 그리고 중국과 인도분쟁 문제(또한 쿠바의 미사일 위기와 유고슬라비아와 알바니아의 사회주의적 성과)를 둘러싸고 소련과 충돌하여, 중국인들은 한계점에 도달해 있었다. 1963년 7월로 예정되었던 양국 공산당 대표 회의가 불투명해졌는데, 이는 중국공산당이 7월 14일 「국제 공산주의운동의 총노선에 관한 제안」을 중앙위원회 명의로 발표하였고, 한달 뒤 소련공산당에서 이에 못지 않게 격렬한 답변을 내놓았기 때문이다. 이 회의는 예정대로 진행되었으나, 이러한 상호비방의 분위기 속에서 대화가 더이상 진전되지 못한 채 7월 20일에 중단되었다(그로부터 5일 후 중국이 격분하는 가운데, 핵실험 금지조약이 모스크바에서 조인되었다). 그 첫번째 희생양은 국제 공산주의운동의 단결이었다.

이러한 사건들과 이에 뒤따르는 논쟁들의 이데올로기적 내용에 관해서 누군가 중요하고 진지한 회고적 평가를 어떻게 내리든간에, 당시 공산주의자들에게는 그 의미가 의심의 여지 없이 분명했다. 결국에 가서 중국인들이 문제로 삼은 것은 다음과 같은 것이었다.

> 맑스-레닌주의의 보편적 진리를 수용하느냐 안하느냐, 10월혁명이 취한 길의 보편적 중요성을 인정하느냐 안하느냐, 여전히 제국주의와 자본주의체제 아래서 살고 있는 인민이 세계 인구의 3분의 2에 달하고 혁명의 달성을 필요로 하고 있다는 사실을 인정하느냐 안하느냐, 또한 이미 사회주의적 길을 걷고 있는 인민이 세계 인구의 3분의 1에 달하며 끝까지 혁명을 수행해나갈 필요가 있다는 사실을 받아들이느냐 않느냐 이다.[11]

중국은 소련의 7월 14일자 "공개서한"에 대한 응답을 9개항의 논평

---

11) *The Polemic on the General Line of the International Communist Movement*, Peking 1965, pp. 4-5.

으로 구성해서 내놓았다. 이 논평은 흐루시초프의 "날조된 공산주의"를 질책하면서, 소련이 해외의 미국인들과 협력하여 중국 자국에서 자본주의 복구를 부추기고 있다고 고발했다. 이와는 대조적으로, 저 유명한 「스탈린의 문제에 관하여」에서는 "그는 일차적으로는 옳았고, 그의 오류는 이차적이었다"고 결론지었다. 즉 스탈린은 "위대한 맑스-레닌주의자"이자 "위대한 혁명가"[12]였다는 것이다. 중국의 논박에서는, 국제 공산주의운동에서 사회주의 진영을 분열시키는 이념적 기초가 된 두 가지 이데올로기적 이견이 제출되었다. 우선, 소련의 '평화공존' 구상은 반제국주의의 포기를 뜻하는 것으로 간주되어 거부되었다. 다음으로 사회주의로의 평화적 이행의 전망은 부정되었는데, 이 전망이 혁명적 방침의 절박성보다는 소련의 국가적 방침의 절박성에 의해 부과된 노선——즉 일국의 전략을 사회주의라고 전도시킨 것이라고 파악되었기 때문이다. 러시아인들은 수정주의라고 고발되었다. 한마디로, 반레닌주의라는 것이었다. 1964년 가을의 흐루시초프 실각도 사태를 변화시키지 못했다. 소련공산당의 새 지도부가 탈흐루시초프화의 입장을 취하자, 중국은 "흐루시초프 없는 흐루시초프주의"라고 공격하기 시작했다. 향후 10년 이상 동안 공산주의 세계를 갈라놓는 전선이 그어진 것이다.

게토(Ghetto)로부터의 탈출?

알튀세르는 이 사태의 대부분을 프랑스공산당의 프리즘을 통해서 보는 것이 불가피했을 것이다. 프랑스공산당은 서유럽에서 둘째로 규모가 크고 가장 철저히 "볼셰비키화"된 공산당이었다. 후에 사르트르는

---

12) Ibid., pp. 120-21.

"우리 시대는 모든 식자층에게 프랑스 정치에 관해 논평하도록 강제했다"[13]고 표현했다. 알튀세르도 다른 많은 동시대 지식인들과 마찬가지로 제3공화국의 굴욕적인 붕괴와, 연이은 나치의 점령, 그에 따른 협력 및 레지스탕스운동의 양상을 보면서, 사회주의에 참가하게 되었다. 소련과 프랑스공산당은 반파쇼전쟁에서 수행한 역할 덕분에, 추축국의 패배와 더불어 엄청난 위세를 누리며 등장할 수 있었다. 1945년에 50만 당원을 자랑하면서 프랑스 유권자의 4분의 1의 지지를 얻은 프랑스공산당은, 사르트르가 회고하듯이 "우리의 유일한 버팀목",[14] 즉 좌익 진영의 효과적 행동의 중추였다. 이렇게 되자 두 가지 기본적인 선택지가 주어졌는데, 하나는 사르트르와 메를로-퐁티(M. Merleau-Ponty)의 궤적을 예로 들 수 있는 선택이었고, 다른 하나는 알튀세르와 같은 유형의 선택이었다. 『현대』(*Les Temps Modernes*)지의 발기인들은 프랑스공산당의 획일화된 조직과 화석화된 교리 및 권위주의적 실천에 실망하여, "집착 없는 포용주의",[15] 즉 "반(反)반공주의"를 선택했다. 레지스탕스운동에 의해 배태된 열망을 현실화하기 위한 전제조건은 프랑스공산당의 변모였다. 이러한 변모 과정을 촉진시켜줄 독자적인 맑스주의 철학을 정교화하는 임무는, 비록 당과 "우호적 대화"를 하는 위치에 있긴 하되 〔당의〕 관료화된 구조 밖에서만 수행될 수 있었다.

실존주의적 맑스주의 강령은 고된 시련 속에서 이루어졌다. 처음에 프랑스공산당은 소련에 대해 무조건 충성을 바치면서, 미국자본주의와 소련공산주의 사이의 어떠한 "제3의 길"의 가능성도 거부했다. 그리고 나자 우여곡절 끝에 어쨌든 전후의 정치사는 당에 결정타를 가했고,

---

13) *Situations IV*, Paris 1964, p. 217.

14) Ibid., p. 228.

15) Maurice Merleau-Ponty, *Humanism and Terror*(1947), Boston 1969, p. 148.

당은 일찍이 원칙적 중립주의라는 이유로 부정했던 빳빳한 선택을 해야만 했다. 메를로-퐁티는 한국전쟁에서 소련이 보인 제국주의적 성격과, 나아가서는 맑스주의의 유토피아성 때문에 회의를 품고 맑스주의를 포기했다. 사르트르의 경우 이와는 대조적으로 맑스주의란 "이상주의의 종말"이자 "현실주의"의 시작이었다. 즉 그는 마니교같은 제3의 정치적 우주 속에서 프랑스공산당과의 "병존"을 유지하기로 선택했다. 알튀세르의 선택도 이들처럼 명료했다. 기독교학생청년회(Jeunesse Etudiante Chrétienne)의 전사였던 그는 처음부터 인민전선의 경험에 의하여 그리고 다음에는——결정적으로——프랑스의 패배의 경험에 의하여 이미 급진화되어 있었다. 1939년에 징집된 그는 다음해 여름 포로로 붙잡혀 전쟁이 끝날 때까지 독일의 포로수용소에서 보냈다. 그도 사르트르나 메를로-퐁티와 유사한 "지독한 실전교육"[15-1]을 겪었지만, 그는 해방 후의 격동하는 수년을 겪은 뒤 이들과는 달리 프랑스공산당에 입당했다. 냉전의 심화와 계급투쟁의 격화에 부합하여 그의 당성도 강화되었다. 알튀세르가 입당한 시기는, 1948년 11월 공산주의자들이 지도한 광부 스트라이크가 사회주의자 장관들의 명령으로 진압경찰에 의해 분쇄되는 쓰라린 사건이 일어난 때였다.

실제로 이 무렵, 레지스탕스에 의해 일깨워졌던 혁명적 희망이 최종적으로 좌절되었다. 이미 종전 무렵에 "삼색기 앞에서 붉은 깃발을 내리고"[16] 드골의 프랑스자유당(France Libre)과 타협했던 분쇄당한 자들의 당(le parti des fusillés)은 1947년에 라마디에 정부로부터 축출당했다. 소련과 승리한 자본주의 열강들 사이의 연합은 이제 더이상 지속되지

15-1) FM, p. 21.

16) Karl Marx, "The Class Struggles in France : 1848 to 1850", *Surveys from Exile*, Harmondsworth 1977, p. 46.

않았다. 팍스 아메리카가 트루먼독트린과 마샬플랜의 양날개를 타고 갑자기 몰려왔고, 곧이어 NATO도 이를 추종하게 되었다. 1947년 가을, 스탈린이 공산주의자들의 단합된 대응을 만들어내기 위하여 설립한 코민포름은, 프랑스공산당과 이탈리아공산당이 민족적 단합을 우선적 정책으로 삼은 것을 비판했다. 코민포름은 "두 개의 진영"의 존재, 평화애호적인 사회주의적 진영과 호전적인 제국주의 진영으로 나뉘어진 것을 선언하고 공산당의 "좌로 선회"를 선포했다. 프랑스 내에서 "삼분할주의"(tripartism)를 근거로 프랑스공산당은 급히 공세로 전환하여 1940년대말의 격렬한 계급투쟁에 자신의 세력을 동원했다. 프랑스 사회〔민주〕주의자들이 대서양주의로 선회하자, 공산주의자들은 준"3기"라는 비유문구로 되돌아갔다. 프랑스공산당은 러시아 전체주의의 오른팔이라고 탄핵받자, 스탈린주의의 요새로 퇴각했으며 냉전이 악화될수록 코민포름의 요구를 더욱 충실히 실행했다. 1945년에는 54만 5000명에 이르고 그 다음 해에는 80만으로 늘어났던 당원이 이후 10년 동안 30만 미만으로 줄어들었다. 그럼에도 불구하고 프랑스공산당은 제4공화국의 선거에서 여전히 26%의 지지를 획득했고, 제1의 노동자계급 정당으로서의 자신의 지위를 유지했다.

레지스탕스의 계속으로서, 미국 제국주의 및 그에 대한 드골주의자와 사회〔민주〕주의자의 연합에 반대하여, 또 자신이 프랑스의 혁명적 공화주의의 계승자이자 수호자라고 내세우면서, 또한 노동자계급의 정당이라는 자신의 위치를 강화해나가면서 진용을 정비한 프랑스공산당은 수많은 지식인 사이에서 여전히 영웅주의의 상징이자 불가분한 사회주의적 및 민족적 대의의 구현체로 간주되었다. 당과 지식인 양자 사이의 관계는 늘 긴장되고 종종 고통스러운 것이었다. 그러나 일부 지식인은 "스탈린주의적 중노동"[17]의 수년 동안 〔당으로부터〕 멀어져갔지만 알뛰세르를 포함한 다른 지식인들은 끝까지 버텨냈다. 사르트르는 냉전기간 동안 줄곧 지칠줄 모르는 논객으로서, 1952년에 프랑스공산당의 방어에 뛰어든 후 당시의 상황에서 스탈린주의의 패배가 사실상 노동자계급의 패배가 될 것이라고 주장하는 숱한 발언을 했다. 만일에 노동자들에게 "계급존재"를 부여해줄 수 있는 〔이〕 유일한 통일적 영역을 노동자들이 포기한다면, "세계는 부르조아화될 것이다". 다시 말해서 좌익 지식인들에게는 암흑사회가 될 것이다.[18] 사르트르는 "반공주의자는 개"[19]라고 단언하고, 당에 가입하지 않은 채 외부에서 당의 정치적 실천의 이론화를 시도하면서 "노선상의 동지"(Compagnon de route)의 역할을 채택했다.

한편 당과 계급을 같은 것으로 등치시켰던 당 내부의 지식인들에게는 20차 당대회가 "지진"[20]처럼 닥쳐왔다. 프랑스공산당 지도자들은 처음에는 엄청나게 경악했다. 언제나 스탈린의 지시와 노선변경에 동조했기 때문에 그들은 처음에는 도저히 흐루시초프의 탈스탈린주의화를 받아들일 수가 없었다. 서기장 모리스 토레즈(M. Thorez)는 그 대회의 스탈린에 대한 제한적 발의(그는 언제나 "흐루시초프의 기만적인 보고서"라고 불렀다)에 반대했다. 하물며 톨리아티의 체계적 "변절"에 관해서는 숙고할 여지조차 없었다. 그는 흐루시초프를 설득하여 부하린과

---

17) Louis Althusser, "What Must Change in the Party", *New Left Review* 109, 1978, p. 35.

18) "Les Communistes et la Paix" (1952-1954), *Situations VI*, Paris 1964, p. 252 참조. 사르트르의 논문들은 메를로-퐁티로부터 "극단적 볼셰비즘"이라는 책망을 야기했다. 메를로-퐁티의 *Adventures of the Dialectic*(1955), Evanston 1973, Chapter 5를 참조하라.

19) *Situations IV*, p. 248.

20) 프랑스공산당의 지도적 지식인이었던 장-투생 드장티의 회고. Dominique Desanti, *Les Staliniens*, Paris 1985, p. 510.

모스크바 재판의 다른 희생자들을 복권시키지 못하게 하려 했다. 또한 그는 1957년 6월에 소련지도자들을 축출하려던 말렌코프(G. M. Malenkov), 몰로토프(V. Molotov), 카가노비치(L. M. Kaganovich)의 "반당" 음모에 적어도 동정적이었다. 그럼에도 불구하고, 그의 지도 아래서 프랑스공산당은 소련공산당이 후원한 신노선을 채택했다(1964년에 죽기 직전에 토레즈는 "프롤레타리아 국제주의는 소련과의 연대"라고 공언했다). 1956년 7월의 프랑스공산당 제14차 당대회에서는 "평화공존"이 승인되었다. 1961년 11월에 열린 중앙위원회 회의는 소련공산당의 최근의 당대회의 "일반적 중요성"을 확정했다. 그 결의문에는 "22차 당대회의 역사적 결정으로부터, 프랑스 공산주의자들은 파시즘의 위협과 개인 권력에 반대하고 알제리의 평화를 지지하고 민주주의의 복원과 혁신을 지지하고……평화공존과 일반적 군비축소를 지지하며 또한 사회주의를 지지하는 투쟁을 위해 새로운 근거와 힘을 얻는다"[21]고 기록되었다. 이와 유사하게 바로 직전(1959년과 1961년)에 열렸던 제15차, 16차 당대회는 프랑스공산당의 "평화적 이행"의 지향을 공식적으로 표명했다. 1966년에 토레즈의 후임자 발덱 로셰(W. Rochet)는 자신의 동료를 옹호하면서, "프랑스공산당의 입장과 소망은 분명했다. 우리 당의 모든 행동은 사회주의로의 평화적 이행에 유리한 상황을 창출한다는 목표를 지향하고 있다"[22]고 공언하게 되었다.

흐루시초프 노선에 대한 프랑스공산당의 적응은 단지 세계 사회주의의 요새에 대한 충성심 때문에 나타난 것이 아니라, 오히려 "국제주의"와 국내 영역의 긴급한 요구가 근저에서 서로 양립 가능했기 때문에

21) Lilly Marcou, *L'Internationale aprés Staline,* Paris 1979, p. 143에서 재인용.

22) "Débats sur les Problèmes Idéologiques et Culturels", *Cahiers du Communisme* 5–6, 1966, p. 316.

나타난 것이었다. 인민전선 이후 프랑스공산당은 언제나 당의 공식적 교리와는 무관하게, 완벽한 프랑스적 특색을 갖는 일종의 유추적 노선을 추구해왔다. 1947년의 첨예한 전환은 봉기적인 권력장악을 위한 계획이 아니라 "평화를 위한 투쟁"에 초점을 맞춘 운동으로 귀착되었다. 소련의 국방부는 제국주의 진영 내부의 모순을 조장하려는 목적에서 애국적 반미주의를 고취할 것을 요구했다. 역설적이게도 이 비타협적인 국제주의는 호전적인 민족주의(즉 독일의 재무장을 반대하는)의 형태를 띠고 나타난 것이다. 또한 이 운동은 기회주의적 부르조아지에 반대하여 자기 국민의 조국을 주장하기에 이른 것이다. 한국전쟁 이후 국제정세가 완화됨에 따라 프랑스공산당은 다시 한번 사회당과의 "통일전선"을 모색했다. 프랑스공산당은 "영원한 프랑스"를 바라는 자신의 열망을 과시하는 데만 열중했기 때문에, 1954년 알제리에서 독립전쟁이 돌발하자 그에 대해 기껏 애매한 입장을 취했을 뿐이다(이러한 태도는 이미 베트남에 대해서도 그대로 나타났다). 즉 토레즈가 공언한 대로 "당은 타협하지 않을 수 없었다". 당은 1956년 몰레 정권에게 "비상대권"을 부여하자는 투표에서 찬성 입장을 취하면서, 자신의 체면을 세우려고 평화와 "순수한 단결"을 주장했다. 그리고 나서 2년이 지나자 진퇴유곡의 알제리 분쟁에서 벗어날 구제책은 "좌익의 단결"을 통해서가 아니라 드골의 복귀를 통해서 가능하다는 기대가 일반화되었다. 프랑스공산당은 프랑스의 식민주의 문제를 회피하였기 때문에, 제4공화국이 1958년 5월 13일 드골주의 밑으로 매장되었을 때 수동적인 입장을 취할 수밖에 없었다. 바로 그해에 당의 투표지지율은 1936년 이래 처음으로 20% 이하로 떨어졌다. 그리하여 당의 시각은 사회주의로의 모든 이행의 중간단계로서의 "민주주의의 복원과 혁신"이라는 입장, 이러한 목표를 달성하는 수단은 공동의 "민주적 강령"에 입각하여 사회〔민주〕주의자들과 선거연합을 이룩하는 것이라는 입장에 확고하게 고착되었다. 1962년 개헌 국민투표에서 개인 권력에 대한 압도적 찬성표를 얻음으로써 제5공화국의 공고화가 초래되자, "제휴" 전략이 가속적으로 추진되었다. 나아가 프랑스공산당은 사회주의자들과 사실상 선거연합에 들어갔고, 이로써 (비록 협상이 특별히 진심에서 우러나 이루어진 것은 아니었을지언정) "위대한 분리"는 끝이 났다. 알튀세르의 다사다난했던 해인 1965년에 "우경화의 시작"은 마침내 좌익진영의 단일 대통령후보로서 프랑스와 미테랑(F. Mitterand)을 지지하기에 이르렀다.

1956년 소련의 헝가리 침공으로 야기된 위기에 대하여 프랑스공산당은 이탈리아의 (혹은 영국의) 형제당만큼 나쁘게 받아들이지는 않았다. 확실히, 동유럽에서의 호전적인 친소비에트주의, 알제리에 대한 소심한 민족주의, 그리고 당 내부체제의 최소한의 민주화에 대한 노골적인 거부 등이 결합되어, 사트트르의――『스탈린의 유령』(*The Spectre of Stalin*)에서 공언된――결별을 초래했을 뿐 아니라, 적극적인 당내 반대도 가져왔다. 또한 탈스탈린주의화 운동의 정치적 및 이론적 결과에 실망하여, 앙리 르페브르와 장-투생 드장티(J.-T. Desanti) 등의 지도적 지식인들은 반대파의 잡지들에 협력했으며, 결국 자신들의 행위의 댓가로 1958년 당에서 축출되었다. 같은 해 소르본느 문필가 세포도 알제리에 대한 지도부의 입장을 비판하였다는 이유로 해체되었다.[23] 3년 뒤, 세르벵(M. Servin)과 카사노바(L. Casanova)는 그들의 조숙한 유로코뮤니즘을 호소하는 저술을 내놓았다. 어떠한 경우든 질서는 회복되었다.

---

23) 공식적 감시 때문에 많은 당원들의 충성심이 심각하게 손상되었다. 알튀세르는 강경노선을 택한 사람들에 속하는 듯하다. 그에 대해서 적대적인 한 논평가에 따르면, 그는 그의 학생들과 함께 1960년 10월에 학생연맹(UNEF)이 주도한 알제리에 관한 무력시위에 참가했다고 한다(Bernard Lisbonne, Jean Daubier의 증언을 인용한 글, *Philosophie Marxiste ou Philosophie Althussérienne*, Paris 1981, pp. 15-16).

그러나 1960년 이후 국제 공산주의운동에서 새로운 위기가 나타나자, 가장 급박해진 반(反)개혁은 "좌익"에 반대하는 것, 즉 중국적 이단에 반대하는 것이었다. 프랑스공산당이 이 일에 단연 선두였다. 당은 자신의 세포 내에 마오주의 세균이 확산될 것을 우려하여, 중소논쟁에서 소련을 열렬히 지지했으며, 그 결과 프랑스공산당의 새로운 노선은 "공산주의에 대한 헌신의 맹세에서 벗어나 있는 것"[24]이라는 북경의 대(對) 프랑스 반박을 야기했다. 1956년에 행해진 각국의 비판은 같은 해의 스탈린 없는 스탈린주의에 의해서 자극되었고, 공산주의 세계에는 이같은 매우 뚜렷한 양상이 급속히 밀어닥치게 되었다. 1960년대초가 되자, 그리고 소련공산당이 선두위치를 장악함에 따라, "정상화된" 공산당들은 반대파들이 과거 공산당에 대해 제기한 많은 비판들을 흡수하여 당강령의 기초로 삼았다. 흐루시초프주의자들은, "부다페스트의 자욱한 연기 속에서"[25] 스탈린의 망령을 간파한 사람들의 병기를 몰수했다. 프랑스공산당의 공식 이론가들은 스탈린주의의 이데올로기적 편의주의로부터 나온 문구들을 비교적 수월하게 흐루시초프주의의 문구들로 바꾸어놓고 이를 전파했다. 당시 당의 지도적 철학자는 정치국원인 로제 가로디(R. Garaudy)였는데, 그는 『공산주의 평론』(*Cahiers du Communisme*)의 편집인이자 맑스주의 연구조사 센터(Centre d'Etude et le Recherches Marxistes)의 소장이었다. 그는 예전에는 이단자 색출 대장이었지만, 이제는 병자성사(病者聖事)의 시여자이자, 스탈린을 발빠르게 계승한 챔피온이며 흐루시초프적 신앙의 옹호자로서 앞장서서 (그 자신의 용어를 빌자면) "파문에서 대화로" 가는 이행의 상징이 되고 있었다.

---

24) "Whence the Differences?—A Reply to Thorez and Other Comrades" (1963), *Whence the Differences?*에 재수록, Bath n.d., p.155.

25) *The New Reasoner* 3, November 1956에 실린 톰슨의 논문 제목.

이같은 것들이 1960년 이후 근본적으로 재구축된 논쟁과 분열의 좌표였다. 알튀세르는, 헝가리사태 이후에도 프랑스공산당에 남아 있으면서도, 비판자들에 대한 이데올로기적 탄압에서 아무런 역할도 하지 않았다. 실로 우리는 1956년 사태에 관하여 그가 언급한 말을 현재 찾아볼 수가 없다. 당시까지 그는 맑스주의 철학에 관한 몇 개의 간략한 논문들을 자신의 이름으로 썼을 뿐이다(이 논문들은 당 기관지가 아니라 한 학술지에 발표되었다). 이 글들의 성격은 무엇이었는가? 처음 발표된 두 논문, 「맑스주의에 관하여」(A Propos du Marxisme)와 「변증법적 유물론에 관한 노트」(Note sur le Matérialisme Dialectique) (1953)는 알튀세르가 자신의 생애 내내 고뇌하게 되는 문제들, 즉 맑스 저작의 시기구분과 맑스주의의 본질이라는 두 문제를 담은 한 쌍의 글이었다. 청년 맑스의 저작에 중요성을 부여하는 방식이 맑스주의 해석을 지배한다고 주장하면서 알튀세르는 1859년 『서문』에서 맑스 자신이 요약한 지적 자서전에 〔맑스주의 해석의〕 기반을 마련한다. 이에 따르면, 맑스의 1845년 이전의 저작은 독일 관념론, 즉 『독일 이데올로기』의 문제의식에 의해 해석되어야 한다. 즉 『독일 이데올로기』는 이러한 "철학적 의식"에 대한 비판을 대표하고, 『철학의 빈곤』은 그가 집필한 것 중에서 최초로 완벽한 "과학적 저작"이었기 때문이었다. 만일 맑스의 후기저작들이 청년기의 철학적 주제들——소외의 종결과 역사의 종말——에 실체가 있는 내용을 부여하기 위한 시도라고 이해된다면, 그의 후기저작들(그리고 맑스 계승자들의 저작들)이 지니는 가치는 오직 이들 주제가 가지고 있는 만큼만 가치가 있는 것, 즉 매우 적은 것이 될 것이다. 이렇게 본다면 맑스주의는 과학에서 철학으로 전환될 것이다. 그러나 맑스주의는 역사적 유물론과 변증법적 유물론으로 구성되어 있다.[26] 전자는 역사

26) "A Propos du Marxisme", *Revue de l'Enseignement Philosophique* 3 : 4, 1953, p. 17.

에 관한 과학이고, "역사적 유물론"이란 그것을 동시대의 모든 관념론적 역사인식과 구분하기 위하여 붙인 명칭이었다. 역사적 유물론은 인간의 자의식이나 목적론적인 유토피아적 원리에 입각해서가 아니라, "역사적 진화를 '궁극적으로' 결정하는 '원동력'인 생산력과 생산관계의 유물변증법에 그 기초를 두고"[27] 세워졌다. 그리고 이 역사적 유물론의 "가장 심오한 특징"은 그것이 "정치적 행위를 야기할 뿐만 아니라, 실천에 의해 검증되고, 바로 이 실천 속에서 발전하며 풍부화된다"[28]는 점이었다.

두번째 논문에서 알튀세르는 맑스주의 철학으로 넘어가, 이 철학이 엥겔스와 레닌 그리고 특히 스탈린에 의하여 발전되었음을 강조하면서 글을 시작했다.[29] 맑스와 엥겔스 및 이들의 계승자는 변증법을 "최고로

이 글에서 알튀세르는 다음과 같이 쓰고 있다. "맑스주의는 과학적 지위를 상실하고 이제……이상(理想)의 화신——즉 분명히 움직이지만 유토피아적인 것——이 되고 말았다. 모든 추상적인 이상처럼, 맑스주의가 자체의 위기 사태에 대응하여 현실적인 것에 순응하려고 노력하자마자 그것은 이론적 모순에 굴복해 버릴 뿐만 아니라 구체적 수단의 '불순성'에 굴복해버리게 된다……만일 이와는 반대로 맑스주의가 이런 종류의 모든 '철학적' 사상과는 이질적인 것이라면, 즉 그것이 과학이라면, 그렇게 되면 그것은 이론적 모순과 관념의 실천적 횡포에서 벗어나게 된다. 맑스주의가 대면하고 있는 유일한 모순은 그 자체의 철학적 주장들과 관련된 것들이 아니라, 현실 그 자체와 관련된 것들이다. 이러한 모순에 대하여 그것은 과학적 연구와 실천적 해결을 제시한다."

27) Ibid., p. 18. 알튀세르는 독자들에게 1859년 『서문』과 관련하여, "한층 심오한 과학적 역사관"의 사례로서 엥겔스와 레닌 및 스탈린의 원전들을 더 많이 인용할 것을 제안하고 있다. 스탈린을 옹호하는 이런 진술은 물론 프랑스공산당의 1953년의 공식입장에 따른 것이다.

28) Ibid., p. 19.

진보된 과학적 방법"으로 간주했다. 이들은 헤겔적인 변증법이 "도식주의"이며, 이 도식주의에 따라 폭력이 실재화되어 변증법의 "선험적 구조"로 주형되고 있다고 비판했다. 헤겔에게서 유산으로 받은 도구를 변형시키면서 그들은,

> 그렇지만 [그것의] '합리적 핵심'과, 그것의 일반적 내용(상호작용, 발전, 질적 '비약', 모순)……을 보존했다. 이로써 저 유명한 '전도'의 의미가 명확해질 수 있다. 변증법이 그들의 핵심을 이루게 된 것은…… 변증법이 특정한 철학적 체계에 근거해 있기 때문도 아니고, 몇 가지 내재적 장점을 가지고 있기 때문도 아니었다. **변증법은 오로지 그것의 적극적 활용, 그 과학적 풍부성에 의해서만 효력을 갖게 된다.** 이것이 변증법의 독특한 판단기준이다. 오직 이러한 과학적 채용만이 변증법을 방법이라고 말할 수 있게 해준다.

레닌이 『'인민의 벗'이란 무엇인가, 그들은 사회민주주의자와 어떻게 싸우고 있는가』에서 주장한 바와 같이, 맑스와 엥겔스의 변증법적 방법은 오직 "사회학의 과학적 방법"[30]일 뿐이었다. 그러므로 스탈린은 변증법의 '법칙' 중에서 '부정의 부정'을 목적론적으로 활용하는 오류를 바로잡았고, 마오는 이제까지의 모순의 추상적 개념을 구체적 구조로서 특수화하도록 교정했다. 알튀세르는 계속해서, 변증법은 그것이 "현실의

---

29) "Note sur le Matérialisme Dialectique", *Revue de l'Enseignement Philosophique* 3 : 5, 1953, p. 11. 알튀세르가 이 주제에 관한 "가장 중요한 맑스주의 저작들"의 목록으로 제시한 것은 당시에는 표준적인 것이다. 단 마오의 『모순론』만이 흥미로운 (예상할 수 있는) 예외이다.

30) Ibid., pp. 11-12. Lenin, *Collected Works*, Vol. 1, Moscow 1963, pp. 163-65을 참조하라.

구조"를 표현할 때만 "**발견의 방법**"[31]이 될 수 있다고 말했다. 그러나 이것은 맑스주의에 반대하여 제출된 모든 "형이상학적 유물론"을 비난할 증거가 되지는 못했다. 왜냐하면 변증법적 유물론에서는 "변증법이란 **추론함으로써** 자연의 형이상학에 도달하는 것이 아니라 현실의 구조를 **발견함으로써** 과학에 도달하는 것"[32]이었기 때문이다. 맑스주의 유물론의 대상은 과학(들)의 대상(들)이 아니었다. 그것은 인식론의 근본문제, 즉 물질이 일차적이냐 아니면 정신이 일차적이냐 라는 문제를 다루었다. 물질의 일차성이라는 입장에 확고하게 서서, 맑스주의 유물론은 과학의 "자연발생적 유물론"을 지지했다. 즉 과학의 실천은 "모든 진리의 원천이자 판단척도"라는 것이었는데, 이는 단순한 "실용주의"와는 전혀 공통점이 없는 결론이긴 하지만, 고전 철학의 고유한 인식론적 문제를 해결하지는 못했다. 맑스주의 철학은 과학의 "자연발생적 실천"이라는 말의 함축된 의미를 "의식적으로 표현하[였]고 발전시키[었으]며, 그리하여 **'외적 현실의 일차성'**을 긍정하는 것으로 곧장 나아갔다".[33] 게다가 "유물론적 인식론"은 관념론적 선조들의 인식론과는 전적으로 판이했다. 왜냐하면 유물론적 인식론이란 과학들에 관한 어떤 과학〔대문자의〕, 즉 **법적으로** 혹은 **사실적으로** 과학들을 자신으로 대체하려는 그런 과학이 아니기 때문이었다. 그럼에도 불구하고 그것은 과학들에 의해 "검증"되었고 "과학적인 철학 이론"[34]이라는 정당한 판결을 받았다. 이처럼 유물론은 "과학들에 대해 근본적인 관계, 즉 과학들에게 자신의 현실을 상기시켜 줌으로써 과학의 생동성과 진보를 확보해주는 관계"를 맺고 있었다.

---

31) "Note……", p. 12.

32) Ibid., p. 13.

33) Ibid., p. 13-14.

34) Ibid., pp. 15-16. 마지막 문장을 정식화한 사람은 스탈린이다.

"과학들의 무한한 발전을 안전하게 방어해주는 것……과학에 대해 현실을 상기시킴으로써 모든 교조주의와 관념론으로부터 과학을 보호하는 것, 바로 이것이 유물론의 목적이다"[35]라고 알튀세르는 결론지었다.

초기의 세번째 저술 「역사의 객관성에 관하여」(1955)――폴 리쾨르(P. Ricoeur)에게 보내는 공개서한――에서도 알튀세르는 자신이 이후 몰두하게 될 쟁점, 즉 역사과학의 기초라는 문제를 다루었다. 그는 레이몽 아롱(R. Aron)의 상대주의를 비판하면서, 역사는 자연과학과 비슷한 "합리성"을 갖고 있다고 주장했다. 리쾨르에 대해서는 다음과 같은 점을 지적하고 있다고 칭찬했다.

> 역사의 차원은 직접적 경험의 차원이 아니다. 과학으로서의 역사는 과거의 부활이 아니며――부활할 수도 없고――역사과학은 역사에 관한 지식이라는 것이다……
>
> 바로 이같은 차원에서 우리는 자연과학의 합리성과 '같은 종류의' 합리성을 역사에서 찾아낼 수 있다. 당신은 역사의 과학적 실천――관찰, 추상화, 이론――의 계기들이 실험과학(실험적이기 때문에 이론적인 과학)의 여러 절차와 부합한다는 사실을 명백히 보여주었다.[36]

그러나 폴 리쾨르는 역사학의 객관성을 역사학자의 "객관성에 대한 의지"에서 찾아내려고 시도했다. 이와는 달리 그 객관성은 역사적 현실의 역사적 대상에 관한 이론에, 즉 역사적 대상에 관한 객관적 지식을 산출하는 것을 목표로 하는 이론에 비록 근사치일지라도 부합할 때만

---

35) Ibid., pp. 16–17.

36) "Sur l'Objectivité de l'Histoire (Lettre à Paul Ricoeur)", *Revue de l'Enseignement Philosophique* 5 : 4, 1955, p. 5.

뿌리를 내릴 수 있다. 역사 또한 검증될 수 있거나(과학적인 것으로서 확인되거나) 또는 오류임이 입증될 수 있고(이데올로기적인 것으로서 반박될 수 있고), 이 점에서는 다른 과학의 경우와 같을 것이다. 폴리쾨르는 실험작업의 결정적인 중요성을 간과했다. 이와는 대조적으로 알뛰세르는——"현실의 역사"에 대한 "근본적 '비판'"을 수용하는 것을 전제로 할 때——**"역사도 실험적일 경우에만 이와 마찬가지로 과학이 될 수 있다"**[37]고 주장했다.

자연과학과 철학적 인간주의에 기초를 둔 인문과학 사이의 방법론적 차이점을 옹호하는 주장들을 이같이 비판하면서, 알뛰세르는 흔히 과학적 역사란 "직접적으로 존재하는 각종의 매력이나 드라마를 인간에게서 박탈할 우려가 있는데, 왜냐하면 과학적인 역사는 그런 각종 사건들을 필연성과 법칙으로 이해하기 때문"이라고 비판받는다는 사실에 주목한다. 그러나 이것은 매우 그릇된 비판으로 그 이유는 다음과 같다.

> 빛의 법칙에 관한 지식들이 인간의 보는 능력을 조금도 방해하고 있지 않듯이……사회발전을 지배하는 법칙에 관한 지식들도 인간의 생계영위에 방해가 되지 않으며 나아가 노동, 사랑 그리고 투쟁을 대체하지도 않는다. 오히려 반대로 빛의 법칙에 관한 지식들은 안경을 만들어내어 인간의 시력에 엄청난 변혁을 초래했고, 마찬가지로 사회발전의 법칙에 관한 지식을 토대로 인간은 각종의 노력을 시도하여, 인간 존재의 지평이 크게 변혁되고 확대되기에 이른 것이다.
>
> 역사과학과 체험된 역사의 이율배반이 해소되는 때란 바로 과학이 우리에게 제공하는 것 이외의 것을 과학으로부터 기대하기를 포기하는 때이다. 양자간의 이율배반은 과학적인 진리가 확립되는 차원을 파악하

37) Ibid., pp. 8-9.

게 될 때, 다시말해 과학의 실천적인 목적점을 파악하게 될 때에 비로소 해소된다. 여기에서 과학의 실천적인 목적점은 직접성에서 시작하여 일반성으로 상승하고, 법칙에 이르러 다시 구체적인 것으로 되돌아오는 것으로, 이 과정은 직접성의 단순한 복제가 아니라 능동적인 지성의 작용이다.[38]

알튀세르의 "초기저작"들은 당시에는 거의 주의를 끌지 못했던 것 같고,[39] 그 이후 지금까지도 별로 주목을 받지 못하고 있다. 그러나 이 저작들은 1950년대 알튀세르의 입장을 어느 정도 나타내고 있다는 점에서 상당한 관심의 대상이다. 왜냐하면 이 초기저작들에 근거하여 『맑스를 위하여』와 『자본론 읽기』에 이르렀을 때 그의 입장이 얼마나 달라졌나를 측정할 수 있기 때문이다. 그리하여 우리는 이 저작들에서 이미 명백하게 드러나는 반헤겔주의, 반역사주의, 반인간주의적 요소들이 그 이후 더욱 실체적인 모습을 띠게 된다는 것을 알게 된다. 또 역사적 유물론과 변증법적 유물론에 관한 알튀세르의 후기의 해석은 당시의 정설과는 아주 다른, (근거가 불확실한 권위에는 애당초 의존하지 않는) 훨씬 더 독창적인 형태를 취한다는 것을 알게 된다. 그리고 이 짤막한 저작들의 일부 긍정적인 측면들(예를 들면 역사과학의 경험적 계기에 대한 집요한 강조)이 사라지는 반면, 다른 요소들이 다시 나타나고 있다(맑스주의 철학에 대한 알튀세르의 개념파악은 몇가지 측면에서 볼 때 그가 이에 대해 다시 정의를 내릴 것으로 확연히 예측되는 사항이

38) Ibid., p. 15.

39) 그러나 변증법적 유물론에 관한 알튀세르의 초기 논문은 메를로-퐁티의 *Adventures of the Dialectic*, pp. 63-64의 각주에서 맑스주의를 "마술"로 바꾸어놓았다는 신랄한 비판을 받았다.

다).[40] 어쨌든 그것들은 알튀세르로 하여금 맑스주의에 관한 "주의깊고도 면밀한 연구"의 일정에 오르도록 하였다.

그러나 그후 알튀세르의 중요한 첫번째 저작은 1959년에 출간된 몽테스키외에 관한 소책자이다.[41] 이어 1960년에는 포이어바흐의 1839~45년의 저술을 편집한 책이 발간됐다.[42] 알튀세르의 주요 저술은 1961년에 나타나기 시작했는데, 이때는 스탈린이 죽은 지 8년이 지나고 흐루시초프의 비밀연설이 발표된 지 5년째가 되는 해로서, 이 시기를 앤더슨은 "변화된 역사적 풍경"[43]이라고 부른 바 있다. 알튀세르가 비판한 맑스주의 해석은 현재까지도 프랑스공산당에서는 정설로 인정되고 있다. 그의 독자적인 "철학 선언"은 러시아 노선과 프랑스의 러시아 노선 복제판을 겨냥하고 있는 반면, 중국의 입장에 대해서는 은근히 동조하고 있다. 흐루시초프의 스탈린 비판으로부터 알튀세르가 끌어낸 "이데올로기적-이론적 과업 및 실천적 과업에 관한" 결론은 소련공산당과 프랑스공산당의 견해와는 전혀 상이한 것이었다.

"탈스탈린주의화는 탈스탈린주의화의 추진자들을 탈스탈린화하게 될 것"이라고 사르트르는 1956년 자신있게 예언했다.[44] 그러나 그런 일은 일어나지 않았다. 실제로 일어난 일은 루치오 콜레티(L. Colletti)가

40) "Note sur le Matérialisme Dialectique", p. 17을 참조하라.

41) *Montesquieu: Politics and History*, in PH, pp. 9-109. 이 저작은 상당히 대규모의 (미완성) 작업——즉 1949-50년에 알튀세르가 개요를 그린 프랑스 정치철학의 고전들에 관한 방대한 논문을 쓰려던 프로젝트——의 부산물인 듯하다. ES-C, p. 165을 참조하라.

42) Ludwig Feuerbach, *Manifestes Philosophiques— Textes Choisis(1839-1845)*, edited and translated by Louis Althusser, Paris 1960.

43) *Arguments Within English Marxism*, p. 106.

44) *The Spectre of Stalin*, London 1969, p. 77(번역은 수정됨).

1964년 이탈리아공산당을 탈당한 지 10년 후에 지적한 것처럼 "명백하게 오른 쪽으로 편향된……혁신의 과정"[45]이었다. 알뛰세르는 당규율에 매여 있었기 때문에 당과 다른 정치적 의견을 자유롭게 표현할 수 없는 입장이었다. 그가 『맑스를 위하여』의 영어판 서문에서 밝혔듯이, 이 책에 모아놓은 논문들은 이 시기에 또한 이 시기에 의해 제기된 이론적 쟁점들만을 다루었을 뿐, 정치적 쟁점은 다루지 못했다.[46] 그렇지만 이 논문에서 그가 시사하고 있는 결론은, 흐루시초프의 보고서는 진정한 탈스탈린주의화 작업을 주도하기는커녕 일종의 우익적 비판으로서, 이로 인해 공산주의운동의 우편향적 전개를 촉진케 했다는 것이었다. 알뛰세르가 스탈린시대를 일컬은 "독단주의의 밤"[47](dogmatist night)이란, 그에게는 무엇보다도 맑스와 레닌의 혁명 유산을 포기하는 것을 의미했다. 알뛰세르는 스탈린주의와 흐루시초프주의 모두에 대해서 똑같이 거리를 두면서 탈스탈린주의화에 찬성한 반면, "사회민주주의화"(공산당이 제2 인터내셔널의 입장으로 후퇴하는 것)에는 반대했고 우익에서 일고 있는 탈스탈린주의화에도 반대했다. 콜레티와는 달리 알뛰세르는 1960년대에도 여전히 공산당 내에서 혁명적 맑스주의로의 복귀가 가능하다고 기대했다. 알뛰세르의 프로젝트——그의 한 동료가 후에 표현한 바에 따르면 알뛰세르의 "도박"——는 맑스 이론을 복원/재개함으로써 프랑스공산당의 정치적 실천을 혁신한다는 것이었다.[48] 흐루시초프의 자유화 조치는 독립

45) "A Political and Philosophical Interview" (1974), *New Left Review* (ed.), *Western Marxism : A critical Reader*, London 1977, p.319.

46) FM, p.10.

47) Ibid., p.31.

48) JacquesRanciére, *La Leçon d'Althusser*, Paris 1974, pp.58-59. 그렇다면 다니엘 린덴버그(D. Lindenberg)가 "알뛰세르는……프랑스 맑스주의의 루터가 되고자

적인 연구의 공간을 열어주었고, 이에 따라 무능력한 정통이론만이 주장되던 수십년은 지나가버리고 하나의 기회가 왔던 것이다. 동시에 이 조치는 수정주의를 자극했고 개량주의에 청신호를 던져주었다. 일대 위험이 닥친 것이다(중국공산당처럼 알튀세르는 교조주의에 반대한다는 명목으로 맑스주의와 레닌주의가 배척받고 있다고 믿었다). 여기에서 필수적인 대안이란 스탈린주의의 홍수 이전 시기로 되돌아가는 것, 즉 원래의 순수한 맑스주의로 복귀하는 것이다. 왜냐하면 스탈린의 이름으로 명명되던 시기에 맑스주의의 순결성이 오염되었기 때문이다.

10년 후 알튀세르는 자기 저작의 정치적 방향을 "스탈린주의에 대한 최초의 **좌익적** 비판을 시작하는 것"[49]이라고 정의하기에 이른다. 알튀세르는 (다른 무엇보다도) 트로츠키의 저작에 대해 모르고 있었기 때문에 1960년대에 자신이 이같은 최초의 비판에 착수했다고 (1975년에) 믿을 수 있었다. 그러나 이 공산주의자가 '티토 및 트로츠키주의자' 반대 투쟁이 벌어지던 시기에 프랑스공산당에 참여했다는 사정을 고려한다면, 이같은 "부주의"는 그리 놀랄 일도 아니다. 사실을 말하자면 흐루시초프적인 현재상태와 스탈린적인 예전상태에 대한 대안을 찾고자 했던 알튀세르의 탐색은, 그가 충성을 바치고 있는 국제 공산주의운동의 지평에 의해 제한받고 있었다. 그리고 그의 **맑스로의 복귀**는 특정한 이론적 처방에 덧붙여, 이를 보충하는 **북경으로의 경도**를 나타내는 전조였다. 왜냐하면 바로 북경에서 스탈린 이후의 소련공산당 및 프랑스공산당의 온건정책으로부터의 격심한 이탈이 나타났기 때문이다. 만일 중국공산당이 혁명적 스탈린과 배반적 흐루시초프를 대조시켰다면, 그 결과로 나올

했다"라고 쓴 것은 너무나 적절한 표현이다(*Le Marxisme Introuvable*, Paris 1975, p. 13).

49) *Radical Philosophy 12*, p. 44에서 재인용.

스탈린 비판은 애매모호해졌을 것이다. 그러나 중국은 "계속혁명"과 "인민전쟁의 승리"를 선언하였고, 이것은 알튀세르에게 마치 공산당의 존재이유로서의 혁명 프로젝트를 위한 영감을 제공하는 것처럼 보였다. 공산주의운동에서도 동풍이 불어 서구를 뒤덮고 있었다.

당연히 알튀세르는 중국공산당을 지지하는 공개 발언은 하지 않았는데, 만일 그랬다면 아마도 그가 당에서 즉시 축출당하는 사건이 빚어질 수도 있었을 것이다. 그렇지만 그의 이같은 지향의 조짐은 『맑스를 위하여』에 수록된 여러 논문에서 이미 나타나고 있다. 이 사실은 랑시에르(그리고 기타 연구자)의 증언으로도 확인되고 있다.[50] 이같은 지향은 무엇보다도 알튀세르의 사상의 방향과 그가 속한 당의 행보 사이에 존재하는 잠재된 균열에서도 포착될 수 있을 것이다. 이 단계에서는 두 가지 사례를 들 수 있다. 「모순과 중층결정」에서 〔마오주의에 대한〕 알튀세르의 복합적인 동조와 프랑스공산당의 본능적인 반마오주의 사이의 간극은 현재화되었고, 결국 그는 당의 공식 철학자들로부터 주의를 끌게 되었다. 1962년 12월 『라 팡세』(*La Pensée*)에 게재된 알튀세르의 논문은 맑스주의 이론에 대해 명백하게 반헤겔적인 설명을 가했다. 바로 이 시기는 프랑스공산당이 "헤겔적 유산"의 장점들을 널리 선전하고 있던 때였다. 그는 맑스주의 변증법과 헤겔 변증법 양자의 구조와 형태가 같다는 주장을 거부했음은 물론, 이 거부를 맑스주의적인 정치적 실천의 준거로 제시했던 것이다. 그리고 레닌의 혁명이론 및 실천에 관한 알튀세르의 새로운 이론구성은, 프랑스 제5공화국에 대한 당 정치국의 전망과 비교해볼 때 기묘한 주장으로 들렸고, 마오의 『모순론』에 대해 보냈던 그의 격찬은, 알튀세르의 선배들에게는 영향이 없지 않았던 정치적 중요성을 가지고 있었다. 가로디가 여기에 개입하여, 알튀세르는

50) *La Leçon d'Althusser*, passim.

위험한 "다원주의"를 제창함으로써 맑스주의의 "일원론적" 토대를 훼손했다고 비난했다.[51] 이에 대해 알튀세르는 지체없이 공격을 재개하여, 자신의 연구성과를 그 다음달에 출판된 「유물변증법에 관하여」라는 논문에서 개진했다.[52] 그로부터 2개월 후 프랑스공산당 중앙위원회는 이브리

---

51) "A Propos des 'Manuscrits de 1844' de Marx et de Quelques Essais Philosophiques", *Cahiers du Communisme* 3, 1963을 보라. 알튀세르의 "헤겔적 유산"의 거부가 초래한 이론적 및 정치적 결과는 가로디에 의해서 "중차대한" 것으로 간주되었다. 가로디의 말을 빌자면, "이론적 견지에서 볼 때, 이러한 역사적 다원주의의 도입은 유물론적 일원론을 손상시키는 결과를 가져온다. 아무리 복잡한 매개를 거치더라도, 인간의 실천은 단 하나이고……역사의 원동력을 구성하는 것은 바로 그것의 변증법이다. '중층결정'이라는 (실제적인) 다원성 아래서 이 점을 애매하게 만드는 것은, 맑스의 『자본론』의 핵심을 이루는 것——즉 이 저작의 [노동과 자본 간의] 주요모순에 관한 연구, 부르조아 사회의 발전의 기본법칙에 관한 연구——을 희석화하는 것이다. 그렇다면 사회주의로의 이행이라는 우리 시대의 기본법칙의 객관적 존재를 어떻게 파악할 수 있겠는가? 실천적 견지에서 볼 때, 그것은 이러한 모순들이 우리의 혁명적 행위의 좌표를 규정한다는 사실을 희석화할 위험이 있다……" (pp. 118-19).

다른 선배 비평가들도 알튀세르의 저작을 다원주의라고 의심했다. Guy Besse ("Deux Questions sur un Article de Louis Althusser", *La Pensée* 107, 1963)는 상대적으로 미묘한 입장을 취했다. 그러나 Gilbert Mury ("Matérialisme et Hyperempirisme", *La Pensée* 108, 1963)는 그의 논문제목이 암시하듯이 매우 적대적이었다.

52) 비판가들의 일원론에 입각한 공격 및 다원주의라는 비난에 대응한 알튀세르의 반박에 관해서는 FM, pp. 163ff를 보라. FM에는 재수록되지 않은 한 보론에서, 알튀세르는 Mury가 입증하고 있는 불가피한 결론은 맑스를 "전도된" 헤겔로 간주하는 것인데, 이는 "맑스 사상의 심각한 왜곡"이라고 주장하고 있다 ("Annexe : Monisme et 'Acte Social Total'", *La Pensée* 110, 1963, pp. 43-6).

에서 열린 회의에서 중국의 위협에 관해 진지하게 논의했다. 이 회의의 토론중에 뤼시엥 세브는 당 이론가가 마오주의 범주들과 불장난을 하고 있다고 강력하게 비난했다. 다음 달인 1963년 11월 알뛰세르는 『라 팡세』 편집위원회에 호출되어 자신의 입장을 설명하게 되었다. 그는 좌익주의자라고 규탄을 받게 되자, 프랑스공산당의 공식 노선이 올바른 것임을 인정할 수밖에 없었다.[53]

알뛰세르의 두번째 중요한 논문인 「맑스주의와 인간주의」가 씌어진 것은 1963년 10월이었다. 다음해인 1964년 6월에 출간된 이 논문은 프랑스공산당의 제17차 당대회 노선을 철저하게 따랐다. 이 제17차 당대회에서는 모든 중요한 쟁점에 대해 소비에트 당과 동일한 견해가 통과되었다. 대회의 초반부터 사태가 너무나 간단명료했기 때문에(「오늘날의 사회주의적 '인간주의'」가 안건에 올려졌다),[54] 이에 대한 중국측 논객들의 반응 또한 명백했다. 중국측은 소련공산당의 1961년의 "철두철미하게 수정주의적인 강령"에 대해 공격하면서 다음과 같은 비난을 퍼부었다.

> 이 강령은 맑스-레닌주의의 핵심, 예를 들면 프롤레타리아 혁명론, 프롤레타리아 독재, 프롤레타리아 당이론 등에 관한 가르침 등을 송두리째 수정하고 있다. 즉 강령은 프롤레타리아 독재가 소련에는 이제 더이상 필요하지 않고 프롤레타리아트의 전위라는 소련공산당의 성격은 이제 변화했다고 선언하는가 하면, '전인민의 국가' 그리고 '전인민의 당'이라

53)Ranciére, *La Leçon d'Althusser*, p. 78 및 Patrick Kessel, *Le Mouvement 'Maoiste' en France*, Paris 1972, pp. 64-66을 보라. 이 에피소드에 관해서는 제4장에서 다시 다룰 것이다.

54) FM, p. 221.

는 그릇된 주장을 제시하기에 이르고 있다.

이 강령은 맑스-레닌주의 계급투쟁 이론을 인간주의로 바꾸고 공산주의 이념을 부르조아 구호인 자유, 평등, 박애로 대체하고 있다. 이것은 바로 자본주의의 유지와 부활을 위한 수정주의 강령이다.[55)]

중국측이 프롤레타리아 독재의 폐기, 새로운 인간주의적 구호의 표방 등을 직접 공격했던 반면, 알뛰세르는 소련과 프랑스의 입장을 냉소적으로 다루면서 자신의 의구심을 다음과 같이 독백으로 나타내고 있다.

사회민주주의자들이 (부르조아적인) 개인적 '인간주의'에 호소하면서 거부했던, 이에 따라 사회민주주의자와 공산주의자를 첨예하게 대립시켰던 프롤레타리아 독재는 이제 소련에서는 무용지물이 되었다. 게다가 프롤레타리아 독재가 서구에서는 평화적이고 단명한 형태를 취할 것으로 예측된다. 이로부터 우리는 두 가지 개인적 '인간주의', 즉 사회주의적 인간주의와 기독교적 혹은 부르조아 자유주의적 인간주의, 이 양자간의 일종의 만남을 윤곽이나마 어렴풋이 볼 수 있게 된다. 소련의 '자유화'는 바로 부르조아 자유주의적 인간주의를 고무하고 있다. 사회주의적 인간주의에 관해서 말하자면, 이 인간주의는 부르조아 인간주의의 각종 모순에 대한 비판이자 또한 무엇보다도 사회주의의 '가장 고상한' 열망의 극치라고 주장될 수 있다. 몇백년간에 걸친 인류의 꿈은 기독교적이든 부르조아적이든 과거의 인간주의의 형태로 예시(豫示)되었으며, 결국 사회주의적 인간주의로 실현될 것이다. 즉 인간 속에서

55) *The Polemic on the General Line of the International Communist Movement*, pp. 91–92. 이 인용문을 *The Road to Communism*, pp. 190–91, 261, 450 등과 비교해보라.

56) FM, p. 222.

그리고 인간들 사이에서 인간의 통치가 마침내 시작될 것이다.[56]

알튀세르는 한층 더 나아가 자신의 고유한 확신, 즉 인간주의는 이데올로기적 개념이라는 것을 논증하려고 했다. 이와 더불어 자신의 목적은 "사회주의적 인간주의이라는 개념이 지칭하는 실체를 반박하려는 것이 아니라 이 개념의 **이론적** 가치를 규정하는 것"[57]이라고 강조하고 있다. 그는 맑스의 이론적 발전을 압축적이면서도 도발적인 방식으로 쭉 훑어본 뒤, 맑스의 1845년 "단절"의 "필수적인 요소들" 가운데 하나는 "인간주의를 **이데올로기**로서 정의한 것"이라고 결론지었다. 그리고 나아가 알튀세르는 "모든 **철학적** 인간학이나 **철학적** 인간주의와의 이같은 결별은 부차적인 세부사항이 아니고, 맑스의 과학적 발견"이라고 주장했다. 이에 따른 논리적 결론이란 결국 이 〔인간주의라는〕 개념의 이론적 가치는 영(零)이라는 것이었다.[58] 사회주의적 인간주의는 맑스주의라는 가면을 쓰고 있지만 소련의 "실천적 이데올로기"에 불과했다. 이 이데올로기는 스탈린 통치 하에서 프롤레타리아 독재가 취한 비인간적 형태에

57) Ibid., p. 223.

58) Ibid., pp. 229-30를 보라. 알튀세르의 반인간주의 논문이 씌어진 것과 같은 해에 Chou Yang은 중국사회과학원의 철학 및 사회과학 분과에 다음과 같이 경고했다. "오늘날의 수정주의자와 일부 부르조아 학자들은 맑스주의를 인간주의라고 규정하고 맑스를 인간주의자로 칭하려고 애쓰고 있다. 일부 사람들은 청년 맑스를 완숙기의 프롤레타리아 혁명가 맑스와 대립시킨다. 특히 그들은 맑스의 『경제학-철학 수고』에서 표현된 '소외'에 관한 특정 견해들을 활용하여……맑스를 인간 본성에 관한 부르조아 이론의 대변자인 양 묘사한다. 그들은 소외 개념을 사용함으로써 소위 인간주의를 설파하는 데 전력을 다 바친다. 이것은 물론 쓸모없는 일이다" (Kate Soper의 매우 가치있는 연구서 *Humanism and Anti-Humanism*, London 1986, p. 87에서 재인용).

대한 부득이한 윤리적 비판을 포함하고 있을 수밖에 없지만, 그밖에도 그것은 이데올로기의 특징이기도 한, "현실적 문제에 대한 상상적인 처리"였다.[59] 이런 맥락에서 가해진 비판은 모두 결국 이데올로기적이었다("개인숭배"는 "맑스주의 이론에서 찾아볼 수 없는 개념"이라고 그는 말했다).[60] 중국공산당과는 달리, 알튀세르가 소련이 스탈린치하에서 상부구조의 각종 기형화에도 불구하고 사회주의 나라임을 (공개적으로) 의문시하지는 않았을지라도, 사실상 알튀세르는 소련(그리고 공산주의운동의 소련추종자들)이 맑스주의를 포기하고 부르조아 이데올로기를 옹호하고 있다고 비난했던 것이다.[61] 자신들의 "이데올로기에 의지하여" 소련은 "유물론의 결과나 오류들——테러, 탄압, 교조주의——중에서 아직까지도 완전히 폐기되지 않은 것들"[62]에 관한 유물론적 해석을 (그리고 진정한 정정작업 또한?) 회피하고 있었다. 소련과 그 지지자들, 그리고 이들의 비판자들에 의한 인간주의로의 "후퇴"는 스탈린주의에 관한 필수적인 과학적 분석을 산출하지 못하게 했고, 이로 인해 비스탈린주의적 사회주의를 위한 정치적 전략의 구축을 방해하고 말았다.[63]

알튀세르는 당시 완고한 스탈린주의자가 아니었고, 그의 저작들 또한 당의 비밀정보요원이 쓴 듯한 그런 글이 아니었다. 사회주의적/맑스주의적 인간주의에 대한 그의 반대는 이 불안정한 이론적 조류가 소련을 사회주의 유토피아라고 제시한 변호론적 정통이론의 일부가 되었다는

59) FM, p. 247.

60) Ibid, p. 240.

61) Ibid., pp. 240-41을 보라.

62) Ibid., p. 237.

63) Ted Benton, *The Rise and Fall of Structural Marxism*, London 1984, p. 15를 참조하라.

64) 국가독점자본주의('국독자')론은 국제 공산주의운동에서 이론적 정통이었다.

한에서였다. 그가 지적했듯이, 프랑스공산당의 경제학적 진화주의(즉 국가독점자본주의론)와 결합하여,[64] 이 이론은 당의 정치적 기회주의를 가리기 위한 이론적 치장으로서 실용적으로 채택되고 있었다. 이로 인한 뚜렷한 위험은 이 이론이 각국 공산당의 사회민주주의화를 인가하는 데 이용될 것이라는 점이었다. 외견상 프랑스공산당은 고립에서 벗어났으나, 그 댓가로 "민주주의적 모험주의"(democratic advertunism) 속으로 뛰어들어야 했던 듯하다. 스탈린주의와 사회민주주의 양자 이외의 다른 대안이란 레닌주의의 부활밖에 없었다. 알튀세르의 레닌주의는 아마도 신마오주의였겠지만, 맑스주의적/사회주의적 인간주의는 대체로 레닌주의에 반대하는 것이다. 이같은 〔반레닌주의적〕 입장을 고수한다는 것은 곧 계급투쟁에 대한 지향에서부터 정치적 실천을 비틀어빼는 것이자 혁명 프로젝트의 실질적 포기를 이론적으로 뒷받침하는 것이라고 알튀세르는 믿었다. 〔이에 따른〕 실제 위험은 정치적인 것이었다. 그러나 알튀세르의 경우 위험의 **장소**는 **이론적인** 것이었다. 〔정말〕 맑스주의는 인간주의인가? 알튀세르가 개입한 이론정세에서 대부분의 논자들은 이 질문에 대해 긍정적으로 대답했다. 이 문제는 분명 맑스주의의 필연적 쟁점으로서, 실천적인 맥락에서 그것이 지니는 함의는 결코 사소한 것이 아니었다. 이같은 이론적 입장이 공산주의운동 내에서 갖는 정치적 내용과 효과 때문에, 알튀세르는 그것에 그처럼 집요하게 반대했던 것이다. 이 입장과 이론적으로 투쟁하면서 알튀세르는 정치적 대의에 기여하고 있었다.

The Road to Communism, pp. 470–90 및 1960년 11월 모스크바 회의에 이어 발행된 *Statement and Appeal of the World's Communist Parties*를 보라.

맑스주의 이론의 재난

알뛰세르의 맑스주의 이론에 관한 최초의 중요한 논문인 「청년 맑스에 관하여」(On the Young Marx)는 1960년에 집필되어 그 다음해에 출판되었다. 계획된 "반격작전"[65]에서 겨냥한 최초의 공격, 즉 이 논문의 직접적인 타격목표는 일차적으로는 동구의 맑스주의자들이 청년 맑스와 "성숙기" 맑스 간의 관계를 다룬 논문모음집이었다.[66] 알뛰세르는 "맑스의 초기저작에 관한 모든 논의"는 "**정치적** 논의"라고 주장하면서 유럽 전역에서 일고 있는 다음과 같은 사태에 주의를 환기했다.

> 철학자, 이데올로그, 신학자들은 모두 비판과 **전향**이라는 엄청나게 큰 사업에 착수했다. 이 비판과 전향이란 다름아니라 맑스를 그의 근원으로 되돌아가게 해야 한다는 것, 결국에는 성숙기의 맑스는 청년 맑스가 단지 가면을 쓰고 있는 것에 불과하다고 맑스 스스로 고백하게 해야 한다는 것이다. 그렇지 않고 맑스가 자신의 나이를 고집스럽게 주장한다면, 맑스로 하여금 성숙이라는 자신의 죄를 인정케 하고, 자신이 경제학을 위해 철학을, 과학을 위해 윤리학을, 역사를 위해 인간을 희생시켰음을 승인케 하라는 주장이다. 이제 그의 진실은…… [바로] 초기저작에 들어있다는 이 주장에 맑스 스스로가 동의하거나 거부하거나 하게 하자.[67]

---

65) ES-C, p. 168.

66) *Recherches Internationales* 19, 1960을 보라. 이 책에는 회프너(J. Hoeppner), 얀(W. Jahn), 라핀(N. I. Lapine), 샤프(A. Schaff), 그리고 톨리아티 등의 논문이 수록되어 있다.

67) FM, pp. 51-52. 알뛰세르는 이어 다음과 같이 말한다. "따라서 이러한 훌륭한

알튀세르는 자신이 추적했던 합의에 대해 견해를 달리하면서, 맑스의 청년기는 이 시기가 맑스주의적 설명에 따르는 한에서만 맑스주의에 속한다고 논박했다(따라서 그의 논문은 오히려 '청년 맑스에 반대하여'(Against the Young Marx)라는 제목을 붙여야 할지도 모른다).[68] 다음해에 논란이 되고 있는 초기저작중 하나인 『경제학-철학 수고』가 프랑스공산당 출판사인 에디숑 소시알에 의해 공간되었다. 알튀세르는 『라 팡세』 1963년 1월호에 짤막한 서평을 실어 이같은 "이론적 사건"을 환영하면서, 이 서평에서 파리 『수고』의 저자가 "맑스로부터 가장 동떨어진 맑스"라고 평가했다.[69] 알튀세르 자신도 잘 알고 있었듯이, 이같은 그의 결론은 중국의 입장과 일치하는 것으로서 당시로서는 스캔달에 해당되는 것이었다. 왜냐하면 1950년대 후반과 1960년대 초반의 특색으로서, 유럽대륙 전역에서는 공산주의자든 비공산주의자든 맑스주의 지식인들 사이에는 청년 맑스로 돌아가자는 조류가 팽배하고 있었기 때문이다.

공산주의운동이 정치적 위험에 빠져 있었다면, 맑스주의 이론은 외견상으로는 부활을 경험하고 있었다. 그러나 이 부활은 인간주의적 부활이었다. 프랑스에서는 고전들이 재발견되고 새로운 저술들이 산출되었다. 게오르그 루카치의 『역사와 계급의식』은 1923년도에 나왔으나

비판이 우리에게 단지 하나의 선택만을 남겨둔다. 즉 우리는 『자본론』(및 일반적으로는 '성숙기의 맑스주의')이 청년 맑스의 철학의 표현이거나 아니면 그것의 배반이라는 것, 그 둘 중의 하나를 인정해야만 한다. 어느 경우든, 이미 확립된 해석은 전적으로 정정되어야만 하고 우리는 청년 맑스로 되돌아가서, 맑스 자신에 의해서 '진실'이 고백되게 해야만 한다." 신학자들에 대한 알튀세르의 언급은 상당히 신중했다. 이에 관해서는 특히 Jean-Yves Calvez, *La Pensée de Karl Marx*, Paris 1956을 보라.

68) FM, pp. 83-84를 보라.

69) Ibid., p. 159.

출판 다음해 코민테른의 비난을 받아 그후 프랑스 독자들에게는 주로 메를로-퐁티가 지은 『변증법의 모험』(*Adventures of the Dialectic*)을 통해서만 알려져 있었는데, 마침내 1960년에 프랑스어로 번역됐다. 루카치와 같은 시대의 칼 코르쉬(K. Korsch)의 『맑스주의와 철학』(*Marxism and Philosophy*)도 이와 마찬가지로 망각에서 벗어나 미뉘(Minuit) 출판사의 『논쟁』(*Arguments*) 시리즈 중 하나로 출판되었다. 프랑크푸르트 학파의 사상가인 허버트 마르쿠제(H. Marcuse)의 저작들도 번역되어 출간되기 시작했다. 앙리 르페브르의 『변증법적 유물론』(*Dialectical Materialism*) (1939)은 파리 『수고』와의 첫 논쟁의 산물인데 이 책도 1961년에 제2판이 출간되었다. 이 제2판에 추가된 새로운 서문에서 저자는 "독단주의"가 해체되는 가운데 맑스의 초기저작이 "제일 중요한 것"이 됐다고 주장했다.[70] 새로 나온 저작으로, 뤼시앵 골드만이 지은 『숨은 신』(*The hidden God*)은 1956년에 출간됐고, 사르트르의 『방법론 탐구』(*Search for a Method*)와 이 책을 기초로 한 기념비적 연구서인 『변증법적 이성 비판』(*Critique of Dialectical Reason*)이 1960년대초에 각각 나왔다. 또 비공산주의자나 예전의 공산주의자의 저작들에 결코 뒤지지 않는 연구로, 가로디는 1957년에 『맑스주의적 인간주의』(*Humanisme Marxiste*)를 썼고, 2년 후에는 『인간의 전망』(*Perspectives de l'Homme*)을 출간하였다.

알튀세르는 이같은 발전을 환영하기는커녕 이 책들을 사례로 삼거나 비유로 들어 흐루시초프의 스탈린 비판이 초래한 악영향의 증거라고 주장했다. 이론의 꽃들이 만개하고 학파들이 논쟁을 하고 있었지만—— 그러나 이것들은 수정주의 시대의 그만큼 많은 신호들이었던 것이다. 알튀세르는 1960년대초 맑스주의 이론의 연구분야를 조사하여, (주제에서 많은 변종이 있기는 하지만) 두 개의 주요한 패러다임을 파악해냈고,

70) *Dialetical Materialism*, London 1970, p. 19.

그 하나에는 소위 “경제주의”, 또다른 하나에는 “인간주의”/“역사주의”라는 이름을 붙였다. 그의 주장에 따르면, 경제주의는 기술결정론의 맑스주의적 판본이고, 인간주의/역사주의는 헤겔주의의 일종이다. 두 패러다임 모두가 궁극적으로 그 뿌리를 둔 곳은 바로 저 이데올로기, 즉 영국의 정치경제학과 독일의 관념철학이었고, 맑스도 이 이데올로기들을 변형시켜서 역사적 유물론이라는 과학을 만들어냈으며, 이 두 이데올로기가 어떤 경로를 거쳐 융합됐는지 의심스럽지만 또다른 사상(이것은 정치적인 문제였다), 즉 유토피아적 사회주의를 낳았다는 것이다. 알튀세르의 생각으로는, 두 패러다임은 그 의도와는 상관없이 사이비 맑스주의라고 할 수 있고 궁극적으로는 반맑스주의였다. 알튀세르는 인간주의적 맑스주의의 잠재적으로 비판적인 효과를 무시했고 또한 1956년 공산당을 떠났으면서도 여전히 맑스주의자로 남아있던 사람들의 인간주의적 비판을 무시했던 반면에, 오히려 가로디 등 기타 인사들에 대해 인간적 얼굴을 가진 스탈린주의라고 자신이 (그리고 그들이)[71] 간주한 것에만 주목했기 때문에, 그는 맑스주의의 인간주의적 개조에 관해서는 단 한발도 깊이 들여놓지 못하고 말았다. 흐루시초프 황제의 새 옷이 사회주의적 인간주의였기 때문에 알튀세르는 이런 종류의 모든 이론적 입장을 우익적인 스탈린주의 비판 진영에게 별로 신경쓰지 않은 채 맡겨버렸고, 그들이 크레믈린(또는 파비앙 대령궁 〔Place du Colonel Fabien〕)에 대해 실제로 취한 태도에도 관심을 두지 않았다. 1956년 이후 사회주의적 인간주의 진영의 우경화의 위험이 무엇이었든지간에, 좌익에 대해 개방되어 있는 것과는 반대로——그리고 그 위험이란 단지 스탈린주의적 상상이 만들어낸 허구인 것만은 아닌데[72]——이러한 우경화라는 돌연한

71) E. P. Tompson, *The Poverty of Theory*, London 1978, p. 405를 참조하라.

72) Anderson, *Arguments Winthin English Marxism*, pp. 108-09를 보라.

사건은 결코 불가피한 것이 아니었다. 그리하여 알튀세르는 맑스주의를 감시하는 와중에도 〔그러한 사실들을〕 **사정을 정확히 파악하여** 정세와 연관시키는 데 실패했다. 그렇지만 여기서 다시 언급해두어야 할 점은, 이러한 인간주의적 교리에 대한 알튀세르의 정치적 의심과 적대감은 각국 공산당이 이러한 교리를 몰수하고 수단화한 데서 생겨났다는 사실이다. 1956년의 계기를 놓쳤기 때문에 알튀세르는 60년대초에 기존의 가치를 다른 가치기준으로 재평가하려고 하는 작업에 맞닥뜨리게 되었다. 알튀세르는 (중국공산당과 소련공산당 모두의 신주단지인) "맑스-레닌주의" 그 자체가 어느 정도는 각국 공산당에게 남아 있는 스탈린의 유산의 일부임을 망각한 채, 맑스-레닌주의의 기치를 높이 쳐들고서 자신을 둘러싸고 있는 그 이단론——예외가 있다면 중국인데, 중국은 맑스주의적 인간주의라는 감언이설에 무감각하였다——을 맹박하였다. 사회주의적 인간주의는 이제 각국 공산당에 의해 채택되어 "병영(즉 중국) 공산주의"와의 이념투쟁에서 무기로 사용되고 있었다. "이론적 실천"이라는 마니교적 세계에는 과학이 있었고 그리고 이데올로기가 있었다. 여기서 맑스주의는 과학에 해당되는 반면, 청년 맑스의 입장을 스탈린에 대립시키고 레닌을 전체적으로 무시하는 사회주의적 인간주의는 이데올로기에 해당되었다. **정통파인 체하는** 인간주의의 널리퍼지는 사이렌 소리에 알튀세르는 동조하지 않았다. 반대로 〔그에게〕 이 소리는 당대의 중요한 적을 대변하는 소리였다. 왜냐하면 이같은 "수정주의"는 개량주의의 근원이었고, 오로지 "정통이론"만이 혁명적 정도(正道)로 복귀하는 결과를 가져올 수 있기 때문이었다.

알튀세르의 이론적 유형분류법에 따르면, 인간주의와 역사주의는 맑스주의 지식인들이 주장한 "헤겔로의 복귀"의 핵심 내용이다. 이들이 이런 주장을 내세우기 훨씬 전에 맑스는 각고의 이론적 노력을 기울여 헤겔은 물론 "독일 이데올로기" 전체와 결별했다. 이 두 패러다임은 알튀세르가 "인식론적 단절"이라고 이름붙인 것——즉 역사과학을 모든 사변적 역사철학과 분리하는 것——을 부정하였다. 인간주의란, 정확하게 말하자면, 맑스와 엥겔스가 1845년의 『독일 이데올로기』에서 결정적으로 결별한, 진실의 가면을 쓴 이론적 구성물이다. 이 이론의 현대적 주창자들은 결과적으로 맑스연구학(Marxology)에 부정확하게 종사하고 있음은 물론, 또한 과학으로서의 맑스주의와 이데올로기로서의 맑스주의 양자의 차이, 맑스 그 자체와 맑스 자신의 이데올로기적인 과거 양자간의 차이, 그리고 『자본론』(중요한 것은 『자본론』을 썼던 맑스)과 초기 저작(스탈린 이후 이론의 불모지 상태에서 온갖 종류의 신기루를 끌어온 주된 원천) 양자의 차이를 말살시키는 작업에 골몰했다. 이런 주장이 학문적 명제로서 정확한지 아닌지를 떠나서, 알튀세르의 시각은 다음과 같은 의미를 담고 있었다. 첫째, 맑스주의의 진리는 어떠한 종류의 실용주의에 의해서도 희석될 수 없다는 것, 둘째, "맑스를 위하여"라는 말의 의미는 바로 맑스의 성숙기 이론, 즉 역사적 유물론의 우월성과 과학성에 찬성한다는 뜻이라는 것, 세째, 이 이론의 과학상의 지위를 부정하거나 왜곡하는 행위는 바로 맑스주의의——이론에서나 정치에서나——발전에 역행되는 것이라는 뜻이다. 알튀세르의 "핵심적인 테제", 즉 그의 모든 개입의 지도원칙은 바로 맑스가 "새로운 과학, 다시 말해 역사과학을 창시하였다"[73]는 것이다.

알튀세르는 맑스주의의 과학성에 관해 상세히 논의하기에 앞서, 의심스러운 협잡꾼들의 57종에 달하는 맑스주의 변종들이 당시 중앙무대를 차지하고 있다고 비판했다. 여기서 우리는 맑스주의를 "우리 시대의 철학"[74]으로 다시 부활시키려고 시도한 사르트르의 노력에 관해서만이라

73) ES-C, p. 151.

74) *Search for Method*, New York 1968, p. 30.

도 알튀세르가 광범한 토론을 해주리라고 기대할 수도 있을 것이다. 그러나 실제로는 이 시기 동안——그리고 그 이후——그의 저술의 가장 뚜렷한 특징은 맑스주의에 대한 동시대의 각종 견해에 대해 세부적인 주의를 기울이지 않는다는 점이다. 아마도 이 점이 서구 맑스주의 전통의 구조적 특징이라고 말한 사람도 있지만[75] 알튀세르의 경우는 특히 비난받을 만한데, 그 이유는 그가——어느 누구보다도——프랑스 국내 무대에서는 사르트르, 르페브르 및 폴리처(G. Politzer) 그리고 국제 무대에서는 루카치, 코르쉬, 그람시, 델라 볼페(G. Della Volpe) 및 콜레티에 정통해 있었기 때문이다.[76] 또한 유감스러우면서도 중요한 점은 이들 사상가들에 대한 알튀세르의 비판방식이다. 역사적 비교분석의 여러 요소들을 담고 있음에도 불구하고, 너무나 자주 그는 단번에 읽을 정도의 논평에 머물고 만다. 이 소론에서 그 저자들은 그들간의 엄청난 차이점에도 불구하고 공통적인 '문제틀'에 따라 분류되고, 이 문제틀에 의거하여 비맑스주의적이라고 추정되는 요소의 존재가 확인되면 그들의 주장은 (그들이 맑스주의자인 경우일지라도) 부적합하다고 판정되어버린다. 그렇다면 요컨대 알튀세르가 주장하는 맑스주의에 관한 맑스주의의 기초가 되는 논리는 도대체 무엇이었는가?

"경제주의"와 "헤겔주의" 양자는 모두 긴 역사를 가지고 있다. 제2인터내셔널의 경우에는, 변증법적 유물론의 존재론적 판본이 엥겔스

75) Perry Anderson, *Considerations on Western Marxism*, London 1979, pp. 69-70을 보라.

76) RC, p. 77에서 알튀세르도 오스트리아 맑스주의자들에 관해서 언급하고(그러나 그는 대충 처리한다), 러시아 맑스주의자들인 로젠탈과 일리엔코프를 레닌 및 플레하노프같은 고전적 인물들에 부가해서 다루고 있다. 이 책의 다른 곳 (p. 13)에서는 심지어 트로츠키가——엥겔스, 카우츠키, 레닌, 룩셈부르크, 스탈린과 함께——『자본론』의 독해자로서 언급되고 있다.

에 의해 헤겔의 『논리학』으로부터 도출되었고, 역사적 유물론은 변증법적 유물론의 부분집합에 불과한 실정이었으며 마치 사회주의 혁명의 필연성의 보증서처럼 취급되었다. 경제적 토대의 자동적 발전이, 사회화된 생산력과 이를 제한하는 생산관계(사적 소유) 사이의 모순을 원동력으로 하여, 위기에 처한 자본주의체제를 종식시킨다는 것이었다. 그리하여 "자연적 필연성"과 "역사의 보증"은, 예를 들면 독일사회민주당의 개량주의적 전략이 무고함을 입증해주었다. 1914년의 "위대한 배신"과, 1917년의 러시아혁명(카우츠키와 플레하노프에 대해서는 "『자본론』에 반하는 혁명"[77]이었던)에서, 맑스주의 이론은 한편으로는 제국주의의 대량학살과 연루되어 그 권위를 손상한 반면, '후진'국들의 혁명에 의해 그 정당성을 입증받았다. 이 두 사건 이후 신세대의 맑스주의 철학자들('서구 맑스주의'의 창시자들)은 제2인터내셔널의 정통이론에 대한 반자연주의적 반발에 의해 맑스주의 이론을 구출하려고 노력하였다. 적어도 코르쉬와 루카치의 경우에는 여기서 한발 더 나아가 후기 엥겔스가 남긴 것 중 취약하다고 여겨지는 철학적 유산을 배격하기에 이른다. 따라서 맑스주의 이론의 복원, 다시 말해 맑스주의 이론이 가지고 있는 혁명적 소명의 재발견은 맑스주의를 독일 고전철학의 "계승자"로 재해석함으로써 달성될 수 있었다. 이 작업은 결국 맑스주의를 청년 헤겔학파의 헤겔주의에 밀접한 이론, 즉 헤겔 『현상학』의 인간학적 해석으로 전환시키는 것이었다. 그들은 공식적인 맑스주의였던 "가난한 자의 헤겔주의"[78]——즉 경제적 진화주의——를 청년 맑스의 보다 부유한 메뉴로 대체해 버렸다. 『대논리학』의 헤겔과 『자본론』의 맑스를 대립시키고 있는 것은

77) *Selections from the Political Writings 1910-1920*, London 1977, pp. 34-37에 실린 이러한 제목이 붙은 그람시의 논문(1917년 12월)을 보라.

78) LP, p. 89.

바로 예나 시절의 청년 헤겔과 파리 시절의 청년 맑스였다. 루카치가 1919년 공언한 것처럼 프롤레타리아트는 "[독일 고전] 철학의 유일한 합법적 상속자이자……**그 진정한 집행자**이다."[79]

이같은 시각에서 볼 때 이론적인 스탈린주의는 알튀세르가 후에 표현하듯이 일종의 "**제2인터내셔널의 사후복수**"[80]였다. 맑스 초기 저작에 반대하는 입장을 취하면서, 스탈린주의는 맑스주의로부터 명백히 헤겔주의적인 유산을 청산했고 생산력에 관한 기계적 유물론을 국제 공산주의 운동에서 의심할 여지 없는 정통이론으로 다시 규정했다. 이에 따라 1938년부터 맑스주의에 대한 이같은 해석은 스탈린의 『변증법적 유물론과 역사적 유물론』 속에 소중하게 모셔졌으며, 그후 이 스탈린의 유물론은 전세계의 모든 공산주의자들에게 신주단지처럼 떠받들어지게 되었다. 사르트르가 그로부터 20년 후 반성한 것처럼, 이로 인해 맑스주의는 "정체상태에 머물러 있었다".[81]

이와 같이 허위로 가득차고 동맥경화증에 걸린 교리가 만일 맑스주의 이론으로 간주되는 것이었다면, 스탈린 사후 맑스 초기, 즉 청년 맑스에까지 소급해올라가 맑스와 헤겔이 어떠한 관계를 가지고 있는가라는 문제를 새로 입수할 수 있게 된 맑스의 초기저작들에 비추어 다시 한번 제기하고, 맑스주의로부터 냉전의 경직된 요소들을 벗겨내어 참된 맑스주의를 탐구하는 작업은 당시의 많은 맑스주의 지식인들에게 뚜렷하고도 유익한 움직임이었던 것 같다. 4반세기에 걸친 실질적인 정체 뒤에 맑스주의를 혁신하는 작업은 획기적인 외과수술을 필요로 하였다. 스탈린주의화된 맑스주의로부터 원형을 복구하는 작업에는 다음과 같은 일들

---

79) "Tactics and Ethics", *Political Writings 1919-1920*, London 1972, p. 17.

80) ES-C, p. 89.

81) *Search for a Method*, p. 21.

중 적어도 한가지 이상이 필요했다. 즉 첫째로 과학성을 자임하는 모든 "과학주의적" 주장의 무효화, 둘째로 청년 맑스의 적극적인 재평가, 세째로 맑스 저작 전체를 초기저작의 노선에 따라 재조명하는 작업, 혹은 이 세 가지 이외의 대안으로는 『공산당선언』 발표 이후 나온 거의 모든 저작의 지위격하 등이 그것이다. 이렇게 할 때 아무리 적게 잡아도 엥겔스의 저작들은 제거되어야 했다. 일반적으로 1859년의 『서문』이 있던 자리에 이제는 1844년의 『수고』가 있게 될 것이라고 말할 수 있다. 한때 맑스주의의 핵심부는 생산력이었으나 이제 이 핵심부를 소외, 물화, 그리고 비슷한 종류의 여러 주제들에게 넘겨주어야 했다. 이같은 철학적 전략이 가속화된 것은 흐루시초프가 스탈린주의의 비인간성을 비판한 사건과 그에 따른 문화적 해빙무드 덕분이었다. 에릭 홉스봄(E. Hobsbawm)은 "얼음 장막의 해빙은 그 거대한 빙하의 주변부에서 혹은 그 밑에서 살아남았던 이단론과 분파라는 수많은 식물들에게, 또는 단지 비공식적으로만 성장한 잡초들에게 물을 뿌려주었다"[82]라고 쓰고 있다. 1960년대 초반이 되자 세력배치 양상이 분명해졌다. 즉 청년 맑스 대 스탈린이라는 두 세력으로 양분되었다.

이론의 역사가 보여주는 역설은, 알튀세르에 따르면, 카우츠키적-스탈린주의적인 맑스주의 해석과 그에 대한 의식적인 정정——헤겔주의자들——이 적어도 개념적 구조에서는 거울에 비친 상처럼 서로 같았다는 점이다.[83] 간단히 말해 사물에 대한 헤겔주의적 도식에서 역사란 주체——인간 혹은 노동자계급——와 종말——공산주의——을 갖는 과정이라고 알튀세르는 주장했다. 헤겔주의의 변증법(또는 거기에 기초를 둔 맑스주의적 변종)의 목적론적 삼단계 구조에 따르면, 역사는 이 주체

82) *Revolutionaries*, London 1982, p. 142.

83) 예를 들면 FM, pp. 107-08; RC, pp. 138-39를 보라.

(그리고 주체의 실천)가 시초의 통일에서 출발하여 자기분열을 거쳐 소외된 인간본질의 궁극적인 회복 및 화해로 가는 여정이다. 인간해방이란 태초부터 있었던 잠재적 현존의 실현이다. 경제적 진화 역시 이와 비슷한 목적론적 구조를 나타내지만, 여기서는 생산력이 중심적인 위치를 차지하고 "부정의 부정" 그리고/혹은 "양질 전화"가 한 생산양식에서 다른 생산양식으로의 이행을 보장하고 계급투쟁이라는 매개물을 통해서 우월한 생산양식이 자신을 관철시켜나간다. 이같은 도식에서는 역사는 이제 인류의 편력기가 아니라 생산력의 대서사시며, 엄격한 순서에 따른 생산양식의 직선적인 진보로서, 이 생산양식에서는 인류가 개발한 생산력의 잠재력이 역사의 진행과정 속에서 역사의 각 단계에 상응하는 사회적 형태라는 외피를 입고 실현된다. 공산주의는 역사의 지정된 종착지, 즉 물질적으로 풍요롭고 이 물질이 집단적으로 전유되는 왕국이며, 원시공산주의로부터 계급사회를 경유하여 공산주의로 상승발전해가는 생산력의 전진적인 진군이 인간에게 하사해주는 왕국인 것이다.

다른 경우라면 아주 상이한 개념이었을 역사적 유물론의 개념들이 지닌 동형성 덕분에 이것들의 혼합이 촉진될 수 있었다. 각 패러다임은 두 개의 계기를 가지고 있었다. 조야한 경제주의와 진화주의의 원형은 이미 고전적인 카우츠키주의(1차 세계대전 전의 제2인터내셔널)와 스탈린주의(레닌 사후의 제3인터내셔널) 모두에 공통적으로 존재했다. 두번째 조류——즉 "헤겔주의"로의 복귀——는 서구 맑스주의 전통에게는 "실증주의"에서 탈출하는 통로였고, 또 1956년의 동시대인에게는 스탈린주의의 교조주의로부터 벗어나는 통로였다. 그렇지만 알튀세르가 볼 때에는 중요한 개념상의 미묘한 차이가 존재했다. 그가 "이론적 좌파"로 분류한 이론가들(루카치, 코르쉬, 그람시)의 헤겔주의적 맑스주의는 바람직한 **정치적** 방향을 제시하는 데서 오류를 범했던 반면에, 그것의 재생은 어떤 모습으로 위장하고 있든간에 모두 과거로 되돌아가는 역행

——"우익주의적" 현상이었다.[84] 어떠한 도식도——경제주의든 역사주의/인간주의든——현실세계에 대한 면밀한 과학적 분석을 실행할 수 있는 토대를 제공하지 못했을 뿐만 아니라, 매우 복잡하기 짝이 없는 구체적인 사회-역사 과정에 관한 탐구 및 해석을 실행할 수 있는 토대도——그 실천적, 정치적 함축이 지닌 이론적 단점 때문에——제공하지 못했다.

알튀세르의 유형분류법은 거의 서투른 희화에 가까운데, 왜냐하면 서구 맑스주의에 속하면서도 근본적으로 각기 다른 인물들——루카치, 코르쉬 및 그람시, 사르트르와 골드만, 델라 볼페와 콜레티——을 역사주의라는 단일한 문제틀로 동일시하고 있기 때문이다. 이 역사주의는 헤겔에서 비롯되어 포이어바흐와 청년 맑스에 의해 개작되었다가 『자본론』에서 폐기되었는데, 이 저작에서 맑스가 자신의 청년기의 이같은 오류를 비판했음에도 불구하고 그의 후계자들은 이 청년기로 되돌아갔던 것이다. 자기 시대의 정황에 관한 알튀세르의 개관은, 그 자신이 서구 맑스주의의 유수한 대표자들에 대해 퍼부은 "표현적 총체성"(expressive totality)이라는 비난과 너무나 닮은 양상을 띠고 있다. 이로 인해 초래되는 결과는, 다른 사람들과 비교되는 알튀세르 자신의 맑스주의의 참신성——그리고 장점들——을 흐리는 것이기 때문에, 알튀세르가 개입한 시기의 위대한 서구 맑스주의 전통의 대차대조표에 관해 몇가지——엉성하고 단순할 수밖에 없는——관찰이 필요하다.

서구 맑스주의는 제1차 세계대전 이후 중부 및 서부 유럽에서 혁명적 정치가 겪은 동일한 양상, 즉 패배로부터 귀결된 "근본적인 역사적

84) RC, pp. 119-20. Hobsbaum, *Revolutionaries*, p. 145를 참조하라. 또한 Jean Paul Dollé, "Du Gauchisme á 'l'Humanisme Socialiste'", *Les Temps Modernes* 239, 1966도 보라.

난국"[85]에 그 기원을 두고 있으며 그것에 의해 재생산되었다. 이를 도식적으로 설명하자면, 금세기의 복잡하기 짝이 없는 역사에서는 네 가지 중요한 계기가 확인될 수 있다. 우선 첫째로는 1920년대 루카치, 코르쉬 그리고 그람시가 처음 주도한 전통의 시작이다. 여기서 이 전통은 아마도 "헤겔주의적 맑스주의"라고 불러도 적합할 것이다(그러나 이 세 사람이 모두 헤겔의 중심됨을 입증하려 했기 때문만은 아니다). 어쨌든 엥겔스의 유산에 관하여 이의를 제기하면서 그들이 이룩한 작업은 다음과 같은 두 가지 기본적 특징을 공통적으로 갖고 있다. (1) 실증주의에 반대하면서 역사주의를 주장하는데, 이 역사주의에 입각하여 맑스주의는 자연주의적 모델에 따른 (분석적) 과학이 아니라 프롤레타리아트의 세계관을 표현하는 혁명적(변증법적) 이데올로기라고 간주한다. (2) '객관주의'에 반대하여 인간주의를 주장하는데, 이 인간주의에서는 세계의 실천적 구성 및 변혁에서 발휘되는 인간의 창조적 역할이 경제결정론 대신에 부각되고 있다. 루카치는 『역사와 계급의식』에서 헤겔주의와 신칸트주의를 청년 맑스의 문제의식에 접합시키고 있으며, 이같은 접합은 공식적인 교리 속에서는 억제되어 있던 맑스 사상의 여러 측면들――특히 무엇보다도 물신숭배와 인간소외에 관한 이론――을 복원시켰다. 그렇지만 루카치의 이 책이 당시 아직 출판되지 않은 『경제학-철학 수고』의 찬란한 예고편이었음에도 불구하고, 그것은 결국 전체적으로는 낭만적인 반자본주의이자 반과학주의로 귀착되고 말았으며, 또한 철학적으로 사변적인 만큼 정치적으로는 주의주의적인 것이 되었다. 이에 반해, 경제적

85) Anderson, *Considerations on Western Marxism*, p. 80. 서구 맑스주의라는 주제에 관한 학문적 저작으로 독자들은 다음을 참고할만하다. Anderson, op. cit.; Fredric Jameson, *Marxism and Form*, Prinston 1971; Martin Jay, *Marxism and Totality*, Cambridge 1984; *New Left Review* (ed.), *Western Marxism: A Cirtical Reader*, London 1977.

진화주의의 "저급한 자기만족"을 경멸하고 나아가 맑스주의를 "실천의 철학"으로 새롭게 개념화한 그람시는, 비록 크로체적 관념론의 영향을 받았을지라도, 매우 중요하고도 경험적으로-실체화된 개념적 출발점(특히 헤게모니 이론)을 놓치지 않았고, 과거와 현재에 관해 중요한 시사점을 던져주는 분석을 놓치지도 않았다.[86] 그의 『옥중수고』는――서구 맑스주의에서 버금가는 작품이 없는 걸작인데――이런 내용들로 가득차 있다.

루카치는 코민테른의 지시에 따라 자신의 저작을 부정했고, 그후 스탈린주의의 서릿발이 몰아치던 시기 동안 줄곧 주로 맑스주의 문학이론의 발전에 온 정력을 쏟았다. 한편 그람시는 동구에서 전개된 혁명의 타락의 희생물이 아니라 서구에서 일어난 파시스트 반혁명의 희생자가 되었다. 서구 맑스주의에서 발생한 이 후자의 사건은――알튀세르는 암시조차 전혀 하지 않지만――암울한 역사적 계기, 즉 스탈린주의의 공고화와 나치즘의 승리 양자의 흔적을 지니고 있다. 프랑크푸르트학파의 핵심적인 학자들――아도르노(T. Adorno), 호르크하이머(M. Horkheimer), 마르쿠제――은 정통 맑스주의에서는 이 대재앙을 설명할 수 없다는 사실을 깨닫고, 대개 "비판이론"이라고 부르는 이론을 정밀하게 연구했다. 자본주의는 맑스 이래 현재까지 근본적인 변화를 겪고 있기 때문에, 맑스의 19세기 교리는 이제 더이상 현대사의 분석에는

86) 여기서는 다음을 언급해둘 가치가 있다. 알튀세르는 RC에서 그람시에 관해 논의하기에 앞서, 이 이탈리아 공산주의자의 저작을 "천재의 엄청나게 섬세하고 난해한 책"이라고 묘사하면서, 자신이 우려하는 바는, "독자들이 나의 의사와는 반대로 그람시의 생산적인 발견들을 **역사적 유물론**으로 확대시키는 데 마음이 끌릴지도 모른다는 것이며, **변증법적 유물론**에 관한 그의 해석에 관해서만은 나는 이론적 유보조항을 달고 싶다"고 밝히고 있다(RC, p. 126).

적합하지 못했다. 이에 따라 선진 자본주의 사회에 대한 인간해방의 시각에 초점을 맞춘 비판은 부득이하게 다른 이론적 전통을 원용할 수밖에 없었는데, 이들은 그 전통이 (예를 들어 칸트와 헤겔의) 철학이건, (예를 들어 막스 베버〔M. Weber〕의) 사회학이건, 기타 (프로이트〔S. Freud〕의) 정신분석학이건 마다하지 않았다. 그리고 이 연구의 핵심적인 초점은 정치경제학과 결별하고 고전 맑스주의가 "상부구조적" 현상이라고 부르는 모든 것들——특히 억압적 사회관계를 뒷받침하고 합법화하는 각종 문화형태 및 이데올로기——에 맞추어졌다. 1960년대초까지 계속된 이같은 맑스주의의 변형이 남긴 긍정적 측면 가운데 하나는 미학이 유례없이 만개했다는 사실이다. 그렇지만 이 변형된 맑스주의의 부정적 특징도 뚜렷했다. 설사 프랑크푸르트학파가 루카치적인 적대감을 강조했다 하더라도, 그 학파는 전체주의적 자본주의에 직면하여 정관주의 그리고/혹은 비관주의로 기울어졌다. 이 전체주의적 자본주의는 자연과학의 특징인 "도구적 합리성"에 충만되어 있을 뿐만 아니라 "문화산업"에 의해 "대중기만"을 (성공적으로) 실행하고 있었다. 아도르노와 그의 동료들은 바로 혁명적 구원의 잠재적 담당자로서의 프롤레타리아트에 대하여 헝가리의 선배 사상가가 가졌던 그런 신뢰를 결여하고 있었다. 비판이론은 이같은 혁명사상을 대체할만한 아무런 것도 사유하지 못한 채, 혁명철학의 실천적 실현은 이미 희망을 상실했다는 철학적 관점에서 "위대한 거부"를 계속 고수하면서 실제로는 "계속 부정적인"[87] 입장을 취했다.

---

87) 마르쿠제의 *One-Dimensional Man*(1964), Boston 1966, p.257의 결론을 보라. 아도르노의 철학적 대작 *Negative Dialetics*는 1966년에 출판되었다. 위르겐 하버마스가 착수한 야심적인 프랑크푸르트 맑스주의의 재구성도 대개 이와 마찬가지로 알튀세르의 주요저작보다 나중에 이루어졌다.

아마도 미국으로의 망명과 독일연방공화국에서의 거주로 인해, 지성과 의지에 대한 이같은 비관주의만 남게 되었던 것 같다. 한편 프랑스에서는 전쟁을 겪었음에도 불구하고 여전히 강력한 공산주의적인 전통이 거의 파괴되지 않은 채 그대로 유지되었고, 이 전통이 그후에는 '위대한 거부'를 비판하면서 정치적 참여를 주장하는 독자적 맑스주의를 뒷받침하게 된다. 바로 이 지점에서 서구 맑스주의 이론의 다음 장이 기록되는 것이다. 즉 맑스주의를 실존주의와 종합하려는 〔이〕 시도는 주로 사르트르와 연관되어 이루어진다. 2차대전 직전에 앙리 르페브르와 오귀스트 코르뉘(A. Cornu) 등의 공산주의자들은 프랑스적 맑스주의 문화의 천박성을 치료하기 시작했다. 그렇지만 르페브르의 제안은 이미 1930년대에 프랑스공산당 내에서 요주의 사상이었던 맑스주의의 인간주의적 개조라는 형태로 나타났다. 폴 니장(P. Nizan)은 던커크에서 사망했고, 폴리처는 나치에 의해 살해되었으며, 르페브르는 실제로 중립적인 입장을 취했고, 즈다노프주의는 얌전하게 길들여졌기 때문에, 전후시대가 되자 창조적인 맑스주의적 작업은 프랑스공산당 좌익의 주변에서 전개되고 있던 실존주의적 환경 속으로 옮겨갔다. 본래 하이데거와 후설의 철학적 영향 아래서 형성되었던 사르트르와 그의 동료들〔의 사상〕이 맑스주의로 이행하게 된 것은, 코제브(A. Kojève)의 영향력 있는 헤겔 해석에 의해 매개된 것이었다. 이들의 입장에서는 『자본론』은 파리 『수고』의 최고완성작일 뿐만 아니라 "구체적인 일종의 『정신현상학』이었고……경제의 작동과 인간의 자각 양자와 불가분하게 관련되어 있는 것"[88]이었다.

맑스주의와 실존주의를 종합하려한 획기적인 이정표는 사르트르의 『변증법적 이성 비판』으로 나타났는데, 이 책은 메를로-퐁티의 도전에 대한, 즉 일찍이 공산주의 교리에 반대하여 "살아있는 맑스주의"[89]를

88) Merleau-Ponty, *Humanism and Terror*, p. 101.

공급하려 한 메를로-퐁티의 시도에 대한 함축적인 반박이었다. 사르트르에 따르면, 맑스주의는 그것이 파악가능한 것으로 만들려고 노력했던 바로 그 역사의 한 산물로서 "우리 시대의 필연적인 철학"이며, 변증법적 이성은 "성장하는 계급의 이데올로기"[90]라는 것이다. 그렇지만 스탈린 치하에서 이론과 실천은 서로 괴리되어 있었고, 실천은 실용주의로 타락하고 이론은 교조주의로 전락하고 말았다.[91] 이리하여 러시아혁명의 운명, 서구 공산당의 당면한 난국, 맑스주의 이론의 경직화 사이에는 하나의 연관성이 존재하게 되었다. 이론적인 스탈린주의는 두 가지 주요한 논점에 대해 규탄받았다. 하나는 역사과정에 대한 경제결정론적 설명으로, 이 설명은 인간 역사의 특수성을 부정하는 동시에 역사의 복잡성과 역사 속에서 인간이 수행하는 창조적 역할을 무시하였다. 둘째로는 맑스주의의 자연과학적 개념화로서, 이러한 개념화는 그 변증법적 구체성을 배반했으며, 이론과 살아온 경험을 분리했다는 사실이다. 스탈린이 이 이론을 발작상태로까지 끌고갔다면, 역사에까지 투사된 엥겔스의 자연변증법은 그 이론적 파국의 근원이 되었다. 그러므로 순수 맑스주의를 복원하는 작업이란 단순히 스탈린주의적 잡석을 제거하는 문제가 아니었다. 이러한 순수한 재구성을 보장해주는 근거가 풍부하게 존재하므로, 맑스주의는 인간의 자기해방의 이론으로 다시 구축되어야 하며, 그 속에서 맑스주의의 "최초의 진리"——즉 "인간이 역사를 만든다"——는 맑스주의로 복원되는 것이다.[92]

여기에서는 이같은 주목할만한 노력의 자세한 내용을 살펴볼 여유

89) "Le Réformisme et les Fétiches" (1956), *Situations VII*, Paris 1965, pp. 117-18.

90) *Critique of Dialetical Reason*, London 1976, pp. 882, 25.

91) *Search for a Method*, pp. 21-22를 보라.

92) *Critique de la Raison Dialectique II*, Paris 1985, p. 316.

가 없다. 그러나 모든 가능한 역사의 "기본적인 형식적 구조"(élementary formal structure)——어느 시대의 역사에나 존재하는, "실천적 총체"(practical ensembles)(각종 인간집단)의 형성과 변혁을 지배하는 메카니즘——에 관한 사르트르의 난해한 분석결과를 대략 요약하면 다음과 같다. 실천과 희소성의 변증법에 관한 『비판』의 문제틀은 역사과정의 열려진 최종점을 설정하고 사회주의의 불가피성을 부정하며, 그 결과 국가와 계급 및 당——나아가서 맑스주의의 이름으로 이루어지는 역사——에 관한 연구를 위해 일련의 생산적인 범주를 제공한다. 그렇지만 『비판』은 존재와 무라는 개념의 역사주의화 작업을 시도하고 있음에도 불구하고, 여전히 정신과 물질, 자아와 타자, 역사와 자연이라는 존재론에 속박되어 있으며, 이로 인해 소외는 사실상 사회구조와 등치되고, 맑스주의는 실존주의 속으로 포섭되며, 공산주의는 희소성이라는 냉엄한 논리에 의해 배제되는 것이다. 따라서 그가 출간키로 약속한 제2권은, 당초에는 추상적인 것에서 구체적인 것으로 상승할 예정이었으나 결국 출간이 포기되었는데, 이것은 그렇게 놀라운 일이 아니다. 왜냐하면 "역사의 파악가능성"을 개인적 실천에서 찾고자 했던 사르트르의 시도는 정확하게 말하자면 오히려 정반대의 결과를 낳아 역사를 파악할 수 없는 것으로 만들고 말았기 때문이다. 다시 말해 그가 역사종합자(totalizer)의 총체화작업(totalization)이라는 비논리적 개념장치에 호소하지 않았더라도 이는 마찬가지였을 것이다.[93)]

사르트르의 저작이 씌어진 시대적 배경은 알제리 반란에 대한 피비린내나는 진압과 프랑스 국내에서 우익의 대두라는 두 가지 상황이었다. 이같은 정치적인 비상국면 속에서 프랑스공산당의 고립화(ghettovazation)에 대한 사르트르의 절망이 일종의 강력한 표현으로 나타난 것이다.

---

93) Anderson, *Arguments Within English Marxism*, pp. 51-53을 보라.

그는 다른 프랑스 맑스주의 지식인과 마찬가지로 이탈리아 공산주의의 상대적으로 역동적인 활동상을 프랑스공산당의 정체상태와 대조시켜 부각시키고자 했다. 당시 이탈리아공산당은 사회주의로 가는 민족적 길을 위해 그람시적 유산을 자기화하고 있었다. 서구 맑스주의의 네번째 조류——다시 말해 이탈리아공산당 내의 델라 볼페 학파——는 당의 정통이론에 반대하는 입장이었다. 갈바노 델라 볼페와 (콜레티와 피에트라네라〔G. Pietranera〕를 선두로 하는) 그의 제자들은 철두철미하게 반헤겔적이었으며, 맑스의 저작과 헤겔주의의 완전한 단절을 강력히 주장하면서 맑스주의의 과학성, 『자본론』의 최우수성을 거듭 강조했다. 게다가 그들은 레닌의 철학적 입장과 정치사상에 대한 자신들의 동감을 숨기지 않았다. 델라 볼페는 고전적 전통을 이같이 옹호하는 공약헌장——즉 『실증과학으로서의 논리학』(1950)——에서 역사적 유물론을 "도덕적 갈릴레오주의(Galileanism)"로 해석하려고 시도했는데, 이 갈릴레오주의란 과학적인 유물론적 사회학으로서, 헤겔의 "공론적 논리학"에 대한 청년 맑스의 비판에, "근본원리로부터 가설로의 점진, 선험적 주장으로부터 실험적 예측으로의 점진"에 그 토대를 두고 있었다.[94] 이 저자의 기질이 어떠했든간에, 그 후계자의 손에 들어간 델라 볼페의 인식론적 성찰은 이탈리아 국가 및 사회에 대한 이탈리아공산당의 신중한 전망에 배치되는 정치적 함축으로서 부족함이 없었다. 이 점은 1950년대 후반과 1960년대 초반의 여러 논쟁들에서 입증된 사실이었다.[95] 그러나 이론 수준에만 한정하여 논의하자면, 과학적 맑스주의라고 공언하는 이 문서에서 내리고 있는 세 가지 결론은 1960년대 중반 무렵까지는(예를 들어 콜레티의 주요저술이 나오기 전까지는) 지당한 것이었다. 델라 볼페 학파는 맑스

94) *Logic as a Positive Science*(2nd edition, 1969), London 1980, pp. 127, 198.

95) Anderson, *Considerations*, pp. 41-42를 보라.

주의 원전의 꼼꼼한 해독자들이었기에, 맑스주의의 원전에 크게 가필하거나 수정을 가하지 않고, 우선 그것을 동시대의 왜곡이나 수정으로부터 복원하는 데 만족했던 것이다. 다음으로, 이들의 사회과학의 (가설적-연역적인) 모델에 관한 설명은, 설사 공산주의 정통이론에 비해 아무리 세련된 것일지라도 또한 당시까지 일관되게 반과학적이었던 서구의 전통에서는 바람직한 것일지라도, 극단적으로 자연주의적인 것이었다. 끝으로, 과학에 관한 분화되지 않은 개념은 과학의 역사에 대한 연속주의적 개념에 의해 보완되었고, 그 결과 예를 들면 맑스 사상〔의 발전〕을 초기저작에서부터 『자본론』에 이르는 직선적 진보로 보는 무차별주의적 견해를 낳았다.

알튀세르는 델라 볼페에 관하여 그가 자기와 "같은 여행길에 들어갔다"고 언급했고, 이어 1965년에는 자신과 델라 볼페의 연구 사이의 차이점과 유사점에 주목했다.[96] 알튀세르의 맑스주의와 델라 볼페의 맑스주의는 모두 서구 맑스주의에서 **반관념론적** 경향을 대변했고, 또 헤겔철학에 대해 융화할 수 없을 정도로 적대적이었으며 맑스주의의 과학적 지위를 열렬하게 옹호했다. 그럼에도 불구하고 두 사람은 뚜렷하게 달랐다. 델라 볼페 등은 맑스가 사실상 생애의 초기부터(즉 『헤겔법철학비판 서설』〔1843〕에 부친 「서문」에서부터) 헤겔과 결별하고 있다고 주장하면서, 초기저작들에 대한 맑스주의자들의 신뢰를 그대로 받아들였는데, 이런 사태가, 알튀세르의 주장에 따르면, 맑스의 과학 및 철학에 관한 볼페 학파의 해석에 심각한 (역사주의적) 결과를 초래했다

---

96) ES-C, p. 173; FM, pp. 37-38, 165n. 4; RC, pp. 47, 77, 86, 115-16, 135-36, 137n, 139를 보라. 델라 볼페는 물론 콜레티도 알튀세르의 좋은 평가에 보답하지 않았다. 예를 들면 Colletti, "A political and Philosophical Interview". pp. 332-34를 보라.

는 것이다.[97]

그렇다면 서구 맑스주의 내에서 알튀세르의 프로젝트가 갖고 있는 특수한 차이는 도대체 무엇이었는가? 헤겔과 청년 맑스의 연관에 대한 알튀세르의 거듭된 부인, 그 대신 성숙기 맑스와 레닌, 그리고 마오에 대한 승인은 대략 다음과 같이 규정될 수 있을 것이다. 알튀세르에 따르면, 델라 볼페 학파를 제외한 수많은 서구 맑스주의의 학파들은 "모든 과학의 특수성을 이루는 것, 즉 객관적 지식의 생산"[98]을 부정했다. 이 학파들은 이같은 부정을 각기 다른 방식으로 수행했는데, 어느 학파는 자연과학을 부르조아 과학으로 또 맑스주의를 프롤레타리아 과학으로 다룸으로써, 혹은 또다른 학파는 자연과학을 인문/사회과학과 선명하게 구분함으로써 이를 부정했다는 것이다. 그렇지만 어느 경우든 결과는 동일했다. 즉 이에 따른 결과란 상대주의, 이로부터 비롯된 역사적 유물론의 "상대화", 그에 따른 필연적 결과로서 과학성의 희석화 였다. 반자연주의의 조류와는 반대로, 자연과학은 인식론적으로는 계급주체들과 독립해 있는 자율적 과학으로 되었고, 따라서 과학의 성과——즉 그들 각각의 대상들에 관한 객관적 지식이라는 점에서——의 상대적 존엄성이라는 점에서는 자연과학과 사회과학(알튀세르에게는 맑스주의) 사이에는 아무런 차이점이 존재하지 않았다. 그리하여 역사적 유물론은 사회구성체와 그 변혁에 관한 과학으로서, "여러 과학들 중의" 하나의 과학이었다. 그러나 델라 볼페 학파의 조류와는 반대로, "과학성의 통일"[99]은 방법론적 특성이 아니라 인식론적 특성을 지니고 있는 것이었

97) RC, p.135에서 알튀세르는 콜레티를 그람시와 함께 "절대적 역사주의"의 대변자로 분류한다. 이는 그가 후에 자인하듯이 일종의 혼동이다. "La Filosofia, la Politica e la Scienza", *Rinascita* 11, 1968, p.23을 참조하라.

98) Ibid..

다. 그리하여 알튀세르주의가, 서구 맑스주의의 다수파들이 지녔던 과학에 관한 잘못된 통념에 반대하는 운동을 전개했다는 점에서 독특한 것이 아니라면, 알튀세르주의는 특히 반경험주의적 과학 개념을 제시했다는 점에서 다른 이론들과 구별되어야 할 것이다. 이처럼 알튀세르주의는 일반적인 과학적 방법이라는 통념, 즉 델라 볼페식의 체계구성에서 보자면 과학성이라는 도장을 받기 위해서는 반드시 준수해야 하는 그런 일반적인 과학적 방법이라는 통념에 반대했다. 달리 말하면, 반자연주의자들은 맑스주의의 자율성을 옹호하는 행위를 하면서 맑스주의의 과학성에 손상을 가했던 반면에, 이탈리아의 자연주의자들은 맑스주의의 과학성을 변호하는 행위를 하면서 맑스주의의 자율성을 실추시켰는데, 그 까닭은 이 자연주의자들이 맑스주의를 자연과학의 그릇된 신실증주의적 모델과 동일한 것으로 만들어버렸기 때문이다.[100] 이에 반해 알튀세르가 볼 때, 역사적 유물론은 과학적인 동시에 자율적인 것으로서 자연과학과 마찬가지로 객관적 지식의 추구라는 절박한 요구에만 종속되지만, 한편 오로지 고유한 이론과 방법론과 대상을 갖는 것이었다. 서구 맑스주의는 하나의 역사적인 난국에서 비롯되었는데, 서구 맑스주의 속에서 빛나는 알튀세르의 비범성이란 맑스주의에 대한 실증주의적 풍자와, 정통 맑스주의 및 이단 맑스주의 양자의 그릇된 맑스주의 해석으로부터 과학적 맑스주의를 다시 옹호함으로써 이 역사적인 난국을 돌파하려고——다시 말해 서구의 혁명 프로젝트에 실체를 되돌려주려고——노력했다는 점이다. 카우츠키주의나 스탈린주의는 역사적 유물론이 순수하게 과학적인

99) "Gli Strumenti del Marxismo", *Rinascita* 5, 1964, p. 29.

100) 여기서 필자가 서술한 점에 관해서는 Gareth Stedman Jones, "The Marxism of the Early Lukács", *New Left Review*(ed.), *Western Marxism* : A Critical Reader, London 1977, pp. 58-60의 탁월한 논의를 참고하라.

것이 되기 위해서 불가피하게 치러야 했던 댓가는 아니었다. 알튀세르는 "맑스주의의 우주는 사막과 미개척지로 가득차 있다"[101]고 말한 사르트르의 판단에 견해를 같이하면서도, 이 상황을 치유할 수단에 대해서는 의견을 달리했다. 이론의 탈스탈린주의화 작업은, 혁명적 정치를 부활시킬 잠재력을 가진 비판적 도구를 스탈린주의에게 넘겨주어서는 안되며, 반대로 그 비판적 도구를 활용하고 발전시켜야 한다는 것이었다.

그럼에도 불구하고, 역사적 유물론이 알튀세르가 비판했던 전통의 일부였지만, 그가 역사적 유물론과 타협했음을 우리는 뒤에서 살펴보게 될 것이다. 그는, 자신도 인정하듯이, 맑스주의를 위기로부터 탈출시키기 위해 서구의 두 가지 지적 전통에 의지했는데, 이 두 가지 지적 전통을 맑스주의 속에 융합시킨 결과 역사적 유물론과 타협하게 된 것이다. 이 전통의 첫번째는 그가 나중에 "프랑스에 특유한 유물론적 합리주의 전통(바슐라르〔G. Bachelard〕—캉귀옘〔G. Canguilhem〕……)"[102]이라고 표현한 것이었다. 이 전통이 갖는 인습주의와 "역사적 인식론"은 위로 올라가면 오귀스트 콩트(A. Comte)까지 소급되어야 한다고 지적되어왔다.[103] 그리고 두번째 전통은, 이론을 경험보다 우월하게 취급하는 특징

101) *Situations VII*, p. 112.

102) "Statt eines Vorworts : Vier Fragen an Louis Althusser", *Die Krise des Marxismus*, p. 10. 흥미롭게도 알튀세르는 "누구보다도 캉귀옘"이라고 지적하고 있다.

103) 피터 듀스의 탁월한 논문, "Structuralism and the French Epistemological Tradition" (미간행 수고), 1980, p. 19를 참조하라. 알튀세르의 콩트에 관한 언급은, 극히 드물긴 하지만, 한결같이 칭찬하는 것이다. 그리하여 콩트는 FM, p. 25에서는 "1789년 혁명 이후 1920년대까지 프랑스 철학에서 주목할만한 유일한 지성"이라고 묘사되며, LP, p. 34에서는 "위대한 지성"이라고 기술된다. 한편 RC, p. 25에서는 콩트는 과학적 문제틀이라는 개념에 "가장 근접했던" 것으로 생각되고 있다. 이밖에 다음과 같은 글들을 참고하라. Etienne Balibar, in RC, pp. 205–

을 지닌 프랑스 인식론의 전통과 중요한 여러 측면에서 양립될 수 있는 것인데, 그것은 바로 스피노자의 합리주의 철학이다. 이 스피노자의 철학은, 이성적 지식과 무작위적인 감각적 경험에서 비롯되는 "의견"이나 "상상" 양자간에는 전면적인 차이가 있다고 주장한다.[104] 알튀세르는 1968년 2월 프랑스 철학협회에서, "사람들은 언제나 다른 사람과의 관계 속에 놓여 있다"고 말하면서 "그러나 나의 준거는 칸트도 아니고 헤겔도 아니며 아마도 스피노자일 것이며……나는 일종의 스피노자주의자다"[105] 라고 고백했다. 알튀세르의 상위계보들의 자세한 내용과, 이 선배 사상가들이 맑스주의적 인식론에 관한 알튀세르의 해석과 그의 역사적 유물론의 재해석 양자에 어떤 영향과 결과를 미쳤는지는 뒤에서 살펴볼 것이다. 그러나 좋은 영향을 미쳤든 나쁜 영향을 미쳤든, 이들이야말로 알튀세르 인식론의 반경험주의와 사회과학에서의 반역사주의, 반인간주의 및 반경제주의라는 뚜렷한 특징을 결정했고, 나아가 요컨대 알튀세르의 맑스주의에 특유한 독자성을 결정한 것이다.

알튀세르가 자신의 동료들에 대해 아무리 불만족스럽게 취급하고

06n; Louis Althusser, Presentation of Pierre Macherey, "La Philosophie de la Science de Georges Canguilhem", *La Pensée* 113, 1964, p. 52 & n.; Dominique Lecourt, *Marxism and Epistemology*, London 1975, p. 126. "La Filosofia, la Politicca e la Scienza"에서 알튀세르는 콩트의 "과학성에 대한 강조"는 "프랑스의 문화적 전통", 즉 "계몽철학"에 상당히 의존한 것임을 인정했다(p. 24). 이러한 맥락에서 본 콩트의 엄밀한 연관은 앞으로 진전된 연구가 필요한 흥미로운 주제이다.

104) 「맑스를 위하여」와 「자본론 읽기」에서 암시된 바 있는 알튀세르의 "스피노자를 통한 우회"에 관한 논의는 ES-C, pp. 132-41, 187-39에서 발견된다. 관련문헌에 대해서는 Anderson, *Considerations on Western Marxism*, pp. 64-65를 참조하라.

105) Louis Althusser, "Lénine et la Philosophie", *Bulletin de la Société française de Philosophie* 4, 1984, p. 164.

있다 해도, 이제는 적어도 이 취급의 논리에 관해 어느 정도 살펴볼 수 있으며, 나아가 알튀세르의 입장에서 보면 왜 교조주의가 종언을 고했음에도 맑스주의가 회복되지 못했는지 그 까닭을 이해할 수 있다. 그 까닭은 전스탈린적 출발점으로 되돌아가자는 동시대의 재발견과 반복이 〔그가 보기에는〕 그릇된 추적이었기 때문이었다. 게다가 당시 프랑스 공산당의 이론적 빈곤이 특수하게 "프랑스적 불행"에 의해 가중되고 있는 것으로 생각되었다. 그 불행이란 프랑스 노동운동사에는 진정한 이론적 문화가 일관되고도 뿌리깊게 결여되어 있었다는 점이다.[106] 프랑스공산당은 맑스주의 이전의 이데올로기들이 프랑스 노동운동에 여전히 강력한 영향력을 미치던 시기에 창당되었기 때문에, 민족적, "지방주의적" 문화 속에서 "공식적 철학의 어리석음이라는 오랜 세기에 걸친 전통의 부담"으로 더욱 시달려왔다.[107] 공산당은 "이론적 진공" 속에서 태어났기 때문에, 단 한명의 철학적 "거장"도 만들어내지 못했다.[108] 공산당이 철학자를 생산할 수 있게 되기도 전에 "독단주의의 밤"이 다가왔다.

106) FM, pp. 23ff. 물론 알튀세르의 이러한 몰아치는 평가는 르페브르에 대해서나 드장티에 대해서와 마찬가지로 그다지 공정한 평가가 아니다. 즉 이들이 철학적으로 결코 무가치한 것은 아니다. 또 우리는 그의 평가와는 무관하게, 다른 공산주의자 지식인들이 "해빙기"를 이용해서 미개척 분야를 탐구했다는 점을 지적해야 할 것이다. 모리스 고들리에를 예로 들 수 있는데, 그의 저작은 RC, p. 160 n. 36에서 정중하게 인용되고 있다.

107) 이미 살펴보았듯이, 오직 콩트만이 알튀세르의 질책을 벗어났다. LP, p. 34에서 뒤르켕은 일람표라고 부를만하지도 못한 것에 이름이 거명될 뿐이다.

108) FM, p. 27에서 알튀세르는 위대한 독일 연구가이자 맑스주의 역사학자인 코르뉘에 관해서 "우리의 국경 너머에 자랑할만한 유일한 이름"이라고 평가한다. 코르뉘의 걸작, *Karl Marx et Friedrich Engels : Leur Vie et Leur Oeuvre*(4vols., Paris 1955-1970)은 그의 미완성 유작으로 남아 있다.

연구가 아니라 교리체계 구축이 시대의 명령이 되고 말았다. 독립적인 정신의 소유자들은 (르페브르처럼) 주변부로 밀려나거나 그렇지 않으면 (조르쥬 폴리처처럼) 당 학교로 배치되었다. 즈다노프주의와 더불어, 항상 프랑스 공산주의 전통의 핵심적 특징이었던 **"정치 우선주의"**는——이론을 손상시키면서——특별히 변태적인 형태로 (재)등장했다. 프랑스 공산당에 알튀세르가 입당한 시기는 "이론적 기형" 시대의 개막을 알린 "두 가지 과학"의 극좌주의 노선의 선언과 시기적으로 일치했다. 즉 당시는 한편에서는 정신분석학은 "세계주의", "반동 이데올로기"로, 상대성 이론은 상대주의로, "부르조아 음악의 추종"은 위험한 요소로 매도되었던 시기였을 뿐만 아니라, 다른 한편에서는 스탈린이 "만국 인민의 위대한 아버지"에서 한층 격상되어 "세계 최고의 과학적 권위"라고까지 떠받들어졌던 때였다. 이렇게 험악한 상황에서 철학에서도 맑스주의자가 되고자 하는 맑스주의자는, 『독일 이데올로기』에 있는 맑스와 엥겔스의 선례를 언급조차 할 수 없었고, 역사라는 경험과학이 약속하는 구체적인 지식을 찾기 위해서만 철학의 추상적인 사색을 계속할 수 있었던 것이다. 더구나 그들이 맑스도 집필한 적이 없는 '논리학'의 해석판을 내려고 시도할 수는 결코 없었다. "이론의 오랜 밤"[109] 동안에, 공산당의 철학자가 택할 수 있는 유일한 길이란 스탈린에 의해 굴절된 "변증법적 유물론" (디아마트 〔diamat〕*)의 몇 가지 범위 내에서만 연구

109) Perry Anderson, "Problems of Socialist Strategy", *idem* and R. Blackburn (eds.), *Towards Socialism*, London 1965, p. 222. 프랑스공산당 지도부는 소련의 사조(즈다노프주의, 뤼셍코주의 등)를 충실하게 권장한 것에 덧붙여서, 그 자신의 몇 가지 이론적 왜곡에 대해서도 이 시기에 책임을 지고 있다는 사실이 지적되어야 한다. 전후 프랑스 프롤레타리아트의 "절대적 빈곤"이라는 토레즈의 명제가 그 하나의 예다.

* 공식적 교리로 정리된 변증법적 유물론을 경멸투로 지칭하는 말. (역자)

하면서, 한편으로는 어깨 너머로 감시위원회의 눈치를 살피는 것이었다. 이 시기는 (좌충우돌식으로 동요하는) 당의 노선에 자동기계 처럼 충성을 바치던 때였다. 다른 길이란 추방과 자격박탈밖에 없었다. 프랑스공산당도 둘째가라면 서러워할 정도로 앞장서서 당 외부는 물론, **당 내부**에 대해서도 이념적 냉전을 철저하게 집행해나갔다(그후 30년 뒤에, 알튀세르는 "이곳 프랑스에서도 '모스크바'와 똑같은 재판이 있었다"고 회상했다).[110]

알튀세르는 프랑스공산당에 대한 스탈린의 "무자비한 지배"를 5년 동안이나 참고 견뎌내야만 했다. 이같은 지배가, 그리고 이 전반적인 질풍노도와 같은 시기가 얼마나 뚜렷한 흔적을 남겼는가는 『맑스를 위하여』를 펼쳐들면 바로 나오는 "자서전적" 부분을 읽는 사람이라면 누구나 분명히 알 수 있다. '오늘'이라는 제목의 감동적인 머리말은 "스탈린주의적 교조주의"가 알튀세르에게는 무엇보다도 다음과 같은 것을 뜻했음을, 즉 그것이 맑스주의를 한 세트의 **"유명한 인용구들"**[111]로 타락시켰고

110) "What Must Change in the Party", p. 39. 몇 가지 세부사항들과 증언들에 관해서는 Fernando Claudin, *The Communist Movement*, New York 1975, pp. 543-44을 보라. 끌로댕이 언급하지 않은 이런 종류의 사소한 사례에 알튀세르 자신은 관심을 둔 것이 분명하다. 역사가이자 이전에는 공산주의자였던 르 로이 라뒤리(E. Le Roy Ladurie)는 그의 회고록에서, 이 시기 동안 그와 다른 사람들은 고위 당간부들의 명령을 받고서 알튀세르에게 (트로츠키주의 동조자라는 혐의를 받고 프랑스공산당에서 이미 축출된) 엘렌 뤼트망(H. Rytman)과의 친분관계를 끊으라고 지시했다고 진술하고 있다. *Paris-Montpeller. P. C.——P. S. U. 1945-1963*, Paris 1982, pp. 76-77를 보라. 이 책에서 르 로이 라뒤리는 알튀세르가 "참기 어려운 이데올로기적 및 도덕적 압력" 아래서도 "위대한 위엄"을 지켰다고 회상한다.

111) FM, p. 27.

당 지식인은 엄중한 검열을 받는 상황에서 이 인용구들을 재생산할 수밖에 없었음을 밝히고 있다. "당시 철학이라고 간주되는 것은 주석 아니면 침묵 중 하나를, 혹은 신념——그것이 자발적인 것이든 강요된 것이든간에——아니면 벙어리처럼 감수해야 했던 당혹 중 하나를 선택할 수밖에 없었다"[112]고 그는 서술했다. 침묵이 〔그 당시〕 알튀세르의 방침이었던 것 같다. 그가 1960년대초 이 침묵을 깼을 때 프랑스공산당은 당지식인들이 으레 해주리라 기대하던 기능들을 거의 수행할 수가 없었는데, 이 기능들이란 당 정치노선의 정당화, 그들의 전문적 영역에 대한 "맑스주의 방법"의 예증, 충성서약을 통한 당에 대한 권위 부여[113] 등이었다. 알튀세르는 "방법"이라는 개념 자체에 도전했으며, "노선"을 옹호하는 선전을 하지 않았다. 또 그는 자신이 가지고 있던 모든 명성을 독자적인 이론연구에 바쳤다. 랑시에르가 지적한 대로 "맑스로의 복귀"라는 관념 바로 그 자체가 그의 상급자들에게는 요주의 대상이었는데, 왜냐하면 그것은 당(혹은 오히려 당 지도부) 내부가 아니라 외부에 권위의 원천이 있음을 시사하는 것이기 때문이었다.[114] 그리고 실제로 이같은 시도는 맑스 저작의 재독해를 의미하였음은 물론, 계승되어온 정통 이론이 새겨지는 서판을 감시해왔던 각종의 권위(그리고 특허권을 부여받은 지식인들)에 대한 신뢰의 중단을 뜻했던 것이다.

---

112) Ibid., p. 22. 알튀세르는 (자신과 마찬가지로) 많은 공산주의자 지식인들의 순응의 원인을, "쁘띠부르조아 출신의 지식인들이었다는 것, 즉 그들이 입당한 시기에 느낀, 자신들은 프롤레타리아트가 아니기 때문에 지고 있다고 생각한 상상 속의 빚을, 설사 정치적 행동주의는 못되더라도 순수한 행위로 갚아야 한다는 생각"이었다는 사실에서 찾는다(Ibid., p. 27). 이를 Thompson, *The Poverty of Theory*, pp. 405-06과 비교해보라.

113)Ranciére, *La Leçon d'Althusser*, p. 74를 보라.

114) Ibid. p. 73.

이런 행위는 일견 비정상적인 것처럼 보이지만, 알튀세르가 레닌 사후 전개된 공산주의의 영고성쇠를 맑스주의 이론의 공백들, 그리고 맑스주의 이론에 대한 불성실함에서 찾은 것은 의심할 여지가 없다[115] (이론의 부재――혹은 그릇된 이론――가 악의 뿌리였다). 인간주의적 맑스주의에 대항하여 알튀세르는, 맑스와 엥겔스의 훌륭한 포부는 바로 **과학적 사회주의**를 창시하는 것이었다고 주장하는 한편, 이 과학적 사회주의야말로 (전제)조건, 수단 그리고 목적 등에 주목함으로써 선배들이나 동시대인들의 유토피아적 사회주의를 대체했던 것이라고 말했다. 그는 「맑스주의와 인간주의」의 결론에서 "맑스주의자가 알고 있듯이 전략에 의존하지 않는 전술은 있을 수 없으며, 또 이론에 의존하지 않는 전략도 없다"[116]고 결론지었다. 레닌은 일찍이 1902년에 "우리 운동의 긴급한 문제"에 대해 언급하면서 "혁명이론 없이는 혁명운동은 있을 수 없다"고 단언했다. 레닌의 이 문구를 공감하며 인용한 뒤, 알튀세르는 여기서 거론된 이론이란 역사적 유물론, 즉 "사회구성체의 발전에 관한 맑스주의적 과학"[117]이라고 덧붙였다. 원칙적으로 볼 때, 이 이론을 갖고 있다는 점 때문에 각국 공산당, 즉 각국 프롤레타리아트의 전위들은 자국내 사회민주주주의 경쟁자들과 구별되었다. 문제는, 레닌의 선언적 강령이 나온 지 60년이 지난 현재에도 맑스 이론이 레닌 이후 대체로 다음과 같은 이유로 거의 발전하지 못했다는 사실이었다.

---

115) 예를 들면 FM, 168-69를 보라.

116) Ibid., p. 241.

117) *What is to be Done?*, *Collected Works*, Vol. 5, Moscow 1961, p. 369 및 FM, p. 168을 보라. 그리고 Louis Althusser, "Théorie, Pratique Théorique et Formation Théorique. Idéologie et Lutte Idéologique", mimeographed, April 1965, p. 4도 보라.

국제운동이 처해왔던 여건들은 바로 [개인]숭배의 '정치', 매우 귀중한 평당원 전사와 지식인 및 과학자 대중의 수많은 희생, 그리고 교조주의가 대중의 마음에 가한 참혹한 약탈 등이었다……수년간 '숭배'의 정치는 맑스-레닌주의 이론의 모든 발전을 문자 그대로 희생시켰고 봉쇄했던 것이다……[118]

흐루시초프의 "자유화"가 가져온 위대한 기회란, 바로 그것이 헛되이 낭비되어서는 안될 "연구 조사의 실질적인 자유"를 도입했다는 사실이었다. 그렇지만 그것은 헛되이 낭비되고 있었다. 하지만 만일 새로운 시대에도 "우리가 맑스주의 철학을 온전한 형태로 복구하지 못했다면" 거기에는 다음과 같은 또다른 이유가 있었다.

교조주의의 종언으로 인해 우리는 다음과 같은 현실과 직면해야 했다. 즉 맑스주의 철학은……여전히 상당 부분 건설되어야 한다는 것……, 또 우리가 독단주의의 밤에 토론한 이론적 난점들이란 완전히 인위적인 것이 아니라, 오히려 대체로 불충분하게 다듬어진 맑스주의 철학의 결과였다는 것, 두 개의 과학이라는 이론적인 괴물을 포함하여 우리가 시달리며 유지해온 고식적이고 희화적인 형태로는 해결되지 않는 어떤 문제가 실제로 기괴하고 맹목적인 형태로 존재하고 있었다는 것, 그리고 마지막으로 맑스주의 철학이 다소 실체적 존재를 획득하게 하거나 약간의 이론적 일관성을 달성하게 하려면, 오늘날 우리의 운명과 의무는 단지 이 시대의 빛에 비추어 이 미해결 문제들을 제기하고 도전해야 한다는 것 말이다.[119]

---

118) "Théorie, Pratique Théorique……", p. 21.

119) FM, pp. 30–31.

맑스의 철학을 회상하는 것은 불가능했는데, 그 이유는 그가 결코 맑스주의 철학이나 인식론을 깊이 체계화한 적이 없었기 때문이다. 그러나 이 맑스주의 철학이나 인식론은 역사적 유물론의 창시와 더불어 시작되었으며 역사적 유물론의 이론적 논술이 지닌 진실된 성격에 논리적 필연성을 부여했다. 맑스는 후세의 맑스주의 철학자들을 선점한 '논리학'[120]을 만들지 않았다. 『자본론』 제2판 서문에 있는 그의 성찰은 문제제기적인 것이었고, 엥겔스의 후기 저작도 아무런 대체물이 되지 못했다. 레닌주의를 스탈린주의로부터 분리시키고자 한다면, 맑스를 엥겔스(의 일부 요소들)로부터 구출해내야 했다. 그리하여 알뛰세르는 근거가 확실한 맑스주의 '방법론 강의'를 간단히 붙잡을 수는 없었고, 그것을 시금석으로 사용할 수도 없었으며, 다른 맑스주의자들이 그 방법론적 원칙에 불충실하다고 비난할 수도 없었다. 맑스 사후 80년이 지나서야 맑스 추종자들은 우리의 시행착오, 실패 그리고 무능력에 의해 우리 자신들로부터 불가항력적으로 도출된 "그 본질적인 문제"에 봉착하게 되었다. 즉 **"맑스주의 철학이란 무엇인가? 이 철학은 이론적으로 존재할 어떤 권리를 가지고 있는가? 그리고 이 철학이 원칙적으로 존재한다면 이 철학의 독자성은 어떻게 정의할 수 있는가?"**[121] 그렇다면 무엇을 해야 했는가?

『맑스를 위하여』와 『자본론 읽기』에서 알뛰세르가 시도한 계획은 두 가지였다. 하나는 전거가 확실한——비경험주의적——맑스주의 철학을 (전통에 따라, 즉 '변증법적 유물론'에 따라) 축조하는 것이었고, 또다른 하나는 맑스주의 과학(즉 '역사적 유물론')을 비경제주의적, 반

120) 맑스가 엥겔스에게 보낸 1858년 1월 14일자 편지, *Selected Correspondence*, Moscow 1957, p. 93을 보라.

121) FM, p. 31.

(反) 인간주의적, 반(反) 역사주의적 형태로 재축조하는 것이었다. 이러한 철학의 공급은 일차적으로 절실한 요건이었는데, 왜냐하면 그것만이 즈다노프주의적 공론의 재발을 방지할 수 있기 때문이었다. 즉 이 철학은 각종의 이론적 실용주의에 대항하는 보루가 될 수 있으며, 또한 역사적 유물론에 대해 인식론적 기초와 보증을 제공하고, 이리하여 성문 안팎에서 횡행하는 적군에 대해 역사적 유물론을 방어해줄 것이기 때문이다. 이 계획을 실현시키는 길에는 난관들이 존재하지만, 또한 동원가능한 자원들도 있었다. 즉 레닌이 일찍이 발견한 것처럼, 맑스는 "자본의 논리"[122]를 유산으로 남겼다. 맑스주의 철학은, 맑스주의 과학과 그 발전을 떠맡고 있는 보증자로서, 맑스의 위대한 과학적 저작에 "실천적 상태"로 현존해 있었다(그의 과학은 말하자면 작동중에 있는 인식론이었다). 그러나 맑스주의 철학은 엄밀한 이론적 형태로 추출되고 다듬어 배열되어야 했으며, 역사적 유물론의 발전이 올바른 노선에 따라 진행되도록 명문화되어야 했다. 이런 작업이 제대로 완수되면 변증법적 유물론은 역사적 유물론의 과학성을 검증해줄 것이며, 역사적 유물론의 외연을 감독하고, 그런 다음에는 철학이라는 전쟁터에서 역사적 유물론을 대변할 것이다. 온갖 가용한 이론적 자원들은 맑스주의의 여러가지 "실천적 활동들"——예를 들면 러시아혁명과 중국혁명——로 보완될 터인데, 왜냐하면 이 실천적 활동들은 또한 언제든지 뽑아볼 수 있는 잠재적인 이론적 요소를 가지고 있기 때문이다. 맑스주의의 정치적 실천은 이론을 앞설 수 있는 잠재력이 있기 때문에, 이런 작업이 긴박한 과제였다.[123] 맑스주의 과학과 정책들은 모두 한결같이 "작동중에 있는

---

122) *Philosophical Notebooks, Collected Works,* Vol. 38. Moscow 1961, p. 319.

123) FM, pp. 161-218을 보라. 오늘날의 맑스주의 이론적 저작의 "난점과 연원"에 관한 요약으로는, Louis Althusser, "Sur le Travail Théorique. Difficultés et

이론적 혁명"[124]을 의미했다. 이 과학과 이들 정책을 위해서 맑스주의 철학은 반드시 이것들과 동시대적인 것이 되어야 한다.

프랑스 이데올로기

알튀세르는 자신의 "맑스로의 복귀"에 관해서, 10년 뒤에 다음과 같이 반성하고 있다. 이는,

> 맑스에 관한 독창적인 그 무엇을 가지고 있는데……인간주의적 이데올로기라는 우익 입장에서가 아니라, 이론적인 반인간주의와 반경험주의 및 반경제주의라는 좌익 입장에서 교조주의를 비판했다는 점에서 독창성을 가지고 있다……우리는 맑스주의 이론으로 되돌아가려는 시도를 했고, 그 이전까지 이 맑스주의 이론은 교조주의와 맑스주의적 인간주의에 의해 최초의 이용가능한 이데올로기로, 대단한 지위를 갖는 이론으로, 혁명이론으로 간주되고 있었다.[125]

알튀세르의 이론적 편향들은 동시대 프랑스 맑스주의의 풍토에는 거슬리는 것이었겠지만, 프랑스 국내의 철학적 문화와는 일치하고 있었

Ressources", *La Pensée* 132, 1967을 보라. RC, p. 34 n. 14에서 알튀세르는, "이러한 새로운 맑스주의 저작들에 관한 '독해'는……맑스주의의 미래에 핵심적인 일정한 내용을 포함하고 있다. 즉 베트남 게릴라에서 쿠바 게릴라에 이르기까지, 자유를 위해 투쟁하고 있는 '제3세계'의 선봉에 선 나라들에서 맑스주의가 산출하고 있는 것을 포함한다"고 언급한다.

124) FM, p. 173.

125) ES-C, p. 173.

다. 왜냐하면 프랑스에서는 1960년대의 전환기에, 헤겔주의적 맑스주의의 태양은 뜨기가 무섭게 지고 있었다. 알튀세르는 "헤겔로부터 탈출하고자 애쓰는"[126] 이 시기 지식인 세대의 일원이었을 뿐이다——그의 경우는 역설적으로 맑스를 통해 헤겔로부터 벗어나려고 했다. 맑스주의자들이 청년 맑스를 재발견하여 그의 헤겔적인 뿌리를 재평가하고 있던 바로 그 순간에, 프랑스 철학에서는 중대한 변화가 진행되고 있었는데 그 변화란 "현상학"으로부터 "구조주의"로의 이행이었다. 더욱 포괄적으로 말하자면 "세 명의 H씨"(헤겔, 후설, 하이데거)의 유산으로부터 세 명의 "의심의 거장들"(맑스, 니체, 프로이트)의 유산으로 이행하는 조류가 진행중에 있었다.[127]

구조주의의 최고의 지위를 향한 놀라운 성장은 1950년대 후반까지 소급될 수 있다. 1957년 롤랑 바르트(R. Barthes)의 거작 『신화학』(*Mythologies*)이 나왔는데, 그후에는 비누가루에서 쇠고기와 음식조각까지, 가르보의 얼굴에서 아인슈타인의 두뇌까지, 모든 것을 기호학의 영역으로 합병시켜 설명했다. 철학적으로 더욱 중요한 것은 다음해 클로드 레비-스트로스의 논문모음인 『구조인류학』(*Structural Anthropology*)이 출판되었다는 사실이었다. 이 책에서 그는 소쉬르 저작의 한 논평에서 단서를 얻어, 모든 사회적 실천이란 상징적인 것이며 따라서 기호언어적으로 취급될 수 있다고 추론했다.[128] 만일 사회과학과 인문과학이 소쉬르와 트루베츠코이가 언어학에서 일으킨 혁명노선에 따라 재조형화되었

---

126) Michel Foucault, *L'Ordre du Discours*, Paris 1971, p. 74.

127) Vincent Descombes, *Modern French Philosophy*, Cambridge 1981, p. 3. "의심의 거장들"이라는 표현은 1964년에 푸코가 쓴 표현인 듯하다.

128) *Structural Anthropology*, Harmondsworth 1977, pp. 58-59 및 F. de Saussure, *Course in General Linguistics*, London 1981, p. 16을 참조하라.

다면, 그 과학들은 과학성의 문지방을 넘을 수 있을 것으로 생각되었다. 레비-스트로스가 인류학과 신화들의 연구에 기여한 바와 같은 것을, 다른 사람들은 문학(바르트), 영화(크리스티앙 메츠〔C. Metz〕), 패션(이 분야에서도 바르트) 등에 대해 시도하였다. 바르트는 『기호학의 요소들』(1964)에서 새로운 이념을 기대하는 "일종의 수요"[129]가 있음에 주목했으며, 그와 그의 동료들은 이 수요를 충족시키고자 노력했다. 각종 인문과학에 관한 이 철학자의 초석이——오랫동안 과학상의 지위를 갈망한 끝에——발견된 것이 분명했다. 실제로 프랑스 이데올로기가 마침내 탄생한 것이다.

스탈린주의 이전의 또는 스탈린주의 이후의 역사적 유물론 체계에 대한 도전이 이 새로운 패러다임에 내포되어 있었으며, 이 도전은 레비-스트로스의 『야만적 사유』(1962)에서 명백하게 드러났다. 이 책의 마지막 장 "역사와 변증법"은 사르트르의 『변증법적 이성 비판』과 그의 "구체적 인간학"을 위한 그의 제안에 대해 선봉적인 공격을 전개하였다. 사르트르는 『방법론 탐구』에서 "맑스주의는 실재하는 인간들을 깊이 연구해야 하며, 인간들을 황산이라는 목욕탕에 넣고 용해시켜서는 안된다"[130]고 쓴 적이 있다. 이에 대해 레비-스트로스는 "인문과학의 궁극적 목표는 인간을 만들어내는 것이 아니라, 인간을 해체시키는 것이라고 나는 믿고 있다"고 반박했다(그럼에도 불구하고 그는 맑스주의가 자신의 "출발점"이라고 서술했다).[131] 그의 주장에 따르면, 사르트르는 배우같은 의식적인 연기로 시작하였는데, 일단 이 연기의 유혹에 빠진 다음부터는 영원히 데카르트주의자가 되고 말았다는 것이다. 사르트르는 과거

129) *Elements of Semiology*, New York 1978, p. 9.

130) *Search for a Method*, pp. 43-44.

131) *The Savage Mind*, London 1981, pp. 246-47.

의 형태를 단지 서구의 현재라는 관점에서 잘못 해석함으로써 문화적 및 역사적 상대주의에서 교묘하게 벗어났고, 그 결과 가상적인 연속성에 의해 실재하는 역사적 불연속성을 지워버렸다는 것이다. 사르트르의 인간중심적 역사학과 주관주의적 인식론은 모두 똑같이 이데올로기적인 것으로, 전자는 현대의 신화이고 후자는 영원한 환상이었다. 〔서구의〕 자민족중심적인 변증법적 이성과 우연적인 역사적 통시성(通時性)은 모두 과학성을 해치는 것이었다. 이같이 사르트르는 "역사성"에서 "초월적 인간주의의 최후의 도피처"[132]를 발견했다. 사르트르와 메를로-퐁티를 고심케 한 (또 양자를 갈라놓은) 구조(들)와 주체(들) 사이의 관계의 문제는 과학적 해답을 요구하는 것이지 철학적 해답을 요구하는 것이 아니었다. 구조인류학은 레비-스트로스에 의해 적어도 "거친" 과학이라고 간주되었고, 이제 필수적인 연구프로그램이 되었다(그는 2년 후 자신의 걸작 『신화학』에 붙인 「서문」에서 "구조주의 사상은 이제 유물론의 대의명분을 옹호하고 있다"고 주장하게 된다).[133] 인간의 주관성에 지나치게 의존하고 (유럽중심적) 진화주의에 의해 오염된 역사학이 구조주의의 인식론적 안티테제가 되었다.

레비-스트로스가 소쉬르를 경유하여 "헤겔로부터 탈출"하고자 시도한 반면, 같은 해, 미래의 불길한 전조로, 질 들뢰즈(G. Deleuze)는 니체를 경유하여 레비-스트로스와 똑같은 것을 하고자 시도하였다. 그의 『니체와 철학』(*Nietzsche and Philosophy*)은 어떠한 형태로든 헤겔적인 영감 또는 헤겔적 친족관계를 가지고 있는 변증법 사상을 배격했다. 이와 마찬가지로 미셸 푸코의 "구조주의적인" 『사물의 질서』(『자본론 읽기』와 같은 해에 씌어졌지만 그 다음 해 출판되었다〔원래 제목은 『말과 사물』

132) Ibid., p. 262.

133) *The Raw and Cooked*, Harmondswoth 1986, p. 27.

이다〕)의 영웅도 역시 니체였다. "우리를 위해서, 우리가 태어나기 훨씬 전에, 변증법과 인류학의 혼합된 약속을 불태우면서 제물로서——'약속이자 또한 과업으로서'——'인간의 죽음'을 바친 사람이 바로 니체였다"고, 푸코는 자신이 맑스주의에게 할당해준 역사주의적 "인식틀"〔에피스테메, épistémè〕을 비판하는 가운데 이같이 선언했다.[134)]

'인간주의'와 '역사주의'는 이같이 많은 학파들로부터 공격을 받고 있었다. 그들의 이름이 스위스 언어학자든 독일 철학자든 상관없이, 이 논자들은 당시까지 인간주의와 역사주의가 서구 사상에서 특권적 지위를 차지해왔다고 단언하며, 이제는 이같은 특권적인 지위에서 물러나야 한다고 주장했다. 역사적 유물론도 이것들과 동정(同定)되고 이것들과 유사하게 시대착오적인 것으로 간주되어, 피고석에 앉게 되었다. 파리처럼 철학적 유행에 열광하는 세계에서는, (가로디는 제껴두더라도) 사르트르와 르페브르 또는 골드만 풍의 맑스주의는, "주체가 중심이 되는 역사와, 주체가 구성하는 지식"[135)]이라는 그것의 주장과 더불어 급속하게 퇴조했다. 인간의 종말이 예견되었고, 역사는 신화가 되었으며, 사르트르의 맑스주의는 그것의 최고 단계로 〔간주〕되었다.[136)] 이런 단계에서 이루어진 알튀세르의 솔선수범적인 문제제기가 얼마나 대담했는지——그리고 위험했는지——는 아마도 이제와서야 훨씬 더 정확하게 이해될 수 있는 것이리라. 헤겔로부터 탈출하기 위하여, 그리고 헤겔과

---

134) *The Order of Things*, London 1977, pp. 243, 342-43.

135) Benton, *The Rise and Fall of Structural Marxism*, p. 10.

136) 사르트르는 당시 부상하는 패러다임에 진지한 응답을 하지 않고, 대신에 단순한 격분을 터뜨릴 뿐이다. 예를 들면 "Jean-Paul Sartre Répond", *L'Arc* 30, 1966——특히 p. 87-88의 푸코에 대한 격렬한 공격을 참고하라. 이와는 대조적으로 알튀세르에 대한 그의 논평은 의외로 점잖은 것이다(ibid., pp. 93-94 및 *Between Existentialism and Marxism*, London 1983, p. 134를 참조하라).

의 연관성으로 인하여 빚어지고 있음이 명백한 불신으로부터 맑스주의를 구출하기 위하여, 알튀세르는 동맹자를 바꾸는 교묘한 철학적 반전을 수행했다. 알튀세르는 구조주의와 자신의 맑스주의적 입장의 엄격한 반인간주의 간에는 일종의 수렴이 존재함을 인식하였고, 이에 알튀세르는 1964년 이탈리아공산당 기관지인 『리나시타』에 기고한 글을 통해 레비-스트로스가 사르트르 이상으로 역사적 유물론의 직접적인 동맹자라고 말했다.[137] 알튀세르는 훗날 자기비판에서 이 에피소드에 대해 내렸

---

137) "Teoria e Metodo" & "Gli Strumenti del Marxismo", *Rinascita* 4 & 5, 1964를 참조하라. 그렇지만 이러한 맥락이, 알튀세르가 구조주의에 대해 무비판적이었다는 뜻은 전혀 아니라는 점에 주목해야 한다. 비록 구조주의가 언어학에서는 적합하고 인류학에서도 부분적으로 적합한 것일지라도, 다른 분야에서는 그렇지 않은 것이었다. 그것은 이데올로기적이고, 세계에 관한 과학적 해석을 제공할 수 없었다. 오로지 맑스주의만이 이러한 해석을 부여할 수 있을 것이다. 에코(U. Eco)가 역사적 유물론에 구조주의를 나름대로 원용한 것은 맑스주의의 혁신에 이르지 못하고 그 '이론적 희석화'를 초래했을 뿐이다.

이보다 한 해 전에 출간된 저작("Philosophie et Sciences Humaines", *Revue de l'Enseignement Philosophique* 13 : 5, 1963)에서, 알튀세르는 " '인문과학'이라는 명칭 아래 나타난 여러 분과들이 순수하게 인간적인가, 또한 무엇보다도 진정으로 과학인가?"라는 문제를 제기하면서(p. 17), 퇴각하고 있는 인간주의 및 부상하고 있는 테크노크라티즘 양자 모두에 반대 입장을 개진했다. 비판받은 사람들 가운데에는 "레비-스트로스같은 '철학자들'"도 포함되어 있었는데 (여기서 알튀세르의 경탄스러운 구체적 분석에 관해 언급하지는 않겠지만, 그들에게 '철학자'라는 명칭을 붙였음에 주목하라), "레비-스트로스는 하나의 수단——각계각층 사람들의 꿈——을 발견함으로써, 이원적인 존재론에서 등장하는 선구적 언어학, 정보이론, 수학과 물리학, 맑스, 프로이트, 골드슈타인, 콩트, 의견교환, 여성과 상품, 폰 노이만(von Neuman), 무속(巫俗)과 라캉, 루소와 인

던 "구조주의적 용어와의 단순한 '불장난'"〔이라는 평가〕와는 정반대로 알튀세르의 **이론정치**가 지시했던 것은 "역사주의에 반대하기 위하여 구조주의와, 사르트르에게 반대하기 위하여 레비-스트로스와"[138] 연합했다고 표현했던 니코스 풀란차스(N. Poulantzas)의 말에 가깝다. 즉 풀란차스는 알튀세르가 이처럼 설사 현상학적 반자연주의에 반대하는 동시에, 레비-스트로스와는 반대로 「맑스주의와 인간주의」에서 『야만적 사유』를 언급하지도 않으면서 역사과학의 전망을 옹호했을지라도, 그는 "인간의 종말"이라는 새로운 주제에 자신의 **출판인가**를 부여했고 자신이 이를 인가하는 이유를 다음과 같이 설명했다.

엄밀하게 이론이라는 측면에서……우리는 **맑스의 이론적 반인간주의**를 공공연히 말할 수 있고 말해야 하며, 또 이 **이론적 반인간주의** 속에서 인간세계 그 자체와 그리고 인간세계의 실천적 변혁 양자에 관한 지식의 절대적인(부정적인) 전제조건을 찾아낼 수 있고 찾아내야만 한다. 인간

종학자 자신 등등을 하나로 통합하였다……이 모든 '철학자들'은……스스로 철학이라고……간주하는 것을 산출해내지만——이것들은 그 진정한 이름으로 불려야 한다. 즉 이들의 진정한 명칭은 이데올로기이다……요컨대 그것은 허구의 철학이며, 단지 테크노크라트 사상의 **명예로운 칭호**에 불과하다" (p. 9). 이에 뒤따르는 각주에서 그는 "속류화된 구조주의"에 대해 다음과 같이 한층 심한 비난을 하고 있다. "환유와 은유의 적절한 조작, 예를 들면 계열체(Paradigme)와 통합체(Syntagme) 등을 조작함으로써……신속하고 놀라운 결과를 초래한다. 어떤 결과들은 이미 출간되었고, 또 다른 결과들은 곧 나올 것이다. 구조주의 생산물의 거대한 증대는 이미 예측될 수 있었다. 즉 그것은 신속한 결과를 기대하는 취향에……영합하는 것이다" (p. 12 n. 19).

138) Repéres, Paris 1980, pp. 22-23. ES-C, pp. 126-31. 앞의 주에서 인용된 논평은 풀란차스의 이러한 묘사를 상호 모순됨이 없이 제한하고 있다.

의 철학적(이론적) 신화가 재로 환원된다는 절대적인 전제조건 아래에서만 인간에 관해 무언가를 이해할 수 있을 것이다. 따라서 이론적 인간학이나 인간주의를 어떤 형태로든 복원하려고 맑스에게 호소하는 사상은 어떤 사상이든 이론적으로는 재에 지나지 않는다. 그러나 실천적으로 그것은 전(前)맑스주의적 이데올로기라는 기념비를 쌓아올릴 수 있을 것이고, 그 이데올로기는 실제의 역사를 짓누르고 그 역사를 궁지로 몰아넣는 위협이 될 것이다.[139]

알튀세르의 주장에 따르면, 사르트르는 악마의 편에 있으면서도 스스로는 그것을 알고 있지 못했다는 것이다. 메를로-퐁티와 레비-스트로스는 사르트르의 데카르트적인 요소를 확인하고, 이 요소가 사르트르를 맑스주의 그리고/또는 유물론과 분리시켰다는 점을 깨닫고 있었다. 이 점이 사르트르의 『변증법적 이성 비판』[140]의 출판 직후 알튀세르가 고등사범학교에서 행한 강연에 이어 계속된 알튀세르의 개입에서 요점이었다. 알려진 바에 따르면, 사르트르는 "나는 생각한다"(cogito)〔라는 사상〕을 실천철학의 영역에서 불가피한 형태로 부활시켰다는 비난에 직면하였으나 이에 대해 반박하지 못했다. 그가 철학계에서 차지하고 있는 중심적인 위치 때문에 아마도 한 세대의 프랑스 맑스주의 지식인은 그에게 철학적 충성을 바쳤을 것이다. 어쨌든, 그후 알튀세르는 이같은 공격 방침을 추구하였고, 개별적인 인간의 행위라는 사르트르의 인식론적 출발점은 단지 무한으로의 퇴보를 빚어냈으며, 이로 인해 사르트르는 역사를 전혀 설명할 수 없게 되고 말았다고 주장했다.[141] 인간은 역사를

139) FM, pp. 229-30.

140) Régis Debray, *Les Rendez-Vous Manqués*, Paris 1975, p. 83 ; Annie Cohen-Solal, *Sartre*, Paris 1985, p. 576. 드브레이에 따르면, 이 논쟁은 1961년 3월에 있었다.

구성하는 주체가 아니라, 역사 속에서 구성되는 주체——역사 아래 포섭된 행위자——이고, 또한 인간 자신의 지위/역할은 앞선 시대의 외부적인 (경제적, 정치적, 이데올로기적) 사회구조의 총체에 의해 그들에게 할당되고 사회구조 자체의 독특한 법칙들에 의해 지배된다는 것이다.[142] 역사란 "주체 없는 과정"이고, 따라서 인간 주체들의 의식과 환상으로부터 단절된 과학만이 이 역사를 해명할 수 있으며, 이런 과학에 의해서만 역사변혁과 인간해방이 가능해진다는 것이었다. 『자본론 읽기』는, 정당하게 지적되어왔듯이 "『변증법적 이성 비판』에 대한 반비판"이다.[143]

그리하여 1960년대초까지만 해도 알튀세르는 맑스주의 유물론의 이념이 구조주의의 여러 측면과 관련해서 가장 잘 옹호될 수 있다고 믿었다. 그가 포스트 스탈린주의적 맑스주의 구성을 위해 맑스주의 고전뿐만 아니라 동시대의 프랑스 철학에 도움을 요청했다는 사실은, 프로이트에 관한 라캉의 반인간주의적 재해석에 대해서, 특히 바슐라르의 "역사 인식론"에 대해서 자신이 제휴관계를 맺었다고 스스로 공언한 것에서 명백히 드러난다. 알튀세르가 맑스로의 복귀를 제안하고 있는 반면, 라캉은 프로이트로의 복귀를 행위로 옮기고 있었다. 알튀세르는 1964년에 씌어진 한 논문——즉 「프로이트와 라캉」——에서 맑스주의와 즈다노프주의가 금지한 정신분석학 사이의 대화를 재개했으며, 프로이트에 관한 라캉의 해석 및 설명을 수정주의에 대한 대답으로서 승인하였다. 프로이트와 그의 프랑스인 제자에 의해 이미 묘사되었던 비유를 반복하면서, 알튀세르는 맑스주의에 대해서도 똑같은 시도를 함으로써 다음과 같은 결론을 내렸다.

---

141) FM, pp. 117-27를 참조하라.

142) 예를 들면 RC, pp. 119-44, 174-75, 270-71을 참조하라.

143) Jean-Paul Cotten, *La Pensée de Louis Althusser*, Toulouse 1979, p. 71 n. 33.

프로이트가 자신의 발견에 대한 비판적 수용을 때때로 코페르니쿠스적 혁명의 대격변에 비교한 것은 결코 무의미한 것이 아니었다. 코페르니쿠스 이후, 우리는 지구가 우주의 '중심'이 아님을 알았다. 맑스 이래, 우리는 인간 주체가, 즉 경제적, 정치적 또는 철학적 자아가 역사의 '중심'이 아님을 알았고——심지어 계몽주의 철학자들이나 헤겔과는 반대로——역사는 아무런 '중심'도 가지고 있지 않지만, 그러나 이데올로기적인 착각 속에서가 아니라면 어떠한 필연적 '중심'도 갖지 않는 하나의 구조는 가지고 있다는 점을 알고 있다. 한편 프로이트의 발견에 의해 우리는 참된 주체, 즉 자신의 독특한 본질 속에 있는 개인은 '자아' 형태를 갖지 못하면서도, '자아'와 '의식' 또는 '실존'을 중심에 놓고 있다는 사실을 알게 되었다……또한 이 인간 주체는 하나의 구조에 의해 탈중심화되고 형성되는데, 이 구조란 아무런 중심도 없는 것으로, 단지 '자아'의 가상적 착각 속에서만, 다시 말해 자아가 '스스로를 인식하는' 이데올로기적 구성체 속에 있는 경우에만 중심을 갖는 것처럼 보인다는 사실도 알게 되었다.[144)]

---

144) LP, pp. 200-01. 이를 라캉의 "The Freudian Thing, or The Meaning of a Return to Freud in Psychoanalysis" (1955), *Ecrits*, London 1982, p. 114와 비교해보라. 1964년에 *La Nouvelle Critique*에서 처음 실린 알튀세르의 이 논문은 같은 잡지에 "La Psychanalyse, Une Idéologie Reactionnaire"가 게재된 지 15년 후에 나왔다. 1976년에 발간된 이 논문의 재판에서, 그는 정신분석이 공산주의자들 사이에서 여전히 "평판이 좋은" 것은 아니라고 지적했다(*Positions*, Paris 1976, p. 7). 알튀세르가 고등사범학교의 세미나를 통해서든 혹은 선구적 논문을 통해서든 라캉을 소개함으로써 프랑스에서 정신분석학의 고양을 위해 수행한 역할에 대해서, Elisabeth Roudinesco는 그녀의 저작 *La Bataille de Cent Ans: Historie de la Psychanalyse en France*, Paris 1986 제2권에서 두드러지게 강조했다. 『맑스를 위하여』와 『자본론 읽기』를 보지 않은 것으로 알려진 레비-스트로스와는 달

알튀세르는 「맑스주의와 인간주의」에서 제기된 이데올로기 이론을 위해 라캉의 정신분석학을 이미 활용하였고, 이후에도 그가 이 분석에 더욱 의존하고 있음을 우리는 살펴볼 것이다. 그는 프로이트에 대한 라캉의 프로젝트가 자신의 프로젝트와 합치될 수 있다고 분명히 믿었다. 미셸 페쇠(M. Pêcheux)가 한때 논평했듯이, 이제 알튀세르의 맑스주의와 라캉의 정신분석학, 그리고 소쉬르의 언어학 사이에 "3자동맹" 비슷한 것이 맺어졌다.[145] 어쨌든 비맑스주의적인 두 담론이 알튀세르의 기준을 통과했다. 이 통과는 대체로 프랑스 과학철학자인 가스통 바슐라르에서부터 비롯된 인식론의 각종 규범에 따른 것이었다. 알튀세르가 레비-스트로스와는 편의적 동맹을, 그리고 라캉과는 원칙적 동맹을 각각 맺었던 데 비해, 그의 바슐라르적인 인식론 및 역사기술학과의 화해는 그의 작업에서 중심적인 것이었다. 왜냐하면 그의 포부는 맑스주의가, 현실적으로는 물론 원칙에서도 역사과학이자 "다른 과학들과 동등한" ("귀족적인" 동료과학들과 인식론적으로 동등한) 과학임을 논증하는 것이었기 때문이다. 그리고 그의 목표는 맑스주의 철학의 동시적인 구축/응용을 통하여 이러한 논증을 달성하는 것이었다. 맑스주의 철학에 관한 알튀세르의 해석은 사실상 일종의 변형된, 맑스적인 바슐라르적 인식론이 되기에 이르렀는데, 즉 이 인식론은 어느 정도는 스피노자적 주제 및 구조주의자의 주제들과 결합되고 또한 맑스 자신의 방법론적 성찰의 요소들과

리(Raymond Aron, *Mémoires*, Paris 1983, p. 579), 라캉은 적어도 한 번 이상 알튀세르가 그의 저작에 대해 보인 관심에 응답했다. 라캉은 Figaro Littéraire, 29 December 1966에서 알튀세르의 "맑스 사상〔으로부터〕의 분리는 결정적인 것으로 간주될 수 있다"는 자신의 확신을 피력했다(Roudinesco, p. 424에서 재인용).

145) *Language, Semantics and Ideology*, London 1982, p. 211.

도 결부되어 있는 것이었다(후자는 1857년 「서설」에서 끌어온 것으로, 이 서설은 고전적인 것과 현대적인 것 양자의 통합에 교리적인 축복을 제공했다). 이러한 인식론은 반경험주의적 인식론이라고 할 수 있으며, "지식 생산의 이론"이었다——이 이론의 "중심 테마 가운데 하나는 의식 및 개념에 반대하는 것"[146]이었다. 바슐라르의 '합리적 유물론'은 가공되어 현대 물리학과 화학의 혁명적 창의성을 대변하고 옹호하였다. 만일 역사적 유물론이 두 쌍의 개념들, 즉 (맑스주의적인) 과학/이데올로기라는 개념과 (바슐라르적인) "문제틀"/"인식론적 단절"이라는 개념을 전개함으로써 엄격한 '바슐라르적' 해독을 견뎌냈다면, 그래서 예비시험에 통과했다면, 이 역사적 유물론은 철학적 위협을 견뎌냈을 것이고 동시에 보통의 과학이라는 약속된 땅에 올라갈 수 있었을 것이다.

알튀세르는 바슐라르의 인식론과 맑스주의 철학을 더욱 정밀하게 발전시키기 위한 자신의 노력 양자의 만남을 자신이 편집한[147] 『이론』 총서의 계획 목차 맨앞에 갖다놓았는데, 아마도 이것은 뤼셍코 사건으로 야기된 프랑스공산당의 맑스주의와 과학공동체 사이의 균열을 치유하고픈 소망을 암묵적으로 시사하는 것이리라. 그리하여 그는 "학술저작을 독해하는 데 있어서 석학들"——즉 『자본론 읽기』에 나오는 바슐라르, 장 카베이예스(J. Cavaillès), 캉귀엠 및 푸코——에게 빚지고 있음을 인정했다.[148] 알튀세르가 문자 그대로 바슐라르주의자로서 맑스와 엥겔스를

146) Descombes, *Modern French Philosophy*, p. 119. 알튀세르에 대한 이 안티테제의 전형적인 표현이라고 할 수 있는 것은 Jean Cavaillés의 *Sur la Logique et la Théorie de la Science*(1947), Paris 1960일 것이다. 특히 p. 78을 참조하라.

147) 「자본론 읽기」(Paris 1965) 초판과 「맑스를 위하여」 초판 및 후속판들을 참조하라.

148) 라캉을 비롯한 이들 인물들을 칭찬하는 논평에 관해서는 RC, pp. 16 n. 1, 44 n. 20을 참조하라. 또한 LP, pp. 163-63와 PH, p. 34 n. 2에서 알튀세르는 프랑스의

대변함으로써, 비맑스주의적인 요소를 맑스주의에 도입하고 있다는 비난에 대해 스스로를 변호하려고 시도했다 할지라도,[149] 구조주의와의 연합에서처럼 바슐라르에 대한 의존 역시, 그는 사실상 서구 맑스주의의 상투적 전략——즉 맑스주의 철학과 "부르조아" 철학 양자의 종합——을 채택하고 있었던 것이다. 그리고 만일 알튀세르의 "맑스로 가는 길"이 동료들의 맑스주의를 벗어나서 동시대 비맑스주의자의 이론을 옹호하고 있다면, 그것은 고전철학의 체계——즉 스피노자의 철학체계——를 경유하는 "우회로"를 택한 것이기도 하다. 적어도 인식론적으로는, 헤겔이 아니라 스피노자가 맑스의 "역사적인 선배사상가"였다. 스피노자의 합리주의 및 결정론적 철학은 "철학사에 유례없는 이론적 혁명, 즉 아마도 모든 시대의 가장 위대한 철학혁명이라고도 부를만한 것들"[150]을

헤겔 연구의 거장인 이폴리트(J. Hyppolite)에 대해서도 칭송하고 있다. 이폴리트는 당시 알튀세르의 저작을 칭찬한 몇몇 논문의 저자 가운데 하나였다("Le 'Scientifique' et l''Idéologique' dans une Perspective Marxiste" (1968), *Figures de la Pensée Philosophique*, vol. 1, Paris 1971을 참조하라). 캉귀옘은 *Idéologie et Rationalité* (Paris 1981) 서문에서 알튀세르의 "독창적 기여"를 인정했다(p. 9). 한편 푸코는 *Archaeology of Knowledge* (London 1977)의 서문에서 알튀세르의 맑스 재독해가 자신에게 잠시 영향을 미쳤다고 증언하고 있다.

149) 예를 들면 FM, p. 32와 RC, pp. 145ff를 참조하라.

150) RC, p. 102. 또한 FM, p. 78 n. 40을 참조하라. PH, p. 50에서 알튀세르는 몽테스키외가 역동적이지만 비목적론적인 역사이론을 제시함으로써 맑스를 예비하는 기여를 했다고 지적했다. 그러나 3년 뒤에 그는 불법적인 헤겔식의 총체성 개념이 프랑스인으로부터 유래했다고 주장하고 있었다(FM, p. 103을 참조하라). 동시대의 다른 파리인들의 영웅이었던 니체를 알튀세르가 때때로 "과학 혹은 비판"의 장인들로서 맑스 및 프로이트 같은 선발된 사람들의 대열에 끼워넣었다는 점은 주목할 가치가 있다. 이에 관해서는 LP, pp. 181-82와 RC, pp. 15-16을 참조하라.

도입했다고 극찬을 받았다. 알튀세르는 이 가운데 몇 가지 핵심적인 원칙들을 맑스주의에 이식하려고 노력했던 것이다.

알튀세르는 프랑스의 맑스주의를 평가절하하고 프랑스 국내문화 속에 있는 다른 조류에 찬성했으며 그리고 헤겔을 평가절하하고 스피노자를 옹호했는데, 이같은 평가절하는 역설적인 상황을 초래했다. 그는 구조주의자의 옷과 스피노자의 옷을 걸친 스탈린주의자가 된 것은 아니었다. 즉 "악마적이며 히스테리적인 신비주의"[151]의 시대로 다시 돌아가서 구조주의와 스피노자를 재편집하려고 한 것이 아니었다. 그는 오히려 그 반대로 맑스주의 이론이 최근 스탈린주의의 지배에서 벗어나 현재는 이질적인 이론적 이데올로기들의 악습에 젖어 있음을 우려하였고, 또 일정한 비맑스주의적 담론들이 맑스주의를 해방하는 데 결정적인 역할을 할 것이라고 확신했기 때문에, 그는 이론상의 복합적인 "진지전"을 벌인 것이었다. 그럼에도 불구하고 사실은, 이 철학자는 자신의 동시대 논자들이 전개하는 미온적 절충주의에 반대하여 엄밀한 정통 이론에 끊임없이 호소했고, 청년 맑스(그리고 스탈린) 대신에 성숙기 맑스를 바꿔앉혔으며, 그리고 "비맑스주의적인 요소들이 자신의 사상에 영향을 미치도록 허용함으로써, [서구 맑스주의자들 가운데] 가장 잡탕적인 맑스주의자"[152]가 되었다. 결국 알튀세르는 독일 이데올로기에서는 탈출했으나 프랑스 이데올로기에 굴복하게 됐는데, 이 문제에 관해서는 앞으로 논의할 것이다.

---

151) 이는 톰슨의 또다른 맥락에서 기념비적인 시각이다. *The Poverty of Theory,* p. 111.

152) Martin Jay, *Marxism and Totality,* Cambridge 1984, p. 391.

맑스를 위하여, 자본론 읽기

알튀세르 책들의 제목은 슬로건이었다. 그가 "맑스로의 복귀"를 추동한 포부는 맑스주의 이론의 혁신이었다. 그의 노력은 세 가지 상호 연관된 요소들로 구성되어야 했다. 그 요소들이란 비판, (재)구성 그리고 방어로——실로 엄청난 범위에 걸친 계획이었다. 이 세 가지 과제는 모두 많은 맑스주의자들이 과거에 맑스주의에 해가 된다고 생각했던(현재도 그렇게 생각하고 있는) 테제들의 도움을 받아 수행되었음은 물론, 알튀세르의 타격목표의 열성적인 지지자들에게 첨예한 논쟁을 불러일으키며 수행될 수밖에 없었다. 그의 최초의——또한 모든 것에 우선하는——관심은 프랑스공산당 내에서 독립적인 연구공간을 확보하는 것이었다. 그는 1975년에 다음과 같이 말했다. 즉 자신의 인식론이 구축된 것은,

> 온갖 형태의 실용주의에 대한 반대 속에서, 이론의 상대적 자율성이라는 명제를 정당화하고, 나아가 이로써 맑스주의 이론을 전술적인 정치적 결정의 노예로 취급하는 것이 아니라, 그 자체의 고유한 요구에 어긋나지 않으면서 정치 및 기타의 실천과 제휴하여 발전되어야 한다는 맑스주의 이론의 권리를 정당화하기 위해서였다.[153]

그 결과, 이 계획은 이론과 이론에 내재된 실천의 통일——바꿔 말한다면 이론의 자율성을 맑스주의 내에서 옹호하는 형태를 취했다. 서구 맑스주의는 이 두 가지 특성의 괴리를 마치 맑스주의자의 신임장인

---

153) ES-C, p.169.

양 처음부터 갖고 있었다. 이같은 "이상론"이 프랑스공산당의 당원신분을 유지하는 논리의 일부였다. 알튀세르에게는, 프랑스공산당은 프랑스 노동자계급의 당이었다. 이 당은 프랑스에서 자본의 질서에 대해 유일한 실질적 위협을 (잠재적으로) 제기하였다. 따라서 공산당원의 자격은 계급투쟁과 어떤 형태로든 유기적인 연계를 가질 것을 전제조건으로 했다. 그러나 당원증과 이론의 무오류성을 위해 치뤄야하는 댓가는 매우 컸다. 그것은 정치적 쟁점에 대한 동의――아니면 침묵――이었다. 한편, 만일 알튀세르가 이론과 실천의 통일에 관한 문제를 단번에 폐기했다면, 그것은 장래의 정치적 실천의 이름으로 이루어졌던 것이다. 맑스주의 노동운동은 "세계를……변혁시키기 위해"[154]과학적 이론을 필요로 하였다. 당의 공식적 실용주의와 기회주의의 횡포로부터 방어하기 위해서는, 이론을 통한 우회가――바로 이 시기와 이 장소에서는――투쟁으로부터의 이탈이 아니라, 실천적 동기를 지닌 장기적인, 다른 수단에 의거한 정치의 연속이었다(적어도 이것이 알튀세르가 맑스와 레닌의 이론적인 노작들을 이해한 방식들이었다).[155] 이론에서의 과감성은, 전략적인 극

154) Karl Marx, eleventh theses on Feuerbach, *Early Writings*, Harmondsworth 1977, p. 423. Maria-Antonietta Macciocchi에 따르면 이 저작이 알튀세르의 연구를 궁지에 몰아넣고 꼼짝 못하게 했다(*Deux Mille Ans de Bonheur*, Paris 1983, p. 382).

155) Althusser's letter of 7 March 1967 to Debray, Régis Debray, *A Critique of Arms*, Harmondsworth 1977, p. 267의 다음과 같은 언급을 참조하라. "이러한 투쟁은 긴급한 요구를 제기한다. 그러나 때로는 잠시 후퇴하여 평가해보는 것이……정치적으로 긴급한 것이기도 하다. 모든 것이 당시 이루어진 이론적 성과에 달려 있다. 맑스와 레닌은 우리에게 바로 이러한 최초의 모범이 되어준다……투쟁으로부터 물러나 있는 시간은 아마도 일종의――심지어는 투쟁 자체를 위한――시간절약일 것이다……나는 이것이 모든 노동자계급과 혁명적 지식인들의 의무라고 생각한다. 그들은 사람들로부터 과학적 지식의 옹호 및 확대를 갖추도

단론을 위한 전술적인 완화를 정치적으로 수행해야 했다. 당지도부와의 공개적인 충돌은 회피되어야만 했다. 프랑스공산당의 정치적 실천은 다음과 같은 이론적 작업에 의해서 변질되고 있었다. 즉 그 이론적 작업은 나날의 정치적 소요와 변화무쌍함에서 고립되어 있었을 뿐 아니라, 당시 프랑스의 정치는 1962년 이후 드골정부하에서 안정을 구가하고 경제는 기술관료의 지휘하에 급속하게 근대화되고 있었던 상황에 비추어, 너무나 절실했던 실천적 검증과도 괴리되어 있었다. 요컨대 레닌조차도, 맑스주의가 전지전능한 것은 그것이 진리이기 때문이지, 그 반대가 아니라고 말했던 것이다.[156]

알튀세르의 입장에서는, 레닌의 시대는 맑스주의 이론의 시대였다. "오늘"은 달랐다. 프랑스공산당의 날인에 해당하는 에디숑 소시알을 피해서, 그는 좌파 출판사인 프랑스와 마스페로와 출판계약을 맺어 단순하게 『이론』이라는 제목이 붙은 새로운 총서를 출판하기 시작했다. 곧이어, 『맑스를 위하여』와 2권으로 묶은 『자본론 읽기』가 1965년에 출간되었다. 앤더슨은 "최초로, 중요한 이론적 체계가 프랑스 공산주의의 조직구조 내에서 공개적으로 표출됐으며, 이 체계의 위력과 독창성이 심지어 가장 단호한 반대파들에 의해서도 인정되었다"[157]라고 지적했다. 알튀세르의 변증법적 유물론에 관한 해석은 얼핏보아도 완전히 새로운 것이었지만, 알튀세르 자신의 역사적 유물론도 과거 국제 공산주의운동에서

록 위임받았다. 그들은 최대한의 주의를 기울여 이러한 임무를 수행해야 하며, 맑스 자신의 발자취를 따라야 하는데, 맑스는 노동운동의 투쟁들과 이러한 투쟁을 수행하는 사람들에게 가장 심오하고 정확한 지식보다 중요한 것은 없다고 생각했다."

156) "The Three Sources and Three Component Parts of Marxism", *Collected Works*, Vol. 19, Moscow 1963, p. 23. 예를 들어 RC, p. 59도 참고하라.

157) *Considerations on Western Marxism*, p. 38.

역사과학으로 간주되고 있던 것과는 유사점이 거의 없었다. 알튀세르의 공개적인 맑스로의 복귀는 프랑스공산당 지도부로부터 아주 차가운 반응을 받았는데, 공산당 지도부는 알튀세르 이론의 실천적 함의를 우려하였다(같은 해, 중국공산당은 『국제 공산주의운동의 총노선에 관한 논박』을 출판하고, 모스크바로부터 이탈하여 중국을 중심으로 재단결할 것을 호소했다). 프랑스공산당은 알튀세르를 탐탁하게 여기지는 않았지만 알튀세르와 함께지낼 길을 찾고자 했다. 맑스주의 이론은 이러한 야심적이고도 호전적인 프로젝트를 경험한 적이 없으며, 다시는 똑같은 일을 겪게 되지도 않을 것이다.

2
변증법적 유물론의 재출발

……우리는 하나의 이론적 운명에 맡겨져 있다. 즉 우리가 맑스의 과학적 담론을 해독할 수 있기 위해서는, 그것과 분리될 수 없는, 그러나 그것과는 구별되는 담론을 담은 텍스트를 그의 지시에 따라 동시에 써내려가지 않으면 안된다. 맑스의 철학에 관한 담론을.

루이 알튀세르, 『자본론 읽기』

제1장에서 논의된 것은, 알튀세르가 프랑스공산당의 정치적 실천의 변모는 맑스주의 이론의 복구, 특히 역사적 유물론의 혁신에 달려있다고 생각했다는 점이었다. 그러나 한편 이 역사적 유물론의 혁신은 다음의 세 가지 이론적 전제를 가정한 것이었다. 첫째, 역사적 유물론의 통설에 대한 비판이다. 왜냐하면 바로 통설적 설명이 맑스로부터 일탈함으로써 맑스 이론의 발전을 저해했기 때문이다. 둘째, 이러한 해석을 기각하는 대신 궁극적으로는 그것을 순도 높은 진품(결국은 알튀세르 자신의 재구축) 으로 교체하는 것이다. 세째, 진정한 맑스주의 철학을 정밀화하는

것이다. 이것은 역사적 유물론의 과학성을 담보함은 물론, 그 필수불가결한 확대를 유도하고 보증해줄 수 있어야 한다. 이같은 알튀세르의 프로그램에서 왜 마지막 요소가 실제로는――알튀세르에게――가장 중요한 것인지를 여기서 명백히 해두어야 할 것이다. 즉 "만일 우리가 역사적 난국에서……벗어나고자 한다면, 맑스의 **철학적** 사유에 관한 **탐구**가 필수적"[1]이기 때문이었다. 필요한 것은 맑스주의의 속류화 및 스탈린주의화에 대항하여 맑스주의 지식인들이 추구한――맑스 자신이 처음 시작한――도정을 가로막고 있는 맑스의 저작에 대한 철학적 독해, 즉 "인식론적이며 역사적인"[2] 독해였다. 맑스주의 철학을 구성하는 것이 인식론적 비판과 과학적 재구축을 위한 **필수조건**이었다. 알튀세르는 『자본론 읽기』에서, "역사적 유물론의 이론적 미래는 오늘날 변증법적 유물론을 심화시키는 데 달려있다"[3]고 주장했다. 실종된 맑스주의 "변증법"의 시간이 도래했던 것이다.

물론 이러한 상황을 고고학적이고 방법론적으로 수술해야 할 필요성을 느낀 사람이 알튀세르가 처음은 아니었다. 엥겔스 이래 맑스주의 철학자들은 '논리학'의 부재를 개선하려고 노력해왔다. 그러나 알튀세르에 따르면, 맑스 이후 역사적 유물론의 기형적 상태를 보완하고자 한 노력은 맑스주의 철학에 대한 부당한 해석들을 확산시켰을 뿐이다. "역사적-정치적" 이유와 "이론적"[4] 이유 때문에, 필수적인 역사인식론이 맑스주의 내에서 실체화되지 않고 있었다. 그대신 맑스주의 철학은 "철학적 이데올로기"의 계승이라는 형식을 취했는데, 이 철학적 이데올로기

1) FM, p. 21.

2) Ibid., p. 39.

3) RC, p. 77.

4) FM, p. 14.

는 자신과 역사적 유물론 사이에 일종의 부정한 관계를 설정해놓고 있었다. 더욱이 독단주의의 밤은 맑스주의의 새벽에 길을 내주지 않았다.

스탈린주의적 탈스탈린주의화

1962년 6월, 프랑스공산당은 스탈린주의의 철학적 독단주의에 대한 연구를 당 차원에서 수행하였다. 토레즈가 관장하고 가로디가 제출한 이 연구안은 중앙위원회의 '정치이론 평론지'인 프랑스공산당 기관지 『공산주의 평론』에 「공산주의 철학의 과제, 그리고 스탈린의 오류에 대한 비판」이라는 제목으로 발표되었다. 흐루시초프는 20차 당대회에서 자신의 보고를 통해, 여러 과제에 대한 결론적 권고에도 불구하고 맑스주의 이론이라는 주제에 관해서는 아무 말도 하지 않았다. 그러나 소련 철학자들은 22차 당대회에서의 흐루시초프의 과장된 스탈린 비판에 따라, "공산주의로 가는 도정"에서 제기되는 "맑스-레닌주의 철학의 과제"를 규정하는 작업에 착수했다. 『철학의 제문제』(*Voprossy Filosofii*)의 편집장이자 과학아카데미의 부의장이며 바로 스탈린의 전기작가였던 미친(M. B. Mitine)은 이제 자신의 옛 후견인에 대해 헤겔적 유산을 도식화시키고 과소평가했다고 비판했다. 그는 『국제연구』(*Recherches Internatilnales*)에 발표된 한 논문에서 무엇보다도 "부정의 부정"의 폐기가 중대한 오류였다고 주장했다.[5] 1962년 1월, 프랑스 공산주의 철학자 회의에서 발덱 로셰는 소련공산당 정치국의 입장을 대변하여 맑스주의 철학을 "과학적 세계관"이라고 규정했다. 그리고 그는 "모든 점에서 20차 당대회의 작업을 심화시킨 22차 당대회로부터 제시된 이데올로기적 수준의 주요 가르

---

5) Georges Labica, *Le Marxisme-Léninisme*, Paris 1984, pp. 95-96을 보라.

침들을 당의 철학자들은 설명하려고 해야 할 것"[6]이라는 확신을 표명하면서 자신의 연설을 마쳤다. 같은 해 가로디는 이 연설에 상응하는 철학적 결론을 이끌어내는 역할을 담당했다. 그는 다음과 같은 세 가지 조항에 근거하여 스탈린의 『변증법적 유물론과 역사적 유물론』을 비난했다. 첫째, 그 책은 맑스의 유물론을 "맑스주의 이전의 독단적 유물론"에 동화시킴으로써 맑스의 유물론이 지닌 혁명적 독창성을 희석시켰다. 둘째, 그 책은 동시대의 과학으로부터 변증법을 분리시킴으로써 "실증주의"와 "과학주의"를 조장했다. 세째, 그 책은 변증법적 유물론으로부터 "철학적 유산"을 절단해냄으로써 전자를 빈곤하게 만들었다.[7] 스탈린의 원죄——"헤겔적 유산의 과소평가"——에 대한 정정은, 헤겔적 유산에 대한 적극적인 평가와 부정의 부정 범주의 복권을 뜻했다. 스탈린의 독단론적 "오류"의 뿌리는 맑스주의에 내재적인 "원천이자 구성요소"인 이 범주를 삭제해버린 데 있다고 결론내려졌다. 부하린이나 트로츠키와는 달리, 헤겔은 공식적으로 복권될 수 있었다.

가로디가 스탈린 비판에 앞선 예비적 충고로서, 스탈린의 유산을 **통째로** 거부하는 것에 반대했다는 사실은 의미심장하다.[8] 소련공산당과 프랑스공산당 내에서 이론적 탈스탈린주의화는 실제로는, "사라져버린" 스탈린의 저작들에 한정되어 수행되었다. 스탈린주의의 이론적 기초는 대부분 손상되지 않은 채 남게 되었다. 맑스-레닌주의, 즉 "과학적 세계관"은 공식적 교리로 남았다. 그것은 맑스주의 철학, 맑스주의 정치경제학, 과학적 공산주의 이론이라는 세 구성요소를 지니고 있었다.

---

6) "Problémes Philosophiques", *Cahiers du Communisme* 2, 1962, pp. 99, 125. Labica, pp. 98-99를 보라.

7) "Rapport", *Cahiers du Communisme* 7-8, 1962, p. 91.

8) Ibid., p. 88. Labica, pp. 99-100을 보라.

맑스주의 철학은 변증법적 유물론, 즉 자연 및 사유의 법칙에 관한 과학이었다. 맑스주의 철학이 사회에 적용되면 그것은 역사적 유물론, 즉 사회 발전의 법칙에 관한 과학이 되었다. 다음 두 가지가 교정되었다. 즉 부정의 부정 범주가 변증법적 유물론의 체계로 복원되었으며, 아시아적 생산양식이 역사적 유물론의 체계로 복원되었다.[9]

프랑스공산당의 심리를 받으면서 집필된 알튀세르의 「모순과 중층결정」은 당의 판결에 이론적으로 직접 대립하는 것이었다. 알튀세르가 "**맑스주의 개념들에 관한 엄격한 파악과……그리고……이 개념들을 그것의 환영과 명확히 구분**"하는 작업이 우선되어야 한다고 제안했을 때, 헤겔에 대한 그의 판단은 다음과 같이 명확한 것이었다. "하나의 환영이 오늘날보다 특히 더 위험했던 적은 없다. 그 환영이란 바로 헤겔의 망령이다. 이 환영을 다시 어둠 속으로 되쫓아보내려면 우리는 **맑스에게 좀더 많은 빛을 비추어야 하며**, 또한 마찬가지로 **헤겔 자신에게 좀더 많은 맑스주의의 빛을 비추어야 할** 필요가 있다. 이렇게 함으로써만 우리는 '전도'라는 말의 애매함과 혼동으로부터 벗어날 수 있다."[10] 다음해에 알튀세르는 「유물변증법에 관하여」(On the Materialist Dialectic)에서, 가로디 등의 결론에 대한 전면적 대안을 제시하였다. 이 글은 무엇보다도 맑스—헤겔의 관계를 해명하고 맑스주의 지식체계의 재구축에 지침이 될 맑스주의 철학을 정밀화하려는 야심적인 시도였다. 달리 말하자면, 맑스가 공백으로 남겨놓고 엥겔스와 레닌이 불완전하게만 해결한, 그리고 그들의 계승자들이 왜곡시킨 일부 내용을 해결하는 것이 알튀세르의 목표였다. 그의 관점은 스탈린의 오류에 대한 프랑스공산당의 비판 및 정정과는 완전히 반대되는 것이었다. 이는 스탈린의 오류에 관하여 그가 1965년에 덧붙인

---

9) Labica, pp. 12-13, 105-06을 보라.

10) FM, p. 116.

주석에서 다소 명확히 드러났다.

> 오늘날 공식적인 관례에서는 스탈린이 '변증법의 법칙들'에 가위질을 해댔다고, 더 일반적으로는 그가 자신의 독단론을 더욱 효과적으로 확립하기 위하여 헤겔로부터 멀어졌다고 비난하고 있다. 이와 동시에 헤겔로의 일종의 복귀가 유익할 것이라는 제안이 서슴없이 나오고 있다. 아마도 이러한 주장은 언젠가는 일정한 증명의 대상이 될 것이다. 그 전까지 나로서는, 맑스주의 변증법의 영역으로부터 '부정의 부정'을 추방하는 것이 『자본론』의 저자가 지닌 이론적 통찰력의 진면목을 잘 보여줄 것이라고 인정하는 편이 더욱 쉬울 것 같다.[11]

알튀세르는 맑스와 헤겔 사이의 전적인 불연속성을 주장하면서 "다음의 단순한 사실로 되돌아갈" 것을 요구했다, 즉 "이미 실체로 구축되어 있는 맑스주의 실천에서 사용 혹은 적용되는 범주들은 헤겔의 범주들이 아니다. 맑스주의 실천에서 적용되는 범주는 이와는 다른 것들, 즉 맑스주의 변증법의 범주들이다."[12] 스탈린주의자들의 확신과는 반대로, 맑스주의 실천들 가운데 무엇보다도 가장 거칠게 구성된 것이 바로 맑스주의 철학이었다.

『맑스를 위하여』와 『자본론 읽기』의 개요에 해당하는 두 논문──「이론, 이론적 실천 및 이론 형성. 이데올로기와 이데올로기투쟁」(1965)과 「역사적 유물론과 변증법적 유물론」(1966)──에서 알튀세르는 맑스의 포이어바흐에 관한 열한번째 테제 이후로 맑스주의 철학이 처한 운명을 개관하였다. 맑스는 "이중의 이론적 혁명"[13]이라는 부담을 지고 있었

---

11) Ibid., p. 200 n. 41.

12) Ibid., p. 200.

다. 그는 역사과학을 확립하는 작업을 수행하면서 동시에 맑스주의 철학이라는 "또다른 과학적 원리"를 창안하였다. 그러나 『독일 이데올로기』(1845~46)와 『철학의 빈곤』(1846~47) 같은 논쟁적인 저작에서, 출판되지 않은 압축적인 방법론적 저작——1857년 「서설」——에서, 그리고 『자본론』의 몇 단락들(특히 제1권의 독일어 제2판에 붙인 1873년 「후기」)에서, 그는 단지 그 기초를 놓을 수 있었을 뿐이다. 엥겔스의 『반듀링론』(1878)과 『루드비히 포이어바흐와 독일 고전철학의 종말』(1888) 또한 본질적으로는 논쟁적인 것이었으며 당시의 이데올로기 투쟁에 개입한 것이었다. 레닌의 『유물론과 경험비판론』(1908)이 아무리 훌륭하게 과학을 옹호했다 하더라도, 그것 역시 그의 (출판되지 않은) 『철학노트』(1895~1916)의 주석과 마찬가지로 "철학의 투사"가 쓴 저작이었다. 알튀세르는 이 원전들이 부분적으로는 여전히 이데올로기적이며, 그 중 어느 저작도 "『자본론』에서 제시된 역사적 유물론에 견줄만한 수준의 정밀성 및 체계성, 나아가 과학성"[14]을 전혀 보여주지 않는다고 주장했다. 반면에 이 원전들은 맑스주의 철학의 대상이 "지식 생산의 역사, 다시 말하면 이데올로기와 과학 사이의 역사적 차이, 즉 과학성의 종별적 차이(specific difference)임"을 보여주었다. 바꿔 말하면 변증법적 유물론은 원칙적으로 "**지식의 역사에 관한 이론, 즉 지식 생산과정**의 실재적인 조건에 관한 **이론**"[15]이었다.

그러나 원칙적으로는 그랬으나 실제로는 그렇지 않았다. 왜냐하면 알튀세르가 "종교의 세속적 형태"[16]라고 부른 것——독단론——이 맑스

13) "Matérialisme Historique et Matérialisme Dialectique", *Cahiers Marxistes-Léninistes* 11, 1966, p.90. FM, p.33도 보라.

14) "Théorie, Pratique Théorique et Formation Théorique. Idéologie et Lutte Idéologique", mimeographed, April 1965, p.6.

15) Ibid., p.7.

의 이론을 완전하다고 선언함으로써, 허가받지 않은 연구 및 발전을 금지하는 결과를 초래했기 때문이다. 한편으로는 맑스와 엥겔스 및 레닌에 의한 맑스주의 철학 발전의 불충분성 때문에, 그리고 다른 한편으로는 스탈린의 지배 때문에, 맑스주의 철학이라는 프로젝트는 실현되지 못했다. 게다가 그 프로젝트는 『유물론과 경험비판론』 이후로 진정한 진전을 이루지 못했다.[17] 맑스의 초기저작들의 발견 및 재발견은 맑스주의 철학의 결함을 보완하기보다는 오히려 이 프로젝트 자체를 파괴시키는 해석들로 귀결되었다. 1962년의 가로디 보고와 더불어 이 프로젝트는 공식적으로 파기되었다. 헤겔로의 (재)복귀는 이론적으로, "유물론"이라는 외피를 쓰고 있음에도 불구하고 헤겔에게 의존해 있는 것이라는 점에서, 독단론으로 전락하는 것만큼이나 해로운 것이었다. 따라서 맑스 사후 80년이 지나고 『포이어바흐에 관한 테제』 이후 120년이 지난 오늘날 맑스주의 철학이라는 문제가 다시 논의의 대상이 된 것이다.

변증법의 모험

알튀세르는 "맑스주의 철학의 기원으로부터 현재에 이르는 놀랄만한 역사"에 관한 "역사적-정치적 및 이론적"[18] 논거를 제시했으면서도, 이 논거를 체계적으로 분석하지는 않았다. 대신 그는 아주 상이한 철학 체계들을 몇 가지 주요 경향 속으로 융합시켰다. 그는 제2인터내셔널의 붕괴 이후 헤겔로의 복귀에 관한 대략적인 해석을 제시한 반면, 디아마

16) "Matérialisme Historique……", p. 122.

17) 'Théorie, Pratique Théorique……", p. 18.

18) FM, p. 34.

트의 발전경과에 대해서는 더이상 접근하지 않았다. 알튀세르는 맑스주의에 관한 맑스주의가 필요하다고 지적했음에도 불구하고, 의미심장하게도 그는 이같은 맑스주의를 제공하지 못했다. 그의 이론적 논거를 긍정적으로 이해하고 알튀세르 자신의 인식론이 차지하는 지위를 평가하려면, 맑스주의 철학사에서 몇 가지 기본적인 이정표를 상기해야만 한다.

출발점으로 삼아야 할 것은 맑스 이후의 맑스주의에 대한 체계화(실제로는 구성), 제2인터내셔널 내에서의 유포 그리고 그에 따라 나타난 광범위한 결과이다. 맑스의 가장 중요한 일부 저작들은 맑스가 죽기 전까지 출판되지 않았을 뿐만 아니라 그 이후에도 수십년 동안 출판되지 않았음을 상기하는 것이 중요하다. 맑스의 이같은 저작들은 『헤겔 국법론 비판』(*Critique of Hegel's Doctrine of the State*) (1927년에야 출판되었다), 『경제학-철학 수고』(1932), 『독일 이데올로기』(1932), 『그룬트리세』(*Grundrisse*) (1939-41) 등이다. 이러한 저작들이 출판되지 않았기 때문에, 제2인터내셔널의 지도부는 맑스의 교리와 그 구성과정을 이해하기 위해 주로 다음과 같은 두 가지 원천에 의존했다. 첫째로, 맑스의 1859년 『정치경제학 비판 서문』이 맑스와 엥겔스의 발전에 대한 공식적인 자서전적 설명이며 또한 그들의 발전의 결론인 "유물론적 역사관"을 요약한 것으로 간주되었다. 게다가 『서문』에서 맑스는 자신과 헤겔의 관계에 관해 산발적이나마 부연하고 있다. 둘째로, 엥겔스의 후기저작들이 활용되었다. 이 저작들은 다음 세대에게 맑스주의의 특성을 드러내주는 결정적인 저작으로 여겨졌으리라는 점은 예상할 수 있는 일이다. (맑스의 생존 당시 씌어졌고 그가 직접 집필한 하나의 장도 포함된) 『반듀링론』은 새로운 "세계관"의 개요로 이해되었으며, 『루드비히 포이어바흐』는 칸트 이후의 독일철학과 맑스 및 엥겔스의 연관에 관한 명확한 설명으로 이해되었다.

알튀세르의 견해로는, 엥겔스는 듀링이 제기한 모든 문제들을 추적

해들어갈 수밖에 없었고 이에 따라 이데올로기의 전쟁터로 끌려들어갔다. 이와는 반대로 엥겔스가 보기에는, "나의 소극적인 비판은 결과적으로 적극적인 것이 되었다. 논쟁은 변증법적 방법과, 맑스와 나 자신이 옹호한 공산주의 세계관에 관한 다소 체계적인 설명으로 변형되었다".[19] 『반듀링론』에서 가장 긴 1부의 제목은 '철학'이었다. 독자적인 맑스주의 철학에 대한 질문은 언제나 헤겔에 대한 맑스의 연관성이라는 문제 주위를 맴돌았다. 맑스는 1873년 후기에서 자신의 변증법과 헤겔의 변증법 사이의 친화성에 관해 고찰하면서, 양자의 차이점을 "전도"라는 압축적 은유로써 표현하였다. 맑스는 변증법의 두 측면의 차이점을 구별하여, ("신비적 외피"로부터 "합리적 핵심"의) 추출에 수반되는 전도과정에 관해 언급했다. 이 교묘한 추출의 결론은 맑스 자신의 "변증법적 방법"이 헤겔의 변증법과 "정반대"라는 것이었다. 이러한 작용을 통해 변증법은 "존재하는 모든 것을 신성시하고 찬미하는" 관념론적 구조물로부터 "바로 그 본질상 비판적이고 혁명적인" 유물론적 변증법으로 변형되었다.[20] 이같은 설명은 이미 30년 전에(『헤겔 국법론 비판』에서) 사용된 비판양식과 명백히 일치하며, 그리고 이는 맑스 자신이 진술한 바이다. 포이어바흐에서 유래된 맑스의 변증법은 주어와 술어, 실재와 사유에 대한 헤겔의 (관념론적) 전도를 (유물론적으로) 다시 전도시킬 필요가 있다고 전제한다.[21]

맑스 사후 엥겔스가 『루드비히 포이어바흐』에서 독일의 이데올로기를 재고하게 되었을 때, 그는 청년 시기의 지적 틀로 지나치게 되돌아갔

19) *Anti-Dühring*, Moscow 1977, p. 13.

20) *Capital*, Volume One, Harmondsworth 1976, pp. 102-03.

21) Ibid.를 보라. 그리고 예를 들어 *Early Writings*, Harmondsworth 1977, pp. 61, 65을 참조하라.

다. 엥겔스는 "체계"와 "방법"에 관한 청년헤겔파적인 구별을 반복하여, 헤겔 철학의 모순이 단초적인 유물론적(혁명적) 변증법적 방법과 구제불능의 관념론적(보수적) 체계 양자 사이에 있다고 파악함으로써 독일 철학과의 연관을 해명하려고 애썼다.[22] 이같은 모순은 포이어바흐의 『기독교의 본질』(*Essence of Christianity*) (1841)에서 비로소 "해소되었으며", 이 책은 "유물론을 다시 왕좌에 올려놓았다".[23] 즉 헤겔 관념론의 "이데올로기적 곡해"는 다음과 같이 폐기처리되었다.

> 변증법은 외부 세계와 인간 사유 양자의 운동의 일반법칙에 관한 과학으로 환원되었다……개념의 변증법 자체는 단지 실재 세계의 변증법적 운동이 의식으로 반영된 것에 불과하게 되었다. 헤겔의 변증법은 거꾸로, 아니 정확히 말하자면 머리를 땅에 대고 서 있었는데, 이제 똑바로 발로 서게 되었다.[24]

「모순과 중층결정」에서 알튀세르는 맑스의 전도라는 은유와 엥겔스의 방법—체계라는 이분법이 엄밀한 것인지에 관해 질문을 던졌다. 그는 사실상 90년 전통을 지닌 맑스주의 철학에 정면으로 도전하여 다음과 같이 주장하였다. 맑스의 1873년 「후기」는 헤겔 변증법의 어떠한 지양에 관해서도 특허를 내지 못했다는 것이다.

> 비록 근사치로라도, 이 은유적인 표현['전도']은……단 하나의 방법

22) Marx and Engels, *Selected Works*, Volume Three, Moscow 1977, p.340을 보라.

23) Ibid., p.344(포이어바흐의 이 저작의 프랑스어판은 장-피에르 오지에〔J.-P. Osier〕의 번역으로 1968년에 『이론』총서의 하나로 출간되었다).

24) Ibid., p.362.

이 적용되어야 하는 **대상의 본성**(헤겔에게는 이념의 세계—맑스에게는 실재 세계)이라는 문제를 제기한 것이 아니라, 그 자체로서 고찰된 **변증법의 본성**의 문제, 즉 변증법의 **특수한 구조**라는 문제를 제기한 것이다. 즉 변증법의 '의미'를 전도시키는 문제를 제기한 것이 아니라 **변증법의 구조를 변형**시키는 문제를 제기한 것이다……

……맑스주의 변증법이 '원칙적으로' 헤겔 변증법의 대립물이라면, 또한 맑스주의 변증법이 신비적인-신비화된-신비화시키는 것이 아니라 합리적인 것이라면, 그 근본적인 차이점은 맑스주의 변증법의 본질에서, 즉 그것의 **특성을 나타내는 결정요소들과 구조**에서 드러나야만 한다……이는 **헤겔 변증법의 기본 구조들이 맑스에게도 존재하지만(그가 그것들을 계승한 한도 내에서, 그러나 그것들 모두를 계승한 것은 아니다), 헤겔에게서 지녔던 구조와는 다른 구조를 갖는다는** 것을 의미한다.[25)]

이는 "원칙적으로" 그렇다는 것이지 아마 실제로는 아닐 것이다. 왜냐하면 엥겔스는 자신의 해석에 근거하여 맑스주의에 헤겔의 방법 및 구조를 원용했기 때문이다. 엥겔스는 공언하기를 헤겔과 더불어 철학은 종말에 도달했으며, 이는 다름아니라 헤겔이 자신의 의도는 아니었지만 "우리에게 체계라는 미궁으로부터 빠져나와 세계에 관한 참된 실증적인 지식을 획득하게 하는 출구를 제시해주었다"[26)]는 점에서 그러하다는 것이다. 따라서 엥겔스는 의식하지 못한 채 여전히 헤겔 체계에 사로잡혀 있었다. 『반듀링론』에서 역사적 유물론은 과학적인 '정치경제학'(2부의 제목)으로 해석되었으며 맑스주의 철학은 과학적인 메타철학으로 확대해석되었다. 변증법의 법칙이 지닌 보편성——자연, 인류역사 그리고 사유 모두에 대한 그 법칙의 단일한 적용——은 인식론의 문제를

25) FM, pp. 93-94.

26) *Selected Works*, Volume Three. p. 342.

해결했다. 즉 엥겔스의 "반영이론"의 인식론적 상응성이 존재론에 의해 보증된 것이다.[27] 엥겔스는 변증법의 "일반법칙"을 헤겔의 『대논리학』에서 끌어냈고 그것은 (다윈〔C. Darwin〕의 진화론에서 그 전조가 잘 나타난) 동시대의 과학의 발전에 의해 입증된 것이라고 주장했다.[28] 그 일반법칙 세 가지는 양질 전화, 대립물의 상호침투, 부정의 부정이었다.[29] 이 철학체계를 지시하는 "변증법적 유물론"이라는 표현은, 1891년 헤겔 사후 60주기를 기념하기 위해 플레하노프가 쓴 (그리고 엥겔스가 지지한) 논문을 통해서, 제2인터내셔널 및 제3인터내셔널에서 통용되었다. 존재론이자 인식론이기도 한 변증법적 유물론은 엥겔스와 그의 추종자들에 의해 과학적인 철학으로 파악되었다. 즉 자연과학의 성과를 "요약"하는 한편, 그것에 의해 확증된 철학이 되었다. 한편 변증법적 유물론은 역사적 유물론을 입증하였고, 마침내 그것은 역사적 유물론을 포섭하였다. 변증법적 유물론은 헤겔 철학체계의 "대체물"로서, 맑스와 엥겔스가 1845-46년 사이에 이룩한 단절을 완성시켰으며, 독일의 이데올로기와 그밖의 다른 모든 이데올로기와 불가역적으로 결별하는 분기점이 되었다.

그래서 제2인터내셔널이 변증법적 유물론은 "철학의 쓰레기더미"[30]에서 벗어나 과학의 영역에 도달했다고 믿을 수 있었던 사태가 일어났는데, 바로 이 당시에도 변증법적 유물론의 교의는 여전히 엥겔스의 "가난한 자의 헤겔주의"[31]에 절대적으로 의존해 있었다. 독일 노동계급운동은

---

27) *The Dialectics of Nature*, Moscow 1976, pp. 266-67을 보라.

28) 예를 들면 *Selected Works*, Volume Three, p. 364를 보라.

29) *The Dialectics of Nature*, p. 62.

30) Ibid., p. 210.

31) LP, p. 92.

독일 고전철학의 진정한 유산을 물려받았다.[32] 카우츠키와 플레하노프는 각자의 나라에 고유한 맑스주의의 원로로서 맑스주의를 실증주의적이고 진화론적인 형태로 주조하였는데, 이같은 그들의 견해는 엥겔스의 주장과, 『자본론』 제1권 32장('자본주의적 축적의 역사적 경향')에서 나타난 바와 같은 맑스의 목적론적인 요소, 그리고 그들 자신의 문화전통 속에서 명성을 획득한 이러한 교리들에 입각한 것이었다. 1877년에 맑스는 자신의 비평가들 중의 한 사람(미하일로프스키)에 대해 "서구의 자본주의 발생에 관한 나의 역사적 스케치를, 각각의 나라들이 어떠한 상황에 처해 있든간에 모든 나라에 운명지어진 일반적인 길을 보여주는 역사적-철학적 이론으로 변형시켰다"고 비난했다. 나아가 그는 "역사적-철학적 일반이론을, 즉 초역사적인 것에서 구성된 역사적-철학적 일반이론의 궁극적 효력을 만능열쇠로 사용하는 것"[33]을 거부했다. 중요한 것은 맑스주의의 창시자들이 모든 곳을 통과할 수 있는 증서의 효력을 부분적으로 중단시켰다는 것이다.

제1차 세계대전의 발발과 제2인터내셔널의 붕괴로 야기된 맑스주의의 위기는 좌익혁명운동에 입각한 초기의 원칙으로 복귀할 것을 자극했다. 심지어 러시아혁명 이후에도 볼셰비키 지도부는 전쟁 직전까지만 해도 제2인터내셔널이 혁명적 조직이라고 생각하고 있었으며, 1914년 8월의 변절 직전까지만 해도 그 주요 이론가들을 진실한 맑스주의자로 간주했다. 1914년말경 레닌 자신의(『대논리학』에 관한 그의 '개요'에서 나타난) 헤겔로의 복귀는, 헤겔의 『대논리학』에 정통하지 않으면 맑스의 『자본론』을 이해하는 것은 "불가능"하다는 점을 드러내는 결과가 되었다. 즉 레닌에 따르면 "결론적으로 반세기가 지난 지금까지 맑스주의자

32) *Selected Works*, Volume Three, p. 376을 참조하라.

33) Marx and Engels, *Selected Correspondence*, Moscow 1975, pp. 293-94를 보라.

들 가운데 아무도 맑스를 이해하지 못했다!"[34] 이러한 레닌의 결론은 진실일 수도 있다. 그러나 이것은 그의 전제로부터 나온 결론이 아니다. 왜냐하면 이미 살펴본 바와 같이, 제2인터내셔널이 헤겔을 읽는 수고를 덜 수 있었다면 (레닌이 그의 반헤겔적 저작 『'인민의 벗'이란 누구인가, 그리고 그들은 사회민주주의자와 어떻게 싸우고 있는가』〔1894〕에서 그랬던 것처럼), 그것은 엥겔스가 대신 그 수고를 했기 때문이다. 이와 마찬가지로 단순히 "신, 절대자, 순수정신 등을 대부분 버림"으로써 헤겔을 "유물론적으로" 읽으려는 레닌의 시도 역시, 헤겔의 유물론이 "거꾸로 서 있는 유물론"[35]이라는 엥겔스의 가정에서 출발했다. 그 결과는 엥겔스와 플레하노프가 창시한 것, 즉 '변증법적 유물론'과 유사했다. 레닌이 제2인터내셔널적인 이론적 정통성과 단절했다고 생각했을 때, 사실상 그는 어쨌든 이 이론적 쟁점에 관해서만은 그것을 흉내낸 셈이었다. 레닌이 맑스주의의 "논리학"의 부재를 치유하고자 독해한 "자본의 논리학"[36]은 알튀세르가 인정했던 것보다 더 확연하게 헤겔적이었다. 알튀세르는 어쨌든 레닌만이 제2인터내셔널의 경제주의와 1917년 이후 제3인터내셔널의 (극)좌파에서 출현한 헤겔주의를 극복했다고 보았다.

알튀세르는 제2인터내셔널의 정통성을 철저히 연구하지 않았다. 뿐만 아니라 그는 그 정통성에 대해 엥겔스가 기여했다는 점을 노골적으로 비난하지도 않았다. 더욱이 그는 맑스와 레닌에 대해서는 "제2인터내셔널의 가공할만한 기회주의적 해석"에 대한 어떠한 책임/공모도 면제해 주었다. 대신에 그는 그러한 해석과 "스탈린주의적 독단주의" 그 어느

34) *Philosophical Notebooks, Collected Works,* Volume 38, Moscow 1961, p.180.

35) Ibid., p.104. Marx and Engels, *Selected Works,* Volume Three, p.348을 참조하라.

36) 1915년에 레닌이 한 말. *Philosophical Notebooks,* p.319를 보라.

것도 "역사적으로 아직 매장되지"[37] 않았다는 데 주목하여, 루카치, 코르쉬 그리고 정도가 덜 하긴 하지만 그람시와 관련되어 있는 헤겔로의 복귀〔라는 전략〕에 초점을 맞추었다. 포스트 스탈린 전략의 부활이 그의 비판의 대상이었다. 칼리니코스는, 그들에게 철학적 중요성을 지녔던 것은 헤겔이라기보다는 "19세기의 전환기에 일어난 반자연주의적인 반발"[38] 이었다고 주장했다. 그럼에도 불구하고 그가, 그리고 다른 이들이 충분히 증명했듯이, 카우츠키와 그의 동료들이 기꺼이 받아들인 맑스-헤겔의 제휴관계를 대체할 또하나의 대안적인 개념을 구성해내는 것이 그들의 임무에서 중요한 구성요소였다. 그들이 볼셰비키의 정치적 도전에 대한 보완물이라고 믿었던 정통 이론과 철학적으로 단절하면서 이 헤겔적 맑스주의 일화의 주역들은, 우리가 알고 있는 바처럼, 코르쉬가 "맑스주의에 대한 반철학적 과학적-실증주의적 구상"[39] 이라고 일컬었던 것에 반기를 들었다. 그들은 이러한 구상에 대해 논쟁하는 가운데 오히려 논적인 실증주의자의 과학에 관한 설명(잘못된 설명)을 수용하게 되었으며, 추측컨대 맑스주의를 "물화된" 설명방식으로부터 구출해내려고 애썼다. 그들은 엥겔스의 유산인 객관주의 및 반영이론에 반대하면서 맑스주의를 "프롤레타리아 혁명운동의 이론적 표현"으로 간주하는 데 의견의 일치를 보았다. 이러한 역사주의에 따르면, 과학적 사회주의가 계급주체의 이론적 표현인 것과 마찬가지로, 자연과학은 부르조아 이데올로기——즉 자본주의 생산양식과 함께 철폐될 부르조아 과학——이었다.[40]

---

37) FM, p. 240.

38) *Marxism and Philosophy*, Oxford 1983, p. 71.

39) *Marxism and Philosophy*, New York 1970, p. 118. Gramsci, "The Revolution Against 'Capital'", *Selections from the Political Writings 1910-1920*, London 1977, p. 34을 참조하라.

40) Korsch, *Marxism and Philosophy*, pp. 45, 69를 보라.

반면에 맑스주의는 자본주의 사회의 "보편적" 계급——프롤레타리아트——의 이론적 표현이기 때문에, 맑스주의는 사회적 총체성——이러한 실천의 철학에 따르면, (인류의 〔탈〕소외의 역사가 전개되는 드라마인) 인류의 창조 및 표현——에 관한 진정한 이해를 획득할 수 있었다. 따라서 루카치는 맑스주의를 프롤레타리아트의 자기의식, 즉 프롤레타리아트 스스로 자신을 해방시키는 과정에서 모든 인류를 구원해줄 역사의 주체-객체로 보았다. 그리고 "정통성"은 "오로지 **방법**에만 관련"된 것이었다. 즉 헤겔에게서 물려받았으며 이제 엥겔스에서와는 달리 "역사와 사회의 영역"에만 한정된 변증법적 방법에만 관련된 것이었다.[41] "프롤레타리아트의 과학"인 역사적 유물론은 "헤겔 체계를 파괴하는 댓가를 치렀음에도 불구하고, 헤겔 역사철학의 프로그램을 완성시켰다."[42]

알튀세르는 이러한 역사주의적 사조가 지녔던 "실제적인 역사적 장점"을 알고 있었다. 그는 이러한 사조가 지닌 관념론, 상대주의 그리고 주의주의가 제2인터내셔널의 숙명론에 대한 혁명적인 항의였음을 인정했다.[43] 다른 한편 역사주의적 사조의 본질적 결함은 이중적이었다. 말하자면 이 사조는 제2인터내셔널의 헤겔 역사철학에 대한 전도를 다시 전도시켰으며, 여전히 헤겔 역사철학의 표현적 총체성을 존속시켰다. 게다가 이 사조는 생산력과 생산관계의 변증법 대신에 다른 원리를 채택했다. 이같은 것들에 입각한 귀결로, 그것은 과학을 상부구조 내로 흡수시켰으며 과학의 지위를 계급주체들과 표현적인 관계를 맺는 것으로 설정하였다. 그 결과 맑스주의는 프롤레타리아 과학——객체에 관한 지식이라기보다는 주체의 표현이라는 의미에서——으로 바뀌었고, 그리

41) *History and Class Consciousness*, London 1971, pp. 1, 24 n. 6.

42) Ibid., pp. 11, 18.

43) RC, p. 119. 알튀세르의 비판에 관해서는 ibid., pp. 140-41을 보라.

하여 실체적인 인식론적 정당성을 박탈당했으며, 따라서 맑스주의는 역사적 계기 그리고/혹은 그 계기의 창조자의 (자기) 의식으로 파악되었다. 간단히 말해서 헤겔로의 복귀는 "『자본론』에 반하는 혁명"이었다. 이 사실은 맑스 초기저작에 대한 루카치의 평가에 의해 확인되었다.

루카치와 코르쉬는 자신들의 수고에 대한 댓가로 코민테른 제5차대회에서 지노비예프(G. Y. Zinoviev)로부터 "이론적 수정주의"라고 비난받았다. 그리고 소련에서는 당의 지도적인 철학자인 아브람 데보린(A. Deborin)으로부터 혹독한 비판을 받았다. 서구의 혁명 실패는 곧 동구의 관료주의화로 이어졌다. 소련의 "변증법론자"(데보린 등)와 "기계론자"(스테파노프〔I. I. Stepanov〕, 부하린 등의 인물들) 사이에 벌어졌던 철학논쟁은 1929년에 전자에 대한 지지로 일단락되었다. 그러나 다음해, "맑스주의 철학의 볼셰비키화"——즉 스탈린의 새로운 방침에 대한 이론적 신성화——가 본격적으로 시작되었다. 미친과 유딘(P. F. Yudin)은 데보린의 "멘셰비키화된 관념론"을 트로츠키주의 철학의 한 지류라고 비난하는 공격의 포문을 열었다. 마찬가지로 데보린은 "기계론적 유물론"을 부하린주의의 철학적 분견대라고 비판했다. 1931년 1월 25일 중앙위원회는 데보린의 잡지 『맑스주의의 깃발 아래』를 비판하기로 결정했다.[44] 그 이래로 소련과 국제 공산주의운동 내에서 맑스주의의 이론은 스탈린(또는 그의 관료들)이 무어라고 선언하든 그 선언 그대로의 것이 되었다. 나아가 변증법의 모험은 "일국사회주의"라는 불행한 길을 뒤좇아가게 되었다.

---

44) Labica, *Le Marxisme-Léninisme*, pp. 26-49를 보라.

이론에서의 냉전

르페브르는 『변증법적 유물론』의 1961년판 서문에서, 맑스의 청년기 저작이 발굴되던 바로 그 시기에 "교조주의자들은 반대방향으로 움직였다"[45] 고 회상했다. 이론적 스탈린주의의 고안 및 공고화——변증법적 유물론의 "과학적 자연철학"[46] 으로의 경직화——로 인해 헤겔과 청년 맑스가 독단적으로 추방되었다는 것은 부인할 수 없는 사실이다. "레닌의 동료이자 맑스주의의 계승자"인 스탈린은 맑스주의 내에서 헤겔적인 유산을 절단했다. 그는 맑스의 원전에서 그의 초기 저작들을 배제했으며 변증법적 유물론의 체계에서 부정의 부정을 추방했다. (1929년에 처음 출판된) 레닌의 『철학노트』는 헤겔 철학의 흔적을 지니고 있다는 혐의를 받아 그의 『전집』 제4판에서는 배제되었다. 1930년대의 "천재적인 학자"가 만들어낸 이같은 편법은 법적 효력을 지녔다. 이론적 스탈린주의는 『변증법적 유물론과 역사적 유물론』(1938)——『소련공산당(볼)사』의 일부분——과 더불어 그 명확한 형태를 갖게 되었다. 아마도 "바로 본질상 비판적이고 혁명적인" 것이라고 생각되던 변증법은 "기존의 것을 신성시하고 찬미하는" 국가 이데올로기로 변형되었다. 즉 변증법은 뤼셍코에게서 베리야(L. Beria)에 이르기까지 모든 것에 대한 과학적 검증으로 탈바꿈되었다.[47]

---

45) *Dialectical Materialism*, London 1970, p. 14.

46) Ibid., p. 16.

47) 알튀세르는 이에 관해서 나중에 논의하려고 했다. "Unfinished History", Dominique Lecourt의 뛰어난 저작인 *Proletarian Science? The Case of Lysenko*, London 1977, pp. 7-16을 참조하라.

그러나 역설적이게도, 부정의 부정이 없는 상태에서 '헤겔'은——엥겔스와 제2인터내셔널의 헤겔주의에도 불구하고——스탈린주의적 정통 내에 살아남았으며 건재했다. 말하자면 스탈린은 맑스-레닌주의로부터 헤겔주의가 지닌 분쟁의 씨앗을 근절하려고 했으나, 결국 더욱 진부하고 여전히 완고한 헤겔 해석을 그 자신의 체계의 핵심부에 은폐하기에 이르렀다. 스탈린은 (맑스주의) **자연철학**을 위해 맑스의 계보에서 독일의 이데올로기를 삭제했다. 맑스주의 자연철학의 선조는 헤겔이었다. 『변증법적 유물론과 역사적 유물론』의 출발점은, "맑스와 엥겔스는 헤겔 변증법에서 오직 그 '합리적 핵심'만을 취했으며, 그것의 관념론적인 외피를 벗겨버리고 그 합리적 핵심에 근대과학의 형식을 부여하기 위해 그것을 더욱 발전시켰다"[48]는 점을 상기시키는 것이었다. (1925년에 출판된 『자연변증법』을 포함한) 엥겔스의 후기저작에 입각해서 변증법적 유물론("맑스-레닌주의 당의 세계관")은 자연, 역사 그리고 사유에 관한 일반과학으로 해석되었다. 그 일반과학의 "변증법적 방법"은 어떠한 주제든지 모든 주제에 적용되는 맑스-레닌주의 방법론이었다. 환언하면 이 방법론은 자연과학과 사회과학에 관한 방법론의 통일성이라는 실증주의적인 꿈을 "맑스주의적"으로 현실화시킨 것이었다. 역사적 유물론은 진화주의와 경제주의로 교조적으로 변형되어("히스토마트"〔histomat〕*), 디아마트를 "사회생활에, 사회의 역사에" 대해 "적용"[49]한 것이었다. 즉, 역사적 유물론은 실증주의적인 모형에 입각한 일종의 자연과학으로 되었다. 이것이 스탈린 시대 동안——그리고 그 이후까지 공산주의운동 전체에서 맑스주의 철학 및 과학으로 간주된 것이었다.

---

48) *The Essential Stalin*, London 1973, p. 300.

* 이 역시 공식적으로 체계화 · 정리된 역사적 유물론을 지칭하는 말이다. (역자)

49) Ibid., p. 333.

프랑스에서 『단기 과정』〔『소련공산당(볼)사—단기과정』〕의 역자인 조르쥬 코뇨(G. Cogniot)는 변증법적 유물론을 "공산주의의 나침반"[50]이라고 불렀다. 프랑스공산당은 이 나침반으로 무장하고 1939년, 1941년, 1947년의 급류 속을 항해했다. 곧이어, 조르쥬 라비카(G. Labica)가 "디아마트의 지배"[51]라고 일컬었던 최악의 국면이 시작되었다. 이는 소비에트 문화 전반에 걸친 즈다노프의 독재 그리고 소비에트의 과학 전반에 걸친 뤼셍코의 독재와 결합되었다. 세계를 정치적으로 분할한 "두 개의 진영"이 문화 및 과학에서도 존재한다고 선언되었다. 즈다노프는 「철학에 관하여」(1947)에서 "맑스-레닌주의에 고유한 철학적 당파성"[52]을 상기시키면서, 이론의 냉전이 갖는 어조와 문체를 보여주었다. 소비에트 철학자들은 "부르조아 철학 앞에서 굴종하고 아첨하는 데" 만족하고 있다고 통렬한 비난을 받았으며 계급투쟁의 "철학전선"[53]으로 소환되었다(더 나아가 어떤 주제는 이제 논의의 대상이 될 수 없다는 중요한 사실이 다음의 **권위적** 발언, 즉 "헤겔에 대한 문제는 오래 전에 해결되었다"는 선언에서 분명해졌다).[54] 다음해, 뤼셍코와 그의 추종자들은 자신들의 "프롤레타리아 과학"이 반동적인 "멘델주의적 모오간주의자"를 패배시켰다고 믿게 되었다. 프랑스공산당은 뤼셍코주의와 즈다노프주의를 충성스럽게 발전시켰다. 드장티는 1950년 『신비평』('전투적 맑스주의의 평론지')에 실린 한 논문에서 다음과 같이 주장했다. "사회적 생산

---

50) Paolo Spriano, *Stalin and the European Communists*, London 1985, p. 87에서 인용.

51) *Le Marxisme-Léninisme* 2부의 제목.

52) *On Literature, Music and Philosophy*, London 1950, p. 87.

53) Ibid., pp. 103-04. 즈다노프가 격퇴해야 할 "적의 이데올로기"에 관해서 무시무시하게 묘사한 부분은 pp. 108-09를 참조하라.

54) Ibid., p. 102.

물"로서의 과학은 "역사적으로 상대적인 이데올로기"이며 "과학에서 프롤레타리아적 입장을 취하는 것과 프롤레타리아 과학의 기준을 적용하는 것"은 "과학적인 논쟁에서 객관성을 위한 전제조건"[55]이다. 과학은 어떠한 인식의 자율성도 박탈당한 채, 계급투쟁의 장소가 되었다. 프란시스 코헨(F. Cohen)은, 뤼셍코의 생물학이 "우리 시대의 가장 위대한 과학자"(스탈린 동지)에 의해 제시된 **과학적 과학**(scientia scientiarum)과 일치된다고 주장하면서, (탁월한 생물학자 마르셀 프르낭〔M. Prenant〕 같은) 겁장이들에게 다음을 상기시켰다.

> 노동조합 투쟁이나 평화를 위한 투쟁에서 타협이 있을 수 없는 것과 마찬가지로 과학적인 문제에서도 타협이란 있을 수 없다. 노동자계급의 투쟁은 실험실에서도 계속된다.[56]

프랑스에서는 로랑 카사노바가 즈다노프(A. A. Zhdanov) 역할을 담당했다. 그래서 그는 1949년 '공산주의 지식인들의 책무'라는 제목의 연설을 통해 프랑스공산당 지식인들에게 "당의 모든 입장을 모든 상황에서 가장 단호하게 옹호할"[57] 것을 역설했다. 코뇨는 지식인들에게 "**정신의 영역에도 마샬플랜과 같은 것이 존재한다**"[58]고 주지시키고, 프랑스의 문화를 부르조아 사해동포주의로부터 방어하라고 촉구했다. **당파성**을 입증하는 궁극적인 방법은 실제적이든 가상적이든 이단적 견해를 기꺼이 공식

---

55) Michael Löwy, "Stalinist Ideology and Science", T. Ali(ed.), *The Stalinist Legacy*, Harmondsworth 1984, p. 175에서 재인용.

56) Ibid., p. 177에서 재인용.

57) David Caute, *Communism and the French Intellectuals*, London 1964, p. 55에서 재인용.

58) Ibid., p. 214에서 재인용.

철회하겠다는 의지에 있었다. 가로디는 자신이 과학적 사회주의의 프랑스적 유산을 과대평가한 점에 대해서, 르페브르는 헤겔적 유산을 과대평가한 것에 대해서 각각 공개적으로 사과해야 했다.

이것이 알튀세르가 『맑스를 위하여』의 서문에서 상기시킨 바로 그 시대였다.

> 세계대전이 막 끝난 시기였다. 우리는 당이 이끄는 정치적, 이데올로기적 대전투에 격렬하게 휘말려들어갔다. 우리는 우리의 선택에 적응하지 않을 수 없었고 그 결과를 감수해야만 했다.
>
> 우리의 정치적 기억 속에서 이 시기는 거대한 파업 및 시위의 시대, 스웨덴의 호소와 평화운동의 시대였다……우리의 철학적 기억 속에서 이 시기는 지식인들이 무장을 하고 오류가 은폐된 모든 장소에서 그 오류를 찾아내던 시대, 우리 철학자들이 스스로 글을 쓰지 않으면서 단지 모든 저작들에 관해서 정치를 하고, 예리한 칼날로 세계를 양단하며, 계급이라는 냉혹한 경계기준으로 예술, 문학, 철학, 과학을 양단하던 시대였다——요컨대 이 시대는 단 하나의 문구, 허공에 휘날리는 단 하나의 깃발에 의해 희화적으로 요약될 수 있다. 즉 '부르조아 과학이냐, 프롤레타리아 과학이냐'라는 깃발로.[59]

즈다노프주의와 뤼셍코주의는 철학적 "주관주의"와 "주의주의"를 신격화한 것이었으며, 알튀세르 자신의 개입은 이것에 반대하는 데 초점

---

59) FM, pp. 21-22. 프랑스공산당은 코헨, 드장티 등의 논문총서를 *Science Bourgeoise et Science Proletarienne* 라는 제목으로 1950년에 출판하였다.

이 시기에 대한 가로디의 회고에 대해서는, 그의 책 *Marxism in the Twentieth Century*, Glasgow 1970, p. 14를 보라. 또한 E. J. Hobsbawm, *Revolutionaries*, London 1982, p. 112도 보라.

이 맞추어졌다. 스탈린주의적 "독단주의"가 철학적 "주관주의"와 "주의주의"라는 특징을 지닌다는 역설을 주목한 사람은 알튀세르만이 아니었다.[60] 홉스봄 역시 2차 세계대전 (이전 및) 이후의 이같은 "이론적 좌익주의"는 1차 세계대전 직후에 나타났던 헤겔주의의 **일정한** 측면을 다시 재생산했다는 점에 주목하였다.[61] 즈다노프와 뤼셍코의 주장과, **국시**를 위한 스탈린주의적 이론의 도구화/정치화 양자간에는 여전히 상당한 차이가 있음을 알튀세르는 간과했던 것 같다――혹은 적어도 그는 이 점에 관해 쓰지 않았다. 게다가 그는 다음과 같이 말했다.

> 바로 스탈린의 전염성 강하고 냉혹한 통치 및 사상 체계가 이러한 정신착란 상태를 일으켰지만, 역설적이게도 그 광증을 다소 이성에 복종시킨 사람도 바로 다름아닌 스탈린이었다. 언어가 상부구조에 속한다는 것을 증명하려고 애쓴 학자들의 열성을 비난한 스탈린의 간단한 몇 구절들이 지닌 이면의 뜻을 파악한다면, 계급이라는 기준을 사용하는 데는 제한이 있다는 점, 그리고 맑스의 저작의 모든 페이지가 요구하고 있는 지위에서 떼어낸 채, 과학을 이데올로기들의 선두주자로 간주해 왔다는 점을 우리는 이해할 수 있었다. 우리는 후퇴해야만 했다. 그리고 좀 혼란된 상태에서 최초의 원칙들로 되돌아가야만 했다.[62]

앞으로 5장에서 살펴보겠지만, 스탈린이 『맑스주의와 언어학』(1950)에서 자신의 해로운 프롤레타리아적-과학적 창조물들 중의 하나(N. Y. Marr)에 반대하는 논지를 폈다는 옹호적 발언은 아무리 좋게 보아

---

60) 이러한 하나의 사례에 관해서는 Sebastiano Timpanaro, *On Materialism*, London 1980, p. 33를 참조하라.

61) *Revolutionaries*, p. 144를 참조하라. FM, p. 23 및 RC, pp. 140-41도 참고하라.

62) FM, p. 22(RC, p. 133에서 다시 반복된 칭찬).

도 부적절하다. 그러나 이같은 발언이나, 부정의 부정에 관한 스탈린의 "이론적 통찰력"에 대한 알튀세르의 찬사 양자 중 어느 것도 스탈린주의를 긍정하는 증거로 받아들여져서는 안된다. 알튀세르가 헤겔 철학의 범주에 관한 스탈린의 견해에 동의했던 것은 스탈린이 그 범주를 헤겔 변증법의 "추동원리"로 간주하는 한에서였을 뿐이다.[63] 마찬가지로 알튀세르는 스탈린이 비록 그 나름의 이유가 있었지만 절정에 이른 즈다노프주의적 정신착란을 끝장냈다는 점에 관해서만은 동의했다. 그러나 맑스주의 철학이 그후 어떤 모습이어야 하는가라는 문제에 관한 한, 알튀세르는 결정적으로 의견을 달리했다. 알튀세르는 즈다노프주의를 부정적인 렌즈로 사용하여 이 렌즈를 통해 나머지 맑스주의 철학을 판단하고 분류하였기 때문에——이러한 잣대에 비추어 나머지 맑스주의 철학이 "주관주의"에 얼마나 가까운가를 평가하였기 때문에——즈다노프주의와 정반대의 지점에서 맑스주의 철학을 구성하려고 시도했다.

『자본론』으로부터 맑스의 철학으로

"최초의 원칙들로 복귀해야 한다"는 알튀세르의 언급은 정확히 말해서 그같은 의미는 아니었다. 왜냐하면 이 복귀란 "맑스와 엥겔스로부

63) Ibid., p. 214. 알튀세르의 반헤겔주의는 그가 헤겔의 저작과 청년헤겔파의 저작 양자를 철저하게 숙지한 데에 근거한 것임을 유의해야 한다. 1948년 그는 바슐라르의 지도하에 *La Notion de Contenu dans la Philosophie de Hegel*이라는 제목으로 학위논문을 썼다. 그리고 우리가 알고 있는 바와 같이 1960년에 그는 포이어바흐의 저작선을 편집 번역하여, 이폴리트가 책임자로 있던 프랑스대학 출판사(PUF)에서 유명한 *Epiméthée* 총서로 간행하였다.

터 레닌 및 스탈린에 이르는 맑스주의 전통에서 확언된"[64] 역사적 유물론과 변증법적 유물론 양자의 구별에서 출발했기 때문이다. 알튀세르는 맑스주의 철학이 **이론적** 형태로 존재한다는 것을 부정하긴 했지만, 그 철학이 『자본론』에 "실천적" 상태로 존재하고 있다고 단언했다. 그것은 엥겔스, 레닌, 또는 스탈린의 철학 저작들에서 "독해"될 수 있는 것이 아니라 맑스에게서 독해될 수 있는 것이었다. 맑스의 저작을 과학적으로 연구하는 데 필수적인 인식론은 공교롭게도 맑스 자신의 것이었다. 그것에 이르는 길은 험난할 것이다. 그러나 다행히 그 길은 순환로였다. 그 여정은 알튀세르의 『자본론 읽기』에 실린 서론격의 논문 제목이 표현하는 것처럼 "『자본론』으로부터 맑스의 철학으로" 가는 것이다.

> 『자본론』을 철학적으로 독해하는 것은 바로 우리의 연구대상인 맑스주의 철학을 적용할 때에만 가능하다. 이 순환은 오직 인식론적으로만 가능한 것이다. 왜냐하면 맑스의 철학은 맑스주의의 저작 속에 존재하기 때문이다. 따라서 그것은 어떤 의미로는 **이미 존재하는** 그 무엇을……생산하는 문제다.[65]

이같은 "순환"에 관해서는 『맑스를 위하여』의 서문에 더욱 자세히 서술되어 있다.

> ……맑스를 독해하기 위한 전제는 이론적 구성물들의 차별적 본질 및 그 역사에 관한 맑스주의 이론, 다시 말해서 〔그〕 인식론적 역사에 관한 이론인데, 이와 같은 이론이란 바로 맑스주의 철학 자체이다……본

---

64) "Matérialisme Historique et Matérialisme Dialectique", p. 90.

65) RC, p. 34(또 pp. 73-76도 참조하라).

질적으로 이 작업은 필수불가결한 순환을 이루고 있는데, 이 순환에서는 맑스주의 이론을 맑스 자신에게 적용하는 것이 맑스를 이해하기 위한 절대적 전제조건이자 동시에 맑스주의 철학의 구성 및 발전의 전제조건인 것으로 나타난다……맑스주의 자체가 인식론적 질문의 대상이 될 수 있고 되어야만 한다는 것, 이 인식론적 질문은 오로지 맑스주의의 이론적 문제틀과 관련해서만 제기될 수 있다는 것은 다음과 같은 이론에서는 필연적이기까지 한 것이다. 즉 그 이론은 스스로를 변증법적으로 정의하는 것으로서, 자신을 역사과학(역사적 유물론)으로서 규정할 뿐만 아니라, 동시에 이론적 구성물들의 본질과 이것들의 역사를 설명할 수 있는 철학, 따라서 자신을 대상으로 다룸으로써 **스스로를 설명할 수 있는 철학**으로서 규정한다. 맑스주의는 이러한 시험에 이론적으로 맞서는 유일한 철학이다.[66]

일단 맑스의 인식론이 『자본론』 등의 저작들 속에 작용하고 있고 내재해 있다고 하더라도, 그리고 알튀세르의 의도가 그것을 추출하고 체계화하여 맑스의 인식론이 맑스의 철학이라는 것을 알리는 것이라 하더라도, 그래도 여전히 극복할 수 없는 장벽이 분명히 남아 있다. 알튀세르가 맑스의 저작들 내의 차이점들을 구별해내는 데(그 정당함을 입증하는 데) 적절한 인식론을 구축해야 한다면, 그는 무엇보다도 먼저 독해교본을 제공해야만 한다. 이 독해교본은 맑스의 인식론을 추출해내는 것을 용이하게 하고, 맑스의 인식론이 **독특한** 맑스주의 철학임과 **동시에 맑스의** 철학임을 입증할 수 있어야 한다. 그렇지 않으면 그가 자신의 동료들에게 퍼부었던 이단이라는 비난을 스스로도 면치 못할 것이다. 물론 이는 알튀세르의 전체 전략에 대한 강력한 반대——즉

66) FM, pp. 38-39.

맑스주의 과학의 지위를 보증하기 위해 맑스주의 철학을 사용하는 데는 본래부터 독단론적이고 순환논리적인 것이 존재한다는 것——를 잠시 덮어둔 것이다. 알튀세르는 두 가지 이론에 양다리를 걸치고서 그것들 사이에서 어부지리를 얻는 방식으로 이와 같은 반대와 앞서 전술한 문제에 대해 선수를 친다. 즉 그는 한편으로는 맑스주의의 "방법에 관한 담론"[67]의 개략적인 초안에 해당하는 1857년 『서설』에 의지함으로써, 잠재적인 맑스주의 비평가들을 회유하려고 애쓴다. 다른 한편으로 그는 명망높은 바슐라르적 전통을 끌어들여 독단론이라는 (맑스주의자들의 혹은 비맑스주의자들의) 비난을 선제하려고 노력한다. 알튀세르는 바슐라르적인 테제를 원용함으로써 자신의 탐색여행을 계속 심화시켜나간다. 이 탐색 도중에 변증법적 유물론에 관한 자신의 해석의 과학성이 맑스 자신의 방법론적인 고찰과 일치한다는 것이 명백해진다면 그 과학성이 증명되리라고 그는 확신했다. 알튀세르의 목적은 맑스주의 원전들에 결여되어 있는 공백을 채워넣는 것일 뿐만 아니라 과학적 철학을 수립하는 것이기도 했는데, 그 과학적 철학은 자연과학의 과학성을 존중하는 한편 역사적 유물론의 과학적 지위에 대한 인정을 요구하는 것이었다.

알튀세르는 독자적인 맑스주의 철학에 관한 그의 제안이 정당함을 증명하기 위해 역사적 선례들을 끌어들여, 과학혁명은 철학혁명을 수반한다고——"유발한다"고——주장하였다. 그리스 수학이 플라톤 철학을 유발하고 갈릴레오의 물리학이 데카르트의 철학을 유발한 것처럼, 역사적 유물론은 변증법적 유물론을 "유발"했다는 것이다.[68] 변증법적 유물론의 출현은 그 선행이론들이 설정한 양식에 따라 사후적으로 이루어졌다.[69] "근본적인 과학적 발견의 '재출발'은 철학적 성찰 속에서 그리고

67) Ibid., pp. 182-83, 185, 190; RC, pp. 40-42, 54, 86-87.

68) 예를 들어 FM, p. 14를 보라.

철학이 새로운 형태의 합리성을 산출하는 과정 속에서"[70] 이 선행이론들 전체와 연관을 맺게 된다. 그런데 맑스주의 철학은 동시대의 철학들 가운데 가장 우수한 것이었다. 변증법적 유물론의 독창성은, 이것의 출현으로 인해 철학이 "이데올로기의 상태에서 과학적 분과학문——자신의 대상인 지식 생산의 역사를 과학적으로 설명할 수 있는 분과학문——의 상태로"[71] 변화했다는 점에 있다. 맑스는 그의 "이중의 이론혁명"으로 인해 "인류의 지식의 역사에서……특별한 지위"[72]를 차지하였다. 과학철학으로서의 변증법적 유물론은, 가로디주의 등에 의해 위태로워지긴 했을지라도, 역사과학에 대한 "지침"의 역할을 할 수 있었을 뿐만 아니라, 필요하다면 다른 모든 과학——자연과학과 사회과학——에 대해서도 마찬가지로 지침이 될 수 있었다.[73] 이러한 기초 위에서 알튀세르는 맑스주의 역사에 존재해온 공통된 경향——"철학의 부정"[74]——을 비판했다. 이같은 "철학의 종언"이라는 유혹은 세 가지 주요 형태로 반복되었다. 첫째는 (맑스의 초기저작들이 불러일으킨) "윤리적 형태"로서, 이 형태에서는 진리에 관한 추상적 담론인 철학은 구체적으로 "실현"됨에 따라 사라지게 된다. 둘째는 "역사주의적 형태"로서, 여기에서는 일시적인 역사적 계기의 과도적 "표현"인 철학은 그 역사적 계기가 없어지면 더불어 사라지게 된다. 세째로는 (『독일 이데올로기』와 『루드비히 포이어바흐』에 의해 배양된) "실증주의적 형태"인데, 이 경우 (사변적) 철학은 (경험

69) 예를 들어 ibid., pp. 14, 174를 보라.

70) RC, p. 185.

71) "Théorie, Pratique Théorique et Formation Théorique. Idéologie et Lutte Idéologique", p. 9.

72) "Matérialisme Historique et Matérialisme Dialectique", p. 97.

73) 예를 들어 "Théorie, Pratique Théorique……", p. 12를 보라.

74) "Matérialisme Historique……", p. 99.

적) 과학에게 자기 자리를 양도하게 된다.[75] 이러한 것들에 대항하려면 철학에 관한 맑스주의 고유의 관념이 설정되어야만 했다. 맑스주의 철학은, 사르트르가 단정한 바와 같은 철학, 즉 선행한 부르조아 고전철학과 마찬가지로 "그 철학이 표현하는 역사적 계기를 인간이 초월하기" 전까지는 극복할 수 없는 "우리 시대의 철학"[76]인 것은 아니다. 맑스주의 철학은 자신의 대상과 이론 및 방법을 지닌 과학적 분과학문으로서, 그 탄생의 계기보다 더 오래 존속할 수밖에 없으며 어떠한 역사의식으로부터도 자율적인 것이었다.

알튀세르의 "필수불가결한 순환"을 설득력 있게 만드는 것은 무엇인가? 그에 따르자면, 맑스주의 철학은 **법적으로** 존재했고 **사실적으로** 작동했다. 그것의 **실천적 내용**은 이제 **이론적 형식**을 부여받아야 했다. 달리 말하자면 그것은 여전히 구성되지 않은 채로 남아 있었다. 하지만 알튀세르주의자가 아닌 사람들에게는, 그것이 아직 구성되지 못한 이유가 무엇인지 납득되지 않는다. 알튀세르의 도식이 옳다면 왜 엥겔스, 레닌 또는 스탈린의 변증법적 유물론은 〔과학에 의해〕 "유발된" 철학이 아닌가? 왜――비록 **그 자신이** 이렇게 주장하는 것은 결코 아니지만――맑스적 갈릴레오에 대해 데카르트의 역할을 해야 하는 사람이 바로 알튀세르여야 하는가? 과연 알튀세르의 도식이 옳은 것인가? 맑스의 새로운 역사이론은 필연적으로 철학혁명을 불러일으켰는가? 그것은 "이중의 이론혁명"이었는가? 아니면 알튀세르의 논쟁적 발의는 철학사에 관한 실체화되지 않은 유추에서 그리고 엥겔스를 비롯한 사람들의 헛된 노력에서 그 정당성을 찾고자 했는데, 이 논쟁적 발의가 그의 조국에서

75) Ibid., pp. 99-102; FM, pp. 28-30; RC, pp. 136-37을 보라.

76) *Search for a Method*, New york, pp. 30, 37. 사르트르의 이같은 규정은 RC, pp. 135-36에서 비판받고 있다.

더욱 가까워진 "이론적 난국"의 산물이자 (그가 바랬던 것처럼) 이 난국으로부터의 해방인 것인가? 이 마지막 질문에 대해서는 긍정적으로 대답할 수 있다. 알튀세르는 자신의 목적을 위해 맑스주의 철학을 필요로 했고, 이는 『자본론 읽기』에 충분히 명확하게 나타나 있다.

> 맑스를 이해하려면 우리는 그를 수많은 과학자들 중의 한 사람으로 간주해야만 하고, 우리가 다른 과학자들에게 적용하는 것과 똑같은 인식론적이고 역사적인 개념을 그의 과학적 저작에 적용해야만 한다……그리하여 맑스는 갈릴레오나 라브와지에에 비견되는 과학의 창시자로 나타난다……맑스의 이해는……우리를 과학사에 관한 일반이론의 개념으로……안내한다……이 일반이론이 아직 단지 프로젝트로만 존재하는가 아니면 이미 부분적으로 실현되었는가라는 문제는, 이 일반이론이 **맑스를 연구하는 데 절대적으로 필수불가결한 것인가**라는 문제와는 별개의 것이다. 엥겔스가 우리에게 제시하는 길은……어떠한 댓가를 치르고서라도 우리가 취해야 할 방침이다. 그것은 다름아닌 바로 맑스가 역사과학을 확립하는 과정에서 정초한 철학의 길이다.[77]

왜 철학이 여전히 구성되어야 할 것으로 남아 있는가에 대한 알튀세르의 정당화가 맑스주의 내부의 관점에서 보면 보잘것없는 것일지라도, 그것이 어떻게 구성되어야만 하는가에 관한 그의 구상은 대단히 논쟁적인 것이며, 이는 그 구상이 출발점으로 삼고 있는 (비맑스주의적 그리고 맑스주의적) 모델에 대해 다시 한번 문제를 제기하는 것이다.

---

77) RC, p. 153. 알튀세르가 언급하고 있는 『자본론』 II권의 엥겔스 서문의 핵심구절은 *Capital*, volume II, Penguin/NLR edition, Harmondsworth 1978, pp. 97-100을 참조하라.

이론적 실천의 이론

『이론』총서가 출간됨으로써 철학에 관한 알튀세르주의적인 프로젝트가 규정되었다. 맑스주의 철학은 "지식 생산에 관한 이론"으로서, 모든 형태의 관념론과 단절해야 했다. 그것은 다음과 같이 구성되었다. 첫째, 과학적 담론과 이데올로기적 담론에 관한 이론, 즉 이론적 실천의 이론, 그리고 이것과 다른 실천들과의 구별에 관한 이론이다. 둘째, 과학의 역사——이는 다른 형태의 역사와는 구별되는 것인데——에 관한 이론이다. 세째, 이론적 실천과 "접합"되어 있는 다른——비이론적——사회적 실천의 구조 및 역사에 관한 이론이다. 이 프로젝트는 맑스의 저작에 "내포되어" 있었고 바슐라르의 연구프로그램과도 일치했다. 결과적으로 맑스의 구술에 따라 알튀세르가 써내려간 철학에는 아마도 비맑스주의적 구술자들의 개입도 있었을 것이고, 따라서 다른 비유를 빌자면 암기보다는 오히려 즉흥성에 의해 이루어졌다.

첫째, 바슐라르의 저작이 있었다. 그의 주요 저작 중 두번째 3부작(『응용된 합리주의』〔*Le Rationalisme Appliqué*〕〔1949〕, 『현대물리학의 합리적 작용』〔*L'Activité Rationaliste de la Physique Contemporaine*〕〔1951〕, 그리고 『합리적 유물론』〔*Le Matérialisme Rationnel*〕〔1953〕)이 발표된 시기는 소련과 국제 공산주의운동 내에서 이론적 스탈린주의가 가장 퇴조한 바로 그 시기였다. 바슐라르 자신은 "재침례교파 철학자들" 중의 한 사람이었는데, 1951년 그는 동시대의 자연과학을 옹호하기 위해 그들을 소집했다.[78)]

---

78) *L'Activit Rationaliste de la Physique Contemporaine*, Paris 1975, p.106. 알튀세르의 비슐라르에 관한 논의는, Dominique Lecourt, *Bachelard ou Le Jour et la Nuit*, Paris 1974 그리고 *Marxism and Epistemology*, London, 1975를 보라.

즉 그는 과학적인 지식의 적극 지지자였고 이것을 비난하는 사람들에 대항한 논객이었다. 자신의 주장을 전개하는 동안 시종일관된 바슐라르의 야심은 "과학적 사유를 지속적으로 발전시키는 데 진정으로 적합한……철학"[79]을 구축하는 것이었다. 이로 인해 그는 여타의 인식론 및 철학(경험론, 실재론, 현상학 등)과 끊임없이 대결하게 되었다. 요컨대 바슐라르는 과학적 지식과 **상식적 지식**이라고 자신이 명명한 것 사이에는 완전한 괴리가 존재한다고 주장했다. 바슐라르는 후자를 단지 (무의식적인) "인식론적 장애물"——과학적 지식이 발전하는 데 대한 장애물——에 의해 침윤된 비개념적인 것으로 본다. 이와 달리 과학적 지식은 환원할 수 없을 정도로 개념적이며, 따라서 이 과학적 지식은 상식적 지식으로부터 자신을 분리하는 "인식론적 단절"을 통해서 확립된다. 과학적인 것과 비과학적인 것의 차이를 나타내는 지표는 그것들의 대상이 각각 다르다는 점에서 찾아질 수 있다. 상식적 지식의 대상은 일상적 경험으로부터 "주어진" 것인 반면, 과학의 대상은 과학의 개념체계에 의해서 그리고 그 속에서 "구축된다". "인식론적 단절"이라는 개념은 일반적으로는 인식과 억견(doxa) 사이의 불연속성을 의미하며 특수하게는 이미 확립된 과학의 역사에 존재하는 불연속성을 의미한다. 기존의 과학사가 인식론적 불연속성을 끊임없이 드러내고 있다면, 그에 적합한 인식론은 오직 역사적 인식론일 수밖에 없으며 개념들이 형성(변형)되는 과정에 그 초점을 맞추게 된다. 과학의 역사는 "일종의 자율적 필연성에 의해 인도되고"[80] 있는 것으로서 파악되었다. 즉 과학의 역사는 "합리적 평가"의 (불연속적이지만 반복적인) 전진적인 출현으로 파악되었는데, 이 합리적 평가에 의해 비과학적인 것이 저평가되고 그것과 이 합리적

---

79) *La Philosophie du Non*, Paris 1975, p. 7.

80) Lecourt, *Marxism and Epistemology*, pp. 11-12에서 재인용.

평가 자체가 구별되는 것이었다..

피터 듀스(P. Dews)가 주목한 바와 같이,[81] 바슐라르가 경험보다는 이론에 우위를 부여하고 또한 과학적 진보란 개념적 일관성의 증대 및 수학화의 진전에 있는 것이라고 파악할지라도, 그가 순전히 합리주의적인 명제를 채택한 것은 아니다. 즉 그는 이론의 정정작업은 새로운 증거에 입각해서 이루어질 것이라고 전망했다. 다른 한편, 알튀세르의 인식론의 두번째 선배사상가도 이와 똑같은 명제를 채택했다. 즉 스피노자는 "역사이론과, 직접적인 것의 불투명성에 관한 철학 양자를 세계 최초로 제기했다"[82]는 공로를 『자본론 읽기』에서 인정받았다. 알튀세르도 인정한 바와 같이 후자는 결코 스피노자나 바슐라르에게만 독창적이었던 것은 아니다.

> 대상은 대상의 직접적으로 가시적인 혹은 감각적인 외관에 의해서 규정될 수 없다. 대상을 파악하기 위해서는 대상에 대한 개념을 거치는 우회가 필요하다……이러한 명제는 이미 그것들에게 친숙한 순환을 지니고 있다——적어도 이 명제는 근대 과학사 전체의 교훈으로서, 이같은 사고는 경험론적 요소로 나타나기는 했지만 고전철학에 일정 정도 반영되어 있었다……[83]

81) "Structuralism and the French Epistemological Tradition", 미발간 수고, 1980, pp. 20-21.

82) RC, p. 16. 물론 맑스주의를 유물론적 "일원론"이라고 파악한 플레하노프는 당시에 스피노자를 맑스의 "선조"로 생각했다. 예를 들면 *Fundamintal Problems of Marxism*(1908), London n. d., pp. 19-20을 보라. 그리고 FM, pp. 201-2 n. 42에서의 알튀세르의 비판적 언급들을 참조하라.

83) RC, p. 184.

고전철학의 전통에서 스피노자가 차지하고 있는 혁명적 독보성은 그가 "경험론"의 갖가지 유혹들을 용케 피했다는 데 있다. 그는 "올바른 관념" (예를 들어 원〔circle〕이라는 관념) 과 그것에 상응하는 "외적 사물" (ideate) (원〔그 자체〕) 을 범주적으로 명확히 구별했다. 이러한 구별은, 알튀세르가 1857년 『서설』에 관한 논의에서 이론적 대상("지식의 대상") 과 "현실적 대상" 사이의 환원될 수 없는 차이라고 간주한 것과 동일하다.[84] 더 나아가 스피노자는 "세 가지 종류의 지식"을 구별했다. 첫번째 지식——"**의견**(opinion) 또는 **상상**(imagination)" (그 원천은 임의의 감각적 경험, 즉 **모호한 경험**이다)——은 "오류의 유일한 원천"이라고 일컬어지는 것이다. 나머지 두 가지 지식——"이성"과 "직관"——은 "필연적으로 참된" 지식을 산출하는 것이다. 알튀세르는 스피노자의 이론을 "상상과 진리의 구별에 관한 이론"[85]이라 부르고 그것을 원용해서 과학과 이데올로기의 (맑스주의적) 대립에 관해 사유하였다. 『윤리학』의 저자는 "진리는 진리 자체의 기준이자 동시에 거짓의 기준"이라고 썼다. 뒷날 알튀세르는 자신이 이 공리에 의존했음을 고백했다.[86] 과학적 지식——즉 대상에 관한 개념인, 적합한 관념들의 체계——은 그 자체의 기준일 뿐만 아니라 또한 비과학적이거나 이데올로기적인 지식(즉 부적합한 관념들)의 기준이기도 하다.[87] 따라서 스피노자는 지식에 관한 전통적인

84) "On the Improvement of the Understanding", *On the Improvement of the Understanding/The Ethics/Correspondence*, New York 1955, p. 12를 보라. 그리고 RC, pp. 40-41, 105를 참조하라.

85) RC, p. 17. *The Ethics*, pp. 113-14를 보라. 그리고 FM, p. 78 n. 40; RC, pp. 16-17, 159를 참조하라.

86) *The Ethics*, p. 115 and cf. ES-C, pp. 112, 137-38, 187-88을 보라.

87) 이에 관해 참고가 될만한 저작으로는 Paul Patton, "Althusser's Epistemology",

"상응"(사물과 지식의 일치) 개념을 거부했다. 알튀세르는 이러한 정의를 뒤집어, 진실한 관념은 대상에 외재적으로 상응하기 때문에 적합한 것이 아니라, 반대로 내재적 적합성 때문에 그 대상에 상응한다고 주장했다.[88] 알튀세르는 스피노자와 맑스를 접합시키기 위해서, 독일의 과학적 실재론 대신 그 네덜란드 철학자의 인식론적 합리주의를 선택했다.

알튀세르는 「이론, 이론적 실천……」에서 경험론적 방식이나 독단론적 방식으로 맑스주의 과학을 이해하는 위험에 대해 경고했다. 독단론적 이해의 경우에 맑스주의 과학은 "더이상의 연구 및 발전의 문제를 전혀 제기하지 않는 절대적이며 완결된 지식"으로 간주되었다. 전자의 경우 그것은 실재에 대한 "직접적"이고 "있는 그대로의" 반영――맑스의 명철한 통찰력의 소산――으로 간주되었다. 알튀세르는 "우리가 형성하는 과학 관념이 맑스주의 과학에 결정적"이라고 썼다. 올바른 과학 관념의 제1원리는 스피노자적-바슐라르적인 관념이었다. 즉 과학은 "일상적 경험 및 실천으로부터 직접 주어진 것"을 반영하는 것이 아니라 "그것에 의심을 품고 그것과 단절하는"[89] 조건 위에서만 구성된다. 과학적 지식은 오직 대상에 관한 개념을 통해 우회할 때에만 획득될 수 있다. 그러나 이에 앞서서 이같은 개념이 먼저 생산되어야만 한다.

스피노자는 「오성의 증진에 관하여」――일종의 "방법에 반(反)한 담론"[90]――에서, 지식의 가능성을 선험적으로 보증하는 것에 대한 데카르트의 탐색을 (무한히 회귀할 수밖에 없기 때문에) 무용하고 "우리가 올바른 관념을 갖고 있기 때문에" 불필요한 것으로 거부했다.[91] 지식의

Radical Philosophy 19, Spring 1978을 보라.

88) Pierre Macherey, *Hegel ou Spinoza*, Paris 1979, pp. 75-94를 보라.

89) "Théorie, Pratique Théorique……", pp. 13-14.

90) Macherey, p. 57.

타당성에 대한 질문은 지식의 사실성을 선행적으로 인식하는 데서 시작되어야 한다. 여기서 더 나아간 지식을 갖추도록 허용하는 것, 그것은 바로 지식 자체 및 그 타자〔비지식, 비진리〕의 기준인 지식을 소유하는 것이다. 이 과정은 "도구를 만드는 것"에 비유해서 설명될 수 있다.[92] 실제로 지식 과정은 "지적 도구들"의 생산과정으로 간주될 수 있었다. 생산으로서의 지식이라는 이같은 관념을 발전시킴으로써,[93] 그리고 그 관념과 맑스를 결합시킴으로써, 실재하는 대상들에 관한 지식을 그에 적합한 개념을 통해 생산하는 것은 하나의 특수한 실천, 즉 이론적 실천의 결과라고 알튀세르는 주장했다. 알튀세르는 자신의 연속된 행위의 첫 동작으로서, 이론은 (구체적/물질적) 실천의 (추상적/정신적) 이면이 아니라 그 자체가 바로 구체적/물질적 실천이라고 주장한다. 엄밀히 말한다면, "실천 일반"과 같은 것은 존재하지 않으며, 오로지 **"구별되는 실천들"**[94]만이 존재할 뿐이다. 이론적 실천의 특수성을 부정하는 것은 "과학적인 실천의 실재성"[95]을 무효화하는 것이다. 이같은 전통적인 (그리고 뿌리깊은) 부정의 효과는 과학 일반에 관한 부적합한 이해에만 제한되는 것은 아니었다. 이론/실천이라는 이분법이 휘둘러짐으로써, 맑스주의 지식인들은 자신들이 **논쟁은 고사하고** 개념적 감금상태에 머물고 있다는 사실에 대해 당황하게 되었다. 이같은 이분법이 나온 동기가 선의였든 악의였든, 이는 일찍이 맑스와 엥겔스 및 레닌에 의해 이론——과학적 지식——에 부여된 중대한 역할과, 혁명적 정치에서 이론이

91) Spinoza, "On the Improvement of the Understanding", p. 12.

92) Ibid., pp. 11-12

93) ES-C, pp. 137-38, 187-89의 논의를 보라.

94) RC, p. 58.

95) FM, p. 187.

수행하는 결정적 역할을 훼손했다. 이론은 즈다노프주의에 의한 왜곡[을 겪은] 이후에, 자신의 상대적 자율성에 대한 정당한 요구를 확고히 인정받았어야만 했다. 바로, 실천을 위한 하나의 "지침"이라는 이론 고유의 기능을 수행하기 위해서.

맑스가 『자본론』에서 수행한 노동과정의 분석을 이용해서, 알튀세르는 "사회"를 네 가지 주요한 실천들로, 즉 경제적, 정치적, 이데올로기적, 이론적 실천으로 분할하였고, 나아가 이 네 가지 실천들의 총체가 "'사회적 실천'이라는 복합적 통일체"를 구성한다고 주장했다. 또한 이 각각의 실천은 세 가지 "계기"——원료, 생산수단 그리고 생산물——를 갖는다고 다음과 같이 지적되었다.

> **실천** 일반이라 함은 바로, 특정한 일정한 원료를 특정한 생산물로 **변형**시키는 일체의 과정을 의미하며, 이 변형은 특정한 인간 노동이 특정한 ('생산'의) 수단을 활용하여 이룩하는 것이다. 이같이 파악된 일체의 실천에서 **결정하는** 계기(또는 요소)는 원료도 생산물도 아니며 협의의 실천, 즉 **변형의 노동** 자체라는 계기인데, 이 계기는 하나의 특수한 구조 속에서, 인간과 수단 그리고 수단을 활용하는 기술적 방법을 작동시킨다.

이어서 알튀세르는 경제적, 정치적, 이데올로기적 실천의 윤곽을 그려나갔다. 이 실천들의 정의에 관해서는 3장에서 언급하게 될 것이다. 그는 이러한 것들을 "핵심적인 예비가설"로 제시하면서도, 사회적인 것의 내용을 선험적으로 특징짓는 자신의 설명을 실체화하려는 어떤 시도도 행하지 않는다. 대신에 그는 이론적 실천에 관한 논의로 되돌아가서, 이 실천이 다음과 같다고 규정했다.

이론이라 함은……**실천의 특수한 형태**를 뜻하며, 이것 자체가 특정한 인간 사회의 '사회적 실천'이라는 복합적 통일체에 속한다. 이론적 실천은 실천의 일반적 정의 내에서 설명된다. 이론적 실천은 그밖의——'경험적'이든 '기술적'이든 또는 '이데올로기적'이든——다른 실천들이 제공한 원료(표상, 개념, 사실)를 토대로 작동한다. 가장 일반적인 형태의 이론적 실천에는 **과학적인** 이론적 실천뿐만 아니라 과학 이전의 이론적 실천, 즉 '이데올로기적'인 이론적 실천도 포함된다……[96]

이론적 생산은 그밖의 실천들과 같은 구조를 갖는다고 주장되었다. 그것의 원료("일반성 I"이라고 이름붙인 것)는 그 자체가 이론적인 ("표상, 개념, 사실"로 구성된) 것이며, 이때 이론적인 것이 과학적이냐 아니냐는 문제가 되지 않는다. 그것의 생산수단("일반성 II"라고 이름붙인 것)은 이 실천의 "문제틀" 즉 이론적 모체(matrix)로서, 이 모체 속에서 담론의 개념들이 순서지어지고/통일되며, 이 모체에 근거해서 문제들이 질문되고 응답되며 또한 제기되고 해결된다(혹은 해결되지 않는다). 그것의 생산물("일반성 III")은 지식이다. 이론적 실천의 결정적인 계기는 위의 두번째에 해당하는 "변형의 노동"이다. 즉 "이론적 실천이란 일반성 I에 대한 일반성 II의 작업을 통해 일반성 III을 생산하는 것이다."[97] 이러한 실천에 관한 적합한 설명은 이 실천의 노동과정에 관한 분석을 포함할 뿐만 아니라 이 실천의 사회적 생산관계에 대한 분석도 포함하고 있었다. 달리 말하면 이론적 실천에 관한 설명은 이 실천이 한층 광범위한 사회구조와 맺는 관계에 관한 고찰 및 특수화도

---

96) Ibid., pp. 166-67. 알튀세르가 여기서 "전거"로 삼고 있는 맑스의 노동과정 분석에 관해서는 *Capital*, Volume One, pp. 283-92를 보라.

97) FM, pp. 183-85.

포함하고 있었다.

……사유는 역사적으로 형성된 **사유기구**의 체계인데, 이 사유기구는 자연적이고 사회적인 현실의 기초 위에 세워져 있고 또 그 현실에 접합되어 있다. 사유는, 이 사유를 지식의 특정한 **생산양식**으로 만드는…… 현실적 조건들의 체계에 의해 규정된다. 이러한 것으로서의 사유를 구성하는 것은……그것이 노동하는 대상(원료)의 유형과, 가용한 이론적 생산수단(실험적이든 아니든간에 사유의 이론, 방법 그리고 기술)과, 그리고 그것이 생산을 수행하는 장소인 역사적(또한 이론적, 이데올로기적, 사회적) 관계를 결합시키는 하나의 구조다.[98]

인식론적으로 자율적인 이론은 사회적으로 상대적 자율성을 갖는다.

이같은 인식론——이론적 실천의 이론——의 가장 중요한 적은 이른바 "경험주의적 지식 개념"이었다. 알튀세르가 묘사한 바에 따르면, 그것은 통상적으로 이해되는 경험주의 이상의 것, 심지어 그에 대립된다고 할 수 있는 것까지도 포함한다. 어떤 이론이든지 그것이 인식과정을 (인식하는)주체와 (인식되는)객체 사이의 대면으로 간주하며, 또한 지식을 주체에 의해 객체의 본질이 추상되는 것으로 파악한다면, 이런 일체의 이론을 알튀세르는 경험주의의 패러다임과 동일한 것으로 치부했다.[99] 알튀세르에 따르자면 이같은 구상은 "**독해**에 관한 종교적 신화"의 "세속적 복사판"[100]이었다. 지식은 **전망**이 아니라 **생산**이며, **추상**(또는

---

98) RC, p. 41.

99) Ibid., pp. 35-39를 보라.

100) Ibid., pp. 17, 35.

정화작업)이 아니라 **전유**였다. 인식과정을 전적으로 사유 내적인 생산과정이라고 파악한 알튀세르의 주장이 근거로 삼은 맑스주의적 전거는 추측건대 맑스의 1857년 『서설』이었다. 바로 이 저작이 "맑스주의 철학을 모든 사변철학이나 경험철학으로부터 구별하게 해주는 것"이었다. 왜냐하면 이 저작에서 "사유의 질서"와 "실재의 질서"가 분명하게 구분되었기 때문이다. 맑스는 이 저작에 앞서 이미 두 가지 "유물론적" 테제를 제시했다. 그 하나는 "실재에 관한 사유보다 실재가 우위성을 지닌다"는 것이고, 다른 하나는 "사유 및 사유과정의 특수성"이다. 따라서 **"실재적 대상"**은 (그것이 스피노자의 원이든 또는 야옹하고 우는 고양이든간에) 이론적 생산과정에 직접 관련되어 있지 않으며 이 과정에 의해서 영향받지도 않는다. 이론적 실천의 출발점(원료) **그리고** 그것의 결과(생산물)는 **"지식의 대상"**(스피노자의 원이라는 관념/야옹 소리를 낼 수 없는, 고양이라는 개념)이다. 이 지식의 대상을 통해서 이론의 대상, 즉 실재적 대상에 관한 지식이 "전유"된다. 알튀세르의 인식론의 독창성과 탁월성——혹은 그가 그렇다고 생각한 것——은 지식이 여전히 객관적인 지식이기를 그치지 않으면서도 **이론-내적인** 생산과정이라는 것을 (끊임없이 "지식의 문제"를 야기시키는 모든 형태의 경험주의와는 반대로) 수용한 점이었다. 지식("사유-내-구체성")은 실재("실재적-구체성")와는 완전히 구별되는 한편, 동시에 사유나 담론으로부터는 완전히 독립되어 있는 실재 그 자체에 관한 지식이라는 것이었다. 원리상, 알튀세르의 인식론은 "반경험주의적"이면서 동시에 "유물론적"인 것이었다.[101]

이론적 실천을 한편으로 하고 경제적, 정치적 및 이데올로기적 실

101) Ibid., pp. 40-41, 86-87; FM, pp. 185-86을 보라. Marx, *Grundrisse*, Harmondsworth 1977, pp. 101-02도 참조하라.

천을 다른 한편으로 하는 양자간의 구별과 더불어 이론적 실천 내부의 구별이 덧붙여졌다. 알튀세르는 과학과 이데올로기를 대립적인 것으로 보는 고전 맑스주의에 따라, 과학적인 이론적 실천과 과학 이전의 이론적 실천 혹은 이데올로기적인 이론적 실천 양자를 구별하였다. 특정한 이론적 실천들은 과학적이다. 즉 과학적 지식을 생산한다. 반면에 나머지 (대다수) 이론적 실천들은 이데올로기적이다. 즉 이데올로기적 "지식"을 생산한다. 알튀세르는 후자를 "과학 이전의 역사를 구성하는 '지식의 형식들'과 이같은 형식의 '철학들'"[102]로 범주화했다. 알튀세르는 지식과 〔따옴표를 붙인〕 "지식"의 구별을 이론화하기 위해 바슐라르의 두 가지 개념, 즉 인식론적 단절과 문제틀이라는 개념을 채택하였다. 그는 바슐라르의 생각을 받아들여 과학과 이론적 이데올로기 사이에 "이론적이고 역사적인 '질적' 불연속성"[103]을 설정한다. 이 불연속성은 이론사의 개별적 계기에서 발생하기 때문에, 이 불연속성의 위치는 오로지 과학의 인식론적-역사적 계보학에 의해서만, 즉 인식론적으로 알려진 과학의 계보학에 의해서만 설정될 수 있다. 알튀세르주의자에게 과학성의 지표는, 바슐라르주의자에서와 마찬가지로, 개별적인 이론영역 내에서 과학적인 것과 비과학적인 것 사이의 "단절"이라는 사물의 도식으로 파악된다. 이러한 "단절"이 존재한다면, 하나의 담론은 과학성의 문턱을 넘어서며 인식적 자율성을 획득한다. 이때부터 과학의 이론적 실천은 과학 그 자체의 기준이 된다. 이론적 실천의 생산물은 선험적 보증이나 외적인 확증을 전혀 필요로 하지 않는다. 그것의 검증작업은 이론에 내재해 있다. 스피노자식으로 말한다면, 진리가 진리 그 자체의 기준인 것이다. (역사적 유물론을 비롯한) 진정한 과학들에는 "철저하게 내재적

102) FM, p. 167.

103) Ibid., pp. 167-68.

인 실천이라는 기준"이 존재한다. 즉,

> 이론이 관련된 곳에서 실천이라는 기준에 관해 말하는 것은……그 완전한 의미를 획득한다. 왜냐하면 **이론적 실천**은 진실로 그 자체의 기준인 것이며, 그 자체 속에 자신의 생산물의 질을 **유효하게 할 수 있는** 명확한 의정서를, 요컨대 과학적 실천의 생산물이 지닌 과학성의 기준을 내포하고 있기 때문이다. 과학들의 현실적 실천에서도 사정은 이와 완전히 동일하다. 만일 과학이 진실되게 구성되고 발전한다면, 과학이 생산한 지식을 '진리' 즉 **지식**이라고 선언하기 위해 **외부적인** 실천에 의해 검증받아야 할 필요는 조금도 없다……우리가 가장 관심을 갖고 있는 과학, 즉 역사적 유물론에 대해서도 우리는 이와 마찬가지로 말해야 한다. 맑스의 이론은 '진리'이기 때문에 성공적으로 적용될 수 있었다. 즉 그것이 성공적으로 적용되었기 때문에 진리인 것은 아니다.[104]

만일 과학적인 이론적 실천에 벨라민(Bellarmine) 추기경이나 즈다노프 동지가 취했던 형태의 이론-외적인 것이 침입하지 않는다면, 이 실천은 신(神)이나 맘몬신을 섬기지 않을 것이다. 반면 이데올로기적인 이론적 실천은 "지식이라는 유일한 필연성을 넘어선 '이해관계'에 의해 지배"[105]된다. 알튀세르는 스피노자의 견해를 받아들여, 이론적 이데올로기를 "일종의" 지식이긴 하지만 열등한 종류로 간주하였다. 즉 그것은 "존재하는 것들을……지칭하긴 하지만……그것들의 본질을 우리에게 보여주지는 않는"[106] 지식이라는 것이다. 그것은 "오류의 원천"이지만, **그 자체로서** 오류인 것은 아니다. 알튀세르는 이데올로기 일반을 역사

104) RC, pp. 59-60.

105) Ibid., p. 141.

106) FM, p. 223.

전반에 걸친 현상, 즉 "인간과 세계 사이에서 '존속되는' 관계"[107] 라고 규정하였다. 이러한 "상상적" 관계의 표현물인 이데올로기는 단순한 오류나 환상에 불과한 것이 아니다. 다시 말해서 그것은 객관적 현실이자 물질적 실천으로서, 그것의 이론적 교체물이 과학에 의해 논박될 수는 있으나 그것 자체가 일소될 수는 없다.[108] 이론적 이데올로기는 지식이지만, 인식(cognition)이라는 형식이 아니라 승인(recognition)이라는 형식을 취한다. 그 까닭은 이 이론적 이데올로기는 과학에 외생적인 우발 요인들——알튀세르가 "이론적 기능"에 대립시켜 "실천적-사회적 기능"이라고 부른 것들——에 의해 지배되기 때문이다. 즉,

> 이데올로기의 이론적 생산양식 속에서……문제를 정식화한다는 것은 일정한 상황, 즉 지식과정의 외부에서 이미 생산된 하나의 해답을 준비해두고 있는 그런 상황을 이론적으로 표현하는 것에 불과하다. 왜냐하면 이 해답은 이론-외적 심급들과 위기상황에 의해 부과된 것으로서, 이 해답이 이론적 반영으로서 또한 동시에 실천적 정당화로서 기능하도록 하기 위해 인위적으로 조작된 문제 속에서 자신을 승인하려는 것이기 때문이다.[109]

그 결과, 알랭 바디우(A. Badiou)의 표현에 의하면, "과학은 변형과정인 반면에 이데올로기는……반복과정"[110] 이다.

알튀세르는 과학과 이론적 이데올로기의 차별성을 특징짓는 "질적

107) Ibid., p. 233.

108) 예를 들면 pp. 230, 233를 보라.

109) FM, p. 231; RC, p. 52.

110) "Le (Re)Commincement du Matérialisme Dialectique", *Critique* 240, 1967, p. 449.

도약" 또는 변전이라는 개념을 담론의 문제틀 속에 자리잡게 했다. 바슐라르는 이 개념을 거의 사용하지 않았지만 이 개념은 그의 저작 속에 함축적으로 내재해 있었다. 그가 『과학적 정신의 형성』에서 제시한, "문제의 감지는 과학 정신의 특성"[111]이라는 표현은, 이론적 이데올로기에서 문제를 정식화하는 양식에 관한 알튀세르의 명제를 예감케 한다. 이 개념은 알튀세르에게 채용되어, "사유의 모든 요소들을 통일시키는 전형적인 계통구조"를 뜻하게 되었으며 "과학의 존재 자체에 고유한 사실"을 지칭하게 되었다. 즉,

> 과학은 한정된 이론구조의 지평 내에서 그리고 그 지반(terrain) 위에서 즉 그것의 문제틀에 입각해서만 문제들을 제기할 수 있다. 이 문제틀은 가능성의 절대적이고 한정된 조건이 되며, 나아가 과학에 주어진 계기가 어떤 것이든 모든 문제들이 제기되어야만 하는 형식들에 대한 절대적 결정요인이 된다.[112]

비과학적 문제틀은 그것의 "폐쇄성"——이데올로기적 원을 도는 그것의 반복적 회전——을 특징으로 한다. 이에 반해 과학적 문제틀은 타당한 문제 및 그 엄밀한 해답에 대한 "개방성", 즉 (자기) 교정과 발전을 가능하게 하는 능력을 지닌다는 것이 특징이다.[113] 문제틀은 이론적 담론의 모든 개별적인 부분에 존재하면서 동시에 부재하기 때문

---

111) *La Formation de l'Esprit Scientifique*, Paris 1980, p. 44.

112) FM, p. 67; RC, p. 25. FM, p. 25에서 알튀세르는 문제틀이라는 개념을 자크 마틴(알튀세르가 『맑스를 위하여』를 헌정한 그의 친구)이 만들어냈다고 밝히고 있다.

113) RC, pp. 53, 55, 69를 보라.

에 (알튀세르의 구조주의적인 용어로는 "통시적"이며 "공시적"이기 때문에), 그것을 재구성하기 위해서는 특별한 종류의 독해가 필요하다. 그 독해란 프로이트적인 정신분석 기법처럼 피상적 담론으로부터 담론의 잠재된 체계(또는 "무의식")로 진행해가는 "징후적 독해"[114]다. 여기에서 문제로 삼는 것은 "개방성 및 폐쇄성 일반" 이상의 것이다. 왜냐하면 일체의 적합한 인식론은 반드시 "**이러한 전형적이고 역사적으로 결정된, 개방성 및 폐쇄성의 구조들**"[115]과 관련을 맺지 않으면 안되기 때문이다. 특수한 단절 및 이행은 오로지 이미 구성된 과학의 문제틀 내부로부터 작용할 때에만 확인될 수 있는데, 그 까닭은 (요컨대 과학적인 것과 이데올로기적인 것 사이의) 단절이라는 **일반적** 개념은 **특수한** 단절(예를 들면 맑스의 고전 정치경제학과의 단절)의 조건들을 구체화할 수 없기 때문이다. 하나의 과학이 구성되는 순간(그것의 "회귀불가능한 지점") 혹은 "재구성"되는 순간에 과학이 단절하게 되는 문제틀은 새로운 문제틀에 대한 필요조건이긴 하지만 충분조건은 아니다. 예를 들어 역사적 유물론의 경우, 선행하는 이론들이 없었다면 이같은 이론은 존재할 수 없었을 것이다(역사적 유물론은 맑스가 무(無)로부터 창조해낸 것은 아니었다). 그러나 이와 동시에 역사적 유물론은 선행했던 담론/문제틀(독일의 철학, 영국의 정치경제학, 프랑스의 공상적 사회주의)의 종합에 의해 하사된 것은 아니었다. 과학 이전의 문제틀은 그 과학의 현실적 역사의 일부분——전사(前史)——을 구성한다. 따라서 설사 과학이 "자신의 과거이기도 한 이데올로기로부터 자신을 분리시키고 이 과거가 이데올로기적인 것임을 폭로함으로써" 창시된다 할지라도, 또 과학이 구성된 후에 스피노자의 표현대로, 결국 "이데올로기의 과학"[116]이 된다 할지라

114) Ibid., pp. 28, 32-33, 67-69를 보라.

115) Ibid., p. 90 n. 5.

도, 과학－이데올로기 간의 차이점은 계몽주의 방식에서처럼 진리와 오류 양자간의 합리주의적 구획으로 취급되는 것이 아니라 **역사적으로** 다루어져야 한다. 낯설은 "근원과 목적이라는 신들"은 "우연성의 필연성"을 옹호하는 입장에서 폐위되어야만 한다.[117] 역사 인식론**으로서**, 이론적 실천의 이론——즉 "과학의 이론이자 과학의 역사의 이론"[118]——은 바슐라르적 인식론과 제휴함으로써 다음과 같은 혁명에 이르는 길을 개척하였다.

> 이 혁명은 과학사의 전통적 개념에 대한 것으로……우리는 이 역사를 완전한 불연속성……즉 철저한 개혁들에 의해서 단절된 역사로 파악하기 시작한다. 그리고 이 개혁들이 지식영역 자체의 연속성과 관련되어 있다 하더라도(이 연속성조차도 늘 그런 것은 아니지만), 이 개혁들은 단절을 이루는 순간부터 새로운 논리의 지배를 개시하는 것인데, 왜냐하면 새로운 논리는 결코 구래의 논리……의 단순한 발전이 아니라 그것을 **문자 그대로** 대체하는 것이기 때문이다.[119]

---

116) FM, p. 168; RC, p. 46.

117) FM, p. 71; RC, p. 45.

118) RC, p. 145 : 철학에 관한 알튀세르의 정의(또한 Pierre Macherey, "A Propos du Processus d'Exposition du 'Capital'", in L. Althusser, J. Ranciére and P. Macherey, *Lire le Capital I*, Paris 1965, p. 216을 보라).

119) RC, pp. 44. 여기서 알튀세르는 당시 지배적이었던 목적론적이고 연속적인 역사기술에 대한 "주목할만한" 예외로서 바슐라르, 카바이에, 캉귀엠, 푸코, 코이레의 저작을 들고 있다. 또한 피에르 마슈레이에 관한 알튀세르의 소개는, "La Philosophie de la Science de Georges Canguilhem", *La Pensée* 113, 1964, pp. 53-54를 보라.

알튀세르가 잘 알고 있었던 것처럼, 그가 제시한 이론적 이데올로기와 과학 간의 (부정적인) 구분은 과학의 과학성에 대한 (긍정적인) 구체화는 아니다. 이는 이론의 자율성에 관한 알튀세르의 주장과 더불어, 전통적인 인식론적 질문을 야기한다. 알튀세르 특유의 논거와 용어를 빌자면, 이 질문은 다음과 같은 형태를 취한다. 즉 과학적인 이론적 실천의 결과물이나 생산물이 바로 지식이라는 것을 어떻게 인식할 수 있는가? 알튀세르는 고전철학의 "폐쇄된 원"으로부터 도출된 "지식이론"이라는 문제틀을 직선적으로 기각하며, 나아가 이같은 지식이론의 변종들을 철학에 대한 법률적 실천에 근거하는 변형체라고 비난하는데, 이때 철학에 대한 법률적 실천이란 "그것이 참칭하는 정의라는 이름으로 과학[들]에 대해 법률을 제정하는"[120] 것이다. **법적** 또는 **사실적** 보증에 대한 추구는 용납될 수 없는——이데올로기적——프로젝트로서, 포기되어야만 하는데, 이 프로젝트는 기껏해야 무한소급으로 귀착될 것이기 때문이다. 알튀세르의 "지식 생산의 역사에 관한 이론"에서는, 이론적 실천의 이론적 대상이 바로 "**실재적** 대상, 즉 실재 세계의 전유"[121]라고 인정되고 있다. 하지만 과연 그러한가? 이미 언급된 바와 같이, 알튀세르의 프로젝트를 촉발시킨 동기는 역사적 유물론의 과학성에 관한 규정 및 옹호였다. 이 쟁점에 대한 그의 접근방법의 독특함은, 별로 미덥지 못한 실증주의로 전락하지 **않으면서** 맑스의 역사이론과 자연과학 양자를 인식론적으로 분할하려는 일체의 시도들을 근절하려고 노력한 점이다. 그의 견해에 따르면 맑스주의는 "여러 과학들 중에서" 하나의 과학으로서 자율적인 **동시에** 과학적인 것이었다. 알튀세르는 다음과 같은 점에서 기존의 맑스주의 전통과는 근본적으로 의견을 달리했다. 즉 그는 고전적

120) RC, p. 56 (pp. 52ff를 보라).

121) Ibid., pp. 56, 54.

맑스주의의 진리에 관한 "상응"(correspondence) 이론과 스탈린주의의 실용주의적 진리관 모두를 거부하고, 이것들 대신에 이미 확립된 과학의 자기충족적인 증명방식을 채택했다. 현대 자연과학을 위해 마련된 이같은 기준의 부적합성 및 순환성은 별개의 일이다. 그렇더라도 그것의 과학적 지위에 대해 도전하는 사람은 거의 없다. 그러나 역사적 유물론의 경우 사태는 전혀 달라지는데, 칼 포퍼(K. Popper), 토마스 쿤(T. Kuhn) 그리고 임레 라카토스(I. Lakatos)의 요란한 주장은 이 점을 상기시키기에 충분하다. 과학성에 대한 실증적이고 강력한 판단기준이 없기 때문에, 알튀세르의 역사적 유물론 연구가 위기에 놓여 있으며, 이론적 실천에 관한 이론——"과학들의 과학성을 구성하는 것에 관한……이론"[122]이라고 그가 간주한 것——자체도 과학에 관한 만족할만한 설명으로서는 절름발이가 되어버렸다.

알튀세르는 인식론적 문제에 대해 한 가지 대답——아니 오히려 질문——을 가지고 있었다. 즉 그는 「유물변증법에 관하여」에서, "지식의 문제"에 대한 적절한 응답은 해체되어버렸다. 다시 말해 "대상과 그 대상에 관한 지식 간의 관계는 문제가 되지 않음"[123]이 단도직입적으로 단언되었다. 이러한 "해결"의 천진난만성이 너무나 분명했을 것이므로 알튀세르는 『자본론 읽기』에서 방침을 바꾸었다. 이론적 실천에 관한 이론은 인식론적 보증이란 문제를 실재에 대한 인식상의 전유 **"메카니즘"**의 문제로 대체했던 것이다. 이로써 철학은 이데올로기적인 것에서 과학적인 것으로 이행했다고 알튀세르는 생각했다. 그리하여 핵심 문제는 다음과 같은 것이 되었다.

122) "Matérialisme Historique et Matérialisme Dialectique", p. 122.

123) FM, p. 186.

……전적으로 사유 속에서 진행되는 이 지식과정이, 실재 세계에서는 사유 외부에 존재하는 지식의 실재 대상에 대한 인식상의 전유를 생산해내는 것은 어떠한 메카니즘에 의해서인가? 다시 말하자면, 도대체 어떤 메카니즘에 의해서 지식 대상의 생산이, 실재 세계에서는 사유 외부에 존재하는 실재 대상의 인식상의 전유를 만들어내는 것인가?[124)]

잘 알다시피, 누구도 이 질문에 대해 아무런 진정한 대답을 내놓지 못했고, 이 난점(aporia)은 알뛰세르가 질문을 제기한 방식이 갖는 명쾌함에 의해서 더욱 두드러졌다. "지식이라는 특수한 생산물이 갖는 고유한 특성"인 "지식효과"는 신비스럽다 못해 애매한 채로 남아 있고, 또한 개념들의 내적 구조 및 배치——즉 "체계의 체계성"[125)]——가 중요하다는 식의 늘상 순환적인 언급에만 머물러 있다. 그렇지만 이 질문은 과학은 물론 이데올로기적인 이론적 실천에도 관련되어 있기 때문에, 이에 대한 해명이 이루어져도 우리의 인식론적 문제에 대한 해답이 되지는 못할 것이다. 독자는 『자본론 읽기』의 제1부가 어떻게 끝나는가를 알 것이다. 거기서 논의되는 주제는 지식메카니즘이다. 복잡한 질문들이 10페이지나 계속되고, 그 다음에는 침묵이 있을 뿐이다.

알뛰세르의 주장처럼 만일 순진무구한 독해가 존재하지 않는다면, 마찬가지로 죄가 되는 침묵이 존재한다. 논쟁의 여지는 있으나, 알뛰세르의 이론도 그 중의 하나였다. 왜냐하면 그의 저작에는 사유와 실재간 상응의 문제에 대한 해답이 들어 있지만, 그 해답이 이같이 공언되어 있지는 않기 때문이다. 그것을 명시적으로 밝히는 것이 곧 알뛰세르 철학 프로젝트의 모순적 성격을 드러내는 것이다.

---

124) RC, p. 56.

125) Ibid., pp. 67-68.

소련의 표준적인 설명에 따르자면, 변증법적 유물론은 **"자연, 사회 및 사유의 발전을 지배하는 한층 일반적인 법칙들에 관한 과학"**이고, 역사적 유물론은 그것의 한 부분집합——즉 **"존재의 보편적 법칙과는 명확히 구별되는 사회발전의 특수한 법칙들에 관한 철학적 과학"**[126] 이다. 이에 준해서 말하자면, 이 정의는 스탈린시대 이후 지금까지 전혀 변경되지 않고 있다고 할 수 있을 것이다. 이같은 두 가지 정의는 1960년대초에도 국제 공산주의운동과 프랑스공산당에서 분명 정통이론이었다. 알튀세르의 틀은 원칙적으로 이들과 완전히 달랐다. 즉 그는 맑스의 이론적 혁명이 "단 하나의 단절 속에서 이중의 기초"[127] 즉 두 가지 새로운 과학의 탄생을 포함한다고 보았다. 맑스는 맑스주의를 창시하였다. 맑스주의는 두 가지 독립된 학문, 즉 하나의 과학과 하나의 과학철학으로 구성되어 있다. 역사적 유물론은 사회구성체에 관한 역사과학으로서, 그것의 이론(그것의 개념적 집합체)과 대상(사회구성체 및 그것의 변혁)을 완전히 갖추고 있다. 변증법적 유물론은 이론적 실천에 관한 과학으로서, 자신의 고유한 개념들(과학/이데올로기, 문제틀, 인식론적 단절 등)과 대상(이론적 담화)을 가지고 있다. 하나의 인식론으로서, 변증법

126) B. M. Boguslavsky et al., *ABC of Dialectical and Historical Materialism*, Moscow 1976, pp. 38, 246. 여기서 주목할만한 가치가 있는 것은, 맑스주의에 관한 알튀세르의 파악과 소련의 정통적인 견해를 체계적으로 비교한 작업을 수행한 (내가 알기로는) 유일한 해석자의 다음과 같은 결론이다. "소련 학자들과 알튀세르주의자들 사이의 차이는……원칙들에 관한 기본적인 불일치를 포함하고 있다. 소련 학자들이 보기에는, 알튀세르와 그의 추종자들은 맑스주의의 광범위한 영역들을 벗어나려고 시도하고 있다" (Thomas Nemeth, "Althusser's Anti-Humanism and Soviet Philosophy", *Studies in Soviet Thought* 21 : 4, 1980, p. 381).

127) FM, p. 33.

적 유물론은 전시대 및 동시대의 "철학적 이데올로기들"과 단절했다. 이것은 하나의――다름아닌――과학철학이었다. 이 모든 것이 알튀세르가 주장한 바였는데, 동시에 이것은 그가 변증법적 유물론을 (운동중에 있는) 물질의 존재론으로 간주하는 정통적 관점과 단절했음을 의미한다.

그렇지만 알튀세르의 연구기획에는 그가 회피하려던 바로 그 함정이 처음부터 포함되어 있었다. 알튀세르적 변종이 아무리 정교한 것이더라도 이에 관계없이 맑스주의 철학은 또다시 **형용모순**적인 지위, 즉 과학철학이라는 지위를 얻게 된 것이다. 이론에 관한 이론〔대문자의〕이자 과학에 관한 과학〔대문자의〕으로서 이론적 실천에 관한 이론은 변증법적 유물론 전통의 새로운 시작이다. 변증법적 유물론은 자신의 (취약한) 판별기준을 통해서, 역사적 유물론 및 그 경쟁자에 대해, 사회과학 및 인문과학 모두에 대해 과학성을 판정할 수 있는 이론이다.[128] 알튀세르가 고전철학에게는 허용하지 않았던 이같은 권한을 맑스주의 철학이 자임하는 것이 적합한가 아닌가 하는 문제는, 맑스주의 철학이 이같은 판정을 내릴 수 있는가 아닌가 하는 문제와는 별개의 것이다. 어쨌든 디아마트가 그 정문을 활짝 열어놓고 있었는데도, 그는 뒷쪽으로 열린 창문을 통해 기어올라 그 유물론 속으로 들어간 셈이다. 이론적 실천의 특수성을 입증하기 위해 알튀세르는 이론적 실천과 다른 실천들의 차이를 구별했다. 『이론』 총서의 서문에서 분명히 밝히고 있듯이, 변증법적 유물론은 이론에 관한 이론인 동시에 비이론에 관한 이론――"실천 일반에 관한 이론〔대문자의〕"[129]――이었다. 알튀세르의 인식론은 이리하여 앙드레 글룩스만에 이어 칼리니코스가 "실천들의 존재론"[130]이라고 표현

---

128) Ibid., pp. 171-72를 보라.

129) Ibid., p. 168.

130) Callinicos, *Althusser's Marxism*, London 1976, p. 72; Glucksmann, "A Ventriloquist

한 것에 의해 보충——실제로는 뒷받침——되었다. 이 인식론은 소련의 해석보다 무한히 독창적인 것 같아 보이지만, 그러나 그럼에도 불구하고 그것은 희석화된 변증법적 유물론이다. 이 점이 무엇보다도 가장 잘 드러나는 곳은, 바로 알튀세르의 **존재론**이 그의 **인식론적**인 막다른 골목으로부터 빠져나오기 위해 마련한 (불명료한) 출구이다. 즉 변증법적 유물론은,

> 일반 이론〔대문자의〕(변증법) 으로서, 그것 속에 이론적 실천 일반의 본질이 이론적으로 표현되고, 그것을 통해 실천 일반의 본질이 이론적으로 표현되며, 그리고 그것을 통해 변혁의 본질, 즉 사물 일반의 '발전'의 본질이 이론적으로 표현된다."[131]

이같이 이론적 실천 속에서 그리고 이론적 실천에 의해서 이루어지는 실재 대상의 인식상의 전유는, 사유와 실재 양자의 상동성(homology)에 의해 가능해지는 것이며, 이 양자 모두가 실천인 것이다.

칼리니코스가 지적하듯이, 이같은 (암묵적) "해결"이 『자연변증법』에 나타나 있는 "사유와 존재의 일치"[132]에 관한 엥겔스의 관점과 유사함은 분명하다. "과학적 담론의 차별적 본성"[133]은 그 담론과 현실구조

Structuralism" (1967), *New Left Review*(ed.), *Western Marxism: A Critical Reader*, London 1977, pp. 282ff를 보라.

131) FM, p. 169. 알튀세르는 기존의 확립된 과학들에 대한 "변증법의 '법칙들'의 적용" 일체를 비판하는 작업으로 곧장 나아간다. "그것은 〔과학들의〕 구조 혹은 발전에 조금도 중요하지 않다. 오히려 더욱 나쁜 것은, 그것이 이데올로기적인 족쇄가 될지도 모른다는 점이다" (p. 170).

132) *Althusser's Marxism*, p. 76을 보라. 그리고 *The Dialectics of Nature*, pp. 266-67도 참조하라.

사이의 동일성에 의해 확증되며, "대상과 이 대상에 관한 지식 사이의 관계의 비문제제기성(non-problematicity)"은 존재론에 의해 보증된다. 알튀세르가 질책한 바로 그 "경험주의"가 이론적 실천에 관한 이론을 상대주의로부터 보호한다. 그의 인식론은 이같은 토대 위에서 자신에게 부여된 구획설정(demarcation)의 과제를 수행할 수 있었다. 즉 불필요한 과제는 어느 경우에나 명시적으로 미리 배제될 수 있었다.

그런데 앞서 언급한 것처럼 알튀세르가 정의한 경험주의는 통상적인 범위를 넘는 것이었다. 이 개념이 지식과 그 지식의 대상 양자의 일치를 가정하는 인식론을 포괄하고 있는 한, 〔경험주의에 대한〕 이 정의는 알튀세르 자신의 것은 물론——결정적으로——스피노자의 것을 포함하고 있다. 왜냐하면 지식의 객관성에 대한 알튀세르의 태평함은 엥겔스에서 선례를 찾을 수 있는 것이지만 그 직접적인 선조는 스피노자주의까지——**"사상들의 질서 및 연관은 사물들의 질서 및 연관과 동일하다"**[134]는 스피노자의 명제로까지 소급해올라갈 수 있는 것이기 때문이다. 스피노자의 경우 본래 진리인 "타당한 사상"의 체계가 사물의 질서 및 연관을 사유 속에서 재생산하는 것과 마찬가지로, 알튀세르의 경우에도 지식의 대상들은 그 대상의 개념들이며, 그것들의 선험적 일치의 결과로서, 이론적 실천(사유)의 질서는 "실천 일반"의 질서 및 그 발전(실재)을 "표현한다".[135] 따라서 "생산"이라는 범주를 통해 "과학의 이론과 과학의 역사"를 결합시키는 이론적 실천의 이론은 폴 패튼(P. Patton)이 알튀세르의 "스피노자주의적 절대주의"라고 일컬은 것에 의해 더욱 강화되었다. 합리주의 지식이론 덕분에 역사인식론은 지식이론의 문제틀을

---

133) RC, p. 69.

134) *The Ethics*, p. 86. Anderson, *Considerations on Western Marxism*, p. 64를 보라.

135) Paul Patton, "Althusser's Epistemology", pp. 17-18을 보라.

필요로 하지 않게 되었으며, 이론과 실재의 상응을 문제삼지 않아도 된다는 "비문제제기성"을 주장할 수 있게 되었다.

바디우는 1967년 『맑스를 위하여』와 『자본론 읽기』를 추천하는 서평에 「변증법적 유물론의 (재)출발」이라는 제목을 붙였다. 이론적 실천에 관한 이론은 실제로 알튀세르에 의해 맑스주의 철학의 출발점으로 간주되었고, 그 종착점은 변증법적 유물론의 회복이며 "실천 일반의 이론〔대문자의〕"이라고 주장되었다. 그런데 만일 이러한 범위에서나마 그것이 억눌린 상태로부터의 회복을 의미한다면, 그 이론은 의심할 여지없이 독창적인 것이다. 또한 만일 라비카가 "전례없는 맑스주의 철학"[136] 이라고 칭했던 것을 연구하면서 알튀세르가 스피노자의 테제와 바슐라르의 테제를 흡수했다면, 그 결과는 맑스주의 전통 내에서 그것의 단점과도 밀접한 관계를 갖는 독특한――심지어 탁월한――인식론이었다.

알튀세르는 실천의 존재론을 제안했으면서도 실제로는 이 존재론에 거의 아무런 타당한 논리도 부여하지 못했다. 그렇지만 그의 이론이 아무리 선험적인 것이라고 하더라도, 역으로 이 이론이 헤겔 변증법의 전도로 얻어진 변증법적 유물론과 동떨어져 있음을 인정하지 않고 칭찬하지 않는 행위는 잘못일 것이다. 알튀세르는 레닌과 마오의 다음과 같은 가정을 비판했다. 그 가정에 따르면 "단순한 기원을 이루는 통일성"은 모순적인 여러 부분들로 분열하는데, 이 모순적 부분들은 아주 복잡한 모순으로, 즉 분열 후 발전되고 종국에 이르러서는――비록 처음의 그것보다 풍부해지긴 한다 하지만――〔애초의 것으로〕 복원되는 모순으로 드러난다는 것이다. 이같은 헤겔주의 대신, 알튀세르는 다음과 같이 주장했다.

136) *Le Marxisme-Léninisme*, p. 116.

……맑스주의는 모든 구체적 '대상'의 복잡한 구조가 주어져있음(所與)을 원칙적으로 인정하고 있는데, 이 구조는 대상의 발전은 물론, 대상에 관한 지식을 생산하는 이론적 실천의 발전 양자를 지배한다. 지식이 대상의 과거를 아무리 깊이 탐구할지라도, 이제 대상에는 어떠한 기원적 본질도 더 이상 존재하지 않게 되고 오직 언제나-미리-주어져있음이 존재할 뿐이다. 또한 어떠한 단순한 통일도 존재하지 않으며, 구조화된 복합적 통일만이 존재할 따름이다. 따라서 이제 더이상 (어떠한 형태로든) 근원적인 단순한 통일은 존재하지 않는 대신에 **언제나-미리-주어진 구조화된 복합적 통일**이 존재할 뿐이다.[137]

칼리니코스가 지적했듯이, 알튀세르의 존재론적 반(反) 관념주의(미리-주어짐), 반경험주의(구조화된 통일체) 그리고 반역사주의(복합적 통일)와 더불어, "차이의 개념, 즉 물질세계의 환원불가능한 이질성이라는 개념이 맑스주의 내부로 들어오게 된다".[138] 알튀세르의 "복합적 통일"이란, 뚜렷히 구분되지만 중첩되고 접합되는 실천들의 통일이고, 이 실천들은 서로 다른 실천으로 환원될 수 없으며, 본질의——그 본질이 (예를 들면 절대정신 같은) 정신적인 것이든 (예를 들면 인간, 프롤레타리아트, 경제 등의) "물질적인" 것이든간에——현상도 아니었다. 사회적 실재의 존재론적 구조가 이런 형식을 갖고 있다는 사실 때문에 그 실재는 명료하지 못했고, 따라서——그 실천 가운데 하나이기도 한——이론이 필요했다. 이같은 존재론을 주장한 이론, 즉 "실천 일반의 이론"이 "유물**변증법**이었고, 이는 바로 변증법적 유물론인 것이다."[139] 그것은 존재론인 동시에 이론적 실천에 관한 이론이었다.

---

137) FM, pp. 198-99; pp. 193ff를 보라.

138) *Marxism and Philosophy*, p. 95.

139) FM, p. 168.

알튀세르의 존재론과 마찬가지로, 그의 인식론은 많은 장점들을 갖고 있었다. 이 가운데 두 가지는 맑스주의에 특별한 정세적 의미를 갖는 것이었다. 첫째, 가장 중요한 것으로서, 그의 인식론은 즈다노프와 즈다노프의 망령들에 대항하여, 국가, 계급, 당 기타 일체의 과학 외부적 이해집단으로부터 진리를 이루는 것(the veridical)의 자율성을 역설했다. 다음으로 그의 인식론은, 역사적 유물론을 비롯한 과학들의 끊임없는 발전의 일상성 및 중요성을 강조하고——정정작업과 새로운 지식의 끊임없는 생산에 대한 개방성이 과학성의 판단기준이 되었다고 주장했다. 1965년에 알튀세르는 "아무것도 발견하지 못한 채 그대로 반복되는 과학은 죽은 과학이고, 더이상 과학이 아니며, 얼어붙은 독단이다. 과학은 오직 스스로의 발전, 즉 자신의 발견을 자양분으로 살아간다"[140]라고 썼다. 이같이 맑스주의 내부에 대한 알튀세르의 철학적 개입의 기본적 요점은 맑스주의의 **불완전성**——앞으로 완성되어야 한다는 점——을 특히 강조하는 것이었다. 오직 역사적 유물론과 변증법적 유물론이라는 기초만 세워졌고, 과학, 이데올로기, 철학, 그리고 (특히 무엇보다도) 예술 등의 역사들에 관한 맑스주의의 이론적 실천은 〔모두 써버려서〕 고갈된 정도에 이르진 않았으며——사실 이들의 대부분은 앞으로 구축되어야만 했다.[141]

이론적 실천에 관한 이론은 이밖에도 다른 적극적인 특징들, 즉 한층 광범위한 적합성을 갖는다. 즉 이 이론은 현대의 비맑스주의적 과학철학의 교훈들을 맑스주의 내부로 편입시키려는 시도이기도 했다. 더 구체적으로 말하자면, 경험주의 및 실증주의에 대한 협약론적(conventionalist) 비판 가운데 설득력있는 측면들을 "유물론적" 인식론에

140) "Théorie, Pratique Théorique……", p. 16.

141) FM, p. 169를 보라.

통합시키려는 시도였다.[142] 따라서 알튀세르는 과학적 실천의 역사적, 사회적, 이론적 특성에 대한 협약론적 주장과, (이론을 통해 인식할 수 있을지라도) 이론으로 환원될 수 없는 독립된 실재의 존재에 대한 실재론자의 주장, 양자를 타협시키고자 노력했다. 이 양자는 이론이 과학적 지식으로 간주되기 위해서는 준거로 삼아야 하고 실로 따를 수밖에 없는 것이었기 때문이었다. 달리 말하자면, 알튀세르는 역사성, 사회성과 과학성, 사실성과 타당성을 통합하고자——요컨대, 과학의 특수성을 포착하고자——노력했다. 이리하여 지식의 대상과 실재 대상 간의 구별이 나타내주고 있는 것은, 과학의 실재성——과학 내부의 개념적 대상들의 생산 및 변화——과 과학의 지시대상(referent)의 실재성——실재하는 과학 외부의 세계——양자 모두에 공통적으로 관여하고 있다는 점이었다. 그리고 인식론적 단절이라는 관념이 표현하고 있는 것은, 과학의 **독자적** 본성은 다른 형태의 지식으로 환원될 수 없다는 반(反)직관적 인식과정이었다. 문제틀이라는 개념은, 개별 이론들의 고유성을 그 이론들이 갖는 각이한 개념체계의 기능으로 다루며, 나아가 단순한 과학적 변화를 위해 과학적 진보의 가능성을 희생시키지는 않으면서 적어도 원칙적으로는 과학들의 실제 역사에서 특징적으로 나타나는 복잡성을 존중한다.

원칙적으로〔만 이러했다〕. 왜냐하면 알튀세르의 반(反)경험주의를 구성하기 위해 이루어진 협약론과 유물론의 이같은 결합이 불균등했다는 점이 당연히 문제가 되기 때문이다. 즉 협약론은 지배적인 위치를 점한데다가 더욱이 유물론의 주장들을 손상시키는 합리주의와 연계를 맺고

142) 경험주의와 협약론 및 실재론에 관한 탁월한 압축적 논의로는, Terry Lovell, *Pictures of Reality*, London 1980, Chapter 1을 참고하라. 로벨 자신의 관점은 Roy Bhaskar의 *A Realist Theory of Science* (Brighton 1978)에 크게 의존하고 있다.

있었다. 맑스주의 이론의 인식상의 자율성을 확보하는 과정과 이 자율성을 통해 이 이론의 발전을 위한 공간을 창조하는 과정에서, 이론적 실천에 관한 이론은 그 장점들마저 손상시키는 일련의 중대한 결함 속에 빠지게 된 것이다. 과학의 "상대적 자율성"은 결국 사회구성체 및 그 역사[로부터]의 완전한 독립성이라는 형태를 갖게 되었다. 특수성은 초월성이 되었는데, 그 이유는 과학을 창시한 인식론적 단절은 그 과학이 "변화무쌍한" 비과학적 역사로부터 "탈출한" 이론적 실천의 자율적인 영역 속에 과학을 유폐시켰기 때문이다.[143] 다른 여타의 사회적 실천들과 이론적 실천의 접합이 언급되었음에도 불구하고, 과학의 **"독자적"**[144] 역사는 이들 여타의 실천들로부터 탈구되었고, 오히려 개념적 역사성이라는 순전히 내부적이고 인식론적인 문제로 간주되고 말았다. 이같은 개념이 치루어야 했던 댓가들 가운데 하나는, 앞으로 살펴보게 되듯이, 맑스주의가 그 창시 및 발전과정에서 모든 사회적-역사적 연관으로부터 자신을 단연코 절연해버렸다고 설명하게 된 점이었다.

과학이 사회적인 것에서 절연되어 있다면, 이에 준하여 과학은 경험적인 것과도 분리되어 있다. 합리주의와 협약론은 바로 여기서 경험적인 것을 과학적 실천으로부터 배제하기로 의견을 모았다. 알튀세르는 경험적인 것과 경험주의적인 것을 하나로 묶어버렸고, 한발 더 나아가 경험적인 것과 이데올로기적인 것——가상적이고 "허위의 개념들"의 영역, 즉 개념적 과학 및 객관적 지식의 안티테제——를 같은 것으로 간주했다.[145] 이같은 붕괴는 경험적 증거들의 입장에서 볼 때는 이론적

143) RC, pp. 192-93을 보라. 그리고 프랑스어 원본의 *Lire le Capital II*, Paris 1965, p. 93과 비교해보라.

144) "La Filosofia, la Politica e la Scienza", *Rinascita* 11, 1968, p. 23.

145) 예를 들어 "Théorie, Pratique Théorique……", pp. 23-33을 보라.

실천에 대한 일체의 진정한 투입을 저지당한 것이었을 뿐만 아니라, 또한 이론적 구성물이 입증적 대조를 위해 경험적 증거로 되돌아가야 하는 일체의 준거를 배제한 것이기도 했다. 일체의 현실적 의미에서의 반증(falcification)이 완전히 배제되었고, 정정작업은 오류가능성(fallibilism)에 대한 지극히 사소한 양보만을 허용했을 뿐이다. 실로, 일반성 I——이론적 생산의 원료——에 대하여 일반성 II——그것의 문제틀 또는 수단——에 부여된 절대적 권한이 이 정도라면 그 생산물——일반성 III(지식)——의 지위가 의심스러워질만 했다. 이론적 실천은 사실들을 선정하여 자체의 이론 및 대상으로 정교화하는 것에 만족할 수 없었기 때문에, 이 실천은 자신의 결과물의 타당성을 판단할 스스로의 검증절차를 마련하였다. 알튀세르는 "실천의 판단기준의 근본적 내향성"에 관한 자신의 가설을 과학에 도입하였는데, 이는 수학의 증명방식——즉 징후적 현존——을 범례로 삼은 것이었다.[146] 수학은 스피노자에게 과학의 모델——자연과학과 인문과학 모두에 적용되는 "진리의 기준"——을 제공한 바 있다.[147] 비록 알튀세르가 실증주의적 방식으로 사회과학을——자연과학의 제반 절차를 따르도록 강제함으로써——"자연화"하지는 않았을지라도, 그는 이른바 합리주의적 방식으로 자연과학과 사회과학 양자를——선험적인 패러다임의 특징인 내재적 증명방식을 이 과학들에게 투사함으로써——"수학화"하고자 했다.

과학과 이데올로기의 구분은 알튀세르 인식론의 "핵심원리"였다.[148] 그는 과학을 "이론의 우회"로서 설명하는데, 이것을 여러 과학들 중 하나인 역사적 유물론——그것의 편력이 바로 이 우회[149]일텐데——에

146) RC, p.59를 보라.

147) *The Ethics*, p.77을 보라.

148) "Théorie, Pratique Théorique……", p.47.

대해 적용한 귀착점은 이론의 자율성과 그것의 지위에 대한 주장 양자의 타협이었다. 다시 말해서 이론적 실천에 관한 이론의, 자주 언급되면서도 의도되지는 않았던 결과는, 희석화된 과학성이었다. 왜냐하면 이론적 실천은 실재론과 협약론에도 훨씬 못미쳤기 때문이다. 이론적 대상과 실재적 대상의 일치를 주장하는 합리주의적 견해는 이론적 실천을 이같은 운명으로부터 구원해내지 못했고, 반대로 알튀세르에 의해 제시된 비독단적인 과학 개념을 파괴하는데 기여했을 뿐이다. 알튀세르가 반직관적/직관적, 개방적/폐쇄적, 이론적/실천적-사회적 특성들을 기준으로 과학과 이데올로기를 구분한 것은, 비록 시사적이기는 하지만 실패하고 만다. 예를 들면 반직관성이나 개방성은 그 어느 것도 과학에만 특유한 것이 아니기 때문이다.[150] 명백한 "유물론적" (더 적절하게 표현하자면, 현실주의적) 기준――이론적 구성물과 그 실재적 대상 간의 상응성(여부)――은 경험주의적인 것이라는 이유로 회피되었다. 로벨(T. Lovell)의 표현대로 알튀세르가 "공인된 현실주의자"[151]였다 하더라도, 그는 실재에 대해――그에 대한 생각과는 모순되게도――명예로운 지위를 부여했지만, 이어 고려대상에서 제외시킴으로써 중화시켜버렸다. 그는 개념적으로 구성된 지식대상에 의해 비이론적 실재 대상을 전유하는 것에 대해서 어떠한 설명도 하지 않았고, 사실상 이론을 일체의 이론-외적 준거로부터 효과적으로 분리하였다. 이로 인해 개념구성이 과학의 왕도라는 〔자신의〕 명제를 위태롭게 하는 결과로 나아간다. 이론과 (그것을 제외한 나머지) 실재 간의 타당성있는 관계를 구축하는 데 실패했다는 것은, 개념의 정밀화가 개념 이상의 것에 도달하기 위한 유일한 경로였다는

---

149) Pierre Macherey, *A Theory of Literary Production*, London 1978, p. 120.

150) Lovell, *Pictures of Reality*, pp. 34–36을 보라.

151) Ibid., p. 17.

것을 의미한다. 실재 세계에 대한 이론-의존적 지식은 실재로부터 독립된 이론으로 변질되었다. 그렇다면 그 결과는 무엇인가? 예를 들면, 연금술은 "산출물의 품질을 확인할 수 있는" (또는 그 부재를 합리화할 수 있는——초서〔Chaucer〕가 지은 〈자작농민의 이야기〉를 참고하라) "명확한 개념체계"를 가지고 있다는 점에서 어느 것에도 뒤지지 않는 이론적 실천인데, 어떻게 우리는 그것을 사이비과학이라고 판정할 수 있는가? 또한 우리는 수다쟁이와 과학자의 차이점에 대해 어떻게 이야기할 수 있는가?[152]

알튀세르가 이론을 일체의 실재적 대상과 분리하는 것은, 과학의 역사가 근본적인 불연속성들에 의해 매듭지어진 역사라는 관점에 반영되고 있는데, 이는 〔과학들의〕 통분가능성이라는 문제를 첨예한 형태로 제기한 것이다. 이로 인해 그는 이론적 혁명과 과학적 진보를 화해시키기에는 매우 불리한 입장에 놓이게 되었다. 왜냐하면 실재론적인 역사적 시각에서 이따금씩 내비치는 시사점에도 불구하고, 이 시각에서 새로운 문제틀은 이 문제틀과 동일한 실재 대상에 관해 언급하고 있지만, 알튀세르가 목적론적 역사기술에 반대하면서 강조한 일차적인 것은 "새로운 논리학의 지배"[153]였기 때문이다. 그렇지만 예컨대, 역사적 유물론과 고전 정치경제학의 대상이 그들 각각에 내적인 것이고, 또 그 문제틀이

152) "Sur le Travail Théorique. Difficultés et Ressources", *La Pensée* 132, 1967, p. 22를 보라.

153) FM, p. 185와 RC, pp. 156-57을 보고, RC, p. 44를 참조하라. RC, pp. 156-57에서 알튀세르는 지식의 역사에 관한 레닌의 관점이란 실재에 대한 비징후적 상응의 과정이었다고 주장하며, 그 과정을 "지식의 대상에 대한 끊임없는 재구성을 통해서 실재 대상에 관한 지식을 끊임없이 심화해나간 것"이라고 해석하고 있다. 또한 ES-C, p. 193도 보라.

그들 각각에 고유한 것이며, 따라서 근본적으로 상이한 이들 개념 체계 밖에서는 아무런 중재가 존재할 수 없는 것이라면, 그렇다면 우리는 도대체 어떻게 역사적 유물론과 고전 정치경제학 양자를——이 두 이론의 장(단)점을 비교하는 것은 고사하고——경쟁자라고 분류할 수 있겠는가?

결론적으로 말해서, 알튀세르의 인식론적 프로젝트——과학을 위한 철학을, 다시 말해 "끊임없이 발전하는 과학적 사상에 진정으로 적합한" 철학을 만들어내겠다는 것——과 그가 이를 실현하려고 시도한 수단 양자 사이에는 모순이 있었다고 생각된다. 그가 특별히 스피노자와 바슐라르를 흡수한 결과는, 그가 맑스주의자로서 수용한 실재론과 이들의 철학이 빚어낸 상대주의 또는 합리주의 양자간의 해소될 수 없는 긴장으로 나타났다. 다소 지나치게 단순화하자면, 알튀세르는 디아마트의 진리〔론〕에서 벗어나기 위해 협약론으로 전환했던 한편, 상대주의를 쫓아내기 위해 합리주의에 의존하였고, 이로 인해 부분적으로는 디아마트로 되돌아갔다고 말할 수 있을 것이다. 그는 맑스주의가 진리이기 때문에 전지전능하다고 생각했다. 즉, 그 자신의 인식론에 입각한다면, 그것이 진리이기 때문에 그것은 진리이다라고 말할 수밖에 없었다. 그리하여 만일 알튀세르가 공산당의 정통 맑스주의에 전형적인 속류유물론과 단절했다면, 이는 이단적인 서구 맑스주의에 전형적인 세련된 관념론을 희생시킴으로써 가능했던 것이었다. 그의 맑스주의 변형체가 속류유물론과는 명백히 구별되며 이보다 우수한 형태라고 할지라도 말이다. 그는, 과학철학의 난제들을 해결하지 못했다고 비난받아서는 안되지만, 이 문제들을 과학적인 철학을 통해 해결했다고 주장하고 있는 것에 대해서는 비난받아야 할 것이다. 왜냐하면 실제로 그는 불만족스러운 해답을 제시한 것이거나 혹은 이 문제들을 해결하지 못했기 때문이다. 이와 동시에 맑스주의 내부에서 시도된 인식론상의 개척자적인 시도들은 모두 그에게 빚지고 있다. 알튀세르는 공산당의 정통이론이 인지하지 조차 못한 문제들을 매우 단호하게 제기했다는 점에서 높이 평가되어야 한다. 이론의 특수성을 이론화하려는 그의 노력은 하나의 설명을 산출하는데, 이 설명은 독창적이고도 세련된 방식으로 또한 편의적인 "반과학주의"에 빠지지 않고 실증주의를 벗어나고자 시도하면서, 지금까지 국제 공산주의의 궤적 속에서 생산된 모든 것을 대체했고 동시에 맑스주의적인 과학철학을 비맑스주의적인 과학철학과 연계시킨 것이었다. 뤼생코주의의 서구 치어리더였던 프랑스공산당 내에서 그가 "모더니즘적" 인식론을 정교화했다는 점, 그리하여 냉전의 유산을 청산하는 데 기여했다는 점, 이것들이 누구도 그의 대담성을 잊어선 안될 이 사람의 업적이었다.

『맑스를 위하여』와 『자본론 읽기』를 출판한 지 10년 뒤, 알튀세르는 지식의 대상과 실재하는 대상 양자의 구별의 중요성에 대해 깊이 고찰하게 되었다. 그가 이러한 성찰을 하게 된 동기는, 맑스가 역사적 유물론의 창시에 쏟아부은 엄청난 이론적 노고를 극적으로 표현하고자 하는 소망에서 비롯되었고, 또한 과학적 역사이론에 필수불가결한 단절인 부르조아적 상식과의 단절을 강조하려는 소망, 나아가 맑스의 "진리를 우리를 위해 살아있고 활동하고 있는 진리"[154]로 바꿔놓으려는 소망에서 비롯되었다. 그렇지만 이 열망이 아무리 귀중한 것일지라도 다음과 같은 문제가 제기되어야 한다. 즉 알튀세르의 인식론상의 테제가 맑스의 "유례없는 단절"의 복원에 기여했는가, 아니면 이 단절과 그 결과 생겨

154) ES-C, pp. 193-94를 보라. 여기서 알튀세르는 이러한 명제가 관념론에 대항해서 지켜질 수 있었던 것은 (맑스에 의해서 그랬던 것처럼) 이 명제가 다른 명제, 즉 "지식 대상에 대한 실재 대상의 우위성"이라는 명제에 종속됨으로써 가능했다는 점을 지적하고 있다.

난 이론을 왜곡시켰는가 하는 문제가 그것이다. 왜냐하면 알튀세르가 출발한 두번째의 "핵심원리"는——그가 세계를 가상의 영역과 진실의 영역으로 분리한 것에서 유출된 원리인데——프롤레타리아트가 아무런 원조나 충고를 받지 못한다면 "사회에 관한 과학과 나아가 자신의 실천에 관한 과학이 아니라, 사회에 관한 개량주의적인 유토피아 이데올로기만을"[155] 산출할 수밖에 없다는 것이었다. 맑스주의는 지식인(맑스, 엥겔스 및 레닌)의 반직관적인 이론적 실천에 의해 산출되었고 노동계급 외부에서 발전되어왔으며, 그리고 그후에 노동자계급 속으로 **"수입된"** 것이었다. 이같은 카우츠키 및 레닌주의의 유서깊은 명제[156]에 동조하여, 알튀세르는 맑스주의 이론이 프롤레타리아트 및 그들의 실천에 대해 맺는 관계는 **외생성**(exteriority)이라고 주장했다. 맑스주의 철학이 없다면 맑스주의 과학은 존재할 수 없으며, 또 맑스주의 과학이 없이는 어떠한 과학적 사회주의도 존재할 수 없다고 그는 단언했다. 알튀세르는 1902년의 레닌의 교훈을 일방적으로 강조하고 똑같이 타당한 1920년의 가르침들[157]은 배제하면서, 그가 역사적 유물론을 재구축하려고 노력했음에도 불구하고 그 이론의 독창성을 손상시켰는지 아닌지를 밝히는 것이 앞으로 우리가 논의해야 할 문제이다.

---

155) "Théorie, Pratique Théorique……", p. 15. 또 FM, p. 24와 RC, p. 141을 보라.

156) Lenin, *What is to be done? Collected Works*, Volume 5, Moscow 1961, pp. 373ff를 보라.

157) 즉, "올바른 혁명적 이론은……진실로 대중적인 실천활동 및 진실로 혁명적인 운동과 밀접한 연관을 맺을 때에만 완성된 형태를 갖게 된다" (*'Left-wing' Communism——An Infanitile Disorder, Collected Works*, Volume 31, Moscow 1966, p. 25).

3
맑스로의 복귀? 역사적 유물론의 재구성

……순진무구한 독해, 그러한 독해는 없다.

루이 알튀세르, 「자본론 읽기」

설사 우리가 결코 구조주의자가 아니라고 하더라도, 우리는 이제 그 이유를 설명할 수 있다……우리는 강력하면서도 동시에 위태로운 격정을 지녔다는 점에서 유죄였다. ***우리는 스피노자주의자였던 것이다.***

루이 알튀세르, 「자기비판의 요소들」

맑스주의 철학에 대한 알튀세르의 해석은 궁극적으로는 변증법적 유물론의 **혁신**(aggiornamento)을 구성하는 것으로 간주되어왔다. 그렇지만 알튀세르의 철학 해석은 알튀세르적인 특색을 지닌——그래서 용납될 수 없는——몸짓으로, 이 몸짓은 일정한 인식론에 대한 비판으로부터 시작해서 이 인식론에 토대를 둔 맑스주의의 해석 및 재구성의 부정으로 옮아가는 하나의 동작 속에서 진행된다. 맑스주의에 대한 알뛰세르의 (재)시기구분과 재개념화는 맑스주의 철학에 대한 그의 수정과 반드시 일치하지는 않는다. 비록 후자가 유지될 수 없으며, 또 전자의 과학성을 입증해줄 수도 없다 해도 말이다. 한편 두 가지 작업이 알뛰세르의 엄격한 인식론적 지침 아래서 수행되는데, 즉 이론적 실천의 이론은, 한편으로는 이론 일반에 대한 이론으로서 제기되고, 다른 한편으로는 특수하게 맑스의 이론적 실천(이것의 철학 및 방법론)에 대한 이론으로 제기된다. 따라서 우리는 알뛰세르의 이론적 실천이, 역사적 유물론의 창시자들에 의해서 이해된 그대로의 규준과 원전들을 부분적으로 희생시키고 있음을 알게 되더라도 그다지 놀라지 말아야 할 것이다. 알뛰세르의 재조명의 손익계산서는 앞으로 논의가 진행됨에 따라 산출될 것이다. 그러나 처음부터 우리가 거부할 수 있는 것은, 역사적 유물론에 관한 알뛰세르의 해석을 정통 맑스주의로 간주하는 자기변호일 것이다. 알뛰세르는 그의 많은 반대자들과 마찬가지로 정통적이 아니다(그리고 아마도 일부 반대자들보다도 훨씬 덜 정통적일 것이다). 그러나 알뛰세르 자신의 맑스주의 해석이 맑스의 해석보다 더 우월한 것인지, 그리고 알뛰세르 자신의 정정이 그의 동시대인들의 견해들보다 더 나은 것인지, 이런 질문들은 정통성 문제와는 별개의 문제이다.

맑스 읽기 : 이론적 혁명인가 아니면 친위쿠데타인가

『맑스를 위하여』의 서문에서 알뛰세르는 주장하기를, 자신이 명확한 이론적 형태를 부여하고자 하는 맑스주의 철학만이 "엄격한 [인식론적이며 역사적인] 맑스 저작의 독해"[1]를 산출할 수 있다고 했다. 그의 훌륭한 포부는 "맑스주의 이론의 환원불가능한 특수성"[2]을 규정해줄 엄격한 분석을 행하려는 것이었다. 문제틀이라는 개념을 사용하는 계통적 독해만이 이러한 규정을 제공할 수 있는데, 그 이유는 일체의 분석적 절충주의와는 반대로 이런 계통적 독해는 이론적 저작들과 패러다임을 통일체로 취급하고——그리하여 원전의 문맥에서 자의적 요소의 추출을 금지하고——또한 어떠한 목적론적 접근방식도——이 접근방식이 전망적인 것이냐 회고적인 것이냐를 불문하고[3]——처음부터 활용하지 않을 것이 분명하기 때문이었다. 맑스 저작의 경우에 그것은 "'전(前)미래시제' 에서의"[4] 어떠한 역사서술도——이 서술이 인간주의적이든 반인간주의적이든, 관념론적이든 유물론적이든, 도덕적이든 과학적이든지를 불문하고——금지하였다. 〔그 역사서술 방식의 짝 중〕 어느 경우든 『자본론』은, 파리 『수고』의 최종완결편으로 여겨지고 있으며, 맑스의 초기저작은 그의 **주요저작**에 대한 예고편으로 간주되고 있다. 어느 경우든 이 문제는 선판단되고 있으며 맑스 저작들 사이의 연속성이 가정되고 있다. 그러나 알튀세르가 시사하듯이 맑스의 서명 자체는 아무것도 입증해주지 못한다.

알튀세르 자신의 독해는 순진무구한 것이 아니었다. 그가 이같은 독해방식을 채택한 이유는 다음과 같은 것들이다. (1) 맑스의 저작들 가운데 1840~44년의 비맑스주의적이라고 추정되는 초기저작들과, 1845~83년의 (균질적이지는 않지만) 맑스주의적인 저작들 사이의 개념적인 동시에 인식론적인 불연속성을 입증하려는 것이다. (2) 역사적 유물론을 이 불연속성에 비추어, 비경제주의적, 비인간주의적, 비역사주의적 형태

1) FM, p. 39.

2) Ibid., p. 38.

3) Ibid., pp. 56-57을 보라.

4) Ibid., p. 54.

로 재조명하려는 것이다. 역사적 유물론은 그 창시자들이 주장한 바와 같이 하나의 과학이었다. 그러나 경제주의적, 인간주의적 혹은 역사주의적 사회이론의 어떠한 담론도 과학적일 수 없는데, 그 이유는 이런 이론들은 명백히 이데올로기적이기 때문이었다. 그래서 맑스의 이론을 이런 사회이론들의 일부 또는 전부로 해석한 맑스 독해는 모두 맑스주의의 과학성이라는 이름을 범하는 것이었다. 알뛰세르 자신의 인식론적 도식을 빌려서 우리는 이렇게 말할 수 있다. 즉 맑스의 저작——"과학적 주장을 지닌 일종의 담론"[5]——은 과학-내적인 단절로 간주되는데, 이 단절은 맑스주의적 문제틀을 맑스–헤겔/맑스–청년맑스 관계라는 원료에 적용시킴으로써 획득되었고, 그리하여 맑스 자신의 이데올로기와의 단절을 완성하고 있으며, 따라서 이 단절은 이데올로기로 복귀될 수 없는 **사실적인** 지점은 아닐지라도 **법률적인** 지점이라고 특징지어진다.

맑스주의적-인간주의의 "수정주의자들"도 맑스 자신의 원전의 권위에 호소할 수 **있기** 때문에, 이들에 반대할 인용구들을 모으는 행위는 피상적인 독해방식에 기초한 비합리적인 전략이었고 또한 쓸모없는 것이기도 했다. 이들의 해석의 **원천이자 원전**이었던 맑스의 초기저작들은, 이들 해석 각각의 문제틀이라는 수준에서 엄격한 의미에서의 맑스주의와 인식론적으로 구별되고 나아가 격리되어야 했다. 이로써 이들 전사들은 이론적 스탈린주의에 대해서가 아니라 맑스주의에 대해서——무의식적인 것이든 아니든간에——수정주의자들이라는 점이 드러나게 된다. 알뛰세르의 맑스로의 복귀는 라캉의 프로이트로의 복귀처럼 "맑스의 성숙기로의 복귀"[6]였다. 그는 다음 세 가지의 연속적이며 또 그에게는 불가분하게 상호연결되어 있는 동작들 속에서 이를 입증하고자 했다. (1)

---

5) RC, p. 26 n. 8.

6) LP, p. 185.

역사적 유물론과 이론적 인간주의는 개념적으로 양립 불가능한 것이다. (2) 역사적 유물론은 이론적 인간주의와의 단절을 통해 그 존재를 드러내게 된다. (3) 문제틀의 이같은 전환이 결국 인식론적 단절로 되었으며, 이 단절은 과학과 그 동료인 철학을 일체의 이론적 및 철학적 이데올로기로부터 분리하는 것이었고, 그 결과는 맑스의 1845년 이전의 문제틀이 지닌 이데올로기적 본성과 1845년 이후의 문제틀이 지닌 과학성을 극명하게 밝혀주는 것이었다. 요컨대 오로지 1845년 이후에야 맑스는 맑스주의자가 되었으며, 오로지 1845년 이후에야 맑스주의는 비로소 하나의 과학이 되었다는 것이다. 맑스주의의 성립은 적어도 "거대한 이론적 혁명"[7]을 의미했다. 맑스주의의 인식론적 역사는 바로 이 사실을 반영하는 동시에 또 이 사실에 대한 부정을 논박하는 것이었다. 알튀세르와 그의 동료들의 맑스 저작에 대한 철학적 독해가 진정으로 유죄라는 사실은 이 독해를 만들어낸(부하된) 문제틀로부터 추출될 수 있다. 즉

> 오로지 이같은 독해만이, 『자본론』이 지식의 역사에서 차지하는 지위 문제에 대해 대답을 규정해줄 수 있다. 이 문제는 다음과 같이 구체화될 수 있다. 우선, 『자본론』은 다른 것과 마찬가지의 이데올로기적 생산물 가운데 하나에 불과한가? 헤겔적인 형태를 지닌 고전경제학에서 즉 초기의 철학적 저작에서 정의된 인간학적 범주들을 경제적 현실의 영역으로 교묘히 투사한 것에 불과한가? 『유태인 문제』와 『경제학-철학 수고』에 들어있던 이상주의적 포부의 '실현'에 불과한 것인가? 『자본론』은 고전 정치경제학의 한 연속물에 불과하고, 맑스가 이 정치경제학으로부터 대상 및 개념을 상속받은 것인가? 그리하여 『자본론』은 그 대상이 아니라 오로지 그 방법, 즉 그가 헤겔로부터 빌려온 변증법에 의해서만

---

7) 알튀세르의 RC의 두번째 글 「『자본론』의 대상」의 제9장 제목.

> 고전경제학과 구별되는가? 이런 것들이 아니라면 그 반대로, 『자본론』은 그 대상과 이론 및 방법에 관한 참된 인식론적 전환을 이루고 있는 것인가? 『자본론』은 새로운 하나의 학문, 즉 하나의 과학을 창시하는 계기, 따라서 고전 정치경제학을 거부하는 동시에 그 전사인 헤겔 및 포이어바흐의 이데올로기들을 거부하는 하나의 실재적 사건, 하나의 이론적 혁명——다시 말해서 과학사의 진정한 시작을 의미하는가?[8]

엄밀하게 경계가 그어져 있는 하나의 영역, 즉 "역사라는 대륙"[9]에 관한 자율적인 과학으로서의 역사적 유물론은 "다른 것과 마찬가지의" 과학이었으며, 캉귀옘의 용어를 빌자면 오로지 "가치론적 활동, 즉 진리의 추구"[10]에 의해서만 지배되는 자연과학과 동일한 과학이었고, 이 과학은 단지 계급사회에서 과학으로서는 감당할 수 없는 진리가 제기한 과학-외적인 장애물에 직면하고 있다는 점에서만 자연과학과 다른 것이었다. 온갖 수정주의의 이론적 오류는 이같은 과학성을 철회하거나 왜곡시켰다는 점에, 즉 맑스가 이론적인 "긴 여정"[11]이 밟아간 궤도를 역전시켰다는 점에 있었다. 역사적 유물론은 엥겔스가 자랑했던 것처럼 "역사의 영역에서 철학을 종결"[12] 시켜야만 했다. 그러나 실제로는 그렇지

---

8) RC, p. 15(또한 pp. 73-78도 보라).

9) FM, pp. 13-14.

10) Canguilhem, *Etudes d'Histoire et de Philosophie des Sciences*, Paris 1979, p. 19; PH, p. 18; FM, p. 122. ; RC, p. 185를 보라. 이 문헌들에서 알뛰세르는 홉스가 *Leviathan*에서 "인간의 이익이나 기쁨에 반대되는 그런 진리가 모든 인간에게 환영을 받는다"고 관찰한 것에 관해 언급하고 있다. 맑스의 『자본론』 서문, Capital, Volume One, Harmondsworth 1976, p. 92을 참조하라.

11) FM, p. 84.

12) *Ludwig Feuerbach and the End of Classical German Philosophy*, in Marx and Engels,

못했다. 역사적 유물론은 심지어 자신의 내부에 있는 철학을 폐기하지도 못했다.

왜 이 과업이 완성되지 못했는가? 이론-내적으로 보면 역사적 유물론은 결국 다음과 같은 것으로 귀착되었다. 즉 맑스는 역사적 유물론을 그 "원천"과 분리시키는 이론적 혁명을 완전하게 혹은 정확하게 규정하지 못했으며, 이로 인해 맑스주의에서 이데올로기적인 것의 어떠한 재발도 미리 방지할 수 없었다. 이같은 단절이 맑스주의에 존재한다는 점은 논란의 여지가 없다. 그러나 이론적 혁명이라는 개념은 이론적으로 반추되지 못했으며 따라서 취약했다. 맑스는 "자신과 선배사상가들 사이의 명확한 차이점을……산출"했지만, 새로운 길을 개척한(예를 들면 프로이트같은) 다른 과학자들과 마찬가지로 그 자신도 이 차이점을 엄밀하게 이론화할 수 없었으며, 그것을 고찰하기 위해 자주 헤겔적인 개념으로 복귀하곤 했다. 맑스주의 이전의 이같은 이론적 주제들이 지닌 영향력 때문에 맑스 추종자들은 그의 저작에 대해 그릇된 해석을 하게 된 것이라고 설명될 수 있는데, 이 추종자들은 일면 타당하게도 자신들이 맑스 저작의 자구들에 충실하다고 선언했다[13] (설사 알튀세르가 "자구들은 생명을 죽이지만, 그 정신은 생명을 부여한다"는 명제에 결코 찬성할 수 없었을지라도, 그는 "원전이 없다면 이단론도 없다"는 스피노자의 견해에 명백히 동의했다). 실로, 맑스 이론의 총체적 독창성 때문에 그

Selected Works, Volume Three, Moscow 1977, p. 375.

13) RC, pp. 120-21. 또한 예를 들면 Ibid., pp. 50-51, 189-92; Jacques Rancière, "Le Concept de Critique et la Critique de l'Economie Politique des 'Manuscrits de 1844' au 'Capital'", in L. Althusser, J. Rancière and P. Macherey, *Lire le Capital I*, Paris 1965, pp. 143, 196-98; Roger Establet, "Présentation du plan du 'Capital'", in L. Althusser, E. Balibar and R. Establet, *Lire le Capital II*, Paris 1965, pp. 400-01 등을 보라.

창시자 자신은 이 이론의 진정한 업적을 부분적으로 보지 못했던 것이다. 따라서 맑스를 그에 대한 엥겔스의 절충적 변호로부터 구출해야 함은 물론 그 자신의 상습성으로부터도 구출해야만 했다. 징후적 독해에 관한 이론 덕분에 알튀세르는 이렇게 주장할 수 있었다. 즉 "〔맑스가〕……잠시 침묵하는 순간에 우리는 그 자신의 말을 그에게 되돌려주려고 할 뿐이다."[14] 현실적으로, 그리고 이론적 혁명도 정치적 혁명과 마찬가지로 반동의 가능성에 의해 위협받고 있다는 확신에 의해 자극받아서,[15] 알튀세르는 맑스의 "이론적으로 혁명적인 진전"의 "개념" 및 "이론적 함의"를 구체적으로 명시함으로써 맑스의 혁명을 완성하고자 시도하고 있다. 다시 말해 그가 추구하고 있었던 것은, **역사적 유물론**이 그것에 선행하는 모든 것과 명확한 단절을 나타내고 **있다면** 역사적 유물론은 어떤 모습이 되어야 하는가를 정립하는 것, 나아가 **그것이** 이같은 단절을 사실상 **이룩했음**을 입증하는 것이었다. 요컨대 그는 맑스로부터 벗어난 맑스를 추구하고 있었다.

맑스주의는 어쨌든 세 가지 원천(헤겔 철학, 정치경제학, 공상적 사회주의)과 두 가지 혁명(프랑스의 정치혁명과 영국의 산업혁명), 그리고 하나의 지적 운동(계몽주의 및 그 낭만적 여파)에서 도출되었다는 것은 맑스주의자들에게는 이제 진부한 말이 되었다. 중요한 해석상의 전선은 맑스주의의 이같은 등장이 어떤 방식으로 이해되어야 하는지, 또 그것에 어떤 의미를 부여해야 하는지를 둘러싸고 그어졌던 것이다. 레닌의 고전적인 설명——「맑스주의의 세 가지 원천과 세 가지 구성부분」(1913)——에 따르면, 맑스의 "교의는 철학과 정치경제학 그리고

---

14) RC, p. 144.

15) 예를 들면 "Sur le Travail Théorique. Difficult s et Ressources", *La Pensée* 132, 1967, p. 13을 보라.

사회주의의 가장 위대한 대표자들의 직접적 혹은 간접적 계승으로서 등장했다"[16]고 주장된다. 알뛰세르의 계보설명에 따르면 맑스의 지적 발전의 명백한 연속성이 잠재적이며 근본적인 불연속성을 은폐해버렸다. 〔이〕 원천들은 이론적 이데올로기들로서 원료(일반성 I)가 되었는데, 이것이 통째로 과학적 지식체계(일반성 III), 즉 맑스의 교의로 탈바꿈되었다. 알뛰세르가 레닌의 입장에 가장 가까이 접근했던 것은 사전에 완전히 변형되어버린 변증법이 일반성 II로서 작용한다고 파악한 점에서였는데, 이 일반성 II란 이데올로기적인 원료에 작용하여 생산적인 작업을 수행하는 문제틀을 의미한다.[17] 알뛰세르의 핵심주장은 바로 맑스의 발전과정에는 불연속성이 존재하는데, 이 불연속성은 1859년 『서론』에서 맑스 스스로 위치를 밝힌 곳 즉 『독일 이데올로기』에서 발생했고, 더욱이 바로 그 지점에서 인식론적 단절이 일어났다는 것이다.[18] 그는 맑스의 저작에 대해 다음과 같은 시기구분을 제시하였다.

1. 1840~44년 : "초기저작들"(그때까지의 모든 저작과 『신성가족』이 포함된다)로서, 이는 다음 두 가지로 다시 구분된다.

a) 1840~42년 : 칸트적-피히테적 문제틀에 의해 지배되고 있던 "자유주의적-합리주의의 시기".

---

16) "The Three Sources and Three Component Parts of Marxism", *Collected Works*, Volume 19, Moscow 1963, p. 23.

17) PH, pp. 170-71을 보라. 이 부분에 RC의 목적이 도해형태로 제시되어 있다.

18) FM, p. 32. 맑스의 논평에 관해서는 *Early Writings*, Harmondsworth, 1977, p. 427을 보라. 알뛰세르는 이 논평을 인용하면서 맑스의 주장이 단절의 존재에 대한 증명이 되지 못한다는 점을 애써 지적할 수밖에 없었다. 알뛰세르의 의도는 적어도, 자신이 몽테스키외의 얘기는 신뢰하지만 얘기꾼으로서는 신뢰하지 않았던 것 같은 방식으로 맑스에게 접근하려는 것이었다(PH, p. 15를 보라).

b) 1842~44년 : 포이어바흐의 인간학적 문제틀에 의해 지배된 "코뮨적-합리주의의 시기".

2. 1845년 : **"단절의 저작들"** (『포이어바흐에 관한 테제』, 『독일 이데올로기』) 로서, 이 저작들에서부터 맑스의 새로운 문제틀이 도입되고 있다.

3. 1845~57년 : **"이행기 저작들"** (『철학의 빈곤』에서부터 『정치경제학 비판 요강』에 이르는 저작들).

4. 1857~83년 : **"성숙기 저작들"** (특히, 『자본론』).[19]

이같은 시기구분에 관해서 다음과 같은 다섯 가지 예비적인 논점이 지적될 수 있다.

첫째로, 맑스의 〔사상적〕 이력에 대해 알뛰세르가 그린 그래프는 공산당의 정통이론과 다음과 같은 점에 한해서는 일치하는 것인데, 당의 정통이론 역시 역사적 유물론의 최초의 정식화가 『독일 이데올로기』에서 시작되었다고 간주하고 있다. 그렇지만 이것은 단지 역사적 유물론의 특성에 관한 이들 각각의 설명 사이에 존재하는 차이점을 특별히 부각하는 데 도움이 될 뿐이다.

둘째로, 이미 제2장에서 고찰한 것처럼, 알뛰세르에 따르면 맑스의 혁명은 "하나의 단절 속에 있는 이중의 기초",[20] 즉 새로운 과학의 탄생과 새로운 (과학적) 철학의 탄생이라는 점에 있었다. 역사적 유물론과 변증법적 유물론은 아주 확연히 구분되지만 다음 세 가지 사항을 공통적으로 가지고 있었다. ① 그 이론들의 부르조아 경쟁자로부터의 단절, ② 이것들의 과학성, ③ 이 두 이론이 맑스에 의해 상호 통합되어

19) FM, pp. 34-35를 보라.

20) Ibid., p. 33.

불균등하게 발전되었다는 점이 그것이다.

세째로, 이러한 설명에 의하면 맑스는 공산주의자가 된 다음에 비로소 맑스주의자가 되었다. 즉 맑스의 청년 헤겔주의자들로부터의 실천적, 정치적 단절은 그의 포이어바흐와의 이론적 단절보다 선행하였고, 한편 후자의 이론적 단절은 전자의 단절에 의해 한층 심화되었다. 이 두 가지를 혼동하는 것은 논점을 혼란시키는 것이다.[21]

네째로, 위의 도식적 설명들로부터 추론될 수 있고 또 그의 논의를 참고해보면 확증될 수 있는 바와 같이, 알뛰세르가 맑스의 발전과정에서 주요한 단절의 지점을 설정한 것은 **사실상** 맑스의 1845년 이전 및 이후 각 시기의 방대하고 이질적인 저작들 사이에 존재하는 복합적인 차이점들을 배제하지 않는다. 더 단순하게 말하자면, 알뛰세르는 이같은 단절보다 앞서 씌어진 모든 저작들은 쓸모없는 것이고 그보다 뒤늦은 모든 저작들은 신성불가침의 것이라고 주장한 것은 아니다.

다섯째로, 그리고 결정적으로 중요한 것으로, 델라 볼페 학파와 마찬가지로 알뛰세르의 시기구분은 『자본론』에 특별히 초점을 두었고, 역사적 유물론과 변증법적 유물론 양자 모두에서 **고전적 지위**를 갖는 중요한 표준적 지위에 『자본론』을 (재) 위치시켰으며, 이로써 그가 이 책에 대한 동시대적인 평가절하라고 (정당하게) 간주했던 견해들을 논박했다.

알뛰세르는 『자본론 읽기』의 첫 단락에서 자신과 자신의 동료들의 (650페이지에 달하는 책에 관한) 분석을 "독해의 단순한 시작"에 불과하다고 지적했다. 이 장에서는 지적 능력의 문제는 차치하더라도 지면 제약 때문에 깊이 논의할 수가 없다.[22] 이 책에서 수행할 수 있는 모든

---

21) Ibid., pp. 159-60을 보라.

22) 맑스의 발전에 관한 설명들 가운데 독자들이 참고할만한 것으로서는, Etienne

것이란, 알튀세르가 도달한 결론들을 상세하게 밝히고 이 결론들의 한층 명백한 약점들을 정확히 지적해내며, 그런 다음 애초에 제기된 질문(이론적 혁명인가 아니면 친위 쿠데타인가?)으로 되돌아가서 다시 이 문제를 심의해보는 것이다.

시대의 이념들로의 몰입

알튀세르가 역사적 유물론의 진정한 이론적 독창성에 대해 주장하고자 할 때 통과해야 할 관문 앞에 서 있는 사자는 물론 헤겔(주의)이었다. 결론적으로 알튀세르 자신은 맑스의 궤적을 거꾸로 거슬러올라갔으며, 맑스가 독일의 이데올로기들과 맺었던 관계를 주목하면서 실질적으로는 다른 두 가지 "원천들"을 배제했다.[23] 그가 「청년 맑스에 관하여」에서 강조한 것처럼,[24] 맑스가 청산해야만 했던 헤겔은 1840년대 초기 청년 헤겔주의파 운동의 헤겔이었는데, 이 헤겔은 『현상학』과 『대논리학』의 저자인 헤겔과는 전혀 다른 성격의 인물이라고 주장될 수 있다. 이러한 야누스적 두 얼굴을 가진 헤겔은 구체성의 철학자인 포이어바흐

Balibar, *Cinq Etudes du Matèrialisme Historique*, Paris 1974, Chapter 1; Alex Callinicos, *Marxism and Philosophy*, Oxford 1983, Chapter2; Auguste Cornu, *Karl Marx et Friedrich Engels*, 4 vols., Paris 1955-70; Georges Labica, *Marxism and the Status of Philosophy*, Brighton 1980; Göran Therborn, *Science, Class and Society*, London 1976, Chapter 6; Gareth Stedman Jones, *Return of the Repressed?*, forthcoming, London 1988 등이 있다.

23) 자신의 "이중적 개입"에 관한 알튀세르의 회고적 개관에 관해서는 FM, pp.12-13을 보라.

24) Ibid., p.65.

에 의해 이미 전도되었는데, 포이어바흐는 역사를 하나의 주체——즉 자연의 최고봉으로서의 인간——와 하나의 종착점——즉 탈소외 및 자아실현——을 가진 과정으로 묘사하는 "유물론적" 철학의 인간학——인간주의적 역사주의——을 산출했다.[25] 알튀세르에 따르면, 맑스는 1845년까지는 이같은 포이어바흐의 철학에 동의했다고 한다. 그럼에도 불구하고 그는 "물질적 이해관계", 발생기의 산업 프롤레타리아트 및 이들의 투쟁, 정치경제학 등을 파악하고 있었다.

알튀세르가 볼 때 맑스가 인간학적 문제틀에 머물던 시기에 산출한 최고작은 1844년 4월부터 8월 사이에 파리에서 씌어진 『경제학-철학 수고』였다. 이 책은 "철학이 정치경제학과 만난 지점"[26]이었고, 또 맑스의 가장 헤겔적인 저작, 즉 "포이어바흐와 헤겔의 화기애애한 종합"[27]이었다. 『헤겔 국법론 비판』(1843년)에서 맑스는 자신이 헤겔의 "논리적, 범신론적 신비주의"[28]라고 표현한 것에 대해 헤겔을 맹박했는데, 이 신비주의는 술어를 실체화시킴으로써 술어가 그 자체의 진정한 주어에서 분리되어 오히려 주어로 바뀌고, 그리하여 경험적인 형태로 육화시킨다. 이같은 헤겔의 사변철학 메카니즘에 대한 맑스의 해부는 포이어바흐에게 의존하고 있었다. 포이어바흐의 철학은 헤겔 사변철학에 대한 대안이었으며, 정치적으로는 훨씬 급진적인 『헤겔 법철학 비판 서설』(1843~44)에서 맑스가 주장한 전체적인 "독일의 빈곤"에 대한 대안이었기 때문이다. 포이어바흐는 "종교 비판"[29]을 완성하였고, 이 비판을 통해 그는

---

25) 알튀세르의 주장에 따르면, 헤겔을 전도한 사람은 맑스가 아니라 포이어바흐였다. 예를 들면 FM, pp. 48, 72 n. 36, 73, 89를 보라.

26) Ibid., p. 157.

27) Ibid., pp. 35-36. 또 p. 198 n. 40도 보라.

28) *Early Writings*, p. 61.

종교에서는 주어와 술어가 전도되어 있음은 물론 인간의 본질이 **상상적**인 존재 속에 외화되어 있으며, 이런 것들이 종교를 구성하고 있다("신학의 비밀은 인간학이다")고 폭로했다. "**철학의 직접적인 과제**"는 이제 "**현실 세계**의 진리를 확립"함으로써, 다시 말해 인간생활의 세속적인 영역에서도 똑같이 비판적인 작업을 수행함으로써 역사에 봉사하는 것이 되었다.[30] 이러한 비판은 "**인간에게 최고의 존재는 바로 인간**"이라는 사실에 기초하였고, "인간을 비천하고 예속된……존재로 만드는 **일체의 조건을 타파해야 한다는 무조건적인 요구**"[31]에 의해 고무된 것이었다. 독일의 해방은 혁신된 철학과 "보편적 계급"——즉 프롤레타리아트——간의 동맹을 필요로 했으며, 이 프롤레타리아트의 혁명적 **실천**은 시민사회라는 지옥, 국가라는 가상의 천국으로부터 자신과 인류의 나머지 부분 모두를 구제하는 것이었고, 이와 더불어 그 중간단계로서 프롤레타리아트의 심장에 이론적인 머리를 제공할 인간주의 철학을 현실화하는 것이 필요했다.[32]

맑스는 『경제학-철학 수고』 서문에서, 자신이 포이어바흐에게 "진정한 이론적 혁명"을 빚지고 있으며, 이는 포이어바흐와 함께 비로소 "**실증적**인 인간주의적 및 자연주의적 비판"[33]이 시작되었기 때문이라고 말했다. 포이어바흐는 인간이 역사의 참된 주체임을 이미 확증했다. 맑스는 포이어바흐에게서 한 단계 더 나아가 인간활동의 모든 영역을 갈라놓는 특수한 모순들의 토대를 이루는 본질적 모순을 폭로하기만

29) Ibid., p. 243.

30) Ibid., pp. 244-45.

31) Ibid., p. 251.

32) Ibid., pp. 256-57을 보라.

33) Ibid., pp. 280-81.

하면 되었다. 맑스의 정치경제학 비판은 정치경제학에 의해 제출된 법칙들을 수용하면서도, 그 학문에 의해 그때까지 발견된 모든 사항에 관한 함의들에 도전하여 이 법칙들의 인간적 의미를 해독하고자 열망했다. 그의 주장에 따르면, 자본주의 아래서 인간의 "생명-활동"——즉 인간이 자기자신을 실현하는 수단인 노동——은 주체가 예속되어 있는 하나의 객체——즉 사유재산제도——속에서 소외되고 있다는 것이다. 인간 본질은 그것이 표출되자마자 곧 소외된다는 것이다. 인간 자신의 창조물이 다른 사람들에 의해 수탈되어 자신을 지배한다. 자본가계급은 이같은 사태의 물질적 수혜자로서 몰인간적이라고 비난받을 운명에 처해 있으며, 프롤레타리아트는 이런 사태의 궁핍한 희생자로서 비인간적인 존재로 운명지어져 있다. 인간 주체로부터 인간 본질을 절단하는 것인 "소외된 노동"은 현대 생활의 기본모순이지만, 이 모순의 등장 그 자체와 더불어 주체와 객체의 원초적 통일의 잠재적인 회복가능성이 예측된다. 왜냐하면 사유재산제도에서 인간 소외는 필연적인 역사과정이자 공산주의의 실현을 위한 사회적 및 물질적 전제조건이며, 지금까지 "전체 역사운동"이 추구해온 진정으로 인간적인 사회의 도래를 예고하는 전조가 되기 때문이다. 맑스의 진술에 따르면, 공산주의란 "인간이 **사회적** 즉 인간적 존재로서 자신을 완전히 회복하는 것이고……인간과 자연, 그리고 인간과 인간 사이의 갈등을 **진정으로** 해결하는 것이다……그것은 역사라는 수수께끼의 해답이며 자신이 그 해답이 될 것을 스스로 알고 있다".[34)]

공산주의에 관한 맑스의 이같은 설명은 이 수고의 3분의 1을 차지한다. 이 저서 끝부분에서 그는 헤겔 체계에 대한 비판을 전개했다. 그는 헤겔 체계의 겉치레적인 (청년 헤겔파) 비판가들의 일부가 여전히

---

34) Ibid., p. 348.

"헤겔주의 논리에 갇혀있다"[35]고 주장했다. 이에 반해 포이어바흐는 "낡은 변증법 및 철학의 기초들을 파괴하고" 나아가 " '인간 대 인간'의 사회적 관계를 자신의 이론의 기본원리로 함으로써 진정한 유물론과 참된 과학을 창시했다".[36]

맑스의 1843~44년의 저작에 대한 알튀세르의 중요한 이의제기는 이제 다음과 같이 체계화할 수 있다. 이 저작들은 포이어바흐의 이론적 혁명에서 영감을 받았다. 그렇지만 이러한 혁명은 결코 혁명이 아니었다. 포이어바흐의 문제틀의 기본원리는 유물론 및 과학을 불투명하게 만들었다. 포이어바흐 역시 여전히 "헤겔주의자의 논리에 갇혀" 있었고, 헤겔로 되돌아가서 인간에 중심을 둔 철학적 문제틀을 산출했다. 맑스는 포이어바흐의 문제틀을 보존하면서 경제 및 사회에 관한 그의 사상을 역사주의화했으며, 인류를 역사의 주체로 기술하는 한편, 소외를 통한 인간 본질의 발전을 역사의 원동력으로 묘사하고, 나아가 공산주의의 자기실현을 역사의 예정된 목적이라고 표현하였다. 알튀세르의 주장에 따르면, 1844년의 맑스는 경제 및 사회에 관한 새로운 이론의 창시자가 아니라 "윤리적인 문제틀을 인간 역사의 이해에 적용한 전위적인 포이어바흐주의자"[37]였다. 역사적 유물론의 입장에서 보면 청년 맑스는 결국 후위적인 극좌파 헤겔주의자였으며, 헤겔 변증법의 목적론적 구조에 입각한 규범적이며 구원적인 역사철학에 심취해 있었다. 맑스의 〔사상적〕 이력에 관한 목적론적 해석은 청년 맑스의 목적론적 역사"해석"의 거울에 비쳐 만든 상일 뿐이다. 태초의 맹아상태에 이미 목표가 현존한다는 진화론적 도식에 따라서, 구체적인 역사적 과정——즉 맑스의 지적 발전

35) ibid., p. 380.

36) Ibid., pp. 380-81.

37) FM, p. 46.

――의 복합성이 삭제된다. 그리하여 파리 『수고』는 이 수고의 이른바 완성물인 『자본론』의 잣대를 통해 독해되거나, 혹은 그 반대의 경우가 행해진다. "개개의 현재"가 목적론적 계기로 환원되는 것이다.[38)]

알뛰세르가 혹평한 이른바 중대한 잘못된 맑스 해석은 프랑스 안에서는 강력한 지지를 얻었다. 최근 재판이 출간된 르페브르의 『변증법적 유물론』은 『경제학-철학 수고』가 발생기 상태에 있는 역사적 유물론이라고 서술하는, 프랑스 공산주의 철학자가 쓴 저작으로는 최초의 것인데, 이 책에서는 역사를 그 "살아있는 주체이자 객체"인 "총체적 인간"[39)]의 드라마라고 서술하고 있다. 메를로-퐁티는 2차대전 후 『인간주의와 테러』(1947)에서, 『자본론』이 "경제의 작동 및 인간의 자기실현과 불가분하게 연관되어" 있으며 나아가 맑스야말로 "바로 헤겔의 '실현'"[40)]이라는 견해를 주장했다. 골드만의 『인문과학과 철학』(1952년 출간, 1966년에 개정판)은 루카치의 『역사와 계급의식』을 극찬하고, 또 청년 맑스에 의해 창시된 "변증법적 사유"에 관한 코르쉬와 르페브르의 장인적 노작들을 높이 평가했다.[41)] 가로디에 관해서 말하자면, 그는 당시 입장을 바꿔서 독자적 이론가들의 연구주제를 **고귀한 정신**이라며 승인하고 있었는데, "전거가 확실한 보편적인 인간주의"를 제창하면서, 1843~44년 『서문』에 나오는 맑스의 저 유명한 선언을 "맑스주의의 근본적 영감"이라고 인용하고, 맑스주의는 **"하나의 행동철학"**이라고 선언함과 아울러

---

38) Ibid., p. 156을 보라. 랑시에르는 『자본론 읽기』의 몹시 논쟁적이지만 훌륭한 기고를 통해, 파리 『수고』와 『자본론』 두 저작에서 맑스가 행한 정치경제학 비판들 사이의 차이점을 밝히고 있다.

39) *Dialectical Materialism*, London 1970, pp. 148ff를 보라.

40) *Humanism and Terror*, Boston 1969, pp. 101-02.

41) *The Human sciences and Philosophy*, London 1969, pp. 80-81, 149 n. 50을 보라.

공산주의를 "총체적 탈소외를 위한 프로젝트이자 요구, 총체적 인간의 프로젝트"[42]라고 설명했다. 비단 가로디만이 아니었다. 제4장에서 살펴보게 되듯이, 1966년에 프랑스공산당 중앙위원회는 "맑스주의적 인간주의가, 즉 우리시대의 인간주의가 존재한다"고 시작되는 결의안을 채택했다.

「프로이트와 라캉」에서 피력된 정신분석학의 현대적 상황에 관한 알튀세르의 인식은 동시에 역사적 유물론에도 적용된다.[43] 맑스주의자들은 "이 세상의 입장에 동조하고 있으며", 지배적인 이데올로기와 평화공존 협약을 맺고서 맑스주의를 손상시키고 있다. 역사적 유물론은 전도된 헤겔도 아니고 또 초월된 포이어바흐도 아니었으며, 더구나 잘못된 주제들에 관한 이러저러한 변종도 아니었다. 그것은 19세기의 이데올로기적 산물이 아니었다. 그 기초는 철저한 변혁의 노력과 관련된 것이었고, 이 변혁은 결국 지형의 변경, 즉 사변적인 이데올로기라는 흔들거리는 모래땅으로부터 개념적인 과학이라는 굳건한 대지로 옮아가는 이행이었던 것이다.[44]

42) *Marxism in the Twentieth Century*, Glasgow 1970, pp. 36, 76, 84, 102. 맑스의 선언——"근본적이라는 것은 사물들의 뿌리를 파악하는 것이다. 그러나 인간에게 뿌리란 인간 자신이다" (*Early Writings*, p. 251)——을 루카치는 자신의 논문 "Reification and the Consciousness of the Proletariat"의 제사로 사용했다.

43) LP, p. 186을 보라.

44) 예를 들어 RC, p. 153을 보라.

청산작업

1845년 『포이어바흐에 관한 테제』와 『독일 이데올로기』가 나옴으로써 하나의 "총체적인 이론적 혁명"이 시작되었다.

> 1845년에 맑스는 역사 및 정치의 기초를 인간의 본질에서 찾는 모든 이론과 근본적으로 단절했다. 이 독특한 단절은 세 가지의 불가분한 요소들을 가지고 있었다.
>
> (1) 근본적으로 새로운 개념에 기초를 둔 역사이론 및 정치이론의 형성 : 이 새로운 개념들이란 사회구성체, 생산력, 생산관계, 상부구조, 이데올로기, 최종심급에서의 경제에 의한 결정, 기타 수준들의 특수한 결정 등이다.
>
> (2) 일체의 철학적 인간주의의 **이론적** 주장에 대한 근본적 비판.
>
> (3) 인간주의를 하나의 **이데올로기**로 정의한 것.
>
> ……모든 철학적 인간학이나 인간주의와의 이같은 단절은 결코 부차적인 세부사항이 아니다. 왜냐하면 그것은 맑스의 과학적인 발견이기 때문이다.
>
> 이 말은 맑스가 초기의 철학의 문제틀을 배격하고 이와 동일한 하나의 행위 속에서 새로운 문제틀을 채택했다는 것을 뜻한다.[45]

이같은 문제제기적 명제들에 들어있는 근본적인 문제는——알튀세르가 점차 이를 인정하는 방향으로 나아가고 있는 것처럼——비록 부분적 변화가 있기는 했지만 모든 것이 변화된 것은 아니라는 점이다.[46]

---

45) FM, p. 227.

46) Ibid., pp. 36-37을 보라.

1967년에 그는 자신과 자신의 동료들이 맑스주의 전통으로 전해져온 맑스의 저작들 속에서 뚜렷한 차이점들을 밝혀냈다고 강조했다.[47] 이런 차이점의 하나는 『독일 이데올로기』와 초기저작들 사이의 차이였다. 그리고 그 이유를 찾아내는 것은 어려운 일이 아니다. 왜냐하면 그 차이는 맑스의 발전에서 하나의 새로운 단계, 즉 질적 (및 양적) 출발점을 나타내는 것이었기 때문이다. 맑스와 엥겔스는 경험적인 과학에 찬성하여 (평범하고 단순한 이데올로기와 동일시된) 철학을 부정한 데 덧붙여――이 부정은 물론 알튀세르의 마음에 들지는 않았다[48]――그들은 이전에 포이어바흐의 "이론적 혁명"을 압축적으로 표현하기 위해 채택했던 테제와 관련해서 포이어바흐를 혹독하게 비판했던 것이다. 즉 "포이어바흐는 '실재하는 역사적 인간'이 아니라 '인간'〔대문자의〕을 가정"하기 때문에, 철학적 추상성이라는 영역 속에 계속 머물러 있다고 비판되었다. 그들은 "포이어바흐가 유물론자로 머물러 있는 한 그는 역사를 다루지 못하고, 그가 역사를 검토하고 있는 한 그는 유물론자가 아니다"[49]라고 썼다. 맑스와 엥겔스가 이 책에서 자본주의의 물질적-사회적 조건 속에서 공산주의를 근거지으려 할 때 포이어바흐 및 여타 관념론자의 역사철학으로부터 발생한 독일의 공상적 사회주의는 『자본론』 제2권에서 경멸의 대상이 되었다. 공상적 사회주의에 대한 보충적인 비판을 하는 과정에서, 바로 맑스 초기저작들의 구조와 골격을 이루는 이론적

47) "Sur le Travail Théorique……", p. 14 n. 4.

48) Marx and Engels, *The German Ideology, Collected Works*, Volume 5, London 1976, pp. 37, 236을 보라. 그리고 FM, pp. 28-30, 187 n. 23을 참조하라. 이 두 부분에서, 알튀세르는 자신이 「청년 맑스에 관하여」에서 "철학의 종언"이라는 유혹에 부분적으로 굴복했다고 반성하고 있다.

49) *The German Ideology*, pp. 39, 41.

패러다임의 핵심적 요소들이 포착되었고 새로운 관념의 "전제들"이 설정되었다.[50] 알튀세르가 「청년 맑스에 관하여」에 부친 제사(題詞)로서 선정한 한 문구에 따르면, 맑스와 엥겔스는 "독일의 비판"이 철학 일반으로부터, 구체적으로는 헤겔의 철학으로부터 결코 벗어나지 못했다고 단언했다. 그 결과 "그 대답에는 물론 심지어 그 질문에서조차 신비주의화가 존재하고 있었다".[51]

『독일 이데올로기』는 하나의 연구프로그램을 시작한 것으로, 이 연구프로그램이란 맑스와 엥겔스가 생애 내내 추구하고자 한 역사적 유물론이었다. 그러나 이 책은 단지 그 출발에 불과했다. 이 (미간행) 원고 속에서 제시된 역사적 유물론의 개요에는 뒷날 이 이론의 가장 중요한 구성요소들이 된 일부(오직 두 개를 들자면 생산관계 개념과 잉여가치이론)가 빠져 있었다. 알튀세르에 따르면 이 단절의 저작은 새로운 문제틀을 도입했으나 그 도입은 "부분적으로는 부정적이고 첨예하게 논쟁적이며 비판적 형태"[52]였다는 것이다. 모호함은 여전히 지속되고 있었다. 그 저작들에서 겉으로 보기에 맑스의 비판은 사회에 관한 "개인주의적-인간주의적 관념"에 빠져 있는데, 추상성 **자체**에 대한 맑스의 포이어바흐 비판이 바로 그 징후다.[53] 우리는 이리하여 다음과 같은 역설에 봉착하게 된다. 즉 한편 맑스는 철학적 인간학과 단절했지만, 다른 한편으로는 그렇지 못했다. 이같은 역설은 알튀세르 자신이 만든 것이기도 한데, 왜냐하면 역사적 유물론의 기초는, 추상적이든 구체적이든 일체의 인간주의는 물론 **일체의** 인간 본성에 관한 이론——고전정치

50) Ibid., pp. 27-93을 보라.

51) Ibid., p. 28.

52) FM, p. 34.

53) Ibid., p. 36. 또한 RC, p. 140을 보라.

철학의 인간본성 이론뿐만 아니라 맑스와 동시대 독일인들 및 위대한 공상적 사회주의자들의 인간본성 이론——과도 단절하는 것이 필수적이라고 알튀세르가 주장하고 있기 때문이다. 포이어바흐에 대한 제6테제는 그때까지 사회에 관한 자연과학적 프로젝트의 핵심적 요소였던 것과의 단절을 엄밀하게 선언했다고 알튀세르는 생각했다.[54] 이와 더불어 맑스는 이론적 반인간주의의 입장을 채택했고 이 과학을 창시했다. 맑스가 「바그너에 대한 평주」(1879~80년)에서 "나의 분석적인 방법은……인간에서부터가 아니라 사회의 경제적으로 주어진 시기로부터 시작한다"고 말한 구절을 알튀세르는 「맑스주의와 인간주의」의 제사로 선택했는데, 그는 이같은 구래의 맑스의 권위를 빌어 이 논문의 명제를 높이고자 했다.[55] 그러나 과연 제6테제와 후속 저작들이 인간본성의 범주를 부정하고 있는가? 아니면 이것들은 "인간의 본질"에 관한 추상적이고 영원론적인 관념을 배격하고 역사적으로 변화하는 "사회관계들의 총화[들]"——"사회의 경제적으로 주어진 시기[들]"——을 전면에 내세우고 있는가? 이 둘 가운데 어느것이 인간본성을 규정하는가? 노만 제라스는

54) Marx, *Early Writings*, p. 423을 보고, FM, pp. 227-29와 대조해보라. FM의 이 부분에서 알튀세르는, 맑스 이전의 정치철학, 정치경제학, 역사학, 윤리학 및 철학에 팽배해 있던 인간주의적 문제틀의 "불변적인 유형구조"를 정의하여 다음과 같이 쓰고 있다. "주체의 경험주의는 본질에 관한 관념론에 언제나 상응한다(혹은 본질의 경험주의는 주체의 관념론에 언제나 상응한다)."

55) "Marginal Notes on Adolph Wagner's *Lehrbuch der politischen Ökonomie*", *Theoretical Practice* 5, 1972, p. 52. 또 말년의 알튀세르는 맑스의 『그룬트리세』에서 언급된 "사회는 개인들로 이루어지지 않는다"라는 구절을 환기시켰지만, 이 구절에 이어지는 "그러나 〔사회는〕 이러한 개인들의 그 속에 위치하고 있는 관계, 상호관계의 총체를 표현하고 있다"는 문장을 완전히는 인용하지 않고 있다. ES-C, pp. 52-53, 201을 보라.

맑스의 테제에 관한 알튀세르의 해석과, 알튀세르의 신념 즉 공통된 인간본성이라는 통념은 사회-과학적 담론으로서의 역사적 유물론과 양립할 수 없다는 신념 양자 모두를 비판하고 있다.[56] 다른 논자들과 함께 이같은 사회학주의에 도전하면서, 제라스는 맑스가 어떤 한도까지 지속적으로 인간본성이라는 관념을 규범적인 개념으로 사용하고 있는지를 설명했고 또 그 관념은 역사적 유물론에서 설명적인 역할을 배정받고 있다고 주장했다.[57]

알튀세르는 자신의 주요 연구에 부친 보론(「"진정한 인간주의"에 관한 보충 노트」 1965년)에서 이렇게 주장했다. 즉 제6테제는 "실시될 예정인 하나의 **대체**"를 예고하고 있는데, 다시 말해 "이제 더이상 추상적인 인간을 탐구하는 것이 아니라 실재하는 인간을 탐구함으로써, 〔거기서〕 암시되고 있는 현실을 파악하기 위해서는, **사회로 돌아가는 것이,** 사회관계들의 총화에 관한 분석을 착수하는 것이 필수적"[58]이라고 한다. 그렇지만 이같은 분석이 과학적이 되기 위해서는 인간 개념의 도움을 받지 않고 버텨야 한다. 『독일 이데올로기』에서 "맑스가 우리에게 준 모든 것 가운데 가장 귀중한 것 즉 과학적 지식의 가능성"이 시작됐다는 것이다.[59] 그것을 획득함으로써 역사는 과학적으로 이해될 수 있게 되었으며 따라서 이제부터는 "익히기만" 하면 되었다.[60] 세계는 이제는 더이상 이전의 무지몽매한 희생자들의 인내의 대상이 되어서는, 그리고/혹은

56) Norman Geras, *Marx and Human Nature: Refutation of a Legend*, London 1983을 보라.

57) 예를 들면 Ibid., pp. 74, 83-84, 107-08을 보라.

58) FM, p. 243.

59) Ibid., p. 241.

60) Ibid., p. 246.

한탄과 저주의 대상이 되어서는 안된다. 이들은 역사를 바꿀 수가 있기 때문이다. 맑스와 엥겔스는 역사적 유물론을 지식의 도구이자 사회현실의 변혁의 도구로 보는 알튀세르의 해석과 같은 견해를 가졌을 것이 거의 확실하지만, 맑스와 엥겔스가 이 유물론이 인간본성이라는 통념을 제거했다고 생각했음을 시사하는 증거는 거의 없다. 게다가 이들은 자신들의 이념과 동시대 노동운동과의 관계에 대해 중요한 관념을 품었는데, 알튀세르는 이론적 인간주의의 주장들을 공략하는 데 열중한 나머지 이같은 관계에 대해서는 침묵으로 지나치고 말았다. 이 점에 대해서는 다시 언급할 것이다. 그러나 설사 1845년경의 맑스 사상의 발전이 정말로 그를 『자본론』으로 가는 길로 들어서게 했다 하더라도, 이 발전은 알튀세르가 생각한 것과 같은 그러한 단절——절연과 관련된 무엇——과 그에 선행한 모든 것들의 배격이 되지는 못했음을 지적하는 데 우선은 만족하고자 한다.

『자본론』으로 가는 길

단절의 저작들에 대한 알튀세르의 취급이 유지될 수 없다면, 소위 이행기 저작에 관한 그의 독해는 기껏해야 경향적으로만 타당함에 틀림없다. 왜냐하면 1845년부터 1857년까지의 이 시기, 즉 『철학의 빈곤』(1846~47년)에서 『그룬트리세』(1857~58년)에 이르는 모든 저작들을 포괄하는 시기의 실제적인 내용은 이들 저작에 관한 알튀세르의 설명과는 어긋나기 때문이다.[61] 알튀세르의 역사적 유물론에 관한 시기구분 및 개념이 지닌 난점들은 이 이행기의 양쪽 끝에 있는 두 저작들에

61) Ibid., p. 34를 보라.

대한 그의 연구에서 명백히 드러난다. 즉 한쪽 저작의 선택적인 설명은 다른쪽 저작에 대한 침묵으로 보완되고 있다.

우선 『철학의 빈곤』을 들어보자. 맑스가 독일의 이데올로기에 대항하여 전개한 이론적 및 정치적 우상파괴 운동은 이번에는 프랑스 사회주의의 지도적인 철학적 대변자였던 프루동을 겨냥하고 있다. 프루동 철학의 빈곤——철학의 형이상학으로의 전락——은 "헤겔주의의 문제에 관한〔그가 보여준〕 대담성"[62]과 관련되어 있었다. 그렇지만 맑스의 비판의 목표는 단순히 이 프랑스인의 헤겔주의 대용품만은 아니었다. 맑스는 **태동기의** "부르조아" 정치경제학이 자본주의를 자연법칙화하고 영구화하고 있다고 비판하였다. 알튀세르가 정확하게 성찰했듯이, 1846년 이후 맑스가 정치경제학에 대해 전개한 기본적인 비판은 바로 그것이 "자본주의 범주들에 관해 몰역사적이고 영원하며 고정화되고 추상적인 관념"을 가지고 있다는 점이었다. 그러나 알튀세르에 따르면 이 비판은 맑스의 **"진정한** 비판"이 아니었다고 한다. "그의 진정한 비판은 대단히 심오한 반면"에 이 비판은 "피상적이고 애매모호하다"[63]는 것이다. 알튀세르가 **관례적인** 맑스주의 해석——즉 정치경제학에 대한 맑스의 모범적인 비판은 하나의/유일한 진정한 비판(따라서 심오한 비판)이라는 해석——에 대해 반대한 것은, 이같은 해석이 맑스 문제틀의 독창성을 말살하고 있으며 또 맑스주의를 일종의 역사주의로 해석하고 있다는 확신에 근거하고 있다. 그것은 맑스와 리카도 사이의 대상의 연속성을 회복시키고 단지 방법——헤겔로부터 상속받은 변증법적 방법으로, 이를 통해 리카

62) *The Poverty of Philosophy*, in Marx and Engels, *Collected Works*, Volume 6, London 1976, pp. 161-65를 보라.

63) RC, pp. 91-92. 예를 들면 *The Poverty of Philosophy*, pp. 162, 165-66, 174; *Grundrisse*, p. 87; *Capital*, Volume One, p. 96 등을 참조하라.

도 경제학은 역사주의화되었다[64]——의 차이만이 있다고 가정함으로써, 맑스의 이론적 혁명을 부정하고 있다고 추정되었다. 물론 당연히 이 문제에 대해 앞으로 토론과 논의가 있어야 한다(많은 해석자들은 지금까지, 맑스주의에 고전 정치경제학과 대립되는 혁명적인 이론적 지위를 부여하기 위해서 대상의 **총체적** 불연속성을 가정할 필요가 있다고는 생각하지 않았다. 오히려 정반대였다). 여기에서 확실히 말해두어야 할 중요한 논점은 다음과 같은 것이다. 즉 알튀세르가 이론적 인간주의와의 단절에 관한 자신의 해석을 주장하기 위해서 반대증거들을 폐기하거나 무시해야만 했던 것과 꼭 마찬가지로, 또한 그는 정치경제학과의 단절에 관하여 자신이 제출한 새로운 대안적 주장에 대한——맑스 원전에서 누차 되풀이되는 문구들을 위배하면서까지——맑스의 암묵적 지지를 요구〔해야〕한다는 점이 그것이다. 여기서 알튀세르의 대안적 주장이란 자본주의에 대한 아주 상이한 공시적, 구조적 분석을 창시한 것인데, 이 분석은 역사적 생성 및 발전에 관한 문제들에 대해 인식론적 우위성을 가지고 있다는 것이다.[65] 매우 기묘하게도, 『철학의 빈곤』에 관한 알튀세르의 언급은 결정적인 혁신, 즉 사회적 생산관계라는 핵심 개념의 도입을 간과하고 있다. 레닌에 의해 "[맑스의] 전체 '체계'의 기본사상"을 이루는 것으로 간주된 이 개념을 언급하면서 알튀세르는 맑스의 〔이론적〕 혁명과 관련된 "근본적으로 새로운 개념"의 하나인 이 개념이 아직까지 『독일 이데올로기』에는 나오지 않고 있다고 한다.[66]

64) RC, pp. 92-93과 85-86을 보라. 그람시는 이로 인해 비판받고 있다.

65) Ibid., pp. 97-98을 보라. 이 페이지들에 나오는 맑스 저작의 발췌에 관한 자의적 해석은 톰슨의 분노를 일으켰다(*The Poverty of Theory*, London 1978, pp. 309-13). 알튀세르가 자신의 입장을 옹호하기 위해 인용한 구절들은 *The Poverty of Theory*, p. 167에 수록되어 있다.

『그룬트리세』에 관해서는 어떻게 다루었던가? 여기에서 우리는 놀라운 공백에 직면한다. 1857년 『서설』(별책본)과 『전자본주의적 경제구성체』처럼 영어로 출판된 부분을 제외한다면, 알튀세르는 이 『그룬트리세』 원고를 그다지 언급하지 않고 있다. 1857년 『서설』은 알튀세르의 인식론의 일차적 원전이었고, 또 『전자본주의적 경제구성체』는 발리바르의 생산양식 이론의 일차적 원전이었다. 나머지 750페이지에 관해서는 한 마디의 말도 없다. 이에 대한 이유를 심사숙고하는 것은 한가로운 일일 것이다. 그러나 그 이유가 징후적이라고 여기는 것은 타당할 것이다. 왜냐하면 『그룬트리세』는 알튀세르의 역사적 유물론에 관한 시기구분에 대한 완강한 도전이었고, 그의 논리 내에서 『그룬트리세』는 변칙적인 예외가 되었기 때문이다. 『그룬트리세』는 용어나 방법론적으로 맑스의 후기저작들 가운데 가장 헤겔적인 저작이었고, 알튀세르의 『자본론』 해석과는 상당히 판이한 것으로 이행하고 있는 또다른 맑스를 보여주기 때문이다. 좋든 싫든 어쨌든 『그룬트리세』에서는, 맑스가 이미 쫓아버렸다고 알튀세르가 설명했던 것 즉 헤겔의 유령이 재등장했음을 볼 수 있다.[67] 맑스가 "자신의 혁명적인 이론적 프로젝트에 적합한 개념적 용어와 체계"[68]를 전개하고 있는 저작에서, 우리는 이 가공할 최고의 독일의 이데올로그와 불장난 이상의 것에 열중하고 있는 맑스를 보게 된다. 이 사실이 어떻게 해석되든간에, 적어도 명백한 것은 저 유명한

---

66) Lenin, *Philosophical Notebooks, Collected Works,* Volume 38, Moscow 1961, p. 30 : FM, p. 227. 역사적 유물론의 개념들의 의미에 관한 논의는, Therborn, *Science, Class and Society,* pp. 365ff와 Callinicos, *Marxism and Philosophy,* pp. 49-52를 보라.

67) 맑스는 엥겔스에게 보낸 1858년 1월 14일자 편지에서 자신의 헤겔로의 방법론적 복귀에 관해서 적고 있다 : *Selected Correspondence,* Moscow 1975, p. 93을 보라.

68) FM, p. 34.

청산작업이 알튀세르적인 것은 아니었다는 사실이다. 맑스의 다루기 어려운 원고를 승인하는 일이나 부인하는 일은 모두 불가능하기 때문에, 알튀세르는 침묵을 잠정적인 대용품으로 이용했던 것이다.

역사라는 대륙

맑스는 『자본론』 제1권(1867년) 초판 서문에서 자신의 연구대상이 자본주의 생산양식이라고 구체적으로 지적했다. "추상의 힘"을 통해 그가 추구하고자 한 것은 "근대사회의 경제적 운동법칙"[69]을 해명하고 이에 입각해서 사회에 관한 (자연과학적인) 과학을 창시하는 것이었다. 알튀세르의 주장에 따르면, 맑스는 이러한 명백한 목적에서 출발하여 자신의 (미완성) 걸작에서 다음 이론을 제시함으로써 역사적 유물론의 초석을 놓았다. 그것은 (1) **자본주의 생산양식**의 **경제적 차원**을 이론화하고, (2) ① **자본주의** 생산양식의 **상부구조적 차원들**, ② **비자본주의 생산양식**(이것의 하부구조 및 상부구조), ③ 한 생산양식에서 다른 생산양식으로의 **이행** 등 세 가지의 이론화작업을 위한 귀중한 시사와 지침을 제공하는 것이었다. 바꾸어말하면 『자본론』에서 맑스는 **생산양식의 일반이론**과 **사회구성체의 일반이론**으로 이해되는 하나의 역사이론을 정초하였다.[70] 알튀세르의 주장이, 맑스가 역사적 유물론의 연구목적을 완성했으며 따라서 이 유물론을 발전시키려는 일체의 시도는 불가침의 전체에 대한

---

69) *Capital*, Volume One, pp. 90-92를 보라.

70) RC 외에도, "Théorie, Pratique Théorique……", mimeographed, April 1965, pp. 4-6과 "Matérialisme Historique et Matérialisme Dialectique", *Cahiers Marxistes-Léninistes* 11, 1966, pp. 91-94를 보라.

쓸데없는 첨가이거나 또는 부당한 개입이라는 것은 물론 아니다. 바로 이 점이 강조되어야 한다. 이와는 완전히 반대로 그가 그려낸 대차대조표의 목적은 자신이 **수정주의**——퇴보——라고 간주한 모든 것을 배격하는 한편 진정한 **발전**——진보——을 위한 공간을 (다시) 열어놓는 것이었다.[71] 맑스는 **일반** 이론을 창시하긴 했지만 일련의 모든 **부분적** 이론을 상세히 설명하지는 못했다. 알튀세르는 "우리는 맑스가 실제로 우리에게 제공한 것이 무엇인지, 그리고 그가 주지는 않았으나 우리가 스스로 얻을 수 있는 것이 무엇인지를 인식해야 한다"[72]고 썼다. 이에 따라 엄청나고도 긴박한 과제가 우리에게 남게 된 것이다. 역사는 레닌 사후 수많은 새로운 과제 및 문제를 의제로 올려놓았다.[73] 이 중에서도 이행 이론은 가장 우선적인 논제였는데, 이 이론은 "사회주의" 국가들과 제3세계가 봉착한 문제뿐만 아니라 제국주의 국가들 안에 존재하는 공산주의 정당들의 전략과도 관련되어 있었기 때문이었다("개인숭배" 문제와 사회주의로의 민족적 길/평화적인 이행 모두는 그 범위 안에 포괄된다). 필수적인 이론을 갖추게 되면 "미래를 예측하고 미래를 이론화함은 물론 미래의 현실성을 보증해줄 수 있는 무엇보다도 중요한 각종의 길과 수단을 이론화할 수" 있다. 이 이론이 없을 경우 "인류는……이미 테러에 대한 침묵 속에서 경험한 적이 있는 위험에 빠지게 될 것이며——그리고 아마도 인간성의 불안정한 욕망 속에서 또다시 이같은 일이 일어날지도 모르는데——……여전히 각종 위험과 어둠으로 가득찬 미래를 무방비

71) 예를 들어 "Théorie, Pratique Théorique……", p. 16을 보라. 알튀세르는 자신의 논지를 옹호하기 위해서 레닌의 "Our Programme", *Collected Works*, Volume 4, Moscow 1960, pp. 210-12를 인용하고 있다.

72) RC, p. 197.

73) "Théorie, Pratique Théorique……", pp. 20-21을 보라.

상태에서 맞이하게 될 것이다."[74]

이제는 왜 알튀세르가 맑스주의자들이 『자본론』에 대해 품고 있는 생각이 극도로 중요하다고 여겼는지 알 수 있다. 『자본론』이——실천과 원칙에서——포함하는 것과 포함하지 않는 것에 관한 맑스주의자들의 견해는 역사적 유물론, 나아가 과학적 사회주의에 관한 이들의 설명을 판정하는 데 결정적으로 중요한 것이다. 만일 이 저작이 단지 19세기 자본주의나 또는 자본주의 일반에 관한 과학적 지식만을 제공하는 것이라고 해석된다면, 역사적 유물론의 타당성은 현재에 대해서도 제한적이 되고 한층 먼 과거나 미래에 대해서는 의심스러운 것이 될 수밖에 없다.[75] 이에 반해 알튀세르의 경우, 역사적 유물론은 현재에 관한——자본주의 생산양식이 지배하고 있는 사회구성체(예를 들면 1965년의 프랑스)에 관한——지식을 제공하는 것으로 파악되었다. 나아가 이 역사적 유물론이 제대로 이해되고 발전된다면, 이 이론은 과거(예를 들면 영국의 봉건제에서 자본주의로의 이행)와 미래(예를 들면 자본주의에서 사회주의로, 사회주의에서 공산주의로의 이행)에 대해서도 타당한 것이기도 했다. 다시 말해 그것은 현재뿐만 아니라 과거와 미래에 관한 지식의 개념적인 수단을 제공하는 것이었다. 역사적 유물론은 **사회구성체의 역사에 관한 과학**이었고, 이것의 일반이론(기본개념들의 체계)과 (이미 생산된 또는 아직 생산되지 않은) 구체적 개념들에 의해 과거가 이해될 수 있고, 현재는 분석되어 변혁될 수 있으며, 미래는 조명되고 지배될 수 있는 것이었다. 맑스주의의 등장과 더불어 사회주의 역시 공상에서 과학으로 이행하게 되었다. 이제 세계는 **과학적으로** 해석될 수 있기 때문에 변혁될

74) RC, p. 198.

75) 이에 관한 가장 명시적인 진술은 "Matérialisme Historique et Matérialisme Dialectique", p. 95를 보라.

수 있는 것이 되었다.[76]

알튀세르와 그의 동료들의 『자본론』 독해가 목표한 것은 자본론의 외연적/내포적 내용을 개관하고, 이러한 내용의 기능으로서, 역사적 유물론의 준거가 되는 조건들을 기술하는 것이었다. 이 작업에는 일련의 금지조치와 처방이 뒤따랐는데, 그 중 많은 것이 다른 맑스주의자들(루카치, 코르쉬, 그람시, 델라 볼페 등)에게 요청되었고, 맑스와 엥겔스에게도 한 두가지 것들이 요청되었다. 역사적 유물론은 경제주의도 인간주의도 아니었다. 더 근본적으로 말하자면 그것은 역사주의도 아니었다.[77] 맑스 저작의 구조는 철저하게 반헤겔주의적인 것이었으며, 그 방법은 그것이 헤겔주의가 아닌 것만큼이나 전도된 헤겔주의라고도 할 수 없는 것이었다.[78] 역사이론으로서의 역사적 유물론은 생산양식들의 경제적 차원에 관한 이론을 포함하고 있었지만(『자본론』의 "이론적 대상"은 자본주의 생산양식이었지만), 그것이 단순히 과학적인 정치경제학인 것만은 아니었다.[79] 경제이론은 역사이론에 의존하고 있는 것이었다. 『자

76) FM, p. 246 외에도, "Théorie, Pratique Théorique……", pp. 1-4를 보라.

77) RC, pp. 119ff를 보라. 이 책 제2부 「『자본론』의 대상」의 제5장에는 "맑스주의는 역사주의가 아니다"라는 제목이 붙어 있다. 논쟁적인 목적을 위해서, 알튀세르는 비(非)역사주의적 등의 비(非)라는 접두사보다는 오히려 부정적 문구인 반(反)이라는 접두사를 사용했다.

78) 예를 들어, 특히 Ibid., pp. 125-26; Ranciére, "Le Concept de Critique et la Critique de l'Economie Politique des 'Manuscrits de 1844' au 'Capital'", *Lire le Capital I*, p. 152; Pierre Macherey, "A Propos du Processus d'Exposition du 'Capital'", *Lire le Capital I*, pp. 247, 256; Etienne Balibar, "On the Basic Concepts of Historical Materialism", RC, p. 274; Roger Establet, "Présentation du Plan du 'Capital'", *Lire le Capital II*, pp. 358, 400-01을 보라.

79) RC, pp. 109, 117-18, 183을 보라.

본론』은 방법론 및 대상의 수준에서 정치경제학 비판을 달성했다. 맑스의 대상은 고전(및 포스트 고전) 경제학의 대상과는 전적으로 다른 것이었다. 즉,

> 여기에서는 이론적 인간학이라는 신기루와, 주어진 경제현상의 동질적 공간이라는 신기루 양자가 동시에 해체된다. 경제적인 것은 사회적 총체의 전체 구조에서 독특한 자리를 차지하는 하나의 구조지어진 지역일 뿐만 아니라, 심지어 자신의 위치 내에서조차, 자체의 (상대적인) 지역적 자율성 내에서조차, 경제적인 것은 하나의 지역적인 구조로서 작동하고 그러한 한에서만 자신의 요소들을 규정한다.[80]

요컨대 『자본론』의 대상과 문제틀은 전적으로 새로운 것이었으며, 그 원천 및 구성부분들로 환원될 수 없는 것이었다.

이 일련의 결론들은 맑스 본인의 경향과는 반대입장에 놓여있는 것이었는데, 맑스는 자신의 저작을 고전적인 속류경제학에 반대하여, 정치경제학 전통 내부의 과학-내적인 단절로 파악하는 경향을 보였기 때문이다. 그러한 결론에 대한 보다 직접적이고 위협적인 장애물이란 아마 『자본론』에 있는 헤겔주의적 요소들의 현존일 것이다. 「변증법적 유물론에 관하여」에서 알튀세르는 이 저작에는 헤겔주의적인 요소들이 "단 두 개의 문구"[81]를 제외하면 존재하지 않는다고 자신있게(아니 무모

80) Ibid, p. 180. 정치경제학의 대상에 관해서는 pp. 160ff를 보라. 이에 관한 알튀세르의 (겨우 7페이지에 불과한) 대강대강하는 논의는 주로 라랑드(A. Lalande)의 *Dictionnaire Philosolhique*에 나오는 정의에 초점을 맞추고 있다. 한편 오늘날의 경제학 이론에 관심있는 독자들은 Maurice Godelier, "The Object and Method of Economic Anthropology" (1965) (reprinted in *idem, Rationality and Irrationality in Economics*, London 1972)를 참조하라고 알튀세르는 언급하고 있다.

할 정도로) 단언했다. 알튀세르는 『자본론 읽기』에서 이같은 요소들이 현존한다고 양보하면서도, 이것들을 용어적인 잔재 혹은 말장난 정도로 치부하면서 그 중요성을 과소평가하고 있거나, 그렇지 않으면 실제로 진정한 맑스주의 개념을 개진하기 위해 활용한 부적절한 용어(예를 들면 물신성 이론의 설명)라고 취급하고 있다.[82] 맑스가 이같은 과실을 범한 까닭은 그가 자신의 이론적 혁명을 표현하고 완성하며 나아가 자신을 선배사상가들과 명백하게 구분하는 데 필수적인 철학적 개념들을 결여하고 있기 때문이었다. 알튀세르는 바로 이 결여된 개념들을 제시하고자 하였다. 하나의 간단한 질문이 맑스의 비범한 과학적 발견을 압축적으로 나타내고 있는데, 그 질문이란 **"구조인과성이라는 개념은 어떻게 정의할 수 있는가?"**[83]라는 것이었다. 맑스는 이 개념을 **"표상"**(Darstellung)이라는 개념으로 나타냈으나 이것을 적절하게 이론화하지는 못했다.[84] 인과성에 관한 고전이론들이 맑스 자신의 저작과 그의 후계자들의 저작에 남아있는 공백을 메웠으며, 이로 인해 사회적 총체에 관한 맑스주의 개념들의 참신성은 말살되고 말았다. "고립되어 있던 맑스가 주변에서 동료들과 지지자들을 찾았다. 누가 헤겔에게 의지하게 되었다는 이유로 그를 책망할 수 있을 것인가?"[85] 실제로 누가 그랬는가? 그러나 진정한

81) FM, p. 200 and n.

82) 랑시에르의 논문은 청년 맑스의 (이데올로기적) 소외이론과 맑스의 (과학적) 물신화이론 양자를 구분하는 데 관심을 두고 있었다. FM, p. 230 n. 7에서 알튀세르는 당시 유행하던 물화(reification) 이론이 소외론을 물신성(fetishism) 이론으로 암암리에 투사함으로써 초래된 것이라고 주장했다.

83) RC, p. 186.

84) Ibid, pp. 29-30, 188-93을 보라. 물신화이론과 **표상**이라는 개념이 헤겔주의 본질론에 근접해 있는 것이라는 점은, Callinicos, *Is There A Future For Marxism?*, London 1982, p. 122를 보라.

문제는 다른 데 있다.

알튀세르는 헤겔을, 성숙기 맑스를 위한 버팀목으로 간주했다. 다시 말해 헤겔은, 맑스가 자신으로서는 그 특수성을 구현할 수 없었던 과학적 발견을 서술하기 위해, 알려진 것처럼, 그러나 지나칠 정도로 의존했던 사람이었다. 알튀세르에 따르면, 이와 마찬가지로 맑스는 리카도와 자신의 근접성을 과대평가했는데, 실은 그는 이 사상가를 극복했을 뿐만 아니라 그가 이론적 인간학에서 벗어나지 못하고 있음을 밝혔다. 알튀세르는 두 개의 명확하면서도 언뜻 보기에는 상호배타적인 주장을 내놓았다. 첫째로, 맑스는 청년기의 이데올로기적 문제틀을 포기함과 동시에 새로운 (비헤겔적이며 또 비리카도적인) 과학적 문제틀을 채택했다는 것이다. 둘째로, 이러한 단절을 완성한 저작에서 그는 독일의 이데올로기로, 또 고전 정치경제학과의 일정한 연속성으로 자주 되돌아갔다는 것이다. 이러한 두 가지 주장을 일관된 것으로 만든 명제는, 맑스가 이같은 원천들과 진정으로 단절했으면서도 간헐적으로 헤겔(또는 리카도)의 방식으로 이론을 표현했다는 테제였다. 알튀세르는 필요하기만 하다면 어디서든지, 맑스의 어떠한 말이나 저작에도 의존하지 않고, 스스로 맑스의 이론적 혁명이라는 미완성 사업을 완성하려고 노력했다. 알튀세르는 그 자신의 혁신을 맑스로부터 기인하는 것이라고 돌리는 데서 왕보다도 더 위풍당당함으로써 불경대역죄를 범했다. 왜냐하면 이 경우 그의 이론적 혁명의 완성이란 의심스러운 전제——다시 말해 그가 개관한 바 있는 특수하고 "전면적인 이론적 혁명"——를 논리적으로 전개한 것이었기 때문이다. 알튀세르가 볼 때 역사적 유물론은 이같은 혁명, 아니면 역사주의라는 전제왕조적인 영역 안에서 일어난 단순한 친위쿠데타 두 가지 중 하나였다. 그리하여 비약적인 불연속성 아니면

85) RC, p. 193.

이음매 없는 연속성이라는 두 가지 이외의 다른 견해란 있을 수 없었다. 그러나 진실은 이같은 양극적 허구보다 훨씬 기묘한 것이었음이 분명하다. 이러한 이분법적 파악 사이에 나름대로는 그럴듯한 일련의 중간적 입장들이 존재할 것이 확실하며, 이분법 자체의 두 항목이 무엇인가에 관해서도 상이한 개념들이 존재할 것이다. 나아가 맑스 저작의 연속성이라는 명제는 어떤 식으로든 긍정적이거나 부정적인 평가를 받기 마련이고, 이것은 불연속성이라는 명제도 마찬가지다. 청년 루카치(맑스의 영광은 헤겔을 "완성"한 것이라고 본)와 후기 콜레티(맑스의 치욕은 끝까지 헤겔주의자였다는 점이라고 본)을 한쪽 끝에 놓고, 알튀세르와 톰슨(둘다 맑스는 1848년 이후 "반-정치경제학"이라는 막다른 골목으로 퇴각했다고 본)을 다른쪽 끝에 놓는 관점을 취한다면, 이러한 논점뿐만 아니라 연속성/불연속성 자체가 얼마나 다양하게 이해될 수 있는지가 극명하게 나타난다.[86] 맑스가 죽은 지 100년 그리고 『포이어바흐에 관한 테제』가 발간된 지 150년이 지난 지금에도 이런 토론은 계속되고 있으며, 20년 전의 알튀세르의 일방적인 주장에 의해 첨예하게 제기되었으면서도 아직까지 검증되지 않고 있다. 오직 한 가지 사항만이 합의된 것 같은데, 그것은 『자본론』에 이르는 길이 네프스키의 시각과는 다르다는 점이다.

이에 대한 알튀세르의 논쟁적 입장은, 다른 쟁점에 대한 그의 입장들과 마찬가지로, 맑스의 발전에 관한 그의 논의에서 나타나는 유일한 문제점은 아니다. 맑스의 초기저작들은 전(前)과학적인 것이라고 부적격 판정을 내리는 글에서 알튀세르는 역사적 유물론의 과학성을 주장하는

86) 콜레티의 반맑스주의적 입장에 관해서는, *Le Déclin du Marxisme*(1980), Paris 1984를 보라. 그리고 톰슨의 독창적인 역사적 유물론의 시기구분에 관해서는, *The Poverty of Theory*, pp. 251ff를 보라.

자신의 변론에 실체적인 내용을 거의 부여하지 않았다. 말을 바꾸면 그는 (부정적인) 경계구획 작업과 (긍정적인) 옹호라는 과제를 혼합시켰다.[87] 그 결과 그가 초기저작과 성숙기저작 사이에 부여한 차별성은 확정적 증거로 보강되지 못하고 있다. 알튀세르는 맑스의 1859년 『서문』에 대한 지지를 표명하면서, "우리 시대 이전의 철학적 의식에 대한 청산작업"을 개념적 및 인식론적 단절이라고 규정했고 이 단절의 결과 바로 맑스주의는 바슐라르의 인식론적 판단 기준에 부합하게 된다고 파악했다. 이러한 파악의 문제점은 그것이 다음 세 가지의 아주 명백히 구별되는 주장들을 무시했다는 점이다. 즉 (1) 역사적 유물론은 이론적 인간주의-역사주의와 양립 불가능하다는 **개념적** 주장, (2) 맑스의 저작들에는 두 시기 사이의 단절이 존재한다는 **역사적-텍스트적** 주장, (3) 역사적 유물론의 과학성에 대한 **인식론적** 주장이 그것이다. 논리적으로 보면 나머지 두 주장에 대해서는 지지하지 않으면서도 이들 세 가지 주장 중 어느 하나를 받아들이는 것이 가능하다. 여기에서는 잠정적으로 (1)의 주장, 즉 양립 불가능성에 대해 찬성한다고 해보자. 이 주장을 시인했다고 해도, 맑스가 철학적 인간학과 분명히 단절했다는 (2)의 주장 또는 역사적 유물론은 **사실상** 과학이라는 (3)의 주장 둘 중 어느 하나를 반드시 인정해야 하는 것은 아니다. 마찬가지로 (1)의 주장과 (2)의 주장에 모두에 대한 찬성하면 반드시 (3)의 주장에 대해서도 동의해야만 하는 것도 아니다. 달리 말하자면, 역사적이고 개념적인 불연속성이 인식론적 단절을 입증하는 것은 아니라는 것이다. 그러나 바로 이것이 알튀세르가 회피하고 있는 점이다(역사적 유물론이 과학인 것은, 그것이 철학적 인간학과 단절했기 때문에). 설사 알튀세르의 독해

87) Andrew Levine의 "Althusser's Marxism", *Economy and Society* 10 : 3, 1981에 나오는 해명하는 논의를 보라.

가 개념적 양립 불가능성과 단절의 존재를 입증했다 하더라도, 그의 본질적인 인식론을 감안하면 우리는 역사적 유물론을 과학이라고 자동적으로 단정할 수 있는 아무런 근거를 갖지 못한다(그것 역시 하나의 이론적인 이데올로기일 것이다). 그리고 만일 청년 맑스와 맑스 사이의 인식론적 구별이 알튀세르의 맑스 해석과 부합되지 않는다면, **더욱이** 맑스주의들간의——우로는 인간주의적 맑스주의, 좌로는 과학적 맑스주의로의——구별은 이와 더불어 붕괴하고 만다.

알튀세르는 맑스주의의 과학성을 당연한 것으로 여겼다. 맑스주의의 과학성은 그의 모든 연구의 **주어진** 것이었다. 그는 맑스주의에 고유한 인식론을 더욱 정밀하게 다듬었고, 이를 활용하여 초기저작들을 정전(正典)에서 제외시켰으며 나아가 역사적 유물론에 남아있는 일체의 이데올로기적인 요소들을 청산하였다. 적절한 정정작업을 거쳐 역사적 유물론은 인식론적 심사를 받게 되었는데, 이 인식론적 심사는 인식론의 비인간주의와 비역사주의——즉 순환들의 또다른 순환——덕분에 유물론의 과학적 지위에 대한 요구를 주장하는 데까지 당당하게 나아간 것이다. 결코 의심의 대상이 되지 않은 것은 바로 맑스주의의 과학성이었고, 알튀세르의 개입의 **존재이유**는 이 과학적 지위를 옹호하는 것이었다. 결코 시도조차 되지 않은 것이 바로 역사적 유물론의 실증적 옹호였는데, 알튀세르의 논의의 지렛대는 청년 맑스의 문제틀이 역사적 유물론의 이론적 토대로서 부적절하다는 점이다. 알튀세르의 편향은 설명하기 어려운 것이 아니다. 알튀세르가 지적했듯이, 초기저작들에 토대를 둔 맑스주의 해석은 과학적인 연구조사를 인간주의적 철학으로, 그리고 유물론적 해석을 윤리적 평가로 대체했으며, 그 결과 맑스주의가 사회과학으로 발전할 필요가 가장 절실했던 시기에 그것을 이데올로기적 교의로 축소시켜놓고 말았다. 이것은 이론적인 태만으로서 그에 따른 실천적 반향을 초래했다. "구체적 상황에 대한 구체적 분석"이 정치적으로 필수불가결하다는 것이 레닌 저작과 마오 저작의 주요동기였는데, 인간주의적 맑스주의는 이같은 구체적 분석에 기여하지 못하고 정치적으로 무전략적인 것이 되고 말았다. 게다가 인간주의적 맑스주의는 그 보편성에 대한 강조로 인해서 계급투쟁의 중심성을 부정하는 것으로 생각되며, 그리하여 정치적 장애물이 되었을 뿐만 아니라 인식론적 장애물이 되었다. 요컨대 알튀세르의 입장에서 볼 때 이런 종류의 맑스주의는 반레닌주의적인 것이었다. 맑스 저작에 대한 그의 인식론적 시기구분과 병행하여, 알튀세르는 레닌주의의 이론적 기반이라고 자신이 생각했던 것을 변호하고 혁신하는 정치적 대사업에 종사하고 있었다.[88] 이같이 알튀세르가 고안한 책략에 우여곡절이 덧붙여진 끝에, "레닌주의"와 "맑스-레닌주의"는 철저한 맑스주의임이 확인되었고 이같은 맑스주의는 그것의 반사된 인식론적 광채에 의해서 변호되었다. 논의의 여지가 있기는 하나, 알튀세르의 독해는 이론적으로 비난받을만한 것이었는데, 왜냐하면 그것은 정치적으로 비난받을만했기 때문이다.

바슐라르의 인식론을 흡수하려는 알튀세르의 시도는 불발로 끝났으며, 이에 따라 그의 목표——과학적인 이론적 혁명의 정당성 확보——도 달성되지 못했다. 그가 이같은 가정을 유지할 수 있었던 것은 오로지 문제틀이라는 개념이 제공한 특권을 통해서였을 뿐이다. 즉 그는 한때 이 문제틀이라는 개념을 저자의 **"잠재적 사유"**라고 명시적으로 정의한 적이 있고,[89] 또 그것〔문제틀〕은 단어로서의 불명확한 개념을, 개념으로서의 명확한 단어를 범주화할 수 있도록 인가한 것이다. 맑스의 이행기 저작에 대해 알튀세르가 거의 침묵한 것은 함축적이다. 이행기에서는 두 개 이상의 이론적 생산양식이 가설로서 공존했는데, 결국 하나의

88) 회고적 확인에 관해서는 ES-C, pp.114-15를 보라.

89) FM, p.66.

과학적 양식이 이론적 구성체에서 지배적인 것이 되었고, 『자본론』으로 귀착하게 되었다. 그러나 이것은 텍스트상으로는 옹호될 수 없는 것이었다. 알튀세르의 독해는 사실상 이 독해의 핵심개념——문제틀——에 의해 방해를 받았으며, 이 문제틀이라는 개념이 다음 사항들을 생각할 수 없게 만들었다. (1) 각기 다른 패러다임들로부터 나온 여러 요소들의 단일한 이론적 총체 속에서의 공존, 그리고 그 요소들 사이의 관계, (2) 결국에는 초극되고 마는 이론적 담론(들)이 과학적 이론에 대해 수행한 결정적이고 탐색적인 기여, (3) 이 과학적 담론의 내생적 결정요소들과 외생적(비담론적) 결정요소들 사이의 관계. 알튀세르의 인식론은 과학적 연구프로그램 일반의 시작 및 발전에 대한 적절한 접근방식이 아니었다. 이 프로그램의 지시에 따라 이해된 하나의 이론적 혁명은 이론이라는 자율적인 영역에서 이해할 수 없을 정도로 매우 빠르게 발생해야만 하는 것이다(쿤의 "패러다임"과 푸코의 "에피스테메"를 참고하라). 하나의 새로운 "지식대상"이 새로운 개념체계의 정착을 수반한다면,[90] 이론 전체의 구성은 이중으로 취약해지게 된다.

"불행하게도 독일에서는 과학들의 역사를 마치 하늘에서 떨어진 듯이 기술하는 것이 관행화되었다"고 엥겔스는 한 편지에서 말한 적이 있다.[91] 과학들의 역사서술에서 불행한 일은, 맑스주의——엄밀하게는 "과학들 가운데" 하나가 아닌 것——가 관련된 곳에서 훨씬 더 불안하게 나타났다는 점이다. 알튀세르는 맑스주의의 역사를 마치 하늘에서 뚝 떨어진 것처럼 기술했고, 맑스주의를 추론-외적이며 비합리적인 것에 의해 방해받지 않는 순전히 지적인 역사로 전환시키고자 했다. 그는 자신의 설명에서, 맑스주의의 독일적 원천이 수행한 결정적이고 유익한

90) RC, pp. 156-57을 보라.

91) Marx and Engels, *Selected Correspondence*, p. 441.

역할을 전혀 식별하지 못했으며, 단지 그 원천은 맑스에게 "이론의 형성",[92] 즉 이론적 추상에서 훈련과정을 제공했다는 것만을 인정했을 뿐이다. 그리하여 역사적 유물론의 등장 및 발전은 설명할 수 없는 것이 되거나, 또는 적어도 설명되지 않고 있다.

그렇지만 알튀세르 본인의 설명은 받아들여질 수 없다. 왜냐하면 알튀세르는, 그의 생각으로는 흔히 역사주의와 상호관련되어 있는 상대주의로부터 역사적 유물론을 보호하려는 관심에서, 역사적 유물론의 형성과정을 한층 폭넓은 역사과정으로부터 절단했기 때문이다. 최선의 경우 이론-외적인 것은 독립적 변수로서의 어떠한 지위도 갖지 않는 것으로 부정되었고, 최악의 경우 그것은 맑스의 이론적 혁명에 대한 장애물로 간주되었다.[93]

「청년 맑스에 관하여」에서 알튀세르가 채택한 입장은 문제점이 없는 것은 아니지만, 훨씬 설득력있고 성과적이며 또 『독일 이데올로기』에 근접한 것이었다. 왜냐하면 그는 이 논문에서 철학적 추상성 및 신비화로부터의 단절을 어떤 의미에서는 "실제 역사로의 복귀"[94]로 간주했으며, 또 맑스의 이론적 혁명을 동시대의 역사와 밀접하게 관계되어 있는 것으로서——각종 사상의 자율적, 논리적 역사의 산물로서가 아니라——간주했기 때문이다. 맑스가 "이데올로기에서 퇴각하여 현실로 진전해간" 과정에 관해, 알튀세르는 다음과 같이 주장했다.

> 이는 근본적으로 새로운 현실을 발견함과 동시에 이루어졌다. 맑스와 엥겔스는 '독일 철학'의 수많은 저술들에서는 그 새로운 현실의 반향을 전혀

92) FM, p. 85.

93) 예를 들어, RC, p. 60을 보라.

94) FM, p. 76.

찾을 수 없었다. 프랑스에서 맑스는 조직화된 **노동자계급**을 **발견했고,** 영국에서 엥겔스는 **발전된 자본주의**를 발견했을 뿐만 아니라 **철학과 철학자들을 무시하면서 자체의 법칙에 따르고 있는 계급투쟁**을 발견했다.

이러한 두 가지 발견은 청년 맑스의 지적 진화에서 결정적인 역할을 했다. 하나는 당시의 이데올로기 아래서 이루어진 것으로서, **이데올로기가 가리키는** [1840년대의 독일의] **현실**이라는 이데올로기를 해체시켜 버린 발견이었다. 다른 하나는 동시대 이데올로기를 넘어선 것으로서, 그 이데올로기가 **알지 못하고 있었던 새로운 현실**에 관한 발견이었다. 맑스는 이 이중의 현실을 엄격한 이론 속에서 사유함으로써, 또 여러 요소들을 변화시킴으로써, 그리고 새로운 요소의 통일성과 현실성을 사유함으로써, 독자적인 입장을 구축하게 되었다.

……만일 우리가 맑스 사상의 이러한 드라마틱한 발생과정을 진정으로 사유하고자 한다면, **실제 경험과 현실적 출현에 관한 하나의 논리**……다시 말해 **이데올로기의 내재성**이라는 환상에 종지부를 찍을 하나의 논리를 채택하는 것, 요컨대 **실제적 역사가 이데올로기 자체에 이입되어 있다**는 논리를 채용하는 것이……필수불가결하다……[95]

1961년 이후 이같은 주장들은 기피되었는데, 이것들이 단절의 저작들에 남아있는 포이어바흐적 흔적들로부터 도출된 경험주의적, 실증주의적, 이데올로기적 가정들이라고 간주되었기 때문이다. 그리하여 과학과 사회, 그리고 과학과 계급 사이의 어떠한 연관도 부정되었으며 단지 이들간의 연관은 인식론적 장애물이라는 부정적인 형태로만 거론되었다. 노동자계급——이 계급의 투쟁 및 조직들——은 모든 역사적-정치적 조건들 및 결정요소들과 더불어, 맑스가 이론적으로 실천한 초험적인

95) Ibid., pp. 81-82. 알튀세르는 독자들을 코르뉘가 쓴 청년 맑스의 "진정한 역사"로 안내하고 있다. 코르뉘는 알튀세르가 자신의 저작을 헌정한 인물이다.

개념의 우주로부터 사라져버렸다. 프롤레타리아트의 정치가 맑스의 이론적 단절에서 수행한 역할은 희미하게 삭제되었고, 역사적 유물론의 후속적 발전에서 이 이론의 실천적 제휴가 수행하는 역할도 억제되었다. 이러한 합리주의의 종착지는 바로 알튀세르 자신이 「청년 맑스에 관하여」에서 예측한——그리고 질책한——맑스 진화의 불가지성이었다. 맑스 과학의 인식상의 자율성은 그 발생에 관한 설명을 희생시킴으로써 확보되었고, 맑스 과학의 인식론적 존엄성은 알튀세르가 한때 "이론의 귀족주의와 그 '사상가들'의 귀족주의"[96]라고 부른 것을 그 댓가로 지불하였다.

결론적으로, 알튀세르의 맑스 독해는 역사이론의 등장을 맑스 사상에서 가장 결정적인 발전으로서 부각시켰다는 장점을 가지고 있는 반면, 그의 사상의 생산조건들 및 각종 제휴관계를 삭제해버렸다는 결점을 지니고 있다. 그렇다면 청년시대에 대한 향수병을 치유했다는 맑스 이론의 알튀세르적 재구성은 어떤 내용인가?

혁명의 대수학

1975년에 알튀세르는, 『맑스를 위하여』와 『자본론 읽기』에서 제안한 역사적 유물론에 관한 명제들이 다음과 같은 중요한 정치적 목적들을 가지고 있다고 회고했다.

〔그것은〕 노동운동이 직면하고 있는 각종 유혹에 견디기 위한 것이

96) RC, p. 129

었다. 그 유혹이란 첫째로 변증법을 메시아적 혹은 비판적 관념론으로 보려는 유혹이고……, 둘째로 가난한 자의 헤겔주의……즉 경제주의의 형태를 한……진화주의로 보려는 유혹이다. 두 가지 경우 모두 변증법은 마치 혁명과 사회주의의 도래에 대한 철학적 보증자인양 전-맑스주의적 철학의 구태의연한 방식으로 작동한다. 두 가지 경우 모두 유물론은 (첫째 가설의 경우) 마법에 걸린듯 사라져버리고, (둘째 가설의 경우) 생산력의 기계적이며 추상적인 물질성으로 환원되고 만다. 이 모든 경우 이같은 변증법의 실천은 다음과 같은 사실들의 냉정한 검증과 충돌한다. 즉 혁명은 19세기 영국이나 20세기초 독일 어느 곳에서도 일어나지 않았으며, 선진국들에서는 전혀 일어나지 않았던 반면에 선진국 이외의 다른 장소, 즉 러시아를 시작으로 이어 중국, 쿠바 등지에서 일어났다는 사실이다.[97]

말하자면 "요구되는 정치"에 관해 논의하면서, 알튀세르는 역사적 유물론을 다음과 같이 재구성하려고 하였는데, 즉 역사적 유물론이 현실의 역사와 구체적인 사회의 복잡성을 조사하고 해명하기 위해 실행가능한 토대를 구축하고, 이를 통해 혁명적 정치에 지침을 제공하려는 것이었다. 이러한 과학적 소명을 방해하는 장애물들은 역사적 유물론의 외부에서뿐만 아니라 내부에서도 색출되어야 했다. 최종적인 분석을 통해 이런 장애물들을 추적해올라가면 결국 단 하나의 피의자인 헤겔주의로까지 소급되었다. 알튀세르는 맑스 이론의 총체적 독창성을 확보하기 위하여 다음 사항을 논증하였다. 즉 맑스주의 변증법은 헤겔주의로 환원불가능하며, 또 사회적 전체(social whole) (그리고 이를 지배하는 인과성)에 관한 맑스주의의 관념들도 헤겔주의로 환원될 수 없고, 따라서 맑스주의

97) ES-C, p. 186.

역사관은 헤겔주의 철학으로 환원될 수 없고, 결론적으로 맑스주의 역사과학과 모든 역사철학(헤겔의 역사철학은 이 부류 가운데 가장 엄밀한 것인데) 사이에는 차이가 있다는 것이었다.

제2장에서 이미 살펴본 것처럼 알뛰세르는 맑스주의 변증법의 특수성을 강조했는데, 그는 맑스와 헤겔의 관계에 대한 표준적인 해석을 거부하면서, 맑스가 생산한 변증법이 그 **"특유한 결정들 및 구조들"**이라는 점에서 다른 것들과 구별된다고 주장하였다. 나아가,

> **이같은 구조적 차이점**들은 논증되고 서술되고 판별되고 사유될 수 있다. 그리하여 이것이 가능하다면, 이 구조적 차이는 맑스주의에 **필수적**일 뿐만 아니라, **사활적**이라고까지 나는 말하고 싶다……내가 **사활적**이라고 표현하는 까닭은 **맑스주의의 철학적 발전이 현재 이러한 과제에 의존하고 있다**고 확신하고 있기 때문이다.[98]

라고 말했다. 알뛰세르는 과거와 현재의 경험이 이같은 과제의 긴급성을 입증하고 있다고 확신하였기에 이 작업에 몰두하였다.[99] 그의 적들은 서구 맑스주의의 (늘 부활하기는 하지만) 소수파적인 전통에 국한되어 있지 않았다. 이미 살펴본 바와 같이, 탈스탈린주의화 덕분에 공산주의 지식인들은 헤겔로의 복귀를 허가받았다. 동시에 당시 진행중에 있던 히스토마트의 수정은 그 이론적 기초의 많은 부분을 유지하고 있었다. 〔반면〕 이미 언급된 것처럼 역사적 유물론에 대한 맑스-레닌주의적 판본은 일종의 헤겔주의――"부유한 자의 진화론"[100]――를 비밀에 부쳐버렸

98) FM, p.94.

99) "Matérialisme Historique et Matérialisme Dialectique", p.111.

100) "Sur le Travail Théorique……", p.12.

고, 그리하여 〔헤겔주의의 감추어진〕 그 이름 즉 경제주의를 감히 터놓고 외쳐대지 못했다. 역설적이게도 스탈린 뒤에는 헤겔이 서 있었던 것이다. 그리하여 헤겔주의와 제2인터내셔널의 정통이론에 대한 비판들은 모두――비록 용의주도하기는 했지만――이론적 스탈린주의와 그 유령들을 겨냥하여 개진되었다.[101] 알튀세르는 공식적인 조류뿐만 아니라 지하에서 진행되는 조류에도 반대하여 나아가고 있었다. 즉 그는 "우익" 헤겔주의와 "좌익" 헤겔주의 모두에 대해서――그것이 과거의 것이든 현재의 것이든――똑같이 반대했다.

1877년 맑스에 관해 쓴 짤막한 논문에서 엥겔스는 맑스가 두 가지 중요한 과학적 발견, 즉 유물론적 역사관과 잉여가치론을 발견했다고 칭송했다.[102] 잉여가치론은 『자본론』의 초석이고, 유물론적 역사관에 관해서는 맑스는 별도의 논문을 쓰지 않았다. 이에 관한 맑스의 가장 압축적인 개념정의는 「『정치경제학 비판을 위하여』의 서문」(1859년)에서 찾을 수 있다.[103] 그는 이 개념은 자신이 1845년경에 도달한 "일반적 결론"이며 이후 자기 연구의 "지도원리"가 되었다고 소개했는데, 이 요약은 지금까지도 엄청나게 큰 영향력을 미치고 있다. 역사적 유물론은 이 논문에서 나타나 있듯이 기술적 결정론이다. 생산관계는 사회의 경제적 구조 및 기초를 구성하고 또 상부구조와 그에 상응하는 사회적 의식형태를 규정하지만, 생산관계가 변화되는 것은 그것이 생산력의 성장을 촉진하는 것이 아니라 오히려 생산력의 성장을 방해할 때다. 이러한 "족쇄"에 의해 야기되는 "사회혁명의 시대"는 우월한 생산관계의 정착

101) 이는 Fredric Jameson이 *The Political Unconscious*, London 1981, pp. 27 n. 12, 37에서 지적한 내용이다.

102) "Karl Marx", *Selected Works*, Volume Three, pp. 77-87을 보라.

103) *Early Writings*, pp. 425-26을 보라.

및——이에 곧이어 나타나는——상부구조의 변혁과 더불어 완료된다. 생산력의 성장은 인류역사의 일반적 경로를 특징짓고 설명해준다. 자본주의는 최후의 "적대적인" 사회경제구성체다. 자본주의의 생산력은 "이같은 적대관계의 해결을 위한 물질적 조건들을……창출한다". 이같은 해결은 "인간사회의 전사(前史)"를 종착점에 이르게 하는 것이다. 역사는 진보적인 궤도를 따라 움직인다. 역사적 발전은 생산력과 생산관계 사이의 간헐적인 비조응성——되풀이되는 구조적 양립불가능성——에 의해 설명된다. 이 둘 가운데 생산력은 인과적/설명적 우위성을 지닌다. 우리는 여기서 역사적 유물론에 관한 맑스의 관념을 더이상 자세하게 논의하지는 않을 예정이다. 당분간 필요한 것은 두 가지 사항을 언급해두는 일이다. 첫째로, 제2인터내셔널의 이데올로그들과 스탈린에 의해 해석된 것처럼, 맑스의 관념은 역사에 관한 하나의 메타이론, 즉 맑스 자신이 1877년에 "초역사적"이라고 비난한 바 있는 만능열쇠가 되고 말았다는 점이다. 둘째로, 이같이 해석된 "유물론적 역사관"을 알튀세르는 배격했다. 이는 사변적이며 진화론적 역사철학으로서, 구체적인 사회역사적 분석들을 대체해버리기가 일쑤였는데, 이같은 철학을 그는 경제주의라고 정의했다.

1859년 「서문」과 나아가 역사적 유물론에 대한 경제주의적 해석의 기초는 스탈린의 소책자 『변증법적 유물론과 역사적 유물론』이다.[104] 스탈린은 역사적 유물론을 디아마트 속에 포섭시킴으로써 히스토마트를 생산했다. "변증법적 유물론의 원칙들을 사회생활의 연구로 확장시키고, [이 원칙들을]……사회생활의 수많은 현상과, 사회 및 사회역사의 연구

104) 스탈린은 「서문」이 "역사적 유물론의 본질에 관한 가장 빛나는 정식"이라고 묘사하면서, 자신의 저작의 말미에서 이 책의 중심문장들을 인용하고 있다. *The Essential Stalin*, London 1973, p. 331을 보라.

에 대해 적용하는 것"[105]이 그것이다. 이러한 확장은 숨겨진 헤겔주의적 변증법의 법칙들에 따라 결국 역사에 대한 단선적 견해, 즉 역사를 진보적 생산양식(그리고 이에 상응하는 상부구조들)——"원시공산제, 노예제, 봉건제, 자본주의, 사회주의 사회"——의 일정한 연쇄 속에서 진행되는 진화로 이해하는 견해로 인도했다.[106] 스탈린의 입장에서 보면, 경제발전을 "결정하는 요소", 나아가 특정 경제구조에서 고도의 다른 생산양식으로의 이행을 "결정하는 요소"는 생산력이며, 이 생산력의 양적 진보가 질적 변화(혁명)를 유발한다. 스탈린은 "생산력의 우위성"이라는 자신의 명제를 변호하고 특히 "생산수단의 발전"을 옹호하기 위해서, 『철학의 빈곤』에 나오는 "맷돌은 우리에게 봉건영주 사회를 주고, 증기방아는 산업자본가 사회를 준다"는 저 유명한 문구를 인용하고 있다. 여기서 더 나아가 스탈린은 "한 사회의 생산양식이 무엇이든간에, 그 생산양식이 대체로 사회 자체, 사회의 사상 및 이론들, 사회의 정치적 견해와 제도들〔을 이룬다〕"[107]라고 주장한다. 이에 따라 그가 개관한 "역사과학"의 "가장 중요한 과제"는 "사회의 경제적 발전 법칙을 ……연구하는 것"[108]이다. 그후 역사적 유물론은 사실상 맑스주의 정치경제학으로 환원되고 말았고, 이 정치경제학의 법칙들은 스탈린의 디아마트가 제출한 법칙들과의 일치에 의해서 보증받게 되었다.

명백한 이유들 때문에 스탈린의 생산주의적 맑스주의 해석——"기술공학적 인간주의"[109]——은 적어도 수백만 명에 달하는 공산당원들에

105) Ibid., p. 300.

106) Ibid., p. 323; pp. 323ff를 보라.

107) Ibid., pp. 319-20, 327-28. 이에 관한 맑스의 공리는 *The Poverty of Philosophy*, p. 166을 보라.

108) *The Essential Stalin*, p. 320.

게 공적인 충성을 요구했다. 이 해석의 중요성과 긴 수명은 아무리 과대평가해도 지나치지 않다. 이 해석은 일부의 노골적으로 조잡한 부분들을 제외하고는, 탈스탈린화 운동 속에서도 살아남았다. 〔변증법적 유물론의 확대적용이라는〕 역사적 유물론의 **유추적** 구성은 맑스 사후 100년 동안 매우 풍부해졌다. 예를 들면 『맑스주의의 근본문제들』(1908년)에서 플레하노프는 1859년 「서문」에 대한 자신의 입장을 정리했는데, 그는 이 텍스트를 "사회발전의 진정한――따라서 순수하게 유물론적인――'대수학'"[110]이라고 묘사했다. 플레하노프는 역사적 유물론의 창시자들이 제시한 토대와 상부구조의 관계라는 개념을 구체적으로 설명하려는 자신의 시도 속에서 "유물론적 일원론"을 보여주고 있으며, 사회구성체의 수많은 구성요소들의 명세표를 만들어냈는데, 이때 그 요소들의 중요성의 순서는 생산력을 선두로 정치를 경유하고 이데올로기들로 이어지는 불변적인 것이라고 주장했다.[111] 플레하노프는 자신의 "대수학"의 권위를 빌어, 10월혁명이 시기상조이자, 또한 아직 부르조아민주주의 단계의 과제들이 수행되지 못했고 그리하여 역사는 자신의 예정된 사회주의의 길을 추구할 수 없는 상태에서 그 단계를 종식시키고자 하는 주관적인 시도라는 이유를 들어 이 혁명에 반대했다.

플레하노프는 제2인터내셔널과 멘셰비즘의 원로이론가였고, 볼셰비키의 눈에는 배척되어야 할 인물이었다. 그러나 볼셰비키는 레닌이 살아있던 시기에도 플레하노프와 같은 종류의 도식주의에서 벗어나지 못했다. 부하린의 『역사적 유물론』(1921년)은 코민테른이 공산주의 전사들을

---

109) Raphael Samuel의 이 신조어는 그의 훌륭한 논문 "British Marxist Historians, 1880-1980 : Part One", *New Left Review* 120, 1980, p. 83에 나온다.

110) *Fundamental Problems of Marxism*, London n. d., p. 52.

111) Ibid., p. 70을 보라.

위한 해설서로 펴낸 것으로, 자신들이 상속받은 이론적 정통성을 명문화하려는 시도였다. 부하린은 1859년 「서문」에 있는 맑스의 "장엄한 이론 구축 작업"을 칭송하면서 "프롤레타리아트의 사회학"[112]이라고 스스로 이름붙인 것을, 하나의 극단적인 기술공학적 결정론으로 해석했다. 그는 "역사적인 생산양식 즉 사회형태는 생산력의 발전 즉 기술공학의 발전에 의해 결정된다"[113]고 서술했다. 생산관계는 단순히 "외피"에 불과하며 이 외피 안에서 생산력은 성장하는데, 이 성장은 마침내 형식와 내용간의 모순——생산관계와 생산력의 점진적 부적합성——이 극복될 수 없게 될 때까지 지속될 뿐이다. 이렇게 되면 "사회적 균형"은 붕괴되고 또한——한층 높은 차원에서——복구되는데, 새로운 (적합한) 외피를 얻음으로써만 이같은 복구가 실현된다는 것이다.[114] 맑스는 자신의 「서문」에서 "사회적 진화과정에 관한 일반적인 설명"을 제시했는데, 이 과정의 최종단계는 공산주의로서, 자본주의의 완전한 변형태이자 이전의 생산양식들의 "지양"이었다.[115] 부하린이 "계급과 계급투쟁"에 관한 일체의 논의를 자기 책의 마지막 장으로 미루어둔 것은 결코 우연이 아니다. 왜냐하면 이들은 "사회변혁의 도구[들]", 다시 말해 자연적 필연성의 담당자로서 등장하기 때문이다.[116]

알튀세르가 사용하고 있는 경제주의라는 범주는 레닌이 (예를 들면 『무엇을 할 것인가』에서) 러시아 맑스주의 안의 하나의 경향을 비판하기 위해 사용한 범주보다 다소 넓은 이론적 의미를 가지고 있다. 당시

112) *Historical Materialism*, Michigan 1969, pp. 207, 214.

113) Ibid., p. 124.

114) Ibid., pp. 242ff.

115) Ibid., pp. 243, 311을 보라.

116) Ibid., pp. 272ff를 보라.

레닌은 자본주의 경제발전이 자신의 파괴자들을 낳고 있다고 확신했고, 러시아 맑스주의 내부의 경제주의가 혁명정당의 정치적 개입의 중요성을 과소평가하고 대신에 경제투쟁에 집중하고 있다고 비판했다. 그럼에도 불구하고 이 양자는 밀접하게 상호관련되어 있었다. 알뛰세르는 경제주의적 문제틀이 정치에서의 경제주의적 편향의 뿌리임을, 다시 말해 "자연과정의 냉혹성"[117]이 자본주의를 파괴할 것이며 진화가 혁명과업을 수행할 것으로 기대하고 있던 (개량주의적) 운명론의 뿌리임을 확인했다. 추상적인, 환원론적이며 목적론적인 경제주의는 하나의 도식으로서, 이 도식 속에서 경제(그리고 경제의 모순)는 역사의 범신론적 창조주이고, 개개의 사회는 하나의 보편적인 모델의 ("후진"적인 또는 "선진"적인) 변형체에 불과하다고 파악된다. 알뛰세르에게 경제주의의 정치적 운명론은 헤겔주의적 맑스주의의 주의주의와 동전의 양면으로서, 상부구조의 모든 자율성 및 효과성을 부정하는 점이 바로 이들 공통된 이론적 좌파주의의 특징이다. 기껏해야 경제주의는 분석적으로는 빈약하고 정치적으로는 무능력하며, 자신을 따르기를 거부하는 구체적인 역사과정을 법률로써 억지로 규제하고, "사실의 냉정한 검증"에 당황하며, 따라서 1917년 러시아에서 실례를 보듯이 현실의 역사에 끊임없이 경악하는 것이다. 알뛰세르가 주장하듯이 역사의 "예외들"은 "순수하고 단순한 '변증법적' 도식이라는, 추상적이지만 안이하고 확신에 찬 사상"[118]과의 관계 속에서만 법칙에서 벗어나며, 이로 인해 예외주의의 규칙을 증명하는 것이다.

사회구성체를 분석하기 위해서는 새로운 모순개념이 필수불가결했다. 「모순과 중층결정」에서 알뛰세르는 이 새로운 모순개념을 제시하려

117) Marx, *Capital*, Volume One, p. 929.

118) FM, p. 104.

고 시도했다. 러시아혁명에 관한 레닌의 성찰을 자신의 원료로 이용하여 알튀세르는 다음과 같은 결론을 이끌어냈다.

> 만일 [생산력과 생산관계의] 일반적 모순이 혁명을 '매일매일의 과제'로 하는 상황을 정의하기에 충분하다고 하더라도, 그것 자체의 단순하고 직접적인 힘만으로는 '혁명적 상황'을 유발할 수도 없을 뿐만 아니라, 또 **더욱이** 혁명적 파괴의 상황과 혁명의 승리의 상황을 이끌어 낼 수는 없다. 설사 이러한 모순이 가장 강한 의미에서 '**활동적**'이 되고 하나의 파괴적인 원리가 된다고 하더라도, '상황'과 '조류'들이 하나의 파괴적인 통일체로 '**융합되는**' 누적이 있어야만 한다. 그것들의 기원과 의미가 어떠한 것이든간에……[119]

레닌과 마오 두 사람은 "구체적인 상황"의 복합성과 특수성에 대한 모범적인 감수성을 보여주었는데, 이들은 여러 조류와 각종 상황을 개혁하고자 갈망하는 정치는 모두 이같은 현실을 반드시 감안해야 한다는 인식 아래 구체적인 상황의 수많은 "조류들과 상황들"을 꼼꼼하게 분석했다. 2월혁명과 10월혁명에 레닌에 관한 분석들은 전제정치의 소멸 전야에 러시아 사회구성체에 존재하는 **"역사적 모순들의 누적과 격화"**[120]를 특히 강조하였다. 제국주의의 "가장 약한 고리"를 움켜쥐는 것은 수많은 결정요인들의 종합이었는데, 이러한 결정요인들 중 어느 하나도 자본과 노동간의 "아름다운"[121] 모순으로 환원될 수 없는 것이었다. 러시아의 경험이 확증해주는 것은 **무엇보다도** 다음과 같은 점이었다. 즉 경제적 모순은 불가피하게,

---

119) Ibid., p. 99.

120) Ibid., p. 97.

121) Ibid., p. 104.

> 이 모순이 발견되는 사회 본체의 총체적 구조로부터 분리될 수 없고, 모순의 공식적 **존재조건들과** 분리될 수 없으며, 그리고 심지어는 모순이 지배하는 **여러 심급과도** 분리될 수 없다. 나아가 경제적 모순은 **이 조건과 심급들에** 의해 철저하게 **영향받고 있으며**, 이 모순이 활성화시키는 사회구성체의 **각급 수준과 심급**에 의해 결정되고 결정하는 것이며, **따라서** 모순은 **그 원리상 중층결정되어 있다**고 말할 수 있을 것이다.[122]

알뛰세르의 주장에 따르면 맑스주의 변증법에서 모든 모순은 복합적이며 **중층결정된 모순**, 다시 말해 "복합적으로-구조적으로-불균등하게-결정된"[123] 것이다. 이에 반해 헤겔의 경우 모순은 "단순한" 것이다. 엥겔스의 생각에 따르면 헤겔의 변증법적 "방법"은 그의 철학체계의 내용으로부터 따로 떼어놓을 수 없는데, 그 직접적인 이유는 이 방법은 그 내용밖에는 선택의 여지가 없기 때문이다. 헤겔의 관념주의는 "**바로 헤겔 변증법의 구조 자체 속에**, 즉 구체적으로는 '**모순**' 속에 반영되어 있는데, 이 모순의 과제는 역사적 시대의 구체적 내용들이 자신들의 이데올로기적 목표를 향해 나아가는 마술적인 운동이다".[124] 헤겔주의 변증법의 논리("순환들의 순환")는 냉혹하고 목적론적이며 신학적인데, 이러한 논리가 역사를 "절대정신의 발전과정이자 실현과정"으로 보는 이 변증법 창시자의 역사관의 "이론적 농축물"[125]이다. 만일 역사적 유물론이 이러한 "신정론"(神正論)의 경제학적 판본 이상의 어떤 것이

---

122) Ibid., p.101; 그리고 p.106도 보라.

123) Ibid., pp.107, 209.

124) Ibid., 104.

125) Ibid., p.197; RC, p.112; Hegel, *The Philosophy of History*, New York 1956, p.457.

되고자 한다면, 그것은 신비한 핵심과 외피를 지닌 방법론의 도움없이 존립할 수 있어야 한다. 실천면에서 레닌과 마오는 맑스주의의 모순개념을 구성하는 복합성을 인정하고, 특히 마오의 『모순론』(1937년)은 일련의 차이, 즉 주요모순과 부차적 모순의 차이, 모순의 주요 측면과 부차적 측면의 차이, 적대적 모순과 비적대적 모순의 차이 등을 규명했는데, 이는 헤겔 철학과는 아주 이질적인 것이었다.[126] 이 지도자들의 "실천적 단절"은, 프로이트의 "중층결정" 개념과 "응축"과 "치환"이라는 프로이트의 범주들에 대한 라캉의 해석을 도입함으로써, 이론적으로 공고화되고 반영되기에 이르렀다. 한 사회구성체를 이루는 각종 내생적 모순들의 혼합물은 (생산력과 생산관계 사이의) 어떤 내재적인 본질적 모순의 표출이 아니다. 어떤 특정한 국면 속에서 지배 및 예속의 위계질서에 조직적으로 통합되어 있더라도, 수많은 실재하는 효과적인 모순들은 이 사회구성체의 영역 곳곳에 널리 (함께) 존재하고 있으며, 이들 영역 도처에 침투되어 있다. 이같은 모순들은 결정하는 동시에 결정되고 있으며, 서로를 "중층결정"하고 있다. 이러한 과정은 하나의 혁명적 파열인 "파열적인 통일" 속에서 그것들의 "응축"과 "융합"으로 귀착될 수 있다.[127]

알뛰세르는 중층결정된 모순이라는 개념과 그것의 보편성이라는 약정으로 **"맑스주의 변증법** 자체에 도달했다"고 확신했다.[128] 알뛰세르는 자주 다른 사람들의 경제주의 및 기술결정론에 대해 역사적인 거리를 두고 수행하는 "본질론적" 변증법 해석이라고 공격을 퍼부었다. 그러나 적어도 한 번, 그는 거의 핵심을 찌른 적이 있다. 맷돌과 증기방아에

126) FM, pp. 94 n. 6, 210-11을 보라.

127) Ibid., pp. 99-100, 215-16을 보라.

128) Ibid., p. 217.

관한 맑스의 논평이 문자 그대로 채택된다면,

> 그 논리적 종착지는……**헤겔 변증법이 거울에 비친 상과 똑같은** 모습인데, 유일한 차이점이란 연속적인 계기들을 더이상 관념이 아니라 경제로부터 이끌어내는 문제로 되었다는 점이다. 동일한 내적 모순에 의해 이것은……결과적으로 역사의 변증법을 연속적인 **생산양식들**을 발생시키는 변증법으로, 다시 말해 궁극적으로는 상이한 **생산기술들**로 철저하게 환원시키게 된다.[129]

이런 특별한 모자가 다른 사람에게 맞을 수도 있으나, 이 모자는 스탈린에게 맞춰서 만들어졌다. 그리고 스탈린이 맑스주의 변증법의 구조를 잘못 해석하였다면, 그는 동시에 그리고 이와 관련해서 이 변증법이 작동되는 장소인 (사회적) 전체의 본질을 잘못 이해한 것이다.

사회란 무엇인가

1923년에 코르쉬는 "속류 맑스주의"에는 "세 단계(degree)의 현실"이 (경제, 국가-법, 이데올로기라는 순차적인 순서로) 설정되어 있다고 불만을 토로했는데, 이때 그는 〔이후〕 서구 맑스주의의 **고정관념**이 될 소감을 표현한 것이다.[130] 알튀세르도 이같은 특수한 관행에서 예외가

---

129) Ibid., p. 108.

130) *Marxism and Philosophy*, New York 1970, p. 82. 이리하여 예를 들면 부하린의 *Historical Materialism*은 루카치(*Political Writings 1919-1929*, London 1972, pp. 134-42를 참조)와 그람시(*Selections from the Prison Notebooks*, London 1971, pp. 419-72) 모두로부터 심한 비판적 반응을 일으켰다는 사실에 우리는 주목해야 한다.

아니다. 그렇지만 알튀세르의 입장에서 보면, 서구 맑스주의——코르쉬는 물론 그람시와 루카치, 사르트르뿐만 아니라 델라 볼페와 콜레티——역시 사회의 본질 및 구조를 잘못 이해하고 있다는 점에서 마찬가지로 고발되어야 했다. 역사적 유물론의 양대 전통은 각기 다른 길을 통해서 **"상부구조의 특수한 효과성"**을 억압했다. 사실 맑스주의는 상부구조에 관한 이론과, 상부구조와 경제적 토대의 관계에 관한 이론을 결여하고 있었다. 이것 또한 구축될 필요가 있었다.[131]

이런 문제들에 대해 엥겔스는 만년에 약간 주의를 기울일 수밖에 없었다. 그는 일련의 교훈적 내용의 편지에서 역사적 유물론의 기본 명제를 다시 정리하려고 노력했다. 1890년 8월에 콘라드 슈미트(C. Schmidt)에게 쓴 편지에서 그는 "유물론적 역사관은 오늘날 많은 위험스러운 친구들을 가지고 있으며", 이것을 이용하는 사람들은 "연구를 위한 지침"으로 삼으려는 의도가 아니라 "헤겔적 방식으로 이론구축을 수행하는 지렛대"[132]로 삼고 있다고 비난했다. 그후 한 달이 지나 그는 (요제프 블로흐〔J. Bloch〕에게 보낸) 다른 편지에서, 역사적 유물론에 따르면 "경제적 요인"이 "역사에서 **궁극적** 결정요인"이지만, 이것을 궁극적 결정요인들 가운데 "유일한" 것으로 간주하는 입장은 맑스주의의 중요한 명제를 "무의미하고 추상적이며 부조리한 문구"[133]로 축소시키는 것이라고 역설했다. 엥겔스는 경제적 요인의 결정성을 일방적으로 강조하는 것에 대한 비난은 부분적으로 자신과 맑스에게 책임이 있다고 인정하면서, 맑스의 구체적인 분석들을 이 이론 적용의 참된 사례라고 지적했

---

131) FM, p.113. 오직 그람시만이 맑스의 유산에 입각해 있다고 신임을 받았다. Ibid., p.114와 n.을 보라.

132) *Selected Correspondence*, p.393.

133) Ibid., p.394.

고,[134] 상부구조와 토대의 상호작용을 전제로 상부구조의 역(逆)의 결정적 역할을 인정함으로써 이 내용을 보완하고자 했다.

알뛰세르는 (경제적 요인에 의한) "최종심급에서의 결정"과 상부구조의 "효과성" 양자간의 관계의 문제에 대한 엥겔스의 어정쩡한 이론적 해결을 거부했다.[135] 그러나 그도 엥겔스의 출발점과 같은 지점에서 출발했다. 맑스주의의 사회관의 특징인 복합성으로 인해, 상부구조와 토대라는 이러한 진부한 범주는 억제될 수밖에 없게 되었고, 대신 맑스가 1859년 「서문」에서 채택한 사회구성체라는 맑스주의 특유의 개념이 선호되게 되었다. 이 개념의 사용은 맑스가 "국가"/"시민사회"라는 한 쌍의 개념을 채택한 헤겔에게서 절정에 도달했던 정치철학 및 경제학의 모든 전통으로부터 멀어졌음을 보여준다. 알뛰세르는 이런 한 쌍의 개념을 그대로 사용했다고 엥겔스를 비난하지 않았지만, 엥겔스가 『루드비히 포이어바흐』에서 제출한 명제에는 반대했다. 맑스가, 헤겔에게서 상속받은 한 쌍의 개념들에 새로운 내용을 채워넣고, 시민사회를 우세한 것으로 격상시키고 국가를 그보다 낮은 지위로 격하시키기 위해 사회모델을 단순히 뒤집은 것만은 아니다. 다시 말해서, 맑스는 시민사회=경제=하부구조=(능동적) 본질 (원인), 국가=정치/법=상부구조=(수동적) 현상/외관(결과)이라는 등식을 채택하지 않았다. 그에게서 용어들과 내용들은 다음과 같이 변화했다. 예를 들면 생산양식이라는 용어가 시민사회를 밀어내고 대체되었으며, 국가를 "윤리적 이념의 현실태"로 보는 헤겔의 국가관은 계급지배의 "도구"라는 국가관으로 바뀌었다. 그러나 이같은 용어의 내용 변화와 마찬가지로 중요한, 아니 실제로는 이보다 더 의미심장한 것은 용어들간의 "관계"가 근본적으로 탈바꿈되었다는

134) Ibid., p. 396.

135) FM, pp. 117-28을 보라. 그리고 *Selected Correspondence*, pp. 395-96을 참조하라.

점이다. 맑스는 사회구성체의 각 영역들간의 관계들에 관해 새로운 관념을 만들어 냈다.[136] 맑스와 엥겔스는 이것을 엄밀하게 정식화하지는 못했지만, 사회구성체의 주요한 구성요소들을 지적했다. **이 구성요소들이란 "(경제적) 생산양식의 최종심급에서의 결정" 그리고 "상부구조의 상대적 자율성과 특수한 효과성"이었다.** 이러한 궁극적 결정과 상대적 자율성은 어떻게 고안되었는가?

알튀세르는 자신의 명제를 텍스트상에서 변호하지 않은 채, 맑스주의적 범론(topography)은 사회구성체를 다음과 같이 구분하고 있다고 주장했다. 즉 (1) 하부구조――경제적 수준 혹은 심급으로서, 생산력의 지배하에서 이루어지는 생산관계와 생산력의 통일로 간주되고 있다. (2) 상부구조――계급사회의 법적-정치적 및 이데올로기적 수준들 혹은 심급들을 뜻한다. 속류 맑스주의의 "세 가지 단계(degree)"에 반대하면서, 알튀세르는 명확히 구별되는 실천들로 이루어진 영역들을 재개념화했는데, 그 실천들이란 경제적, 정치적, 이데올로기적 및 이론적 실천이었다. "사회적 실천"은 "하나의 한정된 사회에 존재하는 여러 실천들의 복합적 통일"[137]로 이루어져 있다. 이 실천들 각각이 독자적인 것은, 그 구조가 아니라(그 실천들의 구조는 동형〔同形〕이기 때문이다) 그 내용(실천의 개별적 대상, 생산수단, 생산물)에 관련해서 그러하다. 이들 각 실천은 다른 실천들로부터 상대적으로 자율적이면서도, 다른

136) FM, p. 111 ; pp. 108-11을 보라. 그리고 Marx and Engels, *Selected Works*, Volune Three, p. 369를 보라. FM, pp. 203-4 n. 43에서 알튀세르는 헤겔에 관해 맑스의 "전도"라고 보는 엥겔스적/맑스적 헤겔 독해와 헤겔에 대한 정확한 독해 양자를 구분하고 있다. 이같은 구분은 알튀세르의 정치철학이 그러한 해석에도 별로 민감하지 않음을 보여준다. "시민사회"라는 개념에 관해서는 RC, p. 162, n. 37도 참조하라.

137) FM, p. 167. 그리고 RC, p. 58도 보라.

실천들과 접합되어 하나의 통일성을 이루고 있었다. 이 총체는 엄밀하게 말하면 **복합적인** 것이지만, 궁극적으로는 경제적 실천이 결정적인 실천이 되는 그런 구조를 갖고 있었다. 이론적 실천은 이미 여러 차례 검토 대상이 되었다. 알튀세르의 경제적 실천에 관한 정의는 논란거리가 별로 없다. 정치적 실천은 "……사회관계들을……새로운 사회관계들로 전환시키는" 실천이라고 정의되고 있고, 이데올로기적 실천은 "그 대상인 인간의 '의식'을 전환시키는"[138] 것이라고 정의되고 있다. 알튀세르는 「맑스주의와 인간주의」에서 이같은 "실천에 관한 역사적-변증법적 유물론"이 바로 맑스의 업적이라고 주장했다.[139]

앞의 제2장에서 다음 두 가지 사항을 주목한 바 있다. 첫째로, 알튀세르가 제출한 실천의 존재론이 그 자신의 인식론에서 "실천의 우위성"을 확인해주리라는 것, 그리고 둘째로, 그의 인식론은 헤겔주의적 맑스주의에 반대하려는 목표를 지니고 있었다는 것이 그것이다. 첫번째 동기는 받아들일 수 없는 것이지만, 두번째 동기는 (일정한 제한을 전제로 할 때) 지지할 수 있는 것이다. 알튀세르의 주장에 따르면, 현실은 (늘 그랬듯이) 복합적이고 다형적이며 이질적이다. 요컨대 중층결정되어 있다. 이와 마찬가지로 맑스주의에서 사회적 전체란 "미리-주어진-복합적이고 구조화된 전체"[140]이다. 이 사회적 전체는, 현재는 물론 과거 그리고 미래에도 하나의 "실체", 하나의 "본질", 또는 하나의 "행위"로 환원될 수 없는 것이다. "'기계적' 유물론과 의식의 관념론이라는 한 쌍의 혼란"은 이같은 환원을 시도하곤 했다. 이와 다르게 생각한다면 헤겔(또는 헤켈〔E. Haeckel〕)로 복귀할 수밖에 없다.[141] 맑스주의적 전체

138) FM, p. 167.

139) Ibid., p. 229.

140) Ibid., p. 193.

의 윤곽은 헤겔주의의 총체성과는 아주 다르다. 후자는 언뜻 볼 때만 복합적일 뿐이다. 헤겔주의의 총체성은 실제로는 헤겔의 모순과 마찬가지로 "간단"한데, 그 이유는 그 총체성의 "구체적인 차이점"들이 가정되자마자 곧 그 총체성의 내적 원리에 의해 부정되며, 이 차이점들은 그 원리의 수많은 계기들 중의 하나에 불과하기 때문이다.[142] 헤겔주의의 총체성은 알튀세르에 의해 "표현적 총체성"——그 부분들이 서로를 그리고 그 총체의 단순한 본질을 표현하는 총체성——이라는 말로 범주화되고 있다.[143] 실재하는 것과 사회적인 것의 다양성——즉 "차이" (『맑스를 위하여』와 『자본론 읽기』에서 자주 나타나는 주제들)——은 이같은 헤겔주의의 그것과는 질적으로 다른 것이다.[144] 이와는 대조적으로 맑스주의적 전체는 표현되어야 할 어떠한 본질도, 또 반영되어야 할 어떠한 중심도 숨기고 있지 않다. 이 전체는 (수많은 각기 구별되는 실천들로 구성되는) "심급의 **복수성**"을 구성하는 "구조들의 구조"인데, 이 심급들은 서로 상대적으로 자율적이고 자체의 "특수한 효과성"을 부여받고 있으며 "고유한 시간 및 역사"[145]를 지니고 있다. 상부구조의

---

141) Ibid., p. 202.

142) Ibid., p. 203; 그리고 p. 103도 보라.

143) RC, p. 94; 그리고 FM, pp. 203-4 n. 43도 보라.

144) 칼리니코스가 알튀세르의 맑스주의에서 "차이"라는 개념을 부각시키고 있는 것(*Is There A Future For Marxism?*, pp. 62-65, Marxism and Philosophy, pp. 90-91, 95 참조)이 매우 적절하다는 점을, 흥미롭게도 마치오키는 *Daily Life in Revolutionary China* (1971), New York 1973, p. 481에서 입증하고 있다. 그녀의 언급이 정확한 것이라고 가정한다면, 1970년경의 미간행 저작에서 알튀세르는 마오의 저작들을 지배하는 두 가지 (훌륭한) 개념이 "차이"와 "불균등성" (unevenness)이라고 주장했다고 한다(영어 번역은 수정됨).

145) RC, pp. 17, 207, 99.

수준들은 경제적 이성의 책략이 아니라, 근원적이며 시간축을 초월한 물질구조, 즉 경제적 토대에 대해서 이차적 순위의 현실들이다. 한 사회구성체는 전체적 구조라고 할 수 있는데, 여기에는 세 가지 지역적 구조들이 자신들의 뿌리깊은 현실과 함께 포섭되어 있다. 경제적 심급은 이같은 지역적 구조의 하나이다. 정치적 및 이데올로기적 심급들은 토대적 원인의 엄밀한 결과들도 아니고 하부구조적 본질의 상부구조적 현상들도 아니다. 그것들은 결정하는 동시에 결정되고 있으며, 경제적 심급의 "존재조건"이 되는데, 이는 경제적 심급이 그것들의 존재조건인 것과 마찬가지다. 중층결정은 "보편적"이다. 요컨대 맑스주의는 경제주의가 아니다. 즉,

> 경제적 변증법은 결코 순수한 상태에서 작동하지 않는다. 역사 속에서 상부구조 등의 심급들이――이 심급들의 작동이 완료되었을 때, 혹은 경제 폐하께서 변증법이라는 왕도를 따라 위풍당당하게 나아가도록 하기 위해 경제의 현상들에 불과한 이 심급들이 흩어지게 되는 시간이 왔을 때――공손한 태도로 물러서는 일은 결코 일어나지 않는다. 첫 순간부터 마지막 순간까지 최종심급이라는 고독한 시간은 결코 오지 않는다.[146]

알뛰세르의 고전적인 토대/상부구조라는 범론의 보존(경제적인 것에 의한 최종심급에서의 결정)은 이같이 사회구성체들의 지층구조에 관한 새로운 개념정리와 결부되어 있다. 즉 정치적 수준 및 이데올로기적 수준은 상대적 자율성을 누리지만, 독립성(최종심급에서의 결정)을 향유하지는 못한다는 것이다. 동시에 "최종심급"은 결코 자신의 존재를

146) FM, p. 113.

드러내어 사회구성체를 빛내주지도 않는다. 그렇다면 고전 맑스주의의 궁극적인 경제적 결정이라는 명제——맑스가 자신의 역사이론을 관념론적 역사철학들과 구분한 명제——에는 무엇이 남게 되는가? 그리고 만일 탈중심화되고 비동질적인 사회적 전체의 영역들이 명확히 구분되는 실천들로 구성되어 있고 서로 다른 영역으로——공간적으로 그리고 시간적으로——환원될 수 없는 것이라면, 이같은 전체도 진실한 전체인가 아니면 분리된 채 상호작용하는 요소들의 뭉치에 불과한 것인가? 알튀세르는 자신의 사회적 전체라는 개념이 맑스주의적인 것이고 또 하나의 총체——복합적이지만 동시에 통일되어 있으며, 탈중심화되어 있지만 동시에 결정되어 있고, 이질적이지만 동시에 위계적인 총체——라고 주장했다. 복합성이 이 사회적 전체의 본질인데, 이 점으로 인해 그것은 헤겔주의적 맑스주의 모델과 구별된다. 왜냐하면 헤겔주의적 맑스주의 모델은 "각 수준들을 구분하는 실재적 차이점들"을 말살하고 있기 때문이다.[147] 이 사회적 전체는 "지배 내 구조"(structure in dominance)이다. 또한 이 점이 다원주의라는 비난에 대한 논박인데, 다원주의는 이들 수준들을 포괄하는 총체성을 결여하고 있기 때문이다. 왜냐하면,

> 이 통일성은 하나의 단순하고 원초적이며 보편적인 본질의 통일성이 아니며 또한 그런 통일성일 수도 없다고 주장하는 것이…… '다원주의'라는 제단에 통일성을 희생양으로 바치는 것은 아니다. 그것은 이[다원주의]와는 전혀 다른 것을 주장하는 것이다. 즉 맑스주의에서 논의되는 통일성은 **복합성 자체의 통일성**이라는 점, 이 복합성의 조직 및 접합 양식이 바로 맑스주의의 통일성을 구성하고 있다는 점을 주장하는 것이다. 또한 그것은 **복합적 전체는 지배 내에서 접합된 구조라는 통일성을**

147) RC, p. 132.

가지고 있다고 주장하는 것이다."[148]

모든 사회구성체는, 각 사회구성체가 사회적 실천들의 위계질서 및 상호관계를 조직하는 지배적인 요소를 가지고 있다는 점에서, "지배 내 구조"다. 그러나 이러한 지배적 요소는 경제적 요소의 원인적 우위성을 무시하지 않는다. 경제적 요소가 항상 **지배적**인 것은 아니지만, 그러나 그것은 항상 최종심급에서는 **결정적**이며, 여러 심급들의 조정을 담당하고, 이 심급들 가운데 하나에게 전체 내에서의 지배적인 역할을 배정하는 한편 기타의 심급들에게 부차적인 역할을 할당하고, 이 심급들의 상대적 자율성의 정도와 효과성의 정도를 정해준다. 자본주의 사회구성체에서 이 경제적 요소는 자기자신의 지배를 결정한다. 다른 사회구성체에서는 이같은 역할배정이 달라질 수 있는데, 예를 들면 봉건제에서처럼 비경제적인 심급이 지배적인 위치를 차지할 수 있다. 따라서 모든 개별적인 사회구성체는 **지배 내 구조——"불변적인"——의 총체성의 한 "변형물"**[149]이다. 이상의 내용을 알튀세르는 "진정한 맑스주의 전통"에 속하는 것이라고 간주했다. 오로지 경제주의만이 경제적 수준에게 영구히 주도적인 역할을 배정하고 다른 수준들에게는 아주 시시한 단역배우의 역할만을 할당한다. "현실 역사"——맑스주의자들이 설명해야 했고 그 속에서 행동하지 않으면 안되었던 역사——에서 궁극적인 경제적 결정은 상이한 심급들의 지배의 교체를 통해서 관철되는 것이다.[150]

148) FM, pp. 201-2. 그리고 RC, pp. 97-99도 참조하라.

149) FM, p. 209.

150) Ibid., p. 213. 또한 Balibar in RC, p. 224도 참조하라. 다소 혼란스럽게도 발리바르는 "지배적"(dominant)이라는 용어 대신에 "결정적"(determinant)이라는 용어를 채용하고 있다. 『맑스를 위하여』와 『자본론 읽기』의 영어판 번역자인 벤 브루스

이 마지막 논점은 우리로 하여금 레닌과 마오로 복귀하게 한다. 고전적 범론에 대한 알튀세르의 수정은 심미적인 작업이 아니었다. 그는 자신의 명제들이 맑스주의적 정치에 결정적으로 중요하다고 생각했다. 경제주의가 모든 모순들은 생산력의 표현이라는 도식 속으로 그 현실을 무리하게 쑤셔넣음으로써 역사적 현실을 왜곡하고 있는 반면, 알튀세르가 구축한 모델은 비록 "추상적"이지만 필수불가결한 준비작업의 하나로 계획된 것이었다. 혁명적 실천에서는 불변적인 것의 **정확한 변형태**들을 확인하는 작업이 중요한 것이지, 사회구성체들이 지배 내에서 변함없이 구조화되어 있다는 인식 자체가 중요한 것은 아니다. 다시 말해서 알튀세르의 맑스주의 범론 재구성의 목적은, 레닌이 말한 "맑스주의의 살아있는 정신" 즉 "구체적인 상황에 대한 구체적인 분석"[151]을 가능케 하려는 것이었지, 이 분석을 범론으로 대체하는 것이 아니었다. 레닌의 러시아의 1917년 "정세" 분석은 이같은 구체적인 상황에 대한 구체적인 분석의 모범사례인데, 그 이유는 이 분석이 사회구성체의 각 수준들 사이에서 당시 관철되던 구체적인 관계에 초점을 맞추고 있었기 때문이며, 나아가 각 수준들의 정확한 윤곽, 각 수준에서 작용하는 모순들의 특별한 배열, 혁명적 정치활동에 직면한 여러 세력들의 상호관계 등에 초점을 맞추고 있었기 때문이다.[152] **정세**라는 (전략적) 개념은 "실재하는 역사적 현재의 구조"[153]를 가리키는데, 이 개념은 맑스주의 역사이론과

터(B. Brewster)가 부록으로 첨부한 유용한 용어해설을 알튀세르가 수정함으로써 이같은 애매함은 일소되었다. 예를 들면 FM, p. 225를 보라.

151) Lenin, "*Kommunismus*", in *Collected Works*, Volume 31, Moscow 1966, p. 166 (FM에서는 p. 206에 인용됨). 또한 *idem*, "Letters on Tactics", *Collected Works*, Volume 24, Moscow 1964, p. 43도 보라.

152) FM, pp. 178-79, 206-07을 보라.

153) RC, p. 106(pp. 106-07도 보라).

나아가 맑스주의 정치과학 모두에 필수불가결한 것이었다. 정세의 구체적인 분석은 과학과 정치의 접합을 이루게 했는데, 그 까닭은 이 분석이 핵심적인 혁명적 질문—— 무엇을 할 것인가?——에 대한 해답을 제공해주는 것이었기 때문이다.

중층결정의 법칙과, 이것과 한 쌍을 이루는 마오주의적 짝인 "불균등발전의 법칙"[154]은 혁명-이전의 국가 또는 비혁명적 국가들에서뿐만 아니라, 혁명-이후의 국가들에서도 지배적인 것이었다. 그리고 우리는 이 점에서 다시 스탈린과 재회하게 된다. 왜냐하면 이 법칙은 알튀세르에게 스탈린주의를 설명하기 위한 하나의 이론적 준거틀을 제공해주었기 때문이다. 중층결정은 다음과 같은 것을 포함한다.

> (1) [경제적] 구조에서 일어나는 하나의 혁명은 기존의 상부구조들을 **사실상** 변경하지 못하며 특히 한 번의 타격으로는 이데올로기들을 변경하지 못한다(경제적 요소가 **유일한 결정적 요인**이라고 하더라도 사정은 마찬가지다)……
>
> (2) 혁명에 의해서 창출된 새로운 사회는 스스로 **낡은 요소들의 존속 다시 말해 재활성화를 보장**할 수도 있는데, 이같은 재활성화는 그 사회의 새로운 상부구조들이라는 형태와 특수한 (국내적 및 국제적) '조건'을 통해서 이루어진다.[155]

---

154) 예를 들면, FM, pp. 200-1을 보라.

155) FM, pp. 115-16. 알튀세르는 이같은 분석적 틀이 존재하지 않기 때문에 스탈린 시대를 설명하는 일이 불가능하다고 추측하면서 더욱 진전된 이론적 및 역사적 연구가 필요하다고 주장하고 있다. 이 단계의 알튀세르의 시각은 「맑스주의와 인간주의」에서 잘 드러나고 있다. 이 논문에서는 지나가면서 다음과 같이 주장되고 있다. 즉 상부구조의 상대적 자율성은 "(소련에서) 사회주의적 하부구조가 이 오류의 시기중 상부구조에 영향을 미치는 본질적인 손상 없이 발전하는

여기에서 목표로 한 것은, 사회적 총체성에 대한 헤겔주의 개념과 맑스주의 개념을 구별하는 것은 물론이고, 또한 역사/역사적 시간에 대한 헤겔주의적 관념과 맑스주의적 관념을 구별하는 것이었다. 이 구별은 이제 역으로 단순성/복합성의 문제에 영향을 미치게 되며 그래서 이 개념은 『자본론 읽기』에서 차별적 시간성(differential temporality)이라는 개념으로 구체화되었다.

복합적인 사회적 전체는 이 전체에 통일성을 부여하는 어떠한 기저적인 본질이나 원리로도 환원될 수 없다는 사실에서 출발하여, 알튀세르는 각 심급의 개별적인 역사들(과 각급 수준의 실천들)이 하나의 공통된 역사로 환원될 수 없다는 명제를 이끌어냈다. 그의 주장에 따르면 헤겔의 역사적 시간이라는 개념은 헤겔의 표현적 총체성 개념의 한 지류였다는 것이다. 이 개념은 "동질적 연속성"과 "동시대성"이라는 두 가지의 중요한 특징을 지니고 있었다.[156] 통설에 따르면 헤겔의 경우, 역사는 하나의 연속체——절대정신의 다양한 "발전" 국면들을 발생시키는 표현적 총체성의 계속——라는 것이다. 각 총체성의 요소들은, 내재적-초월적 본질의 현상으로서, 동일한 시간 속에 병존한다. 이에 따라 헤겔적인 역사적 시간은 경험론적 시간개념을 갖는 하나의 단편에 불과한 것이다. 맑스주의적 전체의 복합성은 이러한 가정들로부터의 단절을 필연적인 것으로 만들었다. "다음과 같은 것은 더이상 가능하지 않다"고 알튀세르는 썼다.

> 전체의 각기 다른 수준들의 발전과정을 **동일한 역사적 시간 속에서** 사유할 수는 없다. 이들 상이한 각 '수준'은 같은 형태의 역사적 존재를

것이 어떻게 가능했는지를 이론적으로 매우 간단하게 설명해준다" (FM, p. 240).

156) RC, pp. 94-96을 보라.

갖지 않는다. 오히려 그 반대로, 설사 각 수준이 다른 수준들의 '시간들'에 의존하고 있다고 해도, 우리는 각 수준에게 비교적 자율적이고 따라서 비교적 독립적인, **고유한 시간**을 부여해야 한다.[157]

경제적 생산양식, 정치, 문학, 이데올로기, 과학 등의 모든 것은 자체의 고유한 "시간과 역사", 자체의 특유한 리듬, 발전형태, 연속성과 불연속성을 가지고 있다. 이들 차별적인 역사적 시간들은 "단순한 이데올로기적 기본시간" 즉 "직선적 연대기적 시간" 속에 존재하지 않으며, 또한 이런 시간으로 측정될 수도 없다.[158] 그렇다고 해서 이것은, "각기 다른 역사적 시간성"이 사회적 총체성으로부터 전적으로 독립해 있고 나아가서 서로 간에 독립해 있다는 뜻은 아니다. 각각의 역사적 시간이 가지고 있는 "**독립성**의 정도 및 양식"은, 사회적 전체 속에서 이 시간이 속하는 수준에 부여된 상대적 자율성의 정도 및 양식에 좌우되는 것이다.[159] "각기 다른 수준의 구조가 만들어낸 각기 다른 시간성의 복합적 결합이……" 사회구성체의 발전의 "독특한 시간을 구성하는 것이다".[160]

경제적인 것의 간접적인 2단계 결정성, 모든 사회구성체의 중층결정, 이와 관련되는 차별적 시간성 등에 관한 알뛰세르의 명제는 인과성의 새로운 질서, 즉 구조적 인과성이라는 주장을 함축하고 있었다. 알뛰세르는 (『자본론 읽기』에서 최초로 개진된) 이 개념을 사용해서, 맑스주의와 맑스주의의 경제주의적 및 역사주의적 왜곡 사이에 존재하는 궁극적 차이점들을 압축적으로 나타내려고 했다. 이 구조적 인과성이라는

157) Ibid., p.99.

158) Ibid., pp.104-05.

159) Ibid., p.99를 보라.

160) Ibid., p.104.

개념은 맑스의 이론적 혁명에서는 "실천적인 상태"로 존재하고 있다고 알려져 있으며, 이미 스피노자에 의해서 예고되었고, 이제 알튀세르에 의해 더욱 정밀하게 다듬어지게 된 것이었다. 맑스는 묵시적으로――그러나 결코 언제나 명시적이지는 않게――두 가지 전통적인 인과성 모델을 폐기했다. 데카르트적 전통의 첫번째 인과성 모델은 "초월적 인과성"(기계적 인과성)이었다. 라이프니치가 창시하고 헤겔주의에 의해 유명해진 두번째 모델은 "표현적" 인과성이었다. 맑스와 맑스주의에 고유한 구조적 인과성은 "**한 구조의 여러 요소들의 결정, 이들 요소들간의 구조적 관계들, 그리고 이 구조의 효과성에 의해 이들 관계들이 받는 영향들**"[161]의 개념화를 추구한 것이었다. 달리 말하자면 앞에서 고찰한 바와 같이 이 인과성은 전체적 구조(사회적 총체성)와 그것의 지역적 구조들(경제적, 정치적, 이데올로기적) 사이에서 관철되는 인과관계는 물론이고, 지역적 구조들과 이들 요소들(예를 들면 경제적 구조와 그것의 요소들――생산력과 생산관계) 사이에서 관철되는 인과관계를 특징적으로 설명하려는 것이었다. 그것은 초월적 인과성과는 달리 전체가 그것의 부분들에 미치는 효과성을 서술하고 있고, 표현적 인과성과도 달리 그것은 전체를 "본질화하지" 않으며 부분들을 환원시키지도 않는다. 스피노자식으로 말하자면, 원인**으로서의** 구조는 "그것의 효과 속에 내재하는" 것이며 그것들에 외재하는 것은 아니다. 실로 "**모든 현존하는 구조는 그것의 효과들로 구성되어 있다**".[162] 원인은 "**부재하며**", 오직 그것의 효과들

161) Ibid., p. 186. 스피노자는 "이 문제를 제기하고 그것에 대한 최초의 해결책을 개관한" 맑스 이전의 유일한 철학자로 평가되고 있다(p. 187). 스피노자의 내재적 인과성에 관한 생각은――"**신은 만물의 내재적 요인이며 일시적인 원인이 아니다**"(*The Ethics*, New York 1955. p. 62 [수정 번역됨])――알튀세르의 "구조적 인과성"에 대해 모델을 제공하고 있다. RC, p. 189를 보라.

속에 그리고 효과들로서 존재할 뿐인데——게다가 그 효과들 가운데 어느 것 속에도(인격 속에도) 전적으로 존재하고 있는 것은 아니다.[163)]

다음의 모든 것, 즉 실천들과 그것의 상이한 계기들의 다중성/환원 불가능성, 전체적 구조 안에 있는 지역적 구조들 및 이 구조들의 각기 다른 시간들의 복수성, "구조적" 인과성을 기초로 맑스주의는 하나의 이론적 비/반인간주의라고 주장되었다. 알뛰세르의 입장에서는, 역사란 일종의 "주체 없는 과정"[164)]이기 때문이다. 역사와 사회는 인간 주체——개별적이든 집단적이든——의 창조물이 아니다. 인간은 사회적 및 역사적 과정들의 주체가 아니라 그 과정들의 "담지자들"이다.

> 생산관계의 구조는 생산의 행위자들이 점유하고 선택하는 **장소와 기능**을 결정하는데, 이 행위자들이 이 기능의 '담지자'에 머물러 있는 한 이들은 장소의 점유자에 불과하다. 따라서 진정한 (이 과정의 구성적 주체이라는 의미에서) '주체'는 이같은 점유자 혹은 기능자가 아니라, 또 '구체적인 개인' 즉 '실재하는 인간'이 아니라, **이들 장소 및 기능을 정의하고 분배하는 것이다. 진정한 '주체들'은 이들 정의자와 분배자, 다시 말해 생산관계**(그리고 정치적 및 이데올로기적 사회관계들)이다. 그러나 이들은 '관계'이기 때문에, 주체의 범주 내에 속한다고 간주될 수 없다.[165)]

알뛰세르의 주장에 따르면, 맑스의 이론에서 생산관계는 생산수단

162) Ibid., p. 189.

163) Ibid., p. 188. 회고에 관해서는 ES-C, pp. 126-27 n. 20을 보라.

164) Balibar, in RC, p. 271.

165) RC, p. 180. FM, p. 231에서 알뛰세르는 역사의 "주체들"은 주어진 인간사회들이라고 주장했다.

의 분배를 포함하고 있을 뿐만 아니라 적대적인 사회계급들로 분배된 "인간들"(사회적 행위자들) 간의 관계도 포함하고 있다. 이들을 오직 (헤겔주의적 맑스주의에서처럼) 주체 상호간의 인간관계로만 해석하는 것은 다음과 같은 "놀라운 전제, 즉 역사의 '배우'가 그 〔역사라는〕텍스트의 필자, 그것〔역사〕의 생산의 주체"[166]라는 전제를 받아들이는 것이다. 알튀세르의 객관주의적 맑스주의에서는 시종일관 구조의 우위성이 관철되었다. 이들 구조들 가운데 가장 중요한 것은 **생산양식**——역사적 유물론의 기본개념——이었다.[167] 바로 이 개념과 더불어, 경제와 사회 및 역사에 관한 하나의 과학이 시작되었던 것인데, 그 이유는 생산양식이 "역사적 존재의 통일성의 기본형태"[168]이기 때문이었다.

생산력의 전진은 중단되고

알튀세르의 생산양식이론의 구축은 에티엔 발리바르가 『자본론 읽기』에 기고한 훌륭한 논문 「역사적 유물론의 기본개념들에 관하여」로 대체로 위임되었다(『자본론 읽기』의 1968년 제2판에 그대로 수록된 이 논문은 알튀세르의 논문들을 제외한 유일한 글이었으며, 영어판은 이 제2판을 번역한 것이다). 그러나 알튀세르는 이 글 앞에 실린 「『자본론』의 대상」이라는 논문의 마지막 두 장에서 생산양식이론에 대한 계획안을 제시했다.

166) RC, p. 139. RC, pp. 139-40, 174-75와 Balibar in ibid., pp. 270-71도 보라. 이러한 전제는 Marx, *The Poverty of Philosophy*, p. 170에서 유래하는 것이다.

167) RC, p. 173.

168) Ibid., pp. 195-96.

맑스의 관심의 대부분은 물론 자본주의적 생산양식에 초점이 맞추어져 있으며, 그는 "전자본주의적 경제구성체들"에 대해서는 어떠한 전면적인 작업도 수행하지 않았다. 맑스가 파악했던 전자본주의적 경제구성체들은 1859년 「서문」에 도표로 서술되어 있으며, 『그룬트리세』의 보론(〔자본주의에 선행하는〕『제형태』)에서도 논의되고 있고, 『자본론』의 도처에서——대개 비교를 위한 목적으로——언급되어 있다. 『자본론』 제1권에서 맑스는 "경제적 구성체들" (나중에는 생산양식이라고 부른 것)은 그것들 자체의 특유한 생산관계——생산수단의 소유자들에 의한 직접생산자들의 착취양식——에 의해 서로 구별된다고 주장했다. 그는 저 유명한 제3권의 한 구절에서, 이같은 생산관계는 국가라는 "특수한 형태"를 포함한 "전체 사회조직의 가장 은밀하고 숨겨진 토대"를 간직하고 있다고 주장했다. 한편 생산관계는 "항상 일정한 수준의 노동유형 및 노동방식의 발전에 [상응하고], 나아가 그것의 사회적 생산력에 상응한다". 달리 말하자면, 이 경제적 구성체들은 생산력(생산수단과 노동력)에 상응하는 것이다.[169]

이 문구와 여타의 구절들을 인용하면서, 알튀세르는 맑스가 구체적으로 명시한 각종 요소들——직접생산자, 생산수단의 소유자, 생산의 도구 및 대상 등——의 "결합"을 통해 "지금까지 인류역사에서 존재했고 또 앞으로 존재할 수 있는 각종 **생산양식**의 정의에 도달"[170]할 수 있게 되었다고 추론했다. 더욱이 (제한된 경제적인 의미의) 생산양식은 일정한 특수한 상부구조적 "존재조건들"——생산관계에 순기능적으로 작용하는 정치적-법적 그리고/또는 이데올로기적 형태들——을 필요로 하기

169) *Capital*, Volume One, p. 325와 *Capital*, Volume Three, Harmondsworth, 1981, p. 927을 보라.

170) RC., p. 176.

때문에, "연구대상인 사회의 전체 상부구조는…… 생산관계 속에 특수한 방식으로 잠재되어 있으며 또한 현존하고 있다".[171] 여기서 경제적 수준은 전체 구조 속에 있는 지역적 구조(생산력과 생산관계)——생산양식——였다는 점을 고려하면, 생산양식에 대한 확대된 정의는 오직 이 지역적 구조를 통해서만 정의될 수 있는 것이었다.[172]

발리바르의 논문은, 맑스의 저작이 "일반적인 과학적 역사이론"[173]을 가지고 있는 것으로 독해되어야 한다는 점을 전제로 시작된다(이같은 명칭에서 일반적인 이론이라는 명사는 바로 과학을 뜻했다. 다시 말해 역사적 유물론은 이리하여 "역사의 과학" 이상도 이하도 아닌 바로 그 자체를 의미했다).[174] 역사이론의 과학으로의 탈바꿈은 다음 두 가지 원리를 중심으로 회전함으로써 이루어졌다. 즉 역사적인 시기구분, 그리고 사회적 전체의 지역들의 (비대칭적인) 배치 및 상호관계가 그것이다. 이렇게 본다면 1859년 「서문」의 의의는 매우 명백해지는 것이었다. 발리바르의 과제는 이 저작의 "실천적인 〔상태의〕 개념들"이라고 추정되는 것을 연구발전시켜 생산양식——이것의 구조, 이것의 구성, 그리고 하나의 생산양식에서 다른 것으로의 이행의 형태——에 관한 일반이론으로 완성하는 것이었고, 이렇게 되면 이 일반이론은 "생산양식의 불연속적 계속"으로서의 역사에 관한 과학적인 이론이 될 것이었다.[175]

「서문」에 있는 맑스의 범론을 토대로 발리바르는 "심급들의 복수성이 모든 사회구조의 본질적인 한 속성임에 틀림없으며, 또 사회과학의

171) Ibid., pp. 177-78.

172) Ibid., pp. 182-83

173) RC, p. 201.

174) Ibid., p. 202.

175) Ibid., p. 204. 또한 pp. 203-38을 보라.

문제는 정확하게 말해 이 심급들의 **접합의 각종 변이형태**의 문제"[176] 라고 단언했다. 전체적 구조의 지역적 구조들 사이의 (구조-인과적) 관계에 해당되는 내용은 모든 (경제적) 생산양식의 구성요소들——즉 지역적 구조 자체——에도 똑같이 적용되었고, 이 사실은 전체적 구조의 분석을 위한 시발점이 되었다. 맑스가 『자본론』에서 자본주의 생산양식이라는 과학적 개념을 구축해놓았기 때문에, 발리바르는 이것이 생산양식 일반 이론의 구축을 위한, 그리고 나아가 비자본주의적 생산양식들에 관한 개념의 구성을 위한 열쇠를 제공할 것이 틀림없다고 생각했다. 『자본론』에서 뽑은 구절들을 줄줄이 늘어놓으면서 발리바르는 생산양식이 "항상 동일한 소수의 요소간의 연관의 변이"[177] 에 의해 차별화되거나 개별화된다고 분석했다. 생산양식은 다음 세 가지 "요소" 사이의 두 가지 "연관"으로 이루어져 있다.

(1) 노동자;
(2) 생산수단;
 (i) 노동대상;
 (ii) 노동수단;
(3) 비노동자;
(A) 소유연관;
(B) 실질적 또는 물질적 전유연관;[178]

경제적 생산양식은 생산력과 생산관계의 접합적 통일체라고 주장되

176) Ibid., p. 207.

177) Ibid., p. 225. Marx, *Capital*, Volume Two, p. 120을 보라.

178) RC, p. 215.

고 있다. "소유연관"——생산관계——과 "실질적 전유연관"——생산력——은 서로 상응하는 상태에 있다. 다만 이행기 동안에는 예외인데, 이행기에는 생산관계들이 지배적인 사항이며 생산력보다 설명적 우위성을 갖기 때문이다.

발리바르는 생산양식이론이 『공산당 선언』의 시작부분에 이론적 기초를 제공했다고 초기부터 과감히 주장했다. 다시 말해 그의 분석의 명백한 난해성에도 불구하고, 다음 질문이 그 분석의 기저를 이루고 있다. "**역사는 계급투쟁의 역사라는 주장이 과학적인 주장이 될 수 있는 것은 어떤 조건을 근거로 해서 가능한가?**"[179] 그리고나서 (그리고 맑스주의적 용어를 빌어, 보다 논쟁적으로) 그는 생산관계가 분배관계 등보다 우위에 있음은 물론 생산력에 대해서도 우위에 있음을 이론화하려는 시도를 보이고 있다. 이는 마오주의자와 유사한 주장이기도 하다. 그리하여 노동력을 생산력으로부터 배제하고 나아가 생산력을 "**사물들**"로 축소해버린 플레하노프 등의 이론의 필연적 귀결점인 기술공학적 결정론은 알튀세르주의자들로부터 강력한——그리고 독창적인——반발을 불러일으켰다. 생산양식은 역사적 유물론의 기본개념으로 명확하게 여전히 사용되고 있지만, 그것은 철저하게 재해석된 것이었다. 생산력은 독립변수로서의 지위를 박탈당하였고 그 자체가 생산관계의 하나의 변종——또는 부분집합——으로 간주되었다. 즉 "'기술적인' 사회적 생산관계"로 간주된 것이다.[180] 그 결과 앞으로 우리가 언급하게 되듯이, 맑스의 역사 해석에서는 역사의 주요한 동학으로 규정되었던 생산력과 생산관계 간의 모순의 변증법이 사라지게 된 것이다. 예를 들어 자본주의 생산양식은 생산력과 생산관계가 접합된 하나의 결합으로서, 그 생산양식 자체

179) Ibid., p. 205.

180) Ibid, pp. 233-35, 247을 보라.

의 해소를 위한 아무런 내재적인 경향도 갖지 못하게 된 것이다.

알튀세르를 따라 발리바르는 다음과 같이 주장했다.

> 각 생산양식의 구조의 일부를 이루는 두 가지 연관들에 의존해서 이들 요소들의 결합이 변화함에 따라서……우리는 다양한 생산양식을 재구성할 수 있다. 다시 말해 우리는 이 생산양식들에 관한 이론적 지식을 위한 '전제조건들'에 착수할 수 있는데, 이 조건이란 아주 단순하게는 생산양식의 역사적 존재조건에 관한 개념인 것이다……최종적인 결과는 동일한 '요소들'을 전부 결합시키는 상이한 생산양식들에 관한 형태비교표일 것이다.[181)]

더 나아가 불변요소들의 일람표를 제시함으로써, 발리바르는 다양한 생산양식에서 경제가 차지하는 인과적 우위성의 엄밀한 모델을 설명할 수 있다고 주장했다. 독특하게도 자본주의 생산양식에서는 노동과정과 잉여노동과정이 시간적 및 공간적으로 일치한다. 잉여노동은 생산자(생산수단으로부터 이중으로 분리되어 있는 노동자들)로부터 자본가(노동자들이 자신의 상품화된 노동력을 판매하는 상대방인, 노동하지 않는 생산수단의 "소유자들")에 의해서 잉여가치의 형태로 생산과정 자체 속에서 추출된다. 이와는 반대로, 봉건제 생산양식에서는 생산자가 생산수단으로부터 분리되어 있지 않기 때문에, 필요노동과 잉여노동은 〔시공간적으로〕 일치하지 않으며, 경제외적 강제가 잉여노동의 수행을 위해(나아가 잉여의 추출을 위해) 필요하다. 이 두 과정의 (비)일치성은 어떤 사회구성체에서든 경제적 심급에 의해 수행되는 2단계의 결정을 설명해주며, 그 사회구성체의 착취방식은 여러 심급들 가운데 어느 것이

181) Ibid., pp. 216.

지배적인지를 결정한다. 자본주의 양식에서는 이 두 과정의 상동성이 작용하기 때문에, 경제가 결정적인 것이며 또 지배적인 것이기도 하다. 그러나 이에 비해 봉건제 양식에서는 이 두 과정의 분절이 작용한 결과, 경제적 심급은 (강제적인) 정치적 심급(국가)을 지배적인 것으로 결정한다. 〔"결정"이라는〕 "최종심급"의 지위는 항상 경제적 심급이 차지하고 있지만, 지배의 지위는 잉여수탈의 절박성에 따라 사회적 전체의 심급들이 번갈아가면서 차지한다.[182)]

발리바르가 제안한 비교분석이 지닌 중대한 문제점은, 『자본론 읽기』의 출간 2년 후 글룩스만이 이 책에 대한 통렬한 비판에서 지적했듯이, 그것이 결국에는 단지 자본주의의 고유성에 관한 이론이 되고 만다는 것이다.[183)] 글룩스만이 지칭한 발리바르의 "불확정적인 비교주의"(indeterminable conparativism)는, 〔생산양식을〕 자본주의 생산양식과 전자본주의 생산양식으로만 구별할 수 있을 뿐이다(전자에서는 직접생산자가 생산수단으로부터 분리되어 있고 이에 따라 경제가 지배적인 반면, 후자에서는 직접생산자가 이렇게 분리되어 있지 않고 이에 따라 비경제적 심급들이 지배적인 것으로 결정된다). 그렇지만 그것은 전자본주의 생산양식들 자체간에는 결코 구별할 수 없다(발리바르는 이들 전자본주의 생산양식들 가운데 단지 아시아적 생산양식과 봉건적 생산양식만을 언급하고 있을 뿐이다). 논의의 여지는 있지만, 이같은 결과는 발리바르의 출발점에 이미 내재된 것이었다. 왜냐하면 그의 논의는, 질문되지 않았

---

182) Ibid., pp. 216-24. 발리바르는 자신의 이같은 주장을 옹호하기 위해 다른 어느 구절보다도 *Capital*, Volume One, p. 176 n. 35와 *Capital*, Volume Three, p. 926-27을 인용하고 있다.

183) "A Ventriloquist Structuralism", *New Left Review*(ed.), *Western Marxism : A Critical Reader*, London 1977, p. 299.

으나 질문될 수 있는 적어도 두 가지 전제에 입각해 있기 때문이다. (1) 전자본주의 생산양식에 관한 맑스의 미숙한 고찰이, 보완되지 않고 재해석되지도 않은 상태로 발리바르 자신의 이론적 실천을 위한 원료로 이용될 수 있다는 것, (2) "맑스의 방법은…… '준거'(reference)의 문제, 즉 이론적 지식의 경험적인 지시 대상의 문제를 완전히 **배제하고** 있으며" 따라서 역사연구는, 맑스주의적이든 비맑스주의적이든간에 똑같이, 생산양식의 유형학의 구축(그리고 내용부여)에 불필요하다는 것이다.[184]

발리바르는 자신의 연구가 "생산양식에 관한 **선험적** 과학"의 구조주의적 계획이었다는 지적에 대해 격렬하게 부정했는데, 그는 알튀세르와 마찬가지로 구조주의의 "조합"(combinatory)이라는 것과 맑스의 "결합"(combination)(에 관한 자신의 해석) 사이에 범주상의 차이가 있다고 주장했다.[185] 그렇지만 생산양식의 재생산과 한 생산양식으로부터 다른 생산양식으로의 이행에 관한 그의 설명은 그 자신이 부정한 프랑스 이데올로기의 궤적 속으로 그를 명백하게 끌고들어간다.

생산양식은 불변요소들의 가변적이고 접합된 결합이라는 설명은 맑스주의 이론의 "철저하게 **반-진화론적인** 특성"을 나타낸 것이었다.[186] 생산양식은 스탈린식으로, 자기부정해나가는 역사적 형태로 간주되어서는 안된다. 이는, 그 경우 생산양식의――냉혹한 경향성의 법칙이라는

184) RC, p.249를 보라. 그리고 NLR의 "Introduction to Glucksman", *Western Marxism*, p.276 및 n.에 나오는 비판적 논평을 참조하라.

185) RC, p.226. 그리고 RC, pp.216, 241을 보고 p.176에 나오는 알튀세르의 논평을 참고하라. 그리고 이 논평을 *Lire le Capital*, Paris 1965, p.205의 발리바르의 견해와 비교해보라. 발리바르 논문의 제1장의 원래 제목은 "La Périodisation et sa Combinatoire"였으나, 제2판에서는 "From Periodization to the Modes of Production"로 변경되었다.

186) RC, p.225.

메카니즘을 통한——유사-헤겔주의적 지양이라는 선결정된 필연성을 뜻하는 것이기 때문이다. 이와는 정반대로 생산양식은 일종의 "영원한 존재"(eternity), 어떠한 경험적 역사적 실존도 갖지 않는 "이론적 대상"이었던 것이다. 발리바르의 설명에 따르면, 알튀세르는 한 쌍의 구조주의적 개념, 즉 공시성(정적인 구조)/통시성(시간적 발전)이라는 개념들이 헤겔주의의 역사적 시간 개념과 유사하다는 이유로 비판했지만, 그럼에도 불구하고 인식론-내적인 차이를 나타내기 위해 이 개념들을 그대로 사용하자고 제안했다. 여기서 공시적인 것이란 "**스피노자적 의미에서의 영원성**, 혹은 복합성에 대한 지식에 의한, 복합적 대상에 관한 적합한 지식"이었다. 그리고 통시적인 것은 개념적 담론에서 "**형태들의 발전**……을 지칭하는 잘못된 명칭에 불과"[187]한 것이었다. 알튀세르는 한 각주에서 발리바르가 통시성이라는 개념을 사용해서 역사적 이행이론을 지시하고자 했다고 언급하면서, 여기에는 또한 "이 개념과 '이 개념 형태들의 발전'"이 관련되어 있다고 지적했다.[188] 개념적 대상으로서의 생산양식은 스스로를 재생산하는 전체라고 발리바르는 파악했는데, 이같은 전체가 생산관계와 생산력 및 이들의 비경제적 존재조건들, 즉 다른 여타의 심급들의 필연적 형태 등을 재생산한다는 것이었다. 그리고 생산과정은 경제적, 정치적 및 이데올로기적 재생산을 포함한다.[189] 발리바르가 생산양식의 "역동성"이라고 부른 것 자체는 이를테면 자본주의 사회관계의 "영원한" 재생산의 일부을 구성하는 것으로서 공시적으로 이해되어야 한다. 따라서 이행은 "생산양식의 작동 자체에 의한 구조변혁으로는 이루어질" 수 없다.[190] 실제로 생산양식은 (전체적 의미에서나

187) Ibid., pp. 107-08. 그리고 pp. 67-68도 보라.

188) Ibid., p. 108 n. 9과 Balibar, RC, pp. 297-98을 참조하라.

189) Ibid., pp. 254ff를 보라.

제한된 의미에서나) **운동중에 있는 영속물**이다(힌데스와 허스트가 지적한 것처럼, 만일 알튀세르를 따라 헤겔을 "운동중에 있는 스피노자"라고 표현할 수 있다면 "알튀세르는 정지해 있는 스피노자에 다시 근접하게 된다").[191]

이같이 본다면, 한 생산양식에서 다른 생산양식으로의 이행은 어떻게 설명될 수 있는가? 정태론을 채택하기 위해 목적론은 폐기되었는가? 그렇지 않으면 비결정성이라는 댓가를 치르면서 진화주의로부터 회피하였는가? 이행기는 이론화하기 곤란한 혼돈스러운 막간에 불과한 것이고, 이 막간에 구조들은 동시적인 재구조화의 예비단계로서 갑작스럽게 탈구조화되는 것인가? 이 문제에 대한 발리바르의 해결은 이행기 생산양식의 기본가정(postulate)에 초점을 맞춘 일반적 이행이론이었다.[192] 이같은 이행기 생산양식의 경우에는 생산력과 생산관계간의 비조응성이 존재한다고 주장되었다. 생산관계——둘 가운데 지배적인 요소——는 생산력을 전환시킴으로써 생산력이 생산관계에 (재)부합하도록 만든다. 이렇게 됨으로써 조응성은 (재)확립되고 이와 더불어 하나의 새로운 (비이행기적) 생산양식이 구축되는 것이다. 발리바르는 이행의 사례로 『자본론』 제1권에서 논의된 봉건제에서 자본주의로의 이행을 들고 있다. 그에 따르면, 이 책의 제8부에 나오는 맑스의 분석은 자본주의 생산양식을 구성하는 "요소들"의 "**전사**"(前史)를 주로 다루고 있다(특히, 봉건적인 속박과 생산수단 및 자본으로부터 분리되어 있다는 점에서 이중으로

---

190) Ibid., p. 274. 따라서 발리바르는 "양질 전화"를 **설명변수**(explanans)로서 부적격하다고 배제하고 있다.

191) *Pre-Capitalist Modes of Production*, London 1975, p. 316. 알튀세르의 논평은 RC, p. 92에 실려 있다.

192) RC, pp. 273, 302.

"자유로운" 노동자에 관한 분석이 나온다).[193] 이 분석이 담고 있는 "개괄적 정의"는 다음과 같은 것임에 틀림없다.

> 〔이 정의는〕 자본주의 생산양식의 기원(origins)이 아니라 그 출발(beginnings)에 관한 여타의 분석과 관련되어 있음에 분명한데, 이 분석은 요소 하나하나마다 순차적으로 진행되는 것이 아니라 전체 구조의 관점에서 진행되는 것이다. 매뉴팩처 연구에서 우리는 이러한 발생에 관한 분석의 주목할만한 사례를 보게 된다.[194]

매뉴팩처는 봉건제로부터 자본주의로의 "이행의 한 형태"이며, 그 특징은 노동이 자본에 단지 "형식적으로 포섭되어" 있기 때문에 생산력과 생산관계간의 "탈구"가 존재한다는 점이다. 진정한 의미의 자본주의 생산양식("기계제 생산")에서는, 자본에 대한 노동의 "실질적 포섭"이 존재하고 그리하여 두 가지 연관(노동과정과 잉여노동과정)의 상동성이 존재한다.[195] 이로부터 하나의 일반적인 결론이 추론된다. 즉,

> ……생산양식들이 지닌 '복합성'의 형태는 생산력과 생산관계의 두 가지 연관의 조응성 혹은 비조응성 가운데 어느 하나일 것이다. 비조응성의 형태는 매뉴팩처와 같은 이행기 국면의 형태인데, 이같은 비조응성의 형태에서 양자의 연관은 더이상 상호적 제한의 형태를 취하지 않고,

---

193) Ibid., pp. 277-80. 발리바르는 맑스의 분석으로부터 "자본주의 구조의 상이한 요소들로 이루어진 구성체의 상대적 독립성, 그리고 이 구성체에 이르는 역사적 길의 다양성"을 추론하고 있다(p. 280).

194) Ibid., p. 302.

195) Ibid., p. 303. 발리바르의 분석은 *Capital*, Volume One, p. 645에 기초해 있다(p. 236에 인용됨).

대신 어느 한쪽의 영향에 의한 다른 한쪽의 변혁으로 나타난다. 이 점은 매뉴팩처와 산업혁명에 관한 모든 분석에서 입증되고 있는데, 여기에서는 생산관계의 자본주의적 본성(상대적 잉여가치의 형태로 잉여가치를 창출해야 할 필요성)이 생산력의 특수한 자본주의적 형태로의 이행을 결정하고 지배하는 것이다……[196]

이같은 해답의 불만족스러움은 자주 언급되어왔으며, 이 해답이 내놓은 "필연적인 조응 혹은 비조응의 법칙"[197]이라는, 무엇이든 끄집어낼 수 있는 만물주머니에서 그 부족함이 잘 드러난다. 이행기 생산양식이라는 개념은 자신에게 부여된 각종 임무를 잘 이행할 수가 없다. 장-마리 벵상(J.-M. Vincent)의 말을 빌리자면, 그것은 결국 "원을 사각형으로 만들기"와 같은 것이다.[198] 왜냐하면 발리바르가 주창한 이행의 일반이론은, (1) 이론적-추상적(공시적)인 것과 알튀세르에 의해 인식론적으로 부적합하다고 판정된 역사적-구체적(통시적)인 것 사이의 명확한 구별을 필요로 하며, (2) 한 생산양식에서 이행기 생산양식(따라서 다른 생산양식)으로의 이행을 어떻게 이론화할 것인가라는 해결할 수 없는 수수께끼를 빚어내고, (3) 알튀세르의 계획안에서 금지했던 바로 그 목적론적 역사설명을 암암리에 복원시키고 있기 때문이다. 〔한편〕 알튀세르의 계획안에서는 흔히 (비이행기) 생산양식에서 연유하는 자동-해체적 역동성을 이행기 생산양식에 부여하고 있지만, 이는 발리바르에 의해

196) RC, p. 304.

197) Ibid. 발리바르는 이것을 베틀렘에게서 빌려오고 있다(베틀렘의 *The Transition to Socialist Economy* (1968)과 Brighton 1975, p. 47을 보라). 자본주의로의 이행에 관한 알튀세르의 해석에 대한 비판으로는 G. A. Cohen, *Karl Marx's Theory of History: A Defence*, Oxford 1978, pp. 176ff를 보라.

198) In *idem*(ed.), *Contre Althusser*, Paris 1974, p. 242.

——타당하게도——명시적으로 부정되었다.

발리바르는 잠정적으로 다른 길들을 개척한다. 만일 어느 개별적인 경제구조의 특징적인 효과들(예를 들면 자본주의하에서의 이윤율 저하의 경향)이 자력으로 저절로 이 구조의 해체를 유발하지 못한다 하더라도, 그럼에도 불구하고 이 효과들은 "생산구조 밖에서, **상이한 결과를 초래하는 여러 조건들('물질적 토대') 가운데 하나**"[199]를, 즉 정치적 계급투쟁의 결정적 개입을 제공할 수도 있는 것이다. 원시적 축적의 기간은 이같은 개입의 한 사례라고 할 수 있는데, "이러한 개입의 결과는 생산양식의 한계들을 **전환**시키고 **고정**시키는 것이다". 이 개입이 지속되는 동안 전체의 상이한 수준들간에(특히, 법적-정치적 수준과 경제적 구조 사이에) "탈구"가 존재하며, 그리하여 지배는 정치적인 것에 대신해 〔다른 것으로〕 대체된다. 이 사실에 근거해서 발리바르는 다음과 같은 결론을 이끌어낸다.

> 이행기 동안에는 '비조응성'이 존재하는데, 그 이유는 정치적 실천의 개입양식이 [생산양식의] 한계들을 보존하고 그 개입의 효과들을 이 한계들의 결정 내에서 생산하는 것이 아니라, 한계들을 대체하고 전환시켜버리기 때문이다.[200]

이행기 사회구성체에 특유한 중층결정은 이리하여 『맑스를 위하여』에서 알뛰세르가 일찍이 "맑스주의의 기본명제"라고 설명한 것, 즉 "**계급투쟁이 역사의 원동력**"[201]이라는 명제의 타당성을 확증해준다. 이 명제

199) RC, pp. 292-93.

200) Ibid., pp. 306-07.

201) FM, p. 215.

는 명목상으로는 맑스주의적이고 확실히 마오주의적인 것인데, 1965년 이후 알튀세르의 기본 명제로서 두드러지게 된다. 『자본론 읽기』에서 마치 돌발적 사건처럼 돌출하는 이 명제는, 역사적 변혁을 일으키는 구조적 인과성의 냉혹한 논리에 따라 등장한다.

발리바르 스스로가 "매우 도식적인 제안들"이라고 인정한 것들은 결국 긍정적인 평가를 얻게 되었다. 그의 추정에 따르면 이행기는 "몇 가지 생산양식의 **공존**을 특징으로" 한다. 경제구조의 두 가지 연관들간의 비조응성과, 그리고 이행기 동안의 상이한 사회적 수준들간의 비조응성은, "**두 개(혹은 그 이상)의 생산양식들이 단 하나의 '동시적인 순간'에 공존하는 것과 어느 하나의 생산양식들이 나머지 생산양식들을 지배하는 것**을 반영하고 있을 뿐이다". 발리바르에 따르면, 역사라는 대륙의 이같은 특별한 주요 지역의 윤곽들은 자신들의 지도를 그려줄 사람들을 기다리고 있다.[202] 맑스가 이 지역을 개척했다면, 알튀세르와 발리바르가——그리고 다른 사람들이——스탈린주의자의 봉쇄가 끝나자 이 지역을 다시 탐사했다는 것이다.[203] 여기에서 가장 두드러진 점은 이들이 확정한 **생산양식**과 **사회구성체**의 구별이었다. 벤튼은 꼼꼼한 독해를 통해, 생산양식/사회구성체라는 한 쌍의 용어 속에서 세 가지 상이한 개념상의 대조를 확인했다. 그것은 (1) 경제적 심급이라는 개념과 사회적 총체성이라는 개념간의 대조, (2) 사회적 총체성이라는 개념과 한 사회 내에서 두 개 이상의 그러한 총체성들의 접합이라는 개념간의 대조, (3) "지식 대상"으로서의 사회적 총체성과 "현실 대상"으로서의 사회적 총체성간의 대조 이다. 그가 지적하는 것처럼, 처음 두 가지 대조들은 이론-내적

202) RC, pp. 307-08.

203) Ted Benton, *The Rise and Fall of Structural Marxism*, London 1984, pp. 115-40에 나오는 탁월한 논의를 참조하라.

추상화의 상이한 수준과 관련되어 있으나, 세번째 대조는 개념적인 것과 실재적-역사적인 것간의 구분과 관련되어 있다.[204] 첫번째 대조의 문제점은, 알튀세르와 발리바르가 각각의 생산양식을 불변요소들의 가변적인 결합으로서 정의한 것으로부터 상부구조적 심급들을 "논리적으로" 연역하는 작업을 한다는 점이다. 엄밀하게 말하자면, 세번째의 대조는 알튀세르적인 인식론과 일관되지 않는다("경험론적"이다). 두번째의 대조는 ――생산양식과 사회경제구성체의 구별에 관한 소련의 표준적 설명과는 아주 판이하게 다른데――다시 벤튼의 문구를 인용하여 말하면, 맑스주의적 역사기술과 이론적 연구에 "뚜렷한 성과를 남긴" 것이었다.

사실 생산양식/사회구성체에 관한 두번째 대조의 내포는――(이행기 사회뿐만 아니라) 모든 사회들에 적용될 것으로서――『자본론 읽기』의 제2판에서 처음으로 명확하게 표현되었다. 발리바르는 자기 논문의 서문에 부친 각주에서 다음과 같이 성찰했다.

> 『자본론』은 자본주의 생산양식에 관한 추상적 이론을 상세히 설명하고 있지만, 일반적으로 몇 가지 상이한 생산양식을 포함하고 있는 구체적인 사회구성체를 분석하지는 못하고 있으며, 따라서 그것들의 공존의 법칙과 그것들의 위계질서가 앞으로 연구되어야 한다.

이와 동시에 그는 다음과 같이 언급했다.

> 이 책의 초판에서 사회구성체의 여러 심급들의 접합을 지시하는 개념들에 관한 불충분한 정교화가, 맑스주의 문헌들에서 사회구성체와 이 구성체의 경제적 하부구조(하나의 생산양식과 관련되어 있는 하부구

204) Ibid., pp. 74-75.

조)를 끊임없이 혼동하게 하는 (부정적) 원인이 되고 있다.[205]

이같은 구별과 해명 작업은 비록 초판에는 존재하지 않았지만, 『자본론 읽기』의 출판 직후 곧 이루어졌다.[206] 이같은 작업들의 누적적 효과는, 모든 주어진 역사적/사회적 현실의 분석에 사용된 (추상화의 정도가 각기 다른) 이론적인 맑스주의적 개념들과, 분석대상이 되고 있는 개별적 현실들(예를 들어 1917년의 러시아) 양자를 구별한다는 점이다. 톰슨이 지적하듯이, 알튀세르와 발리바르는 "우리들로 하여금 개념적인 감옥(생산양식=사회구성체)으로 되돌아가게" 하는 것이 아니라, 이들은 사회구성체 **자체의** 구조적인 복합성을 강조하는 동시에, 어떠한 사회구성체에도 적어도 두 개의 생산양식들이 결합/접합되어 있음을 강조함으로써, 우리를 개념적인 감옥에서 풀려나오도록(감옥을 더이상 높이 쌓지 않도록) 도와주었다. 매우 정당하게도, 톰슨의 한 동료역사가는 맑스의 범론에 관한 알튀세르의 재개념화 작업이 "**역사서술상의** 진보"[207]를 촉진할 것이라고 예고했다.

---

205) RC, p. 207 n. 5. 또한 p. 300 n. 24——제2판에 첨부된 주——를 보라. 레닌은 혁명 이전의 저작들에서 이 문제의 이론적 연구에 착수했다고 평가되고 있다(예를 들면 "The Tax in Kind" (1921) 및 *The Development of Capitalism in Russia*(1899)).

206) 예를 들면 다음 글들을 보라. Robert Linhart, "La NEP. : Analyse de Quelques Caractéristiques de la Phase de Transition Soviétique", *Etudes de Planification Socialiste* 3, 1966; Louis Althusser, "Sur le Travail Théorique. Difficultés et Ressources"; Pierre-Philippe Rey, "Sur l'Articulation des Modes de Production" (1968), *Les Alliances des Classes*, Paris 1973.

207) *The Poverty of Theory*, p. 335를 보고 Anderson, *Arguments Within English Marxism*, London 1980, pp. 67-68을 참조하라. 그리고 Gareth Stedman Jones, "History and Theory", *History Workshop Journal* 8, Autumn 1979, p. 199도 보라.

이러한 긍정적 평가는 알튀세르의 명제가 문제적이라는 인식에 의해서 완화될 필요가 있다. 계급없는 사회를 예외로 한다면, 전체적 의미에서 모든 생산양식은 불변적 구조들을 가진 세 가지 심급들을 반드시 포함하고 있다. 이 말이 뜻하는 것은, 곧 각각의 (경제적, 정치적, 이데올로기적) 실천의 초역사적 "본질"이 다른 생산양식들의 다른 실천들과 이 실천의 접합에 앞서 실제로 존재한다는 것, 그리하여 이 생산양식들은 사전에 형성된 요소들의 연쇄/순열로 묘사되고 있다는 것이다. 이것은 제한된 (경제적) 의미에서 생산양식에 대해서도 마찬가지다. 불변요소들(세 가지 사항들과 두 가지 연관들)은, 그때그때 서로 다른 생산양식 속에서 다양하게 발생하는 경제적인 것의 본질을 정의하기 위해 채택되었을 것이다. 상이한 조합과 그것들간의 특수한 접합이 불변적인 요소 및 실천의 본질을 결정한다고 주장함으로써 구조주의 혹은 기능주의라는 비난에서 벗어나려는 것――이것이 발리바르의 전술인데――은, 석기시대나 우주시대나 동일하게 적용될 수 있는 초역사적인 역사과학으로서의 생산양식이론 프로젝트를 전복시켜버릴 악순환으로 인도한다.[208]

이데올로기의 불멸성

알튀세르와 그의 동료들이 『자본론 읽기』에서 시도한 프로젝트의 스케일의 일부가 이제 드러날 것이다. 제2장에서 이미 우리는 그가 새로운 인식론 및 존재론이라고 생각했던 것을 정교화했음을 살펴보았다.

---

208) RC, pp. 216, 223을 보고 특히 Callinicos, *Is There A Future For Marxism?*, pp. 75-76을 참조하라.

또 제3장에서는 다음 사항들이 이미 검토되었다. 첫째로 맑스주의의 정전(正典)과 요체에 관한 고유한 서술, 둘째로 변증법에 관한 독창적인 견해, 세째로 사회구성체와 그것의 심급들 및 이 심급들의 "역사"에 대한 재개념화, 그리고 전체적 구조와 지역적 구조 양자를 지배하는 인과성, 네째로 이행이론을 포함한 생산양식이론 등이다. 이제는 알뛰세르의 체계의 마지막의 탁월한 구성요소——아마도 가장 엄청난 적대감을 불러일으켰던 요소——가 그의 체계 전체에 대한 평가에 앞서 논의되어야 한다. 알뛰세르의 이데올로기론이 그것이다.

그가 「유물변증법에 관하여」에서, 정치적 실천이란 사회관계를 새로운 사회관계로 전환시키는 것이라고 제시한 정의는 그후 거의 발전되지 못했다. 반면에 알뛰세르가 이데올로기적 실천을 "인간의 '의식'"을 변화시키는 것으로 특징지은 것이 「맑스주의와 인간주의」에서 채택되었고, 프랑스에서 출판되지는 않았지만 복사본으로 널리 유포된 중요한 논문——「이론, 이론적 실천 및 이론 형성. 이데올로기와 이데올로기 투쟁」——에서도 그대로 나타났다. 초기논문에서 알뛰세르는 이데올로기를 "표상들의 체계"라고 정의했는데, 이 표상 체계는 "이 속에서는 실천적-사회적 기능이 이론적 기능보다 훨씬 중요하다는 점"에서 과학과 명확히 구별되는 것이었다. 표상들의 기능적 총체로서, 이데올로기는 사회구성체의 존재에 필수불가결하기 때문에 "**모든 사회적 전체의 유기적 부분**"이다. 이것은 계급사회든 무계급사회든 모든 사회에 대해 타당하다. 공산주의하에서도 이데올로기는 중지되지 않을 것이다.

> 인간 사회는 그 사회의 이데올로기 없이는, 이 **특수한 구성체** 없이는 존속할 수 없다……인간 사회는 이데올로기를 자신의 역사적 호흡 및 생활에 필수불가결한 바로 그런 요소와 공기로서 간직한다. 오로지 이데올로기적인 세계관만이 **이데올로기** 없는 사회를 상상할 수 있으며,

> 이데올로기〔일반〕(그 역사적 형태뿐만 아니라)가 아무런 흔적도 없이 소멸되고 대신 **과학**으로 대체되는 그런 세계에 대한 유토피아적 관념을 받아들일 수 있겠지만……**역사적 유물론은 심지어 공산주의 사회도 이데올로기 없이는 존재할 수 없다고 생각한다**……[209)]

역사적 유물론과 조화되는 것으로 얘기되고 있지만, (개별적 이데올로기들에 대립하는 것으로서의) 이데올로기-일반의 초역사적 특성에 관한 알튀세르의 주장은 맑스주의 전통과 부합되지 않으며 맑스에도 반대된다(맑스는 공산주의 사회가 경멸적 의미를 갖는 이데올로기 없이 작동할 것이라고 전망했다). 그렇지만 알튀세르가 옳고 맑스와 여타의 맑스주의자들이 틀릴 수도 있다. 그의 특이성의 이론적 근거는 무엇인가?

알튀세르의 이데올로기 이론의 공격목표는 공산주의의 도래와 함께 인류의 소외가 해소된다는 가정과 연루된 가설적인 메시아주의였는데, 이 공산주의 사회에서는 그 가장 근저의 "운동법칙"이 "이데올로기의 종말"로 인해 사회구성원들의 의식에 투명하게 드러날 것이라고 가정되었다. 알튀세르에게 이것은 터무니없는 망상이었다. 그는 다음 두 가지 근거 위에서, 이데올로기를 "허위의식"으로 간주하는 이론 자체가 이데올로기적이라고 비난했다. 첫째로, 그것은 참된 의식의 가능성을 내포하는 반면, 인식론적으로 볼 때 의식은 그 정의상 검증 불가능한 것이었다. 둘째로, 그것은 이데올로기의 사회적 공간을 제한하고 이데올로기의 객관적 힘을 과소평가했다. 알튀세르에게 이데올로기란 "객관적 현실에 종속되어 있는 개인들의 주관성으로부터 독립해 있는" 객관적 현실이며,

---

209) FM, pp. 231-32. 이데올로기적 상부구조가 공산주의 사회에도 존재한다는 견해는 RC, p. 177에서도 되풀이되고 있다.

또 "세계에 대한 허위관념"[210]에 의해 지배되는 표상체계다. 인간은 "이데올로기적인 동물"이다. 인간이 사회적 행위자로 기능하기 위해서는 이 세계에 대한 표상 및 이 세계와 자신들의 관계에 대한 표상이 필요하다. 이데올로기가 이 필요한 표상들을 제공한다(이 표상들은 다소 의식적/무의식적일 수 있고, 비이론적/이론적일 수 있다). 분석적으로는, 사회의 상대적으로 자율적인 상부구조적 수준인 이데올로기는 현실에서 "각급 수준의 [사회적] 건축물 속에 스며들어가 있는" 일종의 "시멘트"다. 이데올로기는 자신의 "존재조건"의 총체에 대한 개인들의 "체험된" 관계들을 지배하면서 모든 인간 활동 및 실천 속에 "삼투한다". 실로 "이데올로기는 개인들의 "체험된 경험"과 구분될 수 없는 모든 활동에 현존한다".[211]

이데올로기의 편재성과 상관관계를 이루는 것이 이데올로기의 항구성이다. 이데올로기는 "체험된 경험" 속에 내재해 있으며——또 상접해 있고——또한 사회구성체의 곳곳에 산포되어 있기 때문에 그것은 전(全)사회적인 영역인 것이다. 일반적인 사회적 응집요인으로서의 그것의 기능은 초역사적인 〔성격을 갖는〕 필수품이다. 다른 한편 공산주의 사회의 미래의 창조를 가정할 때, 이데올로기가 담당하는 계급착취 및 계급지배의 시멘트로서의 기능은 〔한시적이라는 의미에서〕 역사적인 〔성격을 가질 뿐인〕 필수품이다. 〔이 두 가지 중〕 후자가 소멸된다 하더라도 전자는 사라지지 않을 것이다. 왜냐하면 여하한 형태의 사회에서도 그것은 인간의 존재형태가 어떠하든간에 "인간"의 유대를, 그리고 사회구조가 인간에게 부여한 과제들과 개인들의 관계를 보증해주기 때문이다. 왜냐하면 "자신의 존재조건의 요구에 대응하기 위해 인간이 형성되고 변환되

210) "Théorie, Pratique Théorique……", pp. 24-25.

211) Ibid., pp. 26-27.

고 준비될 수 있으려면" 이데올로기가 **"필수불가결"**[212]하기 때문이다. 사회적 적응——따라서 재생산——의 이같은 범역사적 기능은 계급사회에서는 또다른 요인들에 인해 중층결정된다. 즉 계급적 질서의 유지가 그것인데, 이는 피착취계급에 대해서는 기존상태를 정당화함으로써, 또 착취자들에게는 기존상태에 대한 합리화 명분을 제공함으로써 수행된다(이데올로기가 아편이라면 지배자도 중독자이긴 마찬가지다). 경제적 착취와 정치적 지배의 재생산에서 이데올로기적 종속이 담당하는 역할은 계급사회에서 이데올로기적 표상이 지닌 허위성을 설명해준다. 하지만 그것은 공산주의하에서 이데올로기들의 지속적인 "왜곡된"(deforming) 현존이라는 문제를 제기한다.

> 계급사회에서 이데올로기는 현실의 표상이지만, **필연적으로 허위적인** 표상이다. 이데올로기는 필연적으로 정향성과 경향성을 띠기 때문이다. 그리고 이는 이데올로기의 목표가 인간에게 그들이 살고 있는 사회체제에 관한 **객관적 지식**을 공급하는 것이 아니라, 오히려 반대로 계급착취의 체계 속에 그들을 '위치'에 묶어두기 위해 인간들에게 사회에 관한 신비화된 표상을 제공하는 것이기 때문이다. 물론 무계급사회에서의 이데올로기의 기능 문제도 반드시 제기되어야 한다. 이데올로기의 왜곡은 사회적 전체의 본질 자체의 결과로서, 사회적으로 필연적이라는 것을 입증함으로써 이 문제는 해결될 수 있으며……그 구조에 의한 결정에 의하여 해결될 수 있다. 이때 사회적 전체는——모든 사회적 전체와 마찬가지로——사회 속에서 그 구조에 의해 결정된 일정한 위치를 점하고 있는 개인들에 대해 사회구조를 불투명하게 만든다. 사회적 구조의 불투명성 때문에, 사회적 응집에 필수불가결한, 세계에 대한 표상은 필연적으로 **신화적**이다.[213]

212) Ibid., pp. 29-30 : FM, p. 235.

한편 계급지배의 긴급성에 수반되는 이데올로기의 경향성은 잠재적으로 과도적인 현상이지만, 어떤 구조(이 구조는 사회적 전체를 그 행위자들에게 경험적인 차원에서는 간파할 수 없는 것으로 만든다)에 의한 결정의 결과로서 발생하는 사회적 전체의 불투명성은 영원하다. 따라서 일관되고 "명백한" 이데올로기적 표상의 체계는 부정적 의미에서, 즉 **"왜곡하고 신비화한다"**는 점에서 계속 이데올로기적인 것으로 남을 것이다. 부르조아지는 전복될 수 있지만, 구조적 인과성의 지배는 기한이 없다.

「프로이트와 라캉」의 결론에서 알튀세르는 인간 주체의 탈중심화라는 라캉적인 주체를 확인하고, "'자아'(ego)의 상상 속의 오인 속에서만, 즉 자아가 그 속에서 스스로를 '인식하는' 바의 이데올로기적 형성물 속에서만 '중심'을 갖는" 그런 구조로 인간 주체가 구성되어 있다고 추론했다.[214] 그는 「맑스주의와 인간주의」에서 맑스주의의 이데올로기 이론과 라캉의 상상계(the imaginary) 이론을 접합시키려고 했다. 그는 다음과 같이 쓰고 있다. "이데올로기는"

> 인간과 이들 세계 사이의 **체험된** 관계의 문제다……이데올로기 속에서 인간은……그들과 그들의 존재조건 사이의 관계가 아니라, 그들이 이 관계를 체험하는 **방식**을 표현한다. 이것은 실재적 관계와 '상상적' 관계 양자, 즉 '체험된' 관계를 전제로 한다……이데올로기에서는 실재적 관계가 필연적으로 상상적 관계로 뒤덮혀 있다……[215]

213) "Théorie, Pratique Théorique.……", pp. 30-31.

214) LP, p. 201. 그리고 "Cremonini, Painter of the Abstract"(1966), in ibid., pp. 216-17도 보라.

5년 후(「이데올로기와 이데올로기적 국가장치」에서) 정밀하게 다듬기만 하면 될 명제를 예상하면서, 알튀세르는 다음과 같이 주장하고 있다. 즉 인간 주체는 이데올로기 속에서 구성되며, 이데올로기가 인간 주체들이 행하는 검사를 위해 제출하는 이상화된 이미지들 속에서 자신들에 대한 (그릇된) 인식을 통해 자기정체성과 자율성이라는 환상을 부여받는다. 이데올로기 속에서의 주체——경험주체와 의식주체——의 형성이 이데올로기가 지닌 사회적 효력의 비밀이다.

이데올로기의 사회적 기능에 대해 지금까지 논의된 모든 것은 그것에 관한 알튀세르의 두번째 주요 테제를 함축한다. 즉 이데올로기가 인식으로 환원될 수는 없음에도 불구하고, 과학의 안티테제라는 것이다. 이데올로기는 "암시-환상"과 "(거짓) 표상"의 집합체인데, 이것들로부터는 사회구조의 "담지자"인 인간 주체를 위한 어떠한 〔올바른〕 판단도 주어지지 않는다. 오직 이론적 실천만이 사회적 의식을 관통하고 있는 이데올로기적 거울상을 깨뜨리고, 사회구조에 관한 객관적인 지식을 제공할 수 있다.[216] 알튀세르는 이데올로기의 본질이 공산주의하에서

215) FM, pp. 233-34. Jacques Lacan, "The Mirror Stage"(1949), in *Ecrits*, London 1982를 보라.

216) 알튀세르는 "The 'Piccolo Teatro': Bertolazzi and Brecht"(FM, p. 144)에서 거울을 깨뜨린다는 은유를 사용해서, 브레히트의 연극작법과 "인간이 그것의 내부에서 살아가는 자연발생적인 이데올로기" 사이의 비판적 관계를 검토하고 있다. 이 주장은 알튀세르의 "Letter on Art"(1966)에서 일반화되었는데(특히 LP, p. 204를 참조), 그의 사회적 실천들에 관한 4부작 계획에 문제틀을 제공하였다. 이데올로기 및 과학에 비교하여 예술적 실천의 특수한 차이를 규정하려고 한 이 논문의 시도는 마슈레이의 *A Thory of Literary Production*(1966), London 1978에서 체계적으로 발전되었다.

알튀세르의 미학에 관해서는 두 가지 점이 간략하게 지적될 수 있을 것이다.

변화될 것이라고 인정한다.[217] 그리고 그는 비공산 사회들에서는 이데올로기적 지역뿐만 아니라 이데올로기적 경향들, 즉 각기 다른 사회계급들의 적대적 이데올로기들도 존재한다고 역설한다. 그러나 공산주의 국가 혹은 프롤레타리아트 국가의 경우에서라도 이데올로기는 이데올로기다. 실제로, 적대적인 프롤레타리아트의 이데올로기는 부르조아지의 지배이데올로기에 "속박되어" 있고, 부르조아 이데올로기의 준거적 용어들 속에서만 작동하며, 자본의 지배에 항의하는 행위 자체에서 자신의 형태를 재생산한다. 이 속박을 풀 열쇠는 어떤 보다 구체적인 경제적 혹은 정치적 실천에서 발견될 수 없다. 오히려 그 반대로 프롤레타리아트의 "자생적" 이데올로기를 적대자들의 손아귀에서 해방시키는 것은 오로지 외부 조력, 즉 이들에 대항하는 맑스주의 과학의 개입을 통해서만 이루어질 수 있다. 〔외부로부터의〕 "도입"이라는 레닌주의적 테제는 일반적으로는 이데올로기의 압도적인 무게와 특수적으로는 프롤레타리아 이데올로기의 불충분성에 입각해 있다.[218]

그렇다면 이데올로기의 힘은 이에 응답하여 이론의 필연성과 이데

첫째로, 그의 모더니즘 속에서 그 미학은 공산당의 정통이론이었던 진부한 "사회주의 현실주의" (이것의 가장 잔혹한 투사는 스탈린의 황태자인 즈다노프와 그의 프랑스판 대역인 가로디였다) 와 루카치의 훨씬 복잡한 현실주의적 미학 양자 모두와 철저하고 근원적인 단절을 초래했다. 그러나 둘째로, 알튀세르의 미학은 암시적이긴 하지만 그의 인식론과 아주 유사한 결함을 갖고 있었는데, 이데올로기적인 것에 대한 (비과학적) 비판으로서의 문학(또는 예술) 에 그것이 없었다면 모든 곳에 가득차 흘러넘칠 이데올로기의 폭정에 대항해, 그것의 평형축 혹은 그로부터의 외로운 도피처라는, 이론〔대문자〕의 특권 중 일부를 부여했다.

217) FM, pp. 235-36을 보라.

218) "Théorie, Pratique Théorique……", pp. 32-33; 또한 pp. 34-35를 보라.

올로기 투쟁의 불가결성을 지시한다. 노동자계급의 이데올로기는 전환되어야 한다. 지식인들이 세우고 발전시킨 과학은 이데올로기적 형성물에 관한 지식을 제공할 수 있으나, 그 형성물들을 일소해버릴 수는 없다.[219] 그리고 그 과학은 "대중 속에서 하나의 새로운 형태의 이데올로기" 다시 말해 부르조아지의 영향을 받는 것이 아니라 **"맑스주의 사회과학"**의 지배를 받는 이데올로기를 창출하는 데 이용될 수도 있다.[220] 이것을 가능하게 하기 위해서는 "이론적 훈련"의 우선성이 인정되어야 한다. 과거에 이 이론적 훈련이 없었다면, 노동운동은 맑스의 과학적 이론에 다다를 수 없었을 것이다. 현재에도 이것 없이는 여태까지 부르조아 이데올로기의 올가미에 빠져있는 대중은 계속 그 함정에서 벗어나지 못할 것이고, 공산당은 역사적 유물론의 발전과 또 그 원칙들의 적용에서 전혀 전진하지 못할 것이다. 따라서 전사들을 훈련시켜 이들을 "과학적 인간들"로 만드는 작업이란 "결정적인 중간고리"의 역할을 담당하게 하는 것이었다.[221]

알튀세르의 이데올로기론에 대한 맑스주의자의 비판은 이데올로기에 대한 다음의 세 가지 보충적인 측면에 집중되어왔다. 첫째로는 역사적 유물론은 "이데올로기의 종언"을 생각할 수 없다는 명제, 둘째로는

---

219) 예를 들면 FM, p. 230; "Théorie, Pratique Théorique……", p. 23을 보라.

220) RC, p. 131; "Théorie, Pratique Théorique……", p. 41.

221) "Théorie, Pratique Théorique……", pp. 42-44를 보라. 알튀세르는 몽테스키외에 관한 저서에서, "토대가 튼튼한 과학에 의한 잘못된 의식의 교정, 과학적 의식에 의한 무의식적 의식의 교정"에 관해 이미 논술했는데, 여기에서 다음과 같이 주장하고 있다. "직접적인 개념들——이것을 통해서 각각의 모든 시대가 자신이 살아가는 역사를 사유하는 수단——에 대한 비판이 없다면, 우리는 역사에 대한 참된 지식의 문턱에 계속 머물러 있게 될 것이고, 또한 역사가 이 역사를 살아가는 인간들에게 만들어주는 환상의 포로가 될 것이다" (PH, pp. 38, 99).

이데올로기적인 것을 수반하는 "체험된 경험" 및 이와 상호관련된 객관적 지식의 제한성과 개념적 과학의 주체 없는 담론을 균등화하는 것, 세째로는 이상의 명제를 노동자계급의 혁명적 자기해방 및 혁명 후의 자기결정에 관한 고전적 맑스주의 프로젝트에 서슴없이 관련시키는 것 등이다. 알튀세르가 주장했던 것처럼, 만일 과학을 상부구조로 동화시키는 것이야말로 역사주의가 그 환원론을 드러내는 "징후적인 지점"이라면, 그렇다면 최초 및 최종 심급에서 이론〔대문자의〕에 대한 그의 특권적 지위 부여는 알튀세르의 문제틀이 의지의 비관주의와 지성의 이상주의라는 한 쌍을 드러내는 징후적인 지점이다.

가장 비범한 구조주의

알튀세르의 이데올로기 이론을 필연적 환상이라고 비판하면서 랑시에르는, 그것이 역사적 유물론 즉 계급투쟁의 이론 위에다, 응집된 사회질서의 유지에 관심을 기울이는 "콩트적이거나 또는 뒤르켕적인 유형의 사회학"[222]을 겹쳐놓은 것이라고 주장했다. 이와 더불어 과학적 실천은 사실상 계급투쟁의 최고 형태, 진짜 파괴적인 유일한 원칙, 역사의 동력임이 확인되었는데, 다만 이 실천은 이데올로기에 의해 공고화된 사회구성체로부터 자율적이라는 전제 위에서 그렇다는 것이다. 노골적으로

---

222) "On the Theory of Ideology——Althusser's Politics", in R. Edgley and R. Osborne (eds.), *Radical Philosophy Reader*, London 1985, pp. 104-05. 그러나 스테판 스미스(S. B. Smith)가 지적하듯이 "알튀세르가 자신의 맑스주의에 뒤르켕적 구부림을 부여했다면, 그는 또한 자신의 뒤르켕에게 프로이트적 되돌림도 부여한 것이다" (*Reading Althusser : An Essay on Structural Marxism*, Ithaca 1984, p. 134).

말하자면, 알튀세르의 설명은 마오와는 반대로, **"허위의 사상이 사회적 실천에서 나온다"**[223]는 명제가 되었는데, 이 명제는 랑시에르가 알튀세르의 저작에서 연역한 추론이자 『자본론 읽기』에서의 물신숭배에 대한 알튀세르 자신의 논법이었다.

알튀세르가 자신의 개설적인 논문에서 주장했듯이, 『자본론』은

> 현실 속에 존재하는 그리고 현실의 **구조**에 각인된 일종의 간격 및 내적 탈구를 정확히 측정했다. 이 간격과 탈구는 그 구조의 효과 자체를 판독할 수 없도록 하는데, 그것을 직접적으로 읽어내려는 환상이야말로 이 효과들의 최고정점인 물신성을 만들어낸다.[224]

랑시에르는 자신의 논문에서 이와 비슷한 사례를 아주 장황하게 논의했다. 이데올로기는 자본주의의 "외관상의 운동"의 의식적 표상인 반면, 과학은 "이 운동의 **상형문자**를 해독하고" 또한 "실제 운동"을 파악하여 이 운동의 전도된(그러나 객관적인) 외관들을 인간 주체들에게 설명해준다. 생산의 담당자들——노동자와 자본가 모두——은 이데올로기의 포로들이며 "신비화"가 이들 존재의 "구성요소"[225]가 되었다. 칼리니코스가 지적한 것처럼, 알튀세르의 『자본론』 독해는 "자본주의의 구조를 **표상**의 구조로 환원하고 있다".[226] 알튀세르는 **"표상"** (Darstellung)——구조적 인과성의 한 지표——이라는 개념을 "맑스주의 가치론 전체의

223) *La Leçon d'Althusser*, Paris 1974, p. 96.

224) RC, p. 17.

225) "Le Concept de Critique et la Critique de l'Economie Politique des 'Manuscrits de 1844' au 'Capital'", pp. 168-69를 보라.

226) *Is There A Furture For Marxim?*, p. 122.

핵심적인 인식론적 개념"이라고 밝히고, 이를 자본주의의 "작가 없는 극장"[227]이라고 지칭한다. "상품 물신성"은 사회구성체들의 불변적인 특징중 하나의 (자본주의적) 사례에 불과했다. 이 사회구성체들의 불변적 특징이란 구조적 인과성의 작동 결과로서의 그것들의 불투명성과, 그에 따른 이데올로기의 항구성이다. 이리하여 이들 불변적 특징은 자본주의 생산양식과 함께 사라지지만, 이데올로기와 이데올로기의 환상들은 계속 유지될 것이며, 그 결과 "역사의 진리"——역사는 이데올로기의 가장 깊은 샘이다——는 역사의 "명백한 담론" 속에서도 판독되지 못할 것이다. 그리고 효과와 구조("현상"과 "본질")은 결코 공존하지 못할 것이며, "체험된 경험"은 언제나 오인될 것이다. 따라서 과학의 필요성이 등장하며, 현실의 객관적 외관들을 판독할 수 있는 이론적 실천이 "구조들의 구조"에 의해 결정되는 것이다.

알튀세르의 스피노자식의 구조적 인과성 개념은 주체들이 이데올로기적 환상의 영원한 압제에 복종해야 한다는 선고 이외에 또다른 유해한 결과를 초래한다. 그것은 사회적 전체의 본질을 이론화하기 위해 사용되었기 때문에 다음 둘 중 하나에 봉사한다. 즉 (1) 최종심급에서의 경제의 결정이라는 문제에 대한 취약한 해답을 제공하려는 것이다. 그러나 이것은 기능주의적 다원론에서 벗어날 수 없다. (2) 사회구성체에 (생산양식이 그 자신의 "존재조건들"을 발생시키는 데 〔연유하는〕) 지속성을, 즉 사회구성체의 통일체로서의 재생산이 확보되며 이들의 변혁은 이론적으로는 생각할 수 없을 정도의 지속성을 부여하려는 것이다. 이는 구조주의(혹은 스피노자주의) 중에서 가장 지독한 것이다(두 가지 모두의 지표가 되는 것은 아마도 알튀세르가 적절한 조건의 다중성이 결합된 우연한 정세의 산물이라고 분석한 러시아혁명일 것이다). 이에 수반되어

227) RC, pp. 188, 193; 또한 p. 29도 보라.

인간 주체들이 과학의 이름으로 역사창조자들로 격하된 것에 이어서 인간 주체는 전체 구조의 각 수준의 "담지자"라는 지위를 갖게 되었다. "역사 속에서 개인들의 역할"은 허위의 문제이며, 진정한 문제 즉 "개체성의 존재의 역사적 형태라는 개념"으로 대체되어야 한다. 예를 들면 자본주의 생산양식은 "다른 형태의 개체성"을 필요로 하며 그리하여 이를 생산하는데, 이 생산양식은 개인이 그 과정들의 "담지자"로서 주형하고 그런 능력을 부여하는 것이다. 신성주의의 극단적 형태다.[228]

화가 레오나르도 크레모니니에 대해 논평하면서 알튀세르는 자신의 이론적 반인간주의가 역사적 유물론에 충실한 것이라고 강변했으며, 그가 추구한 길은,

> 위대한 혁명사상가들, 이론가들 그리고 정치가들, 위대한 유물론적 사상가들이 인간에게 열어놓은 길이었다. 이들 위대한 인물은 인간의 자유가 자유에 대한 이데올로기적 인식에 자족함으로써 성취되는 것이 아니라 자신들의 노예제도의 법칙들에 관한 지식에 의해서 성취되는 것임을 이해했고, 그리고 자신들의 구체적 개성의 '실현'은 자신들을 지배하는 추상적 관계들에 대한 분석 및 제어를 통해 이루어짐을 이해했다.[229]

이 인용과 또한 그밖의 구절들에서 나타나는 알튀세르 주장의 요지

---

228) Ibid., p. 111-12를 보라. 또한 차별적 개체성에 관해서는 Balibar, RC, pp. 207-08, 252-53을 보라. Andrew Levine, Elliott Sober and Erik Olin Wright, "Marxism and Methodological Individualism", *New Left Review* 162, 1987, 특히 pp. 73-75를 보라.

229) LP, p. 219.

는, 공산주의의 해방적 프로젝트가 맑스──그리고 그의 계승자들──로 하여금 계급예속의 실천적 모델과 메카니즘들을 이해하기 위해서, 즉 "해방의 과학"[230]을 창시하기 위해서 인간주의의 **이론적** 주장들을 부인할 수밖에 없도록 강제했다는 것이다. 이는 자본주의야말로 인민을 자본주의적 생산관계의 "담지자"의 지위로 환원시키고 있기 때문이라고 그는 1975년 자신을 방어하며 주장했다. 자본주의의 개개의 남녀들에 대한 "가공스런 실천적 '환원'"을 설명하기 위해서는, 반드시 설명적 목적을 위해서 인간이라는 개념을 배제한 채 유추적인 **이론적** 환원을 실행할 필요가 있다.[231] 이같은 명제들은 맑스와 그 계승자들에게는 주장될 가치가 있는 것인 반면에, 이들은 알튀세르의 본래 명제들에 대한 폭넓은 반대에는 대답하지 못한다. 왜냐하면 이 명제들은 인간주의와는 반대로 "체험된 경험"을 이데올로기적인 것과 등치시키고, 주체를 계급예속에 기능하는 것으로 묘사하며, 신비화된 이데올로기──개인들을 지배하는 무의식 체계──가 자본주의 사회의 여타 "추상적 관계들"의 폐지 후에도 지속될 것이라고 스피노자식으로 가정하였기 때문이다.[232] 알튀세르의 외관상의 태평함에도 불구하고 이같은 딜레마는 첨예한 것이

230) 알튀세르주의자인 장-폴 돌레(J.-P. Dollé)가 그의 논문 "Du Gauchisme à 'l'Humanisme Socialiste'", *Les Temps Modernes* 239, 1966, p.1917에서 쓴 표현이다.

231) ES-C, pp.200-06을 보라. 그리고 p.53도 보라.

232) Spinoza, *The Ethics*, pp.108-09를 보라: "……인간은 스스로가 자유롭다고 생각하는 착각에 빠져있다. 인간의 의견은 자신의 행위에 관한 의식으로 이루어져 있으며, 이 행위들을 조건짓는 원인들에 관한 무지로 이루어져 있다. 따라서 인간의 자유롭다는 생각은 자신의 행위를 일으킨 일체의 원인에 관한 무지에 불과하다." 인간은 결코 이성만으로 살아가도록 되어 있지 않다는 스피노자의 견해에 관해서는 *Political Treatise*, in *A Theological-Political Treatise/A Political Treatise*, New York 1951, p.289를 보라.

다. 즉 응집력있고 자기재생산적인 사회적 전체 중 어디에서 그것의 전복 및 변혁의 원리를 찾을 수 있는가? 노동자계급의 자본주의로부터의 자기해방이라는 프로젝트와, 그리고 공산주의하에서 연합한 생산자들의 자기결정이라는 프로젝트에 대해서, 구조적 인과성 내적인 어떤 의미가 부여될 수 있는가? 만일 알튀세르가 모든 **비공산주의적** 인간 사회가 "필연의 왕국"의 주체라고 주장하는 것이라면, 그것은 별개의 이야기다. 이같은 명제는 〔그에 관한〕 현대 사회주의의 여러 주장들을 철저하게 생략하고 있지만, 어느 정도 역사적 설득력을 지닌다.[233] 그러나 그의 저작들에서 분명히 드러나듯이, 그는 공산주의 사회에서 인간존재는 구조적 인과성의 냉정한 지배하에 놓일 것이라고 전망했다. 알튀세르가 구조적 필연성을 확언하면서 인간이라는 대리자를 부정하고 있음을 감안한다면, 어떻게 우리는 공산주의를 "인간 사회의 의식적 재구성"에 의해 예고된 "자유의 영역"[234]이라고 말할 수 있겠는가?

알튀세르의 엄격함은 이같은 논의를 과학적으로 부적절하다고 선언했다. 그는 공산주의를 새로운 생산양식의 확립이라고 특징지었다. 알튀세르가 모든 "규범적 총체성"[235] (심지어 자본주의의 비인간성과 불법행위에 대한 모든 비난조차) 을 포기한 것은, 조직적 제약(프랑스공산당은

233) 인간이라는 대리인(agency)을 둘러싼 논쟁의 역사성에 관해서는 Anderson, *Arguments Within English Marxism*, Chapter 2를 보라.

234) *Capital*, Volume Three, p. 182.

235) Martin Jay, *Marxism and Totality*, Cambridge 1984, p. 411을 보라. 알튀세르의 제자였던 피에르 빅토르(P. Victor)의 말을 빌자면, 언젠가 "나는 알튀세르에게 사람들이 공산주의자가 된다면 그것은 행복을 위한 것이라고 말했다. 그의 대답의 요지는 이랬다. 자네는 그렇게 말해서는 안된다네. 그것은 생산양식의 변화를 가져오기 위한 것이니 말일세" (Philippe Gavi, Jean-Paul Sartre and Pierre Victor, *On a Raison de se Révolter*, Pares 1974, p. 197을 보라).

소련을 규범으로 간주했다) 이라는 측면에서, 또 정세적 고려(1965년경 규범성에 관해 많은 논의가 있었다) 라는 측면에서 부분적으로 설명될 수 있다. 그렇지만 그것은 알튀세르의 사상 속에 존재하는 환멸과 잠재된 비관주의를 징후적으로 나타내는 것으로, 이에 비추어서 마틴 제이는 자신과 아도르노의 철학이 "한층 더 건전하고 탈환상적인 시대의 맑스주의"[236]를 대표한다고 서술했던 것이다.

알튀세르의 역사관에서 이같은 건전한 정신이 보다 명백히 나타난 곳은 어디에도 없다. 그때까지 맑스주의에서 우세를 점한다고 여겨졌던 진화론과 역사주의에 반대하면서, 알튀세르와 발리바르는 『자본론 읽기』의 초판에서 발리바르가 "가장 비범한 **구조주의**"[237]라고 부른 것을 주창함으로써 균형을 회복시키려고 노력했다. 듀스가 지적하듯이 알튀세르주의자들은 "두 개의 전선에서 활동했는데, 하나는 〔역사의〕 파악가능성에 대한 고유한 변증법적 형태를 역사가 갖고 있다고 보는 현상학적 가정에 반대하는 전선이었고, 또 하나는 구조적 파악가능성은 역사의 특징이 아니라고 보는 레비-스트로스적 가정에 반대하는 전선이었다."[238] 알튀세르의 주장에 따르면, 레비-스트로스적인 사물의 도식에서는,

> 통시성이 연쇄적 사건들로 환원되며[……] 그리고 이 연쇄적인 사건들이 공시적 사건의 구조에 미치는 결과들로 환원된다. 이에 따라 역사적인 것은 예측하지 못한 것, 우발적인 것, 사실상 유례없는 것, 순전히 우발적 이유들로 인해 조만간 발생하거나 소멸하는 것이 되고 만다.[239]

---

236) Callinicos, *Is There A Future For Marxism?*, p. 83에서 재인용.

237) *Lire le Capital* II, p. 205를 보라.

238) "Structuralism and the French Epistemological Tradition", 미간행 수고, 1980, p. 8.

동시에 그는 레비-스트로스의 공시성 개념은 역사적 시간이라는 헤겔적 개념에 입각한 변종이라고 주장했다.[240] 알튀세르가 정교화하려고 노력한 이론은, 역사주의로의 환원과 구조주의로의 접근을 피하고 또한 절충적인 상호작용론이나 역사기술에서 지배적이라고 추측되는 "경험주의적 이데올로기"에 함몰되지 않는 이론이었다.[241] 과학적인——결코 엄밀한 지식에 반대하지 않는——역사이론의 의무는 복잡한 역사과정과 구체적인 사회들을 설명할 수 있는 개념들을 생산해야 하는 것이지, 생활의 풍부함과 이론의 빈곤이라는 변명으로 도피하는 것이 아니다.[242] 그러나 알튀세르 자신의 명제들은 도중에 구조주의자들과 조우하게 되는데, 이는 맑스와 맑스주의에 대하여 다음과 같이 주장하고 있기 때문이다.

> [오늘날의 부르조아] 사회의 이해는 이러한 [역사적] 결과의 발생에 관한 이론으로부터 얻어지는 것이 아니라, 오히려 그 반대로 어느 정도든 어떤 방식으로든 그 발생을 개입시키지 않으면서, '몸체' 즉 **사회의 동시대적 구조**에 관한 이론으로부터만 얻을 수 있다.[243]

---

239) RC, p. 108.

240) Ibid., p. 96을 보라.

241) Ibid., pp. 98-99를 보라. 그리고 역사가들과 이들의 실천을 겨냥한 다소 정중하고도 역효과적인 논평에 관해서는 pp. 109-10을 보라.

242) Ibid., p. 117을 보라. 여기에서 알튀세르는, 이같은 이분법의 유익한 측면을 언급하고 있기는 하지만 이 이분법을 배격하고 있다. 이 이분법의 두번째 경우는 이미 너무나 많은 사례들을 갖고 있었다.

243) RC, p. 65; pp. 64-65를 보라. Dews, "Structuralism and the French Epistemological Tradition", p. 12를 참조하라.

아마도 그는 모르고 있었겠지만, 적어도 이 경우에 알튀세르는 자신의 이론구성을 위해 흠잡을 데 없는 계보를 가지고 있었다. 그의 이론구성은 맑스의 변환을, 즉 때때로 자본주의 생산양식의 발생과 구조의 차이점을 자본주의의 전사(前史)와 동시대 역사 사이의 밀폐-봉인된 칸막이로 바꾸어놓는 맑스의 변환을 재생산했기 때문이다.[244)]

"알튀세르가 1974년에 털어놓았듯이 설사 우리가 결코 구조주의자들이 아니라고 하더라도 우리는 이제 그 이유를 설명할 수 있다……우리는 강력하면서도 동시에 위태로운 격정을 지녔다는 점에서 유죄였다. 우리는 스피노자주의자였던 것이다".[245)] 스피노자주의자라는 인정이 구조주의라는 기소를 자동적으로 취하하지는 않으며, 그리고 이 점은 알튀세르의 고백이 있기 한참 전에 이미 명백해졌다(물론 『자본론 읽기』뿐만 아니라 또한 프랑스 철학협회의 면전에서도 이미 예견되었던 것이다). 어쨌든 그것이 "강력하면서도 동시에 위태로운" 것이었음을 감안하면 알튀세르의 이같은 제휴의 결과는 맑스주의 역사이론을 위한 그의 프로젝트의 기초를 잠식하는 것이었다. "역사 일반이란 존재하지 않지만, 궁극적으로는 상이한 생산양식의 특수한 구조에 기초를 둔 역사성의 특수한 구조들이 존재한다"[246)]는 주장은 알튀세르의 맑스주의적 적대자들과 (부정한) 구조주의 동맹자들을 동시에 겨냥한 것이었다. 하지만 그것을 발전시키려는 발리바르의 노력은 양자의 일부 단점들을 재생산했다. 한편 이행기 생산양식은 목적론적 구성물이고, 따라서 금기시된 맑스주의를 복원하고 있다. 다른 한편 이들은 결국 무한한 퇴보를 초래

244) *Grudrisse*, pp. 459-60을 보라.

245) ES-C, p. 132.

246) RC, p. 108.

하고 이와 더불어 레비-스트로스가 범한 "공시적인 필연성과 이론화할 수 없는 우연성의 분리"[247]를 되풀이한다. 비이행기적 생산양식에 관해 말하자면, 발리바르에게는 이들의 "정학"과 이들의 "동학"은 모두 공시적인 것이다. 사회구조의 역사성은 이들의 구조지어져있음(structuredness)이라는 단언 속에서 부정되었고, 역사는 구조성을 댓가로 지불해야만 구원되었다. 그 결과 생산양식간의 총체적 불연속성이 반격을 가하고자 한 대상은, 맑스의 이론을 화석화시킨 편의적인 경제적 진화론이었다. 회고컨대, 아마도 앤드류 리바인(A. Levine)처럼 다음과 같이 결론을 내리는 것이 더욱 정확할 것이다. 그 결론은 알뛰세르주의가 맑스주의를 유물론적 사회학으로 전환시키는 한, 그것은 "역사적 유물론——스탈린의 역사적 유물론뿐만 아니라, 부하린과 플레하노프, 나아가 맑스와 엥겔스의 그것까지도 포함하는——에 대한 반역"[248]의 일환이었다. 유물론의 창시자들이 후계자들의 수중에서 겪은 왜곡으로부터 이들을 구출하기 위해, 알뛰세르와 발리바르는 과거의 편향들을 수정했는데 이는 결국 자기들의 편향을 도입하는 결과가 되었다. 이들에 대한 반대자들은 맑스로 복귀하고 있다고 스스로 주장하는 곳에서도 맑스를 근본적으로 수정했지만 말이다. 1960년대초에 저작활동을 한 프랑스 공산당원으로서, 그들은 자신들을 충실한 제자들이라고 내세우는 이외의 다른 길이 없었고, 자신들의 혁명적인 이론적 **내용**을 나타내기 위해서 낡은 이론적 **형식**들을 더 나은 것으로 수정하려고 했다.[249] 더욱이 이러한 수정은 그 결과가 원본보다 우월할 때에는 죄가 아니다. 그러나 "헤겔주

247) Dews, "Structuralism and the French Epistemological Tradition", p. 13.

248) *Arguing for Socialism*, London 1984, pp. 262-63을 보라.

249) Althusser, "Sur le Travail Théorique. Difficultés et Ressources", pp. 16-17을 보라.

의" 대신 "스피노자주의"로의 교체는 이것이 해결한 것에 뒤지지 않을 만큼 많은 이론적인 문제를 산출했는데, 맑스의 이론——역사와 자본주의 사회에 대한 하나의 통합된 이론[250]——으로부터 핵심적 내용(역사가 일반적으로 진보적인 방향으로 진행한다는 역사관, 역사적 변동의 내적 원칙, 자본주의가 어떻게 사회주의 및 공산주의를 위한 잠재력을 창출하는가 하는 설명 등)을 박탈하고 말았고 그리고 그 자리에 거의 아무것도 채워넣지 못했다. 좋든 싫든 맑스는 19세기의 인물이었고, 이 19세기는 "역사의 세기이자 진화의 세기"였다. 따라서 역사적 유물론을 "가장 비범한 유물론"이라고 다시 해석함으로써 맑스를 20세기의 인물로(아니 오히려 60년대의 파리의 인물로) 받아들일 수 있게 만드는 것은, 최종심급에서는, 아마도 친절이 지나쳐 도리어 그에게 화를 입히는 것이 될 것이다.

『맑스를 위하여』와 『자본론 읽기』의 출판 이후 수년 동안 여기서 언급된 많은 문제들이 이 저자들에 의해 인식되게 되었다. 그러나 알튀세르의 역사적 유물론 재구성에 어떠한 결함이 있을지라도, 그리고 정통론에 대해 그 타이틀이 아무리 미미한 것일지라도, 그것은 일종의 해방을 대변했고 또 해방으로서 널리 체험되었다. 알튀세르의 해석이 문제적인 것이었을지라도, 그의 비판들은 대부분 타당하고 강력한 것이었다. 이들은 맑스주의자들을 개념적 감옥으로부터 해방시켜, 역사적 유물론을 하나의 연구프로그램으로서 다시 정립시켰다. 당시까지 강철같은 단계들 및 법칙들의 나열, 하찮은 공식들의 암송, "유명한 인용구들"의 반복들 속에서, 이 역사적 유물론의 잠재력은 소진되었기보다는 오히려 부정되

---

250) 예를 들면 Andrew Levine, *Arguing for Socialism*, Chapter 5와 *The End of the State*, London 1987, Chapter 5; Erik Olin Wright, "Giddens's Critique of Marxism", *New Left Review* 138, 1983 등을 보라.

었던 것이다. 알튀세르의 맑스주의 재이론화가 역사적 유물론 자체의 재출발을 나타내지 못했다는 주장이 일리있는 말이라면, 그것이 그런 재출발을 나타냈다는 주장도 마찬가지로 일리가 있다. 그리고 그것을 손상시킨 "극단론"은 그의 개입의 효력에 치명적이었다. "막대기를 구부릴 때"의 위험은 그것이 뚝 부러질지도 모른다는 것이었다. 그러나 그렇게 함으로써 알튀세르는 맑스주의자들이 앞으로 개척하기를 기다리는 하나의 대륙이 있음을 상기시켰다.

마지막으로 알튀세르주의의 정치적 함의는 무엇이었는가? 랑시에르의 다음과 같은 회고는 설득력이 있다. 즉 『자본론 읽기』는 논리적으로 프랑스공산당의 정치적 전망에 대한 좌익적 비판을 수반했다는 것이다.[251] 결국 알튀세르의 급진주의의 정점은——적어도 공개적으로는——이데올로기적으로 예속된 세계에서 자유의 요새인 이론의 필요성 및 자율성을 주장한 것이었다. 만일 "관념론"(이론과 실천의 괴리)을 회피하는 것이 중요하다면, "실용주의"(이론을 "정치의 종복"으로 다루는 입장)에서 벗어나는 것도 그에 못지 않게 중요한 것이었다. 전자는 후자보다 궁극적으로는 덜 해로운 것이었다. 따라서 "우리의 분석의 끝에서, 우리는 우리가 처음 출발한 핵심원리로……복귀하게 된다. **과학과 이데올로기의 구별**이라는 명제로."[252]

랑시에르는 『알튀세르의 교훈』에서, 1962년 이후의 전국적인 정치적 정세——역사의 준-"부재상태"——가 알튀세르의 이론주의(알튀세르가 이론에 있어서의 "전향적인 탈출"이라고 부른 것)를 설명하는 데 도움이 된다고 시사하고 있다.[253] 이에 따라 이론의 시간과 정치의 시간

251) *La Leçon d'Althusser*, p. 95를 보라.

252) "Théorie, Pratique Théorique……", pp. 46-47.

은 서로 만나야만 했다.——그러나 만나지 못한다.

253) *La Leçon d'Althusser*, pp. 68-69.

4
이론의 시간, 정치의 시간

마오가 말했던 것처럼, "결코 계급투쟁을 잊지 말자."
루이 알튀세르, 「맑스주의와 계급투쟁」

에릭 홉스봄은 『맑스를 위하여』와 『자본론 읽기』에 대한 1966년 서평에서 다음과 같이 말했다.

> 이 책들의 성공은 놀라운 것이다. 이 저자가 등장한 시기가 좋았〔을 뿐이〕다고 보는 것은……그의 매우 뛰어난 재능을 전혀 고려하지 않는 것이다. 알튀세르주의자들이 활동한 파리 라탱(Latin) 지구의 분위기는 자존심 강한 좌익적 고등학생이라면 모두 마오주의자이거나 적어도 카스트로주의자인 그런 분위기다. 그런 분위기 속에서는 사르트르와 앙리 르페브르는 고대의 기념비에 불과하며, 예전에 공산주의자였던 지식인들이 1956년에 출간한 자기고뇌의 표현물들은 마치 발덱 로셰와 로제 가로디의 '기회주의' 만큼이나 이해불가능한 것이다. 반역의 신세

대는 혁명적 이데올로기에 대한 새로운 해석을 요구하며, 이에 알튀세르는 자기 주변의 정치적 및 지적 유약화에 도전하면서 본질적으로 이데올로기적 강경노선을 걷게 된다.[1]

알튀세르주의자들의 도전은 그 주창자로 하여금 두 개의 세력과 급속히 갈등하게 만들었다. 그 중 한 세력은 프랑스공산당 지도부로서, 그들은 이 이론의 사나운 고위성직자에게 재갈을 물리고 싶어했고, 다른 한 세력은 젊은 친중국파 반역자들로서, 그들은 자신들의 스승이 가려고 예정했던 길과는 반대되는 길을 좀더 나아가도록 그를 밀고가기에 급급해 했다. 말하자면 망치와 모루 사이에 찡겨있던 알튀세르는 임기응변적으로 대응했다. "**뒤에 대해서는 단호하되 앞에 대해서는 온건할** 필요가 있다"[2] 고 맑스는 1864년에 국제노동자협회와 관련하여 엥겔스에게 말했다. 다소 과도하게 단순화하자면, 1965년에서 1975년 사이의 알튀세르의 생애는 **앞에 대해서는 단호하고 뒤에 대해서는 온건**하게 진행되었던 것으로 특징지어질 수 있다. 그는 한편으로는 자신의 이론적 입장의 좌익적 급진화를 달성했는데, 이같은 급진화란 곧 프랑스공산당의 "기회주의"에 대한 지속적인 반대를 의미했다. 다른 한편 그는 자신을 위협적 존재가 아니라 자극제가 되도록 노력하면서 자기 당의 정치적 권위에 복종했다. 더욱이 그의 마오주의적 언사가 그 자신의 순종적 행위만큼이나 강한 호소력을 지녔다는 것은 유감스럽게도 어쩔수없는 결론이다.

이 장에서는 알튀세르가 1967년에서 1974년 사이에 수행한 자기비판 및 정정 작업에 대해서, 1974년에 그가 "내적"(이론 내적) 논리와 "외적"(이론 외적/정치적) 논리라고 부른 것[3] 양자 사이의 관계를 밝히

1) *Revolutionaries*, London 1982, p. 145.

2) Marx and Engels, *Selected Correspondence*, Moscow 1975, p. 140.

고자 한다. 우리의 첫번째 과제는 알튀세르가 프랑스공산당 내의 일정한 친중국적 조류들과 맺었던 연대에 관해 검토하기 위하여, 그리고 강한——또 점증되어간——마오주의적 공감에도 불구하고 그가 공산당과의 결렬을 거부하기에 이르렀던 사태의 경과를 자세히 검토하기 위하여 1960년대 중반으로 돌아가는 것이다. 다음 과제는, 그가 이 시기에 제출한 맑스주의 철학의 새로운 정의와 역사적 유물론의 새로운 개념을 고찰하는 것이다. 세번째로, 1965년 이후 알튀세르가 맑스주의에 기여한 주요 내용인 그의 이데올로기이론과 이데올로기적 국가기구 이론을 검토하는 것이다. 마지막으로 연대기적 순서에서 벗어나서 5월 "사태"에 대한 알튀세르의 반응과 이 사건에서 프랑스공산당이 수행한 역할을 검토하는 일이다.

중국 증후군

1장에서 잠시 언급한 바와 같이 알튀세르의 친중국적 성향은 프랑스공산당 지도부를 피해갈 수 없었다. 「유물변증법에 관하여」의 첫머리에서 그는 공산당의 비평가들이 「모순과 중층결정」을 "이론적 및 정치적으로 위험한" 것으로 간주했다고 밝힌 바 있다.[4] 알튀세르는 마오를 이론적으로 존경할만한 인물로 여김으로써 위험을 가중시켰다. 출간된 정보가 정확하다면, 알튀세르는 자신에 대한 1963년 11월 30일의 "심리"에서 자신의 비판자들에게 수완을 부렸다. 즉 그는 마오의 『모순론』의 개념들이 지닌 "이론적 가치"와, 당면 정세에서 그릇된 정치적 입장들을

3) *Elements of Self-Criticism*의 서문을 보라. ES-C, pp. 102-03.

4) FM, p. 163.

응징하기 위해 중국공산당이 그 개념들을 사용하는 것 양자를 서로 구별하는 전술을 택한 것이다. 그는 자신을 탄핵한 자들이 중국의 실용주의와 반대되는 것 같지만 실은 같은 종류의 "이론적 실용주의"라는 오류를 저질렀다고 반박하면서, 진정한 이론을 그 이론의 정세적 차용 결과와 동일시하는 것을 공격했다. 알튀세르는 모순에 관한 마오의 테제들이 맑스주의적 본질을 가지고 있다고 확언했지만 중국공산당의 수중에서 왜곡된 형태로 나타난 그 테제에 대해서는 거부했고, 프랑스공산당 자체의 국제 정치노선이 올바르다고 단언했다.[5] 이러한 변호는 그 목적을 달성했다. 적어도 한동안은.

알튀세르에 대한 이같은 혐의는 오해에서 비롯된 것이 아니었다. 그의 저작들은 프랑스공산당의 지식인층에 영향을 미쳤을 뿐만 아니라, 분열되어 있던, 당의 학생조직인 공산주의학생연맹(UEC)에서 그 자신의 학생들(과 이들의 많은 동료들)이 반대파적 역할을 수행하는 데 이론적 배경——심지어 이론적 기초——이 되었다. 아주 도식적으로 보자면, 1950년대말과 1960년대초 탈스탈린주의화와 알제리전쟁의 영향 아래서 당의 공식노선은 두 방향의 도전에 직면했다. 오른쪽으로는, 상당 규모의 의견집단이 이탈리아공산당의 입장 및 카사노바의 새로운 인간주의의 영향을 강하게 받아서, "자유화" 및 "근대화" 조치를 확대하라고 압력을 가했다. 왼쪽으로는, 마오주의 및 원단트로츠키주의(proto-Trotskyist) 분파들이 당의 "우경화 징조"에 대항하여 암암리에 투쟁을 벌여나갔다.

---

5) 알튀세르의 서면옹호라고 할 수 있는 것으로부터의 발췌에 대해서는, Patrick Kessel, *Le Mouvement 'Maoiste' en France*, Paris, 1972, pp. 64-66을 보라. 부정의 부정에 관한 알튀세르의 견해는 중국의 오늘날의 이데올로기 논쟁과 관련해서도 유용할 것이다. Robin Munro's Introduction to Chen Erjin, *China : Crossroads Socialism*, London 1984, pp. 23-24를 보라.

충성파적 당 중앙은 〔예전 입장으로〕 버텨낼 수 없었다. 60년대초에 들어서자 "이탈리아파"가 다수가 되었다. 마오주의적 좌파가 겉으로 드러난 우익적 위협에 대해 투쟁하기 위해 당 중앙과 **사실상의** 동맹관계에 들어간 것은 바로 이때였다. 친중국적인 알튀세르주의 전사들의 입장에서 볼 때, 이런 사태는 UEC의 기관지 『클라르테』(*Clarté*)의 지원을 받는 "수정주의"에 대항해서 캠페인을 전개하는 것을 뜻했다. 그 이면은 직접적인 정치문제에 관해서는 프랑스공산당의 지도에 대해 공공연하게 따라주는 것이었다.

『라 팡세』지 편집위원회와의 대결이 있은 지 한 달 뒤에 씌어진 알튀세르의 「학생 문제」는, 프랑스 공산주의의 역사 속에서 벌어진 이러한 계기의 산물이며, 그를 지지하는 학생들의 정치적 진화에 중요한 의의가 있는 글이다. 알튀세르의 이 논문은 프랑스공산당과 프랑스대학생전국연맹(UNEF)이 고등교육에 관해 서로 다른 입장을 취하면서 벌인 논쟁에 대한 하나의 개입으로서, 공산당원 학생들의 우선적 임무를 제시하려고 했다. 그들의 첫번째 임무는 "맑스-레닌주의에 대한 지식을 발전시키고"[6] 과학적 분석을 수행하며, 이를 통해 대학의 객관적 지식을 산출하는 것이었다. UNEF가 채택한 입장에 반대하여, 알튀세르는 맑스주의자에게 중요한 것은 지식이 전파되는 형식(교육관계)이 아니라 "**지식 자체의 질**"이라고 주장했다. 왜냐하면 맑스주의 지식인의 사명은 "**모든 사람들이 사로잡혀 있는** 지배 이데올로기의 환상을 밝혀내고 비판할 수 있는 새로운 과학적 지식을 발견하는 것"[7]이기 때문이다. 대학에서 계급분열이 일어나는 진정한 지점은 선생과 학생간의 불평등관계가 아니라, 가르침의 내용——전달되는 지식의, 과학과 이데올로기로의 분열—

6) "Problémes Etudiants", *La Nouvelle Critique* 152, 1964, p. 80.

7) Ibid., pp. 86-87.

—에 있다. 이것이 "대학에서 계급적 영향을 미치는 진정한 요새"였다. "부르조아지가 학생들에게 지극히 심대한 영향력을……행사하는 것은 대학이 학생들에게 전수하는 바로 이 지식의 본성을 통해서다."[8] "혁명의 대의"는 과학에 근거해 있기 때문에, 공산당원 학생들은 이데올로기와 과학의 분리를, 그리고 전자에 대한 후자의 옹호와 장려를 우선시해야 한다.[9] 맑스주의 과학과 관련해서는, 학생들에게는 두 가지 임무, 즉 이 과학의 "이해"와, "전파, 옹호, 실증"이라는 임무가 있었다.[10] 알튀세르는 "전면대결"이라는 구호에 반감을 나타내면서, 이 글의 결론으로서 노동조합과 공산당의 조직의 레닌주의적 구분을 강조함으로써, 투쟁 중에 있는 "당을 도와야 할" 공산당원 학생들의 책임을 일깨웠다.[11]

랑시에르는 알튀세르의 이 텍스트를 대단히 비판적으로 검토하면서, 알튀세르가 프랑스공산당의 정치적 침해에 대항하여 이론의 자율성을 방어하려는 자신의 프로젝트 때문에 당을 대신해서 이런 특수한 전술적 개입을 할 수밖에 없었다고 지적한다.[12] 여하튼 당시에 고등사범학교의 UEC 세포조직(윌름지역 서클)에 소속되어 있던 랑시에르와 그의 동료들은 알튀세르로부터 단서를 얻어, UEC 지도부의 인간주의적 이데올로기에 의한 일체의 오염에 대항하여 맑스주의 이론을 옹호하는 것을

8) Ibid., pp. 88-89.

9) Ibid., pp. 94, 98-99.

10) Ibid., p. 103.

11) Ibid., pp. 108-11. 이 글의 앞쪽(p. 101)에서 알튀세르는 프랑스공산당의 관점과 다를 바 없는 일련의 정치적 구호들(가령 평화공존과 혁신된 민주주의)을 제시하였다.

12) *La Leçon d'Althusser*, Paris 1974, pp. 84-85. 그리고 "On the Theory of Ideology——Altusser's Politics", R. Edgley and R. Osborne (eds.), *Radical Philosopical Reader*, London 1985, pp. 110-19도 보라.

투쟁구호로 삼았고, 어느 정도는 그들 자신에게도 놀라운 일이었지만 정치국과 일시적으로 제휴하게 되었다. 알튀세르의 견해에 따라, "이론적 훈련"이 최우선 과제로 제기된 것이다. 이 결과, '고등사범학교〔조직〕'(mormaliers)은 1964년 1월에 이른바 '이론구성을 위한 파리 학교'(Ecole Parisienne de Formation Théortique)에서 알튀세르가 쓴 주해서를 교재로 맑스주의 고전들을 다시 읽기 시작했다. 다음해 2월에 (과학과 이데올로기를 집중적으로 다룬) 『맑스-레닌주의자 평론』 창간호가 출간되었는데, 이 잡지의 표어는 "맑스주의는 진리기 때문에 전능하다"라는 알튀세르주의적 경구였다.

1965년 3월의 UEC 제8차 대회에서 우익지도부가 물러나고 프랑스공산당에 충성하는 새로운 전국사무국(Bureau National)이 자리를 차지했다. 이제 "트로츠키주의" 좌익과의 관계를 청산하는 것이 계산대에 오르게 되었다. 대서양주의자인 미테랑의 대통령 입후보에 대한 공산당의 지지에 공개적으로 반대하는 것은 문예부의 징계사항이 되기에 이르렀다. 알튀세주의자들은 후일 『자본론 읽기』를 산출하게 될 세미나에 열중하면서, 미테랑 문제에 관해 공식적인 입장을 채택하지 않았다. 프랑스공산당 내의 다양한 친중국적 조류들은, 북경과 공개적인 협력관계를 맺는 새로운 "맑스-레닌주의" 당의 창설이 궁극적으로 필요하다고 생각하는 사람들과, 당 개혁을 위한 "내부투쟁"이 가장 적합한 행동방침이라고 생각하는 사람들로 분열되었다. 알튀세르의 제자와 학생들은 후자에 속했는데, 이들은 맑스주의 이론을 옹호하고 유포함으로써 프랑스공산당의 현재 방향에 대항하자고 주장했다.

이들 중 몇몇은 1966년 3월에 열린 프랑스공산당 중앙위원회의 아르장퇴이으 회합과 더불어 루비콘강을 건너려고 했다. 이전까지는 정치적 신중함이 시대의 질서였다. 1966년 2월에 『맑스-레닌주의자 평론』 합본호가 "레닌주의 만세!"라는 표제를 달고 출간되었지만, 이것은 같은 이름으로 세상에 알려진 중국의 논쟁적인 슬로건과는 거의 아무런 명시적인 관계도 없었다. 그 책자에 실린 멘셰비즘과 레닌의 절연에 관한 이론적 재구성이 당시에 대해 어떤 결론을 함축한 것이든. 그 다음 호는 알튀세르 자신의 「역사적 유물론과 변증법적 유물론」(상투적인 소련 및 프랑스 교재를 대체할 목적으로 기획된 맑스주의 이론의 대중적 교재의 발췌본)을 집중적으로 다루었다.[13] 프랑스공산당 평당원들 사이의 이론적 및 이데올로기적 혼란의 산물이자 그 대응인 아르장퇴이으 회합은 이론의 자율성의 파멸을 의미했다. 일련의 저술가들은 알튀세르를 아르장퇴이으로 소환할 것을 주장했으며, 이 회합에서 그는 비판을 받고 결국 당과 타협하기에 이르렀다. 즉 그는 자신의 연구를 계속하도록 허용받은 댓가로 자율성에 대한 주장을 철회하고 프랑스공산당의 정치적 권위를 승인한 것이었다. 그러나 진실은 좀더 복잡하다.

알튀세르주의자들의 이니셔티브는 이미 1966년 1월 슈와지-르-르와에서 열린 공산당 철학자 회합에서 반대파의 매우 적대적인 반응을 일으켰다. 비공개로 진행된 이 회의는 정치국과 중앙위원회 위원들이 참석한 가운데, 가로디가 이론적 반인간주의에 대해 길고 격렬한 공격을 가한 후, 뮈리(G. Mury)가 이에 대해 지지발언을 하고, 이어 (직접적인 피의자로서는 유일한 참석자인) 마슈레이가 반격하는 순서로 진행되었다. 로베르 제를랑(R. Geerlandt)의 표현을 빌자면, "아무리 줄여서 말하더라

13) 알튀세르의 많은 프로젝트들과 마찬가지로 이것은 결코 완성되지 않았다. 또한 이와 관련하여 1967년에 씌어진 「맑스주의 철학자의 역사적 임무」라는 제목의, 알튀세르의 전망에 대한 41페이지 분량의 개요는 흥미롭다. 10월혁명 50주년과 『자본론』 제1권 출간 100주년을 기념하여 씌어진 이 글은 『철학의 제문제』에 실릴 예정이었다. 이 글은 예상대로 소련에서는 거부되었으며, 다음해 헝가리어로 간행된 알튀세르 저작총서에 실렸다. "A Marxista Filozófia Torténelmi Feladata", *Marx——Az Elemélet Forradalma*, Budapest 1968.

도, 슈와지에서의 논쟁은 **격정적**이었다."[14)]

석 달 뒤에 중앙위원회 토론에 제출된 기고문들의 주요논지는 이론적 실천의 이론을 받아들일 수 없다는 것이었다. 비록 알튀세르에 대한 비판이 알튀세르의 극단적인 레닌주의 및 교조주의에 대해서 가해진 것처럼 보였다 하더라도, 그들의 적대감의 진정한 이유는 일개 철학자가 이론적 입장들에 대한 판결이라는 지도부의 특권을 가로챘다는 데 있었다. 가로디만큼 분개한 사람은 아무도 없었다. 그는 "인간의 가장 아름다운 꿈"에 조응하는 "우리 시대의 진정한 인간주의"(즉 맑스주의) 편에서서 알튀세르를 소리높여 비난했다. 세브는 알튀세르의 이론적 반인간주의와 **가로디주의** 사이의 (반〔半〕공식적인) 중간 의견을 가지고서, 맑스/헤겔 관계에 관한 알튀세르의 입장을 비판했고, 알튀세르가 프랑스 맑스주의의 전통을 희생시키면서 비맑스주의적인 프랑스 철학을 높이 평가한다고 불평하면서도, "당의 형제애적 비판"을 요청하는, 정곡을 찌르는 발언을 했다. 미셸 시몽(M. Simon)은 『자본론 읽기』의 "무지한 독해"가 야기할지도 모를 "독단적" 효과에 대해 우려를 나타냈으며, 알튀세르주의자의 저작들에는 당 문헌(예를 들면 토레즈의 글)의 인용을 전혀 찾아볼 수 없는데, 이는 이 저작들이 레닌 이래의 국제 노동운동이, 마오를 제외한다면, 아무런 가치있는 것도 산출하지 못했다는 함의를 갖고 있다고 개탄했다. 중앙위원회가 채택한 장문의 결의안은, "맑스주의적 인간주의는 존재한다", "우리 시대의 인간주의" 등의 표현들을 담았으며, 프랑스 사회구성체에 대한 국가독점자본주의 이론의 적용을 되풀이했고, 국제 공산주의운동의 친모스크바적 정통에 대한 프랑스공산당의 지지를 확인했다. 이와 동시에 지식인이 자신의 연구에 종사할

14) *Garaudy et Althusser; le Débat sur l'Humanisme dans le Parti Communiste Français et Son Enjeu*, Paris 1978, p. 38.

수 있는 자유가 승인되었다. 발덱 로셰는 그의 요약적 정리――『맑스주의와 그 미래의 길』(*Le Marxisme et les Chemins de l'Avenir*)――에서 중국공산당의 반인간주의를 단호하게 거부했고, 프랑스공산당원들에게 아주 사소하게라도 그것과 연루되지 말라고 경고했으며, 한편 "인간주의 없는 공산주의는 공산주의일 수 없다"고 선언했다. 프랑스공산당의 유화정책이 확인된 것이다.[15]

아르장퇴이으에서의 심의에 관한 알튀세르의 언급들 가운데 글로 씌어진 것들은 모두 긍정적이다. 1967년 11월에 이탈리아 공산주의자 마리아-안토니에타 마치오키와 대담한 인터뷰의 프랑스 번역본(1968년 4월 『라 팡세』지에 수록)――「혁명의 무기로서의 철학」――에서, 알튀세르는 자신이 혁명적 계급투쟁의 전사들의 비판들을 매우 중시한다고 밝혔다. 그는 한 예로, 어떤 것이라고 정확하게 지적하지는 않았지만, 1966년 3월의 몇몇 비판은 "큰 도움"[16]이 되었다고 넌즈시 말했다. 몇년 후 『존 루이스에 대한 답변』에서 그는 "철학적 연구를 수행하고 출판할 수 있는 당원의 권리"가 아르장퇴이으에서 승인되었다고 썼다.[17] 당시 알튀세르는 공적으로는 침묵을 지키고 있었다. 이와는 반대로 윌름 지역 서클의 대응은 즉각적이고 극적이었다. 이 서클은 중앙위원회의 회합이 있은 지 사흘 뒤의 한 회합에서 "맑스주의는 인간주의가 아니다"라는 제목의 글을 채택했다. 이 글은 중앙위원회가 맑스주의 이론을 "청산"함으로써 전사들의 충성을 상실했다고 주장했으며, "중앙위원회의 결의안에 반대하여 맑스-레닌주의 이론을 옹호"할 것을 결론으로 제시했

15) *Cahiers du Communisme* 5-6, 1966, "Débats sur les Problèmes Idéologiques et Culturels", pp. 38; 104-07; 122-23; 272-80; 293-309.

16) *Positions*, Paris 1976, pp. 47-48.

17) ES-C, p. 75.

다.[18] 이어 4월에는 흠잡을 데 없이 알튀세르주의적인 팜플렛, 「맑스-레닌주의 이론을 수정해야만 하는가?」가 UEC 내에서 유포되었다.[19] UEC 맑스-레닌주의 세포는 상황을 논의하기 위하여 1966년 7월 앙드레지에서 비밀화합을 가졌다.[20] 이 회합에서는 '프랑스 공산주의 운동'(반지성주의, 극단적 스탈린주의, 개량주의라고 비난받는 '프랑스 맑스-레닌주의 공산당'의 전신인)에 합병되지 않으면서 프랑스공산당 내에 남아 있을 것, 그러면서 공개적인 내부투쟁을 벌이는 한편 탈퇴 및 새로운 정당의 창당을 준비하는 "이론적 훈련"에 참가할 것을 결의했다. 그 사이에 프랑스공산당 제18차 대회가 "공산주의를 종식시키는 대회!"로서 환영되었다. 프랑스공산당이 윌름지역 서클을 해체하고 그 다수 성원을 제명시킴으로써, 12월에 맑스-레닌주의 공산주의청년연맹(UJCML)의 창설이 촉진되었다. 여기에는 로베르 리나르, 자크 랑시에르, 피에르 빅토르(P. Victor), 도미니크 르쿠르(D. Lecourt)가 가담했다. 반면에 발리바르와 다른 사람들은 알튀세르를 따라 프랑스공산당에 남아 있었다.

이와 같은 분열이 발생할 무렵, 중국에서 문화대혁명이 폭발했다. 『맑스-레닌주의자 평론』은 제14호(1966년 11-12월호) 이후부터 UJC의 이론적·정치적 기관지가 되었다. 이 잡지는 3호를 연속해서 "프롤레타리아 문화대혁명"을 집중적으로 다루었는데, 그 첫번째 호인 14호에 실린 (익명의) 논문들 중에는 「문화혁명에 대하여」(Sur la Révolution Culturelle)라는 제목의 글이 포함되어 있었다. 바로 이 글을 예로 들어

---

18) Kessel, *Le Movement 'Maoiste' en France*, p. 148에서 재인용.

19) Ibid, pp. 149-61에 재수록됨.

20) 케셀에 따르면(p. 196), 알튀세르는 참석하지 않았지만 그의 편지가 낭독되었다고 한다(그 내용에 대해서는 아무것도 알려져 있지 않다). 로베르 리나르는 이를 부정하였다(인터뷰, 파리, 1986, 4월).

서, 프랑스공산당의 클로드 프레보(C. Prévost)는 알튀세르의 맑스주의가 젊은이들의 수중에 들어갔을 때 얼마나 극단으로 치달을 수 있는지를 보여주는 가공스러운 경고라고 지적했다. 실은 이 글은 알튀세르가 쓴 것이었다.[21]

「문화혁명에 대하여」가 확실히 보여주고 있는 점은, 알튀세르가 「자기비판의 요소들」에서 표명한 자신의 탈정치화된 설명과는 반대로, 알튀세르의 가장 심각한 "불장난"의 대상은 구조주의나 스피노자주의가 아니라 바로 마오주의였다는 사실이다. 이 글의 감상은 솔직했으며, 이 글의 열광은 절대적이었다. 문화혁명은 "엄청난 이론적 관심"을 끄는 "전례없는 역사적 사실"이었다. 수사적 질문의 형식으로, 알튀세르는 중국의 논쟁에서 지칠줄 모르고 반복된 한 명제를 승인했다.

> 한 나라에서 사회주의의 미래가, 그 나라가 두 가지 혁명 즉 **정치적** 및 **경제적** 혁명을 달성했다는 간단한 사실에 의해서 백퍼센트——결정적으로, 결코 후퇴함이 없이——보장되는가? 그 나라가 자본주의로 역행하는 것은 불가능한가?
>
> 우리는 이미 유고슬라비아라는, 이런 현상의 한 사례를 가지고 있지 않은가?
>
> 그렇다면 한 사회주의 나라는 사회주의에 아주 상이한 경제적, 정치적, 이데올로기적 내용(자본주의의 복구 메카니즘)을 부여하면서도, 제국주의에 의한 그 자신의 점진적인 중립화와 정치적 활용 그리고 그런 후의 경제적 지배를 허용하면서도, 사회주의라는 외적 (경제적, 정치적) 형식 **전체** 혹은 최소한 그 **일부분을**——상당한 기간 동안만이라

21) 클로드 프레보에 대해서는 Lancière, *La Leçon d'Althusser*, p. 110 n. 1; 알튀세르의 글에 대해서는 ibid., p. 108을 보라. 랑시에르의 기고문은 에티엔 발리바르에 의해 확인되었다(Interview, Paris, June 1985).

도——보존할 수는 없는 것일까?

주장은 계속된다. 사회주의 국가들은 그들의 특정한 역사 단계에서 두 가지 길, 즉 "혁명적 길"과 "퇴행의 길" 사이에서 선택에 직면하게 된다. 중국은 이러한 교차로에 있다. 공산주의로의 길로 나아가기 위해 중국은 제3의 혁명, 즉 사회주의적 하부구조와 국가에 조응하는 이데올로기적 상부구조를 제공할 "대중적 이데올로기 혁명"을 수행하기로 결정했다.[22] 일단 이러한 상부구조를 갖춘다면, 자본주의로의 복귀 위협은 줄어들 것이다.

「모순과 중층결정」의 끝부분에서 개략적으로 설명된 혁명적 이행과 이데올로기의 지속성에 관한 전망을 취하면서, 알튀세르는 잠재적인 "퇴행"이라는 테제를 제출했는데, 이 테제는, 그에 따르면, 역사적 유물론의 비진화주의적 및 비경제주의적 성격에 비추어볼 때 맑스주의와 일치한다. 더 나아가 그는 사회계급은 생산관계의 사회적 담지자들이 차지하는 객관적 위치에 의해서만 규정되는 것이 아니라, 사회주의의 (경제적) 생산양식의 수립 이후에도 오랫동안 **계급**관계들을 존속시키는 정치적 및 이데올로기적 관계들에서 계급구성원들이 차지하는 지위에 의해서도 규정된다고 주장했다. 정치적 및 이데올로기적 계급투쟁은 사회주의 나라에서 존속하며 사회계급들은 이러한 계급투쟁 내에서 그들

---

22) "Sur la Révolution Culturelle", *Cahiers Marxistes-Leninistes* 14, 1966, pp. 5, 7-8(유고슬라비아를 지체된 사회주의국가로 간주하는 것은 p. 11에서 다시 반복된다). 중국의 초기 논쟁에서 유고슬라비아는 소련의 암호로 사용되었음에도 불구하고, 알튀세르는 결코 소련을 "국가자본주의"라고 공개적으로 선언하지 않았다. 문화혁명에 대한 중국공산당의 설명에 대해서는, "Decision of the Chinese Communist Party Concerning the Great Proletarian Cultural Revolution of 8 August 1966", *The Great Proletarian Cultural Revolution*, Peking 1966, p. 10을 보라.

이 수행하는 역할에 따라 "본질적으로" 규정된다. 예를 들어 소상품생산의 존속과 엄청난 소득 불평등이 존재하기 때문에 그 결과 경제는 결정적 역할을 유지한다고 지적한 후에, 알튀세르는 다음과 같은 자신의 "핵심논지"에 도달한다.

> '퇴행'이라는 테제는, 사회주의 나라들의 특정한 역사적 정세에서 **이데올로기적인 것**이 만사가 결정되는 **전략적 지점**일 수 있다는 사실을 전제한다. 그러므로 교차로는 이데올로기적인 것 속에 자리잡고 있으며 미래는 그것에 달려있다. 사회주의 나라의 (진보냐 퇴행이냐의) 운명은 이데올로기적 계급투쟁 내에서 결판이 난다.[23]

이러한 테제는 중층결정 이론(결정과 지배 사이의 알튀세르주의적 구분과 마오의 모순 범주들 양자)을 근거로 정당화된다. 사회주의의 경제적 및 정치적 혁명이 부르조아 이데올로기적 상부구조를 자동적으로 변형시키지 않는다고 알튀세르는 주장했다. 즉 부르조아 대항자들은 그대로 남아있으며 제거되어야만 한다는 것이다. 마오의 사상은 새로운 것이 결코 아니며, 이러한 필요성은 맑스와 그리고 누구보다도 레닌에 의해서 이미 인식되었다. 새로운 것은 맑스주의의 "고전적" 학설을 실천적으로 수행한 점이었으며, 이것은 역으로 이론적 결실을 맺게 할 그 무엇이었다. 알튀세르는 문화혁명이 "이데올로기적인 것의 본성에 관한 맑스주의 원칙"의 적용을 대변한다고 주장했는데, 이 주장〔에서 "맑스주의 원칙"〕은 "알튀세르주의적 원칙"으로 고쳐읽어야 할 것 같다. 그가 읽었던 것처럼, 중국의 경험은 1965년에 그가 전개한 이데올로기 이론을 검증했다. 이데올로기는 "관념－표상"(이론적 이데올로기들)과 "태도－

23) "Sur la Révolution Culturelle", pp. 11-12.

행위" (실천적 이데올로기들)의 "체계들"로 구성된다. 이데올로기 혁명은 이 두 가지 모두——예를 들면 이론적 인간주의와 아울러 지도 "스타일" (테크노크라트적, 관료주의적 방식 등)——와 관련된다.[24)]

또 인민공화국이 채택한 비관료적 조직 수단이 매우 중요했다. 이데올로기 투쟁을 수행하는 비(非)당적인 대중조직의 창출은 공산주의 전략에서 결정적이며 권장할만한 혁신이었다. 국가권력의 혁명적 장악 이후 프롤레타리아 독재가 유지되는 동안에는 공산당(혹은 그에 상당하는 것)이 국가운영의 책임을 맡을 것이다. 이 때문에 당과 국가기구의 "부분적이지만 불가피한 융합"이 나타날 것이며, 이것이 레닌이 죽기 직전까지 씨름했던 심각한 문제를 제기한다. 즉 **"당과 국가의 관계를 어떻게 조절해야, 관료제와 기술관료제의 오류를 피하고, 여기서 나타나는 중대한 정치적 결과를 피할 수 있을 것인가?"** 이러한 진퇴양난의 문제에 대하여 중국공산당은 문화혁명과 이 속에서 동원되는 대중운동으로 대응했는데, 이 운동의 주요과제는 국가와 당 내에 있는 그러한 퇴행적 경향에 대처하는 것이었다. 제3의 혁명 즉 이데올로기 혁명을 수행하는 비당적 조직들은 스스로와 국가의 **"구별"**을 강제하기 위해 공산당과는 "구분"되었으며, 또 그래야만 했다.[25)]

알뛰세르는 문화혁명의 "위대한 교훈들"이 다른 "사회주의" 나라들에 대해서만이 아니라, 국제 공산주의운동 전체와 모든 공산당원에 대해

---

24) Ibid., pp. 13-15.

25) Ibid., pp. 15-16. 알뛰세르가 이전에 비폭력적 "수단과 방법"으로 수행되는 이데올로기 투쟁을 문화혁명의 특징으로 추정했다는 것에 주목해야 한다(p. 8을 보라). 레닌의 "최후의 투쟁"에 대해서는 Moshe Lewin, *Lenin's Last Struggle*, London 1975를 보라("문화혁명"에 대한 레닌의 결정적으로 비마오주의적인 파악에 관해서는 pp. 113-14을 보라).

서도 갖고있는 관련을 단언함으로써 결론을 맺었다. 그 교훈들로부터 끌어낸 가장 주목할만한 함의는 다음과 같은 것이었다.

> 위대한 혁명은 대중의 과업일 수밖에 없다. 혁명지도자들의 역할은, 대중이 스스로 자신의 능력을 발견하고 자신들을 조직할 수단을 제공하고 맑스-레닌주의를 나침반이자 법칙으로서 제시하는 한편, 대중이 자신의 의지를 표현하고 자신들의 문제를 해결할 수 있도록 돕기 위해 그들과 함께 학습하는 것이다.[26]

에티엔 발리바르에 따르면, 알튀세르는 중국의 실험에서 사회주의 혁명이 스스로를 비판하고 정정하는 최초의 사례를 발견했다. 이러한 평가와 관련된 그의 환상과 이 환상의 몇 가지 결과들은 제5장과 제6장에서 논의될 것이다. 여기서는 세 가지 사실을 기록해두는 것으로 충분하다. 첫째로, 랑시에르가 지적하는 바와 같이, 중국에 관한 알튀세르의 견해는 이를 발표한 잡지가 소속된 UJC의 견해와 거의 구분될 수 없다. 그는 자신의 이론적 원칙들로부터 동일한 정치적 결론을 끌어낸 것이다. 하지만 둘째로, 알튀세르는 그의 몇몇 학생들과는 대조적으로 프랑스공산당과 절연하지 않았으며, 절연하는 것이 시의적절하지 않다고 판단했다. 1968년 5월 이전까지는 이것은 아직 그 학생들과의 돌이킬 수 없는 이론적 및 정치적 결렬을 의미하지는 않았다. 발리바르가 암시한 바에 따르면, 알튀세르는 그 자신이 당을 떠나는 것을 "심각하게 고려한 바가 전혀 없었지만", 그러나 이 단계에서 그의 입장은 아직 "모호했다"고 암시했다.[27] 마오주의 잡지에 문화혁명을 긍정적으로 평가하는 글을

---

26) "Sur la Révolution Culturelle", p. 16.

27) "Interview", Paris, June 1985. 랑시에르의 분석에 대해서는 *La Leçon d'Althusser,*

실은 것은 이러한 모호성을 예증한다. 세째로, 중국의 "계속혁명"에 대한 알튀세르의 호감은 그후 7년 이상이나 지속되었으며, 이 혁명은 하나의 이론적-정치적 패러다임으로 구성될 정도로 그의 작업에 심대한 영향을 미쳤다. 그 결과 그의 작업은, 그가 당원으로서 소속된 당의 국내적 및 국제적 전망과 점차로 더 괴리되게 되었다. 알튀세르의 1966년의 저작은, (같은 시기 가로디의 『중국 문제』〔*Le Probléme Chinois*〕에서 제시된 바와 같은) 프랑스공산당의 포스트 스탈린적 방침과 결코 화해할 수 없는, 마오주의적 경험에 대한 공감을 드러낸다. 1968년 5월은 이러한 진실이 밝혀지는 계기였다. 이것은 전환점이었지만, 알튀세르는 이 지점에서 태도를 전환하지 못했고, 이는 바로 그때 노동자와 학생들이 당시의 프랑스 자본주의라는 작가없는 극장에서 그들에게 맡겨진 역할을 거부했던 것과 마찬가지였다. 이후 알튀세르의 생애는 중국 증후군과 공산당 규율의 준수가 불안하게 공존하는 기묘한 광경을 낳게 된다.

이론에서의 계급투쟁

풀란차스는 『맑스를 위하여』와 『자본론 읽기』를 극찬한 1966년의 서평에서, 맑스주의 철학을 되찾으려는 알튀세르의 시도가 하나의 해묵은 문제, 즉 맑스주의 사상에 "늘 붙어다니며 괴롭힌" 변증법적 유물론이라는 문제를 해명하려는 가장 최근의 유일한 시도라고 썼다.[28] 1967년부터 1974년까지의 알튀세르의 저술은 대개 맑스주의 철학의 새로운 정의를 산출하고, 맑스주의 철학과 역사적 유물론의 관계에 대한 설명을

---

pp. 108-09를 보라.

28) "Vers une Théorie Marxiste", *Les Temps Modernes* 240, 1966, p. 1952.

개정하는 것과 관련된 것이다. 알튀세르는 이론적 실천의 이론에 대해서 당과 좌익비평가들 모두로부터 압력을 받자 갈등하면서 이를 철회했으며, 자신의 이전 입장이 "이론주의"——이론과 실천의 통일을 **정치적 실천** 안에서 다루는 데 실패한 것——와 "실증주의"——철학과 정치의 유기적 관계를 올바로 인지하지 못하고 철학과 과학을 구분하지 못한 것——라고 인정했다.[29] 자신의 이러한 오류를 정정하려는 알튀세르의 시도는, 본질적으로 철학을 **이론에서의 정치적 개입**과 **정치에서의 이론적 개입**으로 인식(그리고 실천)하려는 것이다. "변증법적 유물론"의 독창성은, 이제 더이상 과학(그리고 그것의 역사)에 대한 이론으로서 그것의 과학성 안에 존재하는 것으로 간주되지 않고, 철학의 "당파적", "유물론적" 실천 안에 존재하는 것으로 간주되었다. 1967년 이후부터 계속 알튀세르는, 맑스주의 철학은 다른 어떤 지식을 산출하지 않는다고 주장한다. 오히려 맑스주의 철학은 여러가지 테제들을 진술하고 옹호하는 가운데, 이데올로기의 침입으로부터 과학을 방어하기 위해 혁명적 정치의 편에서 이론에 정세적으로 개입하며, "편향들"로부터 "정확한" 정치적 입장을 방어하기 위해 역사적 유물론이라는 과학의 편에서 정치에 정세적으로 개입한다. 변증법적 유물론은 비록 예전의 과학적 위광은 박탈당했으나, 아주 중요한 특권으로 보상받았으며 알튀세르의 사상에 계속하여 붙어다녔다.[30]

이에 앞서 랑시에르는 알튀세르가 철학을 당, 즉 프랑스공산당을 위하여 **당의 취득물**로서 재정의했다고 비난했다. 마오주의의 격언을 빌린다면, 이것은 "형태는 좌익적인 것이지만 본질은 우익적인 것"이었다.

---

29) "To My English Readers"(October 1967), FM, pp. 14-15를 보라.

30) 가령 "Philosophy as a Revolutionary Weapon", LP, p. 20. "Elements of Self-Criticism", ES-C, p. 149를 보라.

그것은 좌파 쪽으로 굽은 것임에도 불구하고, 이 편향이 프랑스공산당의 정치적 권위와 알튀세르의 철학적 권위에 대한 학생/좌파의 위협을 중립화시키는 작용을 했다는 것이다[31] (랑시에르에 따르면, 알튀세르는 현대의 카우츠키 혹은 플레하노프로서, 겉으로는 〔마오주의적인〕 이론적 정통을 옹호하지만 실제로는 마오주의를 수정주의적으로 회복시키고 개량주의를 보증한다. 즉 마오를 위하여 마르셰를 읽는 것이다). 랑시에르의 불만은 알튀세르가 충분히 마오주의적이지 않다는 데 있었다. 이와는 반대로 이 장에서 나는 알튀세르의 수정이 비난받아야 마땅하다면, 이 비난은 그 수정의 마오주의적 성격에 가해지는 것이 더 적합하다고 논증할 것이다. "새로운" 알튀세르가 비판받아야 하는 이유는 그가 마오주의적 정치에 대해 귀족적으로 초연하다는 것이 아니라, 이전에 자신의 이론이 지녔던 귀족주의에 대한 반대급부로서, 북경에서부터 전파된 동양적 즈다노프주의의 방향으로 너무나 깊이 들어갔다는 것이다. 이러한 발전의 정치적 함의는 다음 장에서 검토될 것이다. 여기서는 알튀세르 자신에게 가해진 비판에 대한 그의 과잉반응을 정리해보려 한다. 그의 과잉반응이란 이론의 자율성에 대한 포기, 이론주의를 대신한 "정치주의"의 채택인데, 이같은 변화는 알튀세르 저작의 심각한 내적 비일관성을 초래했을 뿐만 아니라, 그의 저작이 지닌 권위와 독창성에서 뚜렷한 전반적 쇠퇴를 가져왔다.

알튀세르는 『자본론 읽기』의 1968년 이탈리아어판 서문에서, 철학에 대한 자신의 첫째 정의의 "편향"을 인정했고 곧 정정하겠다고 약속했다.[32] 철학을 과학으로 동화시키고 변증법적 유물론을 합리주의적 인식론으로 구성하는 것은 맑스주의의 훼손을 초래했다〔고 한다〕. 어쨌든

31) *La Leçon d'Althusser*, pp. 49, 53-54, 110.

32) RC, p. 8.

이러한 정정은 1967~68년과 1972년의 두 차례에 걸쳐 이루어졌다. 따라서 알튀세르의 첫번째 단계의 정정이 수행된 시기는 문화혁명보다는 나중이고 5월사태보다는 앞선 때였다. 그는 명시적인 자기비판의 형식을 취하지 않은 채, 1967년 11월부터 1968년 5월 사이에 고등사범학교에서 개최된 "과학자를 위한 철학강좌" 서론에서 예전의 입장을 철회하고, "철학이 과학들을 노예화하기보다는 그것들에 봉사하기 위하여, 과학들과 유지해야 하는 관계"[33] 라는 새로운 관점을 제시했다. 이 강좌의 텍스트는 복사본으로 유포되다가, 1974년이 되어서야 『철학과 과학자의 자생적 철학』으로 출판되었다.[34] "철학의 두번째 정의"라고 알려진 것은 「혁명의 무기로서의 철학」을 통해 더 광범한 독자들에게 전달될 수 있었다. 이 논문은 실제로 이 분야에서 알튀세르의 후기저작이 추구하는 모든 주제를 (특징적인 관용구와 함께) 소개했다. 그 중에는 "철학은 이론 속에서 계급투쟁을 대변한다"[35] 는 명제도 들어있었다. 1968년 2월에 프랑스철학협회에서 행한 "레닌과 철학"이라는 제목의 강연에서, 이 "철학에 대한 비철학적 이론"은 레닌의 "위대한 '철학적' 저작"[36], 『유물론과 경험비판론』을 분석함으로써 더욱 발전되었다. 알튀세르는 다음해 4월에 개최된 헤겔에 관한 한 학술회의에서 행한 연설("헤겔 이전의 레닌")에서 자신의 새로운 구상 가운데 본질적인 것들을 요약하고, 이 구상의 모든 기본적 구성요소들은 1908년의 레닌의 개입에서——

---

33) *Philosophie et Philosophie Spontanée des Savants*, Paris 1974(이하 PPSS), p. 11.

34) 이것은 출판을 위해 개정되었다. 불행하게도 원본은 참조할 수 없었다.

35) LP, p. 21.

36) Ibid., pp. 32, 49. 그의 전문가 동료들 앞에서 알튀세르가 표명한 철학과 철학자들에 대한 감정은, 의장인 장 발(J. Wahl)의 개입이 필요했을 정도로 참석한 철학자들을 상당히 흥분시켰다. *Bulletin de la Société Francaise de Philosophie* 4, 1968, p. 132.

"명시적으로 혹은 암시적으로"——찾아질 수 있다고 단언하면서, 자신이 한 모든 것은 "그것들을 더 명백하게 한 것"[37]이라고 지적했다.

철학이라는 주제에 관한 알튀세르의 성찰은 『존 루이스에 대한 답변』(1972)에서 이루어진——마오주의적 기원을 지닌——"**최종심급에서는 이론영역에서의 계급투쟁**"[38]이라는 정의로써 종착점에 도달했다. 이 논문과 같은 시기에 씌어졌으나 2년 뒤에 출판된 『자기비판의 요소들』에서, 알튀세르는 비록 자신이 원래 철학을 과학으로 환원했던 것이 철학에 대한 **이론적** 과대평가와 **정치적** 과소평가의 결합을 표현했다면, 1967~68년에 개진된 명제들은 최종심급——계급투쟁——에 이르기까지는 아직 정당화하지 못한 "즉흥적인 해결", "반쪽짜리 타협"[39]을 표현했다고 설명했다. 철학이 과학과 정치에 의해 이중으로 규정되며 또 양자를 동등하게 대변한다는 양면성은 첫번째 정의의 (이론주의적) 편향을 완화시켰을 뿐이라는 것이다.

이제 첫번째 그룹의 텍스트들로 돌아가보자.

그 이전의 철학과 과학의 동일시는 거부되었다.[40] 철학은 「유물변증법에 관하여」에서 규정된 것과 같은 "이론적 실천[의 이론]"이 아니었다. 철학은 아무런 대상도 갖지 않았으며 아무런 개념도 산출하지 않는다. 철학의 테제들과 범주들은 지식을 낳지 않는다. 그럼에도 불구하고 철학은 과학들과의 "특권적 연계고리"[41]를 가지고 있으며, 과학들에 대한 철학의 관계가 철학의 특수성을 구성한다. 알튀세르가 "객관성에

37) LP, p. 106. 알튀세르의 요약에 대해서는 pp. 105-06을 보라.

38) ES-C, p. 37.

39) Ibid., p. 150.

40) 가령 LP, p. 50을 보라.

41) LP, p. 53; PPSS, p. 65.

대한 유물론적 테제"라고 불렀던 것이 양자의 연계고리를 주조했다. 이것은 그의 제자 도미니크 르쿠르가 정식화한, ① "사유에 대한 존재의 우위", ② "지식의 객관성" 이라는 두 개의 명제로 구성되어 있었다.[42] 이 테제들에 대하여 각종 철학자들이 취한 입장이 철학적 담론을 분류하는 원칙이 되었다. 철학의 "역사"는 관념론적인 것과 유물론적인 것 "두 경향 사이의 투쟁"[43]으로 환원될 수 있었다. 첫번째 경향의 철학은 유물론적 테제들을 거부하거나 그 구성요소들을 틀리게 순서지었다. 두번째 경향의 철학은 이 테제들에 찬동했으며, 명제 ①의 우선성을 준수했다. 이 두 경향들 간의 투쟁은, 쟁점이 과학적으로 결정될 수 없었기 때문에 끝이 없었다. 철학적 테제들은 합리적 정당화에는 복종했지만, 과학적 증거에는 둔감했다. 따라서 철학은 총성이 결코 그칠 날 없는 **전쟁터**였다. 사실 과학과 달리 철학은 **"어떠한 실제적 역사"**도 가지지 않았다. 철학은 끝없는 담론, 실제로는 하나뿐인 두 가지 기본주제의 계속적인 변주곡이었다.[44] 그러나 이러한 사실이, 철학은 중요하지 않다는 것을 의미하지는 않았다. 완전히 그 반대였다. 알튀세르가 언급한 특권적 연계고리란 실은 유물론적 경향에의 근대적 가입자——맑스주의 철학——와 과학들 사이의 관계였다. 유물론적 테제에 기반한 "변증법적 유물론"이란, "과학자가 자신의 과학의 대상의 존재 및 자신의 지식의 객관성에 대해 지닌 **'자생적'** 신념을……**대변하는**" 철학이었다.[45] 맑스주의 철학의 유례없는 독창성은, 이 철학은 자신의 결정인들을 인식

42) *Une Crise et Son Enjeu*, Paris 1973, p. 36. Althusser, LP, pp. 53-55와 PPSS, p. 100을 보라.

43) LP, p. 55.

44) Ibid., p. 56. 그리고 PPSS, pp. 85-86도 보라.

45) LP, p. 55.

하고 있으므로 자신의 "실천적 기능들"을 좋은 목적에 이용한다는 것이다. 과학들의 편에 서서 이 철학은 관념론이 갖는 모든 초과학적 형태들에 반대했으며, 나아가 과학자들 자신의 "자생적" 철학에서 (잔여적이지만 다시 살아나곤 하는) 관념적 요소들을 제거함으로써 과학적 실천을 보호했다.[46] 맑스주의 철학의 소명은 과학적 진보에 대한 "인식론적 장애물" 혹은 방해물을 제거하는 것이었는데, 이 방해물이란 (관념론적인) "철학자들의 각종 철학"과 (이에 모순되는) 과학자들의 각종 철학으로 이루어져 있었다. 이 맑스주의 철학의 임무는, 이데올로기적 지배로부터 과학적 실천을 해방시키기 위하여 이론영역 안에서 이데올로기적인 것과 과학적인 것 사이에 "분리의 선을 긋는 것"[47]이었다. 핵심적인 문제는 왜곡/수탈에 맞서 과학을 옹호하고 과학의 지속적인 진보를 유지하는 것이었다.[48] 맑스주의 철학은 과학적 유효성이라는 기준에 입각하여 판결을 집행하는 규범적 인식론이 아니며, "과학의 유물론적 **옹호**"와 연결된 철학적 실천이었다. 이 철학은 역사적 유물론과 연계됨으로써 이런 임무를 수행할 자격을 얻게 되었다.

> 과학적 실천은 유물론적 철학에 대해 이러한 봉사의 수행을 기대할 수 있는데, 이제 왜 우리가 이 유물론적 철학의 **독창적** 성격을 주장하는지 그 이유가 이해될 수 있을 것이다. 과학적 실천에 봉사할 수 있기 위해서, 이러한 유물론적 철학은 과학들에 대한 모든 형태의 관념론적 수탈에 맞서 싸울 수 있는 위치에 있어야 한다. 그리고 **사정을 잘 알고** 이것들에 대항하기 위하여, 이러한 유물론적 철학은 다른 모든 철학과

46) PPSS, pp. 98ff를 보라.

47) Ibid., pp. 26, 34, 49-50.

48) Ibid., p. 89.

마찬가지로 자신이 의존하고 있는 실천적 이데올로기들에 자신을 연관짓는 유기적 연계를, 지식과 비판을 통해 통제할 수 있어야 한다……이러한 비판적 통제는 오직 이 유물론적 철학이, 맑스로 하여금 '이데올로기적 사회관계'(레닌)의 메카니즘에 관한 지식에 이르는 길을, 따라서 실천적 이데올로기들의 기능과 이 이데올로기들의 계급적대 기능에 관한 지식에 이르는 길을 열도록 해준 발견들과 연계되는 경우에만 가능하다.[49]

레닌의 『유물론과 경험비판론』은 이러한 "새로운 철학의 실천"[50]을 선포했다. 레닌은 "마하주의자"를 공격하는 과정에서, 알튀세르가 이제 소생시키기를 원하는 "철학의 당파성"이라는 테제를 확실히 지지했다. 흔히 언급되다시피, 모든 철학이 당파적이라고 하는 것은, 그것들이 하나의 기본경향(유물론적 혹은 관념론적)에 속하고 다른 하나의 경향에 반대한다는 의미다. 하지만 이것으로 문제가 끝나는 것은 아니다. 모든 철학의 "실천적" 본질은, 심지어 관념론적 철학의 종사자들이 그것을 실천할 때조차, 이들에 의해서 끊임없이 부정된다. 이렇게 부정된 실재는 두 가지 경향이 사회계급 및 그 계급들간의 투쟁과 맺는 관계에 다름아니다. 레닌이 지적했던 바와 같이, 철학은 "계급투쟁 즉 정치를 대변한다".

철학은 특정한 영역에서 정치의 특정한 연속이며, 특정한 현실과 대면하고 있다. 철학은 이론의 영역에서, 정확히 말하자면 과학들을 가지고 정치를 대변한다. 또 이와는 반대로 계급투쟁을 벌이는 계급들과 관련해서, 철학은 정치에서 과학성을 대변한다.

---

49) Ibid., pp. 96, 113-14.

50) LP, p. 61.

레닌의 철학적 실천은, 철학의 당파성——즉 철학이 프롤레타리아트의 유물론적 세계관을 이론 안에서 "대변하는 것"——을 부정하기보다는, 오히려 **"그 당파성에 따라 행동하면서"**[51], 그것을 선언한다.

알튀세르는 『레닌과 철학』에서 여러 페이지에 걸쳐서, 맑스주의의 특질 및 내용과 관련되어 되풀이되어온 일련의 "논쟁들"을 일일이 열거했다.[52] 그는 『맑스를 위하여』와 『자본론 읽기』에서 이 논쟁들에 대해 확실하게 답변했다. 다음과 같은 점은 명확하다. 즉 그는 맑스주의 철학의 주제에 대한 자신의 예전의 답변이 "전통적 용어"에 갇혀 있었으며, 자신의 두번째 시도가 레닌의 용어를 발전시킴으로써 필수적인 "새로운 용어"에 부합되는 것이라고 간주했다. 맑스가 과학적 지식에 이르는 "역사의 대륙"을 개척함으로써 시작된 철학혁명은, 이 볼셰비키 당의 지도자에 의해서 최초의 특별한 성과를 기록했다. 맑스-레닌주의는 아직까지도 위대한 철학적 저작을 갖지 못하고 있었다. 그러나 레닌에게로 복귀함으로써, 맑스주의 철학자들은 과학에 대한 철학의 "필연적인 지체"를 극복할 수 있었으며 "역사가 그들에게 부과하고 위임한……임무", 즉 맑스주의 철학을 정교화하고 발전시키는 임무를 달성할 수 있었다.[53]

1972년에 쓴 자기비판에서, 알튀세르는 자신의 초기저작에는 계급투쟁이 결여되어 있다는 공통된 비난이 정당하다고 인정했다. 1967~68년의 저작들에는 마침내 계급투쟁이 등장했고, 그리하여 이 저작들은 결함을 시정하기 시작했다. 그러나 이 저작들은 일종의 절충, 궁극적으로는 불만족스러운 타협을 뜻했다. 5월사태 이후 수정주의라고 규탄하는

51) Ibid., pp. 64-66.

52) Ibid., pp. 38-39를 보라.

53) Ibid., pp. 44-48.

외침이 더욱 더 거세게 그의 귀에 들리게 되자, 알튀세르는 이제 자신도 불만스럽다는 것을 숨김없이 털어놓았고 한층 더 계급투쟁을 끼워넣으려고 시도하게 되었다.

이론의 필요성은 『맑스를 위하여』와 『자본론 읽기』의 불변적인 요소였다. 철학의 필요불가결성은 알튀세르의 생애의 두번째 단계에서 전면에 나와 있다.[54] 그 이유는, 그가 『존 루이스에 대한 답변』에서 설명한 바에 따르면, 철학은——최종심급에서는——이론에서의 계급투쟁이기 때문이라는 것이다. 철학자들이 채택하는 철학적 입장은 궁극적으로 그들의 계급적 위치를 반영한다. 변증법적 유물론은 혁명적 노동자계급을 대표한다. 이 계급이 채택하는 유물론적 입장은, 이 계급의 적들이 고수하는 관념론적 입장과 마찬가지로, 궁극적으로 계급이익에 의해 결정되며 계급이익을 반영한다. 일반적으로 알려져있는 것과는 반대로, 철학은 "순수하게 공평무사한 사색"이 아니다. 철학은 자신의 외부에 존재하는 것에 영향을 미친다. 모든 철학적 입장은 "(정치 및 과학을 포함하는) 사회적 실천에서 효과를 산출한다". 이 입장들이 옳다면(맑스-레닌주의적이라면) 진보적 효과를 거둘 것이고, 그렇지 않다면 퇴행적 효과를 거둘 것이다.[55] 알튀세르는 그의 적대자들의 철학적 입장들 가운데 하나가 산출한 이론적 및 정치적 효과를 검토함으로써 자신의 주장을 부분적으로 예증한다. 그의 비판의 요점은, "역사를 만드는 것은 바로 인간이다"라는 존 루이스의 인간주의적 테제가 역사적 유물론의 진보를 가로막는 인식론적 장애물을 표현하며, 그것의 발전(정치적 실천에 사활적인 새로운 지식의 생산)을 지체시킨다는 것이다. 이론적으로 퇴행적이기에, 루이스의 입장은 정치적으로도 마찬가지로 유해한 결과를 낳는다.

54) 가령 ES-C, p.37을 보라.

55) Ibid., pp.57-58을 보라.

왜냐하면 "인간"을 역사의 제작자로 선언하는 것은 노동자계급을 계급투쟁과 조직화에서 빗나가게 함으로써 그들이 방향을 잃게 만들고 그들을 무장해제시키는 것을 돕기 때문이다. 요컨대 루이스의 철학적 테제는 "직접적으로 혹은 간접적으로 부르조아지의 정치적 이익에 봉사하는" 것이다. 이와는 반대로 알튀세르가 그에게 반대해서 제기한 맑스-레닌주의 테제들은 반드시 역사적 유물론 안에서 "이론적으로 진보적인 효과"를 지닐 것이며, 프롤레타리아트의 혁명적 대의에 대해 정치적으로도 유익할 것이다.[56]

앞으로 우리는 알튀세르가 제시한 맑스-레닌주의적 대안들을 비판적으로 살펴볼 것이다. 그렇지만 당분간은 그가 이론적 실천의 이론으로부터의 그의 후퇴가 갖는 광범위함에 초점을 맞추어야만 한다. 철학에 대한 정치의 우위를 단언하면서, 알튀세르는 이전에 자신이 철학을 "과학들[과] 실천들에 관한 과학"[57]이라고 정의했던 것을 기각했다. 『자기비판의 요소들』의 긴 각주에서, 그는 인식론의 고전적 프로젝트가 지닌 특징은 본래 관념론적인 것이라고 설명했다.[58] 알튀세르 자신의 **"사변적 합리주의"**는 과학(진리)과 이데올로기(오류)에 관한 일반이론 속에 구체화되어 나타났고, 극도로 규범적인 프로젝트로서의 특징을 지니고 있었다는 것이다. 그에 대신하여 유물론적인 방식으로 이해될 인식론은 "각기 다른 구체적인 과학에서 과학적 실천의, 그리고 그 실천의 역사의 조건 및 형태"에 관한 이론이었다. 하지만 이 경우 인식론은, "이미 존재하는 지식"을 대상으로 하는 **역사적** 유물론의 각론을 이루게 될 것이다.

---

56) Ibid., pp. 59-64.

57) Ibid., p. 58 n. 18.

58) Ibid., p. 124 n. 19를 보라. 그리고 p. 117 n. 12도 보라.

알튀세르 저작의 "내적 논리"라는 관점에서 보자면, 철학의 재정의와 역사적 인식론의 재개념화라는 결합물은 『맑스를 위하여』와 『자본론 읽기』의 핵심문제를 해결하려는 의도를 가지고 있었다. 그것은 이론적 담론과 여타의 사회적 "실천" 사이의 일반적 관계, 그리고 맑스주의 이론과 노동운동 사이의 특수한 관계라는 문제다. 이 양자는 〔『맑스를 위하여』와 『자본론 읽기』에서는〕 알튀세르에 의해 분절되어 있었다. 이론적 실천의 이론은, 어떤 경우에도 자신에게 부여된 임무를 수행할 수 없었음에도 불구하고, 상대적 자율성이 절대적 자율성 및 전능성의 형태를 취할 정도로 탁월한 지위를 부여받았었다. 과학을 위하여 버려졌던 철학은 "과학적"이라는 형용사를 추가로 얻음으로써 왕좌를 되찾았다. 새로운 정의에 따르면, 맑스주의 철학은 존재론도 아니고(알튀세르의 "유물론적 테제"는 인식론적이며 더 정확하게는 **현실주의적** 테제라고 서술되며, 따라서 이 테제는 혁명가들에게만 특유한 것이 결코 아니다), 인식론도 아니었다(비록 이 철학이 현실주의적 테제를 옹호할지라도). 그것은 하나의 실천, 이론적 수단에 의한 혁명적 정치의 연속이었다. 과학/이데올로기/정치/철학의 사중주에서 맑스주의 철학이 차지하는 위치의 복잡성에도 불구하고, 맑스주의 철학에 계속 특권적 지위가 부여되고 있음은 명백하다.

사실상 알튀세르의 프로젝트에는 상당한 연속성이 존재한다. 이는 다름아니라 그의 철학에 대한 첫번째 정의와 두번째 정의(그 중 첫번째는 역사적 유물론) 모두가 과학을 "예속시키기"보다는 과학에 "봉사하기" 위하여 고안된 것이라는 점에서 그러하다. 알튀세르의 철학적 **실천**은 언제나 이를테면 "재침례교적"이었다. 즉 알튀세르의 철학적 실천이 관심을 둔 것은 맑스의 과학적 이론을 인식론적 장애물로부터 바슐라르적인 방식으로 뜯어내는 것이었는데, 이 인식론적 장애물이란 맑스의 후계자들을 거치는 동안 그의 과학적 이론의 주변에 붙어다니면서 과학적 이론의 구성성분인 인식론적 단절을 손상시켰던 것이다. 하지만 첫번째 경우에 저 실천의 이론——이론적 실천의 이론——은 알튀세르의 목표를 손상시키는 형식, 즉 앤드류 콜리어(A. Collier)의 말을 빌자면 "과학들의 여왕으로 치기에는 조금 미흡하고, 과학들의 종복으로 치기에는 조금 과한"[59] 인식론의 형식을 취했다. 그후 이 인식론적 기획은 문제의 일부로 간주되었고 그 해결책은 반(反)인식론——과학의 철학이라기보다는 과학을 위한 철학——에서 찾아졌다. 이 과학을 위한 철학은, 철학의 레닌주의적 실천 가운데 매우 가치있는 측면임이 이미 확인된 것들을 발전시켰으며, 이것들을 철학자들뿐만 아니라 과학자들의 〔자생적인〕 철학의 반(反)과학적 경향들에 관한 바슐라르의 설명과 융합시켰다.[60]

이제 처음부터 인정해야 할 점은, 첫째로 알튀세르의 새로운 정의가 초기의 정의를 정정하려는 진지한 시도였다는 점, 둘째로 이 정의는 르쿠르와 다른 사람들에 의해 훌륭하게 발전되었으며,[61] 그 나름대로의

59) "In Defence of Epistemology", in J. Mepham and D. H. Ruben (eds.), *Issues in Marxist Philosophy,* Volume Three, Brighton 1979, p.65.

60) 『유물론과 경험비판론』에 관한 알튀세르의 논평에 대해서는 RC, pp. 89-90n을 참조하라. 그리고 바슐라르의 다른 저작 중에서 *La Formation de l'Esprit Scientifique* (1938), Paris 1980과 *The Psychoanalysis of Fire*(1938), Boston 1964를 보라. 물론 동시에 철학의 두번째 규정은 "Note sur le Matérialisme Dialectique"에서 개진된 입장에 대해 더 중요한 내용을 부여하려는 시도로 파악될 수도 있다(제1장, pp. 28-29를 보라).

61) Dominique Lecourt, *Marxism and Epistemology*(1969-72), London 1975; *Une Crise et Son Enjeu,* Paris 1973; *Bachelard ou Le Jour et la Nuit,* Paris 1974; *Proletarian Science? The Case of Lysenko*(1976), London 1977; Pierre Raymond, *Le Passage au Matérialisme,* Paris 1973; Michel Fichant and Michel Pêcheux, *Sur l'Histoire des Sciences,*

장점을 가지고 있다는 점이다. 왜냐하면 이 정의는 결국 철학을 과학들의 종복으로 파악하는 로크적 철학관의 맑스주의적 해석(**부정의 철학**〔philosophie du non〕)에 해당하기 때문인데, 그것〔부정의 철학〕의 논쟁적 실천은 과학들이 부여한 객관적 지식(**그 자신과 오류의 지표**)을 존중하고 방어하는 것이다. 하지만 이렇게 말하면, 첫번째 정의의 정정이, 두번째 정의에 특징적인 결함들——혹은 운명에 저당잡힌것——을 도입하지 않은 채, 그 미덕만을 보존하는 방식으로 행해졌을지도 모른다는 결론을 피하기 어렵다. 이 결함은 무엇이었는가?

가해질 수 있는 첫번째 비판은 이미 충분히 검토된 것이다. 알튀세르가 한편에서 본래적으로 규범적이거나 혹은 법률적인 교의로서의 인식론을 기각함과 동시에, 다른 한편 역사적 유물론의 각론 안에서는 과학과 이론적 이데올로기 간의 구분을 승인함으로써 인식론을 보존한 것이 논란거리다. 그렇다면 과학적 지식에 대한 선험적이고 외적인 보증을 추구하는 것은 파멸할 운명을 안고있으며 유해한 것이다. 그러나 "실제로 존재하는 사회주의"가 사회주의인가 아닌가를 판단하기 위해서는 기준이 필요한 것과 꼭 마찬가지로, "이미 존재하는 지식"이 지식인가 아닌가를 결정하기 위해서도 일종의 기준이 필요하다. 왜 이런 기준이

Paris 1969; Pierre Macherey, "L'Histoire de la Philosophie Considéréé comme une Lutte de Tendances", *La Pensée* 185, 1976과 "In a Materialist Way", in A. Montefiore(ed.), *Philosophy in France Today*, Cambridge 1983을 보라. 알튀세르 자신이 가장 오래 지속한 논쟁은 PPSS에서 찾아볼 수 있다. 티모시 오헤이근(T. O'Hagon)이 알튀세르의 번역되지 않은 이 과도기의 글에 대한 그의 탁월한 설명에서 지적한 바와 같이, "알튀세르 번역 집성의 이러한 틈은 새로운 입장의 완전한 새로움, 예민함, 허약함이 폭넓게 평가되지 않았음을 의미한다" ("Althusser: How To Be a Marxist in Philosophy", in G.H.R. Parkinson(ed.), *Marx and Marxisms*, Cambridge 1982, p.244 n.2).

요구되는가? 그리고 만일 철학이 과학과 이론적 이데올로기를 구분할 수단을 갖지 못하다면, 철학은 자신의 기능을 어떻게 수행할 수 있는가? 이론적 담론을 과학적이라고(다시 말해 실제 대상에 관한 객관적 지식을 제공하는 것이라고) 이름붙이는 것은 평가원칙들을 함축하며 불가피한 것으로 만든다. 평가원칙들이 존재하지 않을 경우에는, 다음과 같은 두 가지 가능성이 있다. 하나의 가능성은 가령 사회이론들로서의 역사적 유물론과 도덕적 다수주의(majoritarianism) 사이에는 어떠한 인식론적 구분도 있을 수 없다는 것이고, 또다른 가능성은 법철학에서 부정된 역할을 빼앗아 정치적-이데올로기적 **기정방침**이 대신할 수 있다는 것이다. 사회구성체의 과학(및 그것의 과학적 이데올로기 이론)에 기초한 〔과학의〕 "유물론적" 역사로 부르조아 법 이데올로기의 한 지류인 "사변적" 인식론을 알튀세르식으로 대체하는 것은, 초기저작의 상대주의적 편향을 정정하기는커녕 오히려 그 경향을 악화시킨다. 역사적 유물론의 과학성은 당연한 것으로 간주되며, 따라서 더이상 고려해볼 여지가 없는 것이다. 그렇다면 역사적 유물론은 이러한 상대주의적——혹은 독단주의적——내포에서 면제될 수 없다. 알튀세르는 철학이 역사적 유물론에 인식론적 기초를 제공한다는 생각을 포기하고, 나아가 역사적 유물론을 인식론적 탐구의 대상으로 삼는 것도 전적으로 거부한다. 이와 더불어 알튀세르는 모든 페이지마다 역사적 유물론이 과학으로서 지위를 갖고 있다고 주장하거나, 혹은 적어도 그런 지위를 갖는다는 자신의 해석을 주장한다. 그는 사변적 합리주의를 공공연히 비난하지만, 사실은 상대주의적 혹은 독단주의적 합리주의를 채택한다.

한때 임레 라카토스는 칸트의 어구를 빌어 "과학사 없는 과학철학은 공허하고, 과학철학 없는 과학사는 맹목적이다"[62]라고 말한 적이

62) *The Methodology of Scientific Research Programmes*, Cambridge 1978, p. 102.

있다. 알뛰세르의 역사는 맹목적이다. 그리고 그의 철학은 어떤가? 그의 철학의 문제점은, 이 철학이 지나치게 가득차 있으면서도 동시에 실제로는 공허하고, "제것이라고 주장할 수 있는 것은 아무것도 없으면서도 동시에 실제로는 모든 것을 주장한다"[63]는 점이다. 그의 철학이 과학에 대해 수행하는 역할과 관련하여, 수많은 반대들이 존재한다. 우선 가장 명백한 반대부터 살펴보자. 엥겔스와 레닌 이후의 철학사를 두 경향 간의 세속적인 투쟁으로 환원하는 것은, 예측가능한 희화를 자초한다. 더욱이 알뛰세르에 의한 이러한 "역사적 테제"의 (저) 발전은, 곧 철학과 과학간의 예전 등식을 그가 취소했을 때 지녔던 장점을 손상시킨다(맑스주의 철학이 "대변적" 기능을 하는 데 필수적인 요소인 프롤레타리아트에게 자생적 유물론이라는 비난을 전가하는 것은 아무래도 설득력이 없다). 아마도 더 해로운 것은 과학의 독립성을 결과적으로 철회한 것으로, 이 철회는 역사적 유물론을 포함한 과학들의 옹호라는 임무를, 이론에서의 계급투쟁을 대변하는 담론적 실천에 양도하는 것과 연루된다. 왜냐하면 알뛰세르가 (과학적 이론 등의 선고판결에 반대되는 것으로서) 담론적 실천의 역할을 "유물론적 테제"의 선전에 제한하고 있음에도 불구하고, 그리고 비록 그가 이론에서의 계급투쟁은 과학의 정치화(이데올로기로의 종속)가 아니라 과학을 옹호하거나 반대하는 투쟁이 된다고 주장하면서 모든 독단주의 혹은 실용주의를 부정했을지라도, 두번째 정의는 덜 온건한 세력들이 참가할 수 있는 지점을 제공한다. 즈다노프주의적 결과가 어떻게 극복될 수 있는지 아는 것은 어려운 일이다. 『존 루이스에 대한 답변』에서 새로운 정의는, 예전의 정의가 이론주의적 방향으로 굽어졌던 것에 못지않게, 정치주의적 방향으로 굽어졌다. 새로

63) Norman Geras, "Louis Althusser", *Literature of Revolution*, London 1986, p. 89. 그리고 Michael Kelly, *Modern French Marxism*, Oxford 1982, pp. 185-87도 보라.

운 정의가 몰아낼 수 없는 유령은 관념론이라기보다는 환원주의였다.

정치에서의 철학의 역할에 관해서 말하자면, 과학이 대변하고 있는 유혹 혹은 위험으로 남는 것이 물질화된다. 철학의 임무는 역사적 유물론의 과학적 결론들(혁명이론)을 혁명운동에 연계시키는 것이다. 이와 관련하여 철학은 "올바른" 정치적 입장들을 옹호하고 "편향들"을 고발해야 한다. 이것은 하나의 완성된 교의——독단——를 전제하는데, 이러한 교의가 (부)정확성을 정의할 수 있고 정치에서의 과학의 역할을 절대화한다. 전자의 표시가 루이스에 대한 알뛰세르의 전술이다. 알뛰세르는 맑스의 저작과 레닌의 저작의 이질성, 서로 경쟁하는 맑스주의 정통들(프랑스공산당, 소련공산당, 중국공산당 등, 거론하자면 셋은 되는 정통)의 존재에 관해 자신이 알고 있는 것을 무시하면서, 그리고 맑스에서 마오까지의 훌륭하고 위대한 권위에 호소하면서, 그는 막연하게 "맑스-레닌주의"라는 용어를 사용해서 루이스를 수정주의라고 선고한다. 여기서 "이론에서의 계급투쟁"——바슐라르와 마오의 혼합——이 형태를 취하고, 공산주의자의 **경직된 언어**의 억양을 취하는데, 초기 알뛰세르라면 이러한 언어를 적대적인 것으로 인식했을 것이다. 결론으로 가면서 『존 루이스에 대한 답변』은 알뛰세르 자신이 한때 매우 웅변적으로 개입해서 반대했던, 지식인에 대한 준-즈다노프주의적인 감독——맑스-레닌주의의 이름으로 행해진——으로 끝을 맺는다.

논란의 여지는 있으나, 두번째 정의의 두드러진 성격은 독창성의 궁극적 결핍이다. 알뛰세르는 자신이 『유물론과 경험비판론』에서 상당히 많은 것을 배웠다고 시인했는데, 이 저작은 중요한 논쟁적 특성을 지닌 것이 이미 오래 전부터 입증되었지만 맑스주의 철학의 만족스러운 기초로 삼기에는 부족한 것으로 드러났다. 이 책의 "당파성"에 관한 테제는 스탈린 이래 소련(그리고 중국) 철학의 부적이었다.[64] 징후적 독해 대신에 후기 알뛰세르가 채택한 "유물론적" 독해양식[65]은 자의적으로 작동하면서, 담론의 유물론적 요소라고 추정되는 것들을 추출하고 나머지 요소들을 폐기해버린다. 어쨌든 바로 이것이 알튀세르가 레닌을 취급한 절차였다. 레닌 저작에 의지하는 것은, 점차 잦아진 마오에 관한 언급과 이따금씩 이루어진 스탈린에 관한 피상적인 진술과는 서로 완전히 다른 문제다. 이론에서의 계급투쟁에 관한 알튀세르의 **중국적 취향**은 문화혁명이 그에게 끼친 영향의 심오함을 드러내며, 동시에 문화혁명이 더욱 나쁜 쪽으로 영향을 미쳤다는 사실을 드러낸다. 뮈리는 (당시 '프랑스 공산주의운동'에 들어간 지 얼마 안되었는데) UJC를 공격한 1967년의 한 텍스트에서, 알튀세르가 마오의 『실천론』에 대해 명백한 반감을 가지고 있으며 레닌의 『유물론과 경험비판론』과 스탈린의 『변증법적 유물론과 역사적 유물론』에 관해서는 "한마디도 말하지" 못하는 것을 책망했다.[66] 뮈리가 알튀세르 저작의 이러한 침묵을 징후적인 것이라고 정확히 지적한 점에서는 옳았지만, 이것이 공산주의 안에서 알튀세르의 철학적 프로젝트가 지니는 독창성을 보여주는 지표라고 평가하는 점에서는 틀렸다. 알튀세르는 1968년 이전이나 마찬가지로 그 이후에도 정통 스탈린주의자나 마오주의자가 아니었다. 그러나 철학의 첫번째 정의를 기각하고 두번째 정의를 엄밀한 형태로 공포함으로써, 알튀세르는 익숙하고 신뢰성없는 상투어를 이론적 혁신으로 오인하면서, 아무것도 나올 것이 없는 곳에서 구원을 추구했다. 1965년 이후에 레닌과 (앞으로 살펴보게 될) 스

64) 레닌의 저작은 『단기과정』에서 최고의 중요성을 부여받았으며(*History of the Communist Party of the Soviet Union*, Moscow 1939, pp. 103-05), 즈다노프에 의해 맑스주의 철학의 실천을 위한 전범으로 지지되었다(in "On Literature", *Music and Philosophy*, London 1950, pp. 87-88).

65) LP, pp. 110-12를 보라.

66) Kessel, *Le Movement 'Maoiste' en France*, pp. 262-63을 보라.

탈린에 관해 그가 "토로한" 말은, 그들과의 통기구(通氣口)를 열어둔 『맑스를 위하여』와 『자본론 읽기』의 저자를 필요로 하지 않았다.

마지막으로, 이데올로기적인 것의 위치와 역할에 대한 마오주의적 과장은 맑스주의적 지식인과 학자들에게는 자기정당화에 유용하게 봉사할 수 있었다. 마오주의적인 도식체계와 알튀세르적인 도식체계 안에서 이루어진 이데올로기적 투쟁(및 그 철학적 부분집합)에 대한 강조는, 관념론적이고 주의주의적인 경향과 더불어, 변호론적 목적으로 쉽게 바뀔 수 있었고 그리하여 나태한 관조를 신비화시켜주었다. 알튀세르의 제자인 레지 드브레이는 볼리비아의 감옥에서 알튀세르의 독창적인 철학에 관해 다음과 같이 고찰했다. 그의 철학은 "우리가 훌륭한 이론가가 되기 위해 해야 할 모든 것은 게으른 사생아가 되는 것"[67]이라는 점을 지시하는 것으로 이용될 수 있었고, 실제로 이용되었다고. 그의 두번째 정의도 똑같이 이용될 여지가 있다. 철학이 이론에서의 계급투쟁이라면, 맑스주의 철학자는 철학을 함으로써 훌륭하게 투쟁하고 있는 것이다. 철학은, 알튀세르의 인터뷰 제목을 빌린다면, 혁명의 무기다. 맑스주의 철학자는 이제 더이상 예전과 같은 계몽가가 아니다. 오히려 그들은 이제, 자신들의 책상이 바리케이드로 바뀌었고(브레히트) 연구실이 연병장으로 변화되었다고 스스로 우쭐댈 수 있게 된 것이다.

그렇다면 알튀세르가 원래적 형태의 이론적 실천의 이론을 기각한 것이 옳았다고 할지라도, "외적" 논리의 긴박성 아래서 그것 대신에 설정한 철학의 구상(및 실천)은 궁극적으로 그 단점을 극복한 진전이 아니라, 부분적 후퇴다. 그 긍정적인 측면에 의해서도 만회되지 않는 그런 후퇴다.

67) *Prison Writings*, Harmondsworth 1973, p. 187을 보라.

프롤레타리아 입장, 혹은 역사의 원동력

알튀세르주의는 동시대적 관점에서의 맑스주의(와 레닌주의)의 재이론화와 이것에 함축된 (적어도 마오주의에 공감하는) 정치적 급진주의를 결합시킨 결과로서 특별한 매력을 지녔으며, 1965년 이후 젊은 프랑스 좌익 지식인들 사이에서, 지배적이지는 않더라도 뚜렷한 지위를 급속히 획득했다. 이 위신은 적어도 1968년 5월까지는 지속되었다. 알튀세르주의는 많은 사람들에게 맑스주의의 최고단계로 보였다. 따라서 사르트르, 르페브르, 골드만 등 지난 시대의 영웅들은 청년 맑스와 함께 파리의 라탱지구 외곽지대로 급격히 물러나게 되었다.[68] 알튀세르의 개입으로 발생된 논쟁은 이 개입의 급진성에 직접 비례하여 격화되었으며, 그 결과 영향력을 갖게 되었다. 「모순과 중층결정」으로 인해 유발된 비판들은 이미 앞에서 언급되었고, 「맑스주의와 인간주의」는 공산당 기관지 『신비평』의 지상논쟁을 야기했다. 이 논쟁은 (1965년 3월에서 1966년 2월까지) 1년간 지속되었다. 프랑스공산당 중앙위원회는 맑스주의적 인간주의라는 주제에 대해 심의하기 위해 1966년 3월 아르장퇴이으에서 회합을 가졌는데, 알튀세르의 노선에 불리한 결론이 나왔다. 풀란차스같은 젊은 맑스주의 지식인이 사르트르에 대한 충성을 알튀세르에 대한 충성으로 바꾼 것과는 반대로, 가로디같은 노련한 사람에게는 이론적 반인간주의란 "신독단주의의 특수한 프랑스적 변종"이었다.[69] 알튀세

68) 그러나 그들은 조용히 사라지지 않았다. 그들의 재빠른 대꾸에 대해서는 본서의 p. 13의 n. 7을 보라.

69) 예를 들어 Poulantzas, *Vers une Théorie Marxiste*, p. 1982를 보라; Garaudy, *Marxism in the Twentieth Century*, Glasgow 1970, p. 205.

르는 그의 이론적 반인간주의를 철회하지 않았다. 1968년 이후 그가 수행한 작업은, "내부"와 "외부"의 논리들에 응답하면서, 자신의 맑스주의 역사를 다시 그려내고 역사적 유물론을 재개념화하는 것이었다. 1967~75년 사이의 알튀세르의 "메시지"를 요약하는 문단 하나를 그의 저작에서 뽑는다면, 다음 문장일 것이다.

> 맑스의 이론 전체의 중심이자 핵심은……**계급투쟁**이다. 그러므로 계급투쟁은 맑스-레닌주의 노동운동의 실천뿐만이 아니라, **이론에서도**, 즉 맑스주의의 철학 및 과학에서도 '결정적인 고리'다.[70]

알튀세르가 마오주의에 빠져들어 계급투쟁을 자신의 맑스주의의 중심이자 핵심으로 삼으면서, 그리고 자신의 이론주의에 대한 비판을 완화하기 위해 외롭게 시도하면서, 자신의 초기의 노력들을 보다 개선한 것인지는 의심스럽다.

1969년 3월에 알튀세르는 「『자본론』 제1권에 부치는 서문」을 썼다. 맑스와 헤겔 사이의 단절이라는 문제로 회귀하면서, 그는 다음과 같이 자신의 소신을 밝혔다.

> 1845년에 이러한 단절을 설정할 수 있다는 생각을 개진할 때의 [그것에] 대한 생각이 지나치게 표출적이었다는 점만 제외한다면 〔나는 후회하지 않는다〕……무언가 결정적인 것이 실제로 1845년에 존재한다. 그러나 맑스는 혁명적 **작업**의 매우 긴 시기 이후에야 비로소 진정 새로운 개념 속에서 헤겔 사상과의 단절을 이룰 수 있었다. 유명한 1859년 「서문」은……여전히 심각하게 헤겔주의-진화주의적이다. 『그룬트리세』는

70) "Marxisme et Lutte de Classe" (1971), *Positions*, p. 61을 보라.

……그 자체로 헤겔의 사상을 뿌리깊게 드러내고 있다.

『자본론』 제1권이 출간되었을 때……헤겔적 영향의 흔적이 여전히 남아있었다. 그 뒤에야 그 흔적이 비로소 **완전히** 사라졌다. 『고타강령비판』뿐만 아니라……『바그너에 대한 평주』가……**완전히 그리고 결정적으로** 헤겔적 영향의 **모든** 흔적에서 **벗어나** 있다.[71]

맑스의 단지 두 편의 짧은 저작만이 알튀세르적인 심사를 통과했다는 것은 맑스의 판단기준보다는 오히려 알튀세르의 판단기준에 대해 보다 많은 것을 말해준다. 알튀세르는 맑스 저작에서의 헤겔과의 단절이라는 명제를 보지하고자 했으며, 동시에 그는 맑스가 1875년까지 헤겔과 단절하지 못했다는 점을 지적했다. 그러나 여기서 전개된 실제의 작업은 알튀세르가 과학적인 역사이론을 이루는 것은 무엇인가에 대한 자신의 관점에 기대어 맑스의 저작을 측정하면서, 기준에 일치하는 저작들은 승인하고 거기서 벗어나는 저작들은 폐기시킨 것이 아닌가 하는 의문이 제기되어야 한다. 헤겔주의의 존속에 대한 알튀세르의 이같은 인정은 결국, 역사적 유물론의 요체에 대한 자신의 설명방식을 〔맑스의〕 정전(正典)들에 합치되는 것으로 수정하는 것이 아니라, 그 요체들에 관한 자신의 선호와 일치하는 것들에만 정전들을 한정하는 결과를 초래했다.

맑스주의에 관한 자신의 예전의 시기구분에 대한 알튀세르의 수정

71) LP, p.90. 『자본론』 제1권의 헤겔주의적 주제 중에서, 알튀세르는 제32장의 부정의 부정을 인용한다. 물신성의 이론은 이제 "악명높고 극히 유해한……헤겔주의적 영향의 흔적"이라고 이야기된다(pp.91-92). 1859년 「서문」에 대한 알튀세르의 공격은 p.92에서 계속되는데, 거기서 이것은 "매우 모호하면서도(아아!) 유명한" 그리고 스탈린이 이것을 자신의 참고서로 이용한 것으로 서술된다. 『그룬트리세』에 대한 더 부정적인 평가에 대해서는, pp.97-98을 보라(아마 알튀세르는 이것을 1967년의 프랑스어 번역본으로 대면해야 했을 것이다).

은 역사적 유물론의 출현을 이해하던 이론주의적 방식의 기각에 의해 계속 보완되었다. 알튀세르는 『존 루이스에 대한 답변』과 『자기비판의 요소들』에서 철학의 새로운 정의와 새로운 과학사 구상을 전개하면서, 자신이 부르조아 이데올로기와의 맑스의 단절에 관한 "유물론적" 역사 대신에 맑스주의에 관한 인식론적 역사를 채택했었다고 시인했다. 즉 맑스주의에 관한 맑스주의를.

> 나는 그 모든 차원――사회적, 정치적, 이데올로기적, 이론적 차원――에서 이러한 **역사적** 사실을 설명하는 대신에, 그것을 단순한 **이론적** 사실로, 즉 맑스의 1845년 이후 저작에서 관찰될 수 있는 인식론적 '단절'로 환원시켰다. 이 결과, 개별적으로 그리고 일반적으로 나는 **과학**과 **이데올로기** 사이의 사변적 구분이라는 형태로 **진리**와 **오류**를 대비시키면서, '단절'에 관한 **합리주의적** 설명을 제출하기에 이르렀다. 따라서 맑스주의와 부르조아 이데올로기 사이의 대비는 단순히……이 합리주의적-사변적 각본에 의한 이러한 구분의 특수한 경우가 되었다. 계급투쟁은 실제로 부재했다.[72]

동시에 그리고 반복해서 알튀세르는 자신이 맑스의 "철학혁명"을 "인식론적 단절"로 환원했던 것을 비판했다. 실제로 전자는 후자에 선행했으며, 후자의 필요조건이었다.[73] 이것은, 『레닌과 철학』에서 주장된, 철학은 반드시 **사후적으로** 출현한다는 관념의 기각을 수반했다. 그러면 역사적 유물론의 발생은 어떤 모습을 하게 되는가? 맑스의 과학적 발견의 조건들과 결정요소들은 무엇인가?

---

72) ES-C, p. 106. 그리고 pp. 123-24, 148-49, 156을 보라.

73) Ibid., p. 68.

그것들은 이론적이기도 하고 이론 외적이기도 하다는 것이 간략한 답변이다. 맑스주의 과학과 이것이 발생된 복합적 정세 간의 관계에 대한 알튀세르의 최초의 재고찰은 1970년 6월에 시작된다. 「청년 맑스의 진화에 관하여」라는 제목의 논문에서, 알튀세르는 맑스의 **과학**혁명은 이론적으로 프롤레타리아 계급입장으로의 그의 **철학적** 전환에 기초했으며, 이러한 철학적 발전은 다시 그의 **정치적** 진화에 기초했다는 견해를 제출했다. 1841년과 1845년 사이에 맑스는 정치적으로는 "급진적 부르조아 자유주의로부터 쁘띠부르조아 인간주의로, 이어 공산주의로" 나아갔다는 것이다. 철학적으로 그는 헤겔에서 포이어바흐로, 거기서 다시 "혁명적 유물론"으로 이행했다. 이러한 시기 중 그의 지적 노동의 대상은 법률로부터 국가로, 이어 정치경제학으로 변화했다. 맑스의 정치적 입장이 그의 진화의 각 단계에서 "결정적"이었다고 알튀세르는 주장했다. 하지만 그의 철학적 입장이 "중심적"이었는데, 이는 그것이 "정치적 입장과 맑스의 사고대상 사이의 이론적 관계를 보장하[였]기"[74] 때문이라는 것이다. 맑스의 변화해가는 철학적 입장은 "그의 사상의 **계급적인 이론적 조건들**"을 표현했다. 1845년의 맑스의 철학혁명은 1844년 『수고』에서 명백하게 나타난 바 있는, 그의 공산주의적인 정치적 입장과 헤겔적-포이어바흐적인 철학적 입장 사이의 모순을 해결했다. 포이어바흐와의 단절로 선포된 "혁명적 유물론"은 그의 계급정치를 철학적으로 표현했다. 정치——즉 프롤레타리아 정치투쟁에 대한 맑스의 훨씬 더 심화된 개입——는 여전히 결정적이었다. 그러나 철학은 중심성을 취함으로써, 맑스로 하여금 역사, 경제, 사회에 관한 부르조아이데올로기적 구상들과 단절할 수 있게 했으며, 역사적 유물론——즉 계급투쟁이 가능한 조건을 탐구하는 계급투쟁의 과학——을 형성할 수 있었다.

---

74) Ibid., p. 158.

[계급착취와 지배의] 메카니즘을 드러내기 위해서는 이러한 이데올로기들을 **떠날** 필요가 있다. 즉 이러한 이데올로기들의 기본적인 이론적 표현인 철학적 의식을 '청산'할 필요가 있다. 그러므로 지배계급의 이론적 입장을 포기하고, 이러한 메카니즘을 드러낼 수 있는 입장, 즉 프롤레타리아적 관점을 취할 필요가 있다. 프롤레타리아트의 **정치적** 입장을 채택하는 것만으로는 충분하지 않다. 프롤레타리아적 관점을 취함으로써 가시화되는 것의 원인과 메카니즘을 간파하고 이해할 수 있기 위해서는, 이 정치적 입장이 이론적(철학적) 입장으로 전화되어야 한다. 이러한 **대체** 없이는 '역사'의 과학은 상상할 수 없으며 존재할 수 없다.[75)]

초기 알튀세르가 맑스의 철학혁명을 인식론적 단절로 환원시켰다면, 새로운 도식은 반대의 환원을 수행하는 것으로, 즉 인식론적 단절을 철학혁명으로 환원시키는 것으로 보일 것이다. 맑스주의 철학은 "계급착취 및 지배의 메카니즘"을 **이미 가시적인 것으로** 만든 "프롤레타리아적 관점"의 이론적 표현이다. 철학에서의 **입장의 취득**은 프롤레타리아트의 경험(및 그에 따르는 자생적 이데올로기)와 맑스주의 과학 사이를 중개하는 작용을 한다. 초기에 이루어진 과학의 철학으로의, 그리고 철학의 이데올로기로의 환원은 이론주의를 흩어버리고 역사주의를 복원한다. 역사적 유물론은 프롤레타리아적 전망의 이론화이며, 노동자계급에 대항하여 전개되는 경제적 및 정치적 계급투쟁과 이에 대응하여 노동자계급이 수행하는 계급투쟁의 이론화다. 요컨대 역사적 유물론에 계급의식/경험으로부터 독립된 인식론적 기초를 부여하려 했던 원래의 알튀세르주의적 프로젝트는 포기되었다. 대신에 우리는 과학의 필요성과 우선성("주체 없는 과정")에 관한, 그리고 프롤레타리아적 전망의 정확함에 관한

75) Ibid., pp. 159-61. 그리고 ibid., pp. 67-70, 107도 보라.

일관되지 않은 명제들을 갖게 된다. 한때 알튀세르가 맑스주의의 인식론적 지위를 옹호하기 위해 맑스주의의 사회학적 발생을 실제로 부인했던 바로 그 지점에서, 이제 그는 그 발생을 설명하는 과정 속에 그 지위를 빠뜨림으로써 그것을 위태롭게 만든다.

알튀세르는 다른 저작에서는, 『자본론』에 의해서 맑스는 "자신이 노동자계급 운동으로부터 정치적 및 이데올로기적 형태로 얻었던 것을 이론적 형태로" 노동자계급 운동에 되돌려주었다고 주장했다. 역사적 유물론은 당대의 계급투쟁이라는 "결정적 원인의 이론적 효과"였다. (대상에 관한 객관적인 지식을 제공한다는 점에서) 〔역사과학은〕 역사에 대한 과학임엔 분명하지만 그것은 많은 과학들 중의 하나의 과학은 아니었으며, "모든 사람에 의해 인지될" 수 있는 것이 아니라 오직 프롤레타리아트와 그 동맹세력에 의해서만 인지될 수 있는 것이었다. 사실 노동자들은 "『자본론』을 읽을" 준비가 지식인들보다 더 잘 되어 있었는데, 이 책은 그들이 일상적으로 경험하는 어떤 것, 즉 자본주의적 착취에 관해 "과학적인 용어"[76]로 말했기 때문이다.

알튀세르는 맑스의 부르조아 이데올로기와의 단절은 프롤레타리아 이데올로기의 "영감"과 이것을 체현하는 계급투쟁 없이는 생각할 수 없다고 주장했다.[77] 이러한 주장은 역사적 유물론의 정초 이후 씌어진 〔맑스의〕 저작 속에서 이데올로기적 요소들이 "존속"되거나 "복원"되는 것에 대한 설명틀을 제공했다. 역사적 유물론은 **"혁명적 과학"**이었으며, 그 자체로서는 정치혁명과 마찬가지로 자신의 (이데올로기적) 전사(前史)를 즉시 폐지할 수는 없었다. 사실 역사과학을 둘러싼 이론적 계급투쟁——역사과학을 옹호하거나 반대하는 투쟁——은 끝이 없는 것인데,

---

76) LP, pp. 7-9, 72-74를 보라.

77) ES-C, p. 121.

이는 맑스 이론의 진보를 위한 전제조건일 뿐만 아니라 그것의 왜곡이나 퇴행의 조건이기도 했다.[78)]

그러나 대부분의 경우 알튀세르가 헤겔적 유산에 대한 초기의 적대감을 유지했을지라도, 이제 그는 헤겔 철학이 맑스 학설로 적극 투입된 것을 구체적으로 지적하려고 노력함으로써 자신의 예전 설명이 타당하지 않음을 인정했다. 이 문제에 관한 그의 최초의 가장 자세한 내용을 담은 반성은 「헤겔에 대한 맑스의 관계」(1968년 1월)로 나타난다. 이 주제는 결정적으로 중요한 이론적-정치적 문제였다는 자신의 확신을 재확인하면서, 알튀세르는 『자본론 읽기』로 복귀했다. 맑스에 의한 헤겔 변증법의 "전도"는 실제로 하나의 "전환"이었다는 주장에 충실하여, 그는 맑스의 저작에는 역사, 사회구조, 변증법에 관한 비헤겔적인 구상들이 존재한다고 다시 확언했다. 하지만 그 그림자 속에는 헤겔에 대한 맑스의 긍정적인 부채인 **"변증법의 이념"**이 남아있었다. 즉 헤겔 변증법은 "합리적 핵심"을 포함하고 있었던 것이다. 포이어바흐의 철학에는 없으나 헤겔 철학에 존재한 것은, **"형태들의 변증법적 생산과정"**으로서의 역사이론이었다. 비록 헤겔의 역사관과 이것에 고유한 변증법이 본래 목적론적인 것이었을지라도, 그럼에도 불구하고 역설적으로 맑스는 **"주체 없는 과정"**이라는 필수불가결한 개념에 대해 헤겔에게 빚을 지고 있었다. 주체——인간——있는 (소외의) 과정으로서의 역사라는 관념은 헤겔에게는 낯선 것이었지만, 예나 지금이나 그것은 헤겔 저작에 대한 헤겔 좌파적인 인간학적 해석의 기원이었다. 부정의 부정에 새겨져있는 목적론으로부터 분리됨으로써, 헤겔에게서 "주체 없는 과정"이라는 범주를 추출할 수 있었다. 이것이 맑스가 상속받은 것이었으며, 이것은 하나의 과학적(및 철학적) 혁명을 허용했는데, 이 혁명 속에서 역사는 (1973

---

78) Ibid., pp. 69-72.

년 5월에 나온 한 글의 제목을 빌리자면) "주체도 목표(들)도 없는 과정"으로 이해되었던 것이다.[79)]

이렇게 이론적 반인간주의를 위하여 헤겔을 복권시키면서, 알튀세르는 「헤겔 이전의 레닌」에서 레닌을 끌어들여 맑스-헤겔 관계를 새롭게 해석하려고 시도했다.[80)] 그의 책략은 아무리 줄여말해도 과감한 것으로, 헤겔을 "원시-맑스주의자"[81)]로 편입시키고——나아가서는 원시-알튀세르주의적인 인물로 수용하는 것이다. 그 이후 논평가들은 이처럼 헤겔을 맑스주의 계보에 다시 가입시키는 것에 대해서 제각기 다른 반응을 보였다. 예를 들어 콜레티와 팀파나로(S. Timpanaro)는 이러한 출발을 변증법적 유물론 및 헤겔주의와의 타협이라고 해석했다.[82)] 1969년에 알튀세르는, "맑스주의 전통이 매우 정당하게도 자연변증법의 테제들로 회귀했는데, 이 테제들은 (무엇보다도) 역사가 **주체 없는 과정**이라는 논쟁적 의미를 가지고 있었다"[83)]고 주장함으로써 확실히 위험한 철학적 게임을 벌이고 있었다. 그러나 그가 헤겔에게서 발견해낸 "합리적 핵심"은 콜레티와 팀파나로의 항의를 별로 정당화해주지 않는다. 이미 『자본론 읽기』에서 잠깐 나타난 적이 있는 "주체 없는 과정"이라는 범주는 디아마트로의 후퇴가 아니라 이론적 반인간주의라는 무기고에 새로운 한 병기를 추가하는 것을 뜻했다. 1967년 이후 이 범주가 한층 두드러진 것은 좌파-헤겔주의자들에 대한 알튀세르의 반대를 보여주는 또다른

79) PH, pp. 173-76, 181-86과 ES-C, pp. 94-99를 보라.

80) LP, pp. 116-19.

81) Andrew Levine, "Althusser's Marxism", *Economy and Society*, 10 : 3, 1981, p. 244.

82) Colletti, "A Political and Philosophical Interview", *New Left Review(ed.)*, *Western Marxism : A Critical Reader*, London 1977, p. 33; Timparano, *On Materialism*, London 1980, p. 193을 보라.

83) LP, p. 117.

증거인데, 이 좌파-헤겔주의자들은 지나칠 정도로 헤겔적인 변증법을 주체 있는 과정으로서 간주된 역사에 한정시킨 바 있다. 알튀세르는 아마도 자신의 헤겔 독서에 관해 비판받을 수 있을지도 모른다(콜레티는 그의 헤겔 독서를 "엉터리"라고 보는 반면, 칼리니코스는 그것을 옹호했다[84]). 그리고 레닌에 대한 그의 분석은 확실히 편향되어 있다(그는 실제로 "레닌의 헤겔 변증법 비판에 관한 맑스주의자 동지회"를 제안했지만, 레닌이 제안했던 "헤겔 변증법에 관한 유물론자 동지회"[85]가 비알튀세르적 가입조건을 가지고 있었다는 사실을 무시했다). 이탈리아 맑스주의자들과는 대조적으로, 칼리니코스는 이 범주가 맑스주의 내부로 흡수된 것을 긍정적으로 평가했다. 칼리니코스에 따르면, 이 범주는 역사적 유물론과, 예정된 과정으로서의 역사관 및 한 집단적 주체의 피조물로서의 사회관으로의 모든 복귀, 이 양자 사이에 위치하며, 그리하여 정통 맑스주의 및 서구 맑스주의에 대한 알튀세르의 결별을 요약해 준다.[86] 그가 지적하듯이, 계급투쟁을 맑스주의의 중심으로 복귀시키려는 알튀세르의 관심사 또한 이 점과 관련된다. 그리고 이와 함께 우리는 맑스주의의 역사에 관한 그의 수정을 지나 역사적 유물론의 재구성을 위해 그가 가한 수정으로 넘어가게 된다.

알튀세르는 이미 1967년에 "맑스주의의 두 가지 핵심원리"가 ① "대중이 역사를 만든다"는 것과, ② "계급투쟁이 역사의 원동력"이라는

---

84) Colletti, "A Political and Philosophical Interview", p. 333과 Callinicos, *Marxism and Philosophy*, Oxford 1983의 예컨대 p. 52를 보라.

85) Lenin, "On the Significance of Militant Materialism", *Collected Works*, Volume 33, Moscow 1966, p. 234를 보라.

86) *Althusser's Marxism*, London 1976, pp. 66–71; *Is There A Future For Marxism?*, London 1982, p. 141; *Marxism and Philosophy*, p. 93을 보라. 또한 Ted Benton, *The Rise and Fall of Structural Marxism*, London 1984, p. 18도 보라.

것이라고 선언했다.[87] 1965년경에 이루어진 "역사과학"에 관한 그의 마오주의적 수정은 본질적으로 엄격한 이론적 반인간주의를 보지하는 것이면서도 계급투쟁의 한층 증대된 역할을 승인하는 것이었다. 이 결과는 기대에 어긋나는 것이었다. 즉 이것은 일종의 **극좌주의적** 해독제로서, 아마도 역사적 유물론에 대해 스피노자주의적/구조주의적 바이러스보다 더 유해한 것이었다.

처음에는 이론주의적 "편향"이 역사적 유물론의 설명에 심각한 영향을 미치지는 않은 것으로 생각되었다.[88] 1972년에 알튀세르는 이 초기의 생각을 철회했다. 즉 "맑스주의 과학의 **양상**의 현존에 관한 한……매우 불행한 결과들이 발생했다"[89]는 것이다. "계급투쟁과 이론 속에서 이것의 효과"라는 것이 『자본론 읽기』 속에는 존재하지 않았다. 그것의 "특별한 중요성"은 평가되지도 기록되지도 않았다. 그것은 "**당연히** 고려되지 않았다".[90] 그때까지는 역사적 유물론은 "많은 과학들 중"의 하나로 취급되었지만, 반면에 이제 그것은 진정으로 "혁명적 **과학**"이었다. 즉 알튀세르가 다른 곳에서 지적하고 있는 바와 같이, "계급투쟁의 조건과 메카니즘 및 형태"[91]의 과학이었다. 알튀세르는 자신이 구조주의적 용어법과의 "불장난"에 **빠졌**다는 사실을 고백했으며——비록 그 이상 더 멀리 나아갔다는 것은 부정했지만——, 자신의 (이단적인) 스피노자주의를 시인했다.[92] 구조주의에 대해 거듭 되풀이하여 말하면서 그는

---

87) PPSS, p. 149. 또한 가령 LP, pp. 23, 24, 67, 120도 보라.

88) RC, p. 8.

89) ES-C, p. 125.

90) Ibid., pp. 148, 130, 146.

91) ES-C, p. 115; 또한 pp. 67, 130-31도 보라.

92) Ibid., pp. 126-41.

반박하기를, 대부분의 비판자들이 알튀세르 자신의 스피노자에 대한 의존을 간과했으며, 준-스피노자적 명제들을 프랑스 이데올로기의 사례들로 오인했다고 말했다(한 예는 "구조적 인과성"인데, 이제 알튀세르는 이를 부분적으로 옹호했을 뿐이다).[93] 구조주의는 "부차적 편향"이었으며, 생산양식들에 관한 이론은 이미 그것과는 명확하게——그리고 정확하게——구별되었다.[94]

알튀세르의 정정들을 개괄하기 전에, 먼저 발리바르가 1972년에 자신의 구성물들에 대해 행한 중요한 자기비판을 언급해야 한다. 이것은 알튀세르가 준비했던 것보다 훨씬 더 나아간 자기비판이었다. 발리바르는 그들의 "주요목적"은 이행("평범하게 말해서, 사회혁명")을 진화주의적 방식으로는 설명할 수 없음을 증명하는 것이었다고 말하면서, 자신이 하나의 생산양식으로부터 다른 생산양식으로의 이행을 가장 강한(그 구체적 형태라는 현실 속에서는 **예측할 수 없는**) 의미의 "역사"로 묘사하는 과정에서 "비이행"을 비역사로 전화시켰다고 인정했다.[95] 이제 발리바르는 "생산양식의 **일반이론**", 즉 생산양식 **일반**의 이론이자 생산양식의 **가능한** "변형태"에 관한 이론을 "유형론적인 혹은 구조주의적인 발상"을 지닌 것이라고 거부했다. 덧붙여 그는 역사적 이행에 관한 자신의 논법을 기각했으며, 그것에 관한 "일반이론"은 존재할 수 없다고 결론지었

93) Ibid., pp. 126-7n을 보라.

94) Ibid., p. 129를 보라.

95) "Self-Criticism", *Theoretical Practice*, 7-8, 1973, pp. 64-65를 보라. 발리바르는, "어떠한 실천적, 정치적 이유들(어떤 것보다도 더 실제적인 이유들)이 우리들을 이 방향으로 몰아갔는가는 쉽게 알 수 있다"고 말한다(p. 64). 알튀세르는 "**역사적 사실**"을 "**현존하는 구조적 관계들 내에서 변전을 야기하는 사실**"이라고 엄밀하게 규정하였다(RC, p. 102). 또 FM, p. 126과 Perry Anderson, *Arguments Within English Marxism*, London 1980, p. 14를 보라.

다.[96]

발리바르와는 달리, 알튀세르는 자신의 체계를 근본적으로 변경하지 않고도 수정할 수 있다고 믿었다는 인상을 준다. 이론주의와 스피노자주의에 대한 처방전은 계급투쟁의 도입이었다(사울 카르츠〔S. Karsz〕는 "마오 없는 맑스가 수정주의라면, 레닌 없는 마오는 좌익주의다"[97]라고 썼을 때, 아마도 후기 알튀세르의 입장을 잘 포착했던 것 같다). 맑스-레닌주의적 곧바름의 전화로서 현존하는 새로운 정통은 짧막한 논문인 『존 루이스에 대한 답변』에서 루이스와 그의 비판의 테제들을 각각 병치시킴으로써 최대한 길게 설명되었다. "역사를 만드는 것은 인간"이라는 루이스의 명제에 대해, 알튀세르는 "역사를 만드는 것은 **대중**"이라는 경구를 대립시킨다. "인간은 역사를 '초월'함으로써 역사를 만든다"는 이 영국 공산당원의 견해에, "계급투쟁이 역사의 원동력"이라는 과학적 경구가 대비되었다. 하지만 맑스-레닌주의의 이 공리들이 동등한 비중을 갖는 것은 아니라고 한다. 왜냐하면 두번째 테제는 역사의 주체라는 (관념론적) 문제를 폐기하고, 그것을 역사의 원동력이라는 문제로 대체하면서, 그 원동력을 밝히고 있기 때문이다. 두번째 테제는 "**계급투쟁을 전면 내세우기**" 때문에 중요한 것이다. 그 결과로 이 테제는 "혁명가"와 "개량주의자" 간의 명확한 경계설정을 초래한다. 개량주의자와는 달리 혁명가는 계급과 계급투쟁을 따로 분리시키지 않고, "착취가 이미 계급투쟁"이며 따라서 계급투쟁이 우선적이라고 평가한다. 따라서 "대중"에 관한 첫째 테제는 "역사의 원동력"에 관한 두번째 테제에 종속되어야 한다.[98]

96) "Self-Criticism", pp. 60ff.

97) *Théorie et Politique: Louis Althusser*, Paris 1974, p. 131 n. 6.

98) ES-C, pp. 46-50을 보라.

개량주의가 삼가야 하는 것이라면 관념론 역시 그렇다. 즉

> 계급투쟁은 허공에서 진행되는 것이 아니며, 또 축구공을 차는 위치처럼 특정 지점에서 진행되는 것도 아니다. 그것은 특정한 계급사회의 생산양식과 착취양식에 뿌리를 두고 있다. 그러므로 우리는 계급투쟁의 **물질적** 기초, 즉 계급투쟁의 물질적 **존재**를 고려해야 한다. 이는 최종심급에서 생산관계와 생산력의 통일인데, 이 생산력은 특정한 생산양식 내의, 구체적인 역사적 사회구성체 내의 생산관계 아래 종속되어 있다. 동시에 이러한 물질성은 최종심급에서 계급투쟁의…… '토대'이며 물질적 존재다. 왜나하면 착취는 생산에서 일어나며, 계급들간의 적대와 계급투쟁의 뿌리에 있는 것이 바로 착취이기 때문이다……**온갖 형태의 계급투쟁은 경제적 계급투쟁에 뿌리를 두고 있다.** 계급투쟁이 우위에 있다는 혁명적 테제가 유물론적 테제로 되는 것은 바로 이러한 조건 위에서다.
>
> 이것이 명백하다면, 역사의 '주체'라는 문제는 사라진다. 역사는 운동하고 있는 하나의 거대한 **자연적-인간적** 체계이며, 역사의 원동력은 계급투쟁이다. 역사는 하나의 과정이며, **주체 없는 과정**이다.[99]

관념론은 "계급투쟁의 우위성"이 경제적 토대에 닻을 내림으로써 예방될 수 있고, 주의주의는 마오주의의 여러 공리를 이론적 반인간주의의 지배하에 둠으로써 예방될 수 있다. 다음과 같은 흥미로운 상황이 나타났다. 1966년 이후 알튀세르는——"인간"이 아니라——"대중"이 역사를 만들었음을 인정했다[100] (동시에 그는 "역사를 창조하는 자는 바로 인민대중"이라는 문화대혁명의 구호를 원용하지 않았는데, 그 이유는

---

99) Ibid., pp. 50–51.

100) LP, pp. 23–24.

의심할 바 없이 이 구호가 지니고 있는 인간주의적 함축 때문이었다). 하지만 역사를 직조하는 문제와 관련해서 양보하고 나서 곧, 알튀세르는 만드는 자라는 문제야말로 관념론적인 것이라는 제한조건을 붙였다. 알튀세르는 근절하기 어려운 이론적 인간주의에 대해 경계하면서, 역사의 "원동력" 문제에 우선권을 부여했으며, 한 사회는 "그 개인들이 살아가고, 일하고, 투쟁하는 사회관계들의 체계"[101]로 구성되어 있다는 주장을 반복하고, 따라서 대중에게 부여된 역할을 그들을 둘러싸고 있는 객관적인 사회적 구조들의 우월성에 종속시켰다. 초기 작업에서는 사회구성체들이 구조적 인과성을 통해 스스로를 만들고 해체했다면, 후기 작업에서는 역사의 원동력이 또한 역사를 만드는 자였다.

루이스의 인간 중심의 인식론에 대한 알튀세르의 공격은 이런 점에서 교훈적이다. 알튀세르는, 루이스의 인식론을 만드는 자(인간)와 만들어지는 것(역사)의 동일성이 인식론적 보증을 제공하는 비코의 베룸팍툼(verumfactum) 원리와 연관짓는 한편, 역사는 자연보다 훨씬 더 이해하기 어렵다고 주장한다. 왜냐하면 "'대중'은 자신들이 역사를 이해하고 있다는 환상으로 인해 역사로부터 언제나 분리되어 있기" 때문이라는 것이다.[102] 여기서 알튀세르가 『자본론 읽기』에 대한 혹평들에 대해 별로 혹은 전혀 후퇴하지 않고 있음은 명백한데, 더 나아가 그는 루이스에게, 인간이 역사를 만든다고 노동자들에게 설명하는 것은 부적절하다고 충고한다.

이러한 발전은 어떻게 판단되어야 하는가? 제이의 언급에 따르면, 경제적, 정치적, 이데올로기적 및 이론적 수준들에서 계급투쟁의 중심성에 대한 후기 알튀세르의 강조는 총체성에 대한 표현적 개념을 암암리에

101) ES-C, p. 53.

102) Ibid., pp. 41, 55; 그리고 p. 56도 보라.

복권시키는 결과를 낳았다.[103] 모든 역사——개개의 역사——는 계급투쟁의 역사가 되었다. 즉 역사의 "핵심이자 중심"은 계급투쟁이었다. 나아가 역사 속에서 대중에게 건설적 역할을 부여함과 동시에 철저한 이론적 반인간주의를 유지하는 것은, 페리 앤더슨이 평하는 바와 같이, "비일관성"으로 귀결되었고, 『자본론 읽기』에 필적할만한 "어떠한 새로운 종합"도 낳지 못했다.[104] "역사의 원동력"은, 초기의 생산양식 개념에 새겨져있는 영원한 재생산을 교란시키기 위해 고안된 **특별 수입품**에는 어디든 붙어있는 표시였다. 알뛰세르는, "실제 역사"를 "사회구성체들의 재생산 과정 **및 그 혁명적 변혁과정**"[105]으로 나타내기 위하여, 주의주의로 후퇴했다. 알뛰세르주의를 "구조적 초(super)-결정론"[106]으로 특징짓는 것을 듣는 데 익숙한 사람들에게는 역설적으로 들리겠지만, 이 점은 강조될 필요가 있다. 최초의 알뛰세르주의적 도식에서는, 역사는 결정되어 있으나 선(先)결정되어 있는 것은 아니었다. 하지만 이러한 결정은 너무나 무정한 것이었기에 비결정성과 선결정성이라는 꼴도 보기 싫은 쌍둥이 형제가 이것을 위협하는 것으로 되었다. 이것은 발리바르가 직면한 문제였으며, 그리고 그 자신의 고백에 따르면, 그는 이것을 해결하지 못했다. 즉 재생산은 역사 없는 과정이 되었고, 역사적 이행은 목적을 가진 과정이 되고 말았다. 그리하여 "계급투쟁의 우월성"으로의 이전과 함께 그에 맞춰 각종 조정들이 도입되었는데, 이같은 조정들은 "외부적" 논리뿐만 아니라 "내부적" 논리도 가지고 있었다. 그러나 "결정론"의 약화는 마찬가지 방해물인 주의주의를 댓가로 하여 확보되었다.

---

103) *Marxism and Totality*, Cambridge 1984, p. 419.

104) *In the Tracks of Historical Materialism*, London 1983, p. 39.

105) ES-C, p. 97(강조는 인용자의 것이다).

106) Ralph Miliband, *Class Power and State Power*, London 1984, p. 32.

이같은 문제가 그에게 특유한 것은 아니며, 그의 불만족스러운 해결책이 수많은 전례들을 가지고 있음을 지적하는 것은 알튀세르에게 아주 당연하다. 맑스의 1859년 「서문」에는 계급투쟁에 관한 아무런 논의도 없다. 계급투쟁이 맑스주의에 얼마나——이론적 및 정치적으로——중요한가는 의심할 여지가 없는데, 진짜 문제는 계급투쟁의 정확한 설명적 역할에 관한 것이다. 사회 변화에 관한 자신의 설명들에서, 맑스는 다음과 같은 두 가지 일반적인 설명가설을 각각 별도로 제출했다. ① "구조적" 가설로서, 이것에 따르면 생산력과 생산관계 사이의 체계적 모순이 "역사의 원동력"이다(1859년 「서문」은 이를 간결명료하게 제시하고 있다). ② "대리자적" (agential) 가설로서, 이것에 따르면 계급투쟁이 "역사의 원동력"이다(여기서는 『공산당 선언』이 원용된다). 이것은 일부 맑스주의자들에게는 이것이냐 저것이냐 하는 선택의 문제다. 다른 사람들에게 이 문제는 경제주의적 환원주의와 주의주의적 환원주의라는 상반되는 위험을 피하도록 두 가지 공리를 통합하는 문제다. 후기 알튀세르는 둘째 가설을 배타적으로 선택한다. 여기에는 다음과 같은 점에서 일정한 역설이 존재한다. 즉 이것을 고수하는 대다수의 사람들은, 자신들이 믿고 있듯이, 첫번째 가설에 필연적으로 수반되는 (경제적) 숙명론에 저항하여 그것을 고수한다는 점이다. 따라서 예컨대, 유럽의 봉건제에 관한 한 논문에서 로드니 힐튼은 자신이 ②에 동의한다는 것을 설명하기 위해, 계급투쟁의 증명가능한 역사적 역할을 언급하고 "피착취자들의 적극적이고 창조적인 역할을 강조"[107]하려는 자신의 열망을 언급하고 있다. 이와 대조적으로, 알튀세르는 『공산당 선언』에서 이론적 반인간주의의 기초로 발표된 것으로 추정되는 "맑스-레닌주의" 테제에 동의한

107) "Feudalism in Europe : Problems for Historical Materialists", *New Left Review* 147, 1984, p.93.

다.[108] 이런 점에도 불구하고 알튀세르는 주의주의를 벗어나지 못했다. 비록 그가 "정치적 및 이데올로기적 계급투쟁"을 경제적 계급투쟁에 뿌리를 둔 것으로 규정했지만, 그는 생산력의 우위를 부정하는 것으로부터 생산관계의 우위를 단언하는 방향으로 선회했다. 그리고 나아가 그는 이것을 (『자본론 읽기』에서, 생산수단의 우선적인 분배를 무시했다는 이유로 헤겔적 맑스주의에 가해진 비난을 묵살하면서) 사회계급들간의 착취관계로 다루었다. 우위 테제의 전도 및 의심할 바 없는, 부재하는 원인이 초래한 효과는 사회주의 건설에서 생산력의 발전 수준〔이라는 문제〕을 마오주의적으로 저평가하는 것이었다. 반경제주의와 반진화주의의 이름으로, 알튀세르는 역사적 유물론의 고전적 교의를 폐기하고, 이것 대신에 사회주의 사회구성체들에서의 이데올로기적 수준 및 그곳에서 수행되는 계급투쟁의 지배 같은 테제들을 채택했다. 후기 알튀세르는, 전범이라고까지 격찬된 문화혁명의 위신에 기반하여, 자신의 1966년도 중국에 관한 논문에서 이미 명백히 드러난 주의주의적 경향들을 더욱 악화시켰다. 드브레이가 한때 논평했던 바와 같이, 1960년대 말과 1970년대초 파리에서 마오주의는 "역사적 합리성의 가장 높은 단계"[109]라고 이론화되었다. 이러한 복잡한 상황의 이론적 및 정치적 결론들은, 우리가 다음의 두 장에서 살펴볼 것처럼, 심각했다. 생산관계의 한정(circumscription)이 초래한 결과도 마찬가지로 심각하다. 알튀세르의 확신이란 사회구성체들의 **재생산과 변혁** 모두가 편재하는 계급투쟁으로 설명될 수 있다는 것이었다. 그렇지만 계급투쟁의 설명력은 제한적인데, 그 이유는 칼리니코스가 알튀세르에게 상기시키는 것처럼, 그것 자체가 설명될 필요가 있기 때문이다. 즉 정확히 말해서 이것〔계급투쟁에 대한

108) ES-C, pp.47-49를 보라.

109) *Critique of Political Reason*, London 1983, p.8.

설명] 자체가 역사적 유물론의 과제들 중 하나이기 때문이다.[110)]

만일 재생산과 혁명 모두에서 "계급투쟁의 우위"가 주의주의로 귀결된다면, "주체 없는 과정"으로서의 역사는 "역사는 어떠한 인간해방의 장도 아니다"라는 것을 의미하며, 알튀세르의 "스탈린주의에 대한 근본적인 공감"을 보여주는 것이라고 (톰슨을 앞질러서) 콜레티는 믿는다.[111]

알튀세르의 스탈린주의에 대한 근친성[이라는 문제]은 제5장의 주제다. 콜레티의 첫번째 비난["주체 없는 과정"으로서의 역사란 "어떠한 인간 해방의 장도 아니다"라는 말]의 타당성은 어떠한가? 알튀세르의 범주가 역사에 대해 어떠한 예정된 목표(그리고 특히 역사의 목표로서 집단적 혹은 단독적 주체의 "실현"이나 해방)도 배제하는 한, 콜레티의 견해는——사실에 대한 진술로서——승인될 수 있다. 다시 말해 알튀세르는 역사가 인간해방의 장이다라는 명제를 부정하는 점에서 옳다. 하지만 그는 아울러 **그렇게 될 지도 모른다**는 것도, 즉 역사에는 어떠한 자기해방이 **있을 수 있다**는 것도 부정하는 것 같다. 과거를 포괄할 뿐만 아니라 현재와 미래에까지 미치는 금지인 셈이다. 그리하여 사회주의혁명은, 알튀세르와 스피노자에게는 "무지의 도피처"를 의미할 뿐인, 의식적이고 의지적인 인간의 대리행위(agency)에 대한 그의 정밀조사에서 면제되지 않는다. 계급투쟁에 관한 한 주의주의자이고, 대리행위에 관한 한 구조적 숙명론자라는 비난을 알튀세르는 자초한다.[112)] 역사——사회적 재생산과 변혁——는 주의주의와 구조적 숙명론의 어느 것에 의해서도 설명될 수 없다.

---

110) *Is There A Future For Marxism?*, pp. 158-59를 보라.

111) "A Political and Philosophical Interview", p. 334.

112) Anderson, *Arguments Within English Marxism*, pp. 21, 58과 Benton, *The Rise and Fall of Structual Marxism*, pp. 209-14를 보라.

그렇다면 알튀세르는 계급투쟁에 과도한 역할을 부여하기 위해 구조적 인과성은 완화하는 한편, 엄격한 반인간주의적인 이론적 견해는 견지함으로써 두 세계에서 최악의 것을 선택했던 것 같다. 더욱이 이들 두 명제가 서로 모순된다는 것은 그가 『맑스를 위하여』와 『자본론 읽기』를 정정하지 못했다는 것을 부각시킬 뿐이다. 그의 역사과학의 새로운 개념이 그 자체의 역사를 설명하는 데서 이론적 실천의 이론이 했던 것보다 별다른 진전을 만들지 못했던 것처럼, 그것은 또 초기 개념의 논리적 난점을 재생산했다. 이러한 난제를 상징적으로 보여주는 것은, 아마도 1965년 이후에 알튀세르가 쓴 가장 중요한 이론적 단편인 「이데올로기와 이데올로기적 국가기구」(1969~70)일 것이다. 1974년에 알튀세르는, 그의 초기저작에서, 그리고 스피노자의 영향 아래서 자신이 이데올로기를 "역사적 실존의 보편적 요소"[113]로 만들었다고 시인했다. 정정을 위한 노력에도 불구하고 그는 1969년에 오류를 반복할 것이었다.

역사적 존재의 보편적 요소

이데올로기에 대한 알튀세르의 새로운 관심이 어떤 의미에서는 1968년 5월사태에 대한 반응이었다는 점은 이제 그의 저작에 대한 진부한 논평이 되었다. 1969년 3월 그는 이 사태에 대한 분석에서, 이 사태는 "**이데올로기 메카니즘에 관한 맑스주의 이론**의 구성이라는 문제"를 제기하는 데 기여했다고 논평했다.[114] 다음해 6월에는 「이데올로기와 이데올

113) ES-C, p. 141.

114) "A Propos de l'Article de Michel Verret sur 'Mai Etudiant'", *La Pensée* 145, 1969, p. 3.

로기적 국가기구」가 출간됐다. 이것의 일차적 의의는 이데올로기에 관한 새로운 맑스주의 이론의 구성을 시도했다는 점에 있었던 것이 아니고(1964년과 1965년의 저작들은 이것을 예고했다), 이데올로기에 중요성을 부여했다는 점에 있었던 것도 아니며(이것도 이미 예고되었다), 또 이데올로기적 계급투쟁이 주제였다는 점에 있었던 것도 아니었다(이것은 「문화대혁명에 관하여」에서 중심주제였다). 그것은 오히려 새로운 이론적 종합의 일부로서, 이데올로기에 대한 혁신된 이론을 생산하고자 하는 알튀세르의 노력이라는 점에 있었다. 1970년 『라 팡세』지에 발표된 이 논문은, 「상부구조에 관하여(법-국가-이데올로기)」라는 제목이 붙은 더욱 풍부한 내용의 원고로부터 발췌한 두 편의 글(1969년 1월~4월자)로 구성되었다. 이 원고는 야심적인 프로젝트의 일부였으나, 이 계획은 곧 포기되었다. 이 원고는 알튀세르가 자신의 원래의 체계에서 제기한 문제들을 해결하기 위해서 1968년의 교훈들을 종합하려고 시도한 것이라고 할 수 있는데, 이 원고의 자신만만한 서문은 "우리는 세계 곳곳에서 사회주의의 승리를 목격할 시대로 들어서고 있다……**이제부터 혁명은 일정에 올라 있다**"[115]고 단언했다. 전면적인 작업의 포기, "재생산의

---

115) *De la Superstructure(Droit-Etat-Idéologie)*, 미간행 수고, 1969, p. 2. 이 글은 서문/ 철학이란 무엇인가?/ 생산양식이란 무엇인가?/ 생산조건들의 재생산에 관하여 / 하부구조와 상부구조/ 법률/ 국가/ 정치적 및 노동조합적 국가기구들/ 생산관계의 재생산에 관하여/ 생산관계의 재생산과 혁명/ 법률적 이데올로기적 국가기구들/ 이데올로기에 대하여 의 12개의 절로 이루어져 있다. 말미에 제2권에서는 다음의 것들을 다루기로 약속하고 있다. 사회계급/ 계급투쟁/ 이데올로기/ 과학/ 철학/ 철학 내에서의 프롤레타리아 계급의 입장/ 과학적 실천과 프롤레타리아 계급투쟁 내에서의 혁명적인 철학적 개입. 저작 전체의 목표는, 알튀세르가 서문에서 밝히고 있듯이, "**혁명의 무기**"로서 부여된 역할을 충족시킬 수 있었을지도 모르는 "맑스-레닌주의 철학의 비축물을 찾아내는 것"이었다.

관점"을 취한 원고로부터의 발췌글들의 발표, "계급투쟁의 관점"을 채택할 것을 촉구하는 「후기」(1970년 4월자)의 추가 등은 자본주의 질서유지에 맞추어진 알튀세르의 초점과, 이념적 및 정치적 계급투쟁을 통한 자본주의 질서의 혁명적 전복 가능성에 대한 그의 주장 양자간의 분열을 극적으로 표현한다. 왜냐하면 알튀세르의 연구가 지닌 특징은 기능주의——국가기구를 통한 사회적 재생산의 자동성——와 주의주의——계급투쟁이라는 획기적 해결사를 통한 사회 변혁의 우발성——사이의 해소되지 않은 긴장이기 때문이다.

이것은 맑스의 1868년 7월 11일자 「쿠겔만에게 보내는 편지」에 나오는 유명한 격언에 주석을 붙임으로써 시작되었다.[116] 이 편지에서 제기된 문제란 사회적 재생산 및 이와 관련된 사회질서에 관한 것이다. 어떠한 사회구성체도 계속 존재하기 위해서는 반드시 그 내부에서 이 사회구성체에 통일성을 부여하는 지배적 생산양식(그 생산력과 생산관계)의 재생산을 필요로 한다. 생산력은 생산수단과 노동력으로 구성된다. 생산수단의 재생산은 생산의 물질적 조건들(생산도구와 원료)의 재생산——맑스가 제I부문이라고 이름붙인 것의 임무——을 포함한다. 노동력의 재생산——알튀세르는 신속하게 이 노동력의 재생산으로 옮아간다——은 노동자에게 생계임금을 지급하는 것 이상을 포함한다. 우선, 노동자들이 요구하는 최저임금은 역사적으로 변화하며(1970년에는 1870년보다 더 커지며), 노동자들의 역사적 욕구(예를 들면 유급휴가)는 오직 계급투쟁의 성과로서만 승인된다. 그리고 이에 덧붙여, 노동력은

땅거미가 졌으므로 곧 맑스주의 철학이 날아오를 것이었다(LP, pp. 4-6을 보라). (나는 이 글을 참조할 수 있도록 허용해준 루이 알튀세르와 내게 사본을 전해준 에티엔 발리바르에게 감사한다.)

116) LP, p. 123. Marx and Engels, *Selected Correspondence*, p. 196.

필요한 양만큼 항상적으로 재생산되어야 하며, 다종다양한 "기술적 숙련"과 이데올로기적 성벽(性癖)을 갖추어야 한다. 자본주의 사회구성체에서 이것들은 생산영역 외부에서, 무엇보다도 교육제도와 가족제도 내부에서 갖추어진다. 그렇다면 노동력 재생산의 전제조건은 "지배이데올로기에 대한 그것의 복속(subjection)*의 재생산"이며, "바로 이데올로기적 복속이라는 형태로, 그리고 이 형태하에서 노동력 숙련의 재생산을 위한 준비가 이루어지는 것이다".[117]

이리하여 알튀세르의 주장에 따르면 자본주의하에서 상부구조는 노동력의 재생산에, 따라서 생산력의 재생산에 결정적으로 개입한다. 생산관계에 대해서는 어떤가? 여기서도 상부구조는 같은 역할을 하기 때문에, 알튀세르는 자신의 "오래된 질문", 즉 "사회란 무엇인가?"라는 물음으로 되돌아가지 않을 수 없다. 그 답변은 다음과 같다. 맑스의 "공간적 은유"에 따르면, 모든 사회는 하부구조(경제적 토대)와 상부구조(정치적-법률적 및 이데올로기적 수준들)를 포함한다. 하부구조는 최종심급에서 "결정적"이다. 상부구조의 수준들은 자체의 고유한 "효과성의 지표들"("상대적 자율성"과 "상호작용")을 지닌다. 이러한 범론에는 적극적 측면과 소극적 측면이 있다고 알튀세르는 생각한다. 적극적 측면은 궁극적으로 결정적인 수준을 명시함과 동시에 "효과성"을 다른 것들에 할당하는 것이며, 소극적 측면은 "은유적"이며 나아가 "서술적"이라는 것이다. 치유책은 계급적 은유를 폐기하는 데서 찾을 것이 아니라, 그 (서술적) 내용을 이론화——재생산의 관점에서 수행되어야 하는 작업——하는 데서 찾아야 한다.[118] 알튀세르 자신의 시도는 정치적 수준,

---

* subject(주체)라는 말을 염두에 두고 있다. 뒤에 나오듯 "subjected beings"는 "주체화된" 존재이며 동시에 "복속된" 존재다. (역자)

117) LP, pp. 123-27.

즉 국가에서 출발한다. 맑스주의 전통에 따르면, 국가란 "억압기구"이며 계급지배의 "장치"인데, 이 명제에는 알튀세르도 동의한다. 그러나 "맑스-레닌주의 국가 '이론'"은 또한 서술적이어서 다음과 같은 것들간의 구별에 의해서 보완되어야 한다. 즉 ① **국가권력**(정치적 계급투쟁의 목표)과 **국가기구**(국가권력의 장악 이후에도 부분적으로 혹은 전체적으로 존속할 수 있는 계급지배의 "장치"——경찰, 군대, 법원, 감옥 등) 사이의 구별, ② "억압적 국가기구"(Repressive State Apparatus; RSA)와 "이데올로기적 국가기구들"(Ideological State Apparatuses; ISAs) 사이의 구별이 그것이다.[119] 알튀세르는 ISAs의 잠정적 목록을 교회, 학교, 가족, 법률제도, 정치체제와 정당들, 노동조합, 언론매체, 각종 문화형태 등으로 제시한다.[120] 이 기구들은 대부분 "**사적** 제도"이지만, 이 때문에 이 기구들이 국가에 속한다고 할 수 없는 것은 아니다. 왜냐하면 공적/사적이라는 구분은 부르조아 법률 "내적"인 것이고 국가는 "법률 위에" 존재하기 때문에, ISAs는 기능상 국가기구들이다.[121] 이것들과 RSA를 구분하도록 해주는 것은 그것들의 기능양식이다. RSA가 (전적으로는 아닐지라도) 주로 **억압**에 의해 작동하는 반면, ISAs는 일차적으로는 **이데올로기에** 의해 작동되고, 단지 이차적으로만 억압에 의해 작동된다.[122] ISAs라는 딱지가 붙은 다양한 상부구조적 제도들의 공통 목적이 그것들에 "통일성"을 부여한다. 왜냐하면 "상부구조적 제도들을 작동시

118) Ibid., pp. 128-31.

119) Ibid., pp. 131-34

120) Ibid., p. 136. 한 주에서 알튀세르는 그람시를 "내가 가고 있는 이 길에서 조금이라도 진척을 보았던 유일한 인물"이라고 평가하였다.

121) Ibid., pp. 137-38.

122) Ibid., p. 138.

키는 이데올로기는 그 다양성과 모순에도 불구하고 **지배 이데올로기 밑에서**"——지배계급의 이데올로기하에——"사실상 언제나 통일되어 있기" 때문이다. 어느 계급이 장기간에 걸쳐 국가권력을 보유하기 위해서는 반드시 ISAs "**위에서 그리고 그 속에서 헤게모니**"를 획득하고 보존해야만 하며, 따라서 ISAs는 계급투쟁의 "**대상**"인 동시에 "**장소**"가 될 수 있다.[123]

이러한 가설들을 전개한 후에 알튀세르는 생산관계의 재생산 문제로 돌아가서, 이 재생산은 대체로 "국가기구들 안에서 국가권력의 행사에 의해서 확보된다"고 주장한다. 하지만 이 과정에서 RSA와 ISAs는 동등한 비중을 갖지 않는다. RSA는 지배계급의 정치적 대표들에 의해 시행되는 정치의 "지휘적(commanding) 통일성" 아래서 작동하면서, 자체의 "정치적 조건들"을 강제력에 의해 확보한다. ISAs은 RSA에 의해 보호받으면서 강력한 역할을 수행하는데, 이들 중에서도 자본주의 사회에서 압도적으로 우세한 것은 교육제도다(알튀세르는 자본주의 시대에 "학교—가족이라는 쌍"이 봉건제의 "교회—가족이라는 쌍"을 대체했다고 단정한다). 학교에서, 포로로 감금된 청중들은 지배 이데올로기의 전달/설득을 통하여 각 계급성원들이 졸업 후 수행할 다양한 계급 "역할들"에 맞는 적당한 기능 및 배역을 부여받는다. 착취적 생산관계의 재생산이라는——자본주의에——"사활적인 결과"는 일차적으로는 교육제도 속에서 확보된다.[124]

---

123) Ibid., pp. 139–40.

124) Ibid., pp. 141–49. *De la Superstructure*(p. 48)에서 알튀세르는 아마도 자신의 것이었을 *Ecoles*이라는 제목의 근간 서적에 대해 언급한다. 이 책은 출간되지 않았다. 크리스티앙 보들로(C. Baudelot)와 로제 에스타블레의 *L'Ecole Capitaliste en France* (Paris 1971)는 알튀세르의 테제들을 구체화하고 발전시켰다.

알뛰세르의 글은 이데올로기에 대한 논의를 진전시킨다. 맑스가 『독일 이데올로기』에서 제시한 이론을 비맑스주의적인 이론이라고 거부하고, "이데올로기 **일반**"에 관한 이론을 창시하고 싶은 자신의 열망을 나타내면서, 알뛰세르는 단절기 저작으로부터 "이데올로기는 역사를 갖지 않는다"는 정식을 채택하지만, 그러나 이것에 다음과 같은 새로운 내용을 부여한다.

> 이데올로기의 특유성이란, 이데올로기는 그 자신을 비역사적 현실, 다시 말해 전(全)역사적 현실로 만드는 구조와 기능을 지닌다는 점이다. 즉 우리가 역사라고 부를 수 있는 것의 어디에나 그 구조와 기능이 불변하는 동일한 형태로 존재한다는 의미에서 그렇다……

대담성보다는 신중함을 선택하여, 알뛰세르는 자신의 논의를 『공산당 선언』에서 규정된 역사에만 한정하고 있다. 그는 이데올로기에 대한 자신의 관점과 프로이트의 무의식의 영구성(이것은 알뛰세르로 하여금 자신의 명제를 **"이데올로기는 영원하다"**로 수정하게끔 유도한다) 양자 사이의 "유기적 연계"를 인정함으로써, 이데올로기의 영속성을 복원시킨다.[125] 알뛰세르는 자신의 주요논지의 서론격으로 두 가지 예비적 테제를 제출한다. 첫째로, "이데올로기는 개인들의 실제적 존재 조건들에 대한 그들의 상상적인 관계를 표상한다". 이미 「맑스주의와 인간주의」에 나오는 이 테제에 따르면, 이데올로기는 사람들의 존재를 규제하는 실제적 관계를 표현하는 것이 아니라, 실제적 관계에 대한 사람들의 상상적 관계를 표현한다. 이러한 "상상적 관계"의 필연성은 앞으로 논의될 것이다. 한편 두번째로 "이데올로기의 물질성"이라는 테제가 제시된다. 상상

---

125) LP, pp. 151–55.

적 관계는, 알튀세르가 "이데올로기에 대한 이데올로기"라고 부른 것과는 반대로, "물질적 존재"를 지닌다. 이 상상적 관계 속에서 개인은 의식을 부여받은 주체가 되는데, 바로 이 의식 속에서 그가 신봉하는 각종 이념이 형성되고 보존되며, 바로 이 의식으로부터 그러한 신념들에 부합하는 행위가 도출되는(혹은 적어도 도출되어야 하는) 것이다. 그리하여 "선량한 가톨릭 신자"는 신의 존재를 믿을 뿐만 아니라, 특별한 날에는 교회에 나가고, 고해성사를 하며, 영적 교류를 하며, 헌금함에 헌금하고, 금요일에는 생선을 먹곤 한다. 알튀세르는 이러한 "관념론적 도식"의 질서를 전도시킬 것을 제안하며, 인간주의의 주역이되는 범주들을 이 질서에 대립시키고 있다.

> 오직 단 하나의 주체가……관련되어 있는 곳에서, 이 주체가 갖고 있는 신앙에 대한 관념의 존재는 물질적이다. 이는 그의 관념이 물질적 의례(儀禮)의 지배를 받는 물질적 실천들에 삽입되어 있는 그의 물질적 행위라는 점에서인데, 그 물질적 의례는 해당 주체의 관념을 도출하는 물질적인 이데올로기적 기구에 의해서 정의되는 것이다.

말하자면 이 주체는 행동한다기보다는 행동된다. 각 사람들은 "자신의 자유의지"에 따라서 예를 들면 가톨릭 교회의 실천적 의례들에 참여함으로써, 이 의례들에 각인되어 있는 이데올로기에 스스로를 복속시킨다. 이 도식의 중추는 주체라는 범주다. 이로부터 알튀세르는 두 가지 결론을 추론한다. 즉 "이데올로기에 의해서가 아니라면 그리고 이데올로기 속에서가 아니라면 실천은 존재할 수 없다"는 것과, "이 주체에 의해서가 아니라면 그리고 주체들을 위해서가 아니라면 이데올로기는 존재할 수 없다"는 것이다.[126)]

이제 다음과 같은 세번째 "핵심" 명제가 제시될 단계에 이르른다.

주체 범주가 모든 이데올로기를 구성한다. **그러나……주체 범주는 오직, 모든 이데올로기가 주체로서의 구체적 개인들을 '구성하는'(규정하는) 기능을 가지는 한에서만, 모든 이데올로기를 구성하는 것이다.**

이데올로기의 기본기능은 개인들을 주체로 변형시키는 것이고, "호명"(interpellation)을 통해서 개인들과 사회구성체 간의 실재적 관계들을 상상적 관계로 전도시킨다. 이 상상적 관계 안에서 사람들은 마치 자신들이 그것들을 결정하는 듯이, **구성되는** 주체가 아니라 **구성하는** 주체인 듯이, 자신들의 실제적 존재조건들과 관계를 체험한다. 달리 말하자면, 이데올로기는 사회질서와 그 질서의 요구에 대한 사람들이 **복속**을 강제하기 위하여 개인들을 사회의 의식적인 **주체**("자유로운 주체성, 즉 창의성의 중심")로서 구성한다. 라캉의 "거울상" 개념을 차용하여, 알튀세르는 주체의 구성에 내재적인 (자기)인식과, 주체지위에 특징적인 자율성 및 고유성이라는 환상이 "상상적인 것"의 영역에 속한다고 주장한다.[127]

기독교 이데올로기가 이데올로기의 불변적 구조의 전범적인 것으로 간주된다(인간학의 비밀은 신학이다.)

이데올로기의 이중적 거울구조는 다음 사항들을 동시적으로 보장한다.

1. '개개인'을 〔개개〕 주체들로서 호명.
2. 〔대문자〕 주체(the Subject)*로의 〔개개〕 주체들의 종속.
3. 〔개개〕 주체들과 〔대문자〕 주체의 상호인지, 〔개개〕 주체들간의

---

126) Ibid., pp. 153-59.

127) Ibid., pp. 160-65.

* 이는 주체라는 범주, 주체라는 관념을 지칭한다. (역자)

상호인지, 마지막으로 주체들의 자기인지.

4. 모든 것이 실제로 그러하다는 것과, 〔개개〕 주체들이 자신의 본분을 인식하고 그에 따라서 행동한다면 모든 것이 문제없으리라는 절대적 보증. 아멘, '그러할지어다'.

결과 : 〔개개〕 주체로서의 호명, 주체에 대한 복속, 보편적 인지, 절대적 보증이라는 4중체계에 사로잡힌 채, 주체들은 '활동한다'. 때때로 (억압적) 국가기구들의 분견대들 중 하나의 간섭을 야기하는 '악한 주체들'을 제외한다면, 대부분의 경우 그들은 '스스로 활동한다'. 그러나 대부분의 (선한) 주체들은 확실히 '전적으로 스스로', 즉 이데올로기(그 구체적 형식들은 ISAs 내에서 실현된다)에 의해 활동한다.

호명 메카니즘을 통해, 사회적 대행자들인 "주체화된(subjected〔'복속된'의 의미도 있다〕) 존재들"은 자신들을 세계의 "중심"에 있는 자유로운 구성적인 주체들로 (잘못)인식한다. 이러한 인식의 드라마에 의해, 그리고 이것으로부터 차폐되어버린 현실이란 착취적 생산관계의 재생산이며, 이에 의존하는 억압적 관계의 재생산이다. ISAs 내에서 구체화되고 이것들에 의해 전달되는 이데올로기는, 구체적인 남녀의 삶을 형태짓고 지배하는 실제적 관계들에 대한 "오인 혹은 무지"를 수반한다. 개인들을 사회구조에 묶어두는 이데올로기——그것의 전형적인 효과 중 하나가 그 구조의 부정인데——를 통하여, 착취적이고 억압적인 사회질서는 자신이 무엇인지를 드러냄이 없이 재생산된다.[128]

알튀세르는 출판을 위해 추가된 「후기」에서, 자신의 명제들이 "추상적"이라고 밝혔다. 첫째로, 생산관계의 재생산은 계급투쟁의 문제다. 계급투쟁을 통해서만 생산관계의 재생산이 "실현"된다면, 그 재생산을

128) Ibid., pp. 168-70. 그리고 ES-C, p. 95도 보라.

설명하기 위해 개진된 이데올로기 메카니즘의 효과들은 구체적인 조건들에 의존한다. 즉 그 효과는 미리 주어지지 않는다. "재생산의 관점"은 궁극적으로 "계급투쟁의 관점"으로부터 분리될 수 없다. 둘째로, "이데올로기 일반"의 메카니즘에 초점을 맞추는 것은 **계급 이데올로기들**의 문제에 대해 대답하지 않은 채로 남겨둔다. "지배계급의 계급투쟁을 이야기하는 자라면 누구나 피지배계급의 저항, 반란, 계급투쟁을 논한다." ISAs는 이데올로기 일반의 "실현"도 지배 이데올로기의 방해없는 실현도 아니다. ISAs와 이를 통한 이데올로기적 헤게모니의 구축 및 보존을 위해서는 "매우 격심하고 지속적인 계급투쟁"이 요구된다. 더욱이 계급 이데올로기들과 이데올로기적 계급투쟁의 모태는 ISAs 속에 있는 것이 아니라, "계급투쟁을 벌이고 있는 사회계급들 속에, 즉……그들의 존재조건, 그들의 실천, 그들의 투쟁경험 등"[129] 속에 존재한다.

언제나 암시적이며 종종 탁월하기도 한 알뛰세르의 에세이는 이데올로기에 관한 그의 초기저작들에서 제기된 문제들을 근본적으로 정정하는가? 그 대답은 분명, "아니다"이다. 스피노자에 대한 알뛰세르의 원래적인 선택적 친화성이 가져온 한 결과는, 계급사회에서 이데올로기의 "실천적-사회적" 기능은 세계에 대한 허위적 관념을 제공하는 것에 의존한다는 이데올로기 이론이었다. 이데올로기의 끊임없이 신비화하는 효과는, 이데올로기가 응집력 및 재생산을 보장하는 "사회적 시멘트"라는 것을 의미했다. 이데올로기는 모든 사회의 불변적 구성요소이자, 사회구조의 불변성분이었다. 주체 없는 과학적 담론에 의해서만, 이데올로기의 환상은 산산이 부서지고 실제적인 존재조건들이 밝혀질 수 있다. 이것이 옳다면, 새로운 이론의 두드러진 특징은, 특정 요점에서는 낡은 이론의 복제다. 사회적 재생산에서 이데올로기적(따라서 경제 외적)

129) LP, pp. 170-73.

상부구조가 지니는 중요성은 동방의 문화대혁명과 서방의 68년 5월사태에 의해 부각된 바 있다. 알튀세르는 특정한 목적에 부합하는 방식으로 그 타당성을 인정하기보다는, 오히려 새로운 이론적 종합을 시도했다. 그가 채택했던 재생산 관점의 결말은 여전히 라캉과 스피노자에 의존하는 이데올로기 이론을 반복하는 것이었다.[130] 그런데 그들의 기능주의는 이데올로기적 계급투쟁이라는 지상권을 이론적으로 발견하려는, 그의 아마도 마오주의적인 열망을 훼손시켰다. 이론적이자 정치적인 개입으로서의 알튀세르의 텍스트는 이론적으로 결함이 있으며, 분명 의도한 바는 아니었지만 정치적으로 비관주의적이었다. 그러나 이데올로기는 다른 어떤 때보다도 복원력이 있음을 보여주었다. 『자본론 읽기』에서 경제구조는 영원히 자기자신과 자신의 상부구조적 존재조건들을 재생산했다. 이와 동시에 이데올로기는 "물신성"이라는 형태 속에서 사회관계들과 거의 마찬가지로 확장되었다. 새로운 설명에 따르면, 생산관계의 재생산과 그에 따른 사회구성체의 재생산은 ISAs 속에 물질화된 이데올로기에 의해, ISAs가 사회적 대리자들에게 반복해서 가르친 이데올로기에 의해 완수된다. 이러한 기능을 담당하는 실제 제도들은 제한적으로만 적합하지만, 이데올로기는 불변적 구조와 기능을 지닌 전역사적 실재인데, 이는 그것이 복속을 달성하는 수단인 주체성에 관한 "유용한 환상"(니체)을 발생시키기 때문이다. 이론적 인간주의는 이데올로기 일반의 패러다임으로 포괄되었으며, 주체형식은 전형적인 이데올로기적 효과로 포괄

---

130) 알튀세르가 스피노자를 올바른 맑스주의 이데올로기 개념의 선구자로서 선정하는 것에 대해서는 Ibid., p. 164를 보라. 아주 분명하게도 알튀세르는 과학자들이나 맑스주의 이론가들을 "이데올로기 내의 존재", 즉 모든 사람은 "이데올로기적 동물"이라는 것에서 면제시키고 있지 않다는 것에 주목해야 한다(Ibid., pp. 162, 164).

되었다. **"주체들은 단지 자신의 복속에 의해서만 혹은 복속을 위해서만 존재할 뿐이다."**[131] 이같이 알튀세르의 이론은 인간주의를 단호하게 전도하여, 주체화/주체성을 복속과 등치시키고, 주체/개인의 수준에서 부정되는 대행의 문제를 구조적-체계의 수준에 귀속시킨다.

자본주의적 착취의 유지에서 "억압"보다는 "동의"를 강조하는 이러한 특수한 해석이 취하는 형태의 이론적 결론은 두 가지였다. 첫째로, 허스트에 이어 칼리니코스가 지적한 바와 같이, 알튀세르는 생산관계를 상호주관적 관계로 환원시키면서 "이데올로기주의"[132]로 빠져들어간다. 둘째로, "재생산의 관점"은 "계급투쟁의 관점"을 으뜸패로 삼는다. 아니 오히려, 이데올로기 내의 계급투쟁에서는 카드 패들이 언제나 이미 지배계급에 유리하도록 섞여있다. 왜냐하면 지배계급의 특수이익이 사회적 재생산의 보편적인 기능적 요건들과 일치하기 때문이다. 대항 이데올로기를 위해서는 아무런 여지도 남아있지 않으며, 알튀세르가 그럼에도 불구하고 제기하는 대항 이데올로기들은 아무런 효력을 가지지 못한다. (생산 및 순환 과정을 포함하는) "생산관계의 재생산이 실현되는 **전체 과정**"으로 되돌아감으로써 "이데올로기주의"(그리고 초기적 주의주의)를 개선하려는 그의 시도는 정교화되지 않은 채로 남겨졌다. 한편 그가 인과관계상 계급투쟁을 우선시했던 것은 해결책이었다기보다는 아마 문제의 일부였을 것이다.[133]

---

131) Ibid., p. 169.

132) *Is There A Future For Marxism?*, p. 76.

133) LP, pp. 170-72. 또한 pp. 140 n. 11, 141 n. 12. Anderson, *Arguments Within English Marxism*, pp. 54-56을 보라. 여기서 시도된 알튀세르의 글에 대한 비판은 이 글의 이론적 결과를 가지고 저자를 정치적으로 판결하려는 것들(스탈린주의와 절연했는가, 학술원 회원인가, 양자 다 해당되는가)과는 구분되어야 할 것이다. *Language, Semantics and Ideology*, London 1982, p. 214에서의 미셸 페쇠의 적절한

발리바르는 「자기비판」에서, 말 그대로의 맑스주의적-이데올로기론은 "모택동 및 그의 시대"와 더불어 ("문화혁명"이라는 실천적 토대 위에서) 가능하게 되었다고 말했다.[134] 우리는 이미 알튀세르가 1966년의 글에서 중국 사태를 이데올로기에 관한 맑스주의적 원리들의 보충으로서, 이론적 연구를 자극할 하나의 응용으로서 환영했음을 살펴보았다. 1969년의 그의 글은 부분적으로는, "위대한 프롤레타리아 문화혁명"을 공식적으로 지지하는 미숙한 원리들에 대한 엄격한 이론화를 하려는 시도, 마오주의에 대한 기질적인 관심과 강조점을 둔 역사적 유물론의 재건 시도로 간주될 수 있다. 지배의 기원을 "사회주의" 사회구성체의 이데올로기적 상부구조에서 찾는 것은 논쟁의 소지가 충분하다. 이 주의주의적 도박에 따르면, 이데올로기적 계급투쟁은 미래를 형태지은 시련의 장이었다. 즉 그 도박은 공산주의로의 진보를 재촉하거나 방해하면서 "국가자본주의"로의 회귀를 용이하게 한다. 동방에서 서방으로의 이러한 도식의 이전——자본주의 국가들로의 이 도식의 투영——은 몇 가지 놀라운 정치적 결과들과 함께 유사한 편향들을 낳는다.

이데올로기적인 것의 전략적 역할에 관한 알튀세르의 과대평가는——ISAs이라는 형태 속에——유치원에서 정당에 이르는 모든 것을 포괄함으로써 국가의 팽창을 수반했다. 그럼으로써 국가는 하나의 객관적인 구조로서의 존재를 상실하고, 사회의 응집 및 재생산에 기여하는 공적 혹은 사적인 모든 제도 혹은 사회적 형태들로 분산되었다. 이데올로기적인 것과 마찬가지로 정치적 상부구조(국가와 국가기구들)도 더이상 상부구조가 아니라, 편재하면서 사회관계와 경계를 함께하는 것이 되었다. 앤더슨이 지적하듯이, 본래적 의미의 국가를 이처럼 희석화한 결과로,

지적을 참조하라.

134) "Self-Criticism", p. 57.

당연히 국가와 "시민사회"의 구분이 없어지며, 그럼으로써 "서구 부르조아 민주주의의 특수성을 규정하려는 모든 과학적 시도가 훼손된다".[135) 분명히 ISAs 도식에는 극좌적인 정치적 논리가 잠재되어 있다. 왜냐하면 이것은 자본주의 국가의 다양한 형태들간의, 특히 결정적인 것으로는 부르조아민주주의와 파시즘 사이의 중요한 구분을 모호하게 만들기 때문이다. 적어도 유효한 차이라고 말할 수 있는 것들이 구분되지 않게 된다. 물론 알튀세르는 이러한 어리석음에 이르지는 않았다. 그러나 그가 마오주의를 추종하여 국가와 모든 이데올로기적 및 정치적 기관들을 용해시킨 것은 이런 어리석음을 허용할 수 있다는 사실은 논란의 여지가 없다. 하지만 역설적으로 정반대되는 정치적 결론, 알튀세르로부터 배척당한 정치적 결론이 그의 테제로부터 나올 수 있었으며, 실제로 나왔다. "미묘한 일상적 지배를, 즉 그것 아래에서……레닌이 맑스를 따라 부르조아지의 독재라고 불렀던 것이 정치적 민주주의라는 형태로나 어렴풋이 식별될 수 있는 그 지배"를 설명하기 위해 씌어진 알튀세르의 글은, 그 자신의 흠잡을 데 없이 완벽한 레닌주의적 결론들과 반대되는 정치전략, 즉 유로코뮤니즘에 이론적 생명을 불어넣을 수 있다.[136) 제6장에서 살펴보겠지만, 스페인공산당의 지도자인 산티아고 카리요(S. Carrillo)는 자본주의 국가의 "민주화"라는 점진적 전략을 옹호하기 위하여 알튀세르의 테제들을 이용했다. 이렇듯 알튀세르에 의한 국가의 용해

135) "The Antinomies of Antonio Gramsci", *New Left Review* 100, 1976-77, p. 34.

136) LP, pp. 133, 135. "The Antinomies of Antonio Gramsci", pp. 36-39를 참조하라. *De la Superstructure*(p. 59)에서, 알튀세르는 논지를 벗어나서 다음과 같이 주장하였다. "누구나 사회주의로의 '이행'에 관하여 자문할 때에는, 사회주의로의 의회주의적 길이란 존재하지 않는다는 것을 회상할 필요가 있다. 혁명을 만드는 것은 바로 대중이지, 대표들이 아니다. 심지어 공산당원과 그들의 동맹자들이 일시적이나마 놀랍게도 의회의 다수를 차지한다고 할지라도."

가 의도치 않게 초래한 결과는 레닌적 의미의 "혁명"을 제거하는 것이며, 이 혁명을 마오주의적이거나 유로코뮤니즘적인 방식으로 해석될 수 있는 〔국가의〕 "혁명화" 과정으로 변형시키는 것이다.

비록 프랑스 및 영국의 맑스주의에 막대한 영향을 미쳤을지라도, 알튀세르의 저작은 모든 측면으로부터 비판받았다. 탈-알튀세르주의자인 랑시에르는, 마오주의의 깃발 아래, 그 저작들이 "부르조아 이데올로기의 필연적인 지배"를 이론화하고 "**극좌 이상주의**"를 구축했다고 비난했다. 반면에 포스트 알튀세르주의자인 허스트는, 수정주의의 깃발 아래, 비록 그 독창성에는 경의를 표하지만, 〔알튀세르에게서〕 "경제주의", "계급본질론", "기능주의", 전(前)프로이트적 주체 개념 등을 탐지해냈다.[137] 다소 놀랍게도, 의연한 헤겔주의적 맑스주의자인 프레드릭 제임슨(F. Jameson)은 알튀세르의 창의성을 "맑스와 니체 이래 이데올로기의 본성을 처음으로 새롭게 그러나 아직은 불충분하게 개념화한 것"[138]으로 특징지었다. 제임슨이 이렇게 말한 것과 거의 같은 시기에, 알튀세르는 기능주의라는 비난을 부정하는 「ISAs에 관한 주해」를 집필하고 있었다. 그는 자신의 「후기」에 충분한 주의가 기울여지지 않았다고 주장했는데, 이 후기에서는 "**계급투쟁의 우위성**"이 범주적으로 확언되었다는 것이다.[139] 하지만 1979년경에 그는 ISAs의 개념에 관해 더이상 언급하지 않았던

137) Rancière, *La Leçon d'Althusser*, pp. 143, 146을 보라. Hirst, *On Law and Ideology*, London 1979, pp. 40–73. 이들과 다른 비판에 대한 뛰어난 요약은 Benton, *The Rise and Fall of Structural Marxism*, pp. 96–107에서 찾아볼 수 있다.

138) "Imaginary and Symbolic in Lacan : Marxism, Psychoanalytic Criticism and the Problem of the Subject", *Yale French Studies 55–56*, 1977, pp. 393–94.

139) *Economy and Society* 12 : 4, 1983, pp. 455–56. 알튀세르는 또한 그가 (혁명정당을 포함하여) 정치정당을 ISAs로 간주한다는, 따라서 국가기구에 이것을 동화시킨

게 분명하다.[140] 마이클 게인(M. Gane)이 말한 대로, "ISAs의 10년"[141]은 끝났다. 그러나 이것은 앞질러나가는 것이다. 우리의 다음 관심은 알튀세르의 개념이 밟아온 역정이 아니라, 이러한 관념이 서있던 시간과 장소다.

파리의 봄

"프랑스에 사는 다른 모든 사람과 마찬가지로 우리도 68년 5월사태를 방심한 상태에서 맞게 되었지요."[142] 사르트르는 보봐르와 함께 회상하면서 1974년에 이렇게 말했다. 사르트르는 예를 들면 폭동학생들과

다는 비판을 부정할 수 있는 기회를 가질 수 있었다. *De la Superstructure*(p. 58)에서, 분명히 영불해협 건너편의 나라를 염두에 두고서, 그가 보기에, 프랑스공산당은 "부르조아 국가 의지의 집행인의 역할이나, 야당의 역할로 환원되지" 않았다고 이미 주목한 바 있다고 쓰고 있다. 자신의 "노트"에서 알튀세르는 다음과 같이 쓰고 있다. "나는 정치정당이 이데올로기적 국가기구라고 쓴 적은 결코 없다. 나는 무언가 상당히 다른 것(간단히 할 수만 있다면, 나는 그렇게 할 용의가 있다)에 대해, 즉 정치정당은 특수한 이데올로기적 국가기구, 즉 자신의 헌정체제(…… '자유주의' 단계에서 부르조아지가 지배하는 의회주의 대의체제) 내에서 지배계급의 정치적 이데올로기를 실현하는 정치적 이데올로기적 국가기구의 '구성요소'일 뿐이라고 말했을 뿐이다" (p. 457). 정치적 및 이데올로기적 국가기구에 대한 알튀세르의 논의에 대해서는 pp. 457-60을 보라.

140) Göran Therborn, *The Ideology of Power and the Power of Ideology*, London 1982, p. 85.

141) *Economy and Society* 12 : 4, 1983에 실린 그의 글의 제목.

142) Simone de Beauvoir, *Adieux : A Farewell to Sartre*, London 1984, p. 371을 보라.

우애깊은 공동토론에 참여하는 겸손함을 보인 반면 알튀세르는 침묵을 지켰는데, 이같은 대조점으로 인해서 그 이후 알튀세르의 평판은 아주 나빠졌다. 파리 라탱지구의 건물 벽에 등장한 볼상 사나운 두 개의 벽낙서가 모든 것을 말해주었다—— "알튀세르는 무엇에 봉사하였는가?", "알튀세르, 플레하노프, 똑같은 전투". 5월사태중 그의 부재가 실은 병 때문이었다는 것은 다소 논점에서 벗어가는 것이다. 1969년 3월에 그는 5월사태를 분석하는 두 편의 글——마치오키에게 보내는 편지와 프랑스공산당의 미셸 베레의 논문에 대한 답변——을 썼는데, 여기서의 그의 주장은 상당한 적대감을 불러일으켰다. 파리의 봄이 지나자 알튀세르는 "양순하게 우리 속으로 되돌아갔다"[143] 고 1976년에 칼리니코스가 결론지었을 때, 아마도 그는 대다수 혁명적 사회주의자들을 대변하였을 것이다. 정치의 **시간**이 이론의 **시간**을 가로질렀을 때——사실은 앞질렀을 때——알튀세르가 당황했음은 명백하다. 그는 "정치적, 이데올로기적 및 철학적 투쟁에서, 말은 무기이자 폭탄 또는 신경안정제이자 독약"[144]이라고 1967년 11월 토론의 한 대담자에게 말한 적이 있다. 1969년 3월의 알튀세르의 말을 신경안정제나 독약으로 범주화하는 것은 알튀세르의 두번째 철학 정의에 관해서 다소 멜로드라마적인 시나리오를 모방하는 것이다. 그러나 알튀세르의 말이 어떤 것이었든간에, 그 말은 선동적이지 않았음이 확실하다.

이 5월에 있었던 **"역사의 복수"**[145] 과정을 여기서 다시 연출할 수는 없다. "프랑스가 프랑스의 세기(世紀)와 결혼하도록 만든" 드골의 시도를 기폭제로 작열한 이 폭발에 관해서 그동안 무수하게 많은 문서들이

---

143) *Althusser's Marxism*, p. 95.

144) LP, p. 24.

145) Lucien Sève, *Structuralisme et Dialetique*, Paris 1984, p. 145. 물론 프랑스공산당의 공식 철학자에게서 나온, 다소 일치하지 않는 지적이다.

기록되었다. 이들이 의견일치를 본 하나의 사실은 "파리는 페트로그라드가 아니었고 또 5월은 10월에 이르지 못했다"[146]는 것이다. 5월사태가 이렇게 될 수도 있었다라든가 이렇게 되었을지도 모른다는 식의 논의가 그 이후 지금까지 다소 격렬하게 논쟁되어온 문제들이다. 이 논쟁에 참여하기보다 우리가 단지 주목해야 할 점은, 프랑스공산당이 5월 이전부터 미테랑의 좌익 민주사회주의자 동맹과 선거협상에 몰두하고 있었긴 하지만, 자신의 혁명적 소명을 간단히 거부하지는 못했다는 것, 즉 프랑스공산당은 개량주의 조직으로서는 완전히 실패였다는 것이다.[147]

5월의 전야에 알튀세르의 입장은――우리가 추정할 수 있는 한에서――어떠했는가? 마치오키는 그녀의 자서전에서, 그가 1967년의 언젠가 이렇게 말했다고 인용한다. "내가 저술하는 모든 것과 정치적 입장 사이에는――즉 내가 개진하려 애쓰는 이론과 공산당들의 전략 사이에는――모순이 있다."[148] 이 말은 본서에서 제시된 분석과 일치한다. 알튀세르의 입장은 바로 소속당의 공식노선의 좌파에 해당하는 것이었다. 그는 문화혁명에 열광적이었고 또 자신의 추종자들 가운데 "수정주의적" 프랑스공산당과 절연한 사람들에 대해 처음부터 결코 적대적이지 않았지만, 그는 당에 남기로 결정했고 철저하게 그 입장을 견지해나갔는데, 그의 입장은 당의 점진주의적 전망과 양립할 수 없는 것인 동시에, 당의

---

146) "Themes", *New Left Review* 52, 1968, p. 1. 당시의 다른 논법에 대해서는 패트릭 실(P. Seale)과 모렌 맥콩빌(M. McConville)의 유익한 이야기, *French Revolution 1968*, Harmondsworth 1968과 안젤로 쿠아트로치(A. Quattrocchi)와 톰 네른(T. Nairn)의 기억을 일깨우는 *The Biginning of the End*, London 1968을 보라.

147) Hobsbawm, *Revolutionaries*, pp. 240-41. 알튀세르가 소르본느에서 자신의 『레닌과 철학』을 읽었던 그날, 프랑스공산당과 FGDS는 그들의 "공동성명"을 발표했다.

148) *Deux Mille Ans de Bonheur*, Paris 1983, p. 30.

반대파 가운데 점차 우세해지고 있는 마오주의와 일치하는 것이었다. 그가 당시 상황에 대해 혁명적 희망을 가지고 있었음은 마치오키에게 보낸 그의 출판된 편지들 중 첫번째 편지에서 분명히 드러난다. 1968년 2월 3일자의 이 편지는 그녀에게 "현재의 시기는 무한한 가능성과 자원을 제공한다"고 충고하였다.

> 우리가 사태를 과소평가할 수밖에 없는 조건에 있기 때문에, 우리의 육체와 정신 모두는 네수스의 옷*을 걸치고 있습니다. 우리가 과대평가하고 있다고 생각할 때조차도, 우리는 여전히 과소평가하고 있을 뿐입니다. 대중은 잠재적으로(실로 잠재적으로——그러나 아무도 이들에게 수단을 제공하지 않습니다) 우리보다 훨씬 앞서 있습니다.[149]

1968년 5월 둘째주에 프랑스 "대중"은 알튀세르의 추론을 확실히 증명했다. 그해 8월 서신왕래를 재개할 수 있을 정도로 충분히 건강이 좋아지자, 그는 당연히 이 사태에 주목했다. 알튀세르는 이 사태가 "그 소진에 이르기까지는 장기간이 걸릴 과정의 첫 단계"임을 깨닫고, "중대한 문제" 즉 "노동자계급의 어느 부분이 쟁취된 물질적 혜택을 넘어서, 정치적으로 더 나가기를 실제로 원했는가?"를 숙고한 후, "젊은 노동자

---

* 독이 있는 옷. 네수스는 킨타우로스족, 즉 반인반마족으로 헤라클레스에게 살해되었다. 죽어가는 네수스가, 자기의 피는 남편의 사랑을 잡아두는 약효가 있다고 헤라클레스의 아내 데이라네이아에게 말하였다. 그러나 이 피는 독을 지니고 있었으므로, 데이라네이아가 효험을 시험하고자 네수스의 피에 적신 옷을 헤라클레스에게 입히자 독이 전신에 침투하여 결국 헤라클레스는 죽게 된다. (역자)

149) Maria-Antonietta Macciocchi, *Lettres from Inside the Italian Communist Party to Louis Althusser*(1969), London 1973, p. 4.

들이……실제로 아주 멀리까지 나아갈 준비가 되어 있었고", "다음으로는" 중장년 노동자들이 "아마도 앞으로 나아가고 싶어했을 것"이라는 자신의 확신을 표명했다. 6월선거의 결과(공산당과 사회당의 결정적 참패)에 대해서 말하자면, 선거결과는 "취약"했고 "의회주의적 길과 관련해서 '현실의 교훈'의 일부"[150]를 형성했다. 몇달 후 알튀세르는 자신의 교신자에게 다음 사항을 상기시켰다.

> 공산당이라면 반드시 '대중적' 혁명적 정치노선을 가져야 하는데……왜냐하면 이 노선은 '이론과 실천'을 가능한 한 가장 밀접하게 통일시키기 때문입니다. 달리 말하자면 (맑스주의 과학을 구체적인 정치연구에 적용함으로써 수행되는) 구체적 상황에 대한 구체적 분석과, 최종적으로 역사를 만들 수 있는 유일한 사람들인 '대중' 양자를 통일시키기 때문입니다.[151]

간단하게 말하자면, 이 편지는 그 필자가 알튀세르적 마오주의자임을 드러내준다. "구체적 분석"과 "대중노선"의 당인(partisan)인 알튀세르는, 그가 다음해 3월에 68년 5월사태를 숙고하게 되었을 때 그 사태에 대해 무엇을 하였는가?

알튀세르의 장문의 편지는 다음과 같은 견해로 시작하였다.

> 무엇인가 중대한 것이 5월에 발생했는데, '서구 자본주의 국가들'에서 혁명적 전망을 갖게 해주는 이 매우 중대한 일은 반드시 우리의 정책에 반영되어야 하며, 그렇지 않으면 우리의 정책은 사건들에 '질질

150) Ibid., pp. 295-96.

151) Ibid., p. 300.

끌려다닐' 우려가 있습니다. 그리고 나의 이 말은, 지금은 과거의 일부가 된 5월사태에 관한 것이 아니라, 어느날 5월사태를 훨씬 능가하게 될 현재와 미래의 사건들에 관한 것입니다.[152]

이처럼 약속된 시작은 이어 일어난 일로 급속히 좌절되었다. 실제로, 알튀세르는 자신의 과거의 편지들에 담겨있는 호전적 기질을 꺾고, 또 자신과 당 사이의 정치적 간극을 완전히 메우지는 못했을지라도 좁힐 수 있는 방식으로 자신의 개념을 사용한다. 첫째로, 그는 연대기적 순서와 역사적 순서 양자를 구분함으로써, 총파업(5월 22일 1000만 명의 노동자가 파업중이었다)의 우월성을――마치 새로운 것인 양――계속 주장하고, 이러한 사실을 식별한 프랑스공산당의 통찰력을 칭찬하며, 나아가 대학생들이 이것을 기록에서 "삭제하고 있다"[153]고 비판한다. 둘째로, 5월은 노동자계급의 반란과 학생폭동 양자의――"융합"이 아니라――"역사적인 우연한 만남"을 만들어냈다〔고 말한다〕. 미래의 언젠가 발생하게 될 필수적인 융합을 위해서는, 학생들은 "자신들이 현재 있는 곳으로부터 아주 먼 거리를 다가와야 할 것이며, 노동운동(물론 이것 역시)도 상당한 거리를 이동하지 않으면 안될 것이다". 학생들이 좌익적 구호들을 외쳐대는 동안 노동자들은 "방어적인 정치적 구호"를 단조롭게 반복하고 자신들의 직접적인 경제적 요구들을 표명함으로써 두 집단 사이의 "불일치"를 드러냈는데, 양자의 이같은 불일치는 프랑스공산당과 노동총동맹의 지도부들과 관련된 것이 아니라, 오히려 이와는 반대로 전체 근로계급과 그들의 "공상적" 쁘띠부르조아 2세들간의 간격을 극적으로 드러낸 것이었다. 그것의 종국적 결과는 실질적으로 다음과 같이

152) Ibid., p. 302.

153) Ibid., pp. 302-03.

하나의 승리로 해석되고 있다.

> ……무엇보다도, 근로계급은 이제 자신의 기억 속에 하나의 지식을 새겨넣었는데(그리고 이것은 선명한 각인입니다), 이 지식이란 대중의 행동은 고용주들, 정부와 국가기구로 하여금 하룻밤 사이에 대중의 행동에 의해서 완전히 두려움으로 벌벌떨게 만들었다는 것, 그리하여 이러한 행동이 가능했다는 것, 그리고 이러한 행동은 장래 어느날 노동자계급이 말로만 들어왔던 모종의 사태——파리코뮨 이후 러시아에서 1917년 이래 그리고 중국에서 1949년 이래 논의되어온 사태, 즉 프롤레타리아혁명——로 이어질 수 있다는 것이었습니다.[154]

총파업의 결정적 역할, 그리고 노동자들과 학생들의 거리라는 문제를 설정한 뒤에, 알튀세르는 세번째 테제를 제출하였다. 이른바 학생운동은 다종다양한 "여러 중간계층"으로 구성되고 "쁘띠부르조아 이데올로기"[155]의 지배를 받는, 실제로 이질적인 사회현상이었다. 알튀세르는 현대의 반제국주의 투쟁들(알제리, 쿠바, 베트남)과 부르조아 이데올로기의 전세계적 "패배"가 이러한 "국제적 운동"에 자극제를 제공했음에 주목하면서, 이 학생운동은 자신이 교육적 ISA라고 요약해서 부른 것에 대항한 "이데올로기적 반란"이라고 확인하였다. 이것은 그 자체로서도 "객관적으로 진보적인" 운동으로서 반제국주의 투쟁에서 "적극적인 역할"을 수행하고 있었다. 하지만 이것은 자신이 직면하고 있는 핵심문제, 즉 자신과 "노동운동"의 결합의 조건과 시기라는 문제를 제기하였다.[156]

---

154) Ibid., pp. 306-10.

155) Ibid., p. 311. 다음과 같은 변형들도 목록에 올랐다. "지배적인 자유주의적 무정부주의, 또한 트로츠키주의, 무정부주의적 조합주의, 게바라주의, 중국문화혁명의 이데올로기".

이 단계에서 알튀세르는 각국 공산당들과 학생들 및 젊은 지식인들 양자간의 "접촉"의 결여——5월 이전에 존재했던 사태——를 지적했다. 이런저런 원인들을 지적한 뒤, 그는 알제리 전쟁과 (중국공산당의 "분열주의적 구호들"을 포함하여) 문화혁명의 충격을 인용하고 더 깊은 연구를 권장하였다. 그의 주된 논지는, 결과적으로 청년들은 쁘띠부르조아 좌익주의의 유혹에 빠졌다는 점이었다. 레닌을 원용하면서, 그는 5월사태에 대한 세밀한 분석과 학생들에 대한 끈기있는 교육 양자를 결합하는 교정전략을 촉구했고 이를 통해 학생들로 하여금 자신들의 공상적 방식의 오류를 인식하도록 해야 한다고 주장했다. 이렇게 계몽된다면, 학생들은 기꺼이 "근로계급과 연대할 것이며, 혁명투쟁에서 노동자계급의 지도……원리를 인정할 것"이다.[157] 알튀세르의 편지는 5월사태가 "나치즘에 대한 저항과 승리 이래 서유럽 역사에서 가장 의미있는 사건"[158]이라고 묘사하는 것으로 끝맺었다.

알튀세르의 분석에 대해 논평하기에 앞서, 「'5월의 학생사태'에 관한 미셸 베레의 논문에 대하여」(1969년 6월 『라 팡세』에 발표)에 관해 몇 가지 언급을 해두어야 한다. 랑시에르가 알튀세르에 대해 공격하는 중에, 두 개의 단편적 글들(둘다 3월 15일자) 사이에 있는 어조상의 차이를 지적하고 있는 것은 타당하다.[159] 비록 앞의 논문이 5월은

156) Ibid., pp. 312-15.

157) Ibid., pp. 316-19.

158) Ibid., Ibid., p. 320.

159) *La Leçon d'Althusser*, p. 136. 랑시에르는 이것을 하나는 외부적 사용을 목적으로 한 것이고, 다른 하나는 내부적 사용을 목적으로 한 것이라는 사실로 설명한다. 사정이 그렇게 간단하지는 않을 것이다. *Deux Mille Ans de Bonheur*(p. 368)에서 마치오키는, 프랑스공산당을 통해 이탈리아 공산당의 압력을 받은 알튀세르가 그녀의 책을 프랑스에서 출판하지 않도록 그녀를 설득하는 데 실패한 후,

일차적으로는 "프롤레타리아트의 5월" 이었다는 논지를 반복하고 있다고 하더라도, 알튀세르는 이 글에서 자신의 동료 공산당원들이 학생들을 강력히 비난하는 데 맞서서 "우리의 학생동지들" 을 변호하기 시작했다. 그는 그들이 일으킨 반란의 중요성과 진보성을 주장하였으며, 그들과의 "행동통일" 의 필요성을 강조하였고, 그의 독자들에게 레닌이 "우익주의" 보다는 "좌익주의" 를 덜 위험한 것으로 간주했다는 점을 일깨웠으며, 여러가지 역사적 이유들 때문에 많은 학생들이 프랑스공산당을 의심하고 있다고 베레에게 충고하였다.[160] 그들의 행동은 "때로는 모험주의적이지만, 용감하고 영웅적이기까지"[161] 하였다고 그는 썼다. 비록 학생들이 자신들의 "오류" 때문에 비판받아야 할지라도, 공산당의 역할이라는 점에서는 당은 현재에도 여전한 이들과의 "접촉의 결여" 의 원인들을 철저히 분석하고, 필요하다면 자신의 오류들을 인정하고 정정하는 데 주저하지 말아야 한다.[162]

이 이탈리아어 편지에 대해, 그것의 프랑스어로 번역된 글에서 몇 가지 함축적인 수정들을 가하기는 했어도, 알튀세르가 쓴 68년 5월 분석에 대한 평가는 부정적이었음에 틀림없다. 5월의 긍정적 중요성을 그가 인정한 것은, 프랑스공산당이 가능한 한 빨리 그 위기(와 자신의 정치적 권위에 대해 위기가 수반한 도전)에서 벗어나서 평소와 같이 인민전선 사업으로 돌아가기를 희망했던 것에 비한다면 확실히 칭찬할만하다.

최종 순간에 이 책의 프랑스어판으로부터 자신의 편지들을 철회하였다고 주장한다.

160) "A Propos de l'Article de Michel Verret sur 'Mai Etudiant'", pp. 4, 6–7, 10 n. 3, 12–13.

161) Ibid., p. 11.

162) Ibid., pp. 12–13.

그러나 바로 이 점에서 "불일치"가 존재한다. 알튀세르 자신의 의견은 "나치즘에 대한 저항과 승리 이래 서유럽 역사에서 가장 의미있는" 것이라고 특징지은 사건과 거의 보조를 함께하지 않는다. 알튀세르의 의견은 프랑스공산당의 역할을 추상하고 있기 때문에, "구체적인 분석"으로서 기술될 수 없다. 자신이 속해있는 당의 문서나 총파업의 경과에 대한 어떤 논의도 배제한 채 학생운동의 행동에만 초점을 맞추고 있다는 점에서, 알튀세르의 분석은 "학생의 5월"을 적절하게도 부정적으로 다룸으로써 오히려 그 우위성을 복권시키는 역설적 효과를 지닌다. 「학생문제」에서 그는 레닌의 입장에 따라, 공산당은 "노동조합과……동일한 수준에 있어서는 안되며, 이것에 앞서 나아가야만 한다"[163] 고 주장하였다. 5월에 프랑스공산당은 노동총동맹과 똑같은 상태에 있었다. 그리고 두 조직 모두는 근로계급의 여러 분파들보다――심지어 즉각적인 경제적 요구들의 수준에서조차――뒤처져 있었다. 알튀세르가 학생들의 "꿈"과 노동자들의 "요구" 사이의 불일치를 환기시키고 노동자들의 요구를 준거로 공산당 조직들의 역할을 암암리에 면제시킴으로써, 〔그것들의〕 역사적 지위를 전도시킨 것은 바로 그 자신이었다. 프랑스공산당과 노동총동맹은 총파업을 지켜내기 위해 할 수 있는 모든 일을 다 했으며, 총파업은 경제주의적 방식으로 근 한달간 지속되다가 5월 27일 그르넬(Grenelle) 협정에 응함으로써 갑자기 중단되었다. 오로지 평조합원들만이 이 협정을 거부했다. 초기 편지들 중 하나에서 알튀세르가 암시하듯이, 학생들과 대다수 노동자계급의 전망을 한편으로 하고, 프랑스공산당과 노동총동맹의 전망을 다른 한편으로 해서 실제적인 불일치가 존재했다. 알튀세르의 이같은 지적이 정확하였을지라도, 혁명적 정치정당이 천만 노동자들을 즉각 작업장으로 돌려보내야 한다고 확신한 것에 "대중노선"의 주창자가

163) "Problomes Etudiants", p. 110.

수긍하는 기이한 광경은 눈길을 끌만한 것이다. 객관적으로 유리한 정세가 언제 획득되는가를 알아내는 것을 제외한다면, 그리고 그것에 따라 적절하게 행동하는 것을 제외한다면, 맑스주의 이론으로 무장한 혁명정당의 **존재이유**가 달리 또 무엇이 있을 것인가?

알튀세르의 분석의 순진함은 바로 이 점, 즉 그가 모든 반대증거를 무릅쓰고 프랑스공산당이 여전히 이러한 정당이라고 가정한 점에 있었다. 일부 학생들이 극좌파에 미혹되었다고 한다면, 프랑스공산당은 노동자계급의 확실히 보다 더 선진적인 부분이 그들의 부동성을 내몰아버리도록 강제하기 전까지는 아류-카우츠키주의적이었으며, 그 이후 카우츠키주의적인 것으로 되었다. "융합"은 진정코 발생하지 않았다. 그러나 부르조아 정당들과 경쟁적으로 학생들을 비난하던 프랑스공산당이 그런 융합의 가능성을 거듭 거부하고자 했다는 사실을 알튀세르가 주목했던 것인지도 모른다. 5월이 혁명적 상황이었는지의 여부 혹은 혁명 직전의 상황이었는지의 여부의 문제는 여전히 논쟁거리다. 프랑스공산당이 프랑스 사회질서와 이에 대해 밑으로부터 총론하는 대중운동(들) 사이에 자신을 끼워넣었으며 그럼으로써 도전이 더이상 발전하는 것을 막았다는 것은 아니다.[164] 학생들이 골몰한 그런 전위주의적 환상들의 기원은 엄밀하게 말하자면, 알튀세르가 프랑스공산당에 기묘하게 계속 부여하고자 했던 전위의 역할을 그 당이 포기해버린 데 있었다. 프랑스공산당은 한때 혁명을 이야기했었을 것이다. 그러나 도처에서 혁명이 "운위되던" 1968에, 프랑스의 노동자계급은 프랑스공산당의 대변인의 입을 통해서는 이 말을 들을 수 없었다. 알튀세르가 그 저항운동, 즉 두번째로 나타난 "서유럽 역사에서 가장 의미깊은 사건"으로 복귀하였다면, 그는 프랑스

---

164) Régis Debray, *Lettre Ouverte aux Communistes Fran ais et à Quelques Autres*, Paris 1978, pp. 142-43.

공산당이 68년 5월까지 그리고 68년 5월 동안에 어느 정도까지는 견지했던 정치적인 방향이 근거했던 계기를 밝혀낼 수 있었을지도 모른다. 5월이 그 정확한 시기는 아니었지만 그러나 "언젠가……" (기약없는 혁명) 라고 주장하는 것, 발덱 로셰, 마르셰, 조르쥬 세기(G. Séguy)가 노동자들의 경제주의에 속박되어 있었다는 아주 사소한 환상을 숨겨주는 것, 학생들이 "오류들"을 교정해야 한다고 의무를 내세우는 것——이런 것들은 5월 동안(그리고 그후)의 "구체적 상황"을 이해하지 못하도록 하기 때문에 "이론"의 미덕에 대해 아무것도 말해주지 못하는 명제들이다. 프랑스공산당은 그야말로 "사건들에 질질 끌려" 다녔으며, 사건들을 자신의 수준으로 끌어내리려 애쓰는 것으로써 이에 대응했던 것이다.

물론 이론을 비난하는 것은 이론을 부당하게 취급하는 것이다. 특정한 문제들에 대해 의견을 달리하는 방책을 제시하는 한편, 알튀세르는 사회적 역동성——프랑스 공산당은 여기에 참여하였으나 패배하는 결과에 이르렀을 뿐인데——에 관한, 프랑스공산당과 유사한 분석을 산출하기 위해서 자신의 개념목록을 이용하였다. 그리고 왜곡하였다. 발덱 로셰는 1968년 7월에, 프랑스공산당에 대해 (존재하지 않는) "다음번"을 기대한 알튀세르에게 〔그 기대의〕 어리석음을 깨우쳐주었을 것이 틀림없는 한 논문에서, "우리가 목을 잘리지는 않았다"고 자신의 중앙위원회에게 축하의 인사를 했다. 알튀세르는 "그가 간절히 원하였던 반란과 이것의 실제 모습의 틈새에 끼인 채, 바로 5월이 한창일 때 병들었다"[165] 고 마치오키는 쓰고 있다. 아마도 과장된 것이겠지만, 그럼에도 불구하고 이러한 논평은 그의 입장의 모순성, 그후 더욱 악화된 모순성을 잘 파악하고 있다. 알튀세르의 맑스주의와 68년 5월, 이것은 어설픈 해후였다.

165) *Deux Mille Ans de Bonheur*, p. 359.

1968년 랑시에르에게는 알튀세르주의가 "질서의 철학"이며 끝나버린 바리케이드의 밤이었던 것으로 보였다. 1968년 이전에 알튀세르는 자신의 "이단성"을 "정통성"의 뒤에 감추었으나, 5월 이후에는 그 반대였다.[166] 모든 마오주의자가 이렇게 보고 있지는 않았다는 사실은, 알튀세르를 여전히 추종하는 자들을 깨우칠 목적으로 쓴 랑시에르의 책에서 충분히 증명된다.[167] 그럼에도 불구하고 옛 제자들과 다른 사람들에게 알튀세르는 잃어버린 지도자였다. 이데올로기적으로 심오하게 변형된 5월로부터 등장하여, 곧 **프롤레타리아 좌파**(Gauche Prolétarienne)를 조직하기 위해 다른 좌파 경향들과 통합할 준비를 하고 있던, UJC의 지도자들은 이후 프랑스공산당에서 그를 떼어내려는 시도를 포기하였으며, 대신 파리의 다른 **거장 사상가들**(사르트르, 푸코 등)과의 비공식적인 동맹을 추구하려고 했다. 우리가 제6장에서 살펴볼 것처럼, 68년 5월의 극좌주의적 귀결은 결국 전체 프랑스 좌익에게 해악을 끼쳤음이 드러날 것이다. 10년 후에 알튀세르는 프랑스공산당의 1968년의 행태에 대해 다음과 같이 비난하였다. "당은 고의적으로 자신을 학생들과 쁘띠부르조아 대중들로부터 분리시켰다. **왜냐하면 당은 그들을 통제할 수 없었기 때문이다.** 그래서 당은 근로계급에게 그들의 행동을 물질적 요구에 제한하도록 압력을 가했다."[168] 그러나 이 비난은 너무나 사소하고도 너무나 늦은 것이었다.

---

166) *La Leçon d'Althusser*, pp. 9–10, 136–37.

167) 흥미롭게도 1978년에 알튀세르 자신이 이것을 아주 정직하고 여러가지 점에서 현명한 것으로 묘사했다("Statt eines Vorworts : Vier Fragen an Louis Althusser", *Die Krise des Marxismus*, Hamburg 1978, p. 8).

168) *Ce qui ne peut plus durer dans le parti communiste*, Paris 1978, p. 112.

「모순과 중층결정」에서 이론화된 "단절적 통일"은 1968년에 프랑스에서 거의 통용되기에 이르렀다. 단지 그것을 이론화한 사람만이 거부하였을 뿐이다. 1945년 이래 "서유럽 역사에서 가장 중요한 사건"은 알튀세르가 정치적으로 부족했다는 것을 드러내주었다. 이후 당의 국내 전망에 공식적으로 충성한 알튀세르는, 마오주의에 따라 『맑스를 위하여』와 『자본론 읽기』를 정정하고 인민공화국의 발전에 그의 정치적 희망을 거는 것으로써 자신의 혁명적 신임장을 보존하였다. 이전까지는 공산당원 우파로부터 그가 받았던 것과 똑같은 비판을 68년 5월 이후에는 맑스주의 좌파로부터 받게 된 알튀세르는 자신의 체계의 중심적 측면들을 취소하였다. 새로운 종합 대신에 그는 본질적으로 상황에 대한 단편들이라고 할 수 있는 것을 제출하였다. 이 단편들에서는 그의 초기 저작의 의심스러운 구성요소들과 중국에 관한 산만한 사실들의 충실한 재생이 두드러졌다. 계급투쟁을 더욱 장려하는 수식어들을 사용하여, 그는 맑스주의 철학과 역사적 유물론에 대한 1962~65년의 매우 복잡한 원래의 해석들에서 1968~74년의 도식적인 맑스-레닌주의로 물러났다. 변증법적 유물론을 "철학의 새로운 실천"으로, 역사적 유물론을 역사에 관한 "혁명적 과학"으로 재개념화한 것은, 인식론의 포기 및 이론적 반인간주의의 유보와 결합되었으며, 결국 불모화로 귀결되었을 뿐만 아니라 알튀세르의 맑스주의의 이후의 운명에 치명적인 비일관성을 낳았다. 『존 루이스에 대한 답변』이 포함된 팜플렛——「이론총서란 무엇인가?」——을 『이론』 총서의 당초의 계획과 비교한다는 것은 8년 동안 여행한 거리를 측정한다는 의미가 된다. "계속 전진하라!"고 이것은 선언한다. 이로부터 14년이 지난 오늘날, 알튀세르의 이 발전단계는 더욱 잘 요약될 수도 있을 것이다. 한걸음 앞으로, 두걸음 뒤로였다고.

1968년 6월 드골이 선거에서 승리를 거둔 두 달 후, 1945년 이래

"동유럽" 역사에서 가장 중대한 하나의 사건이 발생하였다. 8월 20일과 21일 소련을 비롯한 바르샤바조약 가입국들이 "인간의 얼굴을 한 사회주의"를 근절하기 위하여 체코슬로바키아를 침공하였다. 이 과정에서 동유럽에서 탈스탈린주의화가 이루어졌다. 무분별한 반대로 프랑스공산당에서 축출당한 가로디와는 대조적으로, 알튀세르는 침묵을 지켰다. 거의 4년의 공백기가 지나고 나서야, 그는 자신의 독자들에게 "모든 공산당원은 체코 인민의 민족적 대중운동에 경의를 표하고……지지해야 한다"[169]고 충고한다. 5월 사태와 8월 사태에 대한 알튀세르의 당시의 침묵은 갖가지 의혹들을 생겨나게 했다. 그는 새로운 카우츠키, 아니 플레하노프였는가? 혹은 마오였는가? 아니면 스탈린이었는가?

169) ES-C, p. 77.

5
스탈린주의의 문제들

내 목표는……스탈린주의에 대한 최초의 좌익적 비판을 시작하는 것이었다……

루이 알튀세르, 1975

『존 루이스에 대한 답변』(*Reply to John Lewis*)에서 알튀세르는 최종적으로 자신의 계획을 공개했다. 지지자들은 거의 없었다. 이 『답변』은 처음에 프랑스 마오주의자들로부터는 환호를 받았지만 다른 곳에서는 지지를 받지 못했으며, 그것의 평판은 해가 갈수록 떨어졌다.[1)]

---

1) 특히 Lucio Colletti, "A Political and Philophical Interview", *New Left Review*(ed.), *Western Marxism : A Critical Reader*, London 1977, p. 334 ; Sebastiano Timpanaro, *On Materialism*, London 1980, p. 224 n. 40 ; Alex Callinicos, *Althusser's Marxism*, London 1976, pp. 92-94와 *Is There A Future For Marxism?*, London 1982, p. 78 ; Valentino Gerratana, "Althusser and Stalinism", *New Left Review* 101-02, 1977 ; E. P. Thompson,

이와는 대조적으로, 알튀세르의 제자인 그레이엄 로크는 『답변』의 1976년도 영어판 서문에서 다른 저작과 관련하여 볼 때 이 글이 "스탈린 시기에 대한 진정으로 새로운 이론을 형성하도록 해준다"[2] 고 언급했다. 알튀세르의 저작들이 상이한 수준들에서 그리고 종종 간접적으로, 제20차 당대회에서 제기된 안건 및 이 안건의 흐루시초프적 및 마오주의적 추이들과 관련되어 있다는 점은 명확하다. 그리고 알튀세르의 포부 중의 하나가 "스탈린 시기"에 대한 해명과 비판에 기여하는 것이었다는 점은 이 제5장 첫머리의 제사(題辭)뿐만 아니라 「모순과 중층결정」 이후 그런 프로젝트에 대한 반복된 언급으로도 입증된다. 그러나 알튀세르 자신에 의한 한층 진전된 논의는 구체화되지 않았다. 이 주제에 관한 그의 견해를 반영한 가장 오래된 출판물은 1972년에 씌어진 「'개인숭배 비판'에 관한 노트」(16페이지)로서, 이것은 『존 루이스에 대한 답변』 프랑스어판의 부록으로 첨부되었다. 알튀세르의 비판의 윤곽을 알아보기 위해서는 바로 이 텍스트를 참조해야 한다. 이 글에서 알튀세르는 부르조아 진영——그리고 트로츠키주의 진영——에서 유행하는 **"우익적 비판"**에 **"좌익적 비판"**을 대치시키고, 이러한 좌익적 비판이 "스탈린주의의 근본적인 역사적 원인, 즉 소련에서의 상부구조와 생산관계 그리고 그에 따른 계급관계의 상태와 계급투쟁에 관한 진지한 탐구"[3]를 통해서 스탈린주의를 해명해줄 것이라고 본다. 알튀세르 자신이 직접 그러한 분석을

The Poverty of Theory, London 1980, p. 111를 보라. 마오주의자들조차 그들의 반응에 따라 분열되었다——알튀세르의 텍스트와 필립 솔레르에 의해 자극받은 랑시에르의 책을 참조하라. 솔레르는 영향력 있는(그리고 철없이 친중국적인) 『텔켈』(*Tel Quel*)의 편집자로서, 그 책을 "붉은 책"이라고 부르고 있다(*Sur Le Materialisme*, Paris 1974, pp. 140-01n.).

2) ES-C, p. 6.

3) Ibid., p. 82.

하지는 않지만, 그가 제안한 내용 자체가 그 분석이 취할 윤곽에 대해 낙관론의 여지를 거의 남겨두지 않는다. 그가 제시한 비판적 분석의 요소들은 스탈린주의의 "미완의 역사"에 대한 모호한 전망이다. 이러한 주장의 내용 검토와 설명이 이 장의 목적이다.

스탈린주의에 관한 새로운 이론?

『존 루이스에 대한 답변』에서 제기된 테제들은 엄격히 말해서 **스탈린주의**에 관한 새로운 이론을 형성한다고는 할 수 없다. 이유는 간단하다. 알튀세르는 스탈린주의라는 용어를 비맑스주의적이라고 하여 기피하기 때문이다. "개인숭배"와 마찬가지로, 이 용어는 이론적으로 공허하다. 그것은 "어떤 **현실**을 가리키기는" 하지만, "아무것도 **설명**하지는 않는다". 대안으로서, 그는 적절한 레닌주의적 개념, "**'스탈린적' 편향**"[4] 이라는 개념을 제시한다.

본격적인 논의를 시작하기 전에, 우리는 1956년 흐루시초프에 의해 개진되고 그후 대다수 공산당들이 채택한 범주들(특히 "숭배"와 같은 "사이비 개념"[5])에 대한 알튀세르의 경멸이, 그가 생각하듯 그렇게 독창적이지는 않다는 점을 지적해야 한다. 사르트르는 자신의 마지막 주요 정치적 에세이 「체코슬로바키아 : 냉전으로부터 도래한 사회주의」(1970)에서 흐루시초프의 "희-비극적인 연설"에 대해, "하나의 사상도, 하나의 분석도, 하나의 해석의 시도조차"[6] 담고 있지 않다고 언급했다.

4) Ibid., p. 81 and n.

5) Ibid., p. 80.

6) *Between Existentialism and Marxism*, London 1983, pp. 101-02.

1956년에 이미 사르트르는 소련공산당의 지도자들이 단지 "흰 가면 대신에 검은 가면으로 바꾸었으며 개인숭배에서 벗어나지 못했다"[7]고 썼다. 따라서 1970년대까지 기다리지 않고도, 프랑스 맑스주의 내부로부터 소련 역사의 유물론적 분석에 대한 요구가 있었고, 또 그 과제에 착수한 시도(분량면에서 알튀세르의 시도가 소규모적인 것에 비하면 대규모적인 시도)가 이미 이루어졌다. 그것은 결국에는 포기된 사르트르의 『변증법적 이성 비판』 제2권[8]이었다. 물론 사르트르만이 아니다. 넓게 말해서 1956년 이후 맑스주의 문화권 안에는 소련공산당의 입장에 도전하는 네 가지 분석경향이 있었다. 세 가지는 공산주의적인 것으로, 제20차 당대회와 같은 시기의 것이다. 즉 ①톨리아티의 1956년 『새로운 논쟁』(*Nuovi Argomenti*)과의 유명한 '인터뷰'에 담긴 견해[9], ②중국공산당의 『프롤레타리아 독재의 역사적 경험』(1956)과 「스탈린 문제에 관하여」(1963), ③유럽 전역에서 반향을 불러일으킨(그리고 영국에서는 무엇보다도 톰슨과 연계된) 사회주의-인간주의적 비판이 그것들이다. 네번째 것은 스탈린주의 자체와 동시대적인 것이지만, 1970년대 유로코뮤니즘의 절정기까지 지속된 국제 공산주의운동 안에서 이단적인 견해로서, 트로츠키와 그의 추종자들이 독재자와 그의 후계자들에 대한 정치적 반대 속에서 발전시킨 것이다.

알튀세르는 초기유로코뮤니즘 및 마오주의적 분석에 대해서는 논의

7) *The Spectre of Stalin*, London 1969, p. 84.

8) *Critique de la Raison Dialectique II*, Paris 1985 참조. 이 책의 한 부가 영국에서 "Socialism in One Country" (*New Left Review* 100, 1976-77)로 출판되었다.

9) 알튀세르와 마찬가지로 톨리아티는 "개인숭배에 관하여" "우리는 맑스주의에 고유한 판단기준을 갖고 있지 않다"고 믿으면서, "포괄적인 정치적, 역사적 분석이라는 어려운 과제"를 호소했다(*On Gramsci and Other Writings*, London 1979, pp. 139, 141).

는커녕 언급조차 하지 않는다. 인간주의적 전통과 트로츠키주의적 전통에 대한 그의 공공연한 적대와는 대조되는 침묵이다. 인간주의에 대한 알튀세르의 고고한 기각은 제1장에서 논의되었다. 『존 루이스에 대한 답변』의 한 가지 특징은 "반공주의적 부르조아 이론과……트로츠키주의의 '반스탈린주의적' 이론"을 함께 묶어서 처리했다는 점이다. 실제로 후자는 "우익적" 비판과 "비난"의 범주로 같이 분류된다. 좌익적 비판의 부재, 즉 이 필수적인 분석을 흐루시초프의 고발로 대체한 것은 "가장 극단적인 부르조아 반공주의와 트로츠키주의적 반스탈린주의에……특정한 역사적 논거를 제공해준다는 것이다. 이 논거로 그것들은 정당성과, 새로운 원기와, 새로운 생명을 얻는다".[10] 이런 정서는 알튀세르의 자연스러운 청중들이었던 프랑스 공산주의자들 및 마오주의자들 사이에 저항없이 받아들여졌을 것이기 때문에, 아마 알튀세르는 자신의 비판대상이었던 현상들을 상기시키는, 연상에 의한 단죄의 전술에 해당하는 이런 주장을 정당화할 아무런 의무감도 느끼지 않았을 것이다. 알튀세르가 이전의 맑스주의적 분석——공산주의자들의 것이든 비공산주의자들의 것이든——을 무시하거나 비난한다는 점에 주목할 때, 이제 우리는 그가 오웰과 흐루시초프 및 트로츠키에 대한 대안으로서 무엇을 제시하는지를 탐구할 수 있다.

알튀세르는 『맑스를 위하여』에서 사회구성체의 구조에 대한 재개념화를 통해 스탈린 치하의 소련을 "사회주의적 하부구조"와 왜곡된 상부구조 사이의 탈구라는 용어로 특징지을 수 있었다.[11] 1972년에 그는

10) ES-C, pp. 82-83.

11) "Marxism and Humanism", FM, p. 240 참조. 흥미롭게도 이 에세이는 1963년 12월 *La Nouvelle Critique*에서 베레(M. Verret)의 "Remarques sur le Culte de la Personnalite"의 출판을 계기로 유발되고 베스, 코엥, 프레보, 세브, 시몽 등

다음과 같은 가설을 과감히 제시했다.

> 1. 국제 공산주의운동은 1930년대 이래, 각 나라들과 조직들에서 상이한 정도와 상이한 방식으로, 잠정적으로 '스탈린주의적 편향'이라 부를 수 있는 **단일한** 편향의 결과들에 의해 영향을 받아왔다.
>
> 2. 사태를 균형 속에 잘 보존하는 것, 즉 본질적인 구별들을 고려하는 것, 그러나 그럼에도 불구하고 가장 명백한 현상들을 넘어서는 것. 이런 현상들은 매우 심각한 성격을 지니고 있음에도 불구하고 역사적으로 부차적이다. 이런 현상들과 관련하여 나는 공산당들 속에서 일반적으로 '개인숭배'와 '교조주의'의 표제하에 분류되는 것들을 염두에 두고 있다. 스탈린주의적 편향은 제2인터내셔널의 사후복수의 한 형태(전세계적 계급투쟁의 상태, 유일한 사회주의 국가의 존재, 볼셰비키당에 의해 장악된 국가권력에 의해 변환된 하나의 특수한 형태)로서, 그 주요 경향의 부활로 간주될 수 있다.
>
> 3. 이 주요 경향은……기본적으로 경제주의적인 것이었다.[12]

유보조건들을 달고 있기는 하지만, 이 가설들은 세 가지 명확한 명제를 담고 있다. 즉 1930년대에 시작되는 편향에 대한 국제 공산주의 운동사의 관계, 이 편향을 제2인터내셔널의 한 유산으로 동정(同定)하는 것, 이것을 경제주의로 특정화하는 것이 그것이다. 이것들이 스탈린주의에 대한 좌익적 비판을 기초짓는 것으로서 제시된다. 이 명제들에 따르면, 스탈린주의는 경제주의-인간주의(대략적으로 말하자면, 공산주의로의 이행의 "원동력"으로서 생산력의 우위, "전인민의 국가"를 말하면서

의 기고들을 포함한——알튀세르주의자들은 개입하지 않았다——프랑스공산당 내에서의 논쟁을 언급하지 않았다.

12) ES-C, p. 89.

프롤레타리아 독재를 폐기하는 것)에 의한 **맑스-레닌주의**(대략적으로 말하자면, 공산주의로의 이행의 "원동력"으로서 프롤레타리아 독재하에서 생산관계와 계급투쟁의 우위)의 대체로 특징지어진다. 그리하여 스탈린주의는 레닌주의적 정통——여기서 사회주의는 자본주의 생산양식과 공산주의 생산양식의 모순적 복합체를 포함하는 이행기적 사회구성체로 간주되었다——으로부터 스탈린과 볼셰비키당의 이탈과 그리고 그들의 멘셰비키적 전통——여기서 사회주의는 그 도래가 보증되어 있고 자기발전을 통해 자신에 고유하게 조응하는 상부구조를 창출할 "안정적인" 생산양식이었다——의 섭취 등과 연관지어졌다. 멘셰비즘으로의 회귀로서 스탈린주의는 맑스주의의 **재헤겔주의화**——"전도된" 이성의 간지[13]——를 표상했다.

더욱이 이 사회-민주주의적인 이론적-정치적 앙상블은 제3인터내셔널에 덧씌어졌다. 그리고 함축적으로, 만약 스탈린주의가 제2인터내셔널의 사후복수를 표상했다면, 흐루시초프주의, 브레즈네프주의 및 포스트스탈린주의적 공산주의는 **스탈린주의**의 사후복수——스탈린주의의 변형

13) "Contradiction and Overdetermination", FM, pp. 107-08을 보라. 사회주의에 대한 알튀세르의 관점의 원천은 레닌의 "Economics and Politics in the Era of the Dictatorship of the Proletariat" (1919), *Collected Works*, Vol. 30, Moscow 1965이다. 특히 pp. 107-08, 115를 보라. 그것은 발리바르의 *On the Dictatorship of the Proletariat* (1976), London 1977에서 더욱 상세히 꼼꼼하게 독해되고 탁월하게 논증된다. 발리바르에 따르면, 이 책은 원래는 알튀세르와의 공동작업으로 계획되었던 것이다. 그러나 알튀세르의 병으로 인해 자기 혼자만의 작업이 되었다(Interview, Paris, June 1985).

New Left Books에 제안된 『존 루이스에 대한 답변』의 원래 제목은 「마오의 계급투쟁이여 영원하라!」였다. *New Left Review* 자신의 마오주의와의 유희는 최근에 종결되었고, 제안은 거부되었다.

된 형태로의 존속, 그러므로 맑스주의 속으로의 부르조아 이데올로기의 지속적인 침투[14]——를 표상했다. 알튀세르의 첫 결론은 심각하다.

> 이 점과 마찬가지로, 매우 놀랍게 보이겠지만, 노동운동의 전역사와 레닌의 테제들은 그러한 사실을 목도해왔다. 맑스주의 자체는 특정한 상황에서는 **부르조아적 관점**에서 고려되고 다루어지고 **심지어 실천될** 수 있다. 맑스주의를 아카데미적 부르조아 사회학으로 환원시키는 '공론적 맑스주의자들', '지배이데올로기의 기능전달자'에 지나지 않는 '공론적 맑스주의자들'에 의해서뿐만 아니라, 노동운동의 분파들과 그 지도자들에 의해서도 그렇다.[15]

그러나 만약 제2, 제3인터내셔널의 맑스주의와 스탈린 시기의 "노선"이 "**생산관계와 계급투쟁의 거세**"[16]로 특징지어진다 하더라도, 스탈린도, 더구나 제3인터내셔널도 이 "편향"으로 환원될 수는 없다. 스탈린에게는 "다른 역사적인 공적"이 있었다. "임박한 '세계혁명'에 대한 기적적인 관념의 폐기와 일국에서 '사회주의 건설'에 착수한 것"이 그것이다. 결과적으로 스탈린 덕택에 공산주의자들은 스탈린그라드를 볼 수 있었고 **레닌주의의 원리**가 존재한다는 것을 알 수 있었다.[17]

당분간은, 종종 언급되듯이 스탈린이 이 "원리"들을 준수하기보다는 침해해왔다는 사실은 무시하기로 하자. 이 평가의 두 측면, 즉 정치적인 면과 이론적인 면이 부각된다. 첫째로 게라타나(V. Gerratana)가 관찰한 대로, "좌익적 비판"을 통해 알튀세르는 스탈린 자신이 주장한

---

14) ES-C, pp. 83ff.

15) Ibid., p. 87.

16) Ibid., p. 88.

17) Ibid., p. 91.

몇 가지 공적을 스탈린에게 돌려주는 데 성공한다.[18] 둘째로 한 맑스주의적 설명으로서 알튀세르의 에세이는 그것과는 다른 어떤 곳에 이른다. 로크의 주장과는 달리, 이 분석틀은 거대한 이론적인 도약을 용이하게 하지 않는다. 그것이 초래하는 것은 복잡한 역사를 단순한 이론으로 환원시키는 것이다. 즉 스탈린주의는, 랑시에르가 관찰한 대로, "경제주의의 술어로, 경제주의/인간주의이라는 이데올로기 쌍의 역사적 출현형태"[19]로 전환된다. 알튀세르는 "편향" (그가 확인했던 편향의 가능성에 대한 이론적 조건) 에 대한 자신의 비난은 그것이 포괄한 정치와 실천들도 동시에 겨냥한 것이라고 명확히 답했을 것이다.[20] 그러나 이것은 충분하지 않을 것이다. 알튀세르가 그런 현실을 논의하는 한, 그의 말은 애매한 것, 종종 변호론적인 것으로 되는 경향이 있다. 더욱이 기존의 모든 가치있는 비판에 이의를 제기하고 자신의 맑스주의를 명예롭게 하기 위한 역량을 키우면서 그 비판을 개선하려는 자신의 야망을 이야기하는 맑스주의자는, 확실히 시간이나 공간이 없다는 이유를 내세우지 않으면서 그 주제와 맞붙어야 할 일정한 의무를 지고 있다. 우리가 계속해나가야 할 모든 것은 알튀세르가 우리에게 준 것이다. 그가 잊고 포함시키기지 못한 것을 간과했다는 이유로 독자들이 비난받을 수는 없다.

다음과 같은 질문이 제기된다. 알튀세르는 어떻게 1972년에 이것을 스탈린주의에 대한 자신의 분석으로서, 그리고 오래 기다려온 진정으로 맑스주의적인 좌익적 비판으로서 제시할 수 있었는가? 이 일은 가능한

18) "Althusser and Stalinism", pp. 116-17을 보라.

19) *La Leçon d'Althusser*, p. 183

20) 그의 *La Philosophie sans Feinte*, Paris 1982에 리프린트된 글에서 르쿠르가 답했다. pp. 125-26n을 보라.

해답이 손에 잡힐 듯 가까이——그의 「노트」 말미에 전개된 가설 속에——있도록 그렇게 일어났다.

> 과거 40년 혹은 그 이상의 전역사를 돌아보면, 내게는…… '스탈린적 편향'의 근본적인 것에 대한 역사적으로 존재하는 유일한 (좌익적) '비판'은……중국혁명의 사실들 속에, 투쟁들 속에, 노선과 실천과 원칙과 형태들 속에 존재한 구체적 비판인 것으로 보인다. 조용한 비판, 이것이 자신을 드러내는 방식은 그 행동을 통해서, 대장정과 문화혁명과 그 귀결에까지 이르는 중국혁명의 정치적 및 이데올로기 투쟁의 결과를 통해서다. 멀리서부터의 비판, 무대 뒤로부터의 비판. 보다 근접하여 관찰되고 해석되는 것. 더욱이 모순적인——그것은 단지 행동과 텍스트 사이의 불균형 때문이지만——비판. 여하튼 그러나 교훈을 주는 비판, 우리가 가설들을 검증할 수 있도록 도와주는, 즉 우리가 우리 자신의 역사를 보다 명확히 파악하도록 도와주는 비판……

그리고 그는 이렇게 결론짓는다.

> 내가……희미하게라도 이러한 역사적 투쟁을 반영하고 이 투쟁들의 이데올로기적 효과들 배후에서 몇 가지 현실적 문제의 존재를 지적할 수 있었다면, 공산주의 철학자에게 이것은 단지 그의 의무〔를 수행한 것〕일 뿐이다.[21]

이 구절은 알튀세르의 저작과 스탈린주의 사이의 관계를 이해하는 열쇠가 알튀세르의 저작과 마오주의 사이의 관계에 있다는 것을 지시한다. 제1장에서는, 1960년대초 소련이 지배하는 국제 공산주의운동으로부

21) ES-C, pp. 92-93.

터 중국공산당의 이탈로 귀결되는 몇 가지 사건과 논쟁을 추적하면서, 알튀세르가 소련공산당과 프랑스공산당에 반대하면서 중국의 노선에 은밀히 공감했다는 점을 지적했다. 알튀세르의 맑스주의의 이론적 내용은 국제 공산주의운동의 이러한 정치적 분열로부터 영향받았다. 그리고 제4장에서는 1967~72년 사이의 알튀세르의 자아비판이 문화혁명——그가 열정적으로 이론적 및 정치적 분석을 한 사건——에서 유래하는 마오주의적 주제들로부터 많은 영감을 받았다는 점이 논증되었다. 이 점과 관련하여 알튀세르의 정치의 모호함의 기원은 바로 다음과 같은 믿음에 있다. 즉 그는 대장정에서 문화혁명에 이르는 중국혁명이 소련의 스탈린주의적 및 포스트 스탈린주의적 정권보다 명백히 우월한 사회주의적 "발전" 모델과 민주주의 모델을 제공하며, 따라서 그것에 대한 내재적 비판일 수 있으며 레닌주의적 정통의 진정한 체현자라고 믿었다. 알튀세르가 소비에트적 경험에 대한 이론적 비판을 기초짓기 위해 제시한 역사적 기록은 그가 생각했던 것보다 그다지 명백하지 않았을 뿐 아니라, 그는(다른 많은 이들도) 자신의 고지식함으로 말미암아 "(그들) 자신의 역사를 더 명확히 보지" 못하기도 했다. 알튀세르가 스탈린에 대한 중국공산당의 공식입장으로부터 거리를 두려했음("행동과 텍스트 사이의 불균형")에도 불구하고, 『존 루이스에 대한 답변』은 마오주의적 기원의 흔적을 지니고 있다. 알튀세르는 중국공산당을 레닌주의의 현대적인 표준적 담지자로 간주하면서, 중국의 경험을 잘못 판단했다. 그는 스탈린주의를 애매하게 평가했으며, 자신의 지적 프로젝트를 공산주의 역사의 초기 에피소드들로 다시 연관짓는 맑스-레닌주의적 정통을 세웠다. 그리하여 그는 프랑스공산당 내에서 융화될 수 없는 입장에 처하게 되었다.

스탈린주의에 대한 좌익적 비판

스탈린에 대한 중국공산당의 입장을 "모호한" 것으로 특징짓는 것[22]은 일종의 삼가서 말하기일 것이다. 1963년에 중국은 레닌주의적 정통의 옹호자를 자처하면서, 스탈린을 네오스탈린주의적 입장에서 옹호하고 그 후계자들에 대한 비판을 전개했다. 「스탈린 문제에 관하여」를 읽는 사람이면 누구나 확인할 수 있는 것처럼, 중국은 흐루시초프주의적 수정주의가 "스탈린에 대한 (흐루시초프의) 전면적인 부정과 불가분하게 연관되어" 있다고 주장했다. 제20차 당대회를 통해 소련공산당은 "수정주의적 노선을 받아들였"다. 이 노선의 귀결점은 소련에서 사회주의의 폐기와 자본주의의 부활이었다. 「스탈린 문제에 관하여」의 말미를 장식하고 있는 외침은 흐루시초프보다도 마오보다도 길이남을 집착을 표현했다. 즉 "맑스, 엥겔스, 레닌 그리고 스탈린의 위대한 혁명적 가르침 만세!"[23] 이것에 앞서 중국이 공개적으로든 암묵적으로든 스탈린 비판을 해왔다는 것은 사실이다.[24] 그러나 그 이후에는, 알튀세르 같은 친중국적 맑스주의자가 간주했던 것처럼, 가치있는 비스탈린주의적 행위와 친스탈린주의적 언설 사이의 불일치가 일상사로 되었다.

알튀세르 자신의 논의는 확실히 어떤 소란한 변호론도 피했다. 왜냐하면 그는 중국혁명을 스탈린주의에 대한 "구체적 비판"으로 보았으

---

22) Rancière, *La Leçon d'Althusser*, p. 109가 그렇다.

23) *The Polemic on the General Line of the International Communist Movement*, Peking 1965, pp. 131, 59-60, 138. 평결의 요약에 대해서는 pp. 118-23을 보라.

24) 스탈린류의 사회주의에 관한 "일종의 이론"에 대한 공격에 대해서는 예를 들어 *Long Live Leninism*, Peking 1960, pp. 94-95를 보라.

며, 바로 그런 것을 이론화하고자 했기 때문이다. 이 프로젝트는 적어도 1960년대말로 기원이 소급된다. 「문화혁명에 관하여」는 그것의 가장 분명한 선취다. 마치오키는 1960년대 알튀세르와의 대담에 대해 말한 바 있다. 이 대담에서 알튀세르는 소련에서 민주주의의 부재와 국가-당 융합을 지적하면서 "중국은 소련문제를 다시 제기하고 그것의 한계를 드러낸다"고 말했다. 그녀는 중국에 관한 공동저서를 쓰자는 생각이 떠올랐으며, 이런 생각의 실마리는 중국의 입장이 "스탈린주의에 대한 좌익적 비판"[25]을 대표한다는 생각이었을 것이라고 주장하고 있다. 마치오키 자신의 『혁명기 중국에서의 일상생활』(1971)은 1970~71년간의 장기간의 인민공화국 방문기다. 찬양적인 색조의 이 방문기는 좌익적 비판에 관한 장으로 결론을 맺고 있으며, 동일한 주제에 관한 알튀세르의 미간행 텍스트를 언급하고 있다.[26] 마치오키의 서술에 따라 판단하건대, 이 텍스트는 몇 년 후 『존 루이스에 대한 답변』에서 개진될 가설들의 주요 특징을 개설했다. 그러나 또 이것은 프롤레타리아 민주주의를 공통적으로 부정한다는 점에서의 스탈린주의와 흐루시초프주의 사이의 연속성을, 그리고 정확히 바로 이 점과 관련하여 스탈린주의적 모델과 중국 모델 사이의 불연속성을 보다 확고히 주장했다. 알튀세르에게 마오의 중국은 소련에서는 부정된 민주주의적 공산주의의 화신이었다.

그러므로 스탈린과 그 후계자들에 대한 중국의 판결에 알튀세르가

---

25) *Deux Mille Ans de Bonheur*, Paris 1983, pp. 330, 383, 400. 종종 그런 것과 같이, 이 프로젝트가 결과물을 내지 못한 것은 질병 때문이었던 것으로 보인다. p. 383에서 알튀세르에게 퍼붓는 지독한 논평을 참조하라.

26) *Daily Life in Revolutionary China*, New York 1973, pp. 487-91을 보라. *Deux Mille Ans*…… (p. 403)에서 마치오키는 그 책을 위한 프랑스 출판사를 찾는 데 알튀세르가 도움을 준 것을 언급하고 있다. 이와는 대조적으로 프랑스공산당은 1971년에 *Fete de lHumanite*로부터 *Daily Life*를 금지시켰다.

거리를 유지하려고 했다는 것을 발견하는 것은 놀라운 일이 아니다. 그는 독재자의 "범죄"와 "교조주의"를 인정했고 심각하게 다루었다. 그는 유고슬라비아가 "국가자본주의적"이었다는 테제를 인정했음에도 불구하고, 스탈린 이후 소련에 대해서는 동일한 테제를 공개적으로 주장하지 않았다. 하물며 중국공산당의 제9차 당대회――우수리 분쟁 이후 1969년에 열린 이 대회에서 소련은 "파시스트", "사회제국주의"로 선언되었다[27)]――에서 공개된 노선에 그가 동의하지 않았다는 것도 자명하다. 게다가 알튀세르는 "관료-독점 자본가계급"이 1956년 2월 어느날 흐루시초프의 주문에 의해 불러내어진 것이라고는 믿지 않았던 것으로 보인다. 반면에 그리고 동시에 국제 공산주의에 관한 비밀연설이 미친 효과에 대한 그의 견해는 중국공산당의 입장과 유사했다. 『맑스를 위하여』에서 그는, 진지한 이론적 작업을 다시 한번 가능하게 했다는 점에서 흐루시초프에게 일정한 공로가 있음을 인정했다. 이 점은 『존 루이스에 대한 답변』에서 반복될 것이었다.[28)] 그러나 제20차 당대회의 긍정적인 측면은 적어도 그것의 부정적인 측면, 즉 당대회가 "공산당들 내에서의 부르조아적인 이데올로기적 및 정치적 주제들"[29)]의 배양기가 되었던 것에 의해 상쇄되었다. 중국공산당이 소련과 공산주의운동에서의 스탈린 시기와 스탈린 이후 시기 사이에 총체적인 불연속성――그리고 전자에 대한 신뢰를 높이는 것――을 설정한 지점에서, 알튀세르의 입장은 더욱 복잡해졌다. 이미 지적한 바와 같이, 그는 스탈린에서 흐루시초프로

27) 알튀세르의 저작에서 유일하게 제9차 당대회를 언급하고 있는 곳은 LP, p. 106이다. 거기서 그는 국제 공산주의운동에서 오늘날의 분열을 1914년 제2인터내셔널의 위기에 비유하고 있다.

28) ES-C, pp. 74-75.

29) Ibid., p. 75. 그리고 p. 83도 보라.

이어지는, 동시에 흐루시초프의 진부한 논의에 의해 거짓임이 드러나고 그 전조가 나타난 부정적 연속성을 뚜렷이 인식했다. 그러나 그는 중국이 두 지도자들 사이에 칭찬과 비난을 배분한 것에 의해 유혹을 받았다.

알튀세르가 충분히 독자적으로 생각하여, 스탈린이 죽기 전까지 소련과 공산주의에서는 모든 게 잘되고 있었다는 터무니없는 명제를 기각했다 하더라도, 그리고 그가 스탈린주의적 유산에 대한 보다 실질적인 조사와 보다 근본적인 단절의 이름으로 소련의 공식 비판이 갖는 피상성과 그 결과로서의 부정확한 정정을 기각했다 하더라도, 이것은 그가 스탈린의 잔여 "공적"에 대한 환상으로부터 벗어나게 해주지는 않았다. 소박함은 두 가지 원천에서 유래했다. 하나는 흐루시초프와 브레즈네프하에서 서구 공산당들 사이에서 나타난 가속적인 우경화이며, 다른 하나는 하나의——**바로 그**——급진적인 단절을 대표한 나라 지도자들이 제시한 판단이었다. 달리 말하자면, 중국공산당의 영향하에서 알튀세르 역시 소련공산당의 새로운 "수정주의적" 노선과 흐루시초프의 "**전면적인**" 스탈린 "**부정**"을 일정하게 연관지은 것 같다. 일찍부터 알튀세르 주변에 유사한 가설이 퍼져 있었다는 것은 『맑스-레닌주의자 평론』을 보면 명확히 알 수 있다. 가령 UJC는 1966년 12월에 채택한 '정치결의'에서 프랑스공산당의 "반스탈린주의"를 스탈린의 "위대한 공적[과] 오류"[30] 모두를 조명해줄 필수적인 구체적 분석을 회피하는 수단이라고 비난했다.

그러나 프랑스공산당은 스탈린주의를 맑스주의적으로 분석, 평가하는 데 있어서——정치적 이유에서——무능력했는데, 이것은 알튀세르주의자들에 의해 반복될 것이었다. 그리고 이런 점에서 그들에게는 좋은 (혹은 나쁜) 동반자였다. 왜냐하면, 말할것도 없이 중국공산당 자신이

30) *Cahiers Marxistes-Léninistes* 15, 1967, p. 74를 보라.

그 자신의 역사나 국제 공산주의운동의 역사를 진지하게 고려하는 데 있어서 대단히 무능력하다는 것을 입증했기 때문이다. 공식적으로 자기 역사를 통해 스탈린에 충실하면서, 중국공산당은 그것 때문에 (다른 누구보다도) 자신이 이끈 승리한 혁명조차 오해할 운명에 처했다.—— 스탈린에도 불구하고 말이다. 도이처는 언젠가 "역사의 여신 클레이오가 크렘린에 입장허가를 받지 못했다"[31]고 진술했다. 그녀는 인민대전당에서 더이상 환영받지 못했다. 그것의 점유자를 신격화한 사람들도 정도차는 있으나 유사한 단견에 빠져버릴 운명이었다.

「프롤레타리아 독재의 역사적 경험」에 대한 중국공산당 자신의 대차대조표는 일정 정도는 알튀세르의 철학적 테제들에 의존하며, 그 댓가로 그의 허가증을 받은 한편의 서사시와도 같은 역사적 연구를 알려주었다. 샤를르 베틀렘(C. Bettelheim)의 『소련에서의 계급투쟁』이라는 저작은 1976년에 알튀세르가 소련과 공산주의운동에 관한 진정한 맑스주의적 역사책의 결핍에 대한 유일한 두 가지 예외 중의 하나로 지목했던 것이다.[32] 『존 루이스에 대한 답변』에 대한 로크의 서문은 베틀렘의 평가의 중심적 측면에 관한 유보조건을 제기한다. 로크는 생산수단 소유에 대한 베틀렘의 심각한 과소평가에서 유래하는 "국가 부르조아지" 범주를 기각하면서, 소련에서의 자본주의 부활 테제에 강한 이의를 제기했다. 그럼에도 불구하고 그는 트로츠키주의가 스탈린의 경제주의를 공유한다는 이유로 트로츠키주의에 대한 마오주의의 우월성을 암시했다. 이와는

31) *Stalin*, Harmondsworth 1982, p. 17.

32) "Unfinished History", in D. Lecourt, *Proletarian Science? The Case of Lysenko*, London 1977, p. 8 n. 2를 보라. *Class Struggles in the USSR —— First Period: 1917-1923*, Brighton 1976, p. 48 n. 2에서 베틀렘은 알튀세르의 역사유물론에 대한 반경제주의적 개작이 프랑스에서의 맑스주의의 "부활"에 가한 자극을 인정하고 있다.

대조적으로, 중국공산당은 "스탈린적 편향"과 "실천적인 단절"을 이루어냈다. 이 당의 정책은 "의식적으로 반인간주의적 및 반경제주의적"[33]이었다.

소련 역사의 해명과 관련하여 문화혁명의 "교훈"을 이용하려는 가장 진지한 시도인 베틀렘의 저작은 알튀세르주의자들의 칭송을 받을 가치가 있는가? 이론적으로는 이 저작은, 칼리니코스가 논증했듯이, 스탈린주의를 해명하고 흐루시초프 개혁기에서의 자본주의의 부활 테제를 정당화하기 위하여, 문화혁명을 촉발시키지 못했기에 자본주의의 부활로 귀결되어버린 "경제주의"가 결과되었다는 주장을 뒷받침하는 "일련의 환원, 즉 생산력의 생산관계로의, 생산관계의 상부구조로의, 상부구조의 이데올로기로의 환원"[34]을 초래한다. 정치적으로는, 랄프 밀리반드가 강조했듯이, 베틀렘의 스탈린에 대한 효과적인 변호와 흐루시초프에 대한 저주는 역사적으로 잘못되고 정치적으로 천진난만한, 레닌과 스탈린 사이의 연속성을 복원시키는 데 기여할 뿐이다.[35] 『소련에서의 계급투쟁』이 알튀세르에 의해 제기된 "진지한 연구" 프로그램의 수행과 문화혁명의 정당화 양자 모두를 추구하는 한, 그것은 좌익적 비판을 위한 일종의 시험상자다. 문화혁명의 유익한 영향을 칭송하면서, 베틀렘은 제2인터내셔널로부터 볼셰비키에 의해 계승된 "경직된 맑스주의"——스탈린과 트로츠키에 공통되고 레닌만이 그것의 구속으로부터 자유로웠던 맑스주의——를 비난한다.[36] 그들은 국유화가 사회화와 동등한

33) ES-C, pp. 23-27 을 보라.

34) *Is There A Future For Marxism?*, p. 78.

35) *Class Power and State Power*, London 1984, pp. 189-201.

36) *Class Struggles in the USSR——First Period; 1917-1923*, pp. 16, 47-48, 20ff을 보라. "볼셰비키적인 이데올로기적 형성"에 대한 보다 상세한 설명에 관해서는 *Class Struggles in the USSR——Second Period; 1923-1930*, Brighton 1978, pp. 500-87.

것이라고 믿었고, 그에 따라 프롤레타리아 독재하에서의 계급투쟁의 지속을 통찰하지 못했으며, 대신에 생산력 발전만을 일면적으로 강조했다. 그 결과, 볼셰비키당의 지도자들은 "국가기구와 지배정당 내에서 새로운 부르조아지의 맹아를 대표했던"[37] 관료주의의 득세를 저지하는데 실패했다. 중국에서와 같은 문화혁명만이 생산관계의 혁명화를 가져올 수 있을 것이었다. 그러나 슬프게도 그것은 도래하지 않았다. 스탈린에 관해 말하자면, "일국에서의 사회주의의 건설"을 추구하는 과정에서 보여준 그의 "꿋꿋함"은 진정으로 경제주의에 의해 오염되었다. 그럼에도 불구하고, 단호한 공업화 전략은 "10월혁명의 봉화를 치켜올렸고 [그리고] 투쟁의 승리적 성과물에 대한 인민의 신뢰를 유지시켰다". 스탈린이 레닌의 "일국사회주의" 테제를 실행하면서 범했던 "실수"는 "의심할 여지 없이 역사적으로 불가피"[38] 했다. "물질적 기초"[39] 와 무관하게 사회주의적 변혁의 가능성을 입증하려는 시도 속에서, 베틀렘이 궁극적으로 스탈린주의에 대한 변호 이상의 어떤 것을 이루어냈는지는 불명확하다.

알튀세르는 베틀렘처럼 멀리 나아가지는 않았다. 그러나 그는 자신의 동료들과 마찬가지로 "경제주의"를 고전적 맑스주의의 중심적이고 제거할 수 없는 교의로 간주했다. 즉 사회주의와 공산주의의 한 필요조건――충분조건은 아니라 해도――으로서 물질적 풍요라는 도식이다. 베틀렘과 마찬가지로, 그는 국유화(공적 소유)와 사회화(포스트 자본주의적 생산관계) 사이의 모든 단순한 동일화와 생산력의 발전이 자연적으로 사회주의적 생산관계를 창출할 것이라는 스탈린주의적 관점에 대한

37) *Class Struggles in the USSR――First Period*, p. 314를 보라.

38) Ibid., p. 40-41.

39) 예를 들어 ibid., p. 42를 보라.

지극히 정당한 기각으로부터 출발하여 주의주의로 나아갔다. 두 경우에서의 역설적인 결과——베틀렘의 경우보다 알튀세르의 경우는 덜 뚜렷하지만——는 스탈린의 역사적 "공적"을 그의 경제주의적 "편향"으로부터 구해내는 것이었다. 스탈린 정권——그러나 알튀세르는 이것에 결코 열광하지 않았다——에 관한 알튀세르의 잔여 환상보다 더 심각한 것은, 한때 공산주의자들이 스탈린의 러시아에 대해 갖고 있었던 환상을 마오의 중국으로 전면 이전시키기는 것이었다. 그럼에도 불구하고 스탈린의 "공적"에 대한 알튀세르의 언급은 철저히 부적절하다. 그러므로 이 언급들에 대해 약간의 평가——부차적인 일이지만——를 해두는 것도 좋을 것이다.

우선, 알튀세르는 위험을 무릅쓰고 스탈린과 레닌 사이의 연속성을 복원시킨다. 생산력의 우위에 기초한 편향에 의해 지배됨에도 불구하고, 1929년 강제집단화와 위험천만한 공업화로의 "대변혁"은 레닌주의적 전략("일국에서의 사회주의 건설")이라는 불리한 조건에서 계속되었을 것이다. 알튀세르가 소비에트 역사에 대한 경제주의적 해석을 비판하는 와중에서 기이하게도 그냥 넘어가는 것은, 이전에 그의 제자였던 리나르가 생생하게 회상한 어떤 것, 즉 "처음부터 소비에트 공화국에 강요되었으며 그것을 왜곡시킨 전쟁과 기아라는 이중의 속박"[40] 이다. 그럴듯한 가설은 다음과 같다. 즉 "일국에서의 사회주의"라는 바로 그 프로젝트가 혁명후 국가——후진성으로 절룩거리고, 전쟁에 의해 파괴되고 결핍으로 황폐화된 그야말로 필연의 왕국의 축도였던 국가——의 고립의 산물이라는

40) *Lénine, les Paysans,* Taylor, Paris 1976, p. 127. 알튀세르적 마오주의자인 리나르의 책은 베틀렘의 책보다 영역이 좁고 규모가 작지만 훨씬 더 탁월하다. 이 책은 결함과 논쟁거리 투성이지만, 집필된 시기와 장소로 말미암아 탁월한 업적이라고 할 수 있다.

점, 그 프로젝트가 제2차 세계대전의 종결로 역관계가 변화되기까지 고립의 강화에 기여했다는 점, 1945년 이후 스탈린에 의해 "한 권역(동유럽)에서 사회주의"가 서유럽을 공산주의로부터 구해내는 대가로 세워진 점[41]이다. 좌익반대파의 대안을 간략히 소묘함으로써, 알튀세르는 스탈린의 노선——"아래로부터 지지된다"고 가정되는 "위로부터의 혁명"——을 고육지책의 역사적 불가피성으로 채색한다. 아우타르키로 국제주의를 대체한 것——이것은 1930년대 이전에 일어났다——의 치명적인 댓가는 여전히 지불되고 있다. 나라 전역에서의 파국에서부터 예초브시나의 대학살에 이르는 그것의 국내적 결과는 다시 열거할 필요도 없다.

스탈린그라드와 관련하여 말하자면, 이것을 고려하지 않는 것은 1980년대 냉전국면에서 가장 무책임한 일일 것이다. 왜냐하면 스탈린그라드란 바로 적군(赤軍)이 독일군을 저지하고 제2차 세계대전의 흐름을 뒤바꿔놓음으로써, 이전 세대에 페트로그라드가 그랬던 것처럼, 알튀세르 세대에 대한 권위의 상징을 창출한 곳이기 때문이다. 그러나 대원수 스탈린에 공을 돌리는 것은 코민테른식 선전선동의 주요메뉴로 퇴보하는 것이다. 마치 스탈린 측의 "오류"(그리고 훨씬 더 나쁜 것)——스탈린그라드로 향하는 길을 놓은——가 소련과 따라서 사회주의의 대의를 임박한 재앙으로 몰고가는 데 기여하지 않기라도 했던 것처럼.

만약 스탈린 시기를 설명하는 데 "편향"이 필요하다면, 가장 그럴듯한 후보는 "일국사회주의"의 교의다. 이것은 고전적 맑스주의와 볼셰비즘 모두에 낯선 관념——사르트르의 용어로는 "이데올로기적 괴물"[42]

---

41) 알튀세르가 프랑스 및 이탈리아 공산당들의 전후 전략들의 문제에 대해 추수적인 사고방식을 결코 갖고 있지 않았다는 것을 지시하는 것으로는 Macciocchi, *Deux Mille Ans de Bonheur*, pp. 378-79 를 보라.

42) *Critique de la Dialectique II*, p. 109.

——이다. 만약 불가피성이라면, 그것은 부하린과 스탈린이 부득이하게 수행한 그런 종류의 것이다. 이 교의는 1923년 이후 러시아 국경 밖에서의 혁명의 비개연성과 소비에트 국가와 제국주의 열강들 사이의 장기적인 "평화적 공존"의 가능성에 전제를 둔 것으로서, 1920년대 중반부터 소련공산당과 코민테른의 전략을 지배했다. 트로츠키가 예언한 대로, 그 교의의 논리는 "공산당들이 전초역할을 하는[했던] 관료주의적이고 추상적인 국제주의에 의해 보충되는 메시아 민족주의"[43]였다. 금세기 사회주의를 뒤덮은 비극들——러시아혁명 자체의 타락에서부터 독일공산당의 패배를 경유하여 1970년대 아시아에서 포스트 자본주의 국가들간의 전쟁에 이르기까지——을 불러내는 데 그 교의가 기여한 것은 일정하게 연구할 만한 일일지도 모른다. 그것은 운동의 좌익, 우익, 중앙파 모두 포기하지 않은, 국제 공산주의에 남긴 스탈린의 유산이다. 공교롭게도, 그 교의에 수반된, 그리고 스탈린주의적 현실정치에 용인될 수 있는 한계를 넘어서지 못하게 혁명에 대해 제한하는 것을 정당화하도록 고안된 사이비 "단계혁명"론이, 일전에 "1917년에 볼셰비즘이 준 모욕에 대한 멘셰비즘의 복수"[44]로서 정확히 규정되었다. 그때 몇십년 후 스탈린주의 속에서 "제2인터내셔널의 사후복수"를 찾아내면서, 알튀세르는 무언가로 계속 나아가고 있었다. 그러나 정확한 것은 아니었다.

그렇지만 알튀세르도 인정했다시피, 필요한 것은 이론적 편향의 확인이 아니라, 스탈린이라는 이름이 붙은 그리고 본질적으로 수정된 형태에도 불구하고 그것의 최초의 대리인들보다 오래 살아남은 사회체제

43) Trotsky, *The Permanent Revolution and Results and Prospects,* New York 1969, pp. 149, 151. 카(E. H. Carr)가 *Twilight of the Comintern, 1930-1935,* New York 1982, pp. 151-52에서 "코민테른에 대한 나코맹델의 승리"를 언급하는 것도 참조하라.

44) *The Permanent Revolution and Results and Prospects,* p. 259.

와 1940년대 동유럽에서부터 1970년대의 남아프리카와 남동아시아에 이르기까지 네 대륙에 걸친 그 체제의 지극히 복잡한 변종들의 이식에 대한, 그리고 밀접하게든 느슨하게든 단일한 소련공산당을 모델로 한 정치조직들에 대한 역사적 해명과 평가다. 이 프로그램——혹은 그것의 3분의 1조차——에 견주어볼 때, 알튀세르가 한 기여의 두드러진 특징은 그것의 부정확함이다. 그것은 그가 언젠가 "이 비이성에 대한 이성"[45]이라고 부른 것에 대한 이해를 돕도록 고안되었지만, 대신에 그것은 마오주의의 이론적 및 역사적 빈곤에 본의아닌 서약서를 제공한다.

알튀세르의 독단적인 판단과는 반대로, 이 "미완의 역사"에 대한 탁월한 맑스주의적 연구는 결여되어 있었던 게 결코 아니다. 그가 『존 루이스에 대한 답변』을 집필하기 2년 전에, 페르난도 끌로댕의 대작 『공산주의운동』이 출현했다. 이전에 스페인공산당의 지도자였던 끌로댕의 이 책은, 저자의 말 속에서 드러나는바, "10월혁명 이래 맑스주의의 정치적 이론과 실천을 비판적으로 분석하기 위해……맑스주의를 이용하려는"[46] 시도를 대표했다. 그 책의 결론에서 그는 스탈린주의와 동시대——트로츠키의——의 좌익적 비판의 테제들로부터 일정한 영향을 받았고 그것에 공명하고 있다는 점을 인정했다. 알튀세르가 이 책을 조회했더라면, "우리의 역사"를 해명한——그것의 많은 불충분함에도 불구하고——분석을 발견했을 것이다. 도이처와 같은 독자적인 추종자들의 저작 속에서 그는, "가장 극악한 부르조아 반공주의"에 조금도 양보하지 않고 그 비판을 1940년대 이후의 발전에까지 확장시킨 탁월한 작업을 발견했을 것이다. 1976년에 알튀세르는 베틀렘의 저작과 함께 끌로댕의 저작을 예외적인 것으로서 재인용했다.[47] 그때 중국에서 진행중이던

---

45) RC, p. 34.

46) *The Communist Movement——From Comintern to Cominform*, New York 1975, p. 9.

47) "Unfinished History", p. 8 n. 2.

"구체적 비판"에 가담한 지 10여 년이 흘렀고――그리고 그들의 이론적, 역사적 및 정치적인 댓가를 치렀다.

중국의 붉은 별

알뛰세르는, 「청년 맑스에 관하여」를 집필한 이후 시간이 흘러갔다는 지적으로 『존 루이스에 대한 답변』을 시작했다.

> 1960년대 이후 역사의 다리 밑으로 많은 양의 물이 흘러갔다. 노동자들의 운동은 수많은 중요한 사건들을 겪었다. 즉 세계에서 가장 강력한 제국주의에 대항한 베트남 인민의 영웅적이고 승리적인 저항, 중국의 프롤레타리아 문화혁명(1966~69), 1968년 5월 프랑스에서 일어난……세계역사상 최대규모의 노동자 파업――프랑스 학생들과 쁘띠부르조아 지식인들의 심각한 이데올로기적 반항에 '뒤이어 일어나고' 또 그것을 '동반한' 스트라이크――, 바르샤바조약기구 군대의 체코슬로바키아 점령, 아일랜드의 전쟁 등이 그것이다. 문화혁명과, 1968년 5월사태, 체코슬로바키아 점령은 자본주의 세계 전체에 정치적 및 이데올로기적 영향을 미쳤다.[48)]

역사의 가속을 경험한 당시는 정말로 드라마틱한 시기였다. 서구 공산당들은 모스크바와의 난처한 공생 속에서 사회주의로 가기 위한 민족적 길을 탐험한 반면, 제3세계의 반제국주의운동은 북경의 린퍄오와 아바나의 게바라(C. Guevara)로부터 전달된 무장투쟁의 메시지에 고무되

48) ES-C, pp. 35-36.

어 공세로 전환해갔다. 쿠바혁명과 알제리 독립 및 베트남 해방투쟁이 서구에 미친 급진화 영향은 유명하다. 결국 1962년 7월의 알제리 독립은 20년 만에 획득한 최후의 혁명적인 승리였다. 남예멘(1967년)을 제외하고는 패배로 점철된 60년대였다. 게바라가 1967년 10월에 볼리비아에서 사망하여 투쟁을 종결했을 때, 쿠바의 게릴라 노선은 막다른 골목에 처했다. 그는 "베트남과 같은 예가 많이" 있어야 한다고 주장했지만, 이 예들이 부재한 가운데 하나의 베트남은 제국주의의 침략에 외롭게 저항해야 할 운명이었다. 1965년에 드브레이가 탐지한 "반혁명 속의 혁명"은 제국주의의 약한 고리를 강화시켰다.[49]

"사회주의 진영" 내에서, 소련이 대내적으로는 개혁과 체제경화 사이에서, 대외적으로는 모험주의와 타협주의 사이에서 동요한 결과, 많은 사회주의자들 사이에서 소련의 신뢰는 더욱 실추했다. 1966년 중국에서 문화혁명이 북경 당국의 국제주의적 언사와 결합되어 일어났다. 이 문화혁명은 많은 이들에게 소련에서의 흐루시초프 이후의 방침에 대한 대안을 약속해주는 듯이 보였다. 그리고 알튀세르도 동방에서 붉은 별이 다시 떴다고 믿은 사람들 중의 하나였다. 그는 1967년에 드브레이에게 "베트남과 중국에서……우리는 역사적 승리를 목도하고 있다"[50]고 말했다. 소련공산당과의 논쟁에서 중국공산당은 "붉은 깃발이 땅에 떨어진 대신 위성이 하늘로 올라갔다"는 신랄한 슬로건을 만들어냈다. 아마도 중국에 공명하면서, 알튀세르는 1968년에 "세계를 변혁하는 것은

49) *Strategy for Revolution*, Harmondsworth 1973, p. 150을 보라. 이 시기에 관해서는 할리데이(F. Halliday)의 탁월한 저작 *The Making of the Second Cold War*, London 1983, pp. 82-86을 보라.

50) 1967년 3월 1일자 편지, in Régis Debray, *A Critique of Arms*, Harmondsworth 1977, pp. 259-60.

달을 탐험하는 것이 아니라, 자본주의로 복귀하지 않고 혁명을 수행하고 사회주의를 건설하는 것이고, 달을 포함하여 나머지 것은 부가적으로 얻을 수 있다"[51]고 공언했다. 그리하여 알튀세르는 중국에 대해 소비에트적 변종을 비판 극복한 공산주의를 기대하면서, 중국공산당의 텍스트를 이 당의 행동으로 착각했다.

1950년대말 이후 줄곧 국제 공산주의운동을 갈라놓은 이중삼중의 분열 속에서 중국공산당이 좌익 공산주의자들에 미친 흡인력은 대단했다는 점이 언급되어야 한다. 소련공산당이 제안한 "총노선"은 "평화와 민주주의, 민족적 독립 및 사회주의를 위한 투쟁"[52]으로 이루어져 있었다. 중국의 주장에 따르면, 이 목록에서 사회주의의 위치는 크렘린이 그것에 낮은 우선성을 부여하는 것을 반영한다. 중국은 소련공산당이 형제당들을 자신의 외교 장기판의 졸로 취급한다고 공박하면서, 굳건한 프롤레타리아 국제주의와 "인민의 전쟁"[53]이라는 대안을 선전했다. 중국의 이 전투적인 국제적 노선은 초강대국들과의 은밀한 결탁 및 경합을 겨냥한 것으로서, 국내적인 급진주의에 의해 보완되었다. 사회주의 건설은 흐루시초프의 소심한 인간주의적 바램이 아니라 연속혁명을 필요로 하는 것이었는데, 이 연속혁명은 사회주의적 경제혁명을 공고히할 정치적 및 이데올로기적 혁명이었다.[54] 중국공산당은 스스로 사회주의 혁명과 프롤레타리아트의 독재에 관한 "맑스-레닌주의의 기본적 가르침"이라

51) PH, p. 186.

52) 1963년 7월 14일자 소련공산당의 '공개서한', *The Polemic on the General Line of the International Communist Movement*, p. 575 를 보라.

53) Ibid., p. 321. "인민의 전쟁"과 세계의 "농촌" (아시아, 아프리카 및 라틴아메리카)에 의한 세계의 "도시들"의 "부유화"는 린퍄오 장군의 기념비적인 저작 *Long Live the Victory of People's War*, Peking 1965의 주제였다.

54) *The Polemic on the General Line of the International Communist Movement*, p. 471.

고 부른 것을 옹호하면서, 레닌의 가장 자유의지론적 저작인 『국가와 혁명』을 표준적인 교과서로 간주했다.[55] 중국공산당은 이론과 실천의 결합모델로서 "대중노선"("대중으로부터, 대중에게로")을 제출하면서, 소련으로부터 배신당한 공산주의자들의 충성을 얻으려 노력했다. 이 주제들은 중국 사회질서의 외관상의 평등주의와 연관하여, 공산주의자들 가운데 중요한 의미를 가지는 소수파들에게 헌신의 방향을 모스크바에서 북경으로 바꾸도록 영향을 미쳤다. 문화혁명의 개시와 더불어 중국공산당은 "명령정치"를 선언하면서, 마오가 홍위병들에게 "부르조아지의 심장부를 포격하고" "수정주의의 요새로 돌진하라"고 명령했던 것처럼 말을 행동으로 옮기는 듯했다.

일견 대중적이고 인민적인 반관료주의적 동원체제였던 것에 대한 알튀세르의 동시대적 반응은 이미 개괄된 바 있다. 문화혁명은 맑스-레닌주의적 정통과 단순히 등치되지는 않았다. 그것은 러시아의 스탈린의 전략뿐만 아니라 레닌의 전략을 넘어선 결정적인 실천적 전진이었다. 또 그것은 알튀세르 자신의 (반경제주의적 및 반진화주의적) 이론적 입장의 실천적인 옹호이기도 했는데, 이 입장은 스탈린주의에 대한 좌익적 비판을 가능하게 하고 서구에서 혁명 프로젝트를 소생시킬 것이었다. 장 도비에(J. Daubier), 마치오키, 베틀렘 등과 같은 소식통들이 파리에 전한 보고들은 알튀세르의 신념을 공고히할 수 있었을 뿐이었다.[56] 그것

55) Ibid., pp. 366-67을 보라.

56) *Daily Life in Revolutionary China*(p. 2)에서 마치오키는 믿음을 모스크바에서 북경으로 전면 옮기는 것을 경고했다. 그러나 이 경고는 그 뒷 페이지들(예를 들어 p. 104)을 보면 무시된다. *Letters from Inside the Italian Communist Party to Louis Althuser*, London 1973, pp. 220-21에서 그녀는 알튀세르가 "소련과 같은 '지도국가'"는 더이상 필요하지 않은 반면에 대중에게 제시하기 위한 혁명의 국제적인 예들을 모두 없애는 것은 불가능한 일이라고 암시하는 것을 회상했다.

에 탐닉한 것은 알튀세르 혼자만이 아니었다. 충실한 공산주의자들을 제외하면, 1960년대 프랑스에서는 〔문화혁명에 대한〕 반대의견을 기꺼이 공표하려 했던 좌파 지식인을 찾아보기는 어려웠을 것이다. 〔그런데〕 중국의 리더쉽에 반대하는 훌륭한 외국 논자가 있었다. 도이처였다. 1966년에 쓴 한 징후적인 분석에서, 그는 문화혁명이라는 격변과 그것의 정치적 의의를 스탈린 말기의 즈다노프시대와 초민족주의에 비유했다.[57] 〔그러나〕 그의 견해는 무시된 채 간과되었다. "독단주의의 밤"이 이어졌다. 서구의 마오주의적 지식인들은 관료주의, 테크노크라시, 사회적 분업, 도시와 농촌의 분리 등에 반대하는 전례없는 혁명적 이니셔티브를 환영했다. 문화혁명은 "모든 망령과 괴물을 쓸어버리기"보다는, 신임 잃은 지도자들로부터 유물론적인 노동자들에 이르기까지, "주자론자들"로부터 "악취나는 제9범주" (즉 지식인들) 에 이르기까지 수백만명의 사람들에 대한 잔인한 억압노선을 추구하면서, 과거 스탈린주의의 망령을 불러내고 괴물을 소생시켰다.[58] 그 와중에 극단적인 반지성주의와 주의주의가 공표 제정되었다. 이보다 더 극악한 행태를 보인 것은 중국의 후원을 받은 민주캄푸치아의 지도자들뿐이었다. 1976년에 강청 등 4인방의 체포와 더불어 종결된 문화혁명은 그 이후 중국공산당에 의해 공식적으로 부인되었다.[59] 그후 새 지도부는 60년대의 이데올로기를 비난하면서 "경제건설"이라는 하나의 "중심적인 과제"[60]에 몰두했다. 외국의 중국

57) "The Meaning of the 'Cultural Revolution'", *Marxism, Wars and Revolutions,* London 1984, pp. 212-17을 보라. 도이처의 우려를 확증하는 증거에 대해서는 Livio Maitan의 *Party, Army and Masses in China,* London 1976, pp. 262-63를 보라.

58) 예를 들어 Halliday, *The Making of the Second Cold War,* pp. 163-64를 보라.

59) 새 지도부에 대한 공식입장은 *Revolution on CPC History,* Peking 1981에 나와 있다. 예를 들어 pp. 17, 32를 보라.

60) Ibid., p. 77.

지지자들에게는 황당한 일이었지만, "4대 현대화" 슬로건이 60년대의 혁명적 구호들을 대체했으며, 이론적 정통은 적절하게 재규정되었다.[61)]

마오주의에서 변함없는 것으로 판명된 유일한 유산은 중국의 대외 정책이었다.[62)] 이 영역에서는 마오 없는 마오주의가 당시의 질서였다. 알튀세르나 여타의 사람들이 어느 정도라도 정확하게 〔당시 중국의〕 국내정세를 읽어내는 것이 어려웠다 하더라도, 중국판 프롤레타리아 국제주의에 대한 그들의 경솔한 신뢰는 정당성이 별로 없다. 프랑스의 독자적인 핵무장과 관련하여 NATO에 대한 드골의 비타협적인 태도에 아낌없이 보낸 찬사에 비추어볼 때, 이 국제주의의 한계는 프랑스 맑스주의자들에게는 명확했을지도 모른다. 스탈린주의적 **현실정치**에 대한 구체적 비판과는 정반대로, 중국의 외교정책은 그런 현실정치의 복제물이었다. 이 점과 관련하여 불길한 징조는 1965년에 있은 인도네시아공산당(KPI)의 운명이었다. 인접국과의 외교협정을 열망하는 북경으로부터 "단계론적" 전략을 채택하도록 권고받아, 350만 명의 강력한 당원을 거느리고 있던 세계 제3의 대규모 공산당은 말 그대로 전멸했다. 중국공산당은 KPI 지도자 아이디트(D. N. Aidit)의 호루시초프주의에 부정직하게 책임을 전가했다. 그러면서 자신이 그의 입장을 후원했었다는 점을 망각했을 뿐만 아니라, 이 후원이 1927년에 스탈린의 명령으로 코민테른에 의해 그것에 강제된 전략과 유사한 것이었다는 점——유사한 결과와 더불어——도 간과했다.[63)]

---

61) Chen Erjin, *China : Crossroads Socialism*, London 1984에 대한 로빈 먼로의 서문. Charles Bettelheim, "The Great Leap Backward", in *idem*과 Neil G. Burton, *China since Mao*, New York 1978을 참조하라.

62) *Revolution on CPC History*, pp. 41-44를 보라.

63) 예를 들어 Adam Westoby, *Communism since World War 2*, Brighton 1983, p. 191을 보라.

중국의 외교정책이 명확한 형태를 갖춘 것은 1960년대말 이후였다. 중국은 공산주의 세계에서 광범위하게 고립되어(이해가 엇비슷한 호자〔E. Hoxha〕의 알바니아노동당을 제외하고), 반소비에트 극단주의 및 제국주의와의 화해전략을 추구했지만, 이 전략은 소련에 대한 좌익적 비판자로서의 자신의 이미지와는 철저히 모순되는 것이었다. 중국의 지도자들은 〔체제 이념과는 무관한〕 국가간의 동맹을 추구하고 〔자신을〕 지역중심 권력으로서 승인을 추구하면서 세계 전역의 반동과 결탁했다.[64] 알튀세르가 중국혁명에 대한 찬사를 쓴 바로 그 해에 미국-중국간 국교회복이 이루어졌다. "평화공존"을 축하하는 2월 28일의 상하이 공동선언이 발표되었을 때조차, B-52기는 계속 베트남을 폭격하여 석기시대로 돌려놓으려 하고 있었다. 알튀세르의 소논문 프랑스어 재판이 출판된 것은 1973년 8월이다. 다음달 칠레의 아옌데 인민연합정부가 군사쿠데타에 의해 전복되었다. 이 살인자의 정권은 북경으로부터 신속히 승인받았다.[65] 그 이후 사태는 더욱 악화되어 70년대말 〔중국의〕 베트남 침공에서 정점에 달했다. 이것은 "중국카드"의 잠재력에 주의를 늦출 수 없었던 미 국무성에 악의에 찬 은밀한 즐거움을 주었다. 1963년에 러시아인들이 그것에 참여하여 〔중국에 의해〕 비난받던 "신성동맹" 비슷한 것이 1970년대에 현실화되었다. 중국 자신이 소련에 대해 비난의 선전을 퍼부었던 자리를 〔이번에는〕 중국이 차지했다.

일의 결말이 그렇게 되리란 것은 예측할 수 있었던 것도 불가피했

64) Fred Halliday, "Marxist Analysis and Post-Revolutionary China", *New Left Review* 100, 1976-77, p. 167과 *The Making of the Second Cold War*, p. 162 ; Maitan, *Party, Army and Masses in China*, pp. 377ff를 보라.

65) 이것은 발리바르에게는 중국에 대한 자신의 태도와 관련하여 전환점이었던 것으로 보인다(페리 앤더슨으로부터의 개인적 의사전달).

던 것도 아니었다. 그러나 1960년대 중국의 논쟁에 대해서는 좀 더 신중했어야 했다. 왜냐하면 중국공산당이 소련의 국시에 대한 성실한 문제제기자였던 시절은 줄잡아 말해서 지나갔기 때문이다. 뒤돌아보면, 흐루시초프 시대의 중국공산당의 좌선회는 당시 중국의 외교적 고립, 그리고 그에 수반되는 미-소 데탕트가 자신의 희생에 기반해 있다는 불안감에 의해 야기되었다는 것은 분명하다. 이와 유사하게 1960년대말의 우선회는 사회주의 진영 및 국제 공산주의운동을 자기 편에 유리하도록 분할하려는 초기전략이 실패함에 따라 취해진 대응이었다. "새로운" 외교정책 속에서 어떠한 "메시아적 민족주의"도 "관료주의적이고 추상적인 국제주의"에는 결코 수반되지 않았다.

알튀세르를 엄격한 의미의 마오주의자로 특징짓는 것은 정확하지 않을 것이다. 예를 들어 그는 1967년에 자신의 제자가 게바라주의(「혁명 속의 혁명」)를 이론화한 것과 관련하여 드브레이와 서신을 주고받았는데, 이 서신왕래는 모스크바와 북경에서 똑같이 저주받을 짓이었던 모험에 대한 상당한 공감을 명시해준다. 그러나 현재 이탈리아공산당 지도자인 알레산드로 나타(A. Natta)는 1968년에 알튀세르와 마치오키 사이의 서신교환 속에서 마오주의적 경향을 정확히 탐지해냈다(이탈리아공산당이 자신의 의회후보 중 한 사람〔마치오키〕에 의해 좌익적 비판의 겨냥물이 되었다는 점에서 나타가 크게 분노했던 어떤 것). 그러나 그는, 알튀세르——마치오키와 "극단주의의 불장난"에 책임져야 할——자신이 "1968년 프랑스 '사태'를 분석할 때의 자기 입장에 대한 최상의 반증자료를 제출해야 한다"[66]고 제안함으로써 통찰력을 보여주었다. 5월 내내 당에 대한 알튀세르의 궁극적인 충성은 옳든 그르든 자명하다—— 이는 그가 자신의 이론적 및 정치적 입장이 지닌 실천적 함의로부터 후퇴한

66) *Letters from Inside the Italian Communist Party to Louis Althusser*, p. 334를 보라.

것이나 마찬가지다. 마치오키는 서신을 통해 이탈리아공산당을 비판하면서 "수정주의자들에 한치도 물러서지 말라"는 알튀세르의 조언을 인용한다.[67] 마치오키는 물러서지 않았을지도 모르지만, 알튀세르는 물러섰다. 알튀세르는 프랑스공산당의 권위에 도전하는 어떤 것에 대해서도 습관적으로 경계했는데, 이는 대체로 이론적 및 정치적 **관망주의**(attentisme)에 대한 거부로 귀결되었다.[68] 알튀세르는 더이상 존재하지 않는 통일된 "국제 노동운동"과 가상의 인터내셔널에 변함없이 헌신했다.[69] 그 결과로서 나타나는 정치적 및 이론적인 제설혼합주의(syncretism)와 중도주의(centrism)가 공산주의운동에서의 현실적인 분열을 초월할 수 없었다는 것은 자명하다.

소련의 체코슬로바키아 침공 및 "개혁 공산주의"의 종말과 더불어, 잠복해 있던 서구적 분파(schism)가 국제 공산주의에서 가시화했다. 에른스트 피셔(E. Fischer)가 **철갑공산주의**(Panzerkommunismus)라고 부른 것이 소비에트 블록의 자유화에 대한 모든 남아 있는 환상을 파괴하면서 유로

---

67) *Deux Mille Ans de Bonheur*, p. 359.

68) 알튀세르가 투지와 경계심 사이에서 동요했다는 증거는 그가 마치오키에게 보낸 편지에서 드러난다. 그래서 1968년 4월 2일 그는 그녀에게 "정치는 연장된 전쟁입니다. 서두르지 마십시오. 지금은 사태를 앞서서 바라보고 기다리는 법을 배우도록 하십시오" (「……편지」, p. 23)라고 충고했다. 알튀세르가 이론으로 반사적으로 후퇴한 것을 보여주는 명확한 예는 1967년 3월 1일 그가 드브레이에게 보낸 편지에서 찾을 수 있다. pp. 68-69 n. 155의 이미 인용된 귀절에서, 이론적 작업의 "정치적 긴요함"——맑스와 레닌이 인정한 어떤 것——에 대한 그의 기고를 상기시키면서, 알튀세르는 게바라가 현재 그들을 본받고 있는 것일지도 모른다고 추측했다. 게바라——와 드브레이——는 물론 정반대였다.

69) *De la Superstructure*(미간행 수고), 1969, p. 142 bis n. 1에서, 알튀세르는 'Pazienza'라고 논평하면서, 국제 공산주의운동의 재통일을 기대하고 있다.

코뮤니즘을 탄생시켰다. 1969년에 공산주의 세계의 양분성이 폐기되었다. "얄타 비망록"[70]에서 톨리아티가 예견했던 "다중심주의"가 때맞춰 나타났다. 하나였던 것이 이제 적어도 셋으로 나뉘어졌다. 대부분의 공산당들이 1969년 6월의 국제회의에서 마오주의에 대한 공격에 아무리 기꺼이 동참하려 했다 하더라도, 이들 중의 상당수는 소련의 지상권을 다시 세우려는 시도에는 단호히 저항했다.[71] 프랑스공산당은 프라하 점령에 대한 애초의 직선적인 태도에서 후퇴하는 한편, 프랑스 사회민주주의와의 **밀월**을 유지시켰다. 당내민주주의에서 아무런 개선도 이루어지지 않았음에도 불구하고, 프랑스공산당은 알튀세르와 같은 명사에게는 당규율을 넘어서지 않는 선에서 자신의 노선을 추구하도록 허락했다. 그러나 1970년대초 프랑스공산당의 이데올로기적 및 정치적 입장과 알튀세르의 입장 사이의 불일치는 엄청난 것이었다. 1972년 6월에는 조르쥬 마르셰가 공산당을 대신하여 **공동강령**에 서명한 반면, 루이 알튀세르는 맑스-레닌주의를 옹호하면서 『존 루이스에 대한 답변』을 집필하고 있었다.

스탈린, 마오 이후

앞의 제4장에서 시사된바, 알튀세르의 자기비판과 정정은 마오주의에 일치하는 것이었다. 이 결과——『존 루이스에 대한 답변』에서 공개된 "정통"——는 객관적으로, 알튀세르가 이론적 스탈린주의에 대한 반대

70) *On Gramsci and Other Writings*를 보라.

71) Lilly Marcou, *Le Movement Communiste Iternational depuis 1945*, Paris 1980, pp. 77ff을 보라.

와 관련하여 상당히 후퇴했다는 것을 나타내며 초기 시대의 논조와 스타일로 퇴행한 것이다.

초기 에세이들에서 알튀세르는 때때로 자신의 권위자 명단에 스탈린을 포함시키려고 했다. 『맑스를 위하여』 서문에서 그는 마르에 반대한 스탈린의 개입을 긍정적으로 인용했다. (알튀세리안인) 장-마르크 게이망(J.-M. Gayman)이 지적했듯이, 스탈린의 「맑스주의와 언어학」(1950)과 「소련 사회주의의 경제적 문제들」(1952)은 당시에 프랑스공산당 이데올로그들에 의해 (이론적) 리셍코주의의 정정으로서 환영받았다. 왜냐하면 그 문헌들은 프롤레타리아 과학과 부르조아 과학 사이의 대립을 과학과 이데올로기 사이의 대립으로 대체했기 때문이다.[72] 스탈린의 사이비 정정의 현실적 규정요인들이 그 당시에 당의 철학자들을 피해갔던 것만큼, 그 10년 뒤에는 알튀세르를 피해갔다. "세계의 가장 위대한 언어학자"가 자신의 수정안을 제안했다는 암시는 이론적 원칙의 면에서 볼 때 터무니없다. 게이망이 시사했듯이, 스탈린의 실제 관심은 국가와 당에 무당파적 과학의 기술관료적 권위를 부여하려는 것이었다. 과학주의(scientism)에 의한 주의주의의 대체를 지시한 것은 바로 이런 고려였다. 그리하여 하나의 국가이데올로기가 또다른 이데올로기로 교체되었다.[73] 유사하게 1924년 4월에 스베들로프 대학에서 레닌의 이론적 유산

---

72) FM, p. 22(RC, p. 133에서 반복된 논점을 보라. 그리고 Gayman, "Lutte de Classes et Guerre des Langues en URSS", in F. Gadet et al., *Les Maîtres de la Langue*, Paris 1979, pp. 176ff 참조. 게이망은 *La Nouvelle Critique* 45, 1953로부터 드장티와 다른 사람들에 의한 텍스트를 언급하고 있다. 알튀세르의 지적은 청년 발리바르에 의해 "Marxisme et Linguistique", *Cahiers Marxistes-Léninistes* 12-13, 1966에서 수용되었다. 이 글은 스탈린의 『맑스주의와 언어학』에 대한 서문으로 씌어졌다.

73) Gayman, "Lutte de Classes……", pp. 190-91 참조.

을 조문화(codify)할 의도로 이루어진 연속강연인 스탈린의 「레닌주의의 기초」는 1962년 알튀세르에 의해 "탁월하다"는 판정을 받았다.[74] 포스트 흐루시초프기의 다른 맑스주의자들 중에서 〔레닌에 대한〕 스탈린의 횡령을 그런 식으로 파악한 사람들은 별로 없었지만, 이보다 직접적으로 더 중요한 것은 「레닌주의의 기초」가 "일국에서의 사회주의의 승리"를 레닌주의의 핵심원리로 묘사하기 위해 같은 해의 나중에 수정된 텍스트였다는 사실이다.[75] 여하튼 알튀세르 후기저작들의 실망스러운 특징은 스탈린의 이론적 공적에 대한 간헐적인 복종이다. 『맑스를 위하여』에서 그가 변증법의 법칙들로부터 부정의 부정을 배제하자고 제안한 것은 1968년과 1969년에 반복되었다.[76] 1967년에 알튀세르의 간행된 저작 중에서는 최초이자 유일하게도 이론적 스탈린주의에 관한 저작인 『변증법적 유물론과 역사적 유물론』이 찬사를 받았다——그것의 설명적 엄밀함에 대한 알튀세르의 모든 유보에도 불구하고.[77] 역사적 유물론과 변증

74) FM, p.97 n.16.

75) *The Essential Stalin*, London 1973, pp.118-19를 보라.

76) PH, p.181; LP, p.91을 보라. 모두 공감을 얻지는 못한다. LP에서 알튀세르는 주석을 달고 있다. "스탈린은 '부정의 부정'을 삭제한 점에서는 옳았다……, 이것은 다른 훨씬 더 심각하기조차 한 오류를 위해서라도 언급되어야 한다" (pp.190-91).

77) "Sur le Travail Théorique. Difficultés et Ressources", La Pensée 132, 1976, p.10. 이것은, 알튀세르가 정확히 동시대적인 "La Tache Historique de la Philosophie Marxiste"에서 "맑스주의의 진화주의적 해석"에 대해 다음과 같이 쓰고 있다는 점을 생각해보면, 더욱 놀랍다. 즉 "……그것의 본질은 맑스에 헤겔적 변증법과 다윈적 생물학 및 스펜서 철학 등의 종말론적 및 목적론적 도식을 적용하는 것이다. 예를 들어 그것은 플레하노프의 맑스주의 철학 해석과 제2인터내셔널의 특정한 이론가 및 지도자들에 의한 역사적 유물론의 기계적·경제주의적·종말

법적 유물론 사이의 구별에 대한 스탈린의 권위 역시 1966년과 1968년에 환기되었다.[78] "계급투쟁에서의 철학"에 대한 노동자계급의 요구라는 그의 주장이 『존 루이스에 대한 답변』에서 아마도 아이러니하게 명기되었다.[79]

그래서 이론적 스탈린주의와 이론적 인간주의에 대한 보완적 비판 과정에서, 알튀세르는 종종 후자에 반대해 전자를 택했다. 그가 이론적 스탈린주의에 대한 한 비판가였다는 것은 명백하다. 하긴 이 점이 가장

론적 해석에서 발견될 것이었다. '맑스주의적' 진화론은 생산양식들의 필연적이며 항구적인 연속이 존재한다고 생각한다. 이것의 증거는 스탈린의 유명한 목록에서 발견할 수 있는데, 이 목록은 팜플렛 「변증법적 유물론과 역사적 유물론」에서 개설되어 있다. 헤겔적 관념론 및 모든 역사철학(그리고 이런 점에서 그것들은 종교적이다)과 마찬가지로 진화론도 역사가 '방향'을 가지며, 이 방향이 역사를 지배하는 합목적성이라고 간주한다. 이것의 증거는 역사적 필연성을 불가피성과 동일시하는, 그리고 사회주의의 '불가피한 승리' 등을 언급하는 정식에서 발견할 수 있다. '맑스주의적' 진화론은 공산당들의 정치적 행위의 필연성과 가능성을, 그리고 노동운동의 역행 가능성을, 심지어는 그것들의 부분적인 승리의 가능성조차 설명할 수 없다. 즉 그것들이 예기치 못한 것들, 역설적인 것들일 때, 그것들이 기계적인 도식, 즉 생산양식들의 불변의 질서를 따르지 않을 때 그렇다(쿠바혁명이 좋은 예다. 이 혁명은 '후진'국들에서의 혁명의 가능성을 시사했다). 그것은 적의 반항 가능성, 계급투쟁의 역할, 이 계급투쟁에서 정치의 역할, 이데올로기와 철학의 역할을 의도적으로 폄하한다" (French manuscript, pp. 21-22; *Marx—Az Elmélet Forradalma*, Budapest 1968, pp. 289-90). 후에 알튀세르는 생산력에 대한 스탈린의 "기계론적" 정의를 비판한다(p. 27; p. 297).

78) "Matérialisme Historique et Matérialisme Dialectique", *Cahiers Marxistes-Léninistes II*, 1966, p. 90; PH, p. 165.

79) ES-C, p. 37.

명백하게 드러나는 것은 아마도 프랑스와 영국에서 출판되지 않은 텍스트, 「이론, 이론적 실천 및 이론 형성」(Théorie, Pratique Théorique et Formation Théorique) 겠지만. 1969년에 그는 『변증법적 유물론과 역사적 유물론』에 대한 명시적인 비판을 구상중이었는데, 이 텍스트는 『존 루이스에 대한 답변』에서 특종으로 다루어졌으며, 자신의 저작과 이후 동료들의 저작에서 친숙한 항목이 된다.[80] 스탈린의 논문에 대한 알튀세르주의적 각색——「역사적 유물론과 변증법적 유물론」(1966)——은 "과학의 지도자"의 견해와는 공통점이 별로 없었다. 그리고 1960년대 전반에 걸친 알튀세르의 일반적인 강조점은 맑스주의 철학의 부재와 역사적 유물론의 저발전에 있었다. 하지만 게다가 까닭없는 자극(인간주의자들을 납작하게 해주기 위해)이자 스탈린 "소멸"에 대한 거부의 표시로서의 그들의 지위에 관한 이러한 언급들은 알튀세르주의가 갖는 모호성의 징후이고, 다시 한번 마오주의로 되돌아갈 수 있는 것이었다.

알튀세르는 『맑스를 위하여』와 『자본론 읽기』에서 조형된 역사적 유물론과 변증법적 유물론을 맑스로의 회귀이자 레닌의 재건으로, 그리하여 맑스주의와 레닌주의를 착취하고 왜곡시킨 이론적 스탈린주의로부터의 단절로 간주했다. 더 나아가 『존 루이스에 대한 답변』에서 명료화된 정통은 이 단절의 정정이자 완성이었다. 현실은 약간 달랐다. 이 자기비판과 정정을 통해 알튀세르는 마오주의를 경유하여 도식적인 맑스-레닌주의로 회귀했는데, 이 맑스-레닌주의는 『답변』에서 드러나는바, 불행하게도 코민포름 맑스주의 냄새가 짙었다. 달리 말해서 가장 호의적으로 읽어준다 하더라도, 제2의 알튀세르주의는 이론적 스탈린주의 혹은 제1의 알튀세르주의에 대한 근본적인 대안이 아니었다. 최소한 그것은 맑스주의 이론의 스탈린주의화에 대한 좌익적 대안일 수 없었다. 왜냐하

80) LP, p. 92.

면 그것의 선택된 모델이 그 과정(코민포름 시기)의 극점과 연계를 유지했기 때문이다.[81] 마오주의에 유혹되어 알튀세르는 1960-65년의 훨씬 더 독창적이고 생산적이었던 경로——모호한 영역들이 남아있었음에도 불구하고——를 외면했다.

중국이 배신자 흐루시초프에 반대하여 맑스-레닌주의적 정통을 옹호한 것은 대개는 궤변에 기반한 것이었다. 예를 들어 스탈린을 제외하고 누가 소련을 "전인민의 국가"로 간주하는 선례를 만들었는가? 다시 한번 스탈린이 아니라면 누가 처음으로 공산당들에게 부르조아지가 포기한 "부르조아 민주주의적 자유와 민족적 독립"의 기치를 치켜들도록, 그리고 "평화유지"를 위한 투쟁을 우선시하도록 권했는가?[82] 이러한

81) 그럼에도 불구하고 ES-C, p. 79 n. 1에서 알튀세르는 과학적이라고 주장되기는 하지만 "이데올로기적인 것"에 지나지 않는 정식과 슬로건의 목록을 열거한다. 매우 기묘한 실천을 숨기고 있는, 달리 말해서 스탈린의 변증법적 유물론과 역사적 유물론의 경제주의적 진화론, 볼셰비키 혁명에서 트로츠키와 여타 사람들이 한 역할을 삭제해버리는 것(『소련공산당(볼) 약사』). 사회주의하에서 계급투쟁의 첨예화라는 테제, "모든 것이 기간요원에 의존한다"는 정식 등. 우리 자신 안에서 "부르조아 과학/프롤레타리아 과학"이라는 테제, "절대적 빈곤화" 테제 등. 중국공산당과는 달리 알튀세르도 스탈린의 사회주의 생산양식에 관한 관념은 기각했다. 이 관념은 「소련에서의 사회주의의 경제적 제문제」에서 정교화된 정통의 핵심논지다(Gayman, "Lutte de Classes et Guerre des Langues", pp. 195-96을 보라).

82) 최초의 편향은 1936년 헌법에 간직되어 있다. 소련에서 "적대계급들"이 소멸했다는 선언에 관해서는 *The Essential Stalin*, pp. 347, 367-68을 보라. 이 문제와 관련하여 스탈린과 흐루시초프 사이의 연속성은 알튀세르와 그의 동료들에 의해 지적되었다. 이들은 반스탈린주의적 결론을 도출했다. 두번째 편향은 1952년 소련공산당 제9차대회에서 스탈린의 마지막 연설(ibid., pp. 508-11을 보라)에서 공표되었다. 이 연설을 알튀세르는 *De la Superstructure*, p. 64에서 비판했다.

예들에서 중국공산당은 스탈린의 이름에는 충실했지만 그의 문건에는 충실하지 않았다. 그러나 다른 측면에서 특히 코민포름의 이데올로기적 캠페인(가령 유고슬라비아에 반대하는)의 스타일과 관련해서는 중국은 〔스탈린의〕 주요 계승자임이 드러났다.[83] 더욱이 중국공산당 지도부는 스탈린의 「변증법적 유물론과 역사적 유물론」에 대한 알튀세르의 유보를 공유하지 않았다. 1941년에 마오는 "우리 당 전체적으로 학습 체계와 방법을 개혁하자——그중에서도 '주요교재'로서 『단기과정』(*Short Course*)을 도입하자"고 제안했다.[84] 흐루시초프의 연설에 따라 소련공산당은 스탈린의 텍스트와 이것이 특정화하고 있는 잘못된 개요를 다시 찍는 것을 중지했다. 이와는 대조적으로 중국공산당은 스탈린의 저작들을 계속 배포했다. 즈다노프와 함께 스탈린의 저작들은 여전히 전세계 마오주의의 문헌목록에서 표준적인 항목들이었다. 스탈린이 국제 공산주의운동에 유포시킨 경직된 맑스주의는 중국공산주의가 그 가장 용맹스러운 옹호자였다. 중국공산당은 이 체계를 전통적인 호칭대로 맑스-레닌주의로 불렀다. 보다 정확하게는 이론적 스탈린주의다.

트로츠키에 반대하는 캠페인의 일부로서 "레닌주의"를 위조하면서, 스탈린과 그 지지자들은 국가교의를 구성하는 데로 나아갔다. 조르쥬 라비카가 회상한 대로, 스탈린의 1938년판 교리문답서는 이 문답서가 최초로 게재되었던 『단기과정』과 불가분하다. 그것은 레닌의 『유물론과 경험비판론』에 관한 편에 직접 이어지는 제4장에 위치했으며, 고전적 볼셰비즘의 체계화로 표현되었다. 그래서 "맑스-레닌주의"는, 라비카의 말대로, "스탈린주의적 정치의 이론적 신성화"[85]였다. 제20차 당대회에서

83) Lilly Marcou, *L'Internationale aprés Staline*, Paris 1979, p. 159를 보라.

84) *Selected Readings from the Works of Mao Tse-tung*, Peking 1967, pp. 162, 169를 보라.

스탈린은 자기가 자기의 무오류성의 보증자로 주조해낸 교의의 이름으로 비판받았다. 알튀세르 자신은 "맑스-레닌주의"의 무기를 "교조주의"에 대항시키려 시도하면서, 이론적인 모험을 하고 있었다. 적어도 이 점과 관련해서는 중국공산당은 옳았다. 맑스-레닌주의적 정통과 "위대한 혁명가"의 이력 사이에는 유기적 연관이 존재했다. 사정이 이러하다면, 놀라운 것은 『맑스를 위하여』와 『자본론 읽기』(여기서 맑스-레닌주의 자체는 거의 언급되지 않는다)가 겐섹(Gensek)의 맑스주의와 얼마나 단절되었는가 이다. 라비카가 지적했고 알튀세르 자신이 암시한 바와 같이, "맑스주의 철학"——변증법적 유물론——은 원래의 알튀세르주의적 프로젝트의 "맹점"이었다.[86] 요점은 알튀세르가 정정을 통해 스탈린주의적 유산으로부터 멀어지기보다는 차라리 더욱 근접했다는 점이다. "이론에서의 계급투쟁"이라는 철학의 제2의 정의는 이론적 스탈린주의의 붕괴에 기여하고 맑스주의 이론의 탈스탈린화를 도울 수 없었다. 왜냐하면 그것은 자신이 상상하고 있는 적대물과 동일한 스펙트럼상의 반대편 끝에 존재하기 때문이다.

알튀세르는 "중국혁명과 중국 사회주의의 경험에 적용된 맑스-레닌주의, 이 경험에 의해 풍부화되고 대중에 직접 접근 가능한 형태로 표현된 맑스-레닌주의"[87]로서의 중국판 맑스-레닌주의——"맑스-레닌주의-모택동 사상"——에 의지하여, 소련에 대한 믿음을 중국의 국가철학에 대한 믿음으로 대체했다. 문화혁명의 공식 교의는 계급투쟁을 이데올로기 영역에 제한하지는 않았지만, 이데올로기를 혁명의 운명을 결정지을 아르키메데스 점으로 규정하면서, 이데올로기를 사회주의 사회에서

85) *Le Marxisme-Léninisme*, Paris 1984, pp. 23-24; 또 p. 58도 보라.

86) Ibid., p. 109.

87) "Sur la Révolution Culturelle", *Cahiers Marxistes-Léninistes* 14, 1966, p. 10.

지고의 중요성을 갖는 것으로 선언했다. 르쿠르가 리셍코주의에 대한 탁월한 연구에서, 즈다노프 시대하에서 "부르조아 과학", 심미적인 "코스모폴리타니즘", "데카당스" 등에 대항하여 수행되는 "가상의 계급투쟁"[88]이라고 적절히 이름붙인 것이 문화혁명의 10년간 재생산되고 정말로 흘러넘쳤다. 이론에서의 계급투쟁은 당연히 맑스주의로 확장되었고, 스탈린주의적 마녀사냥의 동양적 재생 속에서 패배한 지도자들, 류소기, 등소평, 림표 등을 부르조아지의 간첩으로 취급하도록 허락해주었다. 1947년에 즈다노프가 규범화한 "비판과 자기비판"의 전례법규(典禮法規)[89]는 이데올로기적 및 심리주의적 공갈에 그럴싸한 맑스주의적 포장을 제공했다. 그 텍스트들은 스테레오타입화된 스탈린주의 경전이었다. 교주가 하는김에 덧붙인 말에 대한 정절과 『붉은 책』(*Little Red Book*)에 대한 경건주의는 "당 정신"의 축도가 되었고, 프롤레타리아 과학이라는 도그마에 대한 집착의 마오주의적 등가물이 되었다. 마오("위대한 선생, 위대한 지도자, 위대한 최고원수, 위대한 조타수")에 대한 정신착란적 숭배가 비극으로서의 역사의 이러한 반복을 상징했다. 이것은 스탈린주의에 대한 구체적인 비판이 결코 아니었다. 행동과 말 사이의 유일한 불일치는 중국의 현실과 파리(비단 그곳만은 아니었겠지만)에서 그에 대한 이루어진 그것의 텍스트상의 이상화 사이에 존재하는 불일치였다.

1966~76년 동안 마오주의적 급진주의자들의 실천에서 알뛰세르가 수행한 역할을 조금이라고도 강조한다면, 그를 부활한 즈다노프주의자로 간주하는 것만큼이나 오류일 것이다. 하지만 비록 그가 언제나 프롤레타리아 과학이라는 테제를 기각했고, 장췽(Jiang Quing)처럼 악보들을 계급적 입장의 지표로 읽으려 하지는 않았다 하더라도, 철학에 대한 그의

88) *Proletarian Science? The Case of Lysenko,* p. 128.

89) *On Literature, Music and Philosophy,* London 1950, pp. 107-08을 보라.

정치화된 두번째 정의는 인민공화국에서 너무나 유물론적으로 수행된 가상의 계급투쟁과 동일한 이데올로기적 세계에 자리잡고 있다. 『존 루이스에 대한 답변』을 탈스탈린화에 반대하는 재생된 맑스주의로 간주하는 것은 과장일 것이다. 그러나 동시에——그리고 알뛰세르의 의도가 무엇이었든간에——『답변』은 『자본론 읽기』에 잔존한 스탈린주의적인 철학적 선악관념과의 관계를 청산한다기보다는 그 선악관념의 현대적 표현형태와의 해후——맑스주의의 "마오주의화"를 통해 이루어진——를 대표한다. 편향의 이론화라기보다는 오히려 이론주의적 편향은 아닐까?

이 제5장을 결론짓는 최상의 방법은 아마 1975년에 알뛰세르가 한 발언——최초의 것을 능가하는——으로 돌아가는 것이다. 알뛰세르는 정당하게도 흐루시초프의 이니셔티브를 "우익적 탈스탈린화"로 간주했다. 또 그 결과로서 공산당들 안에서 일어난 인간주의 르네상스를 이론적으로 정치적으로 부적절하다고 간주한 점에서도 역시 옳았다. 그러나 모든 맑스주의적 인간주의와 역사주의를 부르조아적 오류로 채색한 것은 아주 틀렸다. 후기 맑스와 레닌을 스탈린주의적 패로디에 내맡기는 것에 대한 거부, 스탈린주의에 대한 맑스주의적 해명과 비판은 윤리적 판단 이상의 것을 요구한다는 신념, 비스탈린주의적인 공산주의 정치전략은 맑스주의 이론의 "혁신"을 필요로 한다는 함축, 이러한 것들도 훌륭했다. 비록 알뛰세르가 종종 자신만이 유일하게 그것들의 필요성을 인식하고 있다는 인상을 주기는 했지만. 다른 한편으로 알뛰세르는 흐루시초프와 프라하 그리고 임표를 결코 반사하지는 않았다. 그리고 스탈린에 대한 그의 성찰은 구체적 분석——이론적 인간주의로서는 체질적으로 그것을 낳을 역량이 없다고 비판받은——이 아니라 오히려 이론적 환원주의의 에세이에 상응하는 것이었다(그것이 정확하게 경제주의를 스탈린주의의 중심항목으로 규정했다 하더라도). 더욱이 알뛰세르의 "좌익적"

비판이 최종적으로 나왔을 때, 이것은 놀랍게도 좌익으로부터의 비판에 대해 스탈린을 옹호하는 것이었다. 이 결과가 아무리 실망스러운 것이라 하더라도, 요점은 이것을 탄식하거나 저주하는 것이 아니라 이해하는 것이다. 그리고 이 장에서 논증하려고 했던 해명의 단서는 알튀세르가 "서구에서의 혁명 프로젝트"를 위한 영감을 추구했던 곳, 즉 마오주의 중국에서 찾아져야 한다.

10년이 넘도록 알튀세르는 파리적인 "시대에 대한 환상"에 사로잡혀 있었다. 이 환상은 반대로 과거 시대들에 대한 환상을 낳았다. 1970년대 중국에서 일어난 사태는 프랑스 맑스주의 지식인의 여러 분파들을 당황하게 만들었음에 틀림없다. 회고하건대, 알튀세르가 자신의 입장을 중국에 기착시키고 있었을 당시 그가 프랑스공산당에 대한 충성과 관련하여 취한 비일관된 태도는 오히려 고맙게 여겨져야 할 어떤 것이다. 이러한 태도로 말미암아 그는, 아마 제6장에서 보게 될 광범위한 배반으로부터 벗어날 수 있었다. 그럼에도 불구하고 알튀세르가 선택한 대안의 붕괴는 그에게 그것의 출현만큼이나 큰 영향을 미쳤다. 이전에 그는 맑스주의 이론 속에서 스탈린주의적 실천으로부터의 피난처를 찾았는데, 이 와중에 그는 마오주의적 문화혁명 속에서 레닌주의적인 "먼곳으로부터의 서한"(언제나 프랑스 공산당에 의해 "발신자에게로"라는 딱지가 붙은)을 읽었다. 그 이후 그 이론에 대한 그의 신뢰는 심각하게 흔들렸으며, 그의 생각은 비관주의에 감염되었다. 이 비관주의는 아마도, 그가 이제는 훨씬 더 직선적으로 비판하게 된 스탈린주의에 못지 않게 맑스주의에게는 가혹한 것이었다.

6
알튀세르주의의 실추

마침내 맑스주의의 위기는 폭발하였다!

루이 알튀세르, 「맑스주의의 위기」

우리는 앞의 4, 5장에서 후기 알튀세르가 도달한 이론적-정치적 입장을 검토하였다. 영어권의 대부분의 평자들은 그의 작업 안에 하나의 중요한 단절이 있다고 가정한다. 그것은 1960~67년 사이의 알튀세르와 1967년 이후의 알튀세르 사이의 단절이고, 이론적 실천의 이론의 대표자와 이론 내 계급투쟁의 투사 사이의 단절이며, 스스로 공언한 맑스주의의 옹호자와 맑스-레닌주의의 당인(partisan)임을 선서한 자 사이의 단절이라는 것이다. 이렇게 주장하는 것도 틀린 것은 아니다. 하지만 이러한 구분은 알튀세르의 이력에서의 더 근본적인 변전——맑스주의의 과학성의 확신에 찬 주창자와 "맑스주의의 위기"의 고지자이자 심문자 사이를 가르는 심연——을 간과하거나 모호하게 함으로써만 가능하다. 그리하여 맑스주의의 위기라는 복합적인 현상에 주의를 기울이는 사람들도 이에 수반된 알튀세르주의의 위기에는 상대적으로 관심을 기울이지 않았다.

1977년 11월 베니스에서 알튀세르에 의해 선언된 이 위기는 사실은 서로 중첩되고 맞물린 세 가지 위기와 관련된 것이었으며, 이것들은 각각 따로 떼어서 보든 함께 묶어서 보든 맑스주의 그 자체의 위기보다는 범위가 다소 좁은 것들이었다. 이 세 가지 위기들이란 프랑스 좌파 중에서 마오주의적 조류에게 특별히 부담을 준 맑스-레닌주의의 위기, 스탈린주의와 사회민주주이 사이의 "제3의 길"로서의 유로코뮤니즘의 쇠퇴에 의해서 야기된, 프랑스공산당을 포함한 공산당들의 위기, 그리고 마오주의가 붕괴하고 유로코뮤니즘이 진퇴양난에 빠진 1970년대 후반에 들어서서 "현존사회주의"가 정체하면서 이론적 및 정치적 회의론에 감염된 알튀세르의 맑스주의의 위기를 가리킨다. 이 마지막 위기의 역설은 그것이 한편으로는 알튀세르주의의 이론적 핵심사상들을 폐기하는 데 영향을 미쳤으면서 동시에 중요한 정치적 방향전환을 할 수 있도록 해주었다는 것이다. 그것은 마오주의에서 "중도주의" 혹은 좌익 유로코뮤니즘으로의 전환이었다. 알튀세르의 동료들과 제자들 중 많은 사람들이 맑스주의로부터 완전히 등을 돌렸던 때에 알튀세르 자신은 자신의 당과 그 역사를 비판함과 동시에 우익측의 그의 적들에 대해서도 비타협적인 공산주의의 투사로 등장하였다.

맑스주의의 어제와 오늘

1975년 6월 피카르디대학교에서는 알튀세르의 "박사학위논문" (1959년에서 1965년 사이의 그의 저술들로 이루어진)에 대한 심사가 개최되었다. 『르 몽드』지가 "놀라운 변호"라고 평한 주장에서 그는 어째서 그의

"철학적 개입이 노동운동 안에서, 그리고 그것을 위해서……활동한 공산당의 한 당원의 작업으로서" 행해지게 되었으며, " '현실의 군주' (프랑스공산당 지도부)에게 영향을 미치기 위하여" 그가 어떻게 "상상 속의 군주의 이름으로 말하였는지", 또한 자신이 "**가로디주의** 등에 맞서 싸우기 위하여 어떻게 이론적 반인간주의 쪽으로", 레닌의 『무엇을 할 것인가』의 표현을 빌자면, "막대기를 구부렸는지", 그리고 그가 "**지배계급의 이데올로기적 헤게모니**에 도전하기 위하여 어떻게 이론에서의 계급투쟁을 실천하였는지" 등에 관해 설명했다.[1] 그의 『주장』(Soutenance) (같은 해

1) "Doctor Althusser", *Radical Philosophy* 12, Winter 1975, p. 44와 ES-C, pp. 165-75를 보라. 알튀세르는 이렇게 쓰고 있다. "철학을 구성하는 정치는 **지배계급의 이데올로기적 헤게모니의**……영향을 받으며 또한 그것을 변화시킨다. 이는 정치가 이같은 헤게모니를 조직하든, 강화하든, 방어하든, 또는 그것에 대항하여 싸우든 상관없이 그렇다" (p. 167). 이 주제는 "Les Communistes et la Philosophie", *L'Humanite*, 5 July 1975와 *La Transformation de la Filosofia*, Granada 1976——그라나다 대학교에서 1976년에 행한 강연——에서 다루어졌다. 이 강연에서 알튀세르는, 스탈린의 "폭력주의적 실천"에 반대하면서, 혁명 이후의 국가가 자신의 소멸을 준비하는 "비국가"여야만 하는 것과 마찬가지로 맑스주의 철학 역시 "비철학"——프롤레타리아트에게 억압적으로 이데올로기적 통일성을 강요하는 것이 아니라 사회적 실천의 해방 및 자유로운 발전을 위한 이데올로기적 조건들을 창출함으로써, 프롤레타리아트의 계급투쟁에 복무하는 새로운 철학의 실천——이 되어야만 한다고 주장했다(p. 46).

자신의 철학적 "**극한주의**"를 설명하기 위하여 마키아벨리를 간략히 인용한 것(ES-C, pp. 170-71)은 1977년에 행한 강연의 결론 부분에서 상술되고 있다. 이 강연, "Solitude de Machiavel"은 최근에 독일어로 출간되었다. "Die Einsamkeit Machiavellis", in Louis Althusser, *Schriften, Band 2, Machiavelli, Montesquieu, Rousseau——Zur politischen Philosophie der Neuzeit*, Berlin 1987을 보라.

10월에 『라 팡세』지에 개작 게재됨)에서 알튀세르는 자신의 이론적 개입의 운명이나 정치적 결과에 대해서는 고찰하지 않았다. 그러나 그는 앞으로의 자신의 발전에 대해서 약간 중요한 언급을 하였다. 과학임을 자임하는 이론적 담론으로서의 역사유물론은 "진보해야 할 의무를 가지고 있으며, 제국주의, **그리고** 국가, **그리고** 이데올로기, **그리고** 사회주의, **그리고** 노동운동 자체 등에 관한 새로운 지식을 제시해야 할 의무를 가지고 있다. 만일 맑스주의 이론이 스스로 역사에 도달했다고 언제나 믿어버린다면 그것은 역사뿐만 아니라 스스로에게도 뒤처질 수 있다".[2] 그리하여 1975년 6월에 알튀세르는 1960년대 초반의 그의 이론적 프로젝트를——비록 수정된 형태이지만——옹호하였으며 정치적으로는 그것에 명확한 반스탈린주의적인 의의를 부여하였고, 1967년 이후의 그의 저술들에서는 원래의 명제들에 대하여 필요한 약간의 정정을 가했다고 선언했다. 좀더 일반적으로, 그는 철학적으로 방어될 수 있고, 하나의 연구프로그램으로서 발전할 수 있으며 또 그래야 할 필요가 있는 과학적 이론——즉 역사유물론——의 존재를 가정하였다. 맑스가 발견한 역사라는 대륙은 아직도 탐사할 곳이 많이 남아 있었다. 지도를 그려야 할 부분은 사회주의 및 맑스주의의 역사라는 영토였다.

앞의 5장에서 알튀세르의 정치적 자기평가에 대하여 의문이 제기된 바 있다. 그러나 이 경우에 그의 약속은 부분적으로는 이행되었다. 1976년에 르쿠르는 뤼셍코주의에 대한 중요한 연구성과(『프롤레타리아 과학?』)를 『이론』 총서의 하나로 출판하였고, 이에 대해 알튀세르는 짤막하지만 주목할만한 서문 「미완의 역사」를 기고하였다. 『맑스를 위하여』와 『자본론 읽기』에서의 침묵과 『존 루이스에 대한 답변』에서의 모호함과는 아주 대조적으로, 알튀세르는 명백하게 자신의 맑스주의의 형성기,

2) ES-C, p. 195.

즉 이론에서의 냉전기로 되돌아갔다. 소련공산당과 형제당들 모두에 대해 개탄하면서 그는 이렇게 지적하였다.

> 여기에서는 나중에 '개인숭배'라는 조롱섞인 이름을 부여받은 끔찍했던 현실과 똑같은, 혹은 노동운동의 역사 중의 다른 많은 사례들의 경우에 나타났던 것과 똑같은……기이한 역설을 볼 수 있다. 역사상 최초로 맑스로부터 역사를 이해할 수 있는 과학적인 수단을 제공받은 공산당들은……**그들 자신의 역사를 설명하는 데에서는 맑스주의자로서의 능력을 갖추지 못한 것 같다.** 그들 자신이 오류를 범했을 경우에는 특히 그렇다.[3)]

알튀세르는 소련공산당과 프랑스공산당이 행한 사이비 정정을 비난하였으며, "노동운동은, 어둠 속에서 싸우는 우를 범하지 않기 위해서는 ……자신의 과거를 분석하고 이해해야만 한다"는 레닌의 주장을 인용하였다. **"맑스주의 정치학 우위성"**은 오류의 〔아직〕 분석되지 않고 비판되지 않은 원인들의 가시적인 결과들뿐만이 아니라 그 오류들의 근본적인 원인을 간직하고 있는 소련 및 공산주의운동에 대해 역사유물론적으로 설명할 것을 요구한다.[4)] 뤼생코주의의 근본 원인이 검토·교정되지 않은 채 남아 있었던 것은 그럴 수단이 없었기 때문이 아니라 정치적인 이유 때문이었다. 이 정치적 이유들에 관한 고찰 덕분에 알튀세르는 쉽게 스탈린주의 과거와 현재에 대한 숨김없는 반성에 들어가게 되었다. 그는 이제는 "(우리들 자신의) 이야기를 하는 것"을 멈추고 "간단하지만 심각

3) "Unfinished History", in D. Lecourt, *Proletarian Science? The Case of Lysenko*, London 1977, pp. 7-8.

4) Ibid., pp. 9-10.

한 문제", 즉 "오늘날의 소련 사회구성체를 구성하는 사회관계는 무엇인가?"라는 문제를 제기할 때라고 결론지었다.[5] 알튀세르는, 비록 그가 이미 스탈린 시기의 "정치노선"의 특성을 "경제주의 및 주의주의"라고 규정함으로써 『존 루이스에 대한 답변』을 정정하였음에도 불구하고, 이러한 자신의 질문에 대하여 여기서는 아무런 대답도 제시하지 않았다. 그대신 그는 뤼셍코 얘기로 화제를 돌려, 프랑스공산당이 거기에서 "전위" 역할을 했다는 것, 그리고 뤼셍코 이론에 보증을 서주었던, 변증법적 유물론에 대한 스탈린주의의 "존재론적 해석"은 그 본질과 "현상태를 찬미하는" 실용적 이데올로기로서의 "변호론적 기능"을 그대로 보존한 채 피상적 정정에 머물고 말았다는 사실을 언급했다.[6] 〔이제는 알튀세르의 다음과 같은 물음이 그에게 되돌아간다.〕 **끝난 역사, 끝날 수 없는 역사?**

스탈린 시기에 대한 알튀세르의 매우 직설적인 비난, 소련과 "그밖의 다른 곳"에서(동유럽은 물론 중국에서도?) 계속되는 억압에 대한 그의 최초의 서면고발, 이와 관련된 쟁점들을 프랑스공산당이 회피하는 것에 대한 그의 비판 등을 촉발한 것은 무엇이었는지, 알려져 있지는 않지만 짐작할 수는 있다. 알튀세르의 의문은 이미 의제에 올라 있었다. 이런 의문을 제기했던 사람을 한 사람만 말한다면 그는 솔제니친(A. Solzhenitsyn)이었다. 그의 『수용소 군도』(*Gulag Archipelago*) 제1권은 (그가 추방된 해인) 1974년에 나왔다. 1970년대 중반에 전속된 곳 없이 활동하

---

5) Ibid., p. 13. 그리고 pp. 11-13도 보라.

6) Ibid., pp. 13-16. 스탈린주의 이데올로기에 관해서는 르쿠르의 저작과 더불어 또한 *idem*, "Staline", in *La Philosophie sans Feinte*, Paris 1982와 Etienne Balibar, *On the Dictatorship of the Proletariat*, London 1977도 보라. 알튀세르는 *L'Humanite*, 14 May 1976에 실린 그의 글이 "명백한 월권"을 범했다는 비난을 공개적으로 받았다.

던 프랑스의 마오주의자들은 돌연 군도를 발견하였고, 이것은 다마스커스 비율의 발견과 같이 닥쳐왔다. 맑스주의의 이름으로 이루어진 역사에 대해 맑스주의적 분석을 해야 한다는 알튀세르의 요청과는 정반대로 많은 사람들은 이 러시아 소설가를 따라 맑스주의의 역사의 책임을 맑스주의에게로 돌렸다. 그 선두주자는 전에는 프롤레타리아 좌파의 지도자였고 한때는 프랑스 맑스주의의 클라우제비츠였던 앙드레 글룩스만이었다. 그는 이데올로기적 광상극 『요리사와 식인종』(1975)을 썼는데, 이 작품은 그의 동료이자 이론적 반인간주의 좌파에 속한 푸코의 열렬한 환영을 받았다. 푸코는 이제 스탈린주의가 맑스주의의 "진실"[7]이라고 선언했다. 글룩스만은 이 여세를 몰아 2년 후에는 『사상의 대가들』을 썼는데 이것은 포퍼의 『열린 사회』를 파리식의 비합리적 방식으로 개작한 것이라고 할 수 있는 책으로서, 물론 알튀세르를 겨냥한 가차없는 비난도 몇 마디 들어 있었다.[8] 말 그대로 신철학자들은 그중 가장 주도면밀하고 독선적인 (자기)선전가인 베르나르-앙리 레비에 의해서 1976년 6월에 프랑스 대중에게 소개되었다. 레비는 『새로운 문인들』의 독자들에게 "이 사람들〔신철학자들〕에 대한 솔제니친의 역할은 10년 전의 알튀세르의 역할과 같다"[9]고 말했다. 그의 말은 정확히 말하자면 다음과 같은 뜻이다. 한때 맑스주의는 그것이 진리였기 때문에 전능했고 문화혁명과 같은 놀랄만한 경이도 만들어냈다. 이제 그것은 과학이기 때문에 전능하며 그리하여 괴물들을 낳았다는 것이다. 단순히 도덕적 표지를 뒤바꿈으로서 천사가 이론주의라는 악마로 탈바꿈되었다. 전체주의적 과학이자 전체주의의 과학인 맑스주의는 여전히 역사의 조물주이다. 1976년에

7) Alex Callinicos, *Is There A Future for Marxism?*, London 1982, p. 108에서 재인용.

8) *The Master Thinkers*, Brighten 1981, pp. 120-22를 보라.

9) *Les Nouvelles Literaires*, 10 June 1976.

푸코는 이렇게 털어놓았다. "우리가 맑스주의에 반대하는 이유가 있다면 그것은 그것이 실제로 과학이 될 수 있다는 사실에 있다"[10]고. 과학적 담론으로서의 맑스주의는 권력에의 의지를 감추고 있으며, 그 의지의 실상은 군도이다. 혹은 레비가 스스로 "신철학"의 대중적 개설서라고 자임하는 『인간의 얼굴을 한 야만』(1977)에서 말하듯이 "소련의 수용소는 맑스주의적인 것으로서, 아우슈비츠가 나치적이었던 만큼이나 맑스주의적 이었다."[11] 솔제니친의 서사시와 중국에서의 대실패의 동시발생은 이처럼 냉전의 명제들을 재탕하는 이데올로기적 공세를 몰고왔다. 그것은 "사회주의냐, 아니면 야만이냐"가 아니라 "사회주의는 곧 야만", "공산주의는 곧 나치즘"이라는 것이었다. 1977년 9월 『타임』지는 서유럽 지식인들 사이의 **동맹의 전복**에 기뻐날뛰면서 "맑스주의는 죽었다"고 화려하게 표지를 장식하였다. 그리고 실로 그해말에 이르면 "파리사람들의 새로운 합의"[12]라고 이름붙여진 반맑스주의 합의가 이루어졌다.

듀스나 그밖의 논자들의 주장처럼 68년 이후의 좌익주의의 정치적 및 이론적 전망들이 **신철학**의 기반을 준비하였다. 1968년 5월에 관한 저서 「1968년 프랑스에서의 전략과 혁명」에서 글룩스만은 "선거용지 뒤에는 5월에 나타났던 혁명적 상황이 살아남아 있다"는 의견을 피력하면서 "혁명이냐 아니면 반혁명이냐의 전망이 있을 뿐이다"라고 결론지었다.[13] 이것이 당면 정세에 대한 **프롤레타리아 좌파**의 전망이었다. 이

10) *Power/Knowledge*, New York 1980, p.84.

11) *La Barbarie à Visage Humaine*, Paris 1977, p.167.

12) Peter Dews, "The 'Nouvelle Philosophie' and Foucault", *Economy and Society* 8 : 2, 1979, p.129. 또다른 탁월한 설명으로는 *idem*, "The 'New Philosophers' and the End of Leftism", in R. Edgley and R. Osborne (eds.), *Radical Philosophy Reader*, London 1985를 보라.

13) "Strategy and Revolution in France in 1968", *New Left Review* 52, 1968, pp.83, 120.

마오주의 조직은 UJC와 '3월 22일 운동'의 분자들이 합쳐서 결성된 것이다. 1972년의 『현대』지의 "신파시즘, 신민주주의" 특집호에서 글룩스만은 그 조직의 극좌적인 정치 전망에 대하여 이렇게 설명하였다. 즉 반동(퐁피두 정권)은 "상층으로부터의 파시즘"의 형태를 취하고 있고, 그것을 아래에서 떠받치고 있는 것은 사회파시즘, 즉 1968년에 자본주의를 살려준 프랑스공산당인데, 따라서 혁명운동은 이 반동에 대항하여 "새로운 민중적 레지스탕스"를 조직해야 하며 대중으로 하여금 봉기를 일으키고 나아가 인민전쟁을 벌이도록 자극할 수 있는 모범적인 행동을 선도적으로 수행해야만 한다는 것이었다. 결국 이탈리아와 서독에서 '붉은 여단'과 '적군파'에 의해서 이와 비슷한 환상이 행동으로 옮겨졌다. 대체로 라탱지구의 극좌분자들은, 드골주의자들 및 그와 **협력하는** 공산당에 대항하는 수사적(修辭的) 테러리즘으로서 "새로운 빨치산"이라는 자신들의 이미지에 만족하였다. 오직 그들의 머리 속에서만 무기의 비판이 비판의 무기를 대체했다. 우리의 논의를 위해 중요한 것은, 이 파리 라탱지구의 마오주의자들이 중국공산당으로부터 배운 반소주의와 그들이 "제3기"의 드골식 재방송으로 선전하였던 반공〔산당〕주의는 쉽게 철저한 반맑스주의로 빠져들어갈 수 있으리라는 점이다. 그리고 바로 정확히 이런 일이 1970년대 중반에, "인민의 종복들"이 자신들의 환상 위에 건설하고 설교했던(정확히 실천하지는 않았더라도) 극좌적-반레닌주의적 자생주의 및 인민주의가 낭만적인 권력철학과 저항의 윤리학으로 변형되었을 때, 공산당 비판이 맑스주의 **그 자체**에 대한 비판으로 변형되었을 때 일어났던 것이다. 사후적인 재평가에서 1968년 5월과 그것이 **좌파**에 미친 영향은, 푸코의 말을 빌리자면, "근본적으로 반맑스주의적인 어떤 것"[14]이었다고 인식되었다. 이제 맑스주의는 기술관료적, 권위

---

14) *Power/Knowledge*, p. 57.

적인 정치와 동일시되었으며 그것의 종착역은 수용소라는 지옥으로 인식되었다(한때 자본주의는 파시즘과 등치되었지만, 이제는 사회주의의 차례가 된 것이다). 1968년 5, 6월의 프랑스공산당의 행동은 착오가 아니었으며 맑스주의가 국시와 공모한 전형적인 예로 되었다. 맑스주의는 소련을 설명할 수 없었다. 왜냐하면 소련에 대한 책임은 맑스주의에게 있었기 때문이다. 프랑스공산당의 형상을 한 소련은 68년 5월에 대해 적대적이었다. 왜냐하면 파리의 봄은 자신의 전체주의적 프로젝트에 해로웠기 때문이다.

이 집단적인 전향만큼 비열한 변절도 드물었다. 1970년대 후반에 프랑스에서 유행한 맑스주의에 대한 철저히 비독창적인 비판은 스스로를 우익과 거리를 두려는 시늉을 해보이기도 했다. 그러나 이런식의 비판이 『타임』지나 지스카르 데스탱 부류에게 인기가 있었던 것은 결코 우연이 아니었다. 그것은 1968년 5월사태에 대한 반발에 뿌리를 두고 있었으며, 자유세계에서의 5월사태에 관한 지배적인 무정부적 자유주의 이데올로기에 연원하는 것이었다. 그러나 만약 프랑스공산당이 스탈린주의라는 주제를 방기하지 않았더라면 다시 태어난 반맑스주의자들은 카뮈, 포퍼, 솔제니친, 푸코 등을 섞어만든 가짜약을 팔지 못하고 단지 냉전 이데올로기를 개작하는 일밖에 할 수 없었을 것이라는 점은, 유감스럽게도 진실이다. 다른 곳에서와 마찬가지로 파리에서도 탱고를 추려면 두 사람이 필요하다. 좌파연합이 프랑스의 사회질서에 대하여 제기한 위협은 광적인, "때를 만난 몇몇 사람들의 원정대"(니체)를 속죄양으로 만들었다면 1975년 10월 이후 프랑스공산당의 지도자들이 이따금씩 감히 나서서 브레즈네프 체제에 대해 피상적인 비판을 한 것은 선거라는 급박한 사정을 위한 기회주의적 적응으로 간주되었다. 스탈린주의에 대한 프랑스공산당의 사후적 충성과 소련의 경험에 관한 진지한 연구 및 토론을 기피하는 증세의 공존은, 이제 56년 이후의 당의 전략이 거의 성공을 거둘

듯이 보인 때에 다시 프랑스공산당을 괴롭히게 되었다. 기회주의의 죄악에 대한 형벌로서 무정부주의가 나타났던 곳에서 반공주의는 스탈린주의의 잔재에 대한 복수를 의미했다.

그렇다면 알튀세르가 1976년에 제기한 문제에 대한 대답은 이미 냉전의 레퍼토리 속에서 풍부하게 제시되어 있었다. 파리에서의 합의는, 푸코의 말을 빌리면, "맑스의 진짜 수염을 스탈린의 가짜 코와 대비시킴으로써 자신을 구제하기를 바라는 사람들은 시간낭비를 하고 있을 뿐"[15] 이라는 것이었다. "미완의 역사"에 대한 그 어떤 맑스주의적 설명도 최고급 **살롱**에서 이처럼 예의바른 거절을 당해본 적이 없을 것이다. 알튀세르가 거짓말 하기(story-telling)는 끝났다고 선언했음에도 불구하고 다른 종류의 꾸며진 얘기(story)가 베스트셀러가 되었다. 두 가지 흐름이 합류하면서 역사유물론은 문제의 대상에서 밀려났다. 그것은 **신철학**과 포스트 구조주의였다. 알튀세르가 1960년대초에 모색했던, 맑스주의와 전위적 프랑스 이론의 동맹은 1968년 이후 사라졌는데, 이때는 5월에 속한, 욕망과 권력의 철학들이 고도의 구조주의를 세미나실에서 몰아낸 때였다. 이처럼 알튀세르주의는 이중으로――맑스주의로서도, 구조주의로서도――훼손되었다. 알튀세르의 『주장』은, 들뢰즈·가타리의 『안티 외디푸스』(*Anti-Oedipus*)나 푸코의 『감시와 처벌』(*Discipline and Punishment*)

---

15) Callinicos, *Is There A Future for Marxism?*, p.108에서 재인용. 당연히 이에 대해 견해를 달리하는 사람들――웅변적인 사람들――도 있다. 예를 들면 Regis Debray, *Modeste Contribution aux Dixcours et Ceremonies Officielles du Dixieme Anniversaire*, Paris 1978; Dominique Lecourt, *Dissente ou Revolution?*, Paris 1978; 그리고 Robert Linhart, "Western 'Dissidence' Ideology and the Protection of Bourgeois Order" (1977), *in Il Manifesto* (ed.), *Power and Opposition in Post-Revolutionary Societies*, London 1979를 보라(마지막 논문은 프랑스 마오주의의 저명한 인물중의 한 사람이 자신의 옛 동료들을 통박한 주목할만한 글이다).

과 같은 저작들이 역사유물론에 대하여, 비록 암묵적이긴 하지만 중요한 도전을 하고 있다는 점을 간과하는 부주의를 범하고 있다. 알뛰세르주의자들로부터 아무런 응답이 나오지 않은 채 포스트 구조주의가 모든 것을 휩쓸었다. 글룩스만과 더불어 5월 이후의 프랑스 철학에서는 "고전주의로부터 낭만주의로의 이행"[16]이 초래되었으며, 이는 명시적으로 반맑스주의적인 선회였다. 그리하여 "해체주의" 철학이 맑스주의에 도전하여 성취할 수 없던 것이 이데올로기적 **전쟁터**에서 기록적인 시간에 달성되었다. 1977년경에 이르면 프랑스에서 역사유물론은 일반적으로 이론적 및 정치적으로 믿을 수 없는 것으로 간주되었다. 반격하기에는 너무 늦었다. 만약 이 반격의 짐을 떠맡을 수 있는 한 사람의 고참 프랑스 철학자가 있다면 그 후보자는 알뛰세르임이 명백했다.

결국 그는 그럴 능력이 없음이 드러났다. 그는 자신의 적들과 정면으로 맞서 그들을 패배시키기보다는 그들이 내린 판결들의 일부에——비록 의도적인 것은 아니었으나, 사퇴와 궐석으로 인하여——서명하는 셈이 되었다. 1960년대초에 알뛰세르는 맑스주의를 구조주의라는 떠오르는 별에 매달았다. 1970년대 후반에 그는 구조주의에 연원을 두고 등장한 포스트 구조주의의 도전에 대응할 힘이 없음을 드러냈다. 그리고 1965년 이후 "구조주의"로부터 퇴각하면서 알뛰세르가 동조한 것은 바로 맑스-레닌주의였으며, 이에 가장 즉각적으로 의문을 제기한 사람들은 바로 그의 조국의 동료들이었다. 알뛰세르가 1977년 11월 이탈리아의 『선언』(*Il Manifesto*) 그룹이 주최한 학회에서 혁명 이후의 사회들을 주제로

16) Dews, "The 'Nouvelle Philosophie' and Foucault", p. 129. 맑스주의, 비맑스주의를 불문하고 포스트 구조주의에 대한 단연 최상의 전반적인 논의를 위해서는 *idem, Logics of Disintegration——Post-Structural Thought and the Claims of Critical Theory,* London 1987을 참조하라.

한 논문 「맑스주의의 위기」를 발표했을 때에는 왕년의 이론적 자신감과 전투성이 이미 사라져버린 후였다. 이전에는 알뛰세르에게 맑스주의의 중대 위기는 소련공산당 제20차대회와 더불어 시작된 것이었다. 그러나 이와 대조적으로 이제 그는 그 위기가 훨씬 오래 전부터 시작된 것이며 훨씬 더 심각한 차원의 것이고, 그 위기의 동시대적 첨예함은 역설적으로 맑스주의에게는 기회를 제공한다고 설정하고 있었다. 알뛰세르가 자신의 이 논문의 서두에서 설명하듯이, 맑스주의에 대한 도전에 대응하려면 우선 "맑스주의의 위기"라는 현실을 받아들여야 하며, 그러나 그것의 의미를 전환시키려는 시도를 해야만 했다.

그러면 그 위기란 도대체 무엇인가?

> 하나의 현상, 즉 세계사적 수준에서 파악되어야만 하고, 맑스주의 전통에 기초한 혁명적 투쟁조직들이 현재 처해있는 난관과 모순과 딜레마에 관련된 현상이 그것이다. 국제 공산주의운동의 단결이 손상되고, 이 운동의 낡은 조직형태들이 파괴되었을 뿐만 아니라 그것의 역사 자체가 그것의 전통적인 전략 및 실천과 더불어 의문시되고 있다.[17]

맑스주의자들은 "사회주의에 대한 진정으로 살아있는 준거"를 전혀 갖지 못하고 스탈린(주의)의 망령에 사로잡힌 채로 수세에 몰려있다. 이런 상태는 소련사에 관한 필수적인 맑스주의적 분석을 제시한다고 해서 호전될 수 있는 것이 아니다. 왜냐하면 이제까지 그런 분석을 제시하려고 했으나 실패한 배후에는 "맑스주의의 이름으로 수행되는……진정으로 만족스런 맑스주의적 역사 분석을 제시하는 것이 지극히

17) "The Crisis of Marxism, in *Il Manifesto* (ed.), *Power and Opposition in Post-Revolutionary Societies,* London 1979, p. 226.

곤란하거나……아마도 심지어는 현재의 이론적 지식의 상태에서는 거의 불가능한" 사정이 있기 때문이다. 설혹 맑스주의가 자신의 이름으로 이루어진 역사에 대하여 책임이 없다고 하더라도, 그것은 그 역사에 연루되어 있으며 그것에 의해서 "훼손되었다".[18]

정치적인 것과 이론적인 것이 결합된 맑스주의의 위기에 대처할 수 있는 길은 그것을 무시하거나 사정이 나아지기를 기대하면서 참고기다리는 것이었다. 이와는 다른 세번째의 가능한 방안으로, 알튀세르가 지지한 것은,

> 문제를 충분히 역사적, 이론적 및 정치적인 전망 속에서 바라보면서……위기의 특성과 의미와 함의를 발견하려고 노력하는 것이다. 만약 이 점에서 일단 성공한다면, 우리는 다른 방식으로 얘기를 시작할 수 있을 것이며, 우리의 기나긴 역사에서 벗어나기 시작할 수 있을 것이다. 우리는 "맑스주의가 위기에 처했다"라고 말하는 대신에 이렇게 말할 수 있을 것이다――"마침내 맑스주의의 위기는 폭발하였다! 마침내 그것은 완전한 모습을 드러내게 되었다! 마침내 생생하고 살아있는 무엇인가가 이 위기에 의해서 그리고 이 위기 안에서 해방될 수 있게 되었다"라고.[19]

이 위기는 결코 "최근의 현상"이 아니라 1930년대에까지 거슬러 올라가는 것이었다. 그 당시 사정은 다음과 같았다.

> 그때까지 자체의 모순들에 의해 생생하게 살아있었던 맑스주의는

18) Ibid., pp. 227-28.

19) Ibid., p. 229.

'이론적' 공식 속에 갇혀버렸고 스탈린주의의 역사적 통제에 의해서 강요된 노선 및 실천들 안에 봉쇄당했다……모든 난관에도 불구하고 개방성을 지니고 있던 그때까지의 맑스주의에게 폭력을 휘두름으로써, 스탈린은 사실상 맑스주의 내부에 심각한 위기를 야기했고 그와 동시에 그는 그것을 봉쇄하여 폭발하지 못하게 하였다.[20]

현재의 분출은 단순히 파괴만을 가져오는 것이 아니라 1960년대 및 70년대의 민중투쟁과 연계되어 "해방과 부활의 가능성"을 약속하는 것이었다.

그러나 이제 알튀세르에게는 맑스로의 복귀는 더이상 거론될 수 없는 문제가 되었다.

우리는 우리의 역사적, 정치적 전통, 그리고 심지어 이론적 전통조차도 순수한 유산으로 생각할 수 없다. 그것은 스탈린이라는 개인 혹은 그가 지배했던 역사시대에 의해서 왜곡되었다. 맑스주의의 원래의 '순수성'은 어디에도 없으며 단지 재발견되어야 할 뿐이다. 1960년대 전체에 걸친 시험기간 동안 우리는 각기 다른 방식으로 '다시 고전으로' 돌아가서 맑스, 레닌, 그람시를 읽고 또 읽으면서 그 안에서 살아있는 맑스주의, 스탈린식의 공식들과 실천들에 의해서 소멸되고 있었던 그 무엇을 찾아내려고 노력했고, 그리하여 우리들은 각자의 차이에도 불구하고 자기 나름의 방식으로 한 가지 명백한 사실을 인정하게 되었다. 그것은, 우리의 이론적 전통은 '순수'하지 않다는 것, 레닌의 지나치게 성급한 말과는 반대로 맑스주의는 '강철의 요새'가 아니라 난점과 모순 및 공백들을 포함하고 있고, 이것들은 또한 그것들 자체의 수준에서 위기를

---

20) Ibid., p. 230.

가져오는 데 일정한 역할을 하였으며, 이 점은 이미 제2인터내셔널 당시와 그리고 심지어 레닌이 아직 살아있었던 제3인터내셔널 초기에도 마찬가지였다는 것이다.[21]

맑스주의는 이음매 없는 완벽한 과학적 직조물이 아니었다. 맑스는, 이제 알튀세르가 "자본주의 사회에서의 계급투쟁의 조건 및 형태에 관한 이론"이라고 정의한 것의 기초를 놓았다. 그러나 이 이론은 불완전하며 그 당시의 지배적인 부르조아 이데올로기의 흔적을 지니고 있으며 그 전역사를 통하여 부르조아 이데올로기의 침투를 당하였다. 고전들 자체에도 오류가 있었다. 그 예로서 알튀세르는 그가 『자본론』의 "허구적인" 통일성이라고 이름붙인 것, 그리고 그것으로부터 도출되는 순전히 양적인 착취이론을 지적하였다. 그는 맑스주의 철학——맑스가 선언하고 그의 계승자들에 의하여 실증주의적이고 진화론적인 형태로 만들어졌으며 스탈린에 의해 교조화된 변증법——의 "수수께끼"에 대하여 언급하였다. 나아가 그는 맑스와 레닌의 저술들에서 "대단히 중요한 두 가지 이론적 공백"을 인식하였다. 국가론과 혁명조직에 관한 이론이 그것이다. 그 첫번째 것에 관하여 맑스주의는 이론 자체를 갖고 있지 못했고 단지 레닌이 "입헌적 환상"이라고 부른 것을 피하라는 금지명령만이 있을 뿐이었으며——이것은 절름발이식 정치적 공백이었다. 두번째의 것에 대해서도 이와 마찬가지로 맑스주의에는 정당이나 노동조합 등의 "작동"에 관한 진정한 이론이 없었으며 그 결과 혁명 이후의 어떤 사회질서 속에서든 그것들은 서로 경쟁하는 과정에서 부르주아적 형태들을 재생시킬 위험과 국가와 당/노동조합이 "융합"될 위험이라는 이중의 위험이 생겨났다.[22]

---

21) Ibid., p. 231.

국가 및 당의 문제들은 이탈리아, 스페인, 프랑스에서 일어난 강력한 대중운동(그리고 덧붙이자면 아마도 문화혁명)에 의해서 극적으로 나타났다. 그것들은 "긴급한 정치적 문제"였으며, 이에 대한 대답은 사회운동 및 노동운동의 운명을 결정하는 데 도움이 될 수 있는 것이었다. 이와 동시에 대중적 실천은 위기 해결을 가능케 할 조건을 갖추고

22) Ibid., pp. 232-35. 1977년 12월 『선언』지의 로사나 로산다와의 인터뷰에서 알튀세르는 이 점들에 대해서 상세히 언급하면서, 맑스는 마치 국가, 정치 등에 대한 부르조아적 표상에 의해 마비된 것처럼 그의 "정치경제학 비판"에 동반되어야 했을 "정치 비판"으로 결코 나아가지 못했으며 그의 계승자들도 마찬가지였다고 주장했다("Entretien", *Dialectiques* 23, 1978, pp. 6-7). 그러나 다음과 같은 점이 사활적으로 중요한 것이다. "무엇보다도 그것은 부르조아 이데올로기에 의해 정치적인 것으로 공식적으로 인가된 형태들——국가, 대의제도, 국가권력의 보유를 둘러싼 정치투쟁, 정당 등——만으로 [정치를] 환원시키지 말아야 한다는 문제다. 만약 이 논리에 빠져들어가 거기에만 머문다면 '의회주의적 백치병'에 걸릴 뿐만 아니라 무엇보다도 정치에 대한 법률적 환상에 빠질 위험이 있다. 왜냐하면 정치는 정치적 법률들에 의해서 규정되며, 이 법들은 부르조아 이데올로기에 의해서 규정된 정치형태들을 신성시하기(그것도 단지 신성시할 뿐이기) 때문이다……"(p. 8). 예를 들면 "전에는 전혀 예상할 수 없었던" 생태계 보존운동이나 여성운동이 새로운 출발점이 되었으며, 이런 것들은 "고전적인 부르조아 정치형태들"에 도전할 뿐만 아니라 정치와 당에 대한 맑스주의 인식에도 의문을 제기하였다(pp. 8-9). 공산당의 조직형태는 "부르조아 이데올로기에 심각하게 오염되어" 부르조아적 정치기구를 모델로 삼았고, 지도부와 일반 투사의 괴리, 그리고 당과 대중의 괴리를 특징으로 하게 되었다. 이론적 정정과 실천적 전환이 긴급하게 요구되었다. 왜냐하면 공산당은, 만약 그들이 부르조아 국가기구의 파괴를 위한 도구로서, 그리고 혁명 이후의 국가의 "사멸"의 도구로서, 나아가 공산주의의 도구로서 행동하려면, 국가에 대한 그들의 "외재성"과 "자율성"을 유지하여야만 하기 때문이다(p. 9).

있었다. 위기 자체가 "해방을 위한 역사적 기회"를 의미했다. 알튀세르의 결론에 따르면 맑스주의는,

> 그 역사 속에서 오랫동안 수많은 위기와 변형을 겪어왔다…… 이제 우리는 현재의 위기상황에서 [1914년의 제2인터내셔널의 붕괴 이후에 일어났던 것과] 비슷한 전환에 직면해있으며 그것은 이미 대중의 투쟁 속에 뿌리를 내리고 있다. 그것은 맑스주의를 쇄신시킬 수 있고 그 이론에 새로운 힘을 부여할 수 있으며 그것의 이데올로기, 조직, 실천을 교정할 수 있고, 그리하여 노동자계급과 모든 근로인민을 위한 사회적, 정치적, 문화적 혁명의 진정한 미래를 열 수 있을 것이다.[23]

알튀세르의 진단에 가장 먼저 이의를 제기한 사람은 슈미데러(U. Schmiederer)였다. 그녀는 이탈리아의 같은 학회에서 발표한 글에서, 위기에 처한 것은 맑스주의가 아니라 맑스-레닌주의라고 주장했다.[24] 나중에 살펴보겠지만 서유럽 맑스주의의 지도적 인물들 중에서 1970년대에 맑스주의의 전반적 위기의 징후를 추적한 사람이 오직 알튀세르만은 아니었다. 그럼에도 불구하고 그 위기는 마오주의의 위기로서 시작되었으며 그런 후에 유로코뮤니즘의 쇠락에 따라 방향을 상실한 공산당의 평당원들에게로 확산되었던 것이 사실이다. 스탈린주의를 주제로 웅변하고 있는 그의 저작에서 마오주의 중국——얼마 전까지만 해도 알튀세르의 "사회주의의 진정으로 살아있는 준거"였던——의 경험에 대하여 조금도 언급하고 있지 않다는 것은 여기에서 분명히 중요한 지표이다. 이 "준거"가 상실되자 알튀세르의 소련에 대한 해묵은 환멸이 명료하게

---

23) "The Crisis of Marxism", p. 237.

24) *Power and Opposition in Post-Revolutionary Societies,* p. 162를 보라.

표현되었다. 중국의 붉은 별이 떨어지자, 알튀세르의 맑스주의는 그에 대한 좌익적 비판가들의 맑스주의와 함께 위기에 빠졌으며, 그리하여 그는 베니스에서 반성적 선언을 하게 되었던 것이다.

알튀세르가 비난을 받게 된 까닭은 그가 위기를 인식했다는 것 자체 때문이라기보다는 그가 그것을 서술하고 처리한 방식——그의 발언의 초점과 취지——때문이었다. 스탈린주의 및 그에 대한 공산주의적 대안들의 위기는 한마디로 맑스주의에 내포된 것으로 확대해석되었다. 따라서 알튀세르의 개입은 반맑스주의의 전진을 저지하려는 의도를 지닌 것은 아니었다. 흐루시초프주의나 맑스주의적 인간주의보다는 스탈린주의가 진정한 위기를 대표한다는 사실을 뒤늦게나마 인정한 것은 환영할 만한 것이었다. 그러나 최근에야 합류한 알튀세르는 이제까지 독자적인 맑스주의자들이 싸워서 지켜온 영토를 양보했다는 점에서 오류를 범했다. 이 증후군의 지표는, 소련 사회구성체에 대한 설득력있는 설명을 제시할 역사적 유물론의 능력에 대한 알튀세르의 비관론이었다. 이러한 비관론은 마오주의적 단순성으로부터 뒤늦게 거리를 두게 된 것과 러시아사에 대한 어떠한 유물론적 설명에도 장애가 있으리라는 낙담어린 주장——신철학자들에게 매우 소중한 명제——양자를 결합하였다. 이런 결론들이 갖는 무장해제 효과를 의식하지 못한 채, 알튀세르는 더 나아가 맑스주의의 스탈린주의로부터의 독자성에 의문을 제기함으로써 이같은 무장해제 효과를 증폭시켰다. 여기에서도 마찬가지로 만약 이것이 맑스-레닌주의에 대하여 그가 가지고 있던 환상을 인정하는 것이라면, 그것은 찬사를 받을 수 있을 것이다. 하지만 그것이 맑스주의 전체를 더럽히는 것인 한, 그것은 균형을 잃은 것이며 적어도 『단기과정』이나 『붉은 책』이 아닌 다른 것으로부터 맑스주의를 배운 사람들에게는 부당한 일이었다.

"우리에게" 위기가 닥쳐온 때를 1930년대로 잡는 알튀세르의 시기구분은 부정확하며 근시안적인 것이라고 반대할 수도 있다. 그러나 이것은 다소 논점을 벗어난 것이라 할 수 있다. 왜냐하면 중요한 점은 이제 알튀세르가 예전의 역사적 경험이나 맑스-레닌주의 고전으로 돌아가는 것을 한사코 거부하고, 정치적-이론적 문제들은 바로 맑스와 레닌 자체에 존재하고 있다고 선언하기 때문이다. 이같은 평가만큼 유해한 일도 없는 게 당연하지만(티라나〔Tirana〕 외부의 맑스주의자들은 이에 대해 뭐라고 반대할 것인가?), 이를 해명하는 것은 낭비일 뿐이다. 그것은 마치, 1960년대의 맑스로의 회귀가 맑스-레닌주의 정통이론의 전제들을 수반하였다는 것을, 그리고 그 자신의 맑스주의의 정정은 마오주의에 그 사활이 달려있다는 것을 발견했던 알튀세르가 이런 특수한 결함들을 맑스와 레닌에게로——한때 그가 근거없이 맑스주의와 레닌주의를 문화혁명에 투사하였던 바와 똑같이——투사하는 것이나 다름없었다. 이런 새로운 이론적 회의론의 즉각적인 결과는 맑스주의에는 국가론과 정치론이 없다는 그의 선언——횡행하는 도식주의, 이론의 미발전, 전략적 사고의 결핍을 이론의 완전한 부재와 혼동한 판단——으로 나타났다. 더군다나 다른 사람들의 순종적 태도를 비난하면서 역사적 유물론과 다른 모든 종류의 부르조아 이데올로기 사이를 가로지르는 심연을 그 누구보다도 더 열렬하고 엄격하게 주장했던 맑스주의 철학자가 이제는 그것이 19세기의 이데올로기적 주제들로 오염되어 있다고 불평을 하고 있었다. 이와 더불어 맑스의 혁명적 독보성을 선포하던 이 사람이 푸코가 1966년에 한 주장을 승인하였으며 인식론적 단절을 기각하였다. 역사적 유물론은 역사에 대한 과학으로부터 이제는 자본주의 사회에 관한 이론을 시작하는 문제틀로 축소되었다. 맑스주의에서 무엇이 변화해야 하는가는 특정화되지 않은 채 남아 있었다. 그러나 이러한 설명——극단적인 반교조주의——으로 인해 그것 이상의 별다른 게 없었다.

분명히 알튀세르의 주장의 어조는 어울리지 않게 낙관적이었다.

그것은 거의 환희에 찬 언급으로 끝을 맺었다. 그러나 맑스주의에 대한 알튀세르의 성찰은 결코 그런 낙관을 보장해주지 못했다. 알튀세르는 자신의 이전의 이론주의 및 맑스-레닌주의에 반대함으로써 개인적인 청산을 했다. 이 과정에서 그는 권위있는 목소리로 상투어를 반복했는데, 이는 단지 우울증을 쫓아버리는 데에도 도움이 되지 못했거니와, 그 위기의 해결은 그만두더라도 위기의 완화에 필요한 집단적인 노력을 고무하는 데에도 거의 도움이 되지 못했다. 실로 그의 선언은 맑스주의의 유산 가운데 많은 것을 그 비방자들에게 넘겨준 것——반박성명이 아니라 확인서명——으로 해석될 수 있었다. 사실상의 자서전적인 대차대조표라고 볼 수 있는 것이, 다른 증인이나 증언의 채택을 거부한 공식적인 심문법정같은 분위기를 띠었다. 재판관이자 동시에 배심원의 역을 맡은 알튀세르는 맑스주의의 위기를 선언했고 민중적 실천 속에서 그것이 구제될 것을 기대하였다. 그의 긍정적 결론을 뒷받침한 유로코뮤니즘의 전진에 걸었던 희망은 그 다음해 봄에 프랑스공산당의 지도부와 프랑스의 유권자들로부터 마지막 결정타를 맞았다. 그리하여 프랑스 공산주의——그리고 알튀세르주의——의 위기가 폭발한 것이다.

공산주의의 위기

이제까지 우리는 역사적 유물론이 1970년대 중반에 포스트 구조주의자들과 신철학자들의 포화를 받게 되었다는 것을 살펴보았다. 70년대 말에 이르자, 2차대전 이후 프랑스의 지적 문화를 지배했던 하나의 패러다임이 참패를 당했다. 알튀세르에 의해 재개된 역공은 적의 전진을 저지하기에는 적어도 불충분한 것이었다. 그러나 비록 맑스주의 이론이, 그리고 이와 더불어 "현존사회주의"의 명성이 이 기간 동안에 극적인 패배를 당하였다고는 하지만, 서유럽의 대중적 공산당들은 레지스탕스운동 이래 최초로 공세를 취하고 있었다. 전후 호황이 끝남과 함께 하나의 유령이 서유럽(그리고 미국 국무성)을 배회하였다. 유로코뮤니즘이라는 유령이 그것이었다.

1968년 5월과 그 다음해의 이탈리아의 "열풍 가을"이 그 전환점이었다. 왜냐하면 이중의 위기——자본주의와 스탈린주의 양자의 위기——시대에 일부 사람들이 임박했다고 생각했던 혁명적 이론과 실천의 재통일은 실현되지 않았음에도 불구하고, 맑스주의 좌익 중에서 이탈리아, 프랑스, 스페인의 공산당들은 10년간의 전환기에 유럽의 노동자계급의 분출과 대중의 전투성으로부터 가장 득을 많이 본 세력이었기 때문이다. 억눌려있던 것, 즉 계급정치가 되살아났다. 자본주의의 위기가 시작된 것과 더불어, 까리요가 "권력으로의 유로코뮤니즘적 길"이라고 부른 것이 일정에 올랐다. 유로코뮤니즘 선언의 독창성은 그것이 코민테른의 규준들로부터 **명시적으로** 이탈한 점, 즉 사회주의 전략을 선진자본주의하의 부르조아민주주의에 적응시키려고 시도한 점에 있었다. 그것은 궁극적으로는 자본주의 정치 및 경제와의 단절을 전망하면서도 사회주의에 대한 점진주의적이고 합헌주의적인 인식과 이에 따른 전략을 수용하였다. 여기에는, 정도 차이는 있었지만 러시아 모델로부터 공공연하게 거리를 두는 것이 포함되었다. 소비에트 스타일의 사회주의와는 구별되는 것으로서의 유럽식 변형태는 수단과 목적이 민주적이리라는 것이었다. 권력으로 가는 민족적 및 합헌적 길은 흐루시초프주의에서 상당 정도 유래하였다. 이 최근의 변형태를 공산주의 운동 내부의 서구적 분파로 전환시킨 것은 그 프로젝트의 전제조건이었던 모스크바로부터의 자율성을 선언한 것이었다. 흐루시초프주의의 약속을 위반한 브레즈네프 시대의 동유럽의 경색에 의해 서유럽 공산당들은 더욱 더 사회주의 모국으로부터 멀어져서 한층 자신들의 국민적 "전통"에 밀착하였다. 이탈리아에서는 이탈리아공산당이 "역사적 타협"을 하였으며 스페인공산당은 "자유협정"을 맺었다. 프랑스에서는 프랑스공산당이 사회당 및 좌익 급진파들과의 **공동강령**에 서명하고 좌파연합을 결성하였는데 이들은 1978년 3월의 선거에서 승리할 것이라고 널리 예상되었다.

그리하여 유로코뮤니즘은 수십년 동안 (아무리 형식적인 것이었을지라도) 공식적 정통이었던 "레닌주의"를 **사실상** 폐기하였다. 프랑스공산당의 경우, 1976년 2월의 제22차 대회에서 "프롤레타리아 독재"를 당규약에서 삭제할 것을 제안함으로써, 이 공산주의의 유산으로부터 **사실상의** 방향전환은 **법률상으로도** 폐기되었다. 이에 대한 알튀세르의 미묘한 반응——「프랑스공산당 제22차 당대회에 관하여」——은 그의 준-마오주의적인 정치적 입장으로부터의 자신의 이탈을 나타내는 것이었다. 1974년 11월의 제21차 당대회에 이르는 토론의 와중에서 알튀세르는 프랑스공산당의 전략적 정식들에 대하여——그것들로부터 자신을 분리시킬 아무런 수단도 갖지 못한 채——여러 차례 이의를 제기하였다.[25] 이제 그는 사실상 자신의 입장을 프랑스공산당의 공식적인 지향은 물론 코민테른의 정통론과도 구별지었으며, 22차 대회를 조심스레 환영하면서 그가 그 부정적인 모습들과 구별하여 긍정적인 것이라고 간주한 많은 것을 분리해내려고 시도하였다.

그것은 "**결정적 사건**이었으며 공산당 및 프랑스 노동운동의 역사상 중대한 '전환점'"[26]이라고 그는 썼다. 제국주의의 위기와 공산주의 운동의 위기라는 이중의 위기 속에서 소집된 당대회는 후자에 의해 조성된 "역사적 난국"을 돌파하고 데탕트 시대의 대중운동에 의해 발명된 "새

---

25) "Something New", ES-C, pp. 208-15를 보라.

26) "On the 22nd Congress of the French Communist Party", *New Left Review* 104, 1977, p. 3.

형태의 투쟁"을 이끌 수 있는 전략을 짜내려는 시도였다. 알튀세르가 믿기에 이러한 대중운동이 지금처럼 "강력하고" 제3세계에서 승리를 거두고 있으며 제1세계에서 전진한 적은 "결코" 없었다.[27] 그럼에도 불구하고 직접적이든 대리자를 내세워서든 이런 도전에 대응할 수 있는 제국주의의 능력을 과소평가하는 것은 위험하다고 경고하고 나서, 알튀세르는 그가 제22차 당대회의 6개 발의안들이라고 요약한 것들을 논의하기 시작했다.

첫째, 프랑스공산당의 전략의 기초가 되는 국가독점자본주의 이론에 대하여 강력한 유보를 달면서도 알튀세르는 "민주적 사회주의"라는 전망을 승인하였다.[28] 둘째, 그는 세계의 역관계의 변화에 비추어볼 때 사회주의로의 "평화적"이고 "민주적"인 이행의 가능성이 그 어느 때보다도 더 높다고 하는 프랑스공산당의 선언에 자신도 동의한다고 말했다.[29] 세째, 프롤레타리아 독재의 폐기와 관련하여 알튀세르는 심의 과정들에서 그 실질적 지시대상——스탈린——이 빠진 것은 놀라운 일이라고 주장했다. 정책문건은 "광범위한 민중동맹" 내에서의 노동자계급의 "지도적 역할"을 주장하고 있었기 때문에, 알튀세르는 그것이 동맹의 불가피성에 대한 맑스와 레닌의 테제에 부합하는 것이라고 생각하여 이에 대하여 이의를 제기하지 않았다. 불만족스러운 것은 소련의 경험과 국제 공산주의운동의 역사적 대차대조표에 대한 아무런 논의 없이 프롤레타리아 독재를 의례적으로 폐기한 점이었다. 프롤레타리아 독재를 파시스트 독재와 혼동될 위험이 있다는 점을 근거로 폐기할 것을 공포하면서, 당대회는 국내외의 스탈린주의를 무시하였다. 이렇게 되어서는

27) Ibid., pp. 4-5.

28) Ibid., pp. 7-8.

29) Ibid., pp. 8-9.

안될 일이었다. 스탈린 치하의 소련 사회주의의 실상이 공개적으로 논의되어야만 한다.

> '독재'라는 단어는 이제 더이상 허용될 수 없다는 사실을 보여주기 위하여 제공된 사례들에서는……스탈린에 대하여——스탈린 개인뿐만 아니라 소련의 당 및 국가의 구조와 그것의 혼란에 관하여, 스탈린에 의하여 40여년 동안 소련 국내에서뿐만 아니라 전세계 공산당들에게 강요되었던 노선 및 '이론'과 실천에 대하여——언급하는 것을 잊고 있다.
>
> 나는 이것이 단순한 문제라고 생각지 않으며, 그 누구도 단 한 순간도 소련사회의 현실을 스탈린주의적 실천으로 환원할 수는 없는 문제라고 생각한다. 그러나 파시즘은 파시즘이다. 노동자들은 그들이 그것으로부터 무엇을 기대할 수 있는가를 재빨리 깨달았다. 이와는 반대로 노동자들은 소련 사회주의에 기대를 품었으며, 자유와 해방에 대한, 즉 1930년대 이후 스탈린 치하에서 횡행했던 대규모 테러와 몰살의 체제와는 아주 다른 그 무엇, 그리고 혁명이 일어난 지 60년이 지났고 스탈린이 죽은 지 22년이 지난 지금에도 계속되고 있는 관행들과는 아주 다른 그 무엇에 대한 그들의 모든 희망을 사회주의에 걸었다. 그렇다. 거기에는 잊을 수 없는 적군(赤軍)이 있었고, 빨치산과 스탈린그라드가 있었다. 그러나 거기에는 또한 재판과 자아비판이 있었고 학살과 수용소가 있었다. 그리고 그것들은 여전히 살아남아 있다.[30)]

맑스주의 및 레닌주의의 범주를 폐기하면서 당대회는 "상징적인 행동"을 보였으며, 그와 동시에 소련의 사회주의와는 "상이한" 사회주의

30) Ibid., pp. 9-10.

——민주적 사회주의——를 채택했고 소련에 대하여 암묵적으로 비판적인 입장을 취했다. 이 "과학적 개념"의 "이론적 의미"는 거론되지 않았으며 따라서 알튀세르는 그것이 의제로 재등장하리라고 낙관했다.[31]

"프랑스 인민의 단결"[32]이라는 슬로건에 대하여 간략하게 논의한 후, 알튀세르는 프롤레타리아 독재 개념에 의해 제기된 중요한 쟁점들——사회주의로의 이행, 사회주의에 대한 인식, 국가론 등——을 다루었다. 이 문제들은 당대회가 그 개념의 불필요성을 결정할 때 묵살했던 것이다. 그는 (현재의 프랑스를 포함하여) 자본주의 사회구성체에 존재하는 "계급독재" 혹은 부르조아 "지배"의 현실이 "프롤레타리아 독재"라는 정식을 설명해준다고 주장하면서 논의를 시작하였다. 그것은 국가의 한 유형을 가리키는 것이며, 경제적 생산과 정치 및 이데올로기에서의 프롤레타리아트 및 그 동맹세력(들)의 "계급지배"를 의미한다. 이 지배는 그 "정치적 형태"가 자본주의적 민주주의보다 진정으로 우월한 "대중민주주의"이며, 그것의 원리는 부르조아지의 계급지배를 좌절시키고 부르조아 국가기구의 "파괴" 혹은 "혁명적 변화"를 통해 그 제도적 형태를 변혁하고 자본가들의 부활을 방지하면서 공산주의를 향하여 발전하는 것이다. 만약 이 점을 파악한다면 그가 "부조리한 딜레마"라고 이름붙인 것——"순수이론이냐 아니면 순전한 역사적 상대주의냐"[33]의 딜레마——을 벗어날 길을 찾을 수 있을 것이라고 알튀세르는 생각했다. 프롤레타리아 독재 개념은 그 동맹계급들을 권력에서 배제하지 않는다. 그것은 어떤 강제적인 이행의 형태(폭력)나 혁명 이후의 체제(독재——오히려 독재와는 정반대이겠지만)를 미리 처방하지 않는다. 그것은 모든 형태의

---

31) Ibid., p. 10.

32) Ibid., pp.11-12를 보라.

33) Ibid., pp. 13.

(독재국가든 민주국가든) 부르조아 국가의 궁극적인 현실——노동자계급과 그 동맹세력들이 국가권력을 획득하기 이전이나 이후에 맞닥뜨려야만 할 현실——을 가리키는 것이며 그것에 대한 대응이다. 따라서 그것은 역관계가 유리할 경우의 평화적인 이행을 배제하지 않는다. 그것은 사회주의 전략의 관심을 기존의 세력관계에 집중시킨다. 알뛰세르의 생각으로는 당시 프랑스의 세력배치는 1917년의 러시아의 경우와 달리 순조로웠다. 프롤레타리아 독재의 폐기는 이런 가능성에 대한 생각과 "노동자계급 주위에 가능한 한 광범위한 동맹세력들을 결집할 필요성"——스탈린주의적 "노동자주의"가 차단해버린 절실한 요건——에 초점을 맞춘 것이었다. 그러나 스탈린주의의 도그마를 국가에 관한 맑스주의 및 레닌주의 전통의 "진리"로 간주함으로써, 당대회는 대회의 정식들이 후자와 양립할 수 있다는 점을 이해하지 못했다.[34)]

고전의 가르침에 대한 정확한 평가는 사회주의에 대한 현실적 인식에도 대단히 중요했으며, 그 자체가 공산주의를 위한 실행가능한 전략 수립의 전제조건이었다. 스탈린주의 관행에서는 사회주의가 하나의 "안정된 생산양식"으로 제시되어왔다. 그러나 맑스와 레닌은 그것을 "자본주의와 공산주의 사회 사이의 모순적인 이행기"로 인식했다. 그들에게는 사회주의 생산양식이란 존재하지 않았다. 사회주의, 곧 프롤레타리아 독재는 그 자체가 하나의——자본주의에서 공산주의로의——"이행기"였다. 〔따라서〕 상이한 역사적 결과들, 즉 자본주의로의 후퇴, 사회주의 (발전)의 지체, 공산주의로의 전진 등이 상정될 수 있다.[35)] 만약 그렇다면 노동자계급 운동의 전략은 공산주의의 전략이 되어야만 한다. 공산주의로의 이행이란 관점에서 보았을 때 당대회의 사회주의에 대한 전망은 공상적

34) Ibid., pp. 14-15.

35) Ibid., p. 15.

인 것이며 문제를 근거없이 해소하고 환상을 조장하는 것이었다.[36] 당대회가 사회주의하에서의 국가의 문제를 다루면서 그랬던 것처럼, 프롤레타리아 독재 개념을 통해 사고하는 데 실패했다는 사실은 다른 분야에도 그 흔적을 남겼다. 맑스-레닌주의의 기본테제는 **"부르조아 국가만이 억압적인 것이 아니라"** (혁명적 국가를 포함하는) **"모든 국가가 억압적"**이라는 것이었다. 맑스와 레닌은 부르조아 국가의 "파괴"와 일시적으로 필요한 도구인 사회주의 국가의 사멸을 **"결합해서"** 다루었다. 전자는 매우 특별한 작업이다. 즉 그것은 " '국가의 사멸', 즉 국가를 대중조직으로 대체하는 것"[37]을 준비하기 위하여 기존의 국가기구들을 "혁명화"하는 것(일부는 억압하고, 새로운 것들을 창출하며, 모든 것을 변혁하는 것)이다. 알뛰세르는 이런 요건들이 "맑스주의 국가론의 일부"라고 선언했다. 부르조아 국가의 "파괴"는 국가 **그 자체의** 궁극적인 "사멸"과 무계급사회, 즉 공산주의를 달성하기 위한 전제조건이었다. "사회주의 나라들"은, 바로 이런 과제를 예상하고 그것에 착수하지 못함으로써 나타날 수 있는 결과들에 대한 엄중한 경고가 되었다.[38] 이 문제를 의식하지 못한 채 〔문제를〕 설정하는 행위 자체를 통해서 22차 당대회는 그것에 답할 수 있는 수단을 스스로로부터 박탈해버렸다.[39]

마지막 여섯번째로 알뛰세르는 당내 민주주의의 문제, 특히 민주집중제라는 골치아픈 문제로 돌아가서, 프랑스공산당이 프랑스 국민들에게는 풍부한 자유를 약속하면서도 막상 당원들에 대해서는 그것에 인색하다는 모순을 지적하였다. 알뛰세르는 "당내에서 사상과 행동의……가능

---

36) Ibid., p. 16.

37) Ibid., p. 17.

38) Ibid., pp. 17-18.

39) Ibid., p. 18.

한 **최대한의** 통일성을 확보하는 것이 사활적인 정치적 요건"이라는 코민테른의 원칙을 지지했다. 그러나 코민테른이 이 원칙을 도출하는 것은 훨씬 더 중대한 요건, **즉** "당의 존재가, 즉 전위조직을 갖추는 것이 사활적인 것은……**노동자계급의 투쟁을 위해서다**"라는 요건에서였다. 프랑스공산당 내부에 실제로 존재하는 민주집중제는 이 기준에 따라서 평가되어야만 한다. 왜냐하면 조직형태들이 결과적으로 당의 **존재이유**와 상충될 수 있기 때문이다. 프랑스공산당 내부의 민주집중제의 **운영방식**은 실로 역기능적이었으며 반대파를 제거하고 만장일치를 조작해냈다. 당기구들이 그 내부의 활동을 통제하였다. 알튀세르가 보기에 이것은 레닌주의적 조직원리에 본래 내재해있는 결과가 아니었다. 오히려 그 정반대였다. 그러나 이와 동시에 프랑스공산당의 약점은 조직된 경향들을 회복시킴으로써 치유(1921년의 제10차 당대회 이전까지는 볼셰비키당 내부에서 지켜졌던 규범)될 수 있는 성질의 것도 아니었다. 그런 분파들의 형성은 "프랑스공산당 내에서는 명백히 제기될 수 없는 문제", 당의 통일에 위협이 되고 현실적 쟁점들로부터 이탈하는 것이었다. 프랑스공산당이 그 기능을 제대로 수행하기 위해서 필요한 것은 "좀더 많은 자유", "관료적 집중제"의 종식이었다. 낙관적인 기분으로, 알튀세르는 이제 민주집중제와 그것의 실질적인 수정에 대하여 논의할 때가 되었으며, 그리하여 프랑스공산당이 그 **존재이유**를 충족킬 수 있고 그럼으로써 **"제22차 당대회의 당"**[40]이 되리라 생각했다.

알튀세르의 텍스트는 프랑스공산당 지도부의 마음에 별로 들지 않았다. 그것은 결국 1976년 11월에 UEC 회의에 제출되었으나 당기관지에 게재되는 것은 명백하게 거부당했다.[41] 그 까닭은 쉽게 알 수 있다.

40) Ibid., pp. 18-22.

41) 알튀세르 자신은 1977년에 UEC의 철학서클(*Cercle de Philosophie*)의 초청에 따라

왜냐하면 비록 알튀세르의 주장이 마오주의와의 정치적 결별을 의미하는 것이었음에도 불구하고 공식노선에 대한 순응은 결코 아니었기 때문이다. 알튀세르가 방향을 유로코뮤니즘 쪽으로 상당히 선회했음에도 불구하고 그것은 1970년대에 프랑스공산당이 채택한 특별한 종류의 유로코뮤니즘을 승인한 것이라고 보기에는 미흡했다. 국독자, 프롤레타리아 독재, 민족적, 민주적 사회주의, 당 내부 체제 등의 문제들에서 알튀세르는 자신이 알고 있었던 것보다, 혹은——전술적인 이유 때문에——공개적으로 인정하기로 선택한 것보다 훨씬 더 자신의 당에 대해 비판적이었다. 여기에 아이러니가 있었다. 제22차 당대회의 발의안들에 대한 알튀세르의 전반적으로 긍정적인 평가는 진화적 논리를 확인한 것에 근거해 있었는데, 이 진화적 논리가 프랑스공산당이 이제껏 취했던 타협적 태도를 넘어서도록 촉진하리라고 그는 확신했다. 그러나 프랑스공산당이 22차 대회의 당이 되려면 수반해야 할 것들에 대한 이같은 평가는 작동 중인 매우 상이한 진화적 과정 자체와 모순되었다. 알튀세르에게는 유감스런 일이지만, 프랑스공산당은 당내 민주주의로도, 또 프랑스 자본주의와의 혁명적 단절의 전략으로도 이행하고 있지 않았다. 22차 대회의 당이 되면서 프랑스공산당은 1950년대에서부터 서구 공산당들에게서 나타나기 시작했던 사회민주주의화의 길로 더욱 박차를 가하고 있었다. 알튀세르의 이 저작의 놀라운 특징은, 이전의 "맑스-레닌주의 국가론"의 선구자가 프랑스공산당의 궤도에 대한 확신 때문에 자못 태연하게 자신

계획되었던 좌담을 UEC의 서기장인 카탈라(J.-M. Catala)가 먼저 취소했다고 주장했다(앤더슨으로부터 개인적으로 전해들은 것임). "Althusser's Fate"(*London Review of Books*, 16 April-6 May 1981, p. 14)에서 더글라스 존슨은 이 점에 대해서 언급하고 있지는 않지만, 알튀세르가 그의 저작들에 관해 논의하기 위하여 마르셰와 샹바즈(J. Chambaz) 앞에 소환되었다고 주장한다.

의 주요 강령들을 폐기하고 있다는 점이었다.

알튀세르의 출발점은 그다지 논쟁적인 것은 아니었다. 즉 중심국들에서의 대중투쟁과 제3세계의 혁명운동의 누적적인 효과가 최근에 반자본주의 및 반제국주의적 진출을 위한 상당한 가능성을 창출하였다는 명제이다. 실제로 그런 진출은 이미 이루어지고 있었다. 1962~73년의 "주변부"에서의 반혁명 공세는 저지되었고, 그후 정세는 역전되어 1970년대 중반에 이르면 동남아시아와 남부 아프리카의 해방투쟁이 승리의 월계관을 쓰게 되었다. 그 선두는 베트남이었다. 남부 유럽에서는 그리스, 스페인 및 포르투갈에서 독재정권이 붕괴될 위기를 맞았고, 포르투갈의 경우에는 냉전이 시작된 이래 그 어느때보다도 훨씬 더 가시적으로 사회주의로의 이행의 전망을 열어놓았다. 이탈리아와 프랑스에서는 공산당이 급진적인 사회변동을 지향하는 정부 안에서 중요한 역할을 맡을 태세를 갖추었다. 포르투갈에서의 두드러지는 패배에도 불구하고, 많은 좌익진영들은 새로운 "민중의 봄"을 예상하고 있었다. 좌파연합이 프랑스에서 이같은 사회주의의 부흥에 대응하기 위한 적절한 수단인가 하는 점은 논의의 여지가 있었다. 여기에서 우리는 알튀세르가 프랑스공산당의 민주적 사회주의론을 승인한 것을 잠깐 짚고넘어가야만 한다. 우선 알튀세르에게 이 민주적 사회주의는 그것의 기초가 되는 "국독자론"과 분리될 수 없는 것이었다. 프랑스공산당의 전략적 지향은 사회주의로의 이행을 위해 필요한 전제조건으로서의 "선진민주주의"였으며 이것은 최소한 20년 동안 프랑스공산당의 정치를 규정해온 불변요소였다. 그런데 알튀세르는 1960년대에 이런 전망에 대하여 이의를 제기하였다. 국독자론의 공식적 교리에 따르면 현단계의 독점자본주의에서는 부르조아 정치조직체(polity)와 자본의 독점분파는 "융합"되어 있으며 그리하여 이 자본분파와 그것의 (비민주적인) 국가에 맞선 "프랑스 인민"의 동맹을 형성할 객관적 기초가 창출된다. 이처럼 프랑스공산당은 민주주의 자체와 자본가계급의 한 분파의 지배 사이에 모순을 설정하고 이 모순이 "반독점동맹"에 의해서 전자에 유리하게 해결될 것으로 전망하였다. 이 투쟁은 사회주의로의 이행에 선행하는 또다른 이행국면이 된다고 보았다. 좌익 유로코뮤니즘의 열렬한 주창자를 자처한 클로댕(F. Claudin)은 이 국면을 "이행기로의 이행"이라고 이름붙였다.[42)]

알튀세르는 그의 옛 제자였던 풀란차스만큼 그렇게 심하게 레닌주의를 포기하고 사회주의의 목표를 축소시키지는 않았다. 하지만 또한 그는 공공연하게 자신의 동료 발리바르와 한 편이 되어, 정통성을 옹호하고 프랑스공산당의 전략적 대안이 스탈린주의의 정정이 아니라 그것의 연장이라고 주장하면서 그것과 정면으로 대결하지도 않았다.[43)] 알튀세르의 입장은 양자의 중간 어디엔가에 있었다. 그는 프랑스공산당의 이론에는 이의를 제기했지만 그들의 정치에 대해서는 실질적으로 그렇게 하지 않았다. 더 정확히 말하자면, 그가 프랑스공산당의 정치에 도전하는 경우에도 그것은 이론적 비판의 형태를 취했다. 그리하여 당의 인민전선론이 레닌주의에 부합하는 것이라고 주장하면서도, 동시에 그는 당의 이론이 새로운——그리고 대체로 긍정적인——전략적 방향에 부합하지 않으며 이같은 부적절성이 당의 부정적인 정치적 양상의 원인이라고 주장했다. 프랑스공산당에 대한 비판적 지지라는 이러한 독특한 입장을 어떻게 규정할 것인가? 칼리니코스는 이 시기의 알튀세르의 정치를 가장 잘 분류할 수 있는 범주는 "중도주의"라고 주장하면서 그것은 오스트로-맑스주의(Austro-Marxism) (제2인터내셔널의 사회민주주의와 제3인터내셔

42) *Eurocommunism and Socialism*(1977), London 1978, p. 101.

43) 특히 E. Balibar, *On the Dictatorship of the Proletariat*와 Poulantzas, *State, Power, Socialism*, London 1978을 보라. 또한 Grahame Lock, *The State and I*, The Hague 1981, chap. 4에 있는 알튀세르의 정치이론에 대한 유용한 요약도 보라.

널의 볼셰비즘의 중간의 길을 가려고 했던 이전의 시도)에 비견될 수 있다고 말했다.[44] 알튀세르는 프랑스공산당의 프랑스 색조를 띤 사회주의를 이중권력 및 부르조아 국가에 대한 정면공격의 전략이 아니며 그것과는 대조적으로 하층에서의 인민전선 및 상층에서의 선거동맹과 국가기구의 "혁명화"를 결합한 것이라고 보았다. 알튀세르의 "제3의 길"은 혁명적 사회주의와 유로코뮤니즘 사이의 길이었다. 그러한 길은 수많은 의문의 여지가 있다.

알튀세르의 전망과 다른 사람들, 예를 들어 『'유로코뮤니즘'과 국가』(1977년)에 개진된 까리요의 전망 사이에는, 표면상으로는 엄청난 차이가 있다. 이 저서에서 까리요는 1930년대의 인민전선 전략이 유로코뮤니즘의 선례이며 그것을 정당화한다고 득의만만하게 선언했다.[45] 그는 국독자론의 입장에서 "자본주의 국가기구의 민주화"라는 목표를 채택할 것을 주장하면서 "이데올로기적 국가기구"(ISAs)에 대한 알튀세르의 논의를 빌어서 자신의 주장을 뒷받침했다.[46] 이런 "민주화" 전략에 대응되는 것이 알튀세르의 대안, 즉 "혁명화"임이 분명하다. 그러나 양자는 궁극적으로 그렇게까지 다른 것인가? 우리가 4장에서 보았듯이, 알튀세르의 1970년 논문은 마오주의(극좌주의)로도 유로코뮤니즘(개량주의)로도 해석될 수 있는 것이었다. 그의 1977년 텍스트는 모호하긴 하지만 후자의 한 변형체로 향하는 뚜렷한 경향을 보인다. 비록 그가 "민주화"를 (잠재적으로) 개량주의적인 것으로 범주화하면서 그것이 "파괴"와 같은 뜻으로 읽히는 것을 거부하고 있음에도 불구하고, 후자에 대한 그의 규정은 전통적인 내용에 미치지 못하는 것이었으며 "혁명화"를

44) *Is There A Future For Marxism?*, p. 79.

45) *'Eurocommunism' and the State*, London 1977, pp. 110ff.

46) Ibid., p. 13; pp. 54ff를 보라.

내포하고 있었다. 이같은 규정은 좋든 싫든 결과적으로 레닌의 규정과 상당히 거리가 있는 것이며 부분적으로는 부르조아 국가의 분할가능성이라는 유로코뮤니즘의 명제에 접근하고 있다.

새로운 헤게모니를 쥔 역사적 블록이 점진적으로 형성되는 등의 진지전을 통한 사회주의로의 민주적이고 평화적인 이행의 전략은, 부르조아 국가가 기본적인 정치적 통일성을 결여하고 있다는 가정 위에 기초하고 있다. 한편 고전적 맑스주의는 정치적 통일성을 부르조아 국가의 한 속성이라고 간주하며 그것을 파열시키기 위해서는 혁명이 필요하다고 본다. 만약 고전 맑스주의가 옳다면 유로코뮤니즘의 전략은 노동자계급, 그들의 당/정부, 그리고 동맹세력들에게 위험한 것이 된다. 그리고 칠레의 경험에서 얻을 수 있는 교훈은 이탈리아공산당을 대표하여 베를링게르(E. Berlinguer)가 도출한 것과는 사뭇 다를 것이다. 까리요에게는 안된 일이지만, 문제는 이데올로기적 혹은 대의제 국가기구의 "민주주의적" 잠재력이라기보다는 억압적 국가기구의 철옹성같은 현존이다. 민중권력기관에 의해 지탱되지 않는 좌익정부는 결국 투항――자본의 질서를 변혁시키기 보다는 그것에 적응――하거나 아니면 "무장한 인간의 특별한 기관들"(레닌)에게 복종하게 될 것이며 이와 더불어 자신의 비무장한/무장해제된 지지자들을 몰락시킬 것이다. 노동자들의 노래에 나오는 "최후의 결전"이 최소한 어느 단계에선가는――사회주의의 수립을 위해 맑스가 전망한 "무기에 의지"한 결과로서든, 아니면 그가 예견한 바 있듯이 사회주의가 민주적으로 도래할 전망이 보일 경우에 "노예소유자들이 시작하는 전쟁"에 의해서든[47]――치루어질 것이라고 예측할 수 있다. 그리고 그 대결에서 혁명세력들은 독점부르조아지보다 더 대단한 적을 국내는 물론 아마도 국외에서 만나게 될 것이다. 혁명적 폭력은

---

47) Marx, *The First International and After*, Harmonsworth 1977, pp. 324, 400을 보라.

불가피한 것도 아니지만 그렇다고 단순히 선택의 문제도 아니다. 어느 정도 확실하게 말할 수 있는 것이라고는 투표함에서의 좌익들의 산술적 다수, 그리고 그것과 더불어 헌정적 정당성이 권력은 물론 통치할 "권리"조차도 보장해주지 않는다는 것이다. 이것은 과거 칠레의 학살에서, 그리고 오늘날의 니카라과의 고통에서 목격되는 바이다. 서유럽의 공산당들(그리고 다른 당들도 마찬가지로)이 제2인터내셔널의 전략적 지평으로 복귀한 것을 의미하는 유로코뮤니즘은 역사의 경험을 무시하는 것으로 보일 것이다. 1968년 8월 21일(소련이 체코슬로바키아를 침공한 날)에 태어난 유로코뮤니즘의 사망기사는 1973년 9월 11일(아옌데 정권이 무너진 날)에도 씌어지지 않았다.[48]

경제적 착취, 정치적 지배, 이데올로기적 예속으로부터의 피억압자들의 자기해방은 이런 전략으로는 결코 달성될 수 없을 듯하다. 물론 이런 전략의 명제들이나 그것들에 대한 반대는 결코 새로운 것이 아니다.[49] 따라서 우리는 여기에서, 프랑스공산당의 강령에 대한 알튀세르의

48) Régis Debray, *Lettre aux Communistes Francais et à Quelques Autres*, Paris 1978, p. 66; pp. 151-52를 보라. 포르투갈의 사회주의자 프란시스코 레벨로(L. F. Rebello)에게 보낸 1975년 10월 10일자의 편지에서, 알튀세르는 상비군의 해체 없이는 어떤 혁명도 일어나지 않을 것이라는 점을 강조했다. 다른 곳에서와 마찬가지로 포르투갈에서도 이 기구는 "부르조아 국가기구의 대들보"이다. 칠레는 그 (반대) 증거였다(Louis Althusser and Francisco Rebello, *Cartas sobre a Revolucao Portuguesa* Lisbon 1976, pp. 33-36). 또한 "On the 22nd Congress of the French Communist Party", p. 5도 보라——"베트남과 칠레의 참사를 잊어서는 안된다. 포르투갈도 마찬가지이다."

49) Perry Anderson, "The Antinomies of Antonio Gramsci", *New Left Review* 100, 1976-77과 *Arguments within English Marxism*, London 1980, chap. 7; Ernest Mandel, *From Stalinism to Eurocommunism*, London 1978; 그리고 Massimo Salvadori, *Karl Kautsky and Socialist Revolution, 1880-1938*, London 1979를 보라.

반응 속에는 맑스주의 좌익의 전략적 사고의 역사——제2인터내셔널에서 볼셰비키의 전통에 이르는, 또 인민전선 전략에서 유로코뮤니즘에 이르는 역사——에 대한 언급이, 혹은 프랑스공산당 자체의 역사, 그 당의 **대전환**——"제3기"에서 인민전선을 거쳐 다시 베를린-모스크바 축에 이르는, 또한 게토화에서 탈스탈린주의를 거쳐 좌파연합에 이르는 역사——에 대한 언급이 전혀 없다는 점을 새겨둘 필요가 있다. 좌파연합의 역사적 연원과 선례들이 예를 들면 카우츠키의 "마모전략", 스탈린의 "일국사회주의론", 그리고 1930년대의 인민전선의 이론 및 실천에 있다는 사실을 간과한 알튀세르는 프랑스판 유로코뮤니즘——사회민주주의적 이행관과 개혁되지 않은 스탈린주의적 당기구의 결합——의 환상에 지나치게 매몰되었다. 결국 상하층에서의 인민전선과 당내의 진정한 탈스탈린주의화라는 입장에 합류함으로써, 알튀세르는 균형을 잡지 못했으며 그것의 실패가——여러 희망들의 와중에서도——야기할 수밖에 없었던 대중적 실망에 무저항의 상태로 그 자신을 남겨두었다.[50)]

---

50) 이것은 "Note on ISAs"(22차 당대회에 대한 알튀세르의 개입과 같은 시기에 씌어졌으나 불어로는 간행되지 않음)에서 서구 공산당들에 대한 알튀세르의 다음과 같은 언급이 프랑스공산당의 지향 전체를 거부한 것과 마찬가지라는 사실에 비추어볼 때 더욱 놀라운 일이다. "대부분의 서유럽 공산당들은 오늘날 스스로를 '통치정당'으로 묘사하고 있다." **비록 그들이 이따금씩 정부에 참여한다고 하더라도**(그리고 이것은 일정한 조건 속에서는 올바른 것일 수도 있다) **공산당은 어떤 상황에서도**——부르조아 계급이 지배하는 정부를 지칭하든 프롤레타리아 계급이 지배하는 정부("프롤레타리아 독재")를 지칭하든간에 상관없이——**"통치정당"으로 정의될 수 없다.** 이 점은 결정적으로 중요하다…… 공산당은 어떤 상황에서도……통상적인 "통치정당"으로 행동할 수 없다. 왜냐하면 통치정당이 된다는 것은 국가당이 된다는 것을 의미하거나 혹은 프롤레타리아 독재의 국가를——비록 그것의 목적이 국가의 파괴에 기여하는 것이라고 할지라도——영속화

많은 실패들이 잇따랐다. 알튀세르가 마오주의를 떠나 피난처로 삼은 유로코뮤니즘 자체가 소비에트식 사회주의의 대안이 되지 못함이 곧 판명되었다. 이탈리아에서 이탈리아공산당은 "투쟁하는 당"이 되기보다는 "통치하는 당"이 되기를 선택했다. 그 당의 **이탈리아적 길**은 기독교민주당과의 협정에 의해서 1976년 이후에는 종결되었다. 이 협정은 오로지 기민당에게만 득이 되는 것으로서, "기민당은 역사를, 공산당은…… 타협을[만든다]"는 식이 되었다.[51] 그러나 가장 커다란 역전을 당한 것은 1978년의 프랑스에서 일어났다. 왜냐하면 그곳에서는 1976년과 1977년의 지방선거에서 좌익 정당들이 승리하여 의회선거에서도 완전한 다수를 획득할 것으로 예상되었기 때문이다. 프랑스공산당은 좌파연합에 가담한 후 극적으로 성장했다. 활발한 당원확보운동을 통하여 1972년에서 1978년 사이에 거의 25만의 당원이 늘어 모두 63만 2000명이 되었다. 그러나 이미 1972년 6월(**공동강령**에 서명하기 전)에, 1975년에 가서야 공개된 한 보고서에서 마르셰는 다른 동료 정치국원들과 함께, 예상되는 연합을 통해서 선거에서 가장 득을 보는 정당은 사회당이 될 것이라고 우려하고 있었다. 실제로 그랬다. 그리하여 결국 좌익 내부의 정당들간의 경쟁이 프랑스공산당의 투사들이나 지지자들의 희망보다도 더 중요했다. 선언서에 대한 견해차를 핑계로 프랑스공산당은 1977년 9월에 연합을 깨뜨렸고, 선거를 눈앞에 둔 다음 몇 달 동안을 그 파트너였던 사회민주주의자들을 비방하는 데에 낭비했으며, 1차투표(3월 13일) 바로

시킨다는 것을 의미할 것이기 때문이다" (*Economy and Society* 12 : 4, 1983, pp. 460-61). (프랑스공산당은 1974년 3월에 마르셰의 입을 통해 "모든 수준에서의 통치정당"——1940년대말까지 거슬러올라가는 규정——임을 선언했다는 것에 주목하라).

51) Tobias Abse, "Judging the PCI", *New Left Review* 153, 1985, p. 28.

다음날 2차투표에 맞춰 선거연합을 급조해냈다. 결과는 심각한 패배였다. 만약 정치국이 당활동가들의 실망은 사회당에 대한 분노로 해소되리라고 기대했다면, 그들은 뒤이어 일어난 일들에 놀라고 불쾌해했을 것이 틀림없다.

평당원들의 반란이 확산되었으며, 이는 좌우파를 막론하고 당내 여론의 광범위한 부분을 포괄하였다. 알튀세르 자신의 반응은 두 단계에 걸쳐 서면으로 제출되었다. 4월 6일 『르 몽드』지는 그와 발리바르, 역사학자인 브와(G. Bois)와 므와소니에(M. Moissonier), 철학자 라비카, 그리고 독어학자인 르페브르(J.-P. Lefevre)가 서명한 장문의 편지를 실었다. 그들은 이렇게 썼다.

> 또다시 선거에 패배함으로써, 좌익은 단지 전투에서만 진 것이 아니다. 커다란 희망이 오랫동안 무산되게 되었다. 거대한 민중세력은 재건될 필요가 있다. 패배의 정도와 그것이 제기하는 문제의 폭을……은폐하려는 시도는 비극적인 대응이 될 것이다. 불과 몇달 동안에 좌익은 자신의 정치적 취약함과 내부 모순들——정당간의 결코 극복되지 않은 분열, 말과 목표, 그리고 판에 박힌 선거용 정치적 실천 간의 괴리——을 완전히 드러내보이지 않았던가? 공산당은 이니셔티브를 쥐고서 좌파연합과 그 강령을 제안할 줄은 알고 있었다. 하지만 당은 자신이 직면하게 될 난관과 장애의 진정한 본질을 예견할 줄 알았던가? 대중을 움직여냄으로써 그것을 극복하여 좌파연합을 지키고 그것을 확장시킬 수단을 찾아낼 줄 알았던가? 당은 대중운동의 도구가 되기 위하여 스스로를 혁신할 줄 알았던가? 왜 당은 '우익기회주의'와 '종파주의'의 위험을 번갈아 되살려냈던 끊임없는 시소놀음을, 그리고 당의 전략에 대한, 정치사업방식의 올바름에 대하여 의구심을 갖게 하는 계속적인 정책동요를 피하지 못했던가?

이런 질문들이 당 전체를 통하여 제기되고 논의되었다. 이제 프랑스공산당이 처한 상황의 심각성을 알게 된 당의 투사들과는 대조적으로, 당지도부는 놀라울 정도로 그 근원에 대하여 느긋하게 생각하고 있었다. 더군다나 그들은 피테르망(C. Fiterman)의 3월 29일자 보고서 및 "**프랑스공산당은 현상황에 대하여 아무런 책임이 없다**"라는 3월 20일의 정치국 선언에 이견을 표하는 당원들에게는 당의 기관지를 개방하기를 거부하였다. 알튀세르 등은, 자신들은 적어도 이제까지의 프랑스공산당의 노선이 옳았다는 정치국의 "권위주의적인" 주장에 찬성할 수 없다는 점을 분명히 하였다. 또 그들은 당의 권한 안에서 사체부검이 이루어지는 것도 받아들일 수 없다고 말했다. 이제 필요한 것은 고정된 의제나 조작된 평결에 의해 왜곡당하지 않고 당의 최근의 정치사를 진정으로 심층적으로 논의하는 것이었다. 이런 심리가 이루어지려면 풍부하고 정확한 정보, 토론 및 사상 유포의 완전한 자유, 그리고 당의 하층으로부터의 창발성을 이끌어내는 것이 필요했다. 완전한 정보의 자유, 공개적인 언론, "특별한"(즉 민주적인) 당대회에 대하여 진지한 반대가 있을 수 없었다. 왜냐하면 이런 것들은 프랑스공산당의 규약에 조금도 어긋나는 것이 아니었기 때문이다. 모든 당원들은 이같은 것들이 진정한 집단적 분석 및 토론, 그리고 장래의 당의 회복을 위해서 "불가결하다"는 점을 알고 있었다.

결국 나중에 밝혀졌듯이 정치국원들을 제외한 모든 당원들이 이런 점들을 알고 있었다. 알튀세르 자신은 이제 공격하는 쪽으로 넘어갔다. 4월 26~28일의 중앙위원회 회의에 맞추어 그는 4부로 구성된 「공산당 안에서 더이상 지속되어선 안될 것」이라는 제목의 글을 『르 몽드』지에 발표하였다. 그 중앙위원회 회의에서 행한 마르셰의 보고를 함께 담은 이 글의 개정판이 1978년 5월에 『이론』총서 중 하나로 출판되었다.

중앙위원회의 심사에 대한 응답에서 알튀세르는 그들의 논의를 둘러싸고 있는 비밀주의를 날카롭게 비판하였으며 이어 마르셰의 해명조의 보고가 만장일치로 승인되었다.[52] 「22차 당대회의 길 위에서 전진하자」에서 프랑스공산당의 서기장은 "책상머리에 앉아 독백이나 읊어대는" 지식인들을 비웃었고, "사회당이 분열과 패배에 책임이 있다"고 공포하였으며, 비판자들에게 "우리는 토론집단이 아니라……민주정당"이라고 경고하면서 "이제 공산당은 노동자들과 프랑스가 필요로 하는 당이 되었으며 앞으로 더욱 그렇게 될 것"이라고 개선장군처럼 결론지었다.[53]

알튀세르의 생각으로는 자신의 상급자의 이야기는 당의 행동에 대하여 정당한 의문을 품고 있는 모든 사람들에 대한 "이데올로기적 및 정치적 모욕"[54]이었다. 그러나 평당원을 억압하고 논쟁을 금지하려는 시도는 전혀 새로운 것이 아니었다. 프랑스공산당의 "수직적" 구조 자체가 평당원들을 서로 고립시켰으며 지도부의 전능함을 재생산했다. 당시 진행되고 있던 집단적 토론의 주제에 대하여 감상에 젖어서, 마르셰는 전통에 따라 그것의 무대연출에 대해서 예상되었듯이 침묵을 지켰다.[55] 알튀세르는 "종교적인 진리관"이라고 자신이 이름붙인 것을 정치국이 품고 있다고 사납게 공격하였다. 이런 관념에 따르면, 정치국은 진리의 소유자이며 관리자이고 대중은 그 진리를 "주입받아야만" 한다. 마르셰가 오로지 공산당과 사회당 간의 경쟁에만 몰두해있고 계급투쟁을 "누락"시키고 있으며 지도부의 무오류성을 가정하고 있는 것은 바로 역사적

52) *Ce qui ne peut pas durer dans la parti communiste*, Paris 1978, pp. 6ff를 보라.

53) *Avancer sur la Voie du 22e Congrès*, Paris 1978, pp. 7, 19, 43, 44를 보라. 첫번째의 비난에 대한 알튀세르의 통렬한 대응은 *Ce qui ne peut*……, p. 11을 보라.

54) *Ce qui ne peut*……, p. 14.

55) Ibid., pp. 17-18.

유물론을 완전히 폐기하고 있다는 생생한 증거였다.[56] 알튀세르의 「서문」은 가혹한 언급으로 끝맺었다. 즉 의식이 진정으로 "지체"되어 있는 것은 바로 지도부이며, 그들은 "계급투쟁의 긴급성"을 충분히 의식하지 못하고 있다는 것이었다. 사태가 이렇게 된 데에는 두 가지 상호관련된 원인이 있었다. 구체적인 분석의 완전한 포기, 그리고 부르조아 이데올로기가 당의 이론 및 실천에 미친 왜곡된 영향이 그것이었다. 당이 부르조아 이데올로기에 예속되어 있고 당내 조직이 부르조아 국가와 동형(同型)인 이상, 현실적인 문제는 당이 자신의 혁명적 역할을 수행하는 데 적합한가라는 것이었다.[57]

이런 주제들은 그의 저작의 본문에서 상세히 다루어졌다. 제1부 "전략 : 위장된 전환"에서 알튀세르는 프랑스공산당과 사회당 각각의 장점에 대한 그 어떤 제3의 평가도 거부했다. 당의 지도부와는 대조적으로 프랑스공산당의 투사들은 사회당에 대하여 거의 환상을 갖지 않아왔다. 그러나 사회당에게 모든 책임을 전가하는 것은 "변증법을 편집증과 혼동하는 것"이었다. 어쨌든 사회당의 전략이 프랑스공산당의 허를 찌르기 쉽게 만든 것은, 정치국이 아니라면 대체 누구란 말인가? 사실에 기초한 좀더 설득력있는 분석이 아래로부터 "자생적으로" 올라오고 있었다. 그것은 **"프랑스공산당의 정치사에서 진정으로 획기적인"**[58] 사건이었다. 피테르망 등의 선언과는 정반대로 프랑스공산당의 전략은 전혀 "일관된" 것이 아니었다. 지도부는 1972~77년간의 (공식) 노선(사회당과의 협력)과 지난 9월 이후의 노선(사회당에 맞선 종파주의적 투쟁)——3월의 참패로 인해 귀결된 조정——의 차이를 모른 체하면서 시치미를 떼고

56) Ibid., pp. 25-26.

57) Ibid., pp. 29-30.

58) "What Must Change in the Party", *New Left Review*, 109, 1978, pp. 21, 23.

있었다. 1977년 가을 프랑스공산당의 지도부는 갑잡스레 당의 파트너로부터의 위협이라고 인식된 것에 맞서서 당의 입장을 옹호하는 것을 최우선 목표로 삼았다. 이것을 위해서 그들은 좌파연합의 **통일의 역학**과 그것에 걸려있는 대중의 희망을 희생시킬 준비가 되어 있었다.[59] 자신들의 동요를 진단하는 것이 두려워서, 정치국은 1977년의 전환을 부인하였으며 그들 자신의 (타고난)무오류성을 피난처로 삼았다.

그들과는 달리 알튀세르는 지도부가 항상 옳다고 생각하지는 않았다. 그는 정정이 필요한 것은 이전의 감정을 반복하는 과거의 오류만이 아니었다. 그것들의 원인을 연구하고 해결해야만 한다고 주장했다.[60] 「당내에서 더이상 지속되어선 안될 것들」의 두번째 글의 제목인 "지배를 위한 기관"이 시사하듯, 당조직은 이런 과제에 대한 장애물이었다. 프랑스공산당의 명령구조를 잘 보여주는 것은 **공동강령**이 정치국에 의해 비준된 거래였다는 것, 그리고 좌파연합이란 각각 그 지도부의 엄격한 통제하에 있는 두 정당 간의 동맹이었다는 것이다. 22차 당대회의 "약속"은 깨졌다. 선거에 임하는 과정에서 "**더이상 아무것도 아래에서 위로 올라가지 않았으며 모든 것이 위에서 내려왔다**".[61] 이렇게 강요된 정책들은 그나마 일관성이라는 장점조차도 갖지 못했다. 일련의 "설명되지 않은 정책 전환"을 통하여 어느날에는 저주대상이었던 것들(예를 들면 **기동타격력**이나 **자주관리**)이 그 다음날에는 신조가 되었다.[62] 투사들은 이러한 반전들을 인내하며 설명해야만 했다. 그럼에도 불구하고 그들은,

59) Ibid., p. 24

60) Ibid., p. 25.

61) Ibid., pp. 26-27.

62) Ibid., p. 27.

노동자들이……좌파연합의 존재에 두고있는 깊고 감동적인 신뢰를 검증할 수 있었다. 이런 신뢰는, '인민전선'에 대한 우호감뿐만이 아니라, 레지스탕스에 수반된 거대한 사회적 희망, 제1차 세계대전에 뒤이은 위대한 역사적 투쟁들, 1848년 혁명과 파리코뮨에까지 직접 거슬러올라가는 프랑스 역사의 모든 분쇄된 노동자 봉기를 포괄하는 역사적 기억에 깊이 뿌리박고 있었다.

1세기 반에 걸친 패배와 고통스런 전진의 세월이 지난 지금, 희망이 있었고 마침내 승리가 손에 닿을듯 가까이 놓여 있었다. 그것이 의미하는 바——역사상 처음으로 해묵은 전통을 깨고 승리의 확보가 가능하거나 혹은 거의 확실하다는 것——가 진정으로 이해되었던가?[63]

1977년의 알력에도 불구하고 여전히 끈질기게 살아남았던 희망과 에너지가 1978년의 패배 후에도 존속되지는 못할 것이었다. 프랑스공산당의 회복의 전제조건은 스탈린주의의 유산의 본질적인 부분인 지도부의 비밀주의가 종식되는 것이었다.[64]

사실은 당의 전체 "기관"이 궁극적으로는 변혁되어야만 했다. 이것은 평당원들로부터 분출된 요구였다. 그것은 그들 자신을 위해서뿐만 아니라 "공산당 없이는 승리할 수 없는……그러나 지금 그대로의 이 공산당으로는 승리할 수 없는" 프랑스 노동자들을 위해서였다. 절실히 요구되는 공산당은 근본적으로 수정된 민주집중제에 의해 운영되는 "혁명정당"이었다. 현재의 프랑스공산당은 "그 구조나 운영방식에서" 부르조아 국가의 대의기구나 군사기구를 더 닮았다.[65] 프랑스공산당의 구조 중에서 두 가지 상호연관된 특징이 알튀세르에 의해 지적되었다. 즉

63) Ibid., p. 28.

64) Ibid., p. 29.

65) Ibid., p. 30.

대리주의(substitutionism)와 "수직적 분할이라는 기본적이고 절대적인 원칙"이 그것이다. 후자의 메카니즘은 하층에 대한 상층의 지배를 보장하고 투사들이 서로 독자적으로 접촉하지 못하도록 하는 데 기여하였다. 이전 시대에는 적절한 것이었다고도 할 수 있는 조직형태들이 이제는 조금도 정당화될 수 없게 되었다. 왜냐하면 군사적 모델과 의회적 모델의 결합은 "오직 부르조아적 방식의 정치만을 재생산하고 강화할 수 있기 때문"이었다. 스스로 재생산되는 지도부는 "만장일치 협약"에 묶여서 그 안에서의 의견차이는 당원들에게 은폐되었다. 공산당 기관은 사실상 "당의 투사들을 지배하고 통제하며 조종하기 위한 기관"[66]이었다.

프랑스공산당의 조직이 권위주의적인 조직이라면 그 이데올로기는 하나의 "희화"이다. 당지도부는, 당을 그 전지전능한 지도부와 동일시하는 당내 이데올로기를 통해, 그들에 대한 투사들의 신뢰를 이용하였다. 22차 당대회에 대한 자신의 개입의 논거들을 되풀이하면서, 알뛰세르는 당의 통일성은 그것 자체가 미덕은 아니라고 주장했다. 공산당의 존재이유는 노동자계급의 투쟁조직이자 그것을 위한 조직으로서 복무하는 것이었다. 당의 통일성은 그 일차적인 의무에 종속되어야만 한다. 따라서 당의 이데올로기는 오로지 통일성을 위한 "시멘트"라는 그것의 효능의 관점에서만 고려되어서는 안되었다.[67] 이론의 수준에서 볼 때 프랑스공산당의 최근의 역사는 "공식적 상투문구들"의 역사였다. 프랑스공산당내의 맑스주의 이론도 스탈린주의의 화를 면하지 못했다. 그것은 "한심한 상태"에 있으며 "영점에 도달"하였고 "소멸되었다".[68] 당지도부는 맑스주의의 전세계적인 위기뿐만 아니라 그것의 국내적 형태――당내에

66) Ibid., pp. 31-33.

67) Ibid., p. 34.

68) Ibid., p. 35.

서 역사적 유물론의 침식——에도 무관심했다. 정치국은 맑스주의 이론 대신 국독자론의 시중을 들었다. 이제 알튀세르는 국독자론을 소비에트 이데올로기의 프랑스판이라고 통렬하게 공격하고 있었다. 국독자론은 (독점자본을 몰아내는 것이 프랑스 인민의) "객관적 이익"이라는 관념적 개념에 기초하여 "주문생산된" 이론이며, 계급투쟁을 (후진 사회계층들의) 의식의 고양으로서 바라보는 주의주의적 관념으로 귀착되고 만다.[69] 프랑스공산당은 구체적 상황에 대한 구체적 분석을 포기하였으며, 알튀세르는 이것이야말로 진정한 맑스주의 이론이라고 보았다. 이를 소홀히 한 댓가는 막중한 것이었다. 왜냐하면 그러한 분석은 "현실의 **발견**"과 적절한 정치노선의 "**결정**"을 용이하게 하기 때문이다. 프랑스공산당의 지도부는 이런 것들을 모두 싫어하고 자신들의 음모에 집착하였으며 그들의 이데올로기를 현실에 덧씌워 "운동하는 모든 것에다 그것을 위로부터 적용"하였다. 이는 바로 스탈린주의 전통과 일치하는 이론적 실천이었다. 총선거 결과에 대한 마르셰와 피테르망의 반응에는 "**아무런 구체적 현실이나 구체적 분석도 없었다**".[70]

마르셰가 선거에서 프랑스공산당이 부진했던 이유를 후진적 의식에 의존하여 설명하려는 것은 좀더 정곡에 가까운 유력한 요인, 즉 당의 이미지와 명성을 교묘히 비켜가려는 술책이었다. 알튀세르의 고찰에 따르면, "지도부는",

> 22차 당대회가 청춘의 샘이었고 과거의 나쁜 기억들을 씻어냈다고 상상할지도 모른다. 그러나 대중은 오래된 기억을 갖고 있으며 따라서 반공주의에 대한 공갈들은 더이상 두부쪼가리도 자를 힘도 갖고 있지

69) Ibid., p. 35-36.

70) Ibid., p. 37.

못하다! ……얼마든지 계속 말을 뱉어보라! 10월혁명의 상속자가 되고 스탈린그라드의 기억을 간직하는 것도 괜찮다. 그러나 부농이라고 낙인 찍힌 반항하는 농민들을 학살하고 강제이주시킨 것은 어떻게 되는가? 중간계급들을 박멸한 것, 수용소 군도, 스탈린이 죽은 지 25년이 지난 지금도 계속되고 있는 억압은 어떻게 되는가? 제공된 유일한 담보는 말뿐이며 이 말들조차도 유일하게 검증가능한 장(場)인 당내 실천에서 **직접적으로 모순되고** 있다면, [선거라는] '완충장치'가 당 내부에도 있음은 분명하다.[71)]

결국 1948~65년 사이에 "바로 이곳 프랑스에서도 '모스크바 재판'"이 실제로 있었으며 그것의 "추악상"에 대해서는 아무런 배상도 이루어지지 않았다.[72)] 프랑스공산당 내에서 스탈린주의의 역사는 아직 끝나지 않았다. 그것을 묵살할 수 있을지는 모르지만 그것은 사라지지 않을 것이다.

그의 마지막 글──「해결책 : 요새를 떠나라」──에서 알튀세르는 노동계급의 **자기**해방을 강조하는 맑스주의 전통을 회상하고 이것을 당원들과 노동자계급을 "**타자**"로서──바깥에서 결정된 노선의 도구로서──취급해온 프랑스공산당의 전형적인 행태와 대비시켰다. "계급독자성의 원칙"을 폐기한 당은 "그 자체 안에 부르조아 정치적 실천을 재생산"하였다. 그것이 설혹 "인간의-얼굴을-한-스탈린주의"일지는 몰라도 그것은 여전히 스탈린주의였다. 지도부는 전과 똑같이 당이 대표한다고 하는 사람들──노동자들과 그들의 잠재적 동맹자들──을 의심했다. 정치조직을 평가하는 기준이 그것의 당연한 지지자들의 요구에 귀를 기울이고

71) Ibid., p. 38.

72) Ibid., p. 39.

그것에 대응해나가는 능력이라고 한다면 현재의 프랑스공산당은 구제불능의 상태이다. 당기구가 통제할 수 없는 것이라면 무엇이든지 지도부는 이를——68년 5월에 그랬듯이——한결같이 거부했다.[73] 그들의 고질적인 권위주의는 동맹에 대한 그들의 인식 및 실천에서 특히 두드러지게 나타났다. 정치국은 **"투쟁우위"**를 속성으로 하는 동맹을 결성하기보다는 **"계약우위"**를 특징으로 하는 선거협약을 선택했다. 더 나쁜 것은, 지도부가——" '우익 기회주의' "임이 드러난 "일원적 선거주의"라고 알튀세르가 생각한 협정을 빌미로——사회당에 대항한 선거경쟁이라는 종파주의적인 운동을 벌이면서 공산당이 그 파트너를 지배하는 것이 마치 노동자계급의 헤게모니인 것처럼 주장한 것이었다. 그들은 그들의 "대중에 대한 뿌리깊고 완고하며 고질적인 불신" 때문에 애당초 "민중연합" 및 "통일"을 배제하였다.[74] 알튀세르의 관찰에 의하면 프랑스 사회에서 프랑스공산당의 존재는 "요새 안에 주둔해있는 수비대"와 같았다. 그들은 한때는 존재이유가 있었을 것이다. 하지만 이제는 더이상 그렇지 않다. 좌파연합의 패배는 당의 정치적 및 조직적 실천이 거부당하고 있다는 명백한 증거였다. 그것은 장편 드라마의 **종결부**였다.

> 우리는 사태를 직시해야만 한다. 1978년 3월의 패배는 정치노선 및 실천의 패배이다. 이는 다름아니라 당을 요새와 같이 운영하면서, 밖으로 나가서 대중 속에서 '스스로를 잃어버리기'(즉 자신을 재발견하기)를 거부했던 노선 및 실천이다.

요새를 비우는 것이 프랑스공산당으로 하여금 "다른 당들처럼" 부

73) Ibid., pp. 40-41.

74) Ibid., pp. 42-43.

르조아 자유주의 정당으로 변질되도록 하는 것은 아니다. 그래서도 안되겠지만. 그것은 "당을 대중운동 속으로 단호하게 밀어넣는 것"을 의미한다. 당은 " '더이상 지속되어선 안될 것'을 변화시키기 위하여" 노동자계급적 민중적 기반의 힘에 의지해야 하며, 그럼으로써 노동자계급의 정치조직으로서의 프랑스공산당의 자율성을 보존해야만——더 정확히 말하면 회복해야만——한다. 특히 부르조아 논객들의 충고와는 반대로, 민주집중제 **자체가** 잘못된 것은 아니다.[75)]

알뛰세르는 네 가지 "변화의 조건들"을 지적하면서 그의 개입을 매듭지었다. 첫째로, 맑스주의 이론은 젊은 활기를 회복해야만 한다. "명료하고 비판적이며 엄격한 이론"이 프랑스공산당 재생의 전제조건이다. 둘째로, 당을 개혁하기에 앞서 당의 구조 및 운영방식에 대한 비판이 긴급하게 요청된다. 세째로, 프랑스의 계급상황에 대한 구체적인 분석이 즉시 이루어져야만 한다. 네째로, 노동자계급과 "민중세력들" 사이에, 상층에서의 계약과 하층에서의 통일을 접합시키면서도 후자를 더 중요시하는 새로운 동맹이 결성되어야만 한다. 이 **"민중동맹"** 노선은 개량주의와 종파주의 모두를 피해야만 한다.[76)] 마르셰의 「보고서」의 제목(그것은 22차 당대회와의 연속성을 주장했다)에 대한 대응으로, 알뛰세르는〔「당내에서 더이상……」의〕『이론』판에서, 자신이 제안하는 노선은 제22차 당대회로부터 시사점을 끌어낼 수 있는데, 이는 그 대회의 모순들이 인정되고 그것의 "민주주의적 모험주의" 경향이 억제되는 조건에서 그렇게 될 수 있을 것이라고 덧붙였다.[77)] 그가 약술한 네 가지 원칙을 기초로 하여 프랑스공산당은 변화할 수 있었을 것이다.

---

75) Ibid., pp. 43-45.

76) Ibid., p. 45.

77) *Ce qui ne peut*……, p. 124.

당은 과거로부터 물려받은 모든 모호함과 족쇄를 털어버리고 오류와 실패를 속죄할 수 있을 것이다. 그리하여 대중이, 그들 자신이 오랫동안 기다려온 승리를 위해 결집하도록 당이 도울 수 있을 것이다.[78]

1978년 3월 프랑스공산당의 가장 저명한 철학자와 그의 당은 모두 전환점에 도달하였다. 그러나 이 철학자는 방향을 전환하였지만 그의 당은 그러질 못했다. 그가 이제껏 발표했던 모든 것 중에서 단연코 가장 직접적으로 정치적인 글인 『당내에서 더이상 지속되어선 안될 것들』은 또한 알튀세르의 가장 영향력있는 저작이기도 했다. 톰슨은 알튀세르의 "폭로"가 단지 프랑스공산당에 대한 오랫동안 낯이 익은 비판들——트로츠키주의자들, 『사회주의냐 야만이냐』(*Socialisme ou Barbarie*), 56년의 반란들, 사르트르, 68년의 학생들 등의 비판——을 되뇌었을 뿐이라고 불평했다.[79] 이런 주장의 부분적 진실에도 불구하고, 알튀세르의 비판은 "서구 공산주의의 전후(戰後)의 역사에서 당내에서 발표된 비판 중에서 가장 격렬한 저항성을 지닌 것"이라는 앤더슨의 평가가 알튀세르의 개입의 위상을 좀더 잘 파악하고 있다.[80] 톰슨에게는 미안한 말이지만, 핵심은 사르트르가 당 밖에서 말하는 것이 아니라 **알튀세르가** 당 **안에서** 말하고 있다는 점이다. 1978년의 위기에서 새로운 점은 당 안팎 모두에서 수많은 사람들이 목소리를 높였다는 것, 그것이 너무도 많아서 지도부는 과거와 같이 징계를 통해서 제재를 가할 수 없었다는 것이었다. 의문의 여지 없이 알튀세르로서는 훨씬 전에 공공연하게 이런 입장을 취하는 것이 더 나았을 것이다(68년 5월이 그 기회였다). 그러나

78) "What Must Change……", p. 45.

79) *The Poverty of Theory,* London 1978, p. 403.

80) *Arguments Within English Marxism,* London 1980, p. 113.

만약 그가 그랬더라면 그는——3년 후 매우 달라진 상황에서 발리바르가 당했듯이——당에서 추방당했을 것이다. 알튀세르는 프랑스에서 가장 큰 노동자계급 정당의 당원으로 남는 쪽을 선택했다. 30년 동안 당원으로 있는 동안 그는 1956년과 1968년의 기회를 놓쳤다. 하지만 1978년의 기회는 놓지지 않았다. 그해 4월 그는 개인적 반대파에서 공적인 반대파로 이행하여 침묵을 깨고 서유럽에서 가장 권위주의적인 공산당에서 "변해야만 하는 것"에 관하여 매우 전투적인 좌익 선언문을 발표하였던 것이다. "늦더라도 전혀 안하는 것보다는 낫다"고 주장하기는 너무 쉬운 일일 것이다. 그러나 알튀세르에 대한 프랑스와 영국의 비판자들은 만약 그가 이번에도 때가 아니라고 판단했다면 그에게 무엇이라고 말했을까? 기회는 왔으며 알튀세르는 자신의 책임뿐만이 아니라 그의 비판자들에 의해 거론되었던 다른 사람들의 책임까지도 다했다.

그렇다고 해서 알튀세르의 이 저작에 심각한 결함이 없었던 것은 아니다. 『이론』판에 실린 개정판에서 그는 정치적 이유 때문에 프랑스공산당은 소련공산당처럼 "자기자신의 역사를 쓸 수 없음을 드러냈다고 지적했다.[81] 그리고 이에 앞서 그는 "일단 오류들을 적어놓은 책을 펼치면 그 끝이 어떻게 될 것인지는 시작과는 달리 결코 분명하지 않다"[82]고 말한 적이 있다. 정말로 그렇다. 그리고 바로 이 점에서 알튀세르의 충고 그 자체도 심의를 받을 필요가 있다. 알튀세르의 비판의 주된 정치적 동기와 역사적 모델은 1930년대의 "인민전선"이었다. 그가 현재의 교착상태에 대한 필요한 교정책으로서 그 시기의 경험을 무비판적으로 지향하는 한, 그의 텍스트 자체가, 부분적으로는 그 텍스트를 통해 치료하고자 한 것의 징후를 나타내는 것이기도 했다(전전〔戰前〕의 토레즈에 관한

81) *Ce qui ne peut*……, pp. 71-72.

82) "What Must Change……", p. 25.

언급들은 알튀세르의 펜이 범한 "실수들" 중에서 가장 명백한 것일 뿐이다. 프랑스공산당의 스탈린주의화에 대하여 그 누군가 책임을 져야만 한다면 그것은 분명 자칭 인민의 아들인 이 사람일 것이다). 1936년의 향수에 젖어 알튀세르는 그의 비판의 표적들과 마찬가지로 일정한 정도로 역사적 기억상실증을 보였다. "반동으로 가는 길을 막기 위해 나선 '노동, 자유, 그리고 평화의 인민전선'"은 결코 (스페인은 말할 것도 없이) 프랑스 대중의 무조건적인 승리는 아니었다.[83]

알튀세르는 다른 반역자 엘렝스탱(J. Ellenstein)이 "프랑스식 공산주의"(Gallocommumin)라고 이름붙인 것(프랑스공산당의 슬로건인 "워싱턴도 아닌, 로마도 아닌, 모스크바도 아닌"이라고 요약되는 것)에 대하여 비판적

83) 하지만 알튀세르가 인민전선 경험에 대하여 비판하지 않은 것은 아니다. "Note on ISAs", p. 459를 보라. 토레즈의 "Pas de 'mannequins'"(「'마네킹'의 다리」: *L'Humanite*, 14 August 1931에 실린 논문의 제목)에 관하여 알튀세르는 그것이 특수한 상황——프랑스공산당 내의 바르베-셀로르(Barbé-Celor) 그룹에 대항한 분파투쟁의 와중——에 발표되었다는 사실에 의해서 그 가치를 다소 제한하였다. E. H. Carr, *The Twilight of Commintern, 1930-1935*, New York 1982, pp. 169-74를 참조하라. 여기에서 알튀세르의 저작과 비교하여 시사하는 바가 있는 것은 아마도 프랑스 공산진영에서 그의 바로 앞의 선례라고 할 수 있는 장 바비(J. Baby)의 *Critique de Base*(Paris 1960)일 것이다. 중요한 공산주의 지식인인 바비는 나중에 UJC에 밀착된 마오주의자가 되었으며, *La Grande Controverse Sino-Sovietique (1956-1966)* (Paris 1966)을 썼는데 여기에서 그는 알튀세르의 "놀라운 연구들"에 대하여 경의를 표하였다(p. 428). *Critique*는 알튀세르의 논지들의 대부분을 예측하였다. 그러나 바비도 역시 「'마네킹'의 다리」를 다루고 있지만 그는 저자인 이 프랑스공산당 지도자가 "권위주의적 중앙집권주의"의 군림에 책임이 있다는 이유로 그를 강력하게 비판하였다(p. 137). 당내부의 또다른 강력한 비판으로는 『우니르』(*Unir*) 그룹의 *Histoire du PCF*, 3 vols., Paris 1961-66을 보라.

이었던 반면에 엘렝스탱 등이 그것을 대체하기를 바랬던 유로코뮤니즘에 대해서는 분명한 태도를 취하지 않았다. 정치적으로 알튀세르는 (토레즈의 미망인이자 스탈린의 유령인 자네트 베르메르쉬(J. Vermeersch)에 대해서는 말할것도 없고) 친이탈리아적 조류, 마르셰와 중앙파, 르 르와이(Leroy) 그룹의 그 어느편에도 가담하지 않았다. 사실 알튀세르의 저작에서 정치전략이 다루어지고 있는 일반성의 수준을 감안할 때 그의 개인적인 지향을 정확히 판단하기는 어려웠다. 그의 입장은 정치국 내의 어떤 조류에도 편입시키기 어려울 만큼 특이했다. 그는 당이 이탈리아의 길도 모스크바의 길도 취하는 것을 원하지 않았다. 또한 그는 민족적 공산주의에 대해서도 마찬가지로 탐탁치않게 생각하고 있었다. 엘렝스탱과 마찬가지로 그는 훨씬 더 많은 당내 자유를 원했으나 민주집중제의 폐기를 (그리고 분파결성권의 금지를 해제하는 것도) 원하지는 않았다. 강경파들과 마찬가지로 그는 프롤레타리아 독재의 폐기를 우려하였다——하지만 그 이유는 달랐다. 르 르와이 등과는 달리 그는 사회당과의 관계에서 준-3기적인 관계, 혹은 1947년 이후의 관계로 돌아갈 것을 요구하지 않았다. 그렇다고 해서 그들과의 무조건적인 선거동맹으로의 복귀를 주장하지도 않았다. 이와는 반대로 그는 "민주적 모험주의"와 "종파주의" 모두에 반대하고 자신의 시야를 진정한 인민전선에 맞추고 있었다.

당시 알튀세르의 역사는 엉성하고 불충분했다. 관료적 집중제를 개혁하자는 그의 제안은, 바로 그 자신이 그런 혐의로 체계적으로 기소당하고 있었음을 감안해볼 때, 부적절한 것이었다. 그의 정치는 그것이 아무리 회피적이고 독자적인 것이었다고 할지라도 그가 비판한 전략적 틀 안에 머물러 있었다. 그리고 마지막으로 그의 개입이 결국 프랑스공산당의 전술, 조직 및 이데올로기에 대한 신랄한 비판이 되었음에도 불구하고 그것은 이전의 제안들을 넘어선 진전이 되지 못하였다. 다시 말해서 그의 개입의 주된 문제점은, 그것이 (비록 "1956년의 지체"는 프랑스공산당만의 것이 아니었음에도 불구하고) 사르트르의 『스탈린의 망령』이나 바비(J. Baby)의 『아래로부터의 비판』에 비해 상대적으로 늦었다는 점이 아니라, 알튀세르의 맑스주의가 대체로 공산당 내에서의 "과두제의 철칙"에 대한 그들의 분석을 진전시키기보다는 그것을 반복했다는 사실에 있었다. 프랑스공산당을 뒤흔들어놓았던 이 저작과, 그리고 다른 반란자들의 저작들의 운명은 어떻게 되었는가? 과거와 마찬가지로 당지도부는 폭풍을 견뎌냈다. "반공주의에 관한 공갈협박"이 이번에는 먹혀들지 않을 것이라는 알튀세르의 믿음은 틀렸음이 증명되었다. 당원들에 대하여 "새로운 반공주의의 물결"——명백한 현실——에 맞서 물러서지 말라는 정치국의 호소가 그 마력을 발휘하였다. 또한 분할지배 전략이 효과를 발휘하여 서로 사이가 좋지 않은 지식인들은 주변으로 밀려났다.[84] 3월 이후의 평당원들의 첫 반응(반사작용)이 반란이었다면, 그들의 두번째이자 훨씬 더 철저한 반응은 충성이었다. 당원을 축출하지는 않았지만 많은 댓가를 치루고서 질서가 회복되었다. 6월 중순에 이르러 모든 지부에서 마르셰의 「보고서」가 통과되었다. 다음해 5월의 제23차 당대회에서 마르셰는 "좌파"와 "우파" 모두에게 철퇴를 가했다. 지도부가 참호로 들어가버린 프랑스공산당은 그토록 많은 사람들이 바라고 촉구했던 변화를 일으키지 못했으며 그 결과 "프랑스의 정치적 겨울"[85]이 시작되었는데, 이후 당은 그 역사상 최악의 위기를 경험하게 되며

84) 여기에서 지도부는 "부르조아 언론"——이들 지면에서 당을 비판하는 것은 전통적으로 "이적행위"로 간주되었다——에 접근할 기회를 갖는 지식인 명사들에 대한 완고한 불신에 의존할 수 있었다. 알튀세르 자신은 1973년 *Fete de L'Humanite*에서 **"디아(Diax) 사건"**에 대하여 언급하면서 "부르조아 언론에 의지하여 당을 헐뜯는 것"에 대하여 비난하였다.

85) 알튀세르주의자이자, 그 겨울의 피해자의 한 사람인 미셸 페쇠의 말(*Language, Semantics and Ideology*, London 1982, p. 211).

1980년대 후반에 접어들면서 당의 정치적 생명을 부지하기 위하여 애쓰고 있다.

1978년 5월에 알튀세르는 『파에세 세라』지(*Paese Sera*)와 짤막한 인터뷰를 했는데, 이 자리에서 그는 마르셰의 "무응답"을 더욱 질책하고 프랑스공산당으로부터 탈퇴하는 것이 "당지도부 및 마르셰에게 줄 수 있는 가장 좋은 선물일 것이며……바로 그들이 희망하는 바일 것"이라고 지적하면서 "당 안에 남아서 그 변혁을 위해 싸우는 것이 절대적으로 중요하다"고 말했다. 그는 당시 프랑스공산당이 처한 상황은 당이 **공동강령**에 서명했다는 사실 자체에 내재해있다고 주장했다.[86] 그 다음 달에 알튀세르는 『신문학』지(*Les Nouvelles Litteraires*)에 기고한 글에서 자신의 개입은, 점증하고 있는 공산당 지식인들의 개입과 마찬가지로, "좀더 많은 민주주의를 바라는 소망"에 근거한 것이었다고 말했다. 그의 말을 인용해보자.

> 만약 내가 옹호하는 입장에 미래가 있다고 믿지 않았다면 나는 그것을 옹호하지 않았을 것이다. 이런 희망이 무산될 것이냐 아니냐 하는 문제는 별개의 것이다. 어떤 일도 일어날 수 있다……나는 오늘 파문당했다. 하지만 나는 순교자가 되고픈 생각은 없다. 나는 철학자이다. 나는 나날의 공공정치의 영향에 휘말리지 않는다. 그것은 나에게 당분간 유죄판결을 내릴 것이다. 하지만 다시 한번 말하지만 나는 즉각적인 현재 속에서 일하지 않는다.

---

86) "Al 'punto zero' della teoria", *Pease Sera*, 6 May 1978. 알튀세르는 프랑스공산당의 조직과 사업방식에 대한 자신의 비판이 서유럽의 다른 공산당들에도 적용되는 것이 아니냐는 면담자의 질문에 대해 〔적용된다고〕 긍정했다. 이 발언으로 인하여 그는 프랑스공산당의 폴 로랑(P. Laurent)으로부터 그들에게 "선전포고"를 했다는 비난을 받게 되었다.

그는 "당이 사라지지 않는 한", 당원으로 남아 있을 것이라고 단언했다. 왜냐하면,

> 1948년에 당에 가입했다는 사실은 나에게는 개인사적인 사건이 아니었기 때문이다. 그것은 정치적 활동가가 되기 위한 절대적 전제조건이었다……당에 가입해있다는 사실이 나의 철학적 저술들에 정치적 의미를 부여하였다. 만약 내가 당을 떠난다면 그것은 끝날 것이다.[87]

이후에 알튀세르는 더이상 프랑스공산당을 변화시키려는 운동에 대하여 서면으로 기고하지 않았다(반면 그의 동료들은 그렇게 했다).[88] 그리고 그가 여전히 당원이었음에도 불구하고 더이상 철학적 저술들을 발표하지 않았다. 왜냐하면 일어났던 일은…… "개인사적인 사건"이었기 때문이었다.

알튀세르주의여, 안녕

데콩브(V. Descombes)는 알튀세르가 자신의 「『자본론』 제1권의 서문」에서 "체험된 경험"의 우위성을 적시함으로써 "알튀세르는 알튀세르주의를 폐기하였다"고 주장했다.[89] 제4장에서 밝혀진 것처럼 분명히 알튀세르는 그의 원래의 프로젝트가 지닌 맑스주의 내에서 가장 독창적

87) *Les Nouvelles Literaires*, 15 June 1978.

88) 특히 Etienne Balibar, Guy Bois, Georges Labica and Jean Pierre Lefebvre, *Ouvrons la Fenêtre, Comarades!*, Paris 1979를 보라.

89) Vincent Decombes, *Modern French Philosophy*, Cambridge 1981, pp. 134-35.

인——하지만 동시에 더욱 의문의 여지가 있는——측면들로부터 후퇴하였으며, 그에 비견될만한 참신하고 힘있는 대안을 제시하지 않았다. 하지만 데콩브처럼 알튀세르주의의 프로젝트가 "공식적으로 종결되었다"고 말하는 것은 과장된 것이다. 그 권위가 약해지긴 했지만 알튀세르의 맑스주의는 1969년에 프랑스와 그밖의 곳에서 상승세를 타고 있었다. 그리고 알튀세르주의가 사실상 위축되고 있던 곳에서도, 그와 그의 동료들은 더이상 새로 제시할 것이 없다고 생각한다는 암시를 적어도 알튀세르 쪽에서 한 적은 없었다(아마도 그 한 가지 지표는 『이론』 총서로 나온 대다수 책들이 1969년 이후에 간행되었다는 점일 것이다). 알튀세르의 맑스주의가 위기에 처하게 된 것은 1960년대말이 아니라 1970년대 중반이었다. "맑스주의의 위기"는 『맑스를 위하여』와 『자본론 읽기』의 근저에 놓인 전략을 거부하였으며 맑스와 레닌의 이론들에 대하여 1975년까지는 생각조차 할 수 없었던 회의적인 시선을 보냈다. 알튀세르가 한 시대의 종말을 선포한 것은 1977년 베니스에서였다.

1970년대 중반 이래의 역사적 유물론에 대한 연구에서 앤더슨은 "맑스주의의 위기"라는 말은 잘못된 말이라고 주장했다. 왜냐하면 실제로 문제가 되었던 것은 라틴권의 맑스주의의 위기였기 때문이라는 것이다. 이 현상은 맑스주의의 폐기(예를 들어 글룩스만/콜레티/셈프룬〔J. Semprun〕)와 "희석 또는 축소"(예를 들어 알튀세르/풀란차스)라는 두 가지 주요한 형태를 띠었다.[90] 1970년대에 남유럽 맑스주의자들이 품었던 맑스주의의 위기에 대한 인식은 결코 알튀세르에게만 특이한 것이 아니었다. 예를 들어 끌로댕은 이미 7년 전에 알튀세르의 운명을 예측하였고(그의 이런 예측은 찬양받았다), 콜레티는 3년 전에 이를 예측하였다.[91] 콜레티와 끌로댕이 변절한 이후인 1979년에 팀파나로도 비슷한

90) *In the Tracks of Historical Materialism*, London 1983, pp. 29-30.

결론을 선언하였지만 그들과는 다른 반응을 보였다.[92] 이러한 좀더 폭넓은 역사 속에서 알튀세르의 특이성은 그가 팀파나로와는 달리 맑스의 유산의 타당성에 의문을 제기하였음에도——그리고 알튀세르주의를 철회하였음에도——불구하고, 콜레티와는 달리 여전히 맑스주의자로 남아 있었다는 점이었다. 이에 대한 명확한 증거는 프랑스에서는 결코 발표된 적이 없는 저작——1977년말에서 1978년초에 걸쳐 씌어진 「오늘날의 맑스주의」——이다. 콜레티(그 자신이 천박한 도살자는 아니었던)는 이 문건을 역사적 유물론의 "전면적 도살"이라고 매우 기뻐하며 묘사하였다.[93]

알튀세르가 1965년에 작성한 대차대조표——「이론, 이론적 실천, 이론 형성」——와 비교하여 평가할 때, 「오늘날의 맑스주의」에서 수행된 맑스주의의 **상태와 상황에** 대한 알튀세르의 고찰은 주목할만한 것이다. 왜냐하면 이 논문에서는 역사적 유물론의 희석과 알튀세르주의의 포기가 동시적이고 불가분의 관계에 놓여있기 때문이다. 그는 일단 맑스도 자신이 맑스주의자라는 것을 부정하고 자신의 사상을 하나의 "체계"로——역사철학 혹은 정치경제학으로——해석하는 것에 반대했다는 점을 지적하는 데서 출발했다. 『자본론』의 부제는 맑스가 "과학"에 대한 어떠한 허세도 거부했다는 것을 보여준다. 그는 "비판"이라는 말의 의미 자체를 바꾸어놓았다. 그의 정치경제학 비판은 인식론적인 기획이 아니

---

91) Claudin, *The Communist Movement——From Comintern to Comminform*, New York 1975의 가령 pp. 8, 622와 Althusser, "The Crisis of Marxism", p. 228; Colletti, "A Political and Philosophical Interview", in *Western Marxism: A Critical Reader*, London 1977, pp. 340, 350을 보라.

92) *On Materialism*, London 1980, pp. 255, 261.

93) *Le Déclin du Marxisme*, Paris 1984, p. 71.

라 노동자계급을 위한 이론적-정치적 **입장설정**이었다. 맑스와 엥겔스의 사상이 "비판적이고 혁명적"으로 된 것은 노동운동 안에서, 즉 이 운동에 대한 그들의 참여를 통해서였다. 카우츠키와 레닌은 오류를 범했다는 것——그것도 위험천만하게 틀렸다는 것——을 이 논문은 밝힌 셈이었다.

> 과학적 이론은 부르조아 지식인들에 의해 생산되며 그리고 '노동운동의 바깥으로부터 도입되는' 것이라는 관점의 배후에는 이론과 실천, 당과 대중운동, 당지도부와 일반 투사들 간의 관계에 대한 일체의 인식이 놓여 있으며, 이 인식은 이같은 분리 속에서 부르조아적 형태의 지식 및 권력을 재생산한다.[94]

역사적 유물론에 대한 카우츠키주의나 레닌주의적 계보가 아니라, 역사적 유물론의 창시자들이 영국과 프랑스에서 착취와 그것에 대한 노동자들에 저항에 관해서 "직접적이고 실천적으로 경험"했다는 점에 우위가 두어졌다. 맑스는 "프롤레타리아트의 유기적 지식인"이 되었다. 더욱이 맑스의 전생애를 통해서 경험적 차원이 결정적인 것이었다. 그의 이론은 계급투쟁의 모진 시련 속에서 형성되고 검증되고 발전하였다. 그리하여 그의 생애에서 옳았던 것은 그 후에도 유효하였다.

---

94) "Il Marxismo Oggi", in Louis Althusser, *Quel Che Deve Cambiare nel Partito Communista,* Milan 1978, pp. 109-11. 또한 "Note on ISAs", pp. 463-64와 "Uber Marx und Freud" (1976), in Louis Althusser, *Ideologie und ideologische Staatsapparate,* Hamburg 1977, pp. 89-96도 보라. 이처럼 알튀세르는 역사유물론과 노동운동의 관계에 관하여 맑스 자신이 가지고 있던 견해——전에는 그가 동의하지 않았던 견해——에 명백하게 찬성하였다. 예를 들어 *The Poverty of Philosophy, Collected Works,* vol. 6, London 1976, p. 177 및 *Capital* vol. 1, Harmonsworth 1976, p. 98을 보라.

> 맑스는 그의 이론적 작업이나 정치적 투쟁 그 어디에서도 결코 노동자계급 투쟁의 영역을 떠난 적이 없다. 카우츠키의 정식에 대하여, 우리는 이렇게 대답할 수 있다. 맑스의 사상은 **노동자들의 운동 안에서,** 그것을 토대 및 전제로 하여 형성되고 발전하였다고. 다름아니라 바로 이 운동 안에서, 그의 사상은 최초의 맑스주의 서클로부터 거대한 대중정당으로——무수한 투쟁과 모순들을 댓가로 치루고서——확산되어갔다.[95]

만약 레닌이 노동자계급 밖으로부터의 도입이라는 카우츠키의 정식을 취한 것이 잘못되었다면, 그는 또한 맑스주의의 "세 가지 원천"이라는 엥겔스의 테제를 발전시키는 오류도 범했다. 왜냐하면 그럼으로써 그는 "사상사의 상투어들"에 함몰되었으며 그리하여 사회현실에 대한 맑스의 새로운——독일 관념론의 문제틀 안에 갇혀있던——발견과, 프롤레타리아적인 이론적 입장의 채택 사이의 밀접한 관계를 설명할 수 없었기 때문이다. 맑스주의 역사를 사상사의 관점에서 쓴다는 것은 맑스의 "사상 혁명"을 우롱하는 것이며 그것을 일련의 "전도"로 환원하는 것이다. 또 그것은 영국의 정치경제학을 경제과학으로, 독일철학을 역사적 유물론으로, 그리고 프랑스 사회주의를 "유물론적" 역사철학이자——이와 동일한 "메시아주의"의 "실천적 판본"인——과학적 사회주의로 환원하는 것이다.[96] 하지만 문제는, 맑스주의에 대한 이같은 해석——제2인터내셔널 이래의 정통적인 해석방식——이 맑스에 의해 명시적으로 승인된 것은 아니지만, 그렇다고 그것이 단순한 날조도 아니라는 점에 있었다. 맑스는 헤겔 "전도"에 대하여 언급한 바 있으며, 그것에 대하여

---

95) "Il Marxismo Oggi", pp. 111-12.

96) Ibid., p. 113.

점점 더 비판적인 입장을 취했음에도 불구하고 역사철학이라는 생각에 여전히 집착하고 있었다. 또한 그는 자본주의를 넘어서서 낙원과 같은 "자유의 왕국"을 실현할 "투명한" 사회구성체——공산주의——에 대해서 사고하였다. 이처럼 "유물론적" 역사철학의 윤곽을 그린 『독일 이데올로기』로부터, "진화론"의 경향을 보이는 1859년의 「서문」을 거쳐, "허구적 통일"을 이룬 『자본론』 자체에 이르는 맑스의 저술들에는 "잠재적 혹은 명시적 관념론"이 스며들어 있다.[97] 사실 과학에 대한 인식에서 『자본론』은 헤겔에 지나치게 의존하고 있다.[98] 〔헤겔에 대한〕 잔여적 충실이라고만은 할 수 없는 것의 효과는 맑스의 이 대작 중의 정밀한 논점들——예를 들어 "착취"에 관해서 "구체적 조건들"로부터 추상화된 "경제주의적 해석"을 하는 경향——에 자리잡고 있다. 그리하여 비록 카우츠키와 레닌이 맑스의 사상을 잘못 해석하여 부지불식간에 그것의 혁명적 성격을 파괴했다고 할지라도, 맑스 자신도 "이전의 철학적 의식을 완전히 청산하지 못함으로써" 그들의 (잘못된) 해석을 조장하였다. 그러나 이제 알튀세르가 경솔한 단정을 했다고 비난하는 레닌과 달리, 맑스 자신은 결코 자신의 이론의 전능성에 대해 환상을 품지 않았다. 그는 자신의 사상을 두 가지 상이한 방식 및 형태로 제시하였다. 즉

---

97) Ibid., p. 114. 로산다와의 인터뷰에서 알튀세르는 맑스주의 이론은 "제한적"이라고, 즉……자본주의 생산양식에 대한 분석과 그것의 폐지로의 이행의 가능성을 여는 그것의 모순적 경향에 대한 분석에만 한정된다고 주장하였다("Entretien", p. 6).

98) "Il Marxismo Oggi", pp. 114-15. 알튀세르는 이 쟁점을 제라르 뒤메닐(G. Duménil)의 *Le Concept de Loi Economique dans 'Le Capital'*, Paris 1978)에 부친 자신의 "Avant-Propos" (1977)에서 처음 제기하였다. 그가 "역사적 및 이론적" 후퇴국면이라고 묘사한 시기에 씌어진 이 서문의 맑스-헤겔의 관계에 관한 명제들은 『자본론 읽기』에서의 양극적 대립관계와 비교해보아야만 한다.

그것은 첫째로는 "일반적 분석의 원리" 및 "이론적 형식"으로서 제시되었고, 둘째로는 그것이 설명하려는 현실의 일부로서——1859년의 「서문」에서 언급되고 있는 "이데올로기적 형태들" 중의 하나로서——제시되었다. 후자의 경우에,

> 맑스는 자신의 사상을 더이상 주어진 전체에 대한 설명원리로 생각하지 않으며 오직 그것을 이데올로기 투쟁에 있어서 그것이 할 수 있는 작용과의 관련 속에서만 고찰한다. 이와 더불어 그의 사상의 형태도 이론형태에서 '이데올로기 형태'로 변화한다.[99]

여기에서 맑스의 작업의 진정으로 "유물론적인" 측면을 발견할 수 있다. 하지만 맑스가 이데올로기적 투쟁에 대하여 첨예하게 의식하고 있었음에도 불구하고 그는 자신의 사상이 왜곡되고 이용될 가능성을 망각했다. 이 점은 상부구조(법률, 국가, 이데올로기)에 대한 그의 고찰의 결핍과 관련된 것이었다. 맑스주의 전통은 맑스에게서 물려받은 것에다가 "아무것도" 보태지 않았다.

> 근본적으로, 이론적인 관점에서 볼 때 맑스주의는 아직도 맑스의 단계에 머물러 있으며 심지어 어느 정도 그에게 뒤처져 있기조차 하다. 그의 사상은 많은 논란을 불러일으킨 한편 또한 예증되고 적용되었다……하지만 기본적으로 그 과정에서 맑스주의는 그대로 반복되거나, 바뀌어버리거나 혹은 화석화되었다. 맑스주의 이론이 공상이 아니라 과학이라고 선언한 것에 비추어볼 때, 그리고 초기의 표현형태, 즉 그 '출발점'에 대한 비판적 문제제기에 의해 진보하지 않으면서 살아남을 수

99) "Il Marxismo Oggi", p. 117.

있는 과학은 하나도 없다는 것에 비추어볼 때, 이는 놀라운 일이다. 맑스주의의 경우에는 이런 일이 전혀 일어나지 않았다……맑스주의는 재출발하지도 않았고 발전하지도 않았다. 이 패러독스는 우리에게, 맑스주의를 이론적으로 수세에 몰아넣어온 계급투쟁 및 부르조아 이데올로기의 지배의 분명한 효과를 나타내줄 뿐만 아니라, 또한 그것은 우리에게 맑스의 공백을 지적해준다……[100]

가장 중요한 공백 중의 하나는 그가 자신의 사상이 물질적 힘으로 전화할 장소이자 매개가 될 계급투쟁 조직의 문제를 제기하지 않았던 것이라고 알튀세르는 거듭 지적하였다. 그는 그런 기관은 하나의 기구를 필요로 한다는 점을 예상하지 못했으며, 또한 그 결과 나타나는 그 기구와 투사들 간의 괴리가 "부르조아적인 권력분할을 낳을 수 있으며 가공할 문제를 야기하고 아마도 비극을 가져올 것"이라는 점을 예상하지 못했다. 룩셈부르크는 이같은 위험을 감지하였지만 문제를 이론적으로 다루지는 못했다. 대체로 맑스가 말한 것을 반복하는 데에 만족한 그의 후계자들은,

맹목적으로 어두운 밤 속으로 들어가게 되었다. 그리하여 국가에도 밤이 왔고, [이데올로기에도 밤이 왔으며], 당에도 밤이 왔고, 정치에도 밤이 왔다. 그 극단적인 결과로 맑스의 사상은 그 자체와는 아주 이질적인 것으로 왜곡되고 말았다.[101]

그리하여 맑스주의는 단지 맑스를 넘어서 발전하지 못하였을 뿐만

100) Ibid. p. 119.

101) Ibid., p. 121. 불어 초고(p. 9)에 들어있는 "이데올로기에도 밤이 왔으며"는 이탈리아어 판에는 빠져 있다.

이 아니라, 오히려 퇴보하였다. 카우츠키와 플레하노프에게서 맑스주의는 진화론적 역사철학으로 전환되었다. 『자본론』은 통상 과학적 정치경제학 분야의 한 저술인 것처럼 해석되었다. 그리고 엥겔스의 "불행한" 후기 저작들의 권위에 근거하여 변증법적 유물론이 바로 맑스주의 철학으로서 제시되었으며, 역사적 유물론 및 과학적 사회주의에 대하여 "절대적 보증"을 제공하는 것으로 (전자의 경우 변증법적 유물론의 한 영역으로, 후자의 경우 그것의 적용으로) 간주되었다. 마침내 스탈린 치하에서 헤겔이 맑스를 압도하였으며 희극은 비극으로 바뀌었다.

> 맑스의 이름으로, 스탈린은 여러 해 동안 이 가난한 자의 헤겔주의의 공식들을, 즉 이 외관(exterior) 없는 절대지를 고착시켰다. 모든 범론은 그것으로부터 사라졌으며 거기에는 매우 충분한 이유가 있었다. 왜냐하면 '간부들이 모든 것을 결정'하였고, '진리'를 정의하는 것은 지도자들의 특권이었으며, 관념의 전능성이라는 부르조아 이데올로기가 국가-당-국가 이데올로기의 통일 속에서 승리하였고, 대중은 단지 그들의 해방이라는 미명 자체에 복종해야만 했던 것이다.[102]

이같은 파멸을 설명하기 위해서는 부르조아 이데올로기의 영향력을 들먹이는 것만으로는 부족하다. 그것의 여러 형태들이 어떻게 노동자계급의 운동 내부에서 재생산되는가를 설명할 필요가 있다. 이것은 포괄적인 이데올로기 이론만이 할 수 있는 것이며 바로 이것이 맑스주의 이론에는 결여되어 있다. 맑스주의 지도자들은 그들의 조직들에서 나타나는 문제점과 "편향"을 지배이데올로기의 침투와 관련시켰다. 그들은, 혁명조직은 그 내적 통일성을 유지하기 위해 어떤 이데올로기를 "감춰두고

102) Ibid., pp. 121-22.

있다"는 사실에 주의하지 않음으로써, 맑스주의 이데올로기와 이 조직 이데올로기 사이의 잠재적인 모순을 깨닫지 못했다. 당이론을 갖지 못한 그들은 이 후자의 이데올로기가 결국은 당 안에서 "부르조아 국가의 구조를 재생산 할" 수 있다는 것을 예상하지 못했다.[103] 레닌, 그람시, 마오는 각각 다른 방식으로 이와 관련된 엄청난 난점들을 해결하려고 시도했다. 하지만 그들은 결국 국가, 이데올로기, 당에 관한 필수적인 이론을 만들어내지 못했다.

알튀세르는 자신이, 맑스주의의 이름으로 행해진 역사에 대한 책임이 이같은 이론의 부재에 있다고 말하는 것은 아니라고 주장하였다. "역사의 우월성"과 같은 환상은 또다른 관념론적 가정, 즉 맑스주의 이론이 그 탄생의 모태인 계급투쟁의 역사의 흥망성쇠와 무관하다든가, 또는 그 역사의 "왜곡 및 비극" 속에 그 이론이 내포되어 있다는 가정에 근거하고 있는 것이다. 이에 관해 알튀세르는 도덕주의와 주의주의에 대한 스피노자의 유명한 거부를 따르고 있다.

> 맑스주의는 그 역사상의 수많은 비극들을 단지 비난하고 개탄함으로써 그것들을 제거하려 하지는 않을 것이다. 이는 도덕주의이며 이론적 및 정치적 책임회피다. 맑스주의가 그 비극들을 인정하고, 그것들에 책임을 지며, 그것들을 논의의 대상으로 삼고, 문제의 뿌리를 찾아내어 그것들을 이해하는 데에 필요한 이론적 수단을 갖추는 것이 사활적으로 중요하다. 이것은 되돌이킬 수 없는 과거를 밝힌다는 지적 호기심과는 아무런 상관이 없다. 이같은 근본적인 반성에서 문제가 되는 것은 오늘날의 맑스주의다. 그것이 있는 그대로의 자신을 알게 하라. 그러면 그것은 변화할 것이다.[104]

103) Ibid., pp. 122-23.

104) Ibid., pp. 124-25.

베니스에서 표명한 견해를 반복하면서, 알튀세르는 "정치적이고 이데올로기적이며 이론적인" 현상인 "맑스주의의 전반적 위기"를 폭발시킨 최근의 계급투쟁의 양상에 의해서 변화는 가능해졌고 또한 불가피하다고 주장했다. 이제 "사활적으로 필요한" 것은 "제국주의, 국가, 이데올로기, 당, 정치를 조명하는 것"이다. 맑스주의는 항상 "비판적" 입지에 처해있었다고 그는 결론짓는다. 즉 그것은 한편으로는 지배이데올로기와 투쟁함과 동시에 포위공격을 당해있는 자신과도 싸움을 벌여야만 했다. 왜냐하면 맑스주의 자신의 운명은 계급투쟁의 예측할 수 없는 경과에 긴박되어 있기 때문이었다. 오늘날 대중은 그 어느때보다도 더 "동태적"이며, 맑스주의는 오랫동안 정체해있던 끝에 이제 "근본적인 변화를 맞이하려" 하고 있다. 맑스주의자들은 맑스의 선례를 따라 자신들의 판단을 정리해야만 한다. 그것은 지식인들이나 당의 범위를 훨씬 넘어선 작업이 될 것이다. 왜냐하면 "궁극적으로 그것은 그들의 투쟁을 검증하고 있는 대중의 일"[105]이기 때문이다.

알튀세르의 성찰에 대한 대응으로서는 앞에서 이미 "맑스주의의 위기"에 관하여 말한 것에다 더 첨가할 것이 거의 없다. 그의 유명한 두 텍스트는 이론적 비관론과 정치적 낙관론을 같은 비율로 결합시키고 있다. 두 텍스트는 모두 사려깊은 것이 못된다. 1978년 3월에 낙관론이 좌절된 것에 비추어볼 때, 더욱 두드러지고 지속적이 된 것은 비관론이다. 그리고 알튀세르가 행한 사체부검은 맑스, 엥겔스, 레닌, 그람시, 마오 등에게 메스를 들이대는 과정에서, 자기자신의 공헌에도 깊은 상처를 입혔으며, 이제 그것은 맑스주의의 기록된 역사인 사실상의 이론적 무효성의 어딘가에 놓여있다. 그는 1965년에는, 자신이 이제와서는 관념론의 표상이라고 비난하게 된 레닌의 원칙들을 자신의 원칙으로 삼았고,

105) Ibid., pp. 125-26.

또한 『자본론』에 관한 엥겔스의 언급도 인용하였다. 즉 그것과 그것이 제시하는 과학적 이론이 없었다면 우리는 여전히 "어둠 속을 더듬고 있을 것"이란 언급이었다. 그러나 설혹 맑스를 갖고 있었다고 하더라도, 맑스주의자들은 국가, 정치, 이데올로기, 당에 관하여 100여년 이상 거의 아무것도 하지 못했음이 1978년에 드러났다. 그 어떤 스피노자류의 빛도 자신과 어둠을 밝히지 못했던 것이다.[106] 이후 계속해서, 『맑스를 위하여』와 『자본론 읽기』의 명제들이 삭제되었으며 오랫동안 알튀세르주의의 제1조였던 인식론적 단절도 폐기되었다. 역사적 유물론은 출발부터 결함이 있었고, 맑스 이해로 발전되지 못했고, 스탈린 치하에서 왜곡되었고, 비극적 역사에 의해 위신이 떨어졌으며, 관념론으로 가득차버렸다. 그로 인해 이제 그것은 진리이기 때문에 전지전능한 이론이라는, 알튀세르주의의 전성기 때의 평가와는 전혀 다른 것이 되었다.

예전의 다른 전위적 과학들, 예를 들면 정신분석학도 마찬가지였다. 1976년에 씌어졌지만 6년 후에 (알튀세르의 의사에 반하여) 출간된 논문 「프로이트 박사의 발견」에서 알튀세르는 마치 자신이 이전에 맑스주의를 대표하여 개진했던 주장들을 철회했듯이 정신분석학의 지위에 대해서도 의문을 제기하였다. 「프로이트와 라캉」의 명제들을 폐기하면서, 그는 프로이트가 "무의식"에 대한 과학적 이론을 산출하지 못했으며 프로이트의 작업의 내용에 과학적 "형식"을 부여하려던 라캉의 노력은 단지 "전세계의 지식인들을 매혹시킨 정신분석의 환상적 철학"으로 귀결되었을 뿐이라고 주장했다.[107] 라캉은 철학 안에 머물러있었다. 알튀세

---

106) "Théorie, Pratique Théoretique et Formation Théoretique. Idéologie et Lutte Idéologique", mimeographed., April 1965, p. 4와 Marx and Engels, *Selected Works*, Vol. 3, Moscow 1977, p. 162를 보라.

107) "La Decouverte du Dr. Freud", in L. Chertok (ed.), *Dialogue Franco-Soviëtique sur*

르도 마찬가지임을 「오늘날의 맑스주의」는 시사해준다. 존재하지 않는 대상을 탐색했던 것이다.

라캉은 프로이트에 대한 유해한 해석들을 논박한 공로를 여전히 인정받고 있었다. 그러나 알뛰세르는 그 자신의 경우에 대해서는 그런 정도까지도 인정하지 않았다. 그는 자신의 맑스로의 회귀와 맑스 독해를 옹호하는 주장을 밀고나가지 못했다. 『맑스를 위하여』와 『자본론 읽기』는 맑스 이후의 맑스주의의 이론적 공백을 해결과제로 했다. 이데올로기적 적대의 와중에서 알뛰세르는 이론의 전능성을 폐기하였으며 지나치게 주의주의적인 방식으로 대중들의 실천을 신격화했다. 「오늘날의 맑스주의」는 알뛰세르의 진정한 "자기비판"이며, 그 저자와 그의 주제가 공평하다기보다는 불균형적으로 다루어진 저술이다. 만약 시기를 꼽아야 한다면, 알뛰세르가 알뛰세르주의를 버린 것은 1977~78년이었다. 아무튼 「오늘날의 맑스주의」와 더불어 알뛰세르의 작업은 침울하게 막을 내렸다.

이제 다시 이 장의 출발점으로 되돌아갈 수 있게 되었다. 마오주의의 소실과 더불어, 알뛰세르 자신의 보완적인 이론적 및 정치적 입지는 더이상 지탱될 수 없게 되었다. 이론적으로 그는 비관론과 회의론으로 빠져들어갔다. 정치적으로 그는 반대입장을 공공연하게 채택할 새로운

---

la Psychanalyse, Toulouse 1984, pp. 82-88을 보라. 이 텍스트의 역사를 알기 위해서는 Elisabeth Roudinesco, *La Bataille de Cent Ans : Histoire de La Psychanalyse en France. 2 - 1925-1985*, Paris 1986, pp. 645-47을 보라. 『르 몽드』지에게 저자의 허락 없이 발표한 것에 대하여 항의하는 알뛰세르의 편지는 ibid., p. 664를 보라. 라캉의 "프로이트 학파" (*Ecole Freudienne*)의 해체를 둘러싼 논쟁에서 라캉에 반대한 알뛰세르의 개입에 대해서는 Catherine Clément, "Louis Althusser à l'assaut de la forteresse Lacan", *Le Matin*, 17 March 1980과 Roudinesco, pp. 659-60을 보라.

용의를 보였다. 처음으로 현대의 사회주의 전략의 문제들이 그의 여러 저술들에서 점차로 더 많이 다루어졌다. 그러나 그것들은 불완전하였다. 이와 동시에 『맑스를 위하여』와 『자본론 읽기』에서의 역사적 유물론에 대한 그의 과장을 철회함과 더불어 이제까지의 "이론의 교황"[108]은 이제는 더이상 구체적인 모델을 갖지 못하게 된 맑스주의가 대중의 실천 속에서 부활할 것을 희망하였다. 역사를 만드는 대중이 이론도 되살릴 수 있다는 것이었다. 최소한 몇 가지 점에 대해서는 같은 말이 되풀이되었다. 1978년 봄에 알뛰세르는 그가 좌파연합에 걸었던 희망이 좌절되는 것을 목격하였다. 역설적이게도 이론적 낙담과 정치적 좌절은 프랑스공산당 안에서의 스탈린주의적 유산에 대한 비타협적인 공격을 야기하였다. 「당내에서 더이상 지속되어선 안될 것들」은 스탈린주의에 대한——비록 최초의 비판은 아니지만——좌익측의 비판이었다.

1978년 7월에 있었던 그의 독일인 동료 쇠틀러와의 상당히 우호적인 인터뷰에서 알뛰세르는, 자신은 "주저없이 맑스 및 레닌의 전통"에서 자신의 뿌리를 찾는다고 말했다.

> 나는 '맑스-레닌주의'라는 말을 특별히 좋아하지는 않습니다. 그것은 현실에 조응하기에는 너무 '거칩니다'. 나는 맑스주의적 전통 및 레닌주의적 전통이라는 말을 더 좋아합니다. 이것은 레닌에서 멈추지 않습니다. 맑스, 레닌, 그리고 그밖의 그들의 후계자들(나는 스탈린을 지칭하지는 않습니다)의 일부 정식들은 비슷한 점들을 지니고 있다고 생각합니다. 그것들은 비록 오류가 있을 수 있고 따라서 그들의 정식들

---

108) *The Listener*, 17 May 1984에 실린 수잔 제임스(S. James)의 논문의 제목. 이 말은 1979년에 엘마 알트바터(E. Altvater)와 칼쇼이어(O. Kallscheuer)가 만들었다.

을 다시 반추해보고 그것들을 개선시킬 필요가 있겠지만, 정치적으로는 본질적으로 '옳습니다'. '레닌주의'에 반대한다고 선언하는 동지들은, 만일 그들이 스탈린에 의해 완전히 편향된 방식으로 고착되고 견강부회된 『레닌주의의 기초』를 가리키는 것일 경우에는, 정당화될 수 있습니다. 그러나 그렇지 않고 그들이 레닌의 사상을 〔반대한다고〕 말하는 것이라면, 그의 사상에 문제점도 있고 심지어 모순된 것들도 있지만…… 그들은 틀렸다고 나는 믿습니다.[109)]

"신철학자들"[110)]의 영향에 대하여 (적어도 공개적으로는) 만족감을 보이면서, 이 주제에 관한 그의 최후의 문자화된 언급에서 알튀세르 자신은 그가 30여년간 옹호해온 지적 정치적 작업에 닥친 위기——맑스주의의 〔이〕 대가와 그의 일부 제자들도 모면하지 못했던 위기——에 대하여 놀랄만큼 의식하지 못하고 있음을 드러냈다.

---

109) "Statt eines Vorworts : Vier Fragen an Louis Althusser", in Louis Althusser, *Die Krise des Marxismus*, Hamburg 1978, p. 10. 이어서 알튀세르는 유로코뮤니즘을 매우 신랄하게 비판하고 있다. pp. 11-13을 보라.

110) Ibid., p. 111을 보라.

결론

미완의 역사

구성중에 있는 모든 지식은 논쟁적인 지식이다. 이것은 자신이 들어설 자리를 깨끗이 치우기 위해 우선 파괴활동을 해야만 한다.

가스통 바슐라르, 『지속의 변증법』, 파리 1936, p.14.

이제 이 책의 주요 논지를 간략히 다시 이야기할 수 있을 것이다. 전후 국제 공산주의운동의 "좌"선회 직후 프랑스공산당에 가담한 알뛰세르는 정치적 및 지적 냉전의 논쟁들에는 거의 참여하지 않았다. 1956년 제20차 소련공산당 대회에서 흐루시초프의 비밀연설이 있은 지 4년 후에야 그는 이러한 소동에 참여하였다. 그가 맑스에게로 복귀할 무렵, 공산주의 세계는 중국의 분리로 말미암아 새롭게 분할되었다. 알뛰세르의 프로젝트는 맑스주의 이론을 갖고서 공산당의 정치적 실천을 혁신하는 것이었다. 탈스탈린주의화(그런 뒤 여러 공산당의 지도부에 의해 회복되었지만)로 말미암아 공산당들 내에서 활발하게 일어난 인간주의적 맑스주의에 대해 철학적으로 적대적인, 『맑스를 위하여』와 『자본론 읽기』에서 시도된 맑스주의의 회복은 정치적으로 마오주의와 일치하였다. 하지만 이러한 공감은 알튀세르가 자신의 저작에서 재규명하려 했던 이론적 정통성에 철저히 종속된 것이었다.

즈다노프적인 당간부들의 주의주의에 반발하면서, 알튀세르는 변증법적 유물론을 이론적 실천의 이론으로서 새롭게 해석하였다. 이것은 (넓은 의미로 규정된) 과학과 이데올로기 사이의, 그리고 과학의 역사 내에서의 돌연한 불연속성을 긍정적으로 추론하는, 극도로 정교한 반경험주의적 인식론이었다. 사실상 인식론과 존재론으로서 알튀세르식으로 재해석된 맑스주의 철학은 계급투쟁의 명령에 대해 즉각 면역성을 지니게 되었다. 그러나 이것은 그 정치적 전투성의 결핍을 역사적 유물론을 옹호하면서 수행한 봉사들로 보충하려고 노력하였으며, 역사적 유물론은 역사과학이라는 주장을 지지하였다. 알튀세르의 포부가 맑스주의 철학을 구성하는 것이었을지라도, 역사적 유물론에 대한 그의 프로젝트는 결코 급진적인 것이 아니었다. 즉 그것은 역사적 유물론을 비경제주의적, 비인간주의적, 비역사주의적 형태로 재구성하여, "독단주의의 밤"을 지낸 후, 이 이론에 요구된 포괄적인 발전의 전제로 삼는 것이었다. 그 결과는, 헤겔 변증법의 어떠한 "전도"와도 다른 것으로서, 중층결정의 범주를 경유하여 추상성과 숙명론을 벗겨낸 새로운 개념의 변증법이 될 것이었다. 그 결론들은 첫째로, 다른 것으로 환원될 수 없는 정치적 및 이데올로기적 영역들에 상대적 자율성을 부여함으로써 그 구조적 복합성을 고려하여 사회구성체 구조를 재개념화하는 것, 이때 최종심급에서의 결정——지배가 아니라——이 경제적인 것의 몫으로 남겨져있는 그런 구조적 인과성이 사회구성체의 총체성을 지배한다는 것, 둘째로, 생산력과 생산관계가 접합된 결합〔체〕로서의 생산양식에 대한 반(反) 목적론적 이론과, 역사적 이행에서의 진화주의를 배제하는 이 이론의 설명, 세째로, 공산주의하에서 이데올로기의 어떠한 종말도 부정하면서 역사적 메시아주의를 논박하는, 그리고 인민의 실재적 존재조건에 대한 그들의 상상적 관계를 표상하는 것으로서 파악되는 독특한 이데올로기 개념 등이다.

수많은 결정들로 달성된 거시적 전망 및 독창성을 지닌 계획, 즉 맑스에 대한 무리한 재독해에 기초한 맑스주의의 이같은 개작은 심각한 결함을 지니게 되었는데, 이는 다음과 같은 것들에 기인한 것이었다. 관념론과 협약론으로 기울어진 "이론주의", 구조적 필연성을 우선시하면서 인간 행위요소를 차단해버린 엄격한 이론적 반인간주의, 사회적 재생산을 강조한 결과 당연히 사회변화를 이해하기 어렵고, 몰역사적 구조성을 산출하거나 혹은 그것이 아니라면 비구조화된 역사를 산출하는 궁극적으로 반역사적인 반역사주의. 알튀세르는 종국적으로 이러한 문제점들과 함께 또다른 문제점들에 대해서도 분명히 인식하게 되었으며, 그리하여 그는 이것들의 해결을 모색하였다.

중국에서 문화대혁명이 밀어닥치고 있는 동안에, 알튀세르는 이것을 민주적 공산주의의 나침반으로 지목함으로써, 그는 프랑스공산당 지도부에 대해 마오주의적 반대를 하는 "불장난"으로 이끌려들어갔으며, 이같은 반대는 1966년 자신의 제자들을 따라 탈당하기를 그가 거부하였을 때조차 여전히 지속되었다. 알튀세르의 정치적 제휴관계에 내재된, 스탈린주의에 대한 궁극적으로 이중적인 태도는, 사소한 것으로서 존재한다 하더라도 이후 더욱 심화되었다. 정치국에 대한 복종과 마오주의적 중국에의 탐닉이라는 상반되는 요구가 대략 그의 생애의 10년 간에 걸쳐 나타난 특징이었으며, 이것은 당 노선의 공식적인 고수와 이론적 좌익주의의 결합으로 귀결되었다. 자신의 비판자들을 만족시키기 위한 노력의 일환으로, 『철학과 과학자의 자생적 철학』에서 그가 수행한 자기비판 및 정정은 이후 그의 이론적 급진화를 초래하였다. 이로써 그는 철학을 최종심급에서는 이론 내부의 계급투쟁으로 재규정하고, 대중이 역사를 만든다는 견해를 제출하였으며, 역사의 동력은 계급투쟁이라는 테제를 전면에 부각시켰다. 그러나 맑스주의에 대한 알뛰세르의 이같은 정리는 역사적 유물론 및 변증법적 유물론에 관한 그의 초기의 해석과 일관되어 있지 않음은 물론 설득력있는 대안을 뜻하지도 않았다. 기능주의──국가기구들을 통한 자동적인 사회적 재생산──와 주의주의, 그리고 계급투쟁이라는 구세주에 의존한 우발적인 사회변혁 양자간의 해결되지 않는 긴장이 그의 초기 해석이 지닌 특징이었다. 나아가 그의 정리는 이론적 스탈린주의를 청산했다기보다는, 도식적인 맑스-레닌주의를 『맑스를 위하여』와 『자본론 읽기』의 독창적인 이론체계로 대체하였다. 이론 안에서의 계급투쟁의 전투적인 수식어들과 스탈린주의에 대한 애매한 설명을 결합시킨 팜플렛, 『존 루이스에 대한 답변』은 이러한 형태변화가 도달한 최저점이었다. 중국의 경험과 그 이데올로기에 대한 알뛰세르의 친화성은 또, 알뛰세르가 1965년 이후 역사적 유물론에 대해 이바지한 가장 실질적인 공헌, 즉 「이데올로기와 이데올로기적 국가기구」(1970)에서 상술된 야심적인 이데올로기 이론을 훼손시켰다.

그 뒤 1970년대 중반에 극적인 방향전환이 일어났다. 불명예스러운 문화대혁명의 종결과 프랑스 지식인 사이에서의 반맑스주의적 전환이 가져온 충격 아래서, 알뛰세르는 스탈린 문제를 다시 제기하였으며, 이에 대해 준마오주의적으로 답변하기를 포기하고, 자신의 고유한 몇가지 문제들을 제기하였다(하지만 그는 이에 답변하려고 시도하지 않았다). 중국에 대한 환상의 깨짐이 배반을 초래하지는 않았으나, 이것은 알뛰세르의 사고에 일정한 비관주의를 심어주었다. 정치적으로 1976년 이래의 중도주의 혹은 유로코뮤니즘을 향한 그의 새로운 순응이 명백해졌고, 이는 스탈린주의에 대한 더욱 솔직한 고발을 프랑스 국내외에서 촉진했던 반면에, 프랑스 공산주의의 전망에 아무런 실질적인 대안적 정치전략을 생산하지는 못했다. 이론적으로 알뛰세르는 역사적 유물론의 설명적 가치에 관한 회의주의를 점점 더 나타냈으며, 이제 정치 및 이데올로기 이론에 대한 역사적 유물론의 기여를 단념하였다. 마오주의라는 재난이 그로 하여금 프랑스공산당의 정치전략과 심각하게 싸우도록 몰아댔던 동안, 프랑스공산당의 정치전략의 국부적 형태(좌파의 통일) 내에서 유로코뮤니즘의 부침은 그로 하여금 자신의 당내의 스탈린주의적 전통에 대해 정면공격을 하도록 하였고, 이로써 어떤 의도와 목적이 있었든지간에 그 자신의 공식적 경력은 끝이 났다. 1977년에 스스로 선언했던 맑스주의의 위기의 와중에서, 알튀세르는 또한 맑스주의와 레닌주의적 전통에 대해서도 질문을 던졌으며, 그것의 입증이 알튀세르의 작업의 목적이었던 인식론적 단절을 사실상 청산함으로써 알튀세르주의를 포기하였다. 비록 여러가지 한계를 가지고 있으며 때늦은 것이었음에도 불구하고 『당내에서 더이상 지속되어선 안될 것들』이 공산당의 전사 알튀세르의 새로운 시대를 알리기 위해 나타난 것이었다면, 「오늘날의 맑스주의」는 부지불식간에 맑스주의 철학자 알튀세르의 부고장을 썼던 셈이다.

알튀세르의 작업이 저자 자신에 의해서 맞이한 운명은 바로 이같은 것이었다. 그는 「오늘날의 맑스주의」에서, 고의든 아니든간에, 프랑스에서 이미 구체화되었던 반알튀세르적인 여론에 굴복하였다. 그 이래로 이 여론은 더욱 견고해졌다. 게다가 서론에서 살펴보았듯이, 명백히 비판적인 평가가 대체로 하나의 방식으로 진행되어왔다. 그것은 알튀세르에게 반대한다는 것이다. 비정치적인, 말 그대로의 해체주의자들 같은 사람들에게는, 그가 맑스주의에 너무나 충실하고, 따라서 그는 포스트구조주의인 이론적 모험의 운동장에서 최악의 경우에조차 한 자리를 차지할 가치도 없는 인물로 평가된다. 포스트 알튀세르주의자들에게는, 그가 그들 자신의 "포스트 맑스주의" 패러다임의 길을 준비했다고 칭송

된다. 니체주의적 전위파들에게는 그가 맑스주의적 동일자라면, 인간주의적 맑스주의자들에게는 그가 스탈린주의적 타자로 보인다. 다른 한편 영어권 맑스주의자들에게 그는 단지 너무도 프랑스적인 인물일 뿐이다. 따라서 바로 알튀세르의 경우에도, 우리가 그의 업적을 알게 되는 만큼 그의 위대성은 모호해진다고 말할 수는 없다.[1]

나는 루이 알튀세르의 이론의 우회에 대해 대안적인 평가를 제안하고 싶다. 이 평가는 알튀세르주의를 숭고한 것으로 받들지도 않지만, 그렇다고 그것을 저주하지도 억압하지도, 없애버리지도 보호하지도 않는 것이다. 알튀세르는 자신의 작업을 사람들이 해석하고 이용하는 것을 보고 자신이 당황하지 않은 적이 없었다고 언젠가 말했다. 또 그는 저술이란, 병 속에 메시지를 담아 망망대해로 던지는 것과 같다고 생각했다.[2] 『맑스를 위하여』와 『자본론 읽기』의 형태로 그 메시지가 진수된 지 20년이 흘렀다. 이 세월 동안 그 메시지의 수령인들은 그것에 당황하거나 혹은 냉담했고, 격분하거나 혹은 열광했고, 화를 내거나 혹은 고무되었다. 이 메시지를 위하여 할 수 있는 말은 무엇인가?

첫째로, 알튀세르의 맑스 재독해는, 비록 그것이 아무리 원문의 맥락에 저의를 개입시킨 독해였으며 이론적으로 논쟁적인 독해였을지라도, 『자본론』의 정당한 탁월성을 복구하면서, 맑스주의자들이 맑스의 초기 저작에 대한 무비판적 숭배에서 벗어나서 후기저작에 대해 관심을 갖도록 했다는 점에서 커다란 가치를 지니는 것이었다. 분명, 알튀세르주의의 징후적 독해는 하나의 일면성(맑스 대 청년맑스)을 또다른 일면성(1844년 「수고」 대 『자본론』)으로 대체하였다. 그러나 1844년 이후의 맑스에게 부여된 특권은 그 반대자들의 거울에 비친 모습이 아니라,

---

1) PH, p. 14의 몽테스키외에 대한 알튀세르의 언급을 참고하라.

2) 페리 앤더슨이 보낸 사신(私信).

이같은 모습에 대한 건전한 반작용이었다. 왜냐하면 1845년에 연구프로그램이 시작되어 그후 발전되었던 "역사적 유물론"은 그 이전 시기의 것에 비해 이론적으로 우월하며 정치적으로 더 중요하기 때문이었다.[3] 성숙한 맑스로 향해 가능한 한 멀리 "막대기를 구부림"으로써, 알튀세르는 당시의 유행들과 객관적인 확실성 및 공식적인 상투성을 분쇄했을 뿐만 아니라, 또 비로소 맑스의 이력에 대해 진정으로 만족할만한 설명을 제출하였다. 이 설명에 따르면 맑스의 이력(파리에서의 맑스를 명예롭게 하는 것이든, 대영박물관에서의 맑스를 명예롭게 하는 것이건 간에)은 이음매 하나 없는 완전한 연속체도 아니었으며, 명백한 불연속체도 아니었다. 알튀세르의 시기구분이 도발적 행위였든 아니면 하나의 자극이었든간에, 의심할 바 없이 이것은 역사적 유물론의 발생 및 발전에 관해 실질적으로 능가할 수 없는 수준의 논쟁과 연구를 유발하였다. 현대의 최고 학문에 관한 종합이며 독창적인 기여라고 해야 마땅한 스테드만 존스(G. S. Jones)의 『피억압자의 복귀?』[4]는, 이 책의 결론이 아무리 비알튀세르적일지라도, 알튀세르의 시기구분의 적극적인 영향을 충분히 증명해준다. 한편 알튀세르주의자로서 독일어학자인 장-피에르 르페브르의 학문적인 맑스 번역과 긴요한 『맑스주의 비판 사전』, 그리고 발리바르와 마슈레이를 비롯한 다른 많은 사람들의 특징적인 글들은, 알튀세르의 시기구분이 허풍이라거나 피상적이라고 암시하는 비판들에 대해서 논박하고 있다.

알튀세르의 합리주의적 인식론과, 이와 결합된 독해 및 비판 양식

---

3) 유사한 평가에 대해서는 Norman Geras, *Marx and Human Nature : Refutation of a Legend*, London 1983, p. 78(p. 79의 추가사항에 주의) ; Perry Anderson, *Arguments Within English Marxism*, London 1980, pp. 107-08을 보라.

4) 근간, London 1988.

은 유지될 수 없는 것이다. 이것들은 이론적 담론을 경험적 증거로부터 고립시키며 실제적 지시대상으로부터 단절시켜버리는 "내재주의"(internalism) 때문에, 모든 협약론에 내재되어 있는 상대주의로 귀착될 수밖에 없는 운명이었다. 그렇다고 하더라도 그가 제시한 지식의 생산과정으로서의 인식과정론은 과학을 위한 철학으로서의 인식과정론이 될 충분한 근거를 갖고 있다. 이것이 두번째 결론이다. 알튀세르는 과학에 관한 그릇된 실증주의적인 설명을 거부하면서, 정통 맑스주의의 반영이론과 이에 반대하는 서구 맑스주의자들의 현학적인 관념론 양자를 다 반대하였다. 이론적 실천의 이론은 과학주의와 역사주의에 똑같이 반대하여 과학의 역사성 및 과학성을 전제하였다. 비록 이것의 발전이 현실주의를 파괴했을지라도, 이것의 특징인 "지식의 대상"과 "실제 대상" 간의 구분은, 과학적 실천의 특수성——즉 과학 내적인 대상들의 역사적 생산 및 변혁——그리고 인식론적 유물론의 특수성——즉 지식을 생산하는 〔기초로서의〕 독립적이고 과학 외적인 대상들의 존재——양자에 대한 이같은 동시적인 관여를 골자로 하는 것이었다. 따라서 "문제틀"과 "인식론적 단절"의 개념들이 풀기 어려운 상응성 문제(나아가서는 과학적 변화와 과학적 진보 사이의 조화 문제)를 실제로 제출하고, 또 궁극적으로는 과학의 존재조건의 이론화를 모호하게 했음에도 불구하고, 부수적이나마 명백히 비맑스주의적인 시각을 통해 맑스의 저작을 독해하는 구실(pretext)로 기능함으로써, 이 개념들은 과학적 연구프로그램의 결정적으로 "본질적인" 측면들에 주의를 집중하였다. 나아가 이 개념들은 과학의 반(反)직관적 본성, 과학의 체계적 담론의 독특성, 과학의 불연속적인 역사의 고유한 본성을 분명히 규명하는 데 일조하였다. 무엇보다도 철학에 대한 알튀세르의 초기 해석은 (비록 과학적 이론을 비이론적인 것으로부터 독립시킴으로써 달성되긴 했지만) 과학적 이론의 인식상의 자율성을 주장하는 중요한 장점을 지니고 있었다. 이것은 시기적절한 정정이었다. 이렇게 함으로써 알튀세르는 새로운 세대의 맑스주의자들(그리고 앞선 세대의 몇몇 맑스주의자들)에게 맑스의 포부가 새로운 과학을 수립하는 것이었다는 점을 일깨우면서, **스탈린주의적 실용주의에게 과학을 양도하지 않고** 이에 대해 맹렬한 일격을 가하였다. 특이한 점은, 풀란차스가 언젠가 그에 관해 지적하였듯이(그리고 그가 어느 정도 시인하였듯이), 알튀세르가 "극한적으로" 사유함으로써 자신의 논지를 과장했다는 점이다.[5] 하지만 역사적 유물론이 다른 많은 과학들 중의, 한치의 어긋남도 없는 하나의 과학은 아니라는 사실이, 이것이 과학이 되려고 열망하지 않는다는 것을 의미하지는 않는다. 이것은, 자신의 결과물이 세계를 변화시키려는 프로젝트를 진척시키는 데 사용될 수 있는 객관적 지식이 되는 그런 과학이다.

따라서 알튀세르의 반경험주의적 인식론이 취한 최종적인 형태가 애당초에는 회피하려고 했던 관념론 및 상대주의와 제휴하기 시작하였을 지라도, 이것은 오직 델라 볼페의 저작들만이 거기에 근접해갔던, 과학철학에 관한 맑스주의적 성찰에서 이룩된 결정적인 진보를 대표하였다(어느 측면에서는 퇴보를 대표했는데, 즉 철학의 두번째 정의는 그것을 과학들 중의 여왕이라기보다는 시종이라는 로크적 철학관의 맑스주의적 변형으로 간주하는 어떤 점을 가지고 있다). 테드 벤튼, 알렉스 칼리니코스, 앤드류 콜리에, 특히 로이 바스카(R. Bhaskar)와 같은 영국 맑스주의자들의 중요한 철학적 저작들과 영어권 맑스주의자들의 가장 중요한 현대의 과학철학 저작들은 모두 알튀세르의 창의성에 제각기 다른 정도로 빚지고 있으며, 이것의 정당성을 보여준다.[6] 자연과학 및 사회과학에

---

5) Nicos Poulantzas, *Repères*, Paris 1980, p. 167를 보라. 그리고 ES-C, pp. 170-72를 참조하라

6) Ted Benton, *Philosophical Foundations of the Three Sociologies*, London 1977과 *The Rise*

대한 실재론적 접근을 모색하면서, 이들 저자들은 알튀세르의 작업이 맑스주의 내에 열어놓은 길을 뒤좇아갔다. 그들의 포부에 비추어본다면, 당연히 이것이 최종적인 결론은 아니었다. 그러나 이것은 비맑스주의적인 과학철학들과 관련하여 맑스주의가 넘어서서 나아가야만 하는, 이보다 뒤처져 퇴보해서는 안되는 하나의 출발점 혹은 발판이며, 하나의 입장이었다.

맑스에 대한 알튀세르의 시기구분과 인식론은 상당히 칭찬할만한 것이라고 주장되어왔다. 제2인터내셔널과 스탈린주의적 맑스주의의 진화주의에 반대하여, 그리고 서구 맑스주의 전통 내에서 그것의 반대자들이 제기한 대안적 계획안에 반대하여, 알튀세르와 발리바르가 제출한 역사적 유물론의 기본개념들의 재구성이란 어떠한 것인가? 우리의 세번째 결론은 프레드릭 제임슨이 사회구성체의 개념화에서 "알튀세르적 혁명"[7]이라고 간주한 것일 수 있다. 이것은 알튀세르가 그 발견의 영예를 맑스에게로 돌린 "대륙", 즉 역사라는 대륙의 몇몇 미지의 영역을 탐사하도록 아주 다양한 분야의 맑스주의 연구자들에게 도움을 주었다. 만일

---

and Fall of Structural Marxism, London 1984; Alex Callinicos, *Is There A Future for Marxism?*, London 1982와 *Marxism and Philosophy*, Oxford 1983; Andrew Collier, *Scientific Realism and Socialist Thought*, 근간 1988; Roy Bhaskar, *A Realist Theory of Science*(1975), Brighton 1978과 *Scientific Realism and Human Emancipation*, London 1986, 그리고 곧 간행될 그의 *Dialetic and Materialism*의 서문을 보라. 벤튼과 콜리에는 모두 바스카에게 빚지고 있다는 점을 주목해야만 한다. 바스카는 최근에 알튀세르가 자신의 실재론에 맑스주의적인 영향을 미친 최초의 인물이었다고 명확히 밝히면서, 그를 과학철학에서 가장 뛰어나고 가장 앞선 맑스주의자라고 부르고 있다(Roy Bhaska와의 인터뷰, London, February 1987).

7) Fredric Jameson, *The Political Unconscious*, London 1981, p. 37. 이에 대한 제임슨의 논의에 대해서는 pp. 23-58을 보라.

위르겐 하버마스가 주장하는 바와 같이, 이론들 특히 맑스주의적 영감을 지닌 이론들이 구체적인 역사적 과정들에 대한 설명에 기여함으로써 자신들의 가치를 궁극적으로 증명한다면,[8] 알튀세르의 이론은 자신의 가치를 증명한 것 이상의 그 무엇을 가지고 있다. 『맑스를 위하여』와 『자본론 읽기』의 독보적인 가장 중요한 업적은, 종종 알튀세르의 인식론적 주석에도 불구하고 그가 예견하지 못한 방향에서 맑스주의를 혁신하도록 돕는 것이었다. 맑스로의 이처럼 특수한 복귀는 프랑스 내외에서 다양한 영역들에 걸쳐 맑스주의적 연구에——그것이 공산주의자의 연구든 혹은 비공산주의자의 연구이든, 또 알튀세르가 직접적으로 후원했든 안했든——새로운 활력을 불어넣었고 더욱 세련된 논리들을 낳았다. 철학에서 정치학에까지, 역사편찬에서 문학비평과 언어학 및 문화연구에까지, 경제학에서 인류학에까지, 사회이론에서 법학에까지, "추상적인" 연구와 "구체적인" 연구에서, 그리고 양자의 종합에서 알튀세주의가 거둔 수확은 풍부하고 풍요로웠다.

어떠한 조잡한 목록도 알튀세주의적 연구프로그램의 지속적인 생산성과 생명력을 정당하게 다룰 수 없겠지만, 그러나 몇 가지 지표들을 제공할 수는 있다. 그리하여 알튀세르와 발리바르의 메타역사학적 노력에 크게 빚지고 있는 역사 저작들로는, 우리는 다음의 것들을 예로 들 수 있었다. 봉건적 생산양식의 운동법칙에 대한 분석을 수행한 기브와의 노르만 봉건제에 관한 뛰어난 연구, 농업문제와 갓 태어나서 전열을 갖추고 있는 소비에트 국가에서의 산업노동조직에 관한 레닌주의 이론과 볼셰비키의 실천에 대한 로베르 리나르의 도전적인 재검토, 그리고 이데올로기와 계급투쟁에 관한 후기 알튀세르주의적 명제들의 풍요로

8) Jürgen Habermas, "A Philosophico-Political Profile", *New Left Review* 151, 1985, p. 89.

운 측면들을 입증해주는, 프랑스 제3공화국 치하의 직업소개소의 모순적 본성과 복잡한 역사에 관한 페터 쇠틀러의 가치있는 탐구가 그것이다. 프랑스와 알튀세르의 직접적인 궤도를 벗어난 것들로는, 고대로부터 절대주의까지의 유럽 역사의 발전에 관한 페리 앤더슨의 놀라운 종합과 가레스 스테드만 존스의 영국 근로계급사에 관한 주목할만한 논문들이 있다.[9] 이밖에 알튀세르주의는 개념적으로 포섭되어 있는 만큼이나 경험적으로도 통제되는, 과거에 관한 구체적인 분석 및 설명에도 영향을 미쳤다. 이에 덧붙여, 엠마뉴엘 테레이(E. Terray)가 "원시" 사회구성체에 대한 역사적 유물론의 적용가능성을 옹호한 것을 통해서든, 콩고에서의 프랑스 식민주의의 결과들에 관한 피에르 필립 레이의 심오한 분석을 통해서든,[10] 맑스주의 인류학의 부흥에 알튀세르주의가 수행한 역할과

---

9) Guy Bois, *The Crisis of Feudalism* (1976), Cambridge 1984; Robert Linhart, *Lénine, les Paysans, Taylor*, Paris 1976; Peter Schöttler, *Naissance des Bourses du Travail*, Paris 1985; Perry Anderson, *Passages from Antiquity to Feudalism and Lineges of the Absolutist State*, London 1974; Gareth Stedman Jones, *Outcast London* (1971), Harmonsworth 1984와 *Languages of Class*, Cambridge 1983.

그리하여 대차대조표는 톰슨이 아니라 그의 동료 피에르 빌라(P. Vilar)의 평가가 정당하다는 것을 입증해준다. 후자는 1973년 *Annales*에 처음 발표된 긴 논문에서, "맑스주의 과학에 대한 알튀세르의 강력한 기여에 들어있는 교훈적이고 유용한 요소들"을 밝혀냈다("Marxist History, A History in the Making: Towards a Dialogue with Althusser", *New Left Review* 80, p. 65).

10) Emmanuel Terray, *Marxism and Primitive Societies* (1969), New York 1972; Pierre-Philippe Rey, *Colonialisme, Neo-Colonialisme et Transition au Capitalisme*, Paris 1971. *Marxism and Anthropology*(Oxford 1983)에서 모리스 블로흐(M. Bloch)는 "맑스주의 인류학에서 진정으로 혁명적이었던 것"에 알튀세르가 기여했다고 경의를 표했다(p. 170). 이와 연관된, 그러나 그럼에도 불구하고 이와는 분명히 구분되는 모리스 고들리

현실세계에 대한 이것의 참여 능력은 의심할 여지가 없다.

역사편찬과 인류학에 대해 알튀세르가 직접적으로나 간접적으로, 독자적으로나 또는 다른 것과 결합하여 끼친 영향을 살펴보는 것은 그만 해두자. 간략히 보았을 때, 정치학, 경제학, 사회학에는 어떤 영향을 미쳤는가? 첫번째의 범주에는 다음의 사람들이 속한다. 먼저 그리스 맑스주의자 니코스 풀란차스의 논문들이 있다. 그의 자본주의 국가의 상이한 여러 형태들에 대한 기본적인 저작은 당연히 그를 전후 시기의 독보적인 가장 영향력있는 맑스주의 정치이론가로 만들었다. 스웨덴의 괴란 테어본의 논문들도 여기에 속한다. 국가구조와 이데올로기론에 관한 그의 일련의 연구들은, 이것들보다 앞서 수행된 고전 사회학과 맑스주의에 대한 비교사적 연구와 마찬가지로 인상적인 진전을 이룩한 것이었다. 아르헨티나의 에르네스토 라클라우의 논문들도 여기에 속하는데, 파시즘과 인민주의에 관한 그의 논문들은 해묵은, 다루기 힘든 문제들에 대한 논쟁적인 새로운 접근법을 소개했다. 발리바르 자신의 논문들도 여기에 속하는데, 그의 프롤레타리아 독재의 원래적인 중요성에 관한 천착은 맑스주의적 및 레닌주의적인 개념을 이후 변조되지 못하게 막았다.[11] 경제학에서의 현대 자본주의에 관한 가장 유익한 맑스주의 저작

에의 훌륭한 업적이 물론 여기서 동등한 비중을 차지하고 있다.

11) Nicos Poulantzas, *Political Power and Social Classes* (1968), London 1973; *Fascism and Dictatorship*(1970), London 1974; *The Crisis of Dictatorships* (1975), London 1976; *State, Power, Socialism*, London 1978; 그리고 사후에 발간된 논문모음집, *Repères*, Paris 1980; Göran Therborn, *Science, Class and Society*, London 1976; *What does the Rulling Class Do When It Rules?*, London 1978; *The Ideology of Power and the Power of Ideology*, London 1980; Ernesto Laclau, *Politics and Ideology in Marxist Theory*, London 1977, Etienne Balibar, *On the Dictatorship of the Proletariat* (1976), London 1977. 풀란차스와 라클라우에 대해서는, 풀란차스의 뛰어난 영국인 제자 봅

은, 아마 알뛰세르주의적 전통을 이어받은 프랑스의 한 조류인 "조절이론 학파"에게서 찾아볼 수 있을 것이다. 여기에서는 예를 들면 미셸 아글리에타(M. Aglietta)의 1860년대에서 1970년대까지의 미국 자본주의의 발전에 관한 야심찬 연구, 알랭 리피에츠의 현재의 경기후퇴 국면에서의 화폐 및 신용의 역할에 관한 연구와 세계적 포디즘의 변천에 관한 연구가 두드러진다. 다른 한편, 해협을 건너면, 근대화이론 및 저발전이론에 대한 존 테일러(J. Taylor)의 단호한 비판이 아마도 영국의 알뛰세르주의자에 의해 이룩된 중요한 기여일 것이다.[12] 마지막으로 사회학적 연구에 대한 알뛰세르주의의 영향은 다음의 것들로 미루어 판단될 수 있을 것이다. 먼저 크리스티앙 보들로, 로제 에스타블레와 이들의 동료들이 수행한 프랑스의 교육체계, 쁘띠부르조아지, 계급체계에 관한 세 가지 포괄적인 분석이 있다. 다음에 풀란차스의 선진자본주의의 계급구조에 관한 개략적 연구가 있다. 미국의 맑스주의자 에릭 올린 라이트의 현대의 계급들에 관한 돋보이는 개관도와 미국의 경제적 불평등에 관한 해부가 있다. 또 마뉴엘 카스텔(M. Castells)의 도시사회학 연구도 있다.[13]

제솝(B. Jessop)을 보라. 특히 그의 *The Capitalist State*, Oxford 1982와 *Nicos Poulantzas: Marxist Theory and Political Strategy*, London 1985를 보라.

12) Michel Aglietta, *A Theory of Capitalist Regulation* (1976), London 1979; "World Capitalism in the Eighties", *New Left Review* 136, 1982; Alain Lipietz, *The Enchanted World* (1983), London 1985와 *Miracles and Mirages* (1985), London 1987; John Taylor, *From Modernization to Modes of Production*, London 1979. 조절이론 학파의 범주를 성과있게 사용한 예로는 마이크 데이비스(M. Davis)의 *Prisoners of American Dream*, London 1986을 참조하라.

13) Christian Baudelot and Roger Establet, *L'Ecole Capitaliste en France*, Paris 1971; (자크 말르모르〔J. Malemort〕와의 공저), *La Petite Bourgeoisie en France*, Paris 1974; (자크 트와제〔J. Toiser〕와의 공저), *Qui Travaille pour Qui?*, Paris 1979; Nicos

그밖에도 피에르 마슈레이의 문학이론(영국의 테리 이글턴은 이것을, 아주 분명하게, 받아들였다)[14]과 미셸 페쇠 및 그의 동료들의 언어학과 담론이론,[15] 버나드 에델만(B. Edelman)의 맑스주의 법이론[16] 등에

Poulantzas, *Classes in Contemporary Capitalism* (1974), London 1975; Erik Olin Wright, *Class Crisis and the State*, London 1978과 *Class Structure and Income Determination*, New York 1979; Manuel Castells, *The Urban Question* (1972), London 1977.

14) Pierre Macherey, *A Theory of Literary Production* (1966), London 1978; Terry Eagleton, *Criticism and Ideology*, London 1978. 또 예를 들어 Etienne Balibar and Pierre Macherey, "On Literature as an Ideological Form" (1974), in Robert Young(ed.), *Untrying the Text*, London 1981; Renée Balibar, *Les Français Fictifs*와 (도미니크 라포르트[D. Laporte]와의 공저), *Le Français National*, Paris 1974; Michael Sprinker, *Imaginary Relations-Aethetics and Ideology in the Historical Materialism*, London 1987도 보라. 이글턴의 알튀세르의 계기에 대한 회고적 평가는 그의 논문집의 서문, *Against the Grains*, London 1986. pp. 2-4에서 찾아볼 수 있다. 알튀세르의 분석적 개념을 이용한 문화사 및 문학사에서의 주요한 시도로는 프란시스 뮬러른(F. Mulhern)의 *The Moment of 'Scrutiny'*, London 1979가 있다.

15) Michel Pêcheux, *Language, Semantics and Ideology* (1975), London 1982; (카트린 푸쉬[C. Fuchs], 폴 헨리[P. Henry], 알뮈트 그레지용[A. Grésillon]과의 공저), "Analyse du Discours, Langue et Idéologies", *Languages* 37, 1975; (프랑스와즈 가데[F. Gadet]와의 공저), *La Langue Introuvable*, Paris 1981. Régine Robin, *Histoire et Linguistique*, Paris 1973; Paul Henry, *Le Mauvais Outil : Langue, Sujet et Discours*, Paris 1977; Françoise Gadel, *Sassure-Une Science de la Langue*, Paris 1987과 (진-마크 게이망, 이반 미뇨[Y. Mignot], 엘리자베스 루디네스코와의 공저), *Les Maîtres de la Langue*, Paris 1979. 루디네스코는 심리분석의 이론, 역사, 정치학에 가장 귀중한 몇가지 연구서들을 쓴 저자이다. 특히 *Pour Une Politique de la Psychanalyse*, Paris 1977과 *La Bataille de Cent Ans : Histoire de la Psychanalyse en France*, 2 vols., Paris 1982-86을 참조하라.

서 발견되는 혁신적인 창의성에서 알튀세르의 맑스주의 재조명이 지닌 가치와 적용다양성이 입증되었다. 이것들은 알튀세르의 작업, 특히 종종 포스트 소쉬르적 언어학 및 라캉적 정신분석학과 결합된 그의 이데올로기론을 창조적으로 발전시키고 응용하려는 시도들 가운데 가장 현저한 예들일 뿐이다. 부분적으로 알튀세르주의적인 빙산은 미학, 문화연구, 문학비평, 대중매체 및 영화연구 등에도 뻗쳐 있다.[17] 더욱이 이 전(前) 여성해방론적 맑스주의는——이 점과 관련해서는 비난받아 마땅한데——여성해방 이론가들에 의해 여성억압에 결정적으로 중요한 문제들을 탐구하기 위해서 활용되었다. 반면에 선행한 맑스주의자들은 이같은 문제들에 관한 분석, 예를 들면 성에 따른 노동의 분할과 성의 사회문화

---

16) Bernard Edelman, *Ownership of the Image* (1973), London 1979.

17) 1969년의 「프로이트와 라캉」의 발표(*New Left Review 55*)와 그 2년 뒤 「이데올로기와 이데올로기적 국가기구」의 발표는 영국에 깊은 충격을 주었다. 알튀세르의 이데올로기론에 정통한 상태에서 "삼자동맹"의 표지하에 수행된 연구의 예들로는, 영화잡지인 『스크린』(*Screen*)의 필진이었던 저술가들의 연구들을 참조하라. 그 중에서도 Stephen Heath, *The Nouveau Roman*, London 1972와 *Questions of Cinema*, London 1981; Colin MacCabe, *James Joyce and the Revolution of the World*, London 1978과 논문집 *Theoretical Essays: Film, Linguistics, literature*, Manchester 1985(이 책의 흥미로운 서론 "Class of '68: Elements of Intellectual Autobiography 1967-81"에서의 알튀세르에 대한 평가에 주목하라).

스튜어트 홀이 감독의 책임을 맡고 있는 현대문화연구소의 아주 독창적이고 계몽적인 작업도 또한 알튀세르주의적인 영향을 받고 있음을 보여준다. 그러나 이것은 그람시의 영향을 훨씬 더 많이 받고 있으며, 영국 맑스주의의 역사편찬적 전통도 배제하지 않고 있다. 예를 들어 Stuart Hall et al., *Policing the Crisis*, London 1978과 John Clarke, Chas Chritcher and Richard Johnson(eds.), *Working Class Culture*, London 1978을 보라. 특히 존슨 자신의 논문을 참조하라.

적 (재)생산은 여성억압에 대한 분석 등에 걸림목이 되었다.[18] 한편 알튀세르주의의 공헌은 철학에서도 마찬가지로 두드러졌다. 특히 알튀세르의 "이단적인 진짜 동료", 바루히 스피노자의 저작에 대한 이해를 더 잘 할 수 있도록 일조하였다.[19]

당연히 이러한 작업들은 모두 문제를 일으키거나 비난을 받았다. 그리고 알튀세르주의가 또 여러가지 착오를 일으킨 데 책임이 있기도 하였다. 그럼에도 불구하고 폴 허스트가 톰슨의 평가에 맞서서 알튀세르주의적 조류는 "현대 맑스주의 이론에서 가장 독창적이며 생산적인 것으로 남아있다"고 주장하였을 때, 그는 약간 과장했을 뿐일지라도, 정확성의 면에서 보자면 그는 오류를 범하였다.[20] 어쨌든 현재까지 알튀세르주의적 모태에서 태어난 다양한 문헌들은, 알튀세르와 (자신들의 지도자의 음성을 단순히 재생할 뿐인) 알튀세르주의자들이 사이비 맑스학적, 메타

---

18) 다음의 글들을 참조하라. 미셸 베레의 탁월한 개설서인 *Women's Oppression Today*, London 1980의 풍부한 문헌 논의; 그리고 Ted Benton, *The Rise and Fall of Structural Marxism*, pp. 134-40. 이런 식으로 쥴리엣 미첼의 개척자적인 논문, "Women: the Longest Revolution", *New Left Review* 40, 1966(수정된 형태로 *Women's Estate*, Harmondsworth 1971과 다음에 *Women: The Longest Revolution*, London 1984에 재수록됨)은 알튀세르의 경제주의적 맑스주의와의 단절의 요소들에 의존하였다. 그녀의 주목할만한 *Psychoanalysis and Feminism*, Harmondsworth 1974도 마찬가지였다.

19) 예를 들어 Pierre-Francois Moreau, *Spinoza*, Paris 1975; Pierre Marcherey, *Hegel ou Spinoza*, Paris 1979; Etienne Balibar, *Spinoza et la Politique*, Paris 1985를 보라. 인용은 Pêcheux, *Language, Semantics and Ideology*, p. 214에서 함.

20) *Marxism and historical Writing*, London 1985, p. 87 n. 2. 서구 맑스주의 학파들 중 "알튀세르주의적 조류는 아마도 가장 강력하게 존속해온" 학파라는 앤더슨의 4년 후의 평가를 참조하라(*In the Tracks of Historical Materialism*, London 1983, p. 23).

철학적, 초역사적, 반경험적, 초이론적, 비정치적,[21] 또는 은폐된 스탈린주의적인 인상을 풍긴다는 친숙한 이미지를 반박해주고 있다.

이같은 마지막 수식구가 네번째 쟁점에 이르게 한다. 분석적으로 불모적이라는――단조로운 반복에 불과하다는――이미지와는 전혀 반대로, 알튀세르의 개념적 명료화 및 구성이 역사적 유물론의 일정한 재출발이라는 결과를 낳았다고 한다면, 이것들은 더 나아가 맑스주의 이론의 탈스탈린화에도 기여했는가? 여기서 다시 역사적 기록은, 알튀세르의 말이 아니라 그의 작업과 그 영향에 입각해서 단정적으로 대답한다. 알튀세르주의는 스탈린주의의 화신이 아니었다. 그와 반대로 진정으로 이론적인 탈스탈린화를 처음으로 시작한 것이 바로 알튀세르의 **프랑스공산당 안에서의** 우상파괴였다. 그의 작업의 개시와 더불어, 당이 경고해왔던, 그리고 그 동안에 르페브르와 드장티 같은 인재들을 헛되이 소모해버렸던 "지적 빙하기"[22]가 끝이 났다. 알튀세르는 분명히 외로운 개척자가 아니었다. 흐루시초프의 자유화로 말미암아 다른 지식인 공산당원들도 독립된 성과있는 연구작업을 수행할 용기를 지니게 되었다. 그러나 그의 작업이 **전체 이론체계**의 접합에 이르렀던 점에서 이 작업은 다른 것들과 질적으로 구분된다. 이것의 중요성은 세 가지였다. 먼저 맑스의 철학은 여전히 구축되어야 할 것으로 남아있다는 선언이야말로, 스탈린과 즈다노프에도 불구하고, 모든 것이 여전히 이 지점을 획득하기 위해

---

21) 그 중에서도 특히 Raymond Aron, "Althusser ou la Lecture Pseudo-Structuraliste de Marx", *D'une Saint Famille l'Autre――Essais sur les Marxismes Imaginaires*, Paris 1969의 가령 pp. 73, 78-79, 252를 보라. 같은 저자의 *Mémoires*, Paris 1983, p. 584에서도 이와 같은 평가가 반복된다. 그럼에도 불구하고 여기에서 알튀세르의 해방적 영향력과 관련한 다른 사람들의 증언이 암시된다.

22) E. J. Hobsbawm, *Revolutionaries*, London 1982, p. 119.

활동해야 한다는 뜻이었다. 한편 이처럼 새롭게 열린 공간에서 알튀세르의 창의성은 스탈린주의적 정통이론――이것의 비일관성은 궁극적으로 (또 다행스럽게도) 일반적으로 받아들여지고 감독적 역할을 하는 의미에서라면, 변증법적 유물론을 다시 출발시켜야 한다는 주장 자체를 믿을 수 없는 것으로 만들어버렸다――과 분명히 실질적인 단절을 보여주었다. 다음으로 한편으로는 1920년대 중반 이래 국제 공산주의운동 내에서 역사적 유물론이 화석화된 역사적 결과 때문에, 그리고 또한 이것이 과학적 패러다임으로서 갖추어야 할 조건에 대한 규범적이며 이론적인 관련 때문에 역사적 유물론은 불완전하다는 집요한 주장은, 일반적으로는 과학을 그리고 특수하게는 역사적 유물론을 고정되고 완결된 학설로 파악하는 교조주의적 개념으로부터 맑스주의를 해방시켰다. 알튀세르의 인식론적 명제들은, 수정주의의 지표들이라기보다는 과학성의 기준으로서, 이것들을 개조하고 발전시키고 진척시키면서 수십년간 쌓여온 결함들을 개선하는 데에 필수적인 연구를 가능하게 하였다. "모든 것이 다 이야기되었다고 믿는다면, 그것은 너무 성급한 것이다."[23] 이것은 특징적으로 간명한 진술이지만 또 극도로 중요한 진술이다. 왜냐하면 이로써 알튀세르는 토레즈나 수슬로프(M. Suslov)에 대해 반대하여 스스로 『자본론』을 재독해했을 뿐만 아니라, 다른 사람들로 하여금 맑스를 읽도록 하면서 젊은 지식인 공산당원들이 맑스주의의 스탈린화로부터 해방되는 것을 도왔기 때문이다. 마지막으로, 그리고 결정적으로 맑스의 "거대한 이론혁명"에 대한 알튀세르의 개선은, 역사적 유물론을 스탈린주의적인 잘못된 해석――히스토마트――에 내주지 않음으로써, 서구 맑스주의의 다른 주요한 대변자들과는 주목할만한 훌륭한 대조를 이루면서 수행되었다. 알튀세르는, 스탈린주의적 실증주의가 그 속에서 자신의 사후복수를

23) FM, p. 63 n. 27.

마음껏 행했던 서구 맑스주의의 반자연주의를 거부하면서, "역사에 대한 유물론적 개념"을 그 패로디로부터 구출하였다. 달리 말하자면 이것은 고전 맑스주의의 전통을 본질상 속류적인 것으로 평가절하하기를 거부했던 이론적인 탈스탈린화였다.

알튀세르가 다른 서구 맑스주의 전통들을 다루는 방법은 거칠고 방자했으며, 그의 맑스주의 유형론은 별다른 식별력이 없었고, 그 자신의 역사적 유물론의 재구성에는 결함이 있었다. 더욱이 그는, 예를 들어 변증법적 유물론과 역사적 유물론으로의 맑스주의의 분할이나 트로츠키주의의 희화화와 같은, 스탈린주의적으로 정식화된 맑스주의의 요소들을 받아들였다. 그의 마지막 발전단계에 이르러서야 비로소 그는 조심스러움에서 벗어나 몇몇 모호한 문제들을 해결하고, 그가 디아마트에 대한 대안을 연구하면서 그 인간주의적 대안들을 의문에 부치던 것과 동일한 강력함으로 디아마트를 심문하였다. 이런 의미에서, 그리고 때늦게, 「미완의 역사」는 알튀세르의 오류를 포함하여, 오류를 등재하기 시작했다. 그러나 비록 알튀세르주의가 스탈린주의의 결과일지라도, 스탈린주의의 연속은 결코 아니다.[24] 왜냐하면 모든 것이 이야기되고 완료되었을 때, 즉 진화주의 및 경제주의에 대한 알튀세르의 비판, 그의 비목적론적인 사회구성체 이론으로서의 역사적 유물론의 개혁, 역사적 유물론의 미발전된 국부적 이론들을 그가 정교화하기 시작한 것 등이 완료되었을 때——이것들은 가로디주의의 지배를 논파하였고, 거대한 연구프로그램을 일정에 오르게 하였으며, 프랑스 맑스주의를 그것의 고전적인 선행업적들 및 현대 철학과 재결합시켰다. "독단주의"가 실제로 뜻하는 것이 무엇인가를 알게 된 알래스데어 맥킨타이어(A. MacIntyre)는, "프랑스 철학에 관한 한, 그는 다른 어떤 맑스주의자보다도 더 철저하게 맑스주

24) E. P. Thompson, *The Poverty of Theory*, London 1978, p. 404를 보라.

의의 탈스탈린화를 이루었다"고 결론지으면서, "프랑스 맑스주의가 여타의 프랑스 철학과 대화를 할 수 있게 해준 점에 대해 우리 모두는 알튀세르에게 깊이 감사해야 한다"[25]고 지적했다. 그의 새롭고도 문제제기적인 정통의 수립은 그가 공식적인 맑스주의에서 이룩한 단절을 부분적으로 제한할지는 모르겠으나, 그 단절을 취소하지는 않는다. 그의 제자들과 여타 사람들은 알튀세르의 지적인 해방적 영향력——그리고 그의 관대함——을 증언하고 있고, 원하는 사람들은 이를 읽어볼 수 있다.[26] 다른 한편 알튀세르는 시종일관 스탈린주의자였다고 집요하게 주장하고 싶은 사람들에게는, 사르트르의 말에 따라 다음과 같이 대답할 수 있을 것이다. 즉 루이 알튀세르는 스탈린주의자였을는지도 모른다. 그러나 모든 스탈린주의자가 루이 알튀세르는 아니다.

결코 무비판적이라고는 할 수 없는 한 논평자가 쓰고 있는 말마따나 "그 범위와 주장에서 압도적인, 이 지적인 묘기"[27]는 이처럼 역사적 유물론의 발전에 분명히 직접적이고 장기적인 영향을 미쳤으며 이는 맑스주의 문화 전체를 위해서 긍정적이었다. 1960년대와 1970년대 맑스주의 이론의 대륙간 부흥에 대한 이것의 지적인 공헌은 어떤 것에도 뒤지지 않았다. 알튀세르가 이룬 업적이, 특히 그의 애당초의 약속 및

---

25) "Strangers", *London Review of Books,* 16 April-6 May 1981, p. 16.

26) 예를 들어 다음의 글들을 참조하라. Christine Buci-Gluksmann, "Sur la Critique de Gauche du Stalinisme", *Dialetiques* 15-16, 1976, p. 28; Régis Debray, *Prison Writings,* Harmdsworth 1973, pp. 197-98과 *Les Rendez-Vous Manqués,* Paris 1975, p. 100; Dominique Lecourt, *La Philosophie sans Feinte,* Paris 1982, p. 132; Daniel Lindenberg, *Le Marxisme Introuvable*의 서문, Paris 1975; Pierre Raymond, "……et al Théorie dans la Lutte des Classe", *Dialetiques* 15-16, p. 137; Régine Robin and Jaques Guilhaumou, "L'Identité Retrouvée", *Dialetiques* 15-16, p. 37.

27) Arthur Hirsh, *The French Left*, Montreal 1982, p. 163.

포부에 비추어볼 때, 궁극적으로는 명백한 한계들을 지녔음에도 불구하고, 그의 업적은 두드러진 것이며 그의 업적의 덕을 입은 사람들은 과거에나 오늘날에나 그에게 여전히 빚을 지고 있다. 병 속의 메시지가 전파되어가면서, 『맑스를 위하여』와 『자본론 읽기』는 널리 인정받게 되었다.

또한 알튀세르의 맑스주의는 몇 가지 나쁜 습관들을 포함했고 고무하였으므로, 이것들이 평가의 대차대조표에 들어가야 한다. 첫째로, 알튀세르의 맑스주의에는 지적인 배타성이 존재했는데, 이 배타성은 그 자체의 출현에 앞선 시기는 "이론의 백지상태"였다고 암시한 데서, 그리고 (맑스, 레닌, 마오를 제외한) 맑스주의의 역사는 알튀세르 이전의 모든 사람들이 인간주의적-역사주의자로서 갇혀있던 어둠이었다고 묘사한 데서 명백히 드러났으며, 이는 그 자신의 발전에도 부정적인 결과를 가져왔다. 알튀세르는 고전 이후의 다른 조류들을 철저히 습득하기를 꺼리고 대담자들과 대화하거나 논쟁하는 것을 싫어하여, 권위자의 목소리를 비판으로서 받아들이거나 단순히 이들을 무시하면서, 빛나는 고립 속에서 오로지 자신의 연구계획을 추구해나갔다. 그리하여 결국 주변화된 것은 바로 그였다. 둘째로, 알튀세주의의 특징은 맑스주의의 권능을 지나치게 확신하고 이 권능에 대해 근본적인 신중함을 전혀 갖지 않았다는 점이다. 즉 맑스주의의 전능함을 단정했고, 이 단정 속에는 인과응보의 씨앗이 들어 있었다. 세째로, 비록 알튀세르주의는 **교수들**[28]을 위한 맑스주의라는 아롱의 비난은 분명히 잘못된 것이긴 하지만, 실제로 알튀세르도 그의 추종자들도 그의 재구성에 따라 촉진될 것으로 기대된 프랑스 정세의 구체적인 분석을 결코 수행하지 않았다. 이같은 직무태만 때문에 알튀세르의 맑스주의의 정치적 평판에 미친 심각한

28) n. 22를 보라.

반향은 새삼 강조할 필요가 없을 것이다. 마지막 네번째로는, 비록 알튀세르가 프랑스 맑스주의의 탈스탈린화에 엄청나게 기여했을지라도, 이후 그는 그것을 자신의 취향에 따라 "마오주의화" 하기 시작했다. 이것은 이론적으로 퇴보적이며 정치적으로 위험한 혼란이었다. 시대에 대한 파리인의 환상은 급속히 환멸로 바뀌어갔으며, 프랑스 맑스주의는 이러한 환멸을 치유하지 못하고 있다.

프랑스공산당과 마오주의 중국이라는 양대 지평이 알튀세르를 언제나 속박하였다는 것, 그리고 1965년 이후의 그의 거의 모든 저작이 궁극적으로는 (이유가 무엇이든지간에) 『맑스를 위하여』와 『자본론 읽기』의 각주에 불과하였다는 것은 역시 주목되어온 사실들이다. 비록 그것들이 고전적인 알튀세르주의의 결점들을 정정하려는 진정한 시도를 대변하였을지라도, 철학의 두번째 정의와 『존 루이스에 대한 답변』의 맑스-레닌주의적 테제들과 같은 알튀세르의 수정들은 진퇴양난에 부딪쳤으며, 이것들이 거둔 성과는 소모된 노력에 반비례하였다. 현대 프랑스에 관한 구체적인 분석이 부재한 가운데, 1968년 5월사태로 야기된 완전히 새로운 정세 속에서 어떠한 믿을만한 이론적 및 정치적 프로젝트도 구체화되지 않았다. 여기서 알튀세르의 첫번째와 세번째 발전단계에 비해 두번째 단계가 훨씬 덜 긍정적으로 평가되었다는 점에 주목하게 된다. 비록 비판적일지라도 지속적인 찬탄을 받아온 알튀세르는, 다름아니라 1960년에서 1965년 사이의 혁신적인 철학자이다. 그는 스스로 고백했다시피 논쟁적인 극한주의를 추구했던 인물이다. 그리고 이 극한주의는, 알튀세르 자신의 작업에 필요한 공간을 창조하기 위해서 파괴작업을 해나간 것으로, 그의 연구프로그램의 확립과 생산활동에 대해 지극히 중요한 것이었다(여기에는 출중한, 가령 엥겔스적인 전례가 없는 것은 아니다). 알튀세르는 존경받을만한 인물이다. 그는 "당내에서 더 이상 지속되어선 안될 것들"을 위해 싸운 독립적인 전사이다. 다른 한편 1968

년과 1975년 사이에 이룩된 그의 경력도 커다란 중요성을 갖고 있다. 그 주된 이유는, 이것이 그가 이룬 발전이며, 또 비탄에 잠기거나 조소하는 것에는 반대하지만 이해하기에는 아마도 여전히 너무나 가까운 시기의 암울한 역사가 빚어낸 하나의 에피소드이기 때문이다. 이것이 프랑스 맑스주의의 한 세대의 운명이었다. 알튀세르의 맑스주의뿐만이 아니라, 사르트르, 『텔켈』그룹, 글룩스만 등의 맑스주의도 마오주의의 수식구에 예포되어 중국행 쾌속선에 승선하였던 것이다.

에티엔 발리바르는 최근에 다음의 두 가지를 시사하였다. 첫째로, 68년 5월 이후 알튀세르는 사태전개를 예상하고 주도권을 쥐었다기보다는 사태에 반응하고 그것에 "끌려다니게" 되면서, 자신이 레닌과 마찬가지로 언제나 비난받는 입장에 처해있다고 더욱 더 느끼게 되었다는 것이다. 둘째로, 정치적 공세 속에서 그는 자신의 원래의 입장을 **과도하게** 비판하였다.[29] 발리바르의 첫번째 진술에 대해 이의를 제기할 이유는 없다. 즉 **대기주의**에서 **추수주의**로의 이행이 5월사태 이후에 확인된다. 또 나는 두번째 진술에 대해 동의하고 싶다. 걸머쥔 가상의 채무를 갚으려고 시도하는 과정에서 알튀세르는 **극좌주의자**가 되기를 거부함으로써 스스로 쪼그라들었으며, 꾸준히 정정되거나 발전될 수도 있었던 많은 것들이, 그로 인해 포기되었고, 결국 그가 지지한 이론적 및 정치적 지향은 그에 대한 좌익비판가들을 달래는 데도 실패하게 된다. 여기에서 무슨 일이 일어날 수도 있었는가를 가정하는 것은 전혀 무의미하다.

---

29) 에티엔 발리바르와의 인터뷰, Paris, June 1985. 또한 *Dialetics* 12, Spring 1982, p. 46의 발리바르와 마슈레이의 인터뷰도 참조하라. 여기서 전자는 알튀세르의 "후기의 정정"을 "초기 작업과 관련된 후퇴"로 설명한다. 이어서 그는 "알튀세르는 자기 자신의 글을 확실히 자신의 비판가들의 눈으로 읽는다"고 지적한다 (p. 48). 이것은 발리바르가 보기에는 현명한 일이 못된다.

역사는 그런 길로 가지 않았다. 오히려 역사는 문화대혁명, 68년 5월사태, 좌익연합, 프랑스 맑스주의의 위기……등을 통과해갔다.

「미완의 역사」의 끝부분에서, 알튀세르는 뤼센코의 역사는 끝났으나 뤼센코주의의 역사는 끝나지 않은 듯이 보인다고 성찰하였다.[30] 여기서 사람만 바꾼다면, 알튀세르와 알튀세르주의에 대해서도 **끝난 역사**, **끝나지 않은 역사**라는 유사한 관계를 설정할 수 있다. 알튀세르의 경력은 끝난 것으로 보였을 것이다. 그러나 이 맑스주의의 "당인이자 장인"은 맑스주의 철학자들 속에서 존재한다. "역사에 새겨진" 그의 이론의 우회는 더 좋게 평가될 수 있을 것이다. 그러므로 비록 알튀세르에게는 사르트르와 같은 정치적 경력이나 문학적 자질이 부족할지라도, 루카치와 아도르노와 하버마스의 저작들의 백과사전주의가 그의 저작들을 왜소한 것으로 만들지라도, 그의 공헌은 그람시의 (**그러한** 시기 **그러한** 상황 아래서 작성된) 『옥중수고』가 기여한 바에 비해 훨씬 못미치는 것으로 평가되어야 할지라도, 그가 이룬 업적은 매우 엄청난 것이다. 다른 한편 알튀세르주의의 역사는, 이제 원래의 **열정**만이 아니라 많은 주장들과 결함들도 닳아없어지고 있지만, 맑스주의 및 사회주의 문화에 명백히 유익한 것으로 지속되고 있다. 그것이 끝나는 것은, 그 속에 들어있던 최고의 것들 즉 "합리적 핵심"이 맑스주의 및 사회주의 문화 속으로 동화되어 수용되는 한해서만, 또 좌익 지식인들의 이론적 의식――혹은 종종 무의식――의 일부로 되는 한해서만 가능할 것이다. 이런 의미에서 루이 알튀세르의 계기의 일부는 보다 더 넓은 역사 속으로 들어간 셈이

30) "Unfinished History", in Dominique Lecourt, *Proletarian Science? The Case of Lysenko*, London 1977, p.16. 여기서 알튀세르의 실제의 언급대상은 뤼센코주의의 대의에 관한 것이다.

다. 이것이, 이제 우리는 모두 알튀세르주의자임을 뜻하는 것은 아니라 해도.

옮기고 나서

알튀세르 : 이중의 우회

I

지금 우리는 붕괴된 건물의 잔해만을 발 아래 둔 채 화려한 고층건물을 마주하고 있다. 또한 뒤돌아, 하나의 건물이 붕괴된 자리에 망연히 서 있다. 눈치빠르게 포기하는 지혜를 발휘하기엔 그동안의 희망이 너무나 소중했고, 그동안의 신념이 너무나 확고했다. 그래서 우리는 그 폐허의 잔해 속에서 빠개어진 신념의 쪼가리를 이리저리 다시 주워모으려 하고 있는 건지도 모른다. 부숴진 건물의 잔해에 묻혀, 그래도 쓸만한 벽돌 쪼가리를 하나하나 골라내며, 아득히 먼 훗날이 될 재건의 희망과 함께 한쪽 구석에 차곡차곡 쌓아두기라도 하는 것처럼.

물론 중요한 것은 몇 무더기의 쓸만한 벽돌더미가 아니라, 옆에서 있는 건물보다 더 훌륭하게 건물을 지을 수 있는 새로운 설계도면이고 건축기술이다. 그리고 건물을 지을 수 있는 사람들과 자원들이다. 그러나 딜레마는, 언제나 그렇듯이, 중요한 것이 이루어지려면 중요하지 않아 보이는 것들을 중요한 것에 앞서 충분히 갖추지 않으면 안된다는 점이다. 중요한 요소들을 갖추기 위한 노력은 지금 이 시간에 아무리 강조해도 지나치지 않을 것이다. 그런데 이와 동시에 우리는 그토록 많은 사람들의 피와 땀으로 짓던 건물이 위기에 처하고 붕괴되고 부수어진 요인들을 철저하게 분석해야 한다.

이런 점에서 건축물의 위기를 앞서 예감하고 그것을 새로운 형태로 재건하려 한 시도들은 지금 이 시점에서 또다른 의미를 지닌다. 그리고 이러한 영역에서 알튀세르는 중요한 하나의 모범을 보여준다. 새로운 형태로 맑스주의를 재구성하려는 그의 노력, 맑스주의, 아니 스탈린적 형태의 맑스주의 이외에는 눈도 감고 귀도 막아버린 채 안전과 영광에 대한 나르시시즘에 빠져있던 "독단주의의 밤"을 벗어나려는 노력, 그러면서도 노동자계급에 대한 애정과 신뢰를 잃지 않았던 진지한 긴장이 그가 확보했던 폭넓은 존경과 영향력의 연원이었을 것이다.

이런 마찬가지의 이유에서 우리는 알튀세르의 사상과 그 변모를 전체적으로 이해할 필요를 절감한다. 그리고 그것이 공유되어야 할 필요 역시도. 이를 위해 우리는 적지 않은 망설임과 다양한 종류의 어려움을 무릅쓰고 그에 대한 한 권의 연구서를 번역, 출간하려 한다. 언제나 그렇듯이 어떠한 사상이든 직접 원전으로 접하는 것이, 가장 돌아가는 듯하지만 가장 빠른 지름길임을 누구보다 강하게 확신함에도 불구하고, 그의 사상에 접근하는 데 가로놓인 여러 난점들로 인해, 그리고 그 맥락의 복잡함으로 인해 알튀세르에 직접 접근하는 것은 그다지 쉽지 않음을 인정해야 했다. 더구나 그 원전을 직접 다 읽기도 쉽지 않거니와, 그나마 그의 주요저작의 번역서들을 별로 신뢰할 수 없는 상황을 고려한다면, 더욱 그렇다. 다른 한편 이 연구서의 저자가 보여준 지적 성실성은 어줍잖은 소개서로 인해 사상의 본말을 잘못 이해하거나 단지 껍데기만을 빙빙 돌 우려를 불식시키기에 충분했다고 생각되었다. 이 두 가지 이유로 우리는 엘리어트의 알튀세르 연구서를 번역, 소개하려고 한다.

Ⅱ

이 책에서 엘리어트는 하나의 우회를 그리고 있는 알튀세르 이론의 궤적을 추적하고 있다. 동시에 알튀세르를 통해서 하나의 우회를 그리고 있는 맑스주의 이론의 궤적을 추적하고 있다. 그런데 그것은 맑스주의 이론이 알튀세르의 사상이라는 하나의 우회를 통해 풍부화되고 발전하는 과정일 뿐만 아니라, 알튀세르 자신의 사상이 맑스주의 이론과 함께 하나의 우회를 이루고 있다는 점에서 이중적인 우회다.

첫번째 의미에서의 우회는 디아마트(diamat)와 히스토마트(histomat)라는 공식화된 이론으로서 존재해온 이론적 스탈린주의와, 그것에 의해 한계지어져온 맑스주의 이론 자체를 그 빈곤한 악무한적 원환에서 벗어나게 한다. 이를 위해 알튀세르는 과감하게 맑스주의를 벗어난다. 맑스주의 외부에서 발전되고 축적되어온 여러가지 이론적 성과를, 1960년대라는 시대적 조건을 반영한 형태로 전유한다. 그리고 그것과 함께 맑스주의로 복귀한다. 그럼으로써 맑스주의 자체를 새로운 형태로 전화시킨다. 이것이 알튀세르가 "맑스를 위하여", "자본론 읽기"를 행하는 방식이다. 이 독서의 목적은 스탈린주의에 의해 불모화된 맑스주의와, 스탈린 비판을 계기로 우경화된 맑스주의 해석에 반대하여 맑스의 맑스주의 자체로 되돌아가려는 것이다. 이렇게 하여 맑스주의로서는 하나의 우회를 순환으로 완성한다――그러나 우회가 이런 식으로 완결될 수는 없다는 점에 또다른 우회의 계기가 내포되어 있었다.

두번째 의미에서의 우회는 알튀세르의 우회이고, 알튀세르적 맑스주의의 우회다. 그것은 알튀세르 자신에 의해서 수행된다. 맑스주의로 하여금 맑스주의 외부에 대해 개방함으로써 새로운 형태의 맑스주의, 아니 본래적 의미에서의 맑스주의로 복귀하려는 알튀세르의 구상은 그 자신의 내적 모순으로 말미암아 또하나의 순환적인 우회를 만들어낸다. 엘리어트에 따르면 알튀세르가 "맑스를 위하여" "자본론 읽기"라는 모토를 통해 재구성하려 한 맑스주의는 두 가지 논적을 가지고 있었다.

하나는 "부르조아 과학"/"프롤레타리아 과학"이라는 말로 요약되는 즈다노프주의다. 그것은 정치에 의해 과잉결정된 스탈린주의적 과학——뤼생코주의——으로 대변된다. 알튀세르의 회고를 빌면, 그것은 "모든 숨겨진 오류를 사냥하는 무장 지식인의 시대, 스스로 글을 쓰지는 않고 모든 저술들을 정치적으로 이용하며 예술, 문학, 철학, 과학을 계급이라는 단 하나의 칼로 절단하던"(『맑스를 위하여』 서문, 「오늘」) 시대를 표상한다.

다른 하나는 역사주의다. 그것은 맑스주의 이론을 프롤레타리아트라는 계급적 존재의 반영으로, 그 계급의식으로, 그리하여 하나의 이데올로기적 세계관으로 이해한다. 그것은 맑스주의 이론에게서 과학이라는 본질적 특징을 탈색시킬 뿐만 아니라, 세계에 대한 과학적 파악을 인간주의라는 이데올로기적 표상으로 대체해버린다.

이 양자는 모두 맑스주의 이론——알튀세르에게 이것은 일차적으로 역사적 유물론인데——이 다른 과학들과 마찬가지로 가지고 있는 (초계급적) 과학성이라는 특징을 계급적 이데올로기로 상대화시키고 제거해버린다. 다시 말해 양자 모두 역사라는 대륙을 발견한 맑스주의 과학의 획기적 업적을 계급이라는 칼로 잘라버린다. 그걸 자르는 방식과, 그런 파괴의 효과만이 양자를 구별해줄 뿐이다.

따라서 역사과학이라는 또하나의 대륙을 과학의 역사 위에 올려놓은 맑스주의 이론을 특정화하기 위해서, 또 마찬가지 말이지만 다양한 부르조아 이데올로기적 표상을 뚫고 과학적 분석으로 변혁의 이론을 구성하기 위해서 알뛰세르는 과학/이데올로기 간의 경계선을 맑스주의의 역사 속에 그어놓는다. 그것은 맑스주의 이론인 역사적 유물론에 "여러 과학들 중 하나의 과학", 즉 계급적 존재조건의 제약을 넘어선 "초계급적" 과학이라는 지위를 부여하는 것이다. 그리고 그 경계구획의 기능을 맑스주의 철학인 변증법적 유물론에 부여한다. 그것의 새로운 이름은 "이론적 실천의 이론"이다.

이것이 "맑스를 위하여" "자본론을 읽기" 위한 출발점이었다. 그러나 알뛰세르는 자기비판을 통해 이같은 입장이 이데올로기에 대한 합리주의적 인식——"과학=진리", "이데올로기=거짓"이라는——을 전제하고 있었으며, 그 결과 맑스주의 철학을 이론과 등치시킴으로써 이론주의적 편향으로 귀결되었다고 한다. 이제 그는 철학을 "이론적 실천의 이론"이 아니라 "최종심급에서는 이론에서의 계급투쟁"이라 재정의한다. 그것은 이론에 대해서는 정치의 개입을, 정치에 대해서는 이론의 개입을 보장하는 기능을 새로이 부여받는다(「자기비판의 요소들」). 이로써 그가 자신과 즈다노프주의와의 사이에 쳐놓은 철조망을 그는 스스로 뜯어낸다. 그 말뚝만 남겨둔 채로.

나아가 (그 결과겠지만) 초계급적 과학으로서 역사과학은 이제 "분파적 과학", "당파적 과학"으로 재정의된다(「맑스와 프로이트」). "프롤레타리아 과학"이든 "프롤레타리아트의 계급의식"이든, 예전의 논적들과의 사이에 "불회귀점"으로서 그었던 경계선을 이젠 그 스스로 철회하는 것이다.

그리하여 알뛰세르는 처음으로 되돌아온 셈이다. 그리고 그같은 자신의 우회를 통해서 맑스주의를 다시 한번 우회시킨 셈이다.

결국 이중의 우회를 통해 알뛰세르는 (의도한 것이든 의도하지 않은 것이든) 맑스주의 자체에 내재되어 있는 여러가지 딜레마를 드러낸다. 혹은 맑스주의의 저 한쪽 구석에 처박혀 있던 요소들을 새로 끄집어내기도 하고, 혹은 비어있는 공간을 드러내고 메꾸려 한다. 이를 위해 프로이트와 스피노자, 라캉과 (명시적이진 않으나) 푸코 등 비맑스주의적 요소들에게 새로이 맑스주의 내에 자리를 내주기도 하고, "계급투쟁"과 같은, 맑스주의적 범주이지만 아직 그 개념적 효과가 충분히 발전되지 못했던 요소들을 과감하게 밀고 나가기도 한다. 따라서 알튀세르의 우회와 복귀는 단지 구래의 것으로 되돌아올 뿐인 그런 악순환이 아니라 매우 생산적인 순환이었다.

알튀세르의 우회과정 속에는 무척이나 많은 질문들이 있다. 그 중에는 대답되지 않은 질문들이 있으며, 대답되었다가 부정된 질문들도 있다. 그리고 대답될 수 없는 것처럼 보이는 질문들도 있다(예를 들면, 맑스주의 과학과 계급의 관계, 이론과 계급투쟁의 관계 등). 대답될 수 없는 질문들, 그러나 회피될 수 없는 질문들은 아마도 알튀세르가 자신의 사고 안에서 종합하려 한, 상반되는 다양한 요소들로 인해 발생하는 것이 아닐까? 혹은 그 자체가 "알튀세르주의"의 내적인 모순들을 드러내는 것은 아닐까? 어쩌면 그것은 알튀세르가 서 있었던 맑스주의라는 지반 자체에 내재된 모순을 드러내주는 것은 아닐까? 아니 어쩌면 그것이야말로 "알튀세르주의"의 우회를, 또 맑스주의의 우회를 야기하고 추동해낸 동력인 것은 아닐까?

그리하여 알튀세르는 자신의 우회를 통해, 동시에 맑스주의의 우회를 통해 이러한 모순들을 가장 앞서서 체험하고 가장 첨예하게 감지할 수 있었다. 서구 노동운동의 위기, 아니 맑스주의와 노동운동의 융합의 위기 속에서 이제 알튀세르는 맑스주의의 위기와 모순에 누구보다 앞서서, 누구보다 근본적으로 접근하려 한다. 그리고 맑스주의의 위기를 선언하고 맑스주의의 모순을 드러낸다(「마침내 맑스주의의 위기가!」, 「오늘의 맑스주의」). 이로써 그는 다음과 같이 말하려는 것은 아닐까?

"위기에 대항하는 비결은/ 당신 자신이 위기가 되는 것이다".

Ⅲ

이 책은 Gregory Elliott, *Althusser : The Detour of Theory*를 완역한 것이다. 맑스주의의 위기가 폭발하여 급기야 사회주의의 붕괴와 몰락으로, 또 맑스주의자들의 해체와 실추로 귀결되어버린 지금, 그 위기를 앞서 예견하고 미리 분석하려 했다는 이유만으로도 현재 확산되고 있는 알튀세르에 대한 관심은 충분히 이해할 수 있는 일이다. 그것은 이제까지 편협한 형태의 맑스주의 안에 갇혀있던 우리로서는, 맑스주의 안에서 비맑스주의적인 것을 사고하고 맑스주의를 벗어나서 맑스주의적인 것을 사고하기 위한 하나의 전범을 그를 통해 보려 하고 있는 건지도 모른다. 여하튼 폐쇄적이지 않으면서도 원칙에 철저히 입각한 사고방식을 그를 통해 배울 수 있다면 그처럼 소중한 교훈도 없으리라 싶다.

그러나 알튀세르의 몇 가지 문구나 이론적 요소들에 대한 "교과서적인"——이런 게 있을 수 있을까?——이해에 머문 채 그의 사상을 이해했다고 생각하는 경우를 적지 않게 볼 수 있다(역자 역시도 여기서 별다른 예외는 아니며, 또한 그에 대한 몰이해로 빚은 쑥스러운 에피소드도 가지고 있다. 『사회구성체론과 사회과학방법론』에서의 그에 대한 비판이 그러한데, 이는 당시 일반화된 이해와 그 원용의 맥락을 전제한다는 변명을 달 수는 있으나, 그것이 원래의 사상을 제대로 이해하지 못한 채 선불리 비판한 오류를 전적으로 합리화시켜주지는 않는다. 좀더 자세한 자기비판은 "기회가 된다면"이라는 토를 단 채 뒤로 미룰 수밖에 없을 것 같다).

그러나 그의 사상은 그 표면적인 난해함만큼이나 "은폐된 난해함"

을 가지고 있다. 그것은 그가 자신의 문제의식을 전면적으로 드러내지는 않는다는 것에, 그가 원용하고 수용하고 있는 다른 사상의 요소들은 보이지 않게 감추어져 있다는 이유에, 기인하는 듯하다. 그래서인지 "비누방울 속에 들어갈 수 없어서 단지 그 표면만을 빙빙도는 뜨락"처럼 빙빙 겉돌 뿐인 알튀세르의 개념들을 자주 대면하게 된다.

이는 또 알튀세르의 사상이 끊임없이 변화되어왔다는 점에 기인하는 바도 크다. 이 책의 저자나 지금 「역자후기」란 걸 쓰고 있는 역자가 "우회"라는 말로 지칭한 것처럼, 그의 사상은 평생을 걸치면서 계속 변화되고 상반되는 모습으로 전화되기도 했다. 따라서 그의 사상을 올바로 이해하기 위해선, 보이는 부분을 전체적으로 따라가면서 그 전체상을 조망하지 않으면 안된다. 그런데 이는 "은폐"되지는 않았다 해도 결코 그보다 쉬운 일만은 아니다.

이런 점에서 엘리어트의 이 책은 알튀세르의 궤적을 추적하는 데 필요한 최소한의 통과점들을 보여주고 있다. 알튀세르에 대한 그의 평가나 그 우회에 대한 그의 총평("마오주의에서 유로코뮤니즘으로")에 동의할 필요는 없다고 하더라도, 알튀세르의 사고와 그 변화를 이해하기 위한 하나의 개설을 이 책은 제공한다고 생각된다.

단지 이 소박한 생각만으로 우리는 번역을 결정했다. 그러나 시간이 갈수록 그 과감한 결정의 무모함을 느껴야 했다. 그것은 이 책이 다루는 내용이 유럽과 사회주의권의 과거와 현재를 오가는 광범한 것인데다가, 저자의 화려한 어휘와 수사는 번역자의 능력은 물론 문법책과 사전의 부족함을 자주 느끼게 만들었기 때문이다. 그 결과 여러 사람의 많은 노력이 투여되었음에도 너무 오랜 시간이 지체되었다. 난산도 이런 난산이 또 어디 있을까 싶을 정도로.

그래서 이 자리를 빌려, 번역을 도와주신 분들과 교정, 편집을 맡아주신 분들, 그리고 이 난산을 격려하고 기다려주신 출판사 사장님께 감사를 드릴 충분한 이유가 있는 셈이다. 물론 오류나 결함이 있다면 그것은 전적으로 번역자들의 책임이다.

1992. 6. 1.

이진경 · 이경숙

중원문화 아카데미 新書

1 **한국근대 사회와 사상**
• 일본 교토대학교 연구소 엮음

2 **걸어다니는 철학**
• 황세연 저

3 **반듀링론**
• F.엥겔스/김민석 역

4 **헤겔 법철학 입문**
• 꼬우즈미 따다시 지음

5 **이성과 혁명**
• H.마르쿠제/김현일 외 역

6 **정치경제학 교과서 I-1**
• 짜골로프 외/윤소영 엮음

7 **정치경제학 교과서 I-2**
• 짜골로프 외/윤소영 엮음

8 **정치경제학 교과서 I-3**
• 짜골로프 외/윤소영 엮음

9 **이탈리아 맑스주의**
• K.프리스터/윤수종 옮김

10 **걸어다니는 경제사**
• 황세연 편저

11 **자본론에 관한 서한집**
• K.마르크스와 F.엥겔스 저

12 **지배와 사보타지**
• 안토니오 네그리/윤수종 옮김

13 **과학기술사**
• 석동호 편저

14 **저개발과 의약품**
• M. 뷜러/우연재 옮김

15 **맑스주의의 세 갈래길**
• W. 레온하르트/하기락 옮김

16 **역사적 맑스주의**
• R.알뛰세르/서관모 옮김

17 **경제학의 선구자들**
• 일본경제신문사/김종호 옮김

18 **근현대 사회사상가 101**
• 이마무라 히도시/안효상 옮김

19 **맑스를 넘어선 맑스**
• 안토니오 네그리/윤수종 옮김

20 **교육과 의식화**
• P.프레이리/채광석 역

21 **정치경제학 교과서 II-1**
• 짜골로프 외/윤소영 엮음

22 **정치경제학 교과서 II-2**
• 짜골로프 외/윤소영 엮음

23 **청년 마르크스의 휴머니즘**
• H.포피츠/황태연 역

24 **사회를 어떻게 볼 것인가?**
• 황세연 편저

25 **헤겔연구②**
• 임석진 외저 (절판)

26 **칸트 철학입문**
• W.O.되에링/김용정 역

27 **노동조합 입문**
• 양원직 편저

28 **마르크스에서 쏘비에트 이데올로기로**
• I.페처/황태연 역

29 **소유의 위기**
• E.K.헌트/최완규 역

30 **변증법의 현대적 전개①**
• W.뢰트/임재진 역

31 **변증법의 현대적 전개②**
• W.뢰르/임재진 역

32 **모순의 변증법**
• G.슈틸러/김재용 역

33 **헤겔연구③**
• 임석진 외저 (절판)

34 **국제무역론**
• 久保新一/김선기 역

35 **칸 트**
• 코플스톤/임재진 역

36 **자연과학과 철학**
• H.라이헨바하/김회빈 옮김

37 **철학 입문**
• 황세연 편역

38 **맑스주의의 역사 ①**
• P. 브르니츠키/이성백 옮김

39 **맑스주의의 역사 ②**
• P. 브르니츠키/이성백 옮김

40 **한국사회와 자본론**
• 황태연 저

41 **정치경제학 비판을 위하여**
• K.마르크스/김호균 역

42 **과학기술 혁명시대의 자본주의와 사회주의**
• 황태연 저/허상수 엮음

43 **혁명운동의 문제들**
• S. P.노보셀로프/이창휘 옮김

44 **마키아벨리의 고독**
• 루이 알뛰세르/김민석 역

45 **들뢰즈와 가타리**
• 로널드 보그/이정우 옮김

46 **과학적 사회주의**
• G.그로서/송주명 옮김

47 **맑스-레닌주의 철학의 본질**
• F. V. 콘스탄티노프/김창선 역

48 **정치경제학**
• 짜골로프 외

중원문화 아카데미 新書

49 **철학의 ABC**
• A. 라키토프/김신현 옮김

50 **소수자 운동의 새로운 전개**
• 윤수종 외 지음

51 **한눈에 들어오는 서양철학사**
• 타케다 세이지/홍성태 옮김

52 **마르크스즘과 유로코뮤니즘**
• 산티아고 까리요/김유향 옮김

53 **맑스주의와 프랑스인식론**
• P. 토미니크 르쿠르/박기순 옮김

54 **논리의 오류**
• 에드워드 데이머/김회빈 역

55 **프랑스 문화와 예술**
• 마르크 블랑팽 · 장 폴 쿠슈/송재영 옮김

56 **개발과 파괴의 사회학**
• 홍성태 지음

57 **인민의 벗이란 무엇인가**
• V. 레닌/김우현 역

58 **예술 · 정보 · 기호**
• 가와노 히로시/진중권 역

59 **담론의 질서**
• 미셸 푸코 지음/이정우 해설

60 **사회학의 명저 20**
• 김진균 외 지음

61 **세계 철학사(1)**
• Akademiya Nauk SSSR 편

62 **세계철학사(2)**
• Akademiya Nauk SSSR 편

63 **세계철학사(3)**
• Akademiya Nauk SSSR 편

64 **세계철학사(4)**
• Akademiya Nauk SSSR 편

65 **세계철학사(5)**
• Akademiya Nauk SSSR 편

66 **인격의 철학, 철학의 인격**
• 김종엽 저

67 1987년 구로구청사건 백서
• 구로항쟁동지회

68 **교육자의 길**
• 이오덕 외 저

69 **정치경제학**
• 짜골로프 저

70 **박정희 시대-5.16은 쿠데타다**
• 이상우 저

71 **박정희 시대-민주화운동과 정치주역들**
• 이상우 저

72 **박정희 시대-5.16과 한미관계**
• 이상우 저

73 **박정희와 유신체제 반대운동**
• 이상우 저

74 **세계사 (제국주의 시대)**
• 김택현 편

75 **세계사 (제1차세계대전)**
• 김택현 편

76 **세계사 (제2차세계대전과 파시즘)**
• 김강민 역

77 **세계사 (현대)**
• 조진원 편/이춘란 감수

78 **근현대 형성과정의 재인식①**
• 안종철 외 저

79 **근현대 형성과정의 재인식②**
• 정근식 외 저

80 **시몬느 베이유 철학교실**
• 앙느레느/황세연 역

81 **소크라테스에서 미셸 푸코까지**
• 기다 캔/김석민 역

82 **상식 밖의 세계사**
• 가바야마 고아치/박윤명 역

83 **들뢰즈와 카타리**
• 로널드 보그 저/이정우 옮김

84 **새로운 예술을 찾아서**
• 브레이트 저/김창주 역

85 **역사 유물론의 궤적**
• 페리 앤더슨/김필호 외 옮김

86 **철학과 맑스주의**
• 루이 알튀세르/서관모 역

87 **생산의 발전과 노동의 변화**
• 마이클 피오르 외/강석재 외 역

88 **항일과 혁명의 한길에서**
• 김운선 지음

89 **지배와 사보타지**
• 안토니오 네그리/윤수종 역

90 **헤겔철학 서설**
• 오토 푀겔러/황태연 역

91 **과학적 공산주의란 무엇인가**
• 빅토르 아파나시예프/최경환 역

92 **페레스트로이카 논쟁(서독)**
• 에케르트 외/송주명 역

93 **페레스트로이카 논쟁(동독)**
• 모르겐슈테른 외/신현준 역

94 **페레스트로이카 논쟁(프랑스)**
• 프랑시스 코엥/신현준 역

95 **페레스트로이카 논쟁(소련)**
• 야코블레프 외/신현준 역

96 **마르크스주의와 개인**
• 아담 샤프/김영숙 역

중원문화 아카데미 新書

97 변증법이란 무엇인가
• 황세연 지음

98 지역 민주주의와 축제의 관계
• 정근식 외 저

99 왜 인간인가?
• 강대석 지음

100 왜 철학인가?
• 강대석 지음

101 왜 유물론인가?
• 강대석 저

102 경제학의 선구자들 20
• 일본경제신문사 엮음/김종호 역

103 남 영 동
• 김근태 저

104 다시하는 강의
• 이영희, 한완상 외 저

105 철학의 명저 20
• 한국철학사상연구회 엮음

106 민족문학의 길
• 구중서 저

107 맑스, 프로이트, 니체를 넘어서
• 서울사회과학연구소 저

108 일본적 생산방식과 작업장체제
• 서울노동정책연구소 저

109 근대성의 경계를 찾아서
• 서울사회과학연구소 지음

110 헤겔과 마르크스
• K. 베커/황태연 역

111 헤 겔
• 나까야 쪼우/황세연 역

112 현대 사회사상의 궤적
• 비판사회학회 지음

113 역사가 말 못하는 것
• 민상기 지음

114 동성애 욕망
• 기 오껭겜 지음/윤수종 옮김

115 성(性) 혁명
• 빌헬름 라이히 지음/윤수종 옮김

116 성(性) 정치
• 빌헬름 라이히 지음/윤수종 옮김

117 성(性) 자유
• 다니엘 게링 지음/윤수종 옮김

118 분열과 혁명의 영토
• 신승철 지음

119 사랑과 욕망의 영토
• 신승철 지음

120 인동의 세월:1980~1985
• F. 가타리 지음/윤수종 옮김

김종엽 저/420쪽/고급양장 신국판/
정가 28,000원

인격의 철학, 철학의 인격

한 철학자의 눈에 비친 인격에 대한 고찰!

저자는 여러 철학자들의 사유에 내재된 진정한 개성과 삶의 관점을 드러내 인격적 정체성이 무엇인지를 밝히고자 했다.

이 저서는 인격적 정체성을 사물과 구별되는 존재의 세계에서 설명하려는 실천적 과제를 안고 있습니다. 더불어 그것을 비판하는 논점과도 논쟁할 것입니다. 인격적 정체성을 정당화하려는 철학적 노력은 단순히 물리적 세계에 역행하는 무모한 시도가 아닙니다. 인격적 정체성에 대한 질문은 개별적 실존이 어떻게 변화무쌍한 삶의 실현과정에서 자기 자신과 동일함을 유지하며, 또한 동일함에 이를 수 있는지를 묻습니다.

"국민천세!" 천승세 평역

중국역사대하소설

십팔사략

천승세 선생님께서 심혈을 기울여 엮어내신 주옥같은 이야기는 지금까지 느낄 수 없었던 새로운 역사철학을 여러분 가슴에 선사할 것이다.

노자, 공자, 손자, 한비자, 진시황제, 항우와 유방, 한무제, 조조, 유비, 손권, 측천무후, 당현종과 양귀비, 칭기즈칸 등의 냉혹함과 예리한 통찰력, 그리고 목숨을 건 판단으로 한 시대를 움켜잡았던 드라마 같은 실록은 오늘 날 정치가나 CEO 및 조직의 리더들에게 성공이란 지혜를 제공할 것이다.

십팔사략(전8권 세트)/천승세 평역/정가 120,000원

중원문화 문학 시리즈

각권 정가 12,000원~15,000원

도서출판 중원문화와 새길아카데미에서 기획한 문학도서는 총 15권으로 구성되어 있으며 어른과 어린이가 함께 읽을 수 있도록 되어 있다. 아울러 《홈즈와 루팡시리즈》는 총 23권으로 구성된 시리즈로 어른 아이할 것이 없이 두루 즐겁게 읽을 수 있는 추리 소설이다.

도서출판 중원문화 출판사에서 직접 구매 하시면 더 싼 값에 구입하실 수 있습니다
전화 02-325-5534 FAX 02-324-6799

『성혁명』은 좁은 의미의 성자유를 넘어서서 집단 속에서 개인을 해방하는 문제와 연결된다. 복종하지 않고 자신 스스로 다른 사람과의 관계를 구성해 갈 수 있는 건강한 인간을, 건강한 자율적 주체를 만들어 내고자 한다.

『성정치』는 성억압의 사회적 기원을 밝히고 청년의 중심문제는 신체의 성교충동을 억압하는 사회 현실의 도덕, 즉 성억압에 있다고 본다. 성억압을 해소해 나갈 방안들을 제시하며 계급의식의 문제를 새로이 제기하면서 당정치에서 대중정치로 나아갈 것을 촉구한다.

성혁명
빌헬름 라이히 지음/윤수종
양장 510쪽/정가 42,000

성정치
빌헬름 라이히 지음/윤수종
양장 362쪽/정가 32,000원

출판사에서 직접 구매 하시면 더 싼 값에 구입하실 수 있습니다.
전화 02-325-5534 FAX 02-324-6799

철학이 희망이다!

이 두 권의 책을 명석한 비판정신과 낙관주의적인 능동성을 갖고 새로운 세계를 개척해 나가려는 젊은 청춘들에게 선사한다!

정가 42,000원

서양철학사 입문
강대석 지음/정가 28,000원

이성과 혁명
마르쿠제 지음/김현일 옮김